Ernst Bloch: Das Prinzip Hoffnung

Klassiker Auslegen

Herausgegeben von
Otfried Höffe

Band 56

Ernst Bloch: Das Prinzip Hoffnung

Herausgegeben von
Rainer E. Zimmermann

DE GRUYTER

ISBN 978-3-11-037092-8
e-ISBN (PDF) 978-3-11-036613-6
e-ISBN (EPUB) 978-3-11-039145-9
ISSN 2192-4554

Library of Congress Cataloging-in-Publication Data
A CIP catalog record for this book has been applied for at the Library of Congress.

Bibliografische Information der Deutschen Nationalbibliothek
Die Deutsche Nationalbibliothek verzeichnet diese Publikation in der Deutschen
Nationalbibliografie; detaillierte bibliografische Daten sind im Internet
über http://dnb.dnb.de abrufbar.

© 2017 Walter de Gruyter GmbH, Berlin/Boston
Satz: Frank Hermenau, Kassel
Titelbild: Ernst Bloch Portrait by Lotte Jacobi Courtesy of The University of New Hampshire
Druck und Bindung: CPI books GmbH, Leck
♾ Gedruckt auf säurefreiem Papier
Printed in Germany

www.degruyter.com

Inhalt

Siglenverzeichnis —— VII

Rainer E. Zimmermann
1 Einleitung: Wir fangen leer an —— 1

Ulrich Müller-Schöll, Francesca Vidal
2 Ernst Blochs „neue Philosophie" des „Neuen". Zum Vorwort des *Prinzips Hoffnung* —— 9

Rosalvo Schütz
**3 Immanenz und Latenz der kleinen Tagträume.
1. Teil, Nr. 1–8, 31–35 → 19–20** —— 35

Sergej Werschinin
4 Zur Grundlegung der Tagträume. 2. Teil, Nr. 9–14, 21–22 —— 51

Lucien Pelletier
5 Das „Noch-Nicht-Bewußte". 2. Teil, Nr. 15, 16, 20 —— 65

Rainer E. Zimmermann
6 Experimentum Mundi sive Adumbratio. 2. Teil, Nr. 17–18 → 19 —— 87

Ulrich Müller-Schöll, Francesca Vidal
7 Thesen über Feuerbach: Ernst Blochs Kritik des dialektischen Materialismus. 2. Teil, Nr. 19 —— 115

Peter Knopp
8 Wunschbilder im Modus des Übergangs. 3. Teil, Nr. 23–28 → 29 —— 131

Gerd Koch, Gerhard Fischer, Stefan Winter
**9 Der andere Schauplatz der Gestaltung: Blochs Theaterkonzeption.
3. Teil, Nr. 23–28 → 30** —— 151

Wilfried Korngiebel
10 Das historische Fundament der Sozialutopien. 4. Teil, Nr. 36 —— 175

Doris Zeilinger
11 Zur technischen Utopie. 4. Teil, Nr. 37, 38 —— 203

Beat Dietschy
12 Wunschlandschaften, entdeckt und gebildet. 4. Teil, Nr. 39, 40 —— 227

Matthias Mayer
13 Der neuzeitliche Mensch als „expandierende Mitte" von Natur und Geschichte. 4. Teil, Nr. 41, 42 —— 253

Martin Blumentritt
14 Wunschbilder in Leittafeln. 5. Teil, Nr. 43–47 —— 271

Rainer E. Zimmermann
15 Subjekt-Objektivierung als Reiseform des Bewusstseins. 5. Teil, Nr. 48–50 —— 289

Joachim Lucchesi
16 Musik als intensivste Form der Überschreitung. 5. Teil, Nr. 51 —— 301

Rainer E. Zimmermann
17 Hoffnung gegen den Tod. 5. Teil, Nr. 52 —— 325

Gérard Raulet
18 Die Utopie des Reichs. 5. Teil, Nr. 53 —— 337

Ulrich Müller-Schöll, Francesca Vidal
19 Sein wie Hoffnung. Näherungen an Gelungenheit. 5. Teil, Nr. 54, 55 —— 359

Auswahlbibliographie —— 385
Personenregister —— 389
Hinweise zu den Autorinnen und Autoren —— 393

Siglenverzeichnis

Ernst Bloch

AiC	Atheismus im Christentum. Zur Religion des Exodus und des Reichs (Gesamtausgabe Bd. 14, Frankfurt a. M. 1985).
EZ	Erbschaft dieser Zeit (Gesamtausgabe Bd. 4, Frankfurt a. M. 1985).
EM	Experimentum Mundi. Frage, Kategorien des Herausbringens, Praxis (Gesamtausgabe Band 15, Frankfurt a. M. 1985).
GA	Gesamtausgabe in 17 Bänden, Frankfurt a. M. 1977 (Einzelerscheinung bei Suhrkamp)
GU 1918	Geist der Utopie. Erste Fassung (Gesamtausgabe Bd. 16, Frankfurt a. M. 1985).
GU 1923	Geist der Utopie. Zweite Auflage, Cassirer, Berlin 1923
GU 1964	Geist der Utopie. Bearbeitete Neufassung der 2. Auflage (Gesamtausgabe Band 3), Suhrkamp, Frankfurt a. M. 1985
LA	Literarische Aufsätze (Gesamtausgabe Bd. 9, Frankfurt a. M. 1985).
LM	Logos der Materie. Eine Logik im Werden. Aus dem Nachlass 1923-1949, hrsg. von Gerardo Cunico, Frankfurt a. M. 2000
LV	Leipziger Vorlesungen zur Geschichte der Philosophie 1950–1956. Edition Ruth Römer, Burghart Schmidt, bearbeitet von Eberhard Braun, Beat R. Dietschy, Hanna Gekle, Uwe Opolka, 4 Bde., Suhrkamp, Frankfurt a. M. 1985
MP	Das Materialismusproblem, seine Geschichte und Substanz (Gesamtausgabe Bd. 7, Frankfurt a. M. 1985)
PA	Philosophische Aufsätze zur objektiven Phantasie (Gesamtausgabe Bd. 10, Frankfurt a. M. 1985).
PH	Das Prinzip Hoffnung (Gesamtausgabe Bd. 5, Frankfurt a. M. 1985).
SO	Subjekt-Objekt. Erläuterungen zu Hegel. Erweiterte Ausgabe (Gesamtausgabe Bd. 8, Frankfurt a. M. 1985)
TAG	Tagträume vom aufrechten Gang. Sechs Interviews mit Ernst Bloch, hrsg. von Arno Münster, Frankfurt a. M. 1977
TE	Tübinger Einleitung in die Philosophie (Gesamtausgabe Bd. 13, Frankfurt a. M. 1985)
TM	Thomas Münzer als Theologe der Revolution (Gesamtausgabe Bd. 2, Frankfurt a. M. 1985).
TLU	Tendenz – Latenz – Utopie (Ergänzungsband zur Gesamtausgabe, Frankfurt a. M. 1985).
ZW	Zwischenwelten in der Philosophiegeschichte (Gesamtausgabe Bd. 12, Frankfurt a. M. 1985)

Aristoteles
Met.   Metaphysica, hg. von Thomas Alexander Szlezák, Berlin 2003 (Akademie-Ausgabe)
Phys. Physik, hg. von Hans Günther Zekl, Hamburg 1986

Bertolt Brecht
BFA   Große kommentierte Berliner und Frankfurter Ausgabe. Berlin, Weimar, Frankfurt a. M. 1989 ff.

Johann Gottlieb Fichte
FGA   Gesamtausgabe der Bayerischen Akademie der Wissenschaften, hg. von Reinhard Lauth †, Hans Gliwitzky †, Hans Jacob †, Erich Fuchs, Peter K. Schneider und Günter Zöller, Abt. I-IV, 42 Bde, 1962 ff.

Georg Wilhelm Friedrich Hegel
HW 13   Vorlesungen über die Ästhetik I, Werke Bd. 13, Frankfurt a. M. 1986
HW 15   Vorlesungen über die Ästhetik III, Werke Bd. 15, Frankfurt a. M. 1986

Karl Marx/Friedrich Engels
MEW   Werke (MEW), 43 Bände, Berlin 1956ff.
MEGA   Marx-Engels Gesamtausgabe, Berlin/DDR 1975

Jean Paul Sartre
KDV   Kritik der dialektischen Vernunft. Dt. von Traugott König, Reinbek bei Hamburg 1978

Friedrich Wilhelm Joseph Schelling
SW   Friedrich Wilhelm Joseph Schelling: Sämmtliche Werke, Erste Abtheilung, 10 Bde., Edition K. F. A Schelling, Cotta, Stuttgart, Augsburg 1856–1861

Arthur Schopenhauer
WWV   Die Welt als Wille und Vorstellung, in: Werke (ed. Lütkehaus). Zürich 1988

Rainer E. Zimmermann

1 Einleitung: Wir fangen leer an

Bloch lässt jene Leere systematisch in der frühesten Kindheit beginnen und formuliert am Anfang seines ersten Hauptwerkes *Das Prinzip Hoffnung*, gleich hinter dem Vorwort: „Ich rege mich. Von früh auf sucht man. Ist ganz und gar begehrlich, schreit. Hat nicht, was man will." (PH 21) Es ist sicherlich korrekt, in diesem Sinne zu sagen, dass „das Begehren [...] gewiß viel älter [ist] als das Vorstellen des Etwas, das begehrt wird." (PH 50)

Gleichwohl ist diese Leere immer schon relativ: Für die früheste Kindheit mag sie von geradezu universeller Kontinuität sein, vor allem mit Blick auf das kindliche Interesse, welches sich gleichermaßen auf alles richtet, was es wahrzunehmen gibt. Freilich nicht auf die philosophische Reflexion. Denn es ist gerade jene Gleichverteilung des Interesses, die noch nicht diskriminiert. Beginnt aber schließlich die diskriminierende Differenzierung zu wirken, dann beginnt auch die Reflexion. Deren Voraussetzung aber ist in erster Linie die Ausbildung der Sprache, und diese wiederum geschieht hauptsächlich durch die Lektüre, erst in zweiter Hinsicht durch das Gespräch. Präziser: Sie geschieht durch die versuchte Anwendung des Gelesenen im Rahmen des herrschenden Diskurses.

Für Bloch selbst hat dieser Vorgang wahrscheinlich vergleichsweise früh, jedenfalls noch auf der Schule, stattgefunden. Der erste Biograph Blochs, Peter Zudeick, stützt diese Vermutung durch das, was er aus der Überlieferung berichtet: Er datiert die ersten Besuche Blochs in der Mannheimer Schlossbibliothek auf das 15. Lebensjahr, also etwa auf die Zeit von 1900. Er benennt die von Bloch gelesenen Philosophen und betont die Textpräsenz, die bis in das Auswendigzitieren ganzer Bücher hineinreicht, von Bloch noch später, im fortgeschrittenen Alter, demonstriert. (Zudeick, 1987, 17) Aber schon zuvor, vielleicht bereits im Alter von 11 Jahren, geht Bloch daran, kleine Aufsätze mit beachtenswerten Titeln zu verfassen, die seine Neigung zu Grundsätzlichem belegen – sei es, dass er über das seinem physikalischen Interesse geschuldete Thema der „Verhütung von Dampfkesselexplosionen" schreibt oder über das „Weltall im Lichte des Atheismus". (Zudeick, 1987, 18)

Im Grunde klingt das alles ganz authentisch und belegt die auf dem Gymnasium durchaus verbreitete Tradition von „Eigendünkel und Selbstüberschätzung", wie es die Schule Bloch auch schriftlich bescheinigt. (Zudeick, 1987, 21) Sie geht aber allemal einher mit einer Aneignung der literarischen Diktion. Auch, wenn Bloch später in der eigenen Schilderung etwas übertrieben und geschönt haben sollte, zum Beispiel, seinen Briefwechsel mit bekannten Philosophen wie Windelband betreffend. (Die Debatte über das „Gedenkbuch für Elsa von Stritzky" (TLU 11–50) hat uns gezeigt, dass bei Bloch mitunter eine konkrete Diskrepanz zwischen dem objektiven Verlauf und der subjektiven Beurteilung im Nachhinein unterstellt werden muss.) Aber der uns heute noch zur Verfügung stehende Brief an Ernst Mach vom 1. August 1903 (Bloch, 1985, I, 19–23), verfasst also nur wenige Wochen nach seiner Abiturprüfung, belegt uns doch ganz deutlich – unabhängig davon, wie diese Korrespondenz aufgenommen worden sein mag oder ob wir heute darin Nützliches oder weniger Nützliches erkennen – ein großes Maß an Lektürekenntnissen und bereits praktizierter Gedankenarbeit. Und diese letztere muss sich offensichtlich auf ein breites Spektrum von Interessen gerichtet haben, das den bekannten, oft zitierten Rahmen zwischen den Polen Karl Marx und Karl May aufzuspannen imstande war. Dabei wird stets ein äußerst intensives Engagement für das jeweilige Thema deutlich. Und im Grunde hat Bloch diese Attitüde zeit seines langen Lebens nicht mehr verlassen, obwohl sie noch in der Dissertation von 1908 (Bloch, 2010) – immerhin der Zeit gemäß bereits im Alter von 23 Jahren verfasst – weitestgehend überdeckt wird durch den geforderten strengen Stil der philosophischen Texte. (Es entbehrt nicht einiger Kuriosität, dass die Originalschrift von 80 Druckseiten heute im Internet für 1500 Euro angeboten wird.)

Oftmals erwähnt, immer aber nur sehr kurz zitiert, wird ein Aufsatz, den Bloch noch lange vor dem Schulabschluss geschrieben haben soll: „Über die Kraft und ihr Wesen" – datiert auf 1902. Angeblich war die Publikation vorgesehen, soll aber wegen eines Formfehlers nicht zustande gekommen sein. (Offenbar hatte Bloch es versäumt, die Schule um das *Imprimatur* zu bitten.) Weil das Manuskript anscheinend nicht mehr vorliegt, wird in der Regel nur eine kurze Passage zitiert, die aber, nicht nur wegen der thematischen Nähe zu späteren Arbeiten, ein helles Licht auf die Formulierungsgewalt des jungen Bloch zu werfen geeignet ist:

> Unsere Philosophie der Kraft löst nicht nur alle Stoffe und Elemente in Energie auf wie die Naturwissenschaft, deutet nicht nur das Ding an sich als energetischen, *allgemeinen* Willen, der gleichsam seinen Beruf verfehlt hat, ziellos in sich und seine Kreise zurückfließt: sondern das Wesen der Welt ist Drang und Kraft zur Gestaltung, zum aufgeschlagenen Geheimnis des Lebens an jeder Stelle; *das Ding an sich ist die objektive Phantasie*. (PA 115)

Man muss nicht allzu viel guten Willen mitbringen, um in dieser Passage zumindest die Beherrschung der gängigen Terminologie zu erkennen, wie sie sich auch in dem besagten Brief an Ernst Mach niederschlägt. Es ist nicht weiter überraschend, dass diese Terminologie noch wesentlich einer neukantianischen Grundhaltung entstammt, denn das ist zu jener Zeit die vorherrschende Diskursform der Philosophie. Es ist auch nicht weiter schwierig, den zentralen Begriff hier (objektive Phantasie) bereits als einen Vorschein des späteren Werkes zu sehen. Es wird ja künftig auch einen Sammelband mit philosophischen Aufsätzen unter diesem Titel geben. Ein ähnliches Fragment ist auf 1907 datiert und fällt in die Zeit der Promotion:

> Auf das Ganze des zur Frage Stehenden bezogen muß man dann das Problem aller Probleme aufwerfen: Ist der Mensch Frage und die Welt Antwort, oder ist die Welt Frage und der Mensch Antwort? Immerhin: die Frage nach der Frage führt zu der Einsicht, daß das Problemstellen selber ein Problem enthält und daß statt der Kunst des Antwortens die Kunst eines antreffenden Fragens anstünde. Grundschule des Philosophierens wäre dann, statt der Logik und in ihr, die Problematik. (TLU 53)

Dieses Thema wird Bloch nicht nur lange beschäftigen, sondern er wird es auch zur Ziellinie seines ganzen Ansatzes ausbauen. In seinem Buch zum Materialismusproblem nämlich, dessen Entwicklung ebenfalls (wie jene des noch späteren Hauptwerkes *Experimentum Mundi*) bis in die dreißiger Jahre zurückreicht, wird es als Grundfragestellung pointiert aufgenommen:

> Neuer Materialismus wäre also einer dieses gärenden und offenen Experimental-Inhalts, damit einer, der sich nicht nur auf den Menschen als Frage und die Welt als ausstehende Antwort, sondern vor allem auch auf die Welt als Frage und den Menschen als ausstehende Antwort versteht. (MP 450)

Wir sehen mithin, dass Bloch von der frühesten Zeit an eine Konzeption im Sinn hat, die ihn nicht verlassen und ihn dabei immer mehr vom Neukantianismus fortführen und zum dialektischen Materialismus hinführen wird. Ausführlich ist bereits vor einiger Zeit Doris Zeilinger auf diese „Leitfrage" der Blochschen Konzeption eingegangen. (Zeilinger, 2003, 30–47. – Man sehe auch Zimmermann, 2001, Nr. 82 im Brevier, 242)

Andererseits – und das ist es wohl, was Bloch aus der Schulzeit noch ins spätere Leben hineinzuretten vermag – gibt es von Beginn an einen allumfassenden Ausgriff auf das „große Ganze", der weder eine philosophische Disziplin noch eine Naturwissenschaft, aber auch nicht die Trivialliteratur oder die Kolportage scheut, wenn es darum geht, einen Gedanken zu exemplifizieren. Oftmals geht diese enzyklopädische Neigung bei jungen Philosophen verloren, wenn sie sich ersteinmal in den zermürbenden Alltag der Hochschulroutinen begeben haben. Bloch aber entwickelt sein Denken wesentlich allein, außerhalb des Hochschuldiskurses.

Am besten erhellt wohl ein Zitat aus Blochs frühem Nietzsche-Aufsatz den Sachverhalt, wesentlich auf den Prophetie-Gehalt des Nietzscheschen Werkes bezogen:

> Nur die Richtung zur gänzlichen Bejahung des Lebens ist bedeutungsvoll. Diese lebensfreudige Weltanschauung sollte durch Verkündigung des unendlichen Rechts alles Ursprünglichen, Eigenen, Echten, Starken geschaffen werden. [...] Von hier aus geht der Weg zu einer neuen Philosophie der Kultur: zu einem durch genaue Erforschung und Vertiefung des Selbst ermöglichten und eroberten Standpunkt der vollkommenen Autonomie. (Zitiert nach Zudeick, 1987, 30)

Viele Anliegen Blochs treffen hier aufeinander, unter anderem die oben bereits erwähnten. Freilich deutet auch der verbale Überschwang (durchaus dem Diskurs jener Zeit geschuldet) auf einen besonderen Selbstbezug, der vor allem um den Begriff der „Autonomie" kreist. Im Übrigen gewinnt auch die Bezeichnung „Philosophie der Kultur" an vorausweisender Bedeutung.

Was den Hochschulbetrieb angeht, so war Bloch unter dieser Perspektive nicht gut gerüstet, um irgendeinen Aufstieg zu erreichen: Sind seine abfälligen Äußerungen über den Lehrbetrieb in München und Würzburg noch nicht allzu ernst zu nehmen – zumal er ja einer Mischung aus Ernsthaftigkeit und Muße zu eigenen Gedanken ausgesetzt ist, die ihm eine schnelle Promotion ermöglicht – ist doch seine Entscheidung, anschließend zu Simmel nach Berlin zu gehen, bereits prägend. Denn so attraktiv die Lehrveranstaltungen Simmels für die Jugend auch sind, Simmel selbst ist an der Universität nur mit Schwierigkeiten etabliert und bezahlt sein „enzyklopädisches Wissen" mit der Ablehnung der meisten Kollegen. (Zudeick, 1987, 35) Zudeick zitiert hierzu an gleicher Stelle Ludwig Marcuse:

> Als ich Simmel denken sah und denken hörte, begann ich – nicht ein Gelehrter zu werden, sondern ein Denkender. [...] An der äußersten Kante des Katheders stehend, mit einem spitzen Bleistift sich in irgendeine Unzulänglichkeit einbohrend, von Rembrandt und Stefan George und dem Geld und der Ästhetik des Henkels sprechend, setzte der zarte, behende, mausfarbene Mann etwas in Gang, was nie wieder zum Stillstand kam [...]: das grenzenlose Fort und Fort des Einsehens – auch in das, was es mit dem Einsehen auf sich hat.

Streng genommen sehen wir hier bereits den späteren Ernst Bloch vorweggenommen – sowohl, was den Habitus des akademischen Vorgehens betrifft, als auch hinsichtlich der vielfältigen Inhalte, die sein Werk durchziehen. Das wird ihn freilich nicht daran hindern, ein Zerwürfnis zu forcieren (angeblich wegen eines Streits mit Margarete Susman – damals noch Bendemann – bei welchem Simmel diese eher als Bloch unterstützte) und Berlin alsbald wieder zu verlassen, um (auf Umwegen) nach Heidelberg zu gehen, wo er sich Ende 1911 einfindet. (Zudeick, 1987, 38–39) Die Vermutung ist nicht ganz von der Hand zu weisen, dass die Atmosphäre im Umkreis Simmels wohl auch zu einer vorübergehenden (intellektuellen) Ermüdung Blochs beigetragen hatte.

Zu jener Zeit ist Bloch bereits mit Lukács bekannt und pflegt einen regen Briefwechsel. Der erste überlieferte Brief an Lukács stammt vom 22. April 1910 und ist im Café „Prinz Ludwig" in Ludwigshafen verfasst. In diesem Brief wird auch bereits auf das Blochsche Projekt eines mehrbändigen Philosophiesystems angespielt. Im Laufe des Jahres 1911 wird Bloch darauf mehrfach eingehen.

Und er hat auch bereits seine zentrale philosophische Idee expliziert, wenn auch noch im Anfangsstadium befindlich: das *Nocht-Nicht-Bewußte*, das ihn wohl schon seit 1908 umtreibt. Man muss aber auch klar sehen, dass sich in dieser Zeit (also wohl nach dem Verlassen Berlins) die akademische Arbeitslosigkeit ankündigt. Bloch beginnt damit, sich – wenn auch mit ironischem Habitus – nach einer Ehefrau aus reichem Hause umzusehen. Mit Lukács arbeitet er inzwischen eng und freundschaftlich zusammen. Im philosophischen Salon Max Webers treten sie beide recht auffällig in Erscheinung. Weil aber Bloch offenbar sein Selbstbild noch nicht überarbeitet hat, bleibt für ihn der Erfolg in dieser Runde eher aus. (Zudeick, 1987, 45–46.)

Gleichwohl ist Bloch in Heidelberg sehr produktiv, was seine Schriften angeht. Aber seine Versuche, eine Habilitation zu erreichen, scheitern, und er ist nach wie vor auf die finanzielle Unterstützung seiner Eltern (und auch seiner Freunde) angewiesen. Er heiratet schließlich Elsa von Stritzky. Aber kurz darauf kommt es zum großen Bruch im mehrfachen Wortsinne: der erste Weltkrieg bricht aus, und zeitweise verbringt das Ehepaar Bloch die Zeit im schweizerischen Exil. Trotz der Umstände erscheint 1918 zum ersten Mal *Geist der Utopie*, ein Werk, das ihn mit einem Schlag bekannt macht – nicht das System, das Bloch lange angekündigt hatte, eher ein „Anti-System", aber er ist im Grunde doch immer noch dem treugeblieben, was er seit der Studienzeit und seit der Berliner Zeit als Habitus angenommen hatte: einem enzyklopädischen, kulturphilosophischen Panorama.

Der Bruch in der Biographie wird für Bloch charakteristisch werden: Nach einer durchaus unruhigen Zeit der Weimarer Republik (auch von persönlichen Umbrüchen geprägt: seine erste Frau verstirbt, es folgt eine wenig erfolgreiche zweite Ehe, er lernt seine spätere dritte Ehefrau Karola kennen, eine Freundin bekommt eine Tochter von ihm) wird er das im vorliegenden Sammelband in Frage stehende Hauptwerk *Das Prinzip Hoffnung* bereits im zweiten, dieses Mal amerikanischen, Exil verfassen. Buchstäblich im letzten Augenblick gelingt ihm die Flucht, schon 1933, gemeinsam mit Karola. Sein Sohn Jan Robert wird 1937 in Prag geboren. Im Jahr 1938 sind alle sicher in den USA. Bis zu diesem Zeitpunkt ist der *Thomas Münzer* erschienen (1921), die Neuausgabe von *Geist der Utopie* (1923), die *Spuren* (1930) und *Erbschaft dieser Zeit* (1935).

Von 1941 bis 1949 wird die Familie in Cambridge (Massachusetts) wohnen. In dieser Zeit schreibt Bloch am *Prinzip Hoffnung*, von dem er einen kurzen Auszug 1946 unter dem Titel „Freiheit und Ordnung" in New York vorab veröffentlicht. Schließlich wird Bloch 1949, im Alter von 64 Jahren, auf den Lehrstuhl für Philosophie an der Universität Leipzig berufen, aber die ersten beiden Bände von *Prinzip Hoffnung* erscheinen erst 1954 und 1955 in der DDR.

Es kann nicht ausbleiben, dass dieses allseits bekannte Hauptwerk Blochs eben gerade jenen Habitus widerspiegelt, den er sich in seiner Jugend angeeignet und auch unter dem Druck der historischen Ereignisse nicht mehr abgelegt hatte: Die Attribute „enzyklopädisch" und „kulturphilosophisch" treffen auf dieses Werk wohl noch mehr zu als auf andere Werke Blochs. Zudem bedingt die langjährige Isolation auch einen explizit autodidaktischen Habitus, welcher eher der spontanen Assoziation ausgewählter Themen verbunden ist, dem aktuellen Interesse geschuldet und der persönlichen Lektüre zu verdanken, als der intensiven, systematischen und auf relevanten Konsistenzbezug pochenden Durchdringung von miteinander verbundenen Themenkomplexen. Mit Blick auf die neukantianisch geprägte Fachliteratur seiner Zeit, aber auch auf die gegenwärtig noch verbreitete philosophische Fachliteratur nimmt sich *Das Prinzip Hoffnung* daher eher merkwürdig und ungebräuchlich aus. Allerdings müssen hierbei verschiedene Aspekte in Rechnung gestellt werden.

Zum einen gehört das Werk gattungstechnisch den Arbeiten aus dem Umfeld der „Lebensphilosophie" an, die durchaus bereits von Simmel deutlich auf den Weg gebracht worden ist und oftmals die Fachgrenze zur Soziologie ebenso überschreitet wie zu den Künsten und den übrigen Wissenschaften. Zum anderen hat es einen wesentlich *existentialistisch* geprägten Hintergrund, der vor allem deshalb interessant ist, weil das Blochsche Werk zwar Bezüge zur frühen Philosophie Heideggers aufweist, diese aber vergleichsweise unsystematisch reflektiert werden. Darüber hinaus ist eine unmittelbare Rezeption der ersten Bewegungen des französischen Existentialismus für Bloch weitestgehend auszuschließen. (Man sehe hierzu im Detail Zimmermann, Grün (Hg.), 1999.) Gleichwohl teilt das Blochsche Werk mit den Schriften speziell Jean-Paul Sartres die auf das umfassende Ganze ausgreifende Diktion, die auch das Triviale nicht scheut, die aber vor allem auf die Erfassung der konkreten Praxis ausgerichtet ist. Im methodischen Hintergrund steht deshalb eine geradezu *empirische* Grundhaltung zur philosophischen Reflexion. Es ist nicht weiter verwunderlich, dass deshalb jene Fachliteratur, die vor allem auf Philosophiegeschichte eher ausgerichtet ist als auf das konkrete, selbständige Philosophieren, wie im deutschen Sprachraum oftmals für den Hochschulbetrieb die Regel, hiermit nicht kompatibel erscheint. Es gilt aber zu bedenken, dass nur im wagemutigen Ausprobieren des Denkmöglichen allein die produktive Wurzel für die erfolgreiche philosophische Reflexion aufzufinden ist. Philosophen, denen in diesem Sinne der „große Wurf" gelungen ist, sind in Deutschland aber (was das zwanzigste Jahrhundert angeht) vergleichsweise selten geblieben – anders als in Frankreich zum Beispiel.

In diesem Sinne haben wir im Vorliegenden versucht, diesen Blochschen Habitus deutlich herauszuarbeiten. Die offensichtliche Heterogenität der Themen verlangt mithin nach einer entsprechenden Heterogenität der Textsorten. Nicht nur im *Prinzip Hoffnung* kommt dieser Umstand zum Ausdruck, sondern eben auch in den Kommentaren, die hier zu den einzelnen Kapiteln dieses Werkes versammelt sind. Das hat auch damit zu tun, dass die beteiligten Beiträgerinnen und Beiträger oft selbst in einem in Frage stehenden Spezialgebiet der Philosophie, der Wissenschaften und der Künste ausgewiesen sind, ganz im Unterschied zu Bloch selbst, dessen Zugang zu jenen Gebieten häufig einer eher generalistischen Perspektive geschuldet ist. Aber gerade durch diese Herangehensweise erklärt sich auch die ungebrochene Aktualität des Werkes *Das Prinzip Hoffnung*.

Literatur

Ernst Bloch: Briefe. Edition Karola Bloch, Uwe Opolka. 2 Bde. Frankfurt a. M. 1985
Ernst Bloch: Etudes critiques sur Rickert et le problème de la théorie moderne de la connaissance. Edition Lucien Pelletier. Editions de la maison des sciences de l'homme. Les Presses de l'Université Laval 2010
Doris Zeilinger: „Mensch als Frage, Welt als Antwort." Zum Verhältnis von Natur und Religion bei Ernst Bloch. VorSchein 22/23 (Jahrbuch der Bloch-Assoziation). Berlin, u. a. 2003, 30–47
Rainer E. Zimmermann: Subjekt und Existenz. Berlin u.a. 2001
Rainer E. Zimmermann, Klaus-Jürgen Grün (Hg.): Existenz & Utopie. System & Struktur VII/1&2. Cuxhaven u. a. 1999
Peter Zudeick: Der Hintern des Teufels. Ernst Bloch. Leben und Werk. Bühl-Moos 1987

Ulrich Müller-Schöll, Francesca Vidal
2 Ernst Blochs „neue Philosophie" des „Neuen"
Zum Vorwort des *Prinzips Hoffnung*

2.1 Warum auch ein Vorwort kommentiert werden muss

Vorworte gehören zu den Texten, die auf keinen Fall unterschätzt werden sollten, da sie große Chancen eröffnen. In der Geschichte der Philosophie ist nicht selten vorgekommen, dass Sätze, die aus Vorworten stammten, zum Leitwort für die nachfolgende Zeit wurden. Kant etwa entlieh im Vorwort zur *Kritik der reinen Vernunft* bei Kopernikus das Bild, die Sterne ruhen und die Zuschauer sich um sie drehen zu lassen. Die epochemachende erkenntniskritische Tradition, die er damals begründete, wurde dann zur *kopernikanischen Wende*. Oder Hegels berühmtes Diktum, Philosophie sei „ihre Zeit, in Gedanken erfasst" (aus der *Vorrede zur Rechtsphilosophie*) erfreut sich heute geradezu transhistorischer Anerkennung und gilt als der Auftakt zu einer irreversiblen Vergeschichtlichung. Marx sollte später feststellen (im Vorwort zum „Kapital"), dass nun „selbst in den herrschenden Klassen die Ahnung aufdämmert, daß die jetzige Gesellschaft kein fester Kristall, sondern ein umwandlungsfähiger und beständig im Prozeß der Umwandlung begriffener Organismus ist" (MEW 23, 17). Er leitete damit eine Art vergeschichtlichter Theorie-Praxis ein, der sich Bloch ausdrücklich philosophisch verpflichtet fühlte.

In den drei Beispielen gelingt es, das Wesentliche der jeweiligen epochalen Leistung auf einen eingängigen und daher auch breitenwirksamen Nenner zu bringen. Ganz in diesem Sinne hat Bloch später einmal behauptet, jede große Philosophie lasse sich auf eine kurze Formel bringen. Als die seine gilt „S ist noch nicht P" – Subjekt und Prädikat sind noch nicht zur Deckung gekommen. Im Vorwort zum *Prinzip Hoffnung* springt aber kein solches Leitwort ins Auge. Stattdessen finden sich erbauliche Bonmots („ins Gelingen verliebt"), polemische Schläge („jämmerlich anerkanntes" „Hundeleben") und verbale Annäherungen an die offizielle Lehre („Marxistisches Wissen bedeutet ..."). Hätte der sprachmächtige Bloch die Absicht gehabt, für das Manuskript, in dem er für das Buch den trockenen Titel „Die Hoffnung, ihre Funktion und Inhalte" vorgesehen hatte, im Vorwort eine schlagende, seine philosophischen Absichten zuspitzende Formel zu prägen, so wäre ihm dies sicherlich geglückt. Das war aber offenbar nicht geplant. Da es

1952/53, als die neue Version entstand, absehbar war, dass zwischen der offiziellen Parteiphilosophie, dem marxistisch-leninistischen Dialektischen Materialismus, und seiner, Blochs, Einbettung des Werks von Marx in ein weitergehendes (Bloch zufolge von Marx grundsätzlich intendiertes) philosophisches Konzept reichlich Konfliktstoff geben würde, musste er zu Mitteln der Verschleierung greifen: Blochs Vorwort zum *Prinzip Hoffnung* ist vielleicht das einzige in der Geschichte der Philosophie, das die Grundgedanken eines Hauptwerkes weniger zuspitzt als vielmehr versteckt.

Zur gedruckten Fassung des Blochschen Vorworts gibt es in den nachgelassenen Manuskripten drei Vorläuferversionen. Während Bloch nach der Veröffentlichung des *Prinzips Hoffnung* im Aufbau Verlag (1953) keinen Änderungsbedarf mehr sah und das Vorwort zur DDR-Ausgabe unverändert in die 1959 bei Suhrkamp erschienene Ausgabe übernahm, wurde die Rohfassung aller Wahrscheinlichkeit nach bei Beendigung des Werks im Jahr 1947 niedergeschrieben, bis zur Drucklegung 1953 sukzessive erheblich überarbeitet. Der Hintergrund, vor dem dies geschah, waren die tiefgreifenden zeitgeschichtlichen und persönlichen Umbrüche, die sich in diesen sechs Jahren ereigneten – der Zweite Weltkrieg war zu Ende, die Aufarbeitung bzw. Verdrängung von Faschismus und Nationalsozialismus hatte begonnen, die Macht in der Sowjetunion war zementiert, vor allem aber: Auf Blochs Zeit im Exil folgte an ihn der Ruf an die Universität Leipzig, der den Umzug aus dem führenden Land des Kapitalismus (den USA) in das jüngste Laboratorium des Sozialismus (DDR) bedeutete und ihn aus der Ecke der Kritik in eine gestaltende Funktion katapultierte. Zu einem kleineren Teil sind die Änderungen üblicher Lektoratsarbeit geschuldet und machen den Text stringenter. Überwiegend aber wurde das Vorwort den veränderten Umständen angepasst, wobei die Veränderungen sehr unterschiedlicher Art waren; teils schwächte Bloch anthropologische Argumente ab (aus Einsicht oder um Einwänden zu genügen oder zuvorzukommen), teils gab es neue zeitgeschichtliche Fakten (der „Westen" entstand, weil die Welt in Ost und West aufgeteilt wurde).

Bloch schrieb das *Prinzip Hoffnung* zwischen 1938 und 1947. Aus Aufsätzen, die Bloch in dieser Zeit veröffentlichte, und aus Äußerungen in Briefen wissen wir, dass sich Bloch damals trotzig und im dezidierten Gegensatz zum Großteil der in der Diaspora lebenden Exildeutschen (und trotz niederschmetternder Nachrichten aus Moskau) zur offiziellen politischen Linie der Kommunistischen Partei bekannte und sie auch nur *mit* Stalin für widerstandsfähig genug hielt, gegenüber Faschismus, Nationalsozialismus und Kapitalismus zu bestehen. Bloch vertrat diese Position, obwohl ihn keine Parteimitgliedschaft in einer KP dazu verpflichtete. Dennoch bzw. zugleich war er von der Notwendigkeit seiner Philosophie und ihrer stützenden Funktion an der Seite des Marxismus zutiefst überzeugt. Wie

Bloch diesen Widerspruch aushielt, wie er den Spagat meisterte, lässt sich durch die im Ludwigshafener Bloch-Archiv einsehbaren Entwürfe minutiös verfolgen.

2.2 Die Kerngedanken: Acht Thesen

Bevor wir näher auf diese „Korrekturen" eingehen, die vor allem die anthropologische Dimension, den Geschichtsbegriff und das Verhältnis Rationalismus/Irrationalismus betreffen, seien kurz die Kerngedanken des Vorworts skizziert. Ohne dass Bloch dies formal herauskehrt, stellt er im Vorwort acht Thesen zur Bedeutung der Hoffnung auf (Absätze 1–8), die einem gliedernden Ausblick auf das *Prinzip Hoffnung* (Abs. 9–18) vorangestellt sind.

Die Grundstimmung der Zeit ist in der Nachkriegszeit des zweiten Weltkriegs von Angst und Furcht bestimmt. Sie wird von Bloch im Zusammenhang mit den Grundfragen der Philosophie benannt, die zugleich Kinderfragen sind und die die unmittelbare Existenz des Menschen ansprechen; Bloch nimmt sie in den meisten seiner Texte auf und variiert sie mit Akzentsetzungen. Hier werden sie in größter Breite angesprochen: „Wer sind wir? Wo kommen wir her? Wohin gehen wir? Was erwarten wir? Was erwartet uns?" (PH 1). Die damals aktuelle Antwort, so *These 1*, ist von dieser Grundstimmung eingefärbt und drückt ebenjenes Sich-„als verwirrt"-Fühlen, aus, das in den bürgerlich-philosophischen Entwürfen vorherrscht. Mit den Zeitereignissen ist gleichzeitig der Erwartung auf eine Wende Nahrung gegeben: „Hoffnung" wird als ein nur verdecktes, „uns gemäßeres Gefühl" eingeführt.

These 2 stellt eine Behauptung auf: Das Leben der Menschen ist „von Tagträumen durchzogen" (PH 3). In diesen ist zu unterscheiden zwischen Träumen, die ablenken und Flucht aus dem Alltag bedeuten, und Träumen, die sich als Tendenz zum Widerstand gegen das „schlecht Vorhandene" (PH 1) verstehen lassen, nicht nur für den Beobachter, sondern auch und primär für den Träumenden selber. „Dieser andere Teil hat das Hoffen im Kern" (PH 1) – als einen menschlichen Grundzug.

These 3: Hoffen ist ein aktives Gefühl. Hoffen entspricht einem Gefühl, aktiv in die Veränderung des Gegebenen involviert zu sein, und nicht dem Gefühl der „Geworfenheit". Gleich in den ersten Zeilen spielt Bloch also, ohne Namen zu nennen, auf Heideggers phänomenologische Beschreibung an, nach der wir „passiv" in die Welt geworfen sind. Wer hingegen hofft, interpretiert nicht nur, sondern *agiert*.

These 4: Hoffnung ist kein bloßes Gefühl oder ein Affekt, sondern „docta spes", Hoffnung ist „lehrbar" (PH 1), man kann Hoffen „lernen" (PH 1). Die Hoffnung „wird nicht nur als Affekt genommen, [...] sondern wesentlicher als Richtungsakt kognitiver Art" (Abs. 9, vgl. PH 126). Bisher war nur von Gefühlen (Angst, Furcht, Hoffnung) die Rede, die per Definitionem diffus und schwer fassbar sind. Bloch hält dagegen, Hoffnung sei (be-)lehrbar; aus dem bloßen Gefühl wird ein durch Erfahrungen bereichertes, durch Theorie korrigiertes, durch Denken geleitetes Moment einer gelenkten Theorie-Praxis, die schließlich auch ihr Korrelat in der Welt findet. Mit „docta spes" führt Bloch einen Terminus ein, der Hoffnung nicht nur als Gefühl, sondern auch als „Begriff" erschließt, und der in diesem Begriff den Übergang von etwas durch Gestimmtheit Zugänglichen zu etwas rational Berichtigbaren fasst.

Die *fünfte These*, Blochs Geschichtsthese, lautet, dass jeder Mensch „primär" zukünftig lebt, indem er „strebt", also auf Ziele hinarbeitet. Vergangenes und Gegenwart kommen erst danach. In der Zukunft sucht der Mensch das Erhoffte, und er speist seine Hoffnungen aus Gehalten in der Vergangenheit, deren Erbe er antreten kann; und die Geschichte zeugt davon, dass „Funktion und Inhalt der Hoffnung" unaufhörlich erlebt, betätigt und ausgebreitet werden.

Während sich die vorherigen Thesen auf den Menschen beziehen, dem Hoffnung als Affekt und als kognitives Vermögen zugeschrieben werden, richtet die folgende *sechste These* das Augenmerk auf die Welt: Hoffnung ist als „Weltstelle" (PH 5) unerforscht („bewohnt wie das beste Kulturland", „unerforscht wie die Antarktis", PH 5); Hoffnung ist in der Welt, muss aber entdeckt und verfügbar gemacht werden. „Docta spes" erhellt „den Begriff eines Prinzips in der Welt, der diese nicht mehr verläßt. Schon deshalb nicht, weil dieses Prinzip seit je in ihrem Prozeß darin war." (PH 5) Hoffnung ist in der Welt etwas, das dort durch menschliches Streben materialisiert wurde und das die begriffene Hoffnung als solche zutage fördert.

In der *These 7* kommt Bloch auf das philosophische Fach zu sprechen und beklagt, Hoffnung sei in der Philosophie weitgehend ausgekreist und nie systematisch zum Hauptthema gemacht worden. Das gelte für die klassische Philosophie in Maßen, ganz besonders aber gelte es für den zeitgenössischen Existentialismus.

Schließlich gilt eine *8. These* den inhaltlichen Schlussfolgerungen: *Docta spes* bringt die verschiedenen Facetten zusammen und macht „Funktion und Inhalt dieses zentralen Dings für uns" zu einem Forschungsprojekt mit praktischen Konsequenzen.

In diesen Thesen sind die wesentlichen Bestimmungen der Hoffnung zusammengefasst, als Gegenbegriff zur Angst (im Zentrum der damals führenden Philosophie Heideggers), als sowohl affektiv wie kognitiv, als lehr- und lernbare menschliche Eigenschaft, als in der Welt agierendes Moment, als philosophisch zu ergründendes theoretisch-praktisches Projekt. Aber handelt es sich dabei mit der Hoffnung nicht nur um ein *besonderes* Problem der Philosophie oder ein philosophisches Projekt *im* Marxismus? Handelt es sich dabei tatsächlich um eine eigene Philosophie? In welchem Bezug sieht Bloch die Philosophie zum Marxismus? Um was für ein Prinzip handelt es sich beim „Prinzip" Hoffnung? Die Antwort auf diese Fragen, in gebotener Klarheit offengelegt, hätte die Differenzen zu der offiziellen Lehre allzu offensichtlich gemacht. Bloch hatte im Vorwortentwurf von 1947 deutlichere Hinweise gegeben. Im Lauf der Korrekturen verblassen sie und werden gegenüber dem Hoffnungsthema in die zweite Reihe verschoben. Hinter einem „Frontpathos" werden die Konturen unschärfer.

Im Mittelpunkt steht zwar, so unsere These, der Begriff „Hoffnung", aber was Bloch vorhatte, war nicht nur, damit ein Prinzip in die Welt zu entlassen, das diese „nicht mehr verläßt" (PH 5), und das Ziel war auch nicht allein, wie der noch im Manuskript vorgesehene Titel lautete, „die Hoffnung" auf „ihre Funktion und ihre Inhalte" hin zu untersuchen. Vielmehr wollte Bloch der sozialistischen Bewegung seit Marx eine adäquate *neue Philosophie des Neuen* an die Seite stellen (ZW 335 – hier Abschnitt 2). Diese konnte die Teilaspekte der Philosophie nicht unberührt lassen: Eine der sich daraus ergebenden zentralen Fragen ist, ob, und wenn ja, inwiefern Blochs Philosophie anthropologisch begründet ist (Abschnitt 3). Insbesondere die (marxistisch-leninistische) Geschichtsauffassung unterzieht Bloch einer kaum verhohlenen Umdeutung (Abschnitt 4). Außerdem wirft Bloch auf die zeitgenössischen Philosophien einen entlarvenden Blick (Abschnitt 5). Schließlich setzt er seine Sprache auf eine Weise ein, die ihm den Einfluss bewahren sollte (Abschnitt 6).

2.3 Blochs neue Philosophie des Neuen

a) Bevor wir zum Kern dieser „neuen Philosophie" kommen, soll zunächst noch vorgeklärt werden, um was für ein „Prinzip" es sich beim *Prinzip Hoffnung* handelt. In seiner ersten alltäglich-geläufigen Bedeutung hat Hans Jonas ihm das „Prinzip Verantwortung" (Jonas 1984, 55) gegenübergestellt. Ein Prinzip wird hier als eine (subjektive) Einstellung verstanden, der ein Individuum in seinem Leben folgen sollte, so, wie man sagen könnte: „Eines meiner Prinzipien ist es, einen Streit vor dem Schlafengehen beizulegen". Diesen Gebrauch von *Prinzip als Maxime* kennt auch Bloch, etwa in dem Ausspruch „Ein Marxist hat nicht das Recht, Pessimist zu sein". Gemeint ist damit ein Sich-leiten-lassen vom Prinzip Hoffnung, unter der Maßgabe, dass verbesserte Lebensbedingungen das Ziel sind, als Aufruf an jeden, der sich der emanzipatorischen Bewegung des Marxismus verbunden fühlt. Wenn Bloch dagegen (zweitens) von Hoffnung als einem „Prinzip in der Welt" spricht, das diese „schon deshalb" „nicht mehr verlässt", „weil dieses Prinzip seit je in ihrem Prozeß darin war" (PH 5), geht es um etwas, das in der Welt vorgefunden wird („eine Weltstelle", PH 5) und in der Welt als etwas Objektives konstatiert wird.

Hoffnung als die „Weltstelle, die bewohnt ist "wie das beste Kulturland" verweist auf die gesellschaftliche Welt, die sich geschichtlich entwickelt, über die Bloch aussagt, ihr „Prozess" werde „seit je" von der Hoffnung als movens angetrieben. Diesen Antrieb begründet Bloch anthropologisch: der Prozess rühre daher, dass jeder Mensch „primär ... indem er strebt ... zukünftig" lebe; die Zukunft kann zwar sowohl Positives als auch Negatives, „das Gefürchtete oder das Erhoffte" bringen. Doch „der menschlichen Intention nach", so, wie der Mensch veranlagt ist und sofern diese Veranlagung nicht durch „Vereitelung" beeinträchtigt ist, „enthält es nur das Erhoffte" (PH 2). Hoffnung ist also ein menschlicher Grundzug, der die Geschichte bestimmt und sich in der Welt verstetigt hat: das Prinzip Hoffnung ist insofern ein in der Welt wirkendes *materialisiertes Prinzip*.

Nun steht Bloch jedoch in der Tradition der klassischen Systemphilosophie. Ein System ist ein Zusammengelegtes (to systema) aus einem Ersten (principium = Erstes). Philosophie ist mit dem Anspruch verbunden, ein solches „System aller philosophischen Erkenntnis" (Kant) vorzulegen; Bloch beerbt diesen Anspruch, der jedoch nur dann eingelöst wäre, wenn das Erhoffte eingetreten wäre bzw. wenn ein Endzustand „Sein wie Utopie" erreicht wäre; bis dahin ist die Frage des Systems und die ihres Prinzips offen – „Hoffnung" ist ein dem Menschen zuzuschreibendes *Platzhalter-Prinzip*, sie ersetzt die Funktion eines Prinzips im starken Sinne so lange, bis sie durch ein „wahres" Prinzip ersetzt würde. Die Philosophie, die in diesem Sinne vorläufig begründet ist und in dieser Form wirkt, ist die „neue Philosophie" bzw. „die Philosophie des Neuen" (PH 5).

b) Wie angedeutet stellt Bloch diese neue Philosophie nicht offensiv in den Mittelpunkt des *Prinzips Hoffnung* und seines Vorworts, sondern führt sie fast beiläufig ein. Die dafür entscheidende Textstelle aus dem Vorwort ist die folgende:

> *Philosophie wird Gewissen des Morgen, Parteilichkeit für die Zukunft, Wissen der Hoffnung haben, oder sie wird kein Wissen mehr haben.* Und die neue Philosophie, wie sie durch Marx eröffnet wurde, ist dasselbe wie die Philosophie des Neuen, dieses uns alle erwartenden, vernichtenden oder erfüllenden Wesens. (PH 5, Hervorhebung von Bloch)

Im Manuskript von 1947 lautete sie noch so:

> Philosophie wird utopisches Gewissen haben, oder sie wird auch kein Wissen mehr haben. Und die neue Philosophie ist dasselbe wie die Philosophie des Neuen, dieses uns alle erwartenden, vernichtenden oder erfüllenden Wesens. (LMS 4)[1]

---

[1] LMS, wie auch im Folgenden PMS und TMS beziehen sich auf die verschiedenen Manuskriptversionen vom *Prinzip Hoffnung*. LMS steht für Ludwigshafener Manuskript, PMS für Potsdamer Manuskript, TMS für Tübinger Manuskript.

Wir konzentrieren uns zunächst auf die frühere schlanke Version. Sie enthält die Bestimmung der neuen Philosophie. Dadurch, dass das utopische Moment in die Philosophie hereingetragen wird, verändert sie sich so grundlegend, dass ein Zurückfallen hinter dieses ihr neues Niveau nicht mehr möglich ist. Die „Philosophie des Neuen", in der zum Wissen ein „utopisches Gewissen" hinzukommt, wird in der Art eines schicksalhaften Aufrufs am Scheideweg (wird [...] oder wird auch kein) für „uns alle" (vernichtend, erfüllend). Dahinter bzw. in der Konstruktion dieses Satzes wird jedoch ebenso die Struktur dieser neuen Philosophie sichtbar, so, wie sie sich gegenüber der gesamten Tradition der Philosophie positioniert. Der traditionelle Wesensbegriff wird ersetzt durch ein offenes Bezugsverhältnis, welches sich zwischen zwei Polen erstreckt: einerseits dem unmittelbaren Hier und Jetzt, andererseits dem Alles oder Nichts. Bloch behauptet: Im unmittelbaren Augenblick werden wir von der Situation stets überfordert. Wir erleben sie als eine Totalität, die uns überragt, wir „haben" sie nicht. Aber weil wir sie so erleben, entstehen in uns Bilder, die alle entschärfte Abwandlungen des Extrems sind, dass unser Streben letztlich endgültig gelingen wird, oder eben scheitert. Darin sind wir im Status des „Noch-nicht". Bloch vergegenwärtigt diese Grundkonstellation in zahllosen Varianten, auch an den Textanfängen (berühmt geworden ist dieser: „Ich bin, aber ich habe mich nicht, darum werden wir erst", TE 13). Die Konsequenz daraus ist, dass sich der Status des philosophischen Wissens ändert: Es kann nicht mehr, wie in der philosophischen System-Tradition bis Hegel, in einem Ableitungsverhältnis zu seinem Prinzip stehen. Das Prinzip wird vielmehr zum „End-Prinzip", das sich im Fall der Erfüllung einstellte. „Und dennoch ist Philosophie ohne Systematik purer Dilettantismus, also nicht vorhanden" (SO 462). Bloch führt deshalb ein „offenes System" ein, das „zielhaft zusammengehalten" ist. Was daraus folgt, hat Bloch in der „Grundlegung" (Teil 2) des *Prinzips Hoffnung* entfaltet und im 20. Kapitel in einer „konzisen Ontologie" „zusammengefasst" (PH 334ff.) und zuvor schon in seinem Hegelbuch „Subjekt-Objekt" formuliert (SO 459–474, vgl. TE 212–242). Es ist das Gerüst einer eigenwilligen Systematik, in die hier, im Vorwort zum *Prinzip Hoffnung*, eine erste Einsicht genommen werden kann.

Traditionell ist Philosophie die höchste Form des Wissens und legt für alles weitere Wissen den Grund. Sie begründet ein sich selbst genügendes Wissen. Daraus leiten sich andere Wissensformen ab, etwa ein praktisches Wissen dessen, was – bei Kant – durch die Pflicht „aufgegeben" ist, oder eine Wissensform des ethisch Gebotenen, die innerhalb des „absoluten Wissens" (Hegel) in einer Stufenfolge von Wissensarten ihren Platz hat. Nach Bloch muss in der neuen Philosophie nun ein „Gewissen" (PH 5), das utopisch ist, zum Wissen hinzutreten; Gewissen bedeutet wie bei Kant: dem Gesetz in uns folgen und Verantwortung übernehmen. Es kann hier aber nicht bedeuten, einer moralischen Sollensbestimmung wie dem kategorischen Imperativ zu folgen. Vielmehr muss Sinn, Drang und Verantwortung für Zukünftiges entwickelt und ins philosophische Denken integriert werden. Es gibt kein zunehmend perfektioniertes und schließlich vollständiges „philosophisches" Wissen, an dem sich alle orientieren können, sondern das philosophische Wissen ist gebunden an das Engagement eines Subjekts, das sich der Vorläufigkeit alles philosophischen Wissens bewusst ist und dieses überschreitet, indem es den Horizont einer offenen Zukunft in sein Wissen einbezieht – und damit auf die Gestaltbarkeit der Zukunft setzt. Das traditionelle Wissen der Philosophie wird, wenn es somit eine „utopische" Ausrichtung erhält, weniger ergänzt als vielmehr gerettet („Wissende Hoffnung ist eine kritische und rettende zugleich", TMS c). Philosophie tritt damit, wie Bloch betont, aus dem „Phantom der Anamnesis" (PH 7) heraus, aus der rückwärtsgewandten Denkfigur der Wiedererinnerung, als welche sie eine „fertig-seiend gesetzte Form" (PH 4) ist: Neuartig ist sie darin, dass sie strukturell auf etwas ausgerichtet ist, das weder inhaltlich noch strukturell bekannt ist und der Form nach die prinzipiell offene Struktur eines Offenen ist.

Ohne die damit erschlossene Dimension des Utopischen (Zukünftigen, Antizipierenden) kann Wissen nicht mehr als Wissen gelten; denn was immer zur Erkenntnis ansteht, wird stets mit der Dimension des „unausgemacht" (PH 1143), also noch nicht bestimmbar in der Zukunft Liegenden verknüpft sein. Diese Struktur des Miteinbeziehens des Zukünftigen mit der Rückwirkung, dass alles, selbst Vergangenes, unter dem Vorbehalt seines künftigen Eintretens steht, ist – von neuen Zukunfts*inhalten* einmal abgesehen – das *philosophisch* Neue an Blochs Philosophie.

Eines der naheliegenden Missverständnisse wäre hier, dass nun alles, anstatt fix zu sein, als in Bewegung seiend, also anstatt abgeschlossen zu sein zu einer Bergsonschen „Durée" würde. Das aber wäre nur eine neuerliche Essentialisierung des Bewegten und liefe auf eine neue Wesensbestimmung hinaus. Auch Sartres strukturell gefasster Freiheitsbegriff, der so viel bedeutet wie die Nichtvorhandenheit eines vorausgehenden Wesens des Menschen, ist ja strukturell gesehen ein Wesensbegriff, insofern er dem Menschen den Grundzug zuschreibt, je immer seine aktuelle Existenz überschreiten zu müssen.

Im Gegensatz zu solchen Formen des essentialisierten Prozessdenkens hält Bloch – in der Vorstellung eines absoluten Endes, an dem ein Prozess „einstehen" würde – „Höchstes Gut"(PH 16), „Summum Bonum", (PH 354–364), „Sein wie Utopie" (PH 366) – an etwas fest, welches das Bewegte konterkariert. Wie lässt sich (bzw. wie konnte Bloch) an beidem festhalten, an der „Welt als Prozeß" (PH 358) bzw. am Fortlaufen in der Zeit mit offenem Ende, und zugleich an einer „besiegelten Erfüllung der Utopie" (PH 364) mit ihrem ebenso möglichen Pendant eines absoluten Endes? Bloch erreicht dies, indem er die *eschatologische* Seite seiner Philosophie konsequent offen konzipiert: Sie ist einerseits auf das nicht überbietbare Ziel des „Einen, was nottut" (PH 16) hin ausgerichtet; andererseits steht dessen Erreichbarkeit in radikalster Weise aus, so dass darüber „noch nichts" gesagt werden kann: bei alles, nichts oder bei keinem von beiden ankommend. Mit dem „Noch-nicht" ist somit keine Vorentscheidung gefallen – es impliziert *nicht*, dass (wie in dem Satz „der Zug ist noch nicht da") die Ankunft bevorsteht oder wenigstens irgendwann eintreten wird. Sondern für Bloch sind es genau die drei real wie logisch ausstehenden Grund- und Schlusssteine (Jetzt/Nicht, Alles, Nichts), die „offene" Fluchtpunkte sind und ironischerweise nur deshalb auf das eschatologische Ende hinweisen, weil über sie im radikalsten Sinne „noch nichts" gesagt werden kann. Die Zukunft ist ungewiss, deshalb auch die Vergangenheit, deshalb auch (Bloch würde sagen: erst recht) das Jetzt. Unter den Bedingungen dieser im Hintergrund stets latenten Situation ist „privates wie öffentliches Dasein von Tagträumen durchzogen" (PH 3); jedes Tun, Erkennen, Ereignis steht in seinem Wahrheits- und Geltungsanspruch unter dem Vorbehalt dieser Bedingungen, in der „Schwebe", bestenfalls „im Schwange" (SO 485).

Was fügt die ergänzte Version in der endgültigen Fassung des *Prinzips Hoffnung* der vorläufigen hinzu? Bloch erreicht durch die Auflösung des Begriffs der Utopie in den aufgeladenen Metaphern des Morgen, der Parteilichkeit und der Hoffnung, die Klarheit der philosophischen Struktur im Pathos des Moments untergehen zu lassen, das so auch die strukturelle Tragweite des „vernichtenden oder erfüllenden Wesens" nivelliert. Und der Verweis auf Marx macht aus der Neuen Philosophie etwas *Bekanntes*, das doch eigentlich zu *erkennen* wäre.

2.4 Das Prinzip Hoffnung – anthropologisch begründet?

Der zweite Teil des *Prinzips Hoffnung* wird von Bloch als die „alles Weitere fundierend" konzipierte „Grundlegung" (PH 10) bezeichnet. Sie entwickelt eine Begrifflichkeit, durch die sich das *Prinzip Hoffnung* aus den Formen des „antizipierenden Bewusstseins" heraus kategorial entfaltet. Das „antizipierende" oder „utopische" Bewusstsein ist für Bloch nicht nur ein zum „vorstellenden" Denken Gehöriges, sondern wurzelt in der leiblichen, in Affekten sich sortierenden Befindlichkeit des „umfänglichen Triebwesens" (PH 52) Mensch. Die Grundlegung zeichnet nach, wie der Mensch – beginnend bei ersten Triebregungen (worunter der wichtigste der Hunger ist) über Affekte mit der „Hoffnung" im Mittelpunkt, über das Noch-nicht-Bewusste (im Unterschied zum Unbewussten) und „die Entdeckung der Kategorie des Utopischen" – sich selbst zunehmend als praktisch-tätiges Wesen begreift. Dieses utopische Bewusstsein findet in Begegnungen mit Ideologien, Archetypen, Idealen und Symbolen in der Welt einen praktischen Widerhall. Das antizipierende Bewusstsein erfährt sich dabei „prozesshaft", und es entdeckt tendenzhafte und latente Entsprechungen („Korrelate") in der Welt. Solche Beschreibungen, die sich in allgemeiner Weise auf das menschliche Wesen beziehen, stellen an ihm ein *„Andrängen einer antizipierbaren Gelungenheit [...] in der utopischen Funktion"* (PH 169) fest. Dies gab Anlass zur Diskussion, in was für einem Verhältnis Bloch zur (philosophischen) Anthropologie steht, bzw. um was für eine Art der Grundlegung es sich dabei handelt, und es wurde gefragt, ob Blochs Philosophie als *anthropologisch begründet* zu gelten habe, womöglich in Nachbarschaft zu der etwa gleichzeitig entstandenen Denkrichtung einer *philosophischen Anthropologie*; dasselbe wurde in der DDR als Argument gegenüber Bloch vorgebracht. Der Mensch werde nicht als „Ensemble gesellschaftlicher Verhältnisse, sondern bürgerlich-anthropologisch" (Schulz 1957, 57) gesehen, hieß es in einem Bloch-kritischen Band (Horn 1957), der zu belegen versucht, dass Bloch *so* vom „Humanum" spreche, wie dieses „von allen Schattierungen des bürgerlichen Denkens strapaziert" werde (Horn 1957, 64). Bloch gehe von einem allgemeinen Begriff des Menschen aus und nicht vom Menschen, wie er sich jeweils in einer durch eine spezifische Produktionsweise und die von ihr bestimmte Epoche und gesellschaftliche Situation erweist. Wird bei Bloch also ein überhistorischer Wesensbegriff des Menschen anstelle eines historisch geprägten Bilds des Menschen einer bestimmten Epoche angenommen?

a) In unterschiedlichen Kontexten verwendet Bloch selbst zwar den Terminus „Anthropologie" bzw. „anthropologisch". Zum einen steht er (im außer-philosophischen Sinne) für Bestimmungen am Lebewesen Mensch (PH 653) und als Synonym für Ethnologie (PH 709). Zum anderen (im philosophischen Kontext) lobt Bloch Feuerbach, dessen „anthropologischer Materialismus" ihm als wichtige Übergangsphase zwischen mechanischem und historischem Materialismus gilt (PH 292, 332) und der statt Gott den Menschen in den Mittelpunkt stellte: „anthropologisch" im Gegensatz zu „theologisch" (PH 1358–1360). Für die charakterisierende Einordnung der eigenen Philosophie nimmt Bloch den Terminus anthropologisch/Anthropologie jedoch nicht in Anspruch.

b) Motive, die in die Richtung einer anthropologischen Begründung oder philosophischen Anthropologie weisen, sind allerdings unübersehbar und wurden als solche herausgearbeitet (vgl. etwa Thompson 2012, Zeilinger 2006).
– Zum einen setzt Bloch in seinen philosophischen Schriften stets mit Rekurs „auf das unmittelbar gegebene menschliche Leben und dessen Selbsterfahrung" an (Braun 1992, 36), insbesondere (aber nicht nur) bei den Textanfängen. Diese Art von Zugang erhebt zwar nicht den Anspruch, einen

Wesensbegriff des Menschen zu begründen oder zu stärken, diese mit der Phänomenologie verwandte Beschreibung als Zugang zur Philosophie ersetzt aber die durch die Metaphysik versuchte „autonome Selbstbegründung der Philosophie aus sich selbst".
- Zweitens steht mit der Analyse des „antizipatorischen Bewusstseins" eine dem Menschen zugeschriebene und an ihm fortlaufend aufgewiesene Grundbestimmung im Mittelpunkt der „Grundlegung". Alles Weitere baut auf dieser Bestimmung auf, gerade auch dort, wo das utopische Bewusstsein den Bereich des Menschen verlässt und sein Korrelat in der Welt findet.
- Drittens äußert sich ein anthropologisches Motiv in der unmittelbaren Erfahrung des „Dunkels des gelebten Augenblicks". Damit meint Bloch die Erfahrung einer erlebten Nicht-Identität des Menschen mit sich selbst, die auch dann nicht überwunden ist, wenn sich ihm die Welt aus einem gewissen Abstand als „objektiv" darstellt. Alles zukunftsorientierte Streben nach Weltverbesserung gründet letztlich darin, dass der Mensch unmittelbar sich selbst fremd ist. Der Mensch begegnet sich als „homo absconditus" (Plessner), und dass er sich dessen in seinem Befinden und im Denken gewahr wird, treibt ihn primär an. Allerdings ist das Ziel nicht (wie bei Plessner) die „Sicherung einer Unergründlichkeit" (Plessner 1979, 138) des Menschen, sondern Zielinhalt ist die Aufhebung dieser grundsätzlichen Fremdheit in einer umfassenden, den Marx/Feuerbach'schen Entfremdungsbegriff noch übersteigenden Identitätsvorstellung (vgl. Marx MEW EB I, 517).

c) Für die Affinität Blochs zur Anthropologie fänden sich Belege an vielen Orten – wir konzentrieren uns hier weiterhin auf das „Vorwort":
- Genannt wurde schon, dass Bloch Hoffnung als „ein uns gemäßeres Gefühl" im Vergleich zu Angst und Furcht bezeichnet (s. o. These 1); Bloch gibt also einem menschlichen Gefühl einen Vorrang und trifft damit eine allgemeine Aussage über den Menschen.
- Die Behauptung (These 2), dass das Leben aller Menschen von Tagträumen durchzogen ist (PH 3), von unwesentlichen der Zerstreuung und wesentlichen hoffnungsbezogenen, ist ebenfalls eine anthropologische Zuschreibung.
- Eine weitere anthropologische Bestimmung ist, dass jeder Mensch „primär [...], indem er strebt, zukünftig [lebt]. [...] Das Zukünftige enthält das Gefürchtete oder das Erhoffte; der menschlichen Intention nach, also ohne Vereitlung, enthält es nur das Erhoffte. Funktion und Inhalt der Hoffnung werden unaufhörlich erlebt". (PH 2)

„Primär" ist im Sinne eines (anthropo-)logischen „Zuerst" (und nicht im umgangssprachlichen Sinne von „in erster Linie") zu verstehen: Der Mensch lebt grundsätzlich zielgerichtet; indem er sich auf ein Ziel hin ausrichtet, lebt er – ähnlich wie in der Sorgestruktur bei Heidegger und Sartre – im Sich-Vorwegsein und ‚macht' Geschichte. Der „Menschenwillen" (PH 232) ist seiner Struktur nach damit eindeutig ausgerichtet – dem Menschen entspricht das Erhoffte und nicht das Gegenteil (Angst, Furcht), das nur dann aufkommt, wenn es sich durch Umstände, die situationsabhängig und historisch erzeugt sind, vor das Erhoffte schiebt. Doch dies ist der Sonderfall. „Funktion und Inhalt" der Hoffnung werden „unaufhörlich erlebt" – der Mensch ist seinem Wesen nach ein hoffender. – Dass Bloch allgemein-anthropologischen Wesenszügen des Menschen in letzter Instanz einen eher höheren Rang einräumt als seiner je historischen Verfasstheit, zeigt sich (z. B.) in der Fortführung des zitierten Satzes „Funktion und Inhalt der Hoffnung werden unaufhörlich erlebt", die im Manuskript von 1947 feststellt: „[...] und sie wurden in der Geschichte, als wesentlicher, unaufhörlich bestätigt und ausgebreitet." (LMS 2, vgl. TMS b)

Dies bedeutet für das Verhältnis von Geschichte und Anthropologie zweierlei: die anthropologische-utopische Dimension wird im Prozess der Geschichte als Grundzug vorausgesetzt, und sie stellt zugleich die Norm, wann Geschichte als „wesentlich" zu gelten hat.

Bloch hat diese Stelle später modifiziert; in der endgültigen Fassung lautet die Fortsetzung des Satzes: „und sie wurden in Zeiten aufsteigender Gesellschaft unaufhörlich betätigt (sic!) und ausgebreitet." (PH 2, so auch im PMS von 1949/50)[2]

Hoffnung wird als allgemeiner Grundzug in der Geschichte nicht mehr „bestätigt", sondern „betätigt", sie wird nicht mehr als strukturelles Moment der Gattungsgeschichte festgestellt, sondern als aktive (anthropologisch fundierte) Haltung in die Geschichte hineingetragen. Damit wird der praktisch-gesellschaftliche Impetus dieses anthropologischen Grundzugs stärker akzentuiert.

Weiterhin wird sie mit der Einschränkung auf „Zeiten aufsteigender Gesellschaft" auf progressive Geschichtsphasen bezogen. Damit lockert Bloch gleichsam die anthropologische Perspektive, die der Geschichte zwar unterlegt ist, aber menschliche Praktiken auch von ihrer historischen Verfasstheit abhängig sein lässt. Geschichte, abhängig von anthropologischen Faktoren oder umgekehrt – die Formulierung an dieser Stelle lässt dies, wohl mit Bedacht, offen; ebenso wie der

---

2 Die Datierungen der Manuskripte des *Prinzips Hoffnung* (vgl. Literaturverzeichnis) werden vermutlich zu revidieren sein. Das Vorwort aus dem Tübinger MS (1949–51) ist gegenüber dem des Ludwigshafener MS (1947) eine Weiterentwicklung, die teilweise im Vorwort des Potsdamer MS (angeblich 1949–51) zurückgenommen wurde. Das Potsdamer MS enthält den Vermerk „durchgesehen 1952" und ist mit dem Vorwort der Druckfassung weitgehend identisch – dort sind lediglich kleine Ergänzungen vorgenommen worden (z. B. „im Westen", als Reaktion auf die zur damaligen Zeit sich vollziehende Teilung der Welt in Ost und West).

Ausdruck „in der Geschichte, als wesentlicher" offen lässt, ob die Geschichte als *das Wesentliche überhaupt* oder die Geschichte, insofern sie in dieser Situation als wesentliche Geschichte betrachtet werden kann (im Unterschied zur unwesentlichen in niedergehenden Phasen) gemeint ist. Für Bloch scheint ersteres zuzutreffen, während für die Philosophie des Marxismus-Leninismus letzteres gilt.

Eine korrigierende (i. e. camouflierende) Nuance mit ähnlichen Konsequenzen für die Konzeption wird noch an einer weiteren Stelle vorgenommen – in der Fassung des Vorworts von 47 lautet sie:

> *Seit* es mit dem Menschen im Argen liegt, sind privates wie öffentliches Dasein von Tagträumen durchzogen [...] und *menschliches Werk wie Stückwerk* ist auf ihren Grund aufgetragen." (LMS 2, herv. von uns, UMS, FV)

Der Mensch liegt im „Argen" heißt, dass es ihm an etwas fehlt; mit dem späteren Sartre der *Kritik der dialektischen Vernunft* zu sprechen: das Kennzeichen des Menschen ist „Knappheit" (rareté, an Lebensmitteln), sei es aufgrund mangelhafter Produktionsverhältnisse oder aufgrund ungerechter Verteilung (und bei Bloch sind weitere Defizite gemessen am bestmöglichen Zustand eines Summum Bonum hinzu zu addieren). Die stufenweise Überwindung dieser Knappheit in der Geschichte der Menschheit ist Gegenstand einer „strukturellen und historischen Anthropologie" (Sartre, KDV, 868). Für Sartre wäre mit der Beseitigung der Knappheit der Endpunkt jener Epoche erreicht, die für ihn wie (an dieser Stelle auch für) Bloch, mythologisch gesprochen, mit der Vertreibung aus dem Paradies beginnt („Seit ...") und mit dem Reich der Freiheit endet. Wenn die Phase, in der der Mensch sein Brot im Schweiße seines Angesichts verdienen muss, überwunden ist, wird sich die Existenz des Menschen (für Sartre) grundsätzlich geändert haben. Der Mensch wird als Mängelwesen weiterhin abhängig von anderem sein (es fehlt ihm Luft, Nahrung usw., mit der er sich austauschen muss), aber er ist dann kein an Knappheit leidendes Wesen mehr.

Die endgültige Fassung dieser Passage im *Prinzip Hoffnung* lautet:

> *Solange* der Mensch im Argen liegt, sind privates wie öffentliches Dasein von Tagträumen durchzogen; von Träumen eines besseren Lebens als des ihm bisher gewordenen. [...] *jede menschliche Intention* [ist] auf diesen Grund aufgetragen. (PH 3, herv. von uns, UMS, FV)

Bloch nimmt hier durch die Änderung von „seit" zu „solange" den mythologischen Anfangspunkt zurück, der das anthropologische Grundmuster des Tagträumens in ein anthropologisch-strukturelles Korsett zwang. Statt des Argen, das menschliches Werk als Fragment erscheinen lässt, liegt der Focus nun auf der „menschlichen Intention" (PH 3, vgl. 2), die über die Praxis in der Geschichte zu einem bestimmenden Faktor wird, *solange* der Mensch noch an Mängeln leidet, die sich bei Bloch an dem Kriterium eines nur möglichen Alles bemessen. Die Unterscheidung von Mangel und Knappheit (manque, rareté) verkompliziert sich durch die Übersetzung, die beide französischen Begriffe mit „Mangel" wiedergibt (vgl. Müller-Schöll 1999, 260). Für Bloch spielt der „manque" des späten Sartre eine untergeordnete Rolle in der Affektenlehre (vgl. TE 218), während das, was Sartre „Knappheit" nennt, bei Bloch erweitert zur existentiellen Bedingung der conditio humana wird, deren conditio jedoch, wenn man so will, unter einem eschatologischen Vorbehalt steht.

2.5 Blochs Geschichtskonzeption und der Historische Materialismus

Schon in den letzten beiden Punkten zeigte sich, wie eng das Anthropologische und die Geschichtskonzeption aufeinander verweisen. Damit nähert sich Bloch einem Konfliktgebiet, das noch umkämpfter war als die Frage anthropologischer Momente in der Philosophie; Bloch feilt an der Formulierung und macht insofern Zugeständnisse, bleibt aber im theoretischen Kern auf deutlicher Distanz.

Die Geschichtskonzeption ist im *Historischen Materialismus* enthalten, somit ein Kernstück der marxistisch-leninistischen Weltanschauung. Marx hatte sich auf der Ebene der Theorie nur an wenigen Orten dazu geäußert. Die Form, die ihm der späte Engels gab (der auch den Begriff „Historischer Materialismus" aus der Taufe hob), stieß auf unterschiedlichen Widerspruch. Während Lukács darin die Begründungsstruktur der historischen Verfasstheit der kapitalistischen Gesellschaft, eingeschränkt auf die kapitalistische Epoche, entdeckte (von der aus ihm andere Epochen nur in loser Analogie erfassbar schienen, Lukács 1918), war Habermas der Ansicht, im Historischen Materialismus werde die Idee einer anthropologisch fundierten Theorie der sozialen Evolution umrissen (Habermas 1976, 144). Entsprechend dieser Spannweite driften die Auslegungen auseinander.

Für Engels geht es dabei um eine Geschichts- und Gesellschaftstheorie, die die „entscheidende Bewegungskraft aller wichtigen geschichtlichen Ereignisse [...] in der ökonomischen Entwicklung der Gesellschaft" (MEW 22, 298) sieht. Sie wurde durch Stalins Schrift „Über dialektischen und historischen Materialismus" von 1938, also bei Beginn der Abfassung des *Prinzips Hoffnung*, gleichsam kodifiziert und überdauerte so im Großen und Ganzen die gesamte realsozialistische Epoche. Der *Historische Materialismus* ist hier eine Unterabteilung des *Dialektischen Materialismus*, dessen „Leitsätze" auf ihn ausgedehnt werden. Wie Braun gezeigt hat, wird dadurch das Marxsche Projekt einer Aufhebung der Philosophie zugunsten der Reetablierung eines traditionellen Ableitungsmodells aus allgemeinen Grundsätzen zurückgenommen (Braun 1983, 331–333). Aber auch Blochs Neue Philosophie des Neuen und ihr offenes System verträgt sich nicht mit dieser Philosophiekonzeption – was im „Vorwort" zwar nicht ausdrücklich angesprochen wird, sich jedoch in der verklausulierten Wiederaufnahme des Geschichtstheorems aus *Erbschaft dieser Zeit* zeigt.

Dem Historischen Materialismus zufolge sind es objektiv feststellbare gesellschaftliche Widersprüche, die in Form von Klassenkämpfen Konflikte heraufbeschwören und zur Ablösung einer alten durch eine neue Gesellschaftsordnung führen. Seine theoretische Aufgabe ist dreifach: ein aufgrund von Klassenwidersprüchen entstandenes Gesellschaftsmodell zu umreißen (Basis, Struktur, 1), eine Theorie des mit der Basis vermittelten Bewusstseins und seiner Gehalte aufzustellen (Verhältnis von Basis und Überbau, 2) und eine Erklärung zu liefern, „weshalb eine gegebene Gesellschaftsordnung gerade von einer so gestalteten neuen Ordnung, und nicht von irgendeiner anderen, abgelöst wird" (Stalin 1938, 14) (Geschichtstheorie, Modell gesellschaftlichen Fortschritts, 3). Zu letzterem gehört, dass Bewusstseinsgehalte von „aufsteigenden" Gesellschaften als wertvoll, von „niedergehenden" Gesellschaften als dekadent betrachtet werden, wie Bloch in die Druckfassung einarbeitete. Schon nach Erscheinen von *Erbschaft dieser Zeit* wurde Bloch seitens parteioffizieller Kreise dafür kritisiert (Günther 1934), auch in „ungleichzeitigen" Bewusstseinsinhalten reaktionärer Ideologien, Erbschaften im Sinne von Anstößen, Fundstücken und Mosaiksteinen für eine reichere Zukunft entdecken zu wollen. Tatsächlich ließ Bloch daraufhin den in *Erbschaft dieser Zeit* zentralen Terminus „Ungleichzeitigkeit" zunächst fallen (in *Prinzip Hoffnung* wird er nur an zwei peripheren Stellen gebraucht). Aber die Geschichtstheorie, die auf ein Erbe an den Bewusstseinsgehalten der *gesamten* Menschheitsgeschichte setzt und diese erst beerbt zu wahrer Geltung bringen zu können glaubt, und die davon ausgeht, dass jede Zeit der Zukunft, Vergangenheit und Gegenwart widersprüchliche Inhalte in sich birgt, die ihre wahre Bedeutung noch nicht erlangt haben und erst noch zur vollen Geltung kommen müssen: Diese Geschichtstheorie spielt im *Prinzip Hoffnung* weiterhin eine, ja *die* Schlüsselrolle. Sie ist prinzipiell verbunden mit der ontologischen Möglichkeit des „Alles", bzw. eines die Geschichte sprengenden Endpunkts (vgl. auch die Kommentare zu den Kapiteln 19 und zu 54/55 in diesem Band). Der entscheidende Satz im Vorwort lautet hier:

> Die starren Scheidungen zwischen Zukunft und Vergangenheit stürzen so selber ein, ungewordene Zukunft wird in der Vergangenheit sichtbar, gerächte und ([...]) erfüllte ([...]) in der Zukunft. Isoliert gefaßte und so festgehaltene Vergangenheit ist eine bloße Warenkategorie (PH 7)

(Die Auffassung, dass ein Geschichtsbegriff, der nur eine eindimensionale Ereignisgeschichte kennt, zu wenig komplex ist, geht übrigens schon auf Blochs Dissertation von 1908 aus seiner vormarxistischen Zeit zurück und wird von den Hauptströmungen der Geschichtswissenschaft im 20. Jahrhundert geteilt.)

Bloch konstruiert das Miteinander von Prozess und Richtung so, dass er einerseits die parallele Entwicklung von kulturellem Überbau und aufsteigenden bzw. niedergehenden Zeiten *im Prinzip* (als Normalität) anerkennt, andererseits aber die durchgängige Entwicklung, die sich an einem letzten Ziel orientiert, zur Leitlinie der dialektischen Entwicklung erklärt. Dies wird nicht nur nicht verschleiert, sondern durch Änderungen am Schluss des Vorworts sogar ausdrücklich hervorgehoben. In der Manuskriptfassung heißt es noch etwas abstrakt (anthropologisch): „Es gibt in der Geschichte nichts Unwandelbares, außer dem utopischen Wollen, außer dieser Intention auf eine uns adäquatere Welt" (LMS 13). Für die Druckfassung legt Bloch diese „Invariante der Richtung" aus und bindet sie an Theorie und Sprachgebrauch des offiziellen HistoMat an. „Das Wohin des Wirklichen zeigt erst im Novum seine gründlichste Gegenstandsbestimmtheit, und sie ruft den Menschen, an dem das Novum seine Arme hat. [...] Versteht sich das Sein aus seinem Woher", – dem *Historischen Materialismus* (HistoMat) zufolge erklärt sich das Sein aus der Geschichte, die in Etappen von Produktionsweisen verläuft –, „so daraus nur als einem ebenso tendenzhaften, noch unabgeschlossenen Wohin" (die zielbezogene Auslegung des Tendenzhaften in der geschichtlichen Entwicklung durch Bloch). Bloch weiter:

> *Das Sein, das das Bewußtsein bedingt, wie das Bewußtsein, das das Sein bearbeitet, versteht sich letzthin nur aus dem und in dem, woher und wonach es tendiert.* (PH 17–18 – Hervorhebung von Bloch).

Die Umformulierung des Satzes von Marx, der aus dem Nachwort der zweiten Auflage des Kapitals stammt und von Stalin zum zentralen Leitsatz des HistoMat erhoben wurde (Stalin, s. o., S. 1, „Es ist nicht das Bewußtsein der Menschen, das ihr Sein, sondern umgekehrt ihr gesellschaftliches Sein, das ihr Bewußtsein bestimmt."), wird von Bloch in zweifacher Weise erweitert gedeutet: Nicht nur das gesellschaftliche, sondern das Sein überhaupt bedingt das Bewusstsein, wobei dazugehört, dass der Mensch (vermittelt durch das Bewusstsein) wesentlich das Sein „bearbeitet", auf es einwirkt und es verändert. Dieses gesellschaftliche, anthropologische und in der Natur verankerte Sein versteht sich letztlich nur aus der „Glückswerdung" (PH 16), die der durch alle Materialisierungen des Seins hindurchlaufende tendenzhafte Prozess im Horizont hat. Die dialektische Tendenz genau zu kennen heißt, diesen durchgängigen Zug über die Stufen der Etappen hinweg als offenen bei der Geschichtsbetrachtung mit zu denken:

> Wahre Handlung in der Gegenwart selber geschieht aber einzig in der Totalität dieses rückwärts wie vorwärts unabgeschlossenen Prozesses, materialistische Dialektik wird das Instrument zur Beherrschung dieses Prozesses, zum vermittelt beherrschten Novum. (PH 7)

Anstatt den Geschichtsprozess aus einer Grundlagenlehre wie dem DiaMat abzuleiten, besteht Bloch auf dem Vektor, der den menschlichen subjektiven Faktor in Verbindung mit dem offenen System einer Ontologie des Noch-nicht, gefasst in einer *neuen Philosophie des Neuen,* die Geschichte zielhaft durchlaufen lässt.

In der redigierten Endfassung des Vorworts für den Druck bemüht sich Bloch, die Kluft zwischen dem Geschichtsbegriff des offiziellen HistoMat und seinem eigenen durch einen längeren Einschub zu überbrücken. Gegenstand ist die „Ratio". In der Art, wie Bloch an dieser Stelle redigiert, scheint sich hier die tiefgreifendste Veränderung gegenüber dem in den USA verfassten Manuskript anzudeuten.

Für das Neue

> ist die Ratio des noch fortschrittlich gewesenen bürgerlichen Zeitalters das nächste Erbe (minus der standortgebundenen Ideologie und der wachsenden Entleerung von Inhalten). Aber diese Ratio ist nicht das einzige Erbe, vielmehr, auch die vorhergehenden Gesellschaften und selbst mancher Mythos in ihnen (wieder minus bloßer Ideologie und erst recht minus vorwissenschaftlich erhaltenem Aberglauben) geben einer Philosophie, die die bürgerliche Erkenntnisschranke überwunden hat, gegebenenfalls fortschrittliches Erbmaterial ab, wenn auch, wie sich von selbst versteht, besonders aufzuklärendes, kritisch anzuzeigendes, umzufunktionierendes. (PH 7–8).

Es folgen zahlreiche Beispiele, angefangen bei vorkapitalistischen Begrifflichkeiten bis hin zur Mythologie. Man sieht, wie Bloch nachdrücklich und wiederholt, begleitet von vorsorglichen Abschwächungen, mit dem Gedanken vertraut machen will, aus Nicht-Rationalem könnte Wertvolles gewonnen werden, dabei aber zugleich das Rationale entschieden in den Vordergrund rückt. (In der Manuskriptfassung – LMS, 6 bzw. TMS, f – hatte er noch ein „drittes Prinzip" in Aussicht gestellt, einen „frischen Standort", von dem aus „docta spes sich […] auflösend und erbend zu beiden", Mythos und Logos, verhalte). Die Annäherung an den offiziellen Standpunkt, die sich in dieser Änderung andeutet, schien Bloch wenige Monate später noch dringlicher zu sein: In einem offenen Brief (gerichtet an die Bezirksleitung der SED in Leipzig) zu seiner Verteidigung schreibt er, die ihn kritisierenden Kollegen am Institut für Philosophie hätten „nicht zur Kenntnis [genommen], dass im ‚Prinzip Hoffnung' der […] ‚Traum' nie als unterrationaler, gar irrationaler Nachttraum, sondern – auf Grund der Entdeckung eines ‚Noch-Nicht-Bewussten' […] stets als ein zum Hellen, Vernunfthaften ausgerichteter Tagtraum nach vorwärts untersucht und dargestellt wird." (Caysa 1992, 146). Solche Äußerungen waren Tribute, die Bloch in Leipzig aus taktischen

Gründen zollte. Dass Bloch von dieser gleichsam ‚symmetrischen' Sicht dennoch abrückte und nach einer begrifflichen Neubestimmung suchte, hatte allerdings nicht nur taktische Gründe, wie seine lebenslange Auseinandersetzung mit Georg Lukács zeigt. Mit ihm führte er die originäre Diskussion um Einsprengsel, die das schematische Vernunftmodell aufbrechen. Durch ihre Berücksichtigung glaubte Bloch der „Banalität" in der marxistischen Theorie entgegenzuwirken (vgl. Abschnitt 4c im Kommentar zu Kapitel 54/55). Es ist nicht so, dass, was in der Vernunft nicht aufgeht, sich bei Bloch „im Spätwerk fast verliert" (So Riedel (1994, 24) in einer Arbeit über Blochs „Nietzscheanismus"; mit „Spätwerk" ist auch schon das *Prinzip Hoffnung* gemeint – im Gegensatz zu *Geist der Utopie*. Zum „Dionysischen" bei Bloch vgl. auch Gekle 1990.), sondern es wird verändert dargestellt – und nach den Erfahrungen mit *Erbschaft dieser Zeit* werden die Brüche sorgsam kaschiert.

2.6 Kritik des zeitgenössischen Existentialismus

Der damals angenommene Niedergang der kapitalistischen Gesellschaft fand seinen, aus der Perspektive des HistoMat nur folgerichtigen, Widerhall in den existentialistischen Philosophien der Angst und Furcht (die bei Drucklegung des *Prinzips Hoffnung* nur noch „im Westen", PH 2, verortet wurden). Dass es sich dabei um schädliche Ideologien handle, die teils mit denselben Elementen wie Blochs Philosophie des Neuen arbeiteten und sie missbrauchten, erläutert Bloch in dieser wütenden Ergänzung zum ursprünglichen Vorwort (PH 2–3), die mit der bürgerlichen (sprich: existentialistischen) Philosophie abrechnet. Bei Heidegger, Sartre und Camus (Bloch nennt die Namen nicht, aber der Bezug ist eindeutig) gebe sich der „Nihilismus als objektivistische Maske des Krisenphänomens". Mit Angst und Hoffnungslosigkeit werde das „Unaushaltbarste" ontologisiert, „die Miseren der westlichen Philosophie" kämen nicht ohne „Lombardierung", ohne Anleihen bei einer Philosophie aus, die das „Übersteigen, Überschreiten" zu ihrem Prinzip mache, aber in „zynisch-interessierter" Weise. In der Tat fasst der junge Sartre in *Das Sein und das Nichts* das Denken als Überschreiten:

> Das Cogito verweist seiner Natur nach auf das, was ihm mangelt, und auf das, was es verfehlt; [...] und das ist der Ursprung der Transzendenz: die menschliche-Realität ist ihr eigenes Überschreiten auf das hin, was sie verfehlt, sie überschreitet sich auf das besondere Sein hin, das sie wäre, wenn sie das wäre, was sie ist. Die menschliche-Realität ist nicht etwas, was zunächst existierte und dem es dann an diesem und jenem mangelte: Sie existiert zunächst als Mangel und in unmittelbarer synthetischer Verbundenheit mit dem, was sie verfehlt. (Sartre 1943, Übers. vom Autor 132).

Das Denken (cogito) zielt also auf etwas, das dem denkenden Ich fehlt und das es als Mangel (bzw. Fehlen, le manque) wahrnimmt. Es *ist* Überschreiten, indem es auf etwas abzielt. Dieses wird von ihm jedoch je immer verfehlt (il le manque), das Abzielen-auf-etwas, die *Intention*, und das anvisierte Ziel kommen nicht zur Deckung. Die menschliche-Realität „nichtet" etwas im Sein (darin besteht das Überschreiten), wodurch sie stets in die unreine Situation kommt, dass sie hinübersteigt zu dem, was seiner *Existenz* als Sein, als verdinglichtes Wesen entgegengesetzt ist: Bei Sartre ist das Überschreiten ein strukturelles Verhältnis, ein Akt, der je statthat, wenn die menschliche-Realität sich in die Welt der Wesenheiten, der Dinge aktiv einlässt. Der Akt manifestiert sich im Wortspiel von *manque* und *manquer* als Mangel bzw. Fehlen und verfehlen: der menschlichen-Realität mangelt, fehlt etwas, weshalb sie im Sein etwas intendiert, und dabei aber, weil sie im nicht freien „Sein" agiert, ihre Intention verfehlen muss. „Denken heißt Überschreiten" (PH 2 und 3), eines der Leitmotive von Blochs Philosophie, wird hier somit zum strukturellen Verhältnis zweier gegensätzlicher Sphären – der Welt des Seins und der nichtenden Freiheit; der Mensch ist von der Zukunft bestimmt, indem er seine Intention ent-wirft (pro-jet); die aber wird auf Strukturelles eingeschränkt und dadurch, mit Blochs Ausdruck, zu „unechter Zukunft".

Sartre konzipiert einen Wesensbegriff des Menschen, der nur insofern keiner ist, als er auf das Strukturelle eingegrenzt ist. Die „menschliche Intention" wird bei Sartre aus dem Mangel heraus konstruiert und zum im Mangel offenbaren Ziel, das in diesem Akt zugleich verfehlt wird. Für Bloch ist diese Konstruktion eines strukturellen Wesensbegriffs dagegen verkürzt und auf beschränkte Weise ontologisiert; der Mensch ist seiner anthropologischen Intention nach aktiv und sucht die Fülle des Inhalts in der Welt, deren Wesen „an der Front" (PH 18), im Bereich lebendiger Auseinandersetzungen liegt.

Das Motto „Denken heißt überschreiten" hat Bloch gleich zweimal im Vorwort angeführt (PH 2 und 3). An der ersten Textstelle wird, gleichlautend wie im Ludwigshafener MS, das denkende „Überschreiten" als der Grundzug Heideggers und Sartres bestätigt und zugleich maßgeblich korrigiert: Wirkliches Überschreiten gehe „nie ins bloß Luftleere eines Vor-uns" (PH 2), sondern „kennt und aktiviert die in der Geschichte angelegte, dialektisch verlaufende Tendenz". Die Wiederholung des Mottos im Folgeabsatz ist in der Druckfassung hinzugefügt. Die Kritik ist nun nicht mehr nur gegen die „reaktionären", „nicht allzu scharf" denkenden Vertreter des Existentialismus gerichtet, sondern auch gegen gewisse Multiplikatoren der Parteilinie. Bloch zitiert ohne die Herkunft zu benennen oder das Zitat als Zitat auszuweisen eine Textstelle, die er bis dato nur in einem nichtveröffentlichten Manuskript verwendet hatte und die aus „Uli der Knecht" von Jeremias Gotthelf stammt. Es geht um die „Helden des windigen Zeitgeists": „Prüft man sie, so sind es lauter Windblasen: bläst man nichts hinten rein, kömmt nichts vornen raus; sind ohnmächtige Wesen, untertan jeglichem Winde, der über sie hinfährt, haben aber große Fähigkeit, den Wind zu fassen, große Fähigkeit, ihn verflucht ring (leicht) wieder von sich zu geben; wäre aber kein Wind, so wären sie auch nichts. Es sind moderne Naturen oder, etwas vulgär gesagt, die Schweinsblasen des Zeitgeistes oder jeden anderen Geistes, der sein Maul an ihr Röhrchen wagt". (LA 379)

In dieser Textpassage, die also zum zweiten Mal mit „Denken heißt überschreiten" (PH 3) anhebt, wird moniert, dass dieses überschreitende Denken bisher nur „die Schweinsblase eines ... schematisierenden Zeitgeistes" fand, der das Entdeckte verdrängte. Damit war noch sehr verklausuliert (und eben entschlüsselbar nur für den gebildeten Leser des Nicht-Klassikers Jeremias Gotthelf) das stupide Nachplappern derjenigen angesprochen, die im Auftrag des Instituts für Marxismus-Leninismus (und damit in Konkurrenz zu Blochs Institut für Philosophie) Marxismus „lehrten"; zwei Jahre später (1955) sollte Bloch dann in die Offensive gehen und beklagen, dass „Studenten" und „sympathisierende Intelligenz durch Schematiker gestört werden, deren Wappen der Papagei ist, mit Holzhammer daneben, dem zuschlagenden, nicht nur einbläuenden." (PA 324).

– Wie das (von Bloch auf seinem Grabstein gewünschte) Insignum eine Bedeutung gewinnen kann, die über diesen eher *philologischen* Nachweis hinausgeht, hat Hanna Gekle gezeigt. An Bloch kann man lernen, dass Denken erstirbt, wenn es zur Vollendung käme, statt sich an seinen Grenzen zu stoßen; es gibt eine „Schutzfunktion, die das Dunkel des gelebten Augenblicks übernimmt, indem es das menschliche Unglück gnädig vor seiner eigenen Erkenntnis verhüllt." (Gekle 1986, 15)

Für Albert Camus ist wie für Bloch das „utopisches Wollen" und die „Intention auf eine uns adäquatere Welt" ein menschlicher Grundzug, der allenfalls unterdrückt oder überdeckt werden kann, und nach dem der Mensch streben muss, um glücklich zu werden. Doch während Bloch auf dieses Ziel emphatisch zusteuert und in den Heilsbotschaften der Religionen säkularisiert zu beerbende Inhalte findet, heroisiert Camus das Moment innerer Freiheit, sich von der Illusion eines unerreichbaren Ziels zu lösen, das utopische Wollen säkular ernüchtert als u-topisch zu wissen, und so in einer Welt ohne Götter das Glück zu finden: „Auf dem Weg zu den Gipfeln hin reicht der Kampf an sich aus, um das Herz eines Menschen zu erfüllen." Insofern könne man sich Sisyphos als einen glücklichen Menschen vorstellen.

> Wenn der Mensch seine Pein betrachtet, heißt er alle Idole schweigen. Im Universum, das plötzlich auf seine Stille zurückgeworfen ist, erheben sich die tausend wunderbaren kleinen Stimmen der Erde. [...] Es gibt keine Sonne ohne Schatten, und es gilt, die Nacht zu erkennen. Der absurde Mensch sagt ja, und seine Anstrengung hört nicht mehr auf. [...] In diesem besonderen Augenblick, in dem der Mensch sich seinem Leben zuwendet,

betrachtet Sisyphos [...] sein Schicksal [...] als von ihm geschaffen, vereint unter dem Blick seiner Erinnerung und bald besiegelt durch den Tod. Derart überzeugt vom ganz und gar menschlichen Ursprung alles Menschlichen, ein Blinder, der sehen möchte und weiß, dass die Nacht kein Ende hat, ist er immer unterwegs. Noch rollt der Stein. (Camus 1956,159–160)

Der Weg des Ankämpfens ist zugleich das Ziel eines illusionslosen Angelangtseins. Dass der Mensch sich in der unzulänglichen Welt einrichten muss, bedeutet für ihn die Anerkennung einer absurden, da durch ewige Rückschläge gezeichneten Invariante der Richtung. Bloch erregt sich über diese Charakterisierung des Menschen. Sie sei zwar „wesenhaft von der Zukunft her bestimmt", aber „zynisch interessiert" und „aus der eigenen Klassenlage hypostasiert" so, „dass die Zukunft das Ladenschild der Nacht-Bar zur – Zukunftslosigkeit" und „die Bestimmung des Menschen das Nichts" sei. Mit einem Bibelzitat, das schon Hegel in der Vorrede zur *Phänomenologie des Geistes* seinen Zeitgenossen entgegenwarf, hält Bloch diesem „verwesend schwüle[n], wesenlos nihilistische[n] Grabgeläute" entgegen, es möchten „die Toten ihre Toten begraben", während es auch eine „überständige Nacht", also zeitweise Vereitelung, nicht vermöge, den „beginnenden Tag" der Hoffnung aufzuhalten.

Die drei philosophischen Ansätze aus den 1940er Jahren haben gemein, dass sie aus einer existentiell-anthropologischen Grundstimmung heraus je auf unterschiedliche Weise den Begriff einer in gewisser Weise *metaphysischen Freiheit* auslegen. Sartre bestimmt die Struktur der menschlichen Realität als Freiheit, zu der der Mensch „verurteilt" ist – in jeder Situation muss er sich wählen und sich sein Wesen geben, auch wenn die Situation von Unfreiheit und Auswegslosigkeit gekennzeichnet ist. Camus beschreibt, wie man im illusionslosen Glauben an die Vergänglichkeit sein endliches Dasein akzeptieren und sich in den von der Welt gesetzten Notwendigkeiten an seiner inneren Freiheit aufrichten kann. Beides sind Freiheitsbegriffe, die im Andenken vormaliger Heilsbotschaften (der Religionen) gekappt sind.

Bloch thematisiert diese Art der existentiellen Freiheit nicht. Aber der Standpunkt Blochs lässt sich aus der in seinem offenen System angelegten philosophischen Perspektive unschwer erschließen. Diese Art von strukturell eingeschlossener Freiheit käme einem Sich-Bescheiden vor dem Ziel gleich. Oder umgekehrt: In solch abgeschlossener Weise ist sie nur denkbar als ein letztthinniger Grenzwert, von dem nicht ausgesagt werden kann, ob er je erreicht werden wird oder nicht; denn er setzte jene letztendliche Identität voraus, die das menschliche Streben aufheben würde und in die Intuition münden ließe, die Bloch, ins Positive gewendet, mit einem Goethe-Zitat „Könnt ich zum Augenblicke sagen [...]" (vgl. PH 15) umschreibt. Bis dahin bleibt die „menschliche Intention" intakt, und misst sich an der Tendenz und Latenz eines letzthin Gelungenen. Die heroischen Perspektiven des Nichts sind lediglich Ausgeburten des vom Zeitgeist getränkten gesunden Menschenverstands. Diese haben, wie alle Zeitkritik, ihre begrenzte Geltung. Doch vor dem Hintergrund des Unausgemachten, ausgewiesen vom offenen System, besteht kein Anlass eines Sich-Beugens in falscher Endgültigkeit vor den Grenzen der Zeit: Dass die Welt noch unausgemacht ist und nicht anders als in einem offenen System gedacht werden kann, gilt auch und erst recht für die zeitgenössische Philosophie.

Die erst in Europa Anfang der 50er Jahre eingefügten, gegen die „bürgerliche" Philosophie gerichteten ideologie-kritischen Zusätze im Vorwort zum *Prinzip Hoffnung* sollten zeigen, dass Grundbegriffe des Existentialismus ursprünglich eine andere Bedeutung haben und der marxistischen Philosophie (der zusammen mit dem Marxismus aufkommenden *neuen Philosophie des Neuen*) entstammen. Bloch konnte den DDR-Apparat davon nicht überzeugen. Ihm wurde entgegnet, er habe keine marxistische Philosophie, sondern einen Gegenentwurf der Hoffnung zur existentialistischen Philosophie der Angst und des Nichts vorgelegt.

Das Argument galt im Kontext der DDR Ende der 50er Jahre als Vorwurf. Bloch sah darin seiner Grundeinstellung entsprechend eine Erbschaft an einem Kulturprodukt der Zeit, die er im Rahmen der *neuen Philosophie des Neuen* angetreten hatte. Sie wurde ab den 70er Jahren von Helmut Fahrenbach in den entsprechenden Kontext gestellt und systematisch entfaltet: Bloch war, schon vor Sartres Hinwendung zum Marxismus, *auch* ein marxistischer Existentialist, der Momente der individuellen Selbsterfahrung mit historisch-dialektischer Geschichts- und Gesellschaftsanalyse zusammen dachte (Fahrenbach 1985, 1986, 1988, 1997).

2.7 Blochs Sprache

Hier sei abschließend ein Aspekt beleuchtet, der Blochs Vorgehen weiter erschließt: Blochs Sprachstil, den man als zum Inhalt der *neuen Philosophie des Neuen* als eine (aufgrund von deren Struktur) angemessene neue Schreibweise betrachten kann. Ein systematischer, kohärenter oder wissenschaftlicher Diskurs würde dem „Geist" der Blochschen unabgeschlossenen *neuen Philosophie des Neuen* nicht gerecht – viel angemessener ist Blochs Philosophie als Fragment gefasst, als ein Gewebe mit Imaginationslücken, unfertig nicht nur subjektiv, sondern auch objektiv, gleich jedem menschlichen Werk „wie Stückwerk" auf den Grund der Tagträume aufgetragen: Das ist eine These, mit der wir uns hier nicht befassen können. Hier soll lediglich weiter gefragt werden, ob und (wenn ja) inwiefern die eigenwillige Form der Sprache, changierend zwischen Diskurs und Literatur, zwischen Logik und Prophetie, von Bloch für ein taktisches Versteckspiel genutzt werden konnte.

Der spezifische, selbst in Fachaufsätzen oder Briefen wiedererkennbare Schreibstil Blochs arbeitet von Anfang an mit ästhetisierenden Sprachmitteln, wie sie sich auch am Vorwort des *Prinzips Hoffnung* unschwer zeigen lassen: mit Wortschöpfungen und bildhaften Ausdrücken („blühendes Fragengebiet", „Weltknoten"), mit Sprichwörtern, Aussprüchen und Redensarten aus der alltäglichen Umgebung („den Appetit verdorben", „von Rost und Motten gefressen", „im Argen liegen"), mit Fremdwörtern und fremdsprachigen Ausdrücken („Lombardierung", „res finita"), mit literarischen Kunstworten („unvordenklich", „ungelungen"), mit Wendungen und Zitaten aus der Literatur („Wolkenkuckucksheim", „verweile doch, [...]"). Eine lange Reihe von Kategorien, die teilweise entliehen (das Unbewusste), teilweise geschaffen (das Noch-nicht-Bewusste) und teilweise, wie die „Kategorien Zukunft, Front, Novum" (PH 6), dazu erklärt sind und denen man den Kategoriencharakter nicht ohne weiteres ansieht, bildet in Blochs *Enzyklopädie der Hoffnung* (wie überhaupt im gesamten Werk) einen losen, nicht auf zwingende Logik hin angelegten Zusammenhang, trotz des Festhaltens am Systemgedanken der Philosophie. Typisch für Blochs Schreibweise sind thetisch gesetzte Sentenzen („Das Grundthema der Philosophie, die bleibt, wie sie ist, indem sie wird, ist die noch ungewordene, noch ungelungene Heimat", „das Wesen der Welt liegt selber an der Front"), die keinen Widerspruch zulassen oder dazu zumindest nicht einladen. Der Schreibstil wurde von vielen, darunter auch von seinen Kritikern aus der Kommunistischen Partei, die auch Allgemeinverständlichkeit vermissten und sich an der Flut bildungsbürgerlicher Anspielungen störten, zu Unrecht „expressionistisch" genannt, weil er, wie Bloch zurecht einwandte, viel älteren Datums als der Expressionismus war (vgl. Caysa 1992, 145). Dass Bloch aber die rein kategoriale Überlegung eines „utopischen Gewissens" (wie oben gezeigt) hinter dem Pathos eines *„Gewissen des Morgen, Parteilichkeit für die Zukunft, Wissen der Hoffnung"* verstecken konnte, lag an seinem spezifischen Sprachstil.

Neben Wendungen dieser Art, in denen der spezifische Sprachduktus zum Einsatz kommt, gibt es noch den anderen Aspekt des Versteckspiels, für den, wie mehrfach angedeutet, die taktische Berufung auf Marx die von Bloch gewünschte strategische Bindung mit dem Marxismus als praktischer politisch-sozialer Bewegung (d. h. dem offiziellen Marxismus-Leninismus) festigt. Nachdem Bloch, mit dem fertigen Manuskript im Koffer, in Leipzig eingetroffen war, rüstete er auf, um in den ideologischen Machtkämpfen um die Hegemonie in der Universität zu bestehen. Auch dafür legt das Vorwort ein Zeugnis pars pro toto ab. Im ersten Entwurf des Vorworts wurde Marx nur zweimal – an systematisch entscheidender Stelle – zitiert. Zum einen macht Bloch Marx zum Urheber des „Pathos des Veränderns" (PH 7), im Gegenzug gegen den Bann der Anamnesis, d.h. des „Pathos des Gewesenen" (PH 15) in der Philosophie. Seit

Marx orientierte sich Philosophie statt an „Schauung und Auslegung" produktiv nach vorn.

Das zweite Mal macht Bloch Marx zum Urheber an überraschend ungewohnter Stelle, nämlich zum Urheber des schon erwähnten *dritten Prinzips*.

> Bisher gab es zwei [...] Alternativen der Weltanschauung, und sie waren beide nur betrachtende: die archaisch-mythische und die urban-rationalistische. [...] Aber nie trat, bis auf Marx, eine Wissensart entschieden über die beiden Alternativen hinaus. Das Dritte: Das Sprengend-Utopische, [...] kam überall nur in Hüllen und Einschüssen vor, ohne dass es als Hauptsache erkannt worden wäre. (LMS 4)

Marx als Mittler zwischen Rationalem und Nichtrationalem – das ist eine Rolle, die Bloch dem „Begründer des Marxismus-Leninismus" offensiv nicht weiter zugesprochen hat; er leugnet den Gedanken sogar ausdrücklich (s. o.). Und im selben Vorbereitungsgang der Drucklegung nimmt Bloch die Gelegenheit für eine letzte Überarbeitung wahr und versieht den Text auf 17 Seiten mit nicht weniger als *zehn zusätzlichen* Einfügungen mit Verweisen auf Marx („bis zu Marx", „seit Marx", „erst der Marxismus" usw.), gipfelnd in einem Zitat von Lenin, das er ganzseitig in das Vorwort einflicht (vgl. Druckfassung, PH 8f, und PMS 11). Das geschieht einerseits, um etwaige Zweifel an der von ihm verfolgten Linie „autoritativ" aus der Welt zu schaffen, wie seine Kritiker in der DDR monierten (Caysa 1992, 131); extensives Zitieren war im Marxismus-Leninismus eine geläufige Waffe, mit der diejenigen, die sich auf die rechte Lehre beriefen, die eigene Auslegung zu zementieren suchten. Bloch aber nutzt die Einschübe mit den Verweisen auf Marx nicht nur, um Behauptungen zu *belegen,* sondern auch um den marxistischen Kontext als so selbstverständlich darzustellen, dass der originäre eigene Ansatz unauffällig im Hintergrund des marxistischen Kontextes verschwindet. Die *neue Philosophie des Neuen* wird jetzt zur Philosophie, die „durch Marx eröffnet" wurde; das *anthropologische Moment* des konkreten Überschreitens hat „bis zu Marx keinen Weltaspekt erregt", in den Träumen vom besseren Leben „war immer schon eine Glückswerdung erfragt, die erst der Marxismus eröffnen kann" (PH 16): darin „bezeichnet Marx die Wende" (PH 4); das „Real-Mögliche" an Hoffnungsbildern „geht zu Marx" (PH 16); der *Geschichtsbegriff*: „Marxistische Philosophie ist die der Zukunft, also auch der Zukunft in der Vergangenheit;" (PH 8); *der Wissensbegriff*: „Marxistisches Wissen bedeutet: die schweren Vorgänge des Heraufkommens treten in Begriff und Praxis." (PH 17).

Bloch hat später diese Zuweisungen, die verhüllen und bezeugen, was die kritische Solidarität zur sozialistischen Bewegung des Marxismus abverlangte, in der Tübinger Einleitung in die Philosophie teilweise gelichtet. Aber auch im Deutschland der 60er Jahre war bei der Mehrheit *seiner* Klientel mehr der marxistische *Prophet* gefragt – und Bloch hat sie gewähren lassen. Nach dem Ende des

Blockdenkens und seiner vielfältigen Auswirkungen, auch auf die Hermeneutik der Zeitläufte, kann sich eine heutige Lektüre einen nüchterneren Blick leisten, in Marx nur noch einen kritischen Theoretiker und Praktiker mit epochaler Wirkung sehen und in Bloch den Vertreter einer *neuen* Philosophie würdigen.

Dass Bloch die strukturelle Grundanlage seiner neuen Philosophie eher verschleiert als klar hervortreten lässt, ist die hier vertretene These, die im Lauf dieses Kommentars anplausibilisiert wurde. Bloch entwirft im *Prinzip Hoffnung*, so kann man zusammenfassen, die Grundlinien einer *neuen Philosophie des Neuen*, deren strukturelles Charakteristikum die neue Form eines offenen Systems ist. Die Anlage dieses offenen Systems erfordert, dass für Denken und Handeln grundlegende anthropologische Überlegungen notwendig sind, die aufzeigen, wie sich der Mensch in der Offenheit der im offenen System angedachten (möglichkeitsgeladenen) Wirklichkeit orientiert. In diesem offenen Bezugsverhältnis wirkt ein „utopisches Gewissen", eine „menschliche Intention", eine gerichtete anthropologische Konstante, die eine „uns adäquatere Welt" intendiert und die sowohl gestimmt wie belehrt als „Hoffnung" beschrieben wird. Sie nimmt maßgeblichen Einfluss und kann in der Geschichte als praktisch wirkender Zug fortlaufend nachgewiesen werden. „Dialektik" ist für Bloch, diesen Zug in der Geschichte herauszuarbeiten, ihn in seiner Vielgestaltigkeit zu deuten und ihn für Neues in der Zukunft fruchtbringend zu verstärken. Marx war derjenige, der als erster eine Theorie entwarf, die diesen objektiv-subjektiven Grundzug der Geschichte entdeckte und zur Grundlage seiner epochalen Gesellschaftstheorie machte. Es ist die grundlegende „menschliche Intention", auf die Bloch setzt, und die dennoch keine überzeitliche Wesensbestimmung des Menschen ist, sondern gebunden bleibt an die Vorläufigkeit allen Handelns und Denkens – aufgrund der Ungelöstheit des „Welträtsels", des nicht durchschlagenen „Weltknotens", im jederzeit erlebten „Dunkel des gerade gelebten Augenblicks".

Literatur

Ernst Bloch: Das Prinzip Hoffnung. Ludwigshafener Ms., 1947
Ernst Bloch: Das Prinzip Hoffnung. Potsdamer Ms., 1949/51
Ernst Bloch: Das Prinzip Hoffnung. Tübinger Ms., 1949/50
Ernst Bloch: „Offener Brief an die Bezirksleitung der SED in Leipzig". In: Volker Caysa u. a. (Hg.), „Hoffnung kann enttäuscht werden". Ernst Bloch in Leipzig, Frankfurt a. M. 1992, 129–137
Eberhard Braun: Aufhebung der Philosophie. Marx und die Folgen. Stuttgart/Weimar, 1992
Eberhard Braun: Aufhebung der Philosophie. Die Veränderung des traditionellen Philosophiebegriffs bei Marx und in der Marxnachfolge, Ms. ca. 1983
Volker Caysa u. a. (Hg.): Hoffnung kann enttäuscht werden. Ernst Bloch in Leipzig, Frankfurt a. M. 1992

Friedrich Engels: Einleitung zur englischen Ausgabe der ‚Entwicklung des Sozialismus', MEW 22, 287–311

Helmut Fahrenbach: Utopisches Bewusstsein und gesellschaftliches Sein. Zur Transformation einer Formel in der Philosophie Ernst Blochs. In: Gajo Petrovic, Wolfdietrich Schmied-Kowarzik, Die gegenwärtige Bedeutung des Marxschen Denkens, Bochum 1985

Helmut Fahrenbach: Marxismus und Existentialismus (Lukács, Sartre, Bloch). In: Gvozden Flego u. a. (Hg.): Ernst Bloch – Utopische Ontologie, Bochum 1986

Helmut Fahrenbach: Angst und Hoffnung als Elemente der Existenzerhellung und Weltorientierung. Eine Erörterung im Blick auf M. Heidegger und E. Bloch. In: Angst und Hoffnung. Grundperspektiven der Weltauslegung, Mainz 1988, 45–90

Helmut Fahrenbach: Blochs utopisch-praktische Philosophie der Zukunft und die Gegenwart. In: ‚Kann Hoffnung enttäuscht werden?' Bloch-Jahrbuch 1997, Mössingen-Talheim 1998

Hanna Gekle: Wunsch und Wirklichkeit. Blochs Philosophie des Noch-nicht-Bewußten und Freuds Theorie des Unbewußten. Frankfurt a. M. 1986

Hanna Gekle: Die Tränen des Apoll. Zur Bedeutung des Dionysos in der Philosophie Ernst Blochs. Tübingen 1990

Hans Günther: Rezension von ‚Erbschaft dieser Zeit'. In: Internationale Literatur, Moskau, Heft 3, 1936. Jürgen Habermas, Zur Rekonstruktion des Historischen Materialismus, Frankfurt a. M. 1976

Johannes Horn (Hg.): Ernst Blochs Revision des Marxismus, Berlin 1957

Georg Lukács: Der Funktionswandel des Historische Materialismus". In: ders., Geschichte und Klassenbewußtsein. Neuwied und Berlin 1968

Ulrich Müller-Schöll: Das System und der Rest. Mössingen-Talheim 1999

Helmuth Plessner: Die Aufgabe der philosophischen Anthropologie. In: ders., Zwischen Philosophie und Gesellschaft, Frankfurt a. M. 1979, 133–150

Roeder von Diersburg: Zur Ontologie und Logik offener Systeme (Bloch). Hamburg 1967

Jean Paul Sartre: L'Etre et le néant, Paris 1943.

Robert Schulz: Blochs Philosophie der Hoffnung im Lichte des Historischen Materialismus. In: Gropp 1957

Joseph Stalin, Über dialektischen und historischen Materialismus (1938), http://ciml.250x.com/archive/stalin/german/gst diahistomat.html

Peter Thompson: Mensch. In: Beat Dietschy, Doris Zeilinger, Rainer E. Zimmermann (Hg.): Bloch-Wörterbuch. Leitbegriffe der Philosophie Ernst Blochs, Berlin 2012

Francesca Vidal: Sozialistische Rhetorik. In: Gerd Ueding (Hg.), Historisches Wörterbuch der Rhetorik Bd. 8, Tübingen 2007, Spalte 1031–1048

Doris Zeilinger: Wechselseitiges Ergreifen. Ästhetische und ethische Aspekte der Kulturphilosophie Ernst Blochs. Würzburg 2006

Rosalvo Schütz
3 Immanenz und Latenz der kleinen Tagträume
1. Teil, Nr. 1–8, 31–35 → 19–20

3.1 Ausgangspunkt

Eine Textauslegung soll nicht schwieriger sein als der Text selbst: sonst können ihn die Leser ja lieber selbst lesen. Sie soll aber auch nicht den Text ersetzen, denn sonst müsste er gar nicht mehr gelesen werden. Außerdem stellt man leicht fest, wie wir bereits von Jacques Rancière (2004) her wissen, dass sich hinter der sogenannten Auslegung meistens eine eigene Version des Textes versteckt, welche vorgibt, die wahre und authentische Interpretation zu sein. Wozu kann eine Auslegung dann noch dienen? Wenn überhaupt, dann kann sie nur als bescheidene Einführung und als Sammlung von Hinweisen auf einige Aspekte, Motive oder sogar die Voraussetzungen des Textes angesehen werden. Im besten Fall motiviert sie zum Selbstlesen.

Und hier gibt es noch eine Besonderheit, eine spezifische Schwierigkeit: der zu interpretierende Text ist in einer anderen Sprache verfasst! Was soll dann ein brasilianischer oder allgemein lateinamerikanischer Autor auf Deutsch zu Ernst Bloch schreiben? Er kann bestenfalls von seinem eigenen Standpunkt ausgehen: er kann zum Beispiel zu verstehen versuchen, weshalb Bloch in Brasilien mehr und mehr gelesen wird. Denn etwas steht auf jeden Fall fest: Bloch wird tatsächlich immer häufiger auf unserem Kontinent gelesen, und seine Theorie wird auf eine erhellende Weise anregend, innovativ und produktiv bearbeitet. Schon in den siebziger Jahren des vorigen Jahrhunderts wurden die lateinamerikanische Theologie und Philosophie der Befreiung durch Bloch stark beeinflusst (Hahn 2007). Noch heute können wir diese Wirkung in verschiedenen Bereichen der Gesellschaft und vor allem in sozialen Bewegungen in aller Deutlichkeit bemerken. Außerdem werden Werke von Bloch neu übersetzt, Aufsätze geschrieben, und sogar in den Medien beruft man sich hin und wieder auf Bloch. Von woher bezieht die Blochsche Philosophie diese Anziehungskraft auf uns, die wir uns auf der anderen Seite des Atlantiks befinden? Ich versuche, diese Frage anhand des Abschnittes „Kleine Tagträume" im *Prinzip Hoffnung* (PH) zu beantworten.

Dass echte Kritik schwerlich möglich ist ohne eine entsprechende Hoffnung auf ein besseres Leben, hat auch der brasilianische Denker Paulo Freire unter verschiedenen Aspekten festgestellt. Im Einklang mit einigen Auffassungen, welche der Theologie der Befreiung entstammen, hängen für ihn Denunzierung (*denúncia*) und Ankündigung (*anúncio*) immer schon zusammen, denn nur so, als offene Zukunft (mit Blick auf den letzteren Begriff) kann sich nach seiner Überzeugung das „unerreicht Machbare" (*inédito viável*) (Freire 2002, 94) ermöglichen lassen. Letztendlich wurzelt die Hoffnung – und daher auch die Möglichkeit zur Kritik! – in der „ontologischen Berufung zum Mehrsein" (*vocação ontológica para o ser mais*) (Freire 2002, 72), denn nur wer auf irgendeine Weise mit seinem Sosein unzufrieden ist, macht sich auf die Suche nach einem möglichen anderen Sein. Die Menschen seien unabgeschlossene (*inacabados*) und sich als solche dieser Unabgeschlossenheit auch bewusst. Von Erich Fromm her (Freire 2002, 45) hatte Freire verstehen können, dass alle menschlichen Einrichtungen und Verhaltensweisen, die sich gegen diese Tendenz zum „Mehrsein" richten, zu einer durchaus *nekrophilen* Praxis neigen und meist nur der Legitimierung von Unterdrückung und von bestehenden Herrschaftsverhältnissen dienen. Dagegen lässt jene „ontologische Berufung zum Mehrsein" eine solche Praxis niemals am Horizont erscheinen und ist daher vor allem auf die Kritik bestehender Unterdrückungsverhältnisse ausgerichtet.

Schon hier scheinen sich die Gedanken von Freire und Bloch zu treffen, und vielleicht hat deshalb der Blochsche Gedankengang etwas fast Familiäres für viele von uns heute. Denn Bloch beginnt gerade in diesem Zusammenhang mit den kleinen Tagträumen: für ihn sind sie wesentliche (gleichsam ontologische) Bestandteile der menschlichen Verfasstheit, und sie lassen sich nie völlig domestizieren. Dieser Gedanke hat gerade heutzutage eine nicht zu unterschätzende Bedeutung. Denn dass man trotz aller gegenwärtig empfundenen Hoffnungslosigkeit, wachsenden Gleichgültigkeit und trotz aller Gefühle von Ohnmacht gegenüber der Welt „da-draußen" feststellen kann, dass die Tagträume nach wie vor das ganze menschliche Leben durchziehen, hat zumindest eine lebenserfrischende Wirkung. Die scheinbare Auswegslosigkeit der modernen Gesellschaft, welche ideologisch als die menschliche Situation *per se* dargestellt wird, ist für Bloch lediglich der Ausdruck einer „Auswegslosigkeit des bürgerlichen Seins", welches nicht mit dem menschlichen Leben als solchem verwechselt werden sollte. Bei Bloch heißt es dazu:

> Die Ideologien als die herrschenden Gedanken einer Zeit sind, nach dem schlagenden Marxsatz, die Gedanken der herrschenden Klasse; da aber auch diese eine selbstentfremdete ist, kam auch in die Ideologien außer dem Interesse, das eigene Klassenwohl als das der Menschheit überhaupt hinzustellen, jenes Vermissungs- und Überholungsbild einer Welt ohne Entfremdung, das vor allem im Bürgertum Kultur heißt und das die utopische Funktion zum Teil auch in jener Klasse am Werk zeigte, die sonst in ihrer Entfremdung sich wohlfühlte. (PH 170, man sehe auch: Albornoz 2006, 136–138)

Stattdessen wird von Geburt an bis ins höchste Alter dieser Ideologie widersprochen, indem die kleinen Tagträume stets vorhanden sind: „Solange der Mensch im Argen liegt, sind privates wie öffentliches Dasein von Tagträumen durchzogen; von Träumen eines besseren Lebens als des ihm bisher gewordenen." (PH 3). Sie sind sozusagen der Ausgangspunkt aller Utopien, sie schaffen den Grund, aus welchem das antizipierende Denken und Handeln sich in eine offene Zukunft hinein ermöglicht. Es geht also auch um die Annahme einer wichtigen Voraussetzung: Sowohl für Bloch als auch für Freire ist der Mensch ein offenes Wesen, das selbst in einem Werdeprozess steht, und nur so ist Hoffnung überhaupt möglich: „Erst mit der Verabschiedung des geschlossen-statischen Seinsbegriffs geht die wirkliche Dimension der Hoffnung auf. Die Welt ist viel mehr voll Anlage zu etwas, Tendenz auf etwas, Latenz von etwas [...]" (PH 17). Auch für Freire kann es keine Hoffnung geben, wenn jemand glaubt, die Welt sei ohnehin durchaus determiniert. Das Bewusstsein, dass die Welt bedingt ist, aber nicht deterministisch bestimmt, ist für ihn eine der wichtigsten Voraussetzungen, damit überhaupt zu einer Aufhebung der Ohnmacht vorgedrungen werden kann. Es gibt also keine abgeschlossene Welt und deshalb auch keine endgültige Theorie, die eine letzte Wahrheit vermitteln könnte! Indem der Mensch selber Teil dieses Werdeprozesses der Welt ist, ist auch er kein abgeschlossenes Wesen, oder wie Freire sagt: er ist ein unabgeschlossenes Wesen. Es sollte aber hinzugefügt werden, dass es dem Menschen auch bewusst sein kann, dass er selbst imstande ist, die Geschichte in ihrer Potenz zu ergreifen, indem er innovative Änderungen bewirkt.

Bloch ist ein Materialist (Lorenzoni 2015), d. h., er geht von der Tendenz und Latenz des Vorliegenden aus. Auf keinen Fall bedeutet dies aber, dass er die subjektiven Dimensionen des Menschen diesem Vorliegenden aufopfert: auch diese Dimensionen gehören zu seinem Naturbegriff (Bicca 2013). Natur ist nicht nur tote Materie. Geist und Natur sollen einer ursprünglichen Einheit angehören. Er definiert somit keine Ideale, um an ihnen die Wirklichkeit zu bemessen oder sie sogar anzupassen. Er sucht nichts außerhalb der Welt, um ihre Orientierung zu verändern. Und vielleicht beginnt er deshalb, ähnlich wie Marx, mit der elementaren Gestalt der Hoffnung: mit den kleinen Tagträumen. Wie Marx sagt:

> Der Reichtum der Gesellschaften, in welchen kapitalistische Produktionsweise herrscht, erscheint als eine ‚ungeheure Warensammlung', die einzelne Ware als seine Elementarform. Unsere Untersuchung beginnt daher mit der Analyse der Ware. (MEW Bd.23, 1974, 49)

Von den Tagträumen aus ermöglicht sich dann das Aufbauen, Erweitern und Analysieren der Utopien. Bei Freire wird Ähnliches behauptet, indem er feststellt, dass echte Befreiungsprozesse nur von den Unterdrückten selbst ausgehen können, ihre eigenen Träume ebenso wie ihre eigenen Widersprüche zugrundelegend: sonst würden sie weiterhin als reine Objekte, als anonyme Masse, behandelt. Somit werden bei Bloch die kleinen Tagträume immer wieder vorausgesetzt werden, obwohl er aber nicht bei ihnen stehen bleibt. Befreiung braucht, um erneut einen Vergleich zu Freire herzustellen, konkrete Kritik und Praxis, obwohl sie von den ganz alltäglichen Hoffnungen ausgeht, insbesondere müssen die unterdrückenden Bedingungen kritisch in Frage gestellt werden und es muss etwas zu ihrer Überwindung getan werden. Diese Richtung deutet Bloch selbst ganz wörtlich im *Prinzip Hoffnung* an: „Vorliegendes Buch handelt von nichts anderem als vom Hoffen über den gewordenen Tag hinaus. [...] Und der Weg geht über die kleinen Wachträume zu den starken." (PH 9) Unsere Tagträume sind also der erste materielle Hinweis darauf, dass die Zukunft selbst sich im Gegenwärtigen unmittelbar eingenistet hat, dass sie nicht „von draußen" in die Welt gebracht sein kann.

Vielleicht könnte man hier einen Gedanken der brasilianischen Denker Hugo Assmann und Jung Mo Sung (2000) heranziehen, die behaupten, dass es ohne kleine Hoffnungserlebnisse (*vivências de esperança*) kein weiteres politisches und soziales Engagement geben kann, denn es handle sich hier um eine voraussetzende Erfahrung, welche im Dialog mit einer grundsätzlichen Tat steht: Kleine Wünsche und Hoffnungen von einem besseren Leben durchdringen das ganze menschliche Dasein, sie brauchen aber Gelegenheiten, um sich zu verwirklichen, um sich in sinnlichen Erlebnissen und Erfahrungen auszudrücken und als solche auch verstanden werden zu können. Durch Erfahrungen dieser Art könnte jeder sich selbst davon überzeugen, dass die immanente Tendenz zum Träumen nicht eine leere Schwärmerei ist, dass sie in der Tat konkrete Auswirkungen haben kann. Insofern haben sie vielmehr eine wichtige pädagogische Funktion, denn durch sie kann es einem jedem bewusst werden, dass es möglich ist, aktiv und solidarisch in der Welt zu wirken und dass alle scheinbare Ausweglosigkeit nur einer mangelhaften Sicht auf die Welt geschuldet ist, weil letztendlich die Welt immer verändert werden kann. Dies steht sicherlich ganz im Einklang mit Bloch, wenn er zum Beispiel behauptet, dass die Ohnmacht, die uns suggeriert wird, nur Ausdruck einer „Ausweglosigkeit des bürgerlichen Seins [...] [sei], die der menschlichen Situation überhaupt, des Seins schlechthin ausgedehnt" (PH 2). Die kleinen Tagträume sind aber schon immer die Spur eines Weges, auf dem man sich dieser scheinbaren Ausweglosigkeit entgegensetzt. Assmann und Bloch stimmen also überein in der Überzeugung, dass unser Leben durchzogen ist von kleinen Tagträumen und dass von ihnen etwas gelernt werden kann, das uns zum Traum von einer besseren Welt und einer entsprechenden Praxis führen kann. Das wichtigste dabei ist vielleicht, dass kein Mensch von sich aus zur Akkommodation tendiert, und dass das Hoffen nicht als ein fertiges Produkt oder eine Idee von Draußen hineingebracht wird, denn es liegt schon latent in jedem Menschenwesen vor. Allerdings scheint es auch so zu sein, dass diese grundsätzliche Haltung auch zum Scheitern verurteilt sein kann, falls nicht entsprechende soziale und historische Möglichkeiten praktisch werden können.

3.2 Tagträume als menschlich konstitutive

Insofern sie von vornherein Eingewurzelte sind, können die Tagträume nicht unter einer aufklärerischen Perspektive aufgebaut oder ebenso gut reduziert werden (denn in dieser muss die Natur vor allem durch eine fast übernatürliche Rationalität beherrscht sein). Tagträume liegen sozusagen in einer vor-rationalen Ebene, kommen aus der Dunkelheit „des gelebten Augenblicks". Bei Bloch geht das Utopische, welches für ihn ein kritisches Denken unbedingt zu durchdringen in der Lage ist, immer schon von der Natur (wenn auch von der spezifisch menschlichen) aus. Man kann sogar feststellen, dass die Utopie „von Natur aus" schon im menschlichen Leben vorhanden, dass sie für dieses recht eigentlich konstitutiv ist. Man kann sich ja nicht zu einem Wunsch, zu einem Wollen entscheiden: „Ja man wartet sogar auf das Wünschen selber, bis es deutlicher wird." (PH 21) Weil das menschliche Wesen allerdings nicht deterministisch durch die Natur bestimmt ist, sondern auch geschichtlich und somit gesellschaftlich bedingt ist, erscheinen menschliche Wünsche und Träume auch im Hinblick auf diese Kontexte hin. Wenn auch konstitutiv fürs menschliche Sein, sind menschliche Wünsche, Träume und Utopien allerdings nicht immun gegenüber konservativen Ideologien: selbst die kleinen Tagträume sind also instrumentalisierbar, sie sind nicht unbedingt kritisch: „Das Leben aller Menschen ist von Tagträumen durchzogen, darin ist ein Teil lediglich schale, auch entnervende Flucht, auch Beute für Betrüger, aber ein anderer Teil reizt auf, [...] läßt eben nicht entsagen." (PH 1) Dazu kommt noch, dass sie von jedem Menschen anders aufgenommen und verarbeitet werden können, denn wie Bloch selbst behauptet: „Der sensationelle Wunsch ist bei weichgeschaffenen, platten Seelen selber platt und belügbar, bei kräftigen, blickfähigen gründlich." (PH 44) Trotzdem kann keiner sich als zufrieden ansehen, solange ein Mangel besteht, welcher nicht auf gerechte Weise befriedigt worden ist. „Der Wille, um den es sich handelt, stammt aus dem Mangel und verschwindet nicht, bis der Mangel ausgetilgt ist." (PH 45) Bloch rekurriert so auf die menschliche Natur selbst, auf ein anthropologisch begründetes Streben nach Veränderung, so dass das Streben nach einer besseren Welt immer schon vorhanden ist, und dieses Streben kann nicht einfach nur ideologisch stillgestellt werden. „Die Sucht nach dem Besseren bleibt, auch wenn das Bessere noch so lange verhindert wird. Tritt das Gewünschte ein, so überrascht es ohnehin." (PH 45)

Bloch betont, dass innerhalb der Philosophie die Thematisierung der Hoffnung bzw. der Zukunft als etwas Konstitutives inmitten des Gegenwärtigen, im Gegensatz zur philosophischen Tradition steht. Die angedeutete Perspektive hat nämlich zur Konsequenz und als ihre Voraussetzung einen andersartigen Philosophiebegriff. Dieser ist im Hinblick darauf zu sehen, dass der Mensch als einer aufgefasst wird, der „sich ins Werdende tätig hinein[zu]werfen" aufgefordert ist (PH 1), also einer, der sich gerade nicht mit den Gedanken an das bloß Vergangene begnügt. Er gibt sich nicht zufrieden mit der Voraussetzung „[...] dass alles Wissen lediglich Wiedererinnerung sei. [...] wonach Wesenheit schlechthin mit Ge-wesenheit zusammenfällt", und deutet insofern auf einen Philosophiebegriff (Bicca, 1987, 22–24), welcher eher verstanden wird „als Beginn einer Theorie, die sich nicht auf Schauung und Auslegung resigniert." (PH 7) Diese Perspektive durchdringt das gesamte Blochsche Werk, von den *Spuren* (Bloch 1977a) bis zum *Experimentum Mundi* (Bloch 1977b).

Das Denken erfordert für Bloch eine Überschreitung, allerdings eine Überschreitung, die auf der einen Seite das *Novum* nicht einfach nur phantasiert, aus leeren Gedanken oder idealistisch fixierten Perspektiven heraus, die aber auch, auf der anderen Seite, nicht auf das Bestehende ausgerichtet ist, das als Unveränderliches vorausgesetzt wird. Das Novum wird aus diesem Spannungsfeld zwischen dem bestehenden Seienden und dem Noch-nicht-Seienden überhaupt erst „herausgewonnen". Allerdings liegt das Noch-Nicht in Gestalt einer konkreten Utopie bereits im Seienden selbst. Auf diese Weise begreift ein Denken des Überschreitens „[...] das Neue als eines, das im bewegt Vorhandenen vermittelt ist." (PH 2) Um allerdings für dieses Neue überhaupt empfänglich zu werden, benötigt das Denken ein Überschreiten seiner selbst. Denn dadurch kann das Novum überhaupt erst ernst genommen werden: es muss sich vom Werdeprozess der Welt selbst überraschen und beeinflussen lassen, um auf diese Weise, indem es das Neue bewusst erscheinen lässt, zur begriffenen (bzw. belehrten) Hoffnung zu gelangen. „*Docta spes, begriffene Hoffnung*, erhellt so den Begriff eines Prinzips in der Welt, der diese nicht mehr verlässt." (PH 5) Das Hier-und-Jetzt, in Gesellschaft wie Natur, ist also der Ausgangspunkt. In ihm liegt schon die Zukunft als immanente Potenz. Konkrete Utopie, verstanden als begriffene Hoffnung, kann nur von diesem Punkt ausgehen: „Ihr Raum ist die objektiv-reale Möglichkeit innerhalb des Prozesses, in der Bahn des Gegenstandes selbst [...]" (PH 5) Statt aus Unmöglichem oder aus einem gedachten Niemandsland, wird Utopie daher *aus der Nähe* selbst gewonnen: „Und ebenso ist das Jetzt und Hier, dies immer wieder Anfangende in der Nähe, eine utopische Kategorie, ja die zentralste [...]" (PH 11) Wenn auch immer schon da, ist es aber nicht selbstverständlich bewusst bzw. begriffen, „[...] man braucht das stärkste Fernrohr, das des geschliffenen utopischen Bewußtseins, um gerade die nächste Nähe zu durchdringen" (PH 11), um also jenes Latente, welches schon in den einfachsten Tagträumen pocht, zu begreifen (oder: zu ergreifen) oder gar potenzieren zu können. Die subjektive Anstrengung (die Anstrengung des Begriffs) kann also nicht ersetzt werden, sie gehört selbst schon zum Blochschen materialistischen Weltverständnis, als Geburtshelferin des Novums, mit welchem die Welt allemal schon schwanger geht.

Dass Bloch das erste Kapitel des *Prinzips Hoffnung* mit den kleinen Tagträumen beginnt, hat also eine didaktische Bedeutung: damit weist er auf eine Haltung hin, die, zum Beispiel, statt das alltägliche Leben nur zu verdampfen, ihm im Gegenteil eine fundierende Rolle zuspricht. „Begonnen also wird mit Tagträumen durchschnittlicher Art, leicht und frei ausgewählt von der Jugend bis ins Alter." (PH 10) Auf welche Lebensphase er sich hier im Einzelnen bezieht, spielt eine lediglich untergeordnete Rolle. Wichtig ist vielmehr, dass er überhaupt die Relevanz jener Tagträume belegen kann und dabei ihren empirischen Aufweis ganz konkret ermöglicht.

3.3 Tagträume als kritische Potenzen

Wenn auf der einen Seite die Hoffnung gelernt und begriffen sein will, treibt sie auf der anderen Seite jeden Menschen von Geburt an immer schon voran: „Von früh auf sucht man. Ist ganz und gar begehrlich, schreit. Hat nicht, was man will." (PH 2) So dass man behaupten kann, dass im Menschen von der Geburt an das „Frische, Andere" lebt, das, „wovon man träumt." Eine primäre Rolle spielt dabei das Verhalten im Kindesalter, vor allem manifest im Spiel: „Spielen ist Verwandeln, obzwar im Sicheren, das wiederkehrt. Wunschgemäß verändert Spielen das Kind selbst, seine Freunde, all seine Dinge zu fremd vertrautem Vorrat [...]" (PH 22) Man sollte solches Wünschen, welches sich schon im Spielen ausdrückt, nicht vernachlässigen: „In seinem Blick auf einen farbigen Stein keimt schon viel, was er später für sich wünscht." Selbst wenn das Kind sich „unsichtbar macht" oder ein Versteck sucht, worin es sich eine einzigartige Welt vorstellen kann, treibt immer schon die Utopie: „Darin malt sich das eigene Zimmer vor, das freie Leben, das kommt." (PH 22–23) Im Grunde können die spielerischen Abenteuer der Kinder sogar als Befreiungsübungen betrachtet werden: „So wird die Enge mit sieben oder acht Jahren weit, das Fremdeste trägt sich in ihr zu (wenn die Leiter vom Boden hochgezogen wird)." (PH 23) Meist wird danach eine schöne Fremde, ein Wunschland „erreicht", welches auch „nachher nicht untergeht".

Bloch erwähnt, dass es sogar dazu kommen kann, dass unterschiedliche Träume zwischen proletarischen und bürgerlichen Jugendlichen vorkommen. Das bedeutet, dass selbst die kindlichen Wünsche bereits durch ihren sozialen Kontext bedingt sind. Auf jeden Fall liegt in jenen ersten Wünschen allemal etwas, das doch immer „scharf übers gegebene hinaus" geht: der „Wille zerbricht das Haus, worin er sich langweilt und worin das Beste verboten ist." (PH 26) Auch erotische Wunschimpulse werden angedeutet, oder auch die Freundschaft: „[...] eigentlich verbindend und Freundschaft stiftend ist nur die gemeinsame Erwartung einer gemeinsamen Zukunft" (PH 28). In den verschiedenen Phasen der Kindheit und Jugend werden auf diese Weise die „ungeduldigen Hoffnungen" merkbar. Bloch bemerkt dazu, dass, wenn es sich in diesen Lebensphasen auch um „besonders unreife Wunschträume" handelt, sie doch immer grundsätzlich auf den allgemeinen Rahmen von Hoffnung verweisen. Freilich sind aber auch diese ersten Träume nicht der Möglichkeit einer enthumanisierenden Ausbeutung entzogen. Wie Bloch sagt: „Der oft berufene Silberstreif am bürgerlichen Himmel wurde freilich zum Blutstreif; für die Dummen oder Betäubten hieß der starke Mann ihrer selbst Hitler." (PH 30) Also, schon hier, bei der Thematisierung von Jugendträumen, stellt Bloch klar, dass Hoffnung auch instrumentalisiert werden kann.

Mit dem Alter verändern sich auch die Wünsche, werden aber nicht weniger: Denn „Wichtiges fehlt nach wie vor, also hört der Traum nicht auf, sich in die Lücken einzusetzen." (PH 30) Gleichwohl ist die Qualität der Träume unterschiedlich: „Doch hören die privaten Träume reiferer Art, wie sichtbar, nicht auf, bald närrisch, bald exotisch zu sein." (PH 34) Hier erkennt Bloch jedoch signifikante Klassenunterschiede: „Der kleine Mann, der Kleinbürger, proletarisiert, aber ohne proletarisches Bewußtsein, er träumt daher bedeutend mehr Schlösser, die im Monde liegen, als der besitzende Bürger, der weiß, was er hat." (PH 34) Weil es nicht immer klar ist, warum seine Träume sich nicht verwirklichen lassen, kann die Wut, welche daraus ersteht, die Wünsche in „Rachewünsche" verwandeln. Bloch zufolge sind diese rachsüchtigen Wünsche aber in der Minderheit, denn „es gibt außer ihnen auch warme, harmlos närrische und bunte." (PH 33)

So wird auch hier bereits die kleinbürgerliche Welt kritisiert, indem angedeutet wird, dass selbst die kleinen Tagträume des „besitzenden Bürgers" sehr begrenzt sind. Denn sie bilden sich eher aus der Langeweile als aus der Not. Die „gleichmäßig gemachte Schicht begnügt sich damit, die Bedürfnisse zu haben, die durch die auf sie gestimmte Auslage erweckt werden." (PH 35) Und so „enden die bürgerlichen Wünsche, wenigstens die des privaten Lebens, für die kleinen Leute derart, daß sie aus dem vorhandenen Kuchen, bei unveränderter Bäckerei, sich auch ihr Teil schneiden wollen [...]" (PH 36) Dagegen kann man Bloch zufolge nichtbürgerliche Träume besonders daran erkennen, dass sie sich letztendlich „ein Leben ohne Ausbeutung" vorstellen, und auch daran, dass „Glück nicht mehr aus dem Unglück des anderen entsteht und sich daran mißt [...] statt der vorgestellten Gaunerfreuden im Wirtschaftskampf den vorgestellten Sieg im proletarischen Klassenkampf [zu sehen]." (PH 37)

Selbst im Alter, wenn die Wünsche etwas zurückzutreten scheinen, bleiben ihre Bilder gleichwohl bestehen. Im Tagtraum der Älteren kann man noch ebenso gut die Suche nach einem nicht-entfremdeten Leben auffinden. Bloch plädiert gegen einen Begriff vom Alter, für welchen nur noch das Leiden übrig bleibt. Er bevorzugt ein Bild vom Alter, das sich als eines einer erreichten „Erntezeit" definieren lässt: „ [...] also ist nicht das Alter selber daran schuld, wenn die Gestalt, die es aus Schein und Erscheinung hebt, nur noch häßlich ist." (PH 41) In der entfremdeten Gesellschaft scheint es gerade so zu sein: „Wein und Beutel bleiben dem trivialen Alter als das ihm bleibend Erwünschte, und nicht immer nur dem trivialen. Wein, Weib und Gesang, diese Verbindung löst sich, die Flasche hält länger vor." (PH 38) „Allerdings ist das Alter selber nicht daran schuld! Tatsächlich lassen wir uns „[...] merkwürdig leicht [...] durch Neues unterbrechen, durch Unerwartetes" (PH 44), und die spätbürgerliche Gesellschaft hat dies besonders hervorgehoben und vielleicht sogar fetischisiert: „Ganz summarisch kann deshalb gesagt werden: zum bloßen Leiden am Alter [ist dies] aufgebaut auf [...] eine spätbürgerliche Gesellschaft, die sich verzweifelt auf Jugend schminkt." (PH 40) Diese herrschende Sicht auf das Alter in der heutigen Gesellschaft kann, Bloch zufolge, in Frage gestellt werden, wenn man sich z. B. andere Gesellschaften anschaut:

Und Gesellschaften, die nicht wie die heute untergehende bürgerliche vor jedem Blick aufs Ende zurückscheuten, besaßen und sahen im Alter eine blühende Frucht, eine sehr wünschbare und begrüßenswerte." (PH 41) Dass die gute Hoffnung in der vorfindbaren Gesellschaft wenig Platz lässt für die älteren Leute, kann bedeuten, dass das Alter nicht in ihre Logik hineinpasst, dass also gerade die Hoffnungen, die aus dieser Lebensphase heraus entstehen, etwas besonders Fortscheitendes haben können, welches in der bestehenden Gesellschaft nicht anerkannt, vielleicht sogar gefürchtet wird, aber deswegen nicht weniger da und wichtig ist:

> [...] und es läßt sich nicht mehr sagen, daß das Alter, trotz seiner Bedächtigkeit, schlechthin reaktionär, die Jugend, trotz ihrer Frische, schlechthin fortscheitend sei [...] Gerade Liebe zur Stille kann so der kapitalistischen Hetze ferner stehen als eine Jugend, die die Hetze mit Leben verwechselt. (PH 43)

Von dem bis hierher Gesagten kann festgestellt werden, dass in allen kleinen Tagträumen, und das in den verschiedensten Lebensphasen, immer schon kritische Potenzen liegen. Sie können aber neutralisiert und sogar instrumentalisiert werden (Viera 2010, 41). Deshalb sollten sie in Bezug auf eine revolutionäre Praxis betrachtet, d. h. bewusst und belehrend (*docta spes*) unterstützt, vertieft und erlernt werden. Wir werden dazu im Folgenden, anhand von einigen Beispielen, die Bedeutung der kleinen Tagträume für das gesamte Werk *Prinzip Hoffnung* von einer anderen Perspektive her nachzuweisen versuchen.

3.4 Beispiele: Humoristische und medizinische Wunschbilder

Wenn Bloch das *Prinzip Hoffnung* mit kleinen Tagesträumen beginnt und sie sozusagen zu „Elementarformen" seiner Theorie überhaupt macht, dann dürften sie im gesamten Werk nie ganz verschwinden. Und tatsächlich: In der enzyklopädischen Beschreibung und Untersuchung der Hoffnung erscheinen sie immer wieder als konkrete Ausgangspunkte, was auf erhellende Weise auf seine materialistische Position hinweist: das Objekt hat Vorrang und darf nicht durch entfremdete Ideale ersetzt werden. Nach dem argentinisch-mexikanischen Philosophen Enrique Dussel geht Bloch immer von Inhalten und vom Materiellen aus. So z. B., wenn er von den Trieben, Affekten usw. spricht, von dem, was Dussel *lebendiges Sein* (ser-vivente) nennt, das Bloch mit einer „möglichen neuen Zukunft" in Verbindung bringt. Der positive Inhalt der Hoffnungsimpulse führe dabei zu einer Überschreitung des Bestehenden und könne somit ein mögliches revolutionäres Interesse fördern (Dussel 2011, 454–455).

So zum Beispiel in den letzten Kapiteln des ersten Bandes, und im ersten Kapitel des zweiten Bandes, in welchen es um sportliche, gesundheitliche und medizinische Utopien geht. Wenn auch unter ideologischen Gesichtspunkten die bestehende Gesellschaft insgesamt oder selbst das persönliche Leben im Einzelnen als Bestmögliches dargestellt werden, gewöhnt man sich doch nicht, Bloch zufolge, an den Mangel: „Wovon geträumt wird, dessen Fehlen tut nicht weniger weh, sondern mehr." (PH 523) Der Ausgangspunkt der Utopie und deshalb auch der Kritik am Bestehenden geht also von diesem alltäglichen „tut nicht weniger weh" aus. „So daß er [der Wille des Geträumten] nicht nur über die eigenen, sondern über die schlecht vorhandenen Verhältnisse insgesamt zu leben sucht." An Beispielen wie Sport, Gesundheit und Medizin stellt Bloch klar heraus, dass, trotz der tendenziellen Beschränkung auf instrumentalisierte Ziele und Formen, immer auch etwas Kritisches, zugleich ein Wunsch auf Überschreitung hin in Erscheinung tritt.

Im Falle des Sportes könnte man sehr leicht der Versuchung nachgeben und annehmen, dass es da eher um Körper- bzw. Leibesübung geht, dass man also an ihm allein keinerlei utopisches Potential oder irgendwelche politischen Implikationen herauszulesen imstande ist. Bloch tritt aber einer solchen Position entschieden entgegen: „Leibesübung, ohne die des Kopfs, hieß schließlich:

Kanonenfutter sein und vorher Schläger. Es gibt keinen unpolitischen Sport [...]" (PH 524) Und er weist auf den utopischen Aspekt des Sportes hin: „Auch die sportliche Übung bleibt eine wünschende, hoffende. [...] Sie will auch mit dem Körper mehr machen, mehr sein können, als ihm an der Wiege gesungen wurde." (PH 525) Sport wird also betrachtet als etwas, das mehr ist als eine bloße Tätigkeit, die auf die körperliche Leistungsfähigkeit zielt und auf den Wettbewerb: „Es ist ein sportlicher Wunsch, seinen Leib derart in der Hand zu haben, daß noch auf der Sprungschanze, wenn der Mensch fliegt, jede Lage vertraut ist, auch die neue, übertriebene." (PH 525) Anhand dieser Blochschen Perspektive könnte sicherlich ein neues Licht auf den Sport geworfen werden, wodurch es möglich sein könnte, ihn von vielen Beschränkungen zu befreien, denen er noch heute unterliegt.

Selbst der kranke Mensch träume besonders von ein anderem Leben, wenn sein Traum sich auch mehr auf eine *Befreiung von etwas* als auf das Neue richtet: „Der Kranke hat so nicht das Gefühl, daß ihm etwas fehlt, sondern daß er etwas zu viel hat. [...] Indem der Kranke nicht hüpft und springt, tun es desto mehr seine Wünsche." (PH 527) Diese Träume waren schon immer in der menschlichen Geschichte vorhanden und können auf verschiedene Weise nachgewiesen werden: „Es gibt die Salbe, die mit einem Schlag die Schäden heilt, es gibt den Brunnen, woraus die Alten wieder jung auftauchen, vorzüglich ist er dazu geeignet, das flüchtige Gut der weiblichen Schönheit stetig zu machen." Dass die Hoffnung auf Gesundheit eine der elementarsten Hoffnungen ist, welche uns im alltäglichen Leben überhaupt betreffen, kann man schwerlich bestreiten:

> Wunschbilder gegen die Krankheit dürften neben denen gegen Hunger die ältesten sein, und von vornherein galt die Heilung als gewonnene Schlacht. Anderseits folgt der hinfällige Körper auch den schönsten Träumen von einem besseren Leben nach. (PH 529)

Von den Träumen, welche den Sport und die Gesundheit betreffen, kommt Bloch auch auf jene Träume, welche die Menschheit mit der Medizin ganz allgemein verbindet. Nach Bloch zielt das vor allem auf den Wunsch, nicht nur keiner Krankheit ausgesetzt zu sein, sondern den Körper als solchen weniger anfällig und verletzlich zu machen.

> So wird der Arzt hier überall nicht als Schuhflicker gedacht [...] Sondern er wird als Erneuerer gewünscht, das Fleisch mit nur von seiner erworbenen, sondern sogar von seiner angeborenen Schwäche befreiend. / Denn auch dem gesunden Leib könnte noch viel weiter geholfen werden. (PH 530)

Gleichwohl hat die Medizin tendenziell, so Bloch, keine besonders starken Utopien hervorgebracht. Und dies liege in der Hauptsache an ihrer *restaurierenden* Funktion: „Dem Kranken selber geht sein Wünschen nicht so weit hinaus. Ihm liegt daran, daß das Leiden weggeräumt wird, das ist genug." (PH 536) Das heißt, wenn man einmal krank ist, möchte man sich nur von der Krankheit befreien. So begnügt sich der Arzt meist ganz konkret damit, das „Ende der Krankheit: den Tod, zurückzudrängen, er kämpft gegen die erworbene Schwäche des Fleisches, nicht gegen die angeborene." (PH 537) Darüber hinaus hänge diese Bescheidung auch mit der „[...] Herkunft der europäischen Heilkunde aus der Stoa" (PH 537) zusammen: „Die Schule vertraute dem natürlichen Lauf der Dinge, wollte ihn nirgends sprengen, überall ihm gemäß werden." (PH 537) Schon seit der Zeit des Hippokrates folgt und unterstützt der „gute Arzt" die Wirkung der Natur. Wenn dies auch „abstrakte Verbessereien" verhinderte und den „Anschluß ans objektiv Mögliche" ermöglichte, wurde die Medizin dadurch aber auch sehr leicht in die Dienste der herrschenden Klassen gestellt: „Das vor allem mit Rücksicht auf ein Produkt, das der herrschenden Klasse dienlich ist, im Zeitalter des Kleinmenschen am laufenden Band." (PH 531) Statt das menschliche Leben selbst zu verbessern, wie z. B. durch die Reduzierung der Aggressionstriebe durch organische Züchtung, werden solche Möglichkeiten durch die angedeutete medizinische Haltung eher blockiert. Eine solche Zuchtperspektive, auf Menschen angewendet, sieht Bloch allerdings als problematisch an, denn er schreibt weiter: „Aber die züchtende Gesellschaft muß selbst erst gezüchtet werden, damit der neue menschliche Nährwert nicht nach den Anforderungen der Menschenfresser bestimmt wird." (PH 533) Damit spielt er auf die Euthanasie an und die damit zusammenhängende Praxis bei den Nationalsozialisten. Interessanterweise kommt Bloch derart von der Thematisierung der Elementarformen von Hoffnung (aus unserem organischen Wunschtraum heraus), hier speziell im Falle der Medizin, zu einer kritischen Insichtnahme der Gesellschaft überhaupt. Insofern arbeitet er zum Beispiel progressiv den gesellschaftlichen Charakter des Gesundheitsbegriffes heraus, so dass damit ideologische Perspektiven sogleich evident werden.

> Gesundheit ist überhaupt nicht nur ein medizinischer, sondern überwiegend ein gesellschaftlicher Begriff. Gesundheit wiederherstellen, heißt in Wahrheit: den Kranken zu jener Art von Gesundheit bringen, die in der jeweiligen Gesellschaft die jeweils anerkannte ist, ja in der Gesellschaft selbst erst gebildet wurde. (PH 539)

So wird merkbar, dass jede Gesellschaft selbst den Referenzrahmen setzt, in Bezug auf welchen überhaupt erst deutlich wird, was gesund oder krank genannt werden kann: „Gesundheit ist in der kapitalistischen Gesellschaft Erwerbsfähigkeit, unter Griechen war sie Genußfähigkeit, im Mittelalter Glaubensfähigkeit [...] Eine vorgegebene, gleichbleibende Gesundheit ist derart nirgends vorhanden [...]" (PH 540)

Also können medizinische wie auch alle anderen täglichen Wunschträume durchaus instrumentalisiert werden. Dadurch wird aber nicht zwingend die kritische Potenz der Träume beseitigt. Um aber die immanente Kritik freilegen zu können, bedarf man einer theoretischen Anstrengung, und die führt zur Tendenz auf eine bewusste gesellschaftliche Praxis hin. So können auch, in dem hier angesprochenen Fall, medizinische und allgemein soziale Utopien ihre Gemeinsamkeit aufscheinen lassen, indem der organische Wunschtraum einen „Leib" anzielt, wie Bloch sagt, „[...] auf dem *nur Lust, nicht Schmerz* serviert wird und dessen Alter *nicht Hinfälligkeit, als Schicksal*, ist. Es ist also dieser Kampf gegen das Schicksal, der medizinische und soziale Utopien trotz allem verbindet." (PH 541)

Und so wird nach und nach auch klar, dass die Gesundheit erst richtig sinnvoll verbessert werden kann, wenn zugleich die Gesellschaft entsprechend verändert wird: „Die Menschen haben aber keinen aufrechten Gang, wenn das gesellschaftliche Leben selber noch schief liegt." (PH 546) Das heißt einerseits, dass es nicht die rein medizinische Vorgehensweise ist, mit welcher in die Gesellschaft eingegriffen werden kann, (so etwa als liege zum Beispiel der Grund des Elends „im ‚natürlichen' Widerspruch zwischen dem grenzenlosen Streben des Menschen nach Fortpflanzung und der beschränkten Zunahme der Nahrungsmittel [...]" oder als verstehe sich soziales Elend „[...] nur erst als Mangelkrise, unter Annahme sehr langsam wachsender Produktivkräfte, nicht als eine des Überflusses" (PH 543)), aber auf der anderen Seite bedeutet dies auch, dass die Suche nach einer echten Gesundheit mit dem permanenten Kampf um eine gesündere Gesellschaft zusammenhängt. So kommt man letztlich zu der Schlussfolgerung, dass die Gesellschaft selbst „schmutzig und krank" ist, und dass sie auch jene „klinische Aufmerksamkeit und Planung" für sich selbst benötigt. Darüber hinaus bedarf es zudem eines neuen Gesundheitsbegriffes: „Was ist eine Gesundheit, die lediglich dazu reif macht, wieder geschädigt, verbraucht, angeschossen zu werden? [...] der Kapitalismus ist ungesund – sogar für die Kapitalisten." (PH 545) Dies alles verhindert aber nicht, dass der steuernde Einfluss des Lebens auf eine gesund gewordene Gesellschaft die sichtbarste Hoffnung bleibt „[...] denn Gesundheit ist etwas, das genossen, nicht verbraucht werden soll." (PH 546)

3.5 Abschließende Bemerkungen

Aus dem hier Thematisierten kann man sicherlich die Schlussfolgerung ziehen, dass das Hoffen selbst sich auf eine natürliche, um nicht zu sagen: geradezu *ontologische* Weise, aus unserem schlichten menschlichen Dasein herausbildet, indem es auf den kleinen Tagesträumen basiert. Diese Dimension wurde vom argentinischen Philosophen Miguel Vedda (2008, 85–86) besonders hervorgehoben: kleine Tagträume seien eine Art Gegengift für die übertrieben instrumentelle Vernunft der heutigen verwalteten Welt.

Wie sollte man aber dann die Behauptung von Bloch: „Es kommt darauf an, das Hoffen zu lernen" (PH 1) recht eigentlich verstehen? Ist nicht das Hoffen von Beginn an unserem Leben immanent?

Hier kommen wir auf einen wichtigen Punkt: Die Tagträume sind zwar durchaus immer schon präsent, sie können aber neutralisiert oder instrumentalisiert werden. Somit schlägt das *Prinzip Hoffnung* eine Richtung ein, welche auf eine explizit weltverändernde Praxis abzielt, die den ganzen Menschen als gesellschaftlich verfasstes Wesen erfordert. In diesem Sinn muss das echte Hoffen also immer noch gelernt werden. Dieser angestrebte Lernprozess aber muss ständig mit den kleinen Tagträumen im Dialog stehen, denn letztendlich handelt es sich um eine fast detektivische Suche (Vidal 2013) mit einer philosophischen Methodik. Mit P. Freire (Freire, 2002, 54) könnte man zum Beispiel sagen, dass die Befreiung der Unterdrückten nur mit ihnen gemeinsam und nicht von außen für sie stattfinden solle. Denn das Hoffen gibt es in seiner ganzen Wirkung nur dort, wo die Menschen in ihrem alltäglichem Leben imstande sind zu träumen. Aus jenen Träumen sollte mithin das *„inédito viável"* gewonnen werden, als das Noch-Nicht-sein, das aber möglich ist.

Mit Blick auf die solchermaßen belehrte Hoffnung, die *docta spes*, kann die gesellschaftliche Praxis erst entschleiert werden, können sich erst die echten revolutionären Potenzen der kleinen Tagesträume entfalten. Dann erst können sie auch von ihren phantastischen, ideologischen oder abstrakten Phantasien befreit werden. Auf diese Weise lässt sich feststellen, dass die Blochsche Perspektive sich nicht auf eine deterministische Sichtweise einschränken lässt, aber auch nicht auf eine bloß abstrakte Phantasie, für die alles möglich ist. Unter anderem kann man sicherlich mit Bloch übereinstimmen, wenn er behauptet: „Dies gibt auch pädagogisch-inhaltlich[1] einen neuen Zugang zu schöpferischem Marxismus und von neuen Prämissen her, subjektiver und objektiver Art." (PH 16) Nicht zufällig hat diese Auffassung auch für die nicht „nord-eurozentrische" (Dussel 2011) Befreiungsperspektive ihre Anziehungskraft.

---

1 Auf einen solchen neuen „pädagogisch-inhaltlichen" Zugang hatte Paulo Freire besonders viel Wert gelegt (Freire 1992).

Literatur

Suzana Albornoz (2006): Ética e Utopia: ensaio sobre Ernst Bloch. Porto Alegre: Movimento.
   Bicca, Luiz (2013): Libertação da Natureza? In: Síntese – Revista de Filosofia, abril 2013.
   Belo Horizonte
Hugo Assmann, Jung Mo Sung: Competência e sensibilidade solidária: educar para a
   esperança. Petrópolis 2000
Luiz Bicca: Marxismo e Liberdade. São Paulo 1987
Enrique Dussel: Ética de la Liberación en la Edad de la Globalización y de la Exclusión. Madrid
   2011
Paulo Freire: Pedagogia da esperança: um reencontro com a Pedagogia do Oprimido. Notas:
   Ana Maria Araújo *Freire*. Rio de Janeiro 1992
Paulo Freire: Pedagogia do oprimido. Rio de Janeiro 2002
Paulo Hahn: Blochs Dimension der Natur- und Sozialutopie und ihr Einfluss im latein-
   amerikanischen Denken sowie die Konzepte Ungleichzeitigkeit und Multiversum als
   Grundbedingungen für das Verständnis und als Perspektive für einen interkulturellen
   Dialog. Aachen, Mainz 2007
Ana Lorenzoni: Materialismo e Utopia: Estudo sobre a interpretação blochiana das Onze Teses
   de Marx sobre Feuerbach. Dissertação. Toledo: Programa de Pós-Graduação em Filosofia/
   UNIOESTE, 2015
Jacques Rancière: O mestre ignorante – Cinco lições sobre a emancipação intelectual. Tradução
   de Lílian do Valle. 2 ed. Belo Horizonte 2004
Miguel Vedda: Calles sin recuerdo: fenomenología de la gran ciudad en Siegfried Kracauer y
   Walter Benjamin. In: Buchenhorst, Ralph; Vedda, Miguel: Observaciones urbanas: Walter
   Benjamin y las nuevas ciudades. Buenos Aires 2008
Francesca Vidal: Sherlock Holmes nos estudos culturais: procura de vestígios com Ernst
   Bloch. (Sherlock Holmes in der Kulturwissenschaft – eine Spurensuche mit Ernst Bloch).
   Übersetzung von Rosalvo Schütz und Adriano Steffler. In: Revista Dialectus, ano 01, nº 02,
   janeiro-junho 2013
Antonio Rufino Vieira (2010): Marxismo e Libertação: estudos sobre Ernst Bloch e Enrique
   Dussel. São Leopoldo 2010

Sergej Werschinin
4 Zur Grundlegung der Tagträume
2. Teil, Nr. 9–14, 21–22

Der erste Teil des *Prinzips Hoffnung* ist der detaillierten Beschreibung der kleinen Tagträume gewidmet. Der zweite Teil, „Das antizipierende Bewusstsein", ist eine weitere Bewegung hin zur Analyse der grundlegenden Struktur dieser Tagträume. Die Frage nach der Methodologie einer solchen Analyse drängt sich auf. Bloch betritt hier vor allem – kritisch und polemisch – das Territorium der Geschichte der Philosophie.

Erstens kritisiert er seine Vorgänger wegen des verächtlich-negativen Verhältnisses gegenüber den Affekten. Das gilt besonders für das „gesamte objekthafte Denken" (Descartes, Spinoza usw.). Eine verzerrte Situation entstehe, denn

> wo die Philosophie sich nur an die Emotionen hält, dort gilt alles, was sich daraus herausbegibt, als ‚Welt des Geschwätzes', in Kierkegaards Sinn; wo dagegen Philosophieren sich rein an die Cogitatio hält, dort gilt alles [...] als ‚Asyl der Unwissenheit', in Spinozas Sinn. (PH 80)

Aber, meint Bloch, die intellektuelle Berührung mit den Affekten ist für jede Selbsterkenntnis und für das existenzielle Denken nötig. Auf wen kann man sich hier stützen? Auf Augustin und auf den „grundehrlichen" (PH 80) Kierkegaard. Und auch bei Hegel ist die *Phänomenologie des Geistes* mit Affekteinsichten durchzogen (vgl. PH 80). Bloch versucht der Position des reinen Außenbeobachters zu entgehen, er will sich auch auf innere, nicht-reflexive, alltäglich-banale Lebenserscheinungen stützen. Er appelliert an die Selbsterkenntnis und die Selbstempfindungen jedes Menschen – an vielen Stellen finden sich Redewendungen wie: „Wer treibt in uns an?" (PH 49, 334), sehr oft werden die Pronomen *uns* und *wir* verwendet. (Zum konzeptuellen Inhalt von „Ich" und „Wir" bei Bloch sehe man Priddat, 1997).

Er nimmt die Position des schwebenden Beobachters ein, der versucht, gleichzeitig außen und innen zu sein. Und er entfremdet sich nicht von dieser Menschenwelt, sondern schaltet sich selbst ein in diese Welt. Ergebnis dieser Beobachtung ist: Das gemeinsame Merkmal dieses Außen- und Innenseins ist die ontologische Unbestimmtheit. Der allererste „Drang" ist ganz vage, die Affekte gehen vage vor (man sehe PH 77), selbst die Hoffnung – „sie erscheint keineswegs erst, wenn sie deutlich weiß, worauf sie hofft" (PH 78), das äußere Etwas muss nicht von vornherein deutlich sein usw. Bloch leistet eine einführende Beschreibung des Innenseins des Menschen. Aber wenn man diesen Ansatzpunkt weiterdenkt, sich z. B. fragt, inwiefern dieser *vage* Drang generell existiert, dann gelangt man zu einer erweiterten Auffassung der physischen und sozialen Welt. Die Unbestimmtheit ist fixiert in der modernen Physik, der Philosophie (Ilja Prigogine) und der Kunst – um von der Medizin gar nicht zu reden (der Streit über Ende oder den Anfang des Lebens). Die Unbestimmtheit der heutigen Gesellschaft hat zur Soziologie des Risikos (Ulrich Beck) geführt, ganz zu schweigen von verschiedenen entsprechenden Unternehmens-Strategien.

Zweitens betont Bloch die Notwendigkeit, bei allen Analysen den Leib einzubeziehen und das negative Verhältnis zum ihm in der Geschichte der Philosophie zu überwinden. Der Leib ist Anfang und Endstation aller Untersuchungen. Es entsteht der Anschein, „als ob Triebe selbständig lebten und den Leib beherrschten, um von der Seele zu schweigen" (PH 53). Aber, meint Bloch, trotz dieses subjektlosen Anscheins kann kein Trieb ohne Körper auskommen. Fazit: „Vorhanden ist nur der Körper, der sich erhalten will, und deshalb ißt, trinkt, liebt, überwältigt und treibt so allein in den Trieben " (PH 53).

Aber was passiert eigentlich im Körper? Wie wirken diese Affekte? Bloch beginnt – gleich dem Autor eines Detektivromans – eine lange Kette von Erscheinungen und ihnen entsprechenden Begriffen abzuspulen. (Man sehe den interessanten Artikel (Vidal, 1996). Später bekommt das Genre des Detektivs bei Bloch eine ontologische Begründung mittels der Einführung des Begriffs „Dunkel des gelebten Augenblicks" (Jung, 2012, 55).)

Am Ende dieser Operation entsteht ein breites psychologisches Panorama der Affekte, die sich begrifflich in einer Trieb- und Affektenlehre verkörpern. Zuerst spürt man den „Drang", dieser Drang äußert sich zunächst als Streben. In diesem Punkt könnte eine Ähnlichkeit mit Henri Bergsons „Elan vital" vermutet werden, aber Bloch kritisiert diesen Begriff bei Bergson scharf. Sein Vorläufer, der Begriff des „Lebensantriebs", kommt aus der Zeit der deutschen Romantik, Schelling hat Fichtes „unendlich tätiges Ich" allgemein vitalisiert und Schopenhauer hat denselben Vorgang verteufelt. Blochs Urteil: „Für den Bergson des Elan vital existieren keine Dinge, keine berechenbaren Ursachen, nicht einmal Zwecke", es handelt sich um eine „Freiheitskurve ohne Plan" (EZ 352). Wird das Streben gefühlt, so ist es „Sehnen" (PH 49). Das Sehnen muss deutlich auf etwas hintreiben (vgl. PH 50). Wenn es auf etwas Bestimmtes gerichtet ist, so verwandelt es sich in ein „Suchen". Und gezieltes Suchen ist ein „Trieb" – ein wichtiger Kristallisationspunkt aller Überlegungen Blochs in diesem Kapitel. Als Synonym kann das Wort „Bedürfnis" dienen. Bloch ist es wichtig, gerade in Zusammenhang mit diesem „reaktionär oft verdumpften und verdinglichten" (PH 50) Begriff seine Polemik zu führen und ihm einen anderen Inhalt zu geben. Aber kann der Mensch nicht nur begehren, sondern auch wünschen? Wenn das Begehrte zum „Wünschen" übergeht, dann erscheint, mehr oder weniger, eine bestimmte

Vorstellung eines Etwas, das begehrt wird. Dieses Etwas ist ein besseres Etwas. Die Wünsche gehen erst in den Vorstellungen auf. Die Vorstellung eines Besseren wird zum Wunschbild. Es gibt auch noch weitere Merkmale der Wünsche: Sie sind nicht Arbeit oder Tätigkeit, sie können völlig unvernünftig sein, können unentschlossen sein. Die Wünsche unterscheiden sich somit vom Wollen, aber es gibt kein Wollen ohne Wünsche.

Diese Bilder vom menschlichen Innern zeigen, dass Bloch versucht, die Fähigkeit zur Utopisierung in den tiefstliegenden Phänomenen der menschlichen Natur zu entdecken und damit eine anthropologische Begründung dieser Fähigkeit zu geben. Es soll eine Brücke zwischen Triebhaftem und Bewusstem entstehen. Hier ist eine Parallele zur phänomenologischen Soziologie von Alfred Schütz zu bemerken: Schütz untersucht die Lebenswelt und findet dort die Fähigkeit zur Typisierung, wodurch die Voraussetzungen der Wissenschaft in dieser Lebenswelt zu finden sind. Vgl. dazu (Grathoff, 1989, 364–369): „Personale Typen und Typen des Ablaufs sozialen Handelns bei Alfred Schütz". Bloch untersucht die Affekte und findet dort die Grundlagen für die verschiedenartigen Utopisierungen in Gesellschaft und Kultur.

Hier tauchen wieder Affekte als Bindeglied auf: Das Ich des Menschen ist auch affekthaft (PH 54). Gerade der bewusste Mensch ist am schwersten zu sättigen – er trägt mehrere Triebe in sich, auch mehrere Grundtriebe. Es entsteht ein dynamisches Bild vom Menschen: „[...] der Mensch ist ein ebenso wandelbares wie umfängliches Triebwesen, ein Haufe von *wechselnden* Wünschen und meist von schlecht geordneten" (PH 55). Man muss hier unterstreichen, dass Bloch alle Phänomene des psychischen Lebens, der Kultur und der Geschichte der Menschheit nicht nur im Rahmen von visuellen Forschungsparadigmata analysiert, sondern auch in akustischer Hinsicht. Er benutzt in vielen Bemerkungen akustische Metaphern (Man sehe etwa *Das Prinzip Hoffnung*, Kapitel 51, und viele kleine Alltagsskizzen in anderen Werken, so „Der kluge Rausch" in *Erbschaft dieser Zeit*, „Singsang" und „Nur klopfen" in *Spuren*, „Menschlicher Ausdruck als untrennbar von Musik" in *Geist der Utopie* usw.). Und wenn jetzt allmählich dieses Paradigma erstmals in sozialen und humanitären Wissenschaften hervortritt, dann wird Blochs Nachlass auch in dieser Hinsicht aktuell. Bloch sieht keine feste Struktur und Ordnung in diesen Trieben: „[...] bald tritt der eine, bald der andere stärker hervor, bald wirken sie zugleich..." (PH 55). Und das ist nicht nur eine psychologische These, sondern eine prinzipielle Position von Bloch: Es gibt kein universelles Modell des Menschen für alle Zeiten und Kulturen. Die angebliche „Natur des Menschen" ist historisch bedingt – sie wurde im Lauf der Geschichte hundertmal umgezüchtet und umgebrochen (PH 75). Es gibt keinen „Urmenschen" oder „alten Adam". Bloch weist – ganz im Sinne der sechsten Marxschen Feuerbachthese – auf verschiedene Modelle des Menschen in der Geschichte der

Philosophie hin: „Rousseaus ‚Naturmensch' war arkadisch und vernunftgemäß, Nietzsches ‚Naturmensch' dagegen war dionysisch und vernunftfremd" (PH 75). Aber die größte Aufmerksamkeit widmet er der Auffassung des menschlichen Grundtriebs bei Sigmund Freud.

Bloch legt sorgfältig alle grundlegenden Thesen der Freudschen psychoanalytischen Theorie dar: Ich-Trieb, Verdrängung, Komplex, Unbewusstes, Sublimierung – und gleichzeitig kritisiert er sie. Die Kritik an Freud kann man auf folgende Momente zurückführen:

1. Das Ich ist unproduktiv, weil es nur eine Kontrollinstanz für die Libido ist (PH 59); dem Leib wird das bewusste Ich genommen (PH 67).
2. Der Traum ist bei Freud immer der nächtliche Traum, wobei das zensierende Ich schläft (PH 61).
3. Im Unbewussten gibt es nichts Neues. Das Unbewusste besteht aus Regressionen und niemals aus Progressionen. Das Unbewusste ist niemals ein Noch-Nicht-Bewusstes (PH 61).
4. In dieser Individualpsychologie kommt nur der Einzelmensch vor und keine ökonomisch-gesellschaftlichen Bedingungen (PH 71).

Bloch zeigt die wichtigsten Besonderheiten der Entwicklung der Psychoanalyse vom „liberal aufklärenwollenden" (PH 70) Freud zu seinen Schülern C. G. Jung und Alfred Adler, bei denen manche prinzipiellen Thesen noch zugespitzt wurden. Jung hat „das Unbewußte Freuds auf der ganzen Linie generalisiert und archaisiert: es soll rationalistisch nicht aufgelöst werden" (PH 69). Seine Psychosynthese bedeutet: „Gegenwart fliehend, Zukunft hassend, Urzeit suchend" (PH 67). Alles Neue ist bei Jung wertlos, ja wertfeindlich (PH 67). Die theoretische Kritik geht hier in scharfe politische Urteile über: Jung ist für Bloch ein „faschistisch schäumender Psychoanalytiker", ein „Faschist" (PH 65). Adler setzt den Willen zur Macht als Grundtrieb des Menschen ein. Aber diese Bestimmung wiederholt die Entwicklung der deutschen Philosophie: „[...] immer verschärft er den kapitalistischen Weg von Schopenhauer zu Nietzsche [...] und reflektiert diesen Weg ideologisch-psychologisch" (PH 64). Und diese fast völlige Übereinstimmung von Nietzsches „Wille zur Macht" mit Adlers Bestimmung des Grundtriebes bedeutet, dass in der Entwicklung der Psychoanalyse Nietzsche Schopenhauer besiegt.

Aber bei allen Unterschieden sieht Bloch viel Gemeinsames bei Freud, Jung und Adler: Das Unbewusste ist etwas Vergangenes, im Vorbewusstsein gibt es nichts Neues.

Aber wie kann das Modell des Menschen aus der Perspektive des *Prinzips Hoffnung* aussehen? Der Titel des 13. Kapitels beantwortet diese Frage hinreichend: „Die geschichtliche Begrenztheit aller Grundtriebe. Verschiedene Lagen des Selbstinteresses. Gefühlte und Erwartungs-Affekte".

Bloch betont, dass psychoanalytisch betonte Grundtriebe zu partial sind. Es gibt andere Triebe – z. B. den Hunger, der überall ausgelassen wurde. Die Argumentation für diesen Trieb ist wieder auf Affekte aus dem Alltagleben gebaut: „Das Mitgefühl mit Verhungernden ist [...] das einzig verbreitete [...], die Hungerklage [...] ist wohl die stärkste" (PH 72).

Bloch gelingt eine Analyse des Hungers, in der er die praktische und theoretische Dimension dieses Phänomens bis hinein ins Soziologische zeigt. Freuds fehlendes Interesse an der Sorge um Nahrung – auch bei seinen Patienten – zeige, so Bloch, die klassenmäßige Begrenztheit der psychoanalytischen Grundtriebforschung (PH 73). Die Patienten der Psychoanalytiker entstammen einer Mittelschicht, der Ernährungsprobleme unbekannt sind. Aber die reale Lage ist anders: Nach Bloch geschahen im fraglichen Zeitraum über 90 Prozent aller Selbstmorde aus wirtschaftlicher Not (PH 72); Angst vor Verlust der Arbeit ist schwerlich zu deuten als Kastrationskomplex (PH 73). Hunger und Alltagssorgen führen in der Unterklasse zur Einengung der Libido. Bloch unterstreicht, dass Hunger kein reiner Instinkt der Nahrungssuche ist, er ist vielmehr ein „gesellschaftlich gewordenes und gesteuertes Bedürfnis in Wechselwirkung mit den übrigen gesellschaftlichen, daher geschichtlich variierenden Bedürfnissen" (PH 76). Auch in der Libido, im Machttrieb, gibt es Hunger, „Appetit in sich" (PH 76). Deshalb muss man die Akzente verschieben: Hunger zeugt davon und ist ein Ausdruck von Selbsterhaltung als letzter, konkretester, einzig lebenswichtiger Grundtrieb. Mit Hilfe des Hungers – er hört nicht auf, er erneuert sich immer wieder, er wächst ununterbrochen – beweist Bloch, dass die Selbsterhaltung eine Selbsterweiterung ist. Und dann – ganz im Sinn von Marx – betont Bloch: „Aus dem ökonomisch aufgeklärten Hunger kommt heute der Entschluß zur Aufhebung aller Verhältnisse, in denen der Mensch ein unterdrücktes und verschollenes Wesen ist" (PH 84). Mit dem Hunger fängt ein revolutionäres Interesse an, Hunger verwandelt sich in eine Sprengkraft gegen das Gefängnis der Entbehrung. (PH 84)

In welchem Verhältnis steht der Hunger als Grundtrieb zu den anderen Affekten? Die Affekte sind als Gefühl treibende Triebe oder anders: Es sind „Gemütsbewegungen" (PH 77). Inbegriff aller Gemütsbewegungen – hier unterstreicht Bloch wiederum ein dynamisches Merkmal – ist das Gemüt. (PH 79) Gemütsbewegungen unterscheiden sich von Empfindungen und Vorstellungen dadurch, dass sie vor sich gehen, vage sind (PH 77). Diese in sich geschehenden, noch halb unmittelbaren Affekte sind als Intentionsakte ständig gegeben (PH 79). Und das geschieht, weil ein Streben, ein Trieb, allen Intentionsakten zugrunde liegt, auch im Vorstellen und Denken (PH 79). Bloch stellt fest: „Gleich dem Grundaffekt Hunger, der primär in sich selbst wühlt, sind also alle Affekte primär Selbstzustände" (PH 79). Mithin ist das Affektleben ein nächstintensives und in sich eminent intendierendes. Daraus schließt Bloch, dass nur Gemüt ein existenzieller Begriff ist und nicht der theoretisch-objektive Geist (PH 79).

Die rein äußerliche Gruppierung der Affekte – jähe und langsam reifende, rasch verschwindende und sich eingrabende, asthenische und ästhetische, starke und schwache (PH 81) – lehnt Bloch ab. Näher an der Sache orientiert ist die Einteilung in Hass und Liebe, Verneinung und Bejahung, Unzufriedenheit oder Zufriedenheit. All diese Affekte können in zwei große Gruppen eingeteilt werden. Es sind Abwehraffekte, so Angst, Neid, Zorn, Verachtung, Hass, und Zuwendungsaffekte, so Behagen, Großmut, Vertrauen, Verheerung, Liebe. Dabei geraten Abwehraffekte in eine inferiore Position, die Zuwendungsaffekte „stehen in Licht" (PH 82).

Bloch schlägt ein anderes Kriterium vor und spricht von gefühlten Affekten und Erwartungsaffekten. Die gefühlten Affekte (Neid, Habsucht, Verehrung) sind solche, deren Gegenstand in der „bereits vorhandenen Welt" (PH 82) schon da ist. Die Erwartungsaffekte (Angst, Furcht, Hoffnung, Glaube) sind solche, deren Gegenstand noch nicht bereit liegt. Sie unterscheiden sich von den gefühlten Affekten in ihrem Gehalt „durch den *unvergleichlich größeren antizipierenden Charakter*" (PH 83). Zwar sind alle Affekte auf Zukunft bezogen, aber die gefühlten Affekte beziehen sich auf eine unechte Zukunft – dort geschieht nichts objektiv Neues. Die Erwartungsaffekte hingegen haben wesentlich einen antizipierenden Charakter – sie implizieren das Noch-Nicht. In allen Erwartungsaffekten, auch den negativen, bricht Drang, Wunsch aus, womit Bloch zurückkehrt zum Anfang seiner Überlegungen. Der wichtigste Erwartungsaffekt – der Sehnsuchtsaffekt (PH 83) – ist die Hoffnung:

> Hoffnung, dieser Erwartungs-Gegenaffekt gegen Angst und Furcht, *ist deshalb die menschlichste aller Gemütsbewegungen und nur Menschen zugänglich, sie ist zugleich auf dem weitesten und den hellsten Horizont bezogen* (PH 83–84).

Das Wunschhafte in diesen Erwartungsaffekten, vom Hunger aufgereizt, auf die Ziele des besseren Lebens gerichtet, sind die Tagträume (PH 85). Bloch betont die grundsätzliche Unterscheidung der Tagträume von den Nachtträumen in scharfer Polemik gegen die Theorie von Sigmund Freud. Er nimmt wieder den Standpunkt des Wünschens ein: „Vom Wunsch wird man nie oder nur täuschend frei" (PH 86) und die Menschen, bei Bloch vor allem die Entbehrenden, „träumen davon, daß ihre Wünsche erfüllt werden" (PH 86). Bei Freud hat der Nachttraum folgende charakteristische Eigenschaften: Das erwachsene Ich ist im Schlaf geschwächt, d. h., es „kann das ihm unschicklich Erscheinende nicht mehr zensieren" (PH 88), weder moralisch noch ästhetisch. Aus dem Wachzustand und seinem Inhalt bleiben nur noch die sogenannten Tagesreste übrig, das heißt assoziativ stark gelockerte Vorstellungen, die sich an die Traumphantasie assimilieren (PH 88). Die Außenwelt mit ihren Realitäten und praktischen Zweckinhalten ist so blockiert. Das erwachsene Ich verwandelt sich in das Ich der Kindheit. Die Rede ist zwar vom Tagtraum, aber dank der bürgerlichen Illusionstheorie ist Tagtraum nur ein Spielraum für Infantilismen und Archaismen (PH 109). Im Ganzen betrachtet ist fast kein Traum Wunscherfüllung – er ist entstellt, maskiert und verkleidet sich symbolisch (PH 88). Und der Träumende versteht das Symbolische nicht, mehr noch: Der Träumer weiß nicht, was er weiß (PH 91).

Zwei grundlegende Vorwürfe richtet Bloch an die Psychoanalyse: Für Freud sind Tagträume und Nachtträume ihrem Wesen nach gleich, Freund konzentriert sich auf Nachtträume (PH 97). Das kann man theoretisch-psychologisch erklären, hinzu kommen kulturelle und geschichtlich-philosophische Voraussetzungen. Kulturelle Wurzeln und so die große Liebe zu den Nachtträumen schafft die Romantik: „Nachttraum als verwilderter Roman wird von der romantischen Naturphilosophie entdeckt" (PH 113). Der pure Romantiker will nicht wissen, ob in seiner Poesie unterbewusstes Chaos oder bewusst gestaltende Phantasie vorherrscht (PH 113).

Was die geschichtlich-philosophischen Umstände betrifft, so nimmt die Psychoanalyse die Realität als die Realität der bürgerlichen Gesellschaft (PH 97). Der bürgerliche Alltag ist Maß alles Wirklichen und er erscheint bei Freud als unveränderlich und mechanistisch (PH 109). Aber der Tagtraum, so Blochs dezidierter Einwurf, ist keine Vorstufe zum Nachttraum, hier muss eine spezifische Auswertung erfolgen. Bloch hebt vier grundlegende Charaktere des Tagtraums hervor, die als Meilensteine die Psychologie des Neuen bilden. Eberhard Braun hat diesen Gedanken von Bloch in eine genaue Frage übersetzt: „Wie kann ein Tagtraum vom besten Leben Prinzip sein?" (Braun, 1997, 107)

Erster Charakter des Tagtraums: freie Fahrt. Das Verhältnis zwischen Tagtraum und Träumendem ändert sich gegenüber der freudschen Auffassung. Der Tagtraum drückt nicht auf den Träumenden, er steht in seiner Macht. Die Tagtraum-Bilder sind keine Halluzinationen. Das wache Traumhaus wird nach selbst gewählten Vorstellungen eingerichtet; im Gegensatz dazu weiß der Einschlafende nicht, was ihn hinter der Schwelle zum Unterbewusstsein erwartet (man sehe dazu: PH 98–99).

Zweiter Charakter des Tagtraums: Das Ego ist im Tagtraum weniger geschwächt, es gibt eine Verbindung zu dem Leben und seiner Wachwelt. Es ist lebhaft, strebend und als Wichtigstes: „Held der Tagträume ist immer die eigene erwachsene Person" (PH 101). Hier verschwindet jede moralische Zensur. Das Ergebnis wirkt geradezu paradox: das Tag-Ich ist stark und kann zensieren, aber die Wunschvorstellung ist stärker. Es entsteht eine nach Bloch „utopisierende Stärkung des Tagtraum-Ichs" (PH 102).

Dritter Charakter des Tagtraums: die Weltverbesserung. Wenn das Ich nicht introvertiert oder nur auf seine nächste Umgebung bezogen ist, dann kann es auch andere Menschen vertreten. Das Feld ist nicht so eingeengt wie im Nachttraum, sondern weit – eine Gemeinschaft mit anderen Egos ist möglich (PH 103). Der Tagtraum hat etwas nach außen mitzuteilen und ist fähig, anderen etwas zu erzählen, auch ist er imstande, seinen Inhalt zu konkretisieren. Deshalb „sind die Tagträume wegen ihrer Offenheit verständlich, wegen ihrer allgemein interessierenden Wunschbilder kommunizierbar" (PH 105). Mit dieser These öffnet sich der Weg zur hermeneutischen Ontologie der Anderen. Siehe dazu (Riedel, 1994, 228–232).

Freud selbst – das anerkennt Bloch – hat die Besonderheit der Tagträume zwar bemerkt, sie sind das Rohmaterial der poetischen Produktion, aber der Begriff *Sublimierung* mache die Psychologie des Neuen unkenntlich. Der Tagtraum trägt Bilder der besseren Welt – er ist „*tunlichst exaktes Phantasieexperiment der Vollkommenheit*" (PH 106). Mit solchem Gehalt geht er in die Kunst („Tagtraum als Vorstufe der Kunst", PH 106), in die Musik, in die Wissenschaft. Bei der Beschreibung dieses dritten Charakters tauchen bei Bloch die Begriffe auf, die später konkretisiert werden: Tendenz (der Traum von einer Sache gehört dazu), Austrag des Totums, das objektiv Mögliche wird sichtbar usw. (PH 106).

Vierter Charakter des Tagtraums: die Fahrt ans Ende. „Die Tagphantasie startet wie der Nachttraum mit Wünschen, aber führt sie radikal zu Ende" (PH 107). Als Beispiele gelten hier Tagträume in den Kindheitserinnerungen von Clemens von Brentano und bei Eduard Mörike (aus dem Roman *Maler Nolten*). Der Grund für diese Eigenschaft ist die Ernsthaftigkeit „eines Vor-Scheins von möglich Wirklichem" (PH 109). Hier tritt Bloch in eine direkte Polemik mit Freud. Freud behauptet, die Phantasie sei Freiheit von äußerem Zwang, bei C. G. Jung ist die Phantasie nur als archetypisch möglich. Blochs Auffassung unterscheidet sich davon wesentlich: Der Tagtraum ist eine gestaltbare Möglichkeit, und große Kunstwerke sind auf eine Latenzschicht des Kommenden aufgetragen, das heißt auf die Inhalte einer Zukunft (PH 110). So kommt Bloch zu dem Fazit: „*Der Inhalt des Nachttraums ist versteckt und verstellt, der Inhalt der Tagphantasie ist offen, ausfabelnd, antizipierend und sein Latentes liegt vorn*" (PH 111). Der Unterschied zwischen Tagträumen und Nachtträumen ist universell und für viele Bereiche des Lebens gültig. (Den Unterschied zwischen „Nachttraum" und „Tagtraum" in Übersetzungen deutlich zu machen, ist oft schwierig, vgl. z. B. die Interpretation des Begriffes „Traum" im russischen Sprachgebrauch (Werschinin, 2000, 36).

Bloch beweist das mit zwei heute noch aktuellen Beispielen: Drogengebrauch und psychische Krankheiten. Die Drogen rufen künstlich einen „Genera Traum" hervor, aber es passiert auf unterschiedliche Weise: bei Opiumgebrauch schlafen Ego und Außenwelt, dort wirkt primär die Vergessenheit, nicht Licht. Deshalb erscheint Opium dem Nachttraum zugeordnet. Bei Haschischgebrauch greift eine schöne Außenwelt mit großer Leichtigkeit in die Phantasie und deshalb erscheint die Haschischwelt dem Tagtraum zugeordnet. Manche Überlegungen Blochs wirken wie heute geschrieben. Im oben genannten Kontext erwähnt Bloch die Sekte der Assassinen, eine „religiöse Mördersekte des arabischen Mittelalters" (PH 99). Sie

> führte Jünglinge, die zu einer Bluttat ausgewählt waren, durchaus offenen Auges, trotz dem Haschischrausch, in die glänzenden Gärten des Scheichs, in einen Überfluß sinnlichen Vergnügens [...]. Die Jünglinge mit dem Utopiegift im Leib glaubten, einen Vorgeschmack des Paradieses zu empfinden; sie waren bereit, ihr Leben für den Scheich einzusetzen, um das wirkliche Paradies zu gewinnen. (PH 100).

Diese Dichotomie wiederholt sich in Psychosen: „Das Mohnhafte des Nachttraums zeigt sich entsprechend in der *Schizophrenie*, als einer Regression, das Haschischhafte in der *Paranoia*, als einem Projektwahn" (PH 103). Diese beiden Erkrankungen sind nicht scharf voneinander getrennt: Oft endet Paranoia in Schizophrenie (PH 103).

Bloch zeigt nicht nur den Unterschied zwischen Nachtträumen und Tagträumen, er erörtert auch den Tausch und das Ineinander der Traumspiele. Beispiele aus Gottfried Keller und James Joyce beweisen: Archaisches kann mit Wachphantasie kommunizieren (PH 115); dies ist möglich, weil nicht alles in der Vergangenheit abgegolten oder fertig ist. Dieser Zusammenhang führt zum Sieg des Tagtraums, denn „die Archaik kapituliert, wegen ihrer unabgegoltenen Bestandsstücke, gegebenenfalls vor dem Utopischen" (PH 115). Der Status der Tagträume ist universell: Sie sind vorfindbar bei jedem Menschen und in Gruppen, bei allen Phänomenen des menschlichen Lebens, besonders in der Kultur, in der Gegenwart und in der Geschichte – Bloch stellt dies im *Prinzip Hoffnung* enzyklopädisch dar.

Nach der geschichtsphilosophischen und anthropologischen Rechtfertigung der Tagträume macht Bloch den nächsten Schritt: Er demonstriert die Existenz des Tagtraums in der Geschichte der Kultur anhand zweier Beispiele – in „entzückender" und in „symbolischer" Gestalt. Vor allem fixiert er – wiederum in schöner impressionistischer Beschreibung – einige Züge des Tagtraums. Er beginnt mit bekannten Tatsachen: „Desto mehr wird geträumt, je weniger bereits erlebt ist" (PH 368). Aber dann vereinigt er die innere, seines Erachtens primäre, Neigung mit dem äußeren Reiz. Und diese Neigung malt die gewünschte Gestalt. Hier ist wieder eine Parallele zu den Stereotypen der Wahrnehmung von Alfred Schütz zu bemerken. (Schütz, Luckmann, 2003) Aber wenn Schütz versucht, eine statische Begründung zu liefern, unterstreicht Bloch wiederum die dynamische, vielseitige, spontane Seite: „Zuweilen geschah die Wahl zu Hause, an einzelnen Zügen von Vater und Mutter, zuweilen auf der Straße, zuweilen an einem abgebildeten Gesicht" (PH 369). Wichtig ist für Bloch, dass die geträumte Gestalt bildhaft ist. Im Bild, vom Schattenriss bis zur Photographie, aber vor allem im Porträt, sieht sie sich selbst und so drückt sie sich deutlicher aus (PH 369). Bloch führt verschiedene Beispiele an: Grimms Märchen vom treuen Johannes, Prinzessin Turandot, Senta im *Fliegenden Holländer,* Nastasja Filippowna bei Dostojewskij und vor allem bei Mozart in der *Zauberflöte* – Pamina. Pamina „gibt die süßeste Gestalt aller Traumgeliebten und durch die Musik ihres Vor-Scheins die wesentlichste" (PH 371). Die Traumgestalt ist oft von Gefahr umgeben und dem Geliebten fern, an fremden Ort (PH 371). Das Bild rückt um das Ereignis (PH 373), das bedeutet: Es entsteht der erste oder letzte Eindruck als Erinnerung. Der erste Eindruck: „Der Blick auf die Vorübergehende, Entschwindende, bleibt stehen, qualvoll, unausgelebt" (PH 373). Im unerfüllten Wunschbild erhält sich die Qual der Liebe. Mehr noch: Wenn man im Wachtraum verbleibt, dann kommt es zu einer utopistischen Neurose (PH 377). Der letzte Eindruck ist das geschmückte, versäumte Glück. In beiden Fällen, so Bloch, gibt es das Moment der Fülle, das möglich gewesen wäre. Bedeutender ist aber noch ein anderes: Hat die Gestalt, die Imago der Liebe, nur Phantasiezüge oder gibt es etwas im Objekt der Liebe selbst? Für Bloch hat das Wunschbild eine Fundierung im Objekt: „Pamina ist im angetroffenen Zustand ihrer Wirklichkeit vielleicht nicht so, wie sie Tamino im Bild erscheint, doch die utopische Imago, die sie erregte, ist eben ihre eigene" (PH 378). Diese These zeigt, dass Bloch die Identität der subjektiven („menschlich-historischen") und objektiven („physischen") Welten zuerst am Beispiel der zwischenmenschlichen Beziehungen analysiert.

Aber auch in gelungener Liebe ist ein Bild des Bevorstehenden da. Wenn die Liebe gelungen und die Frau gewonnen ist, was passiert dann? Einerseits kann das Fabeln um die Frau enden und es beginnt der Ehehass. Bloch zeigt das an verschiedenen Beispielen: E. T. A. Hoffmanns Kapellmeister Kreisler, Ibsens Ellida Wangel, Spittelers Theuda usw. (PH 376). Andererseits betont Bloch: Die Ehe hat ihre eigene Utopie und *„einen Nimbus darin,* der mit dem Morgen der Liebe nicht zusammenfällt, daher keineswegs mit ihm vergeht" (PH 379). Anders gesagt: Die Ehe ist die Utopie einer der freundlichsten Lebensgehalte des Menschen. Im Hintergrund steht das Symbol des Hauses, die „Zielhoffnung des Heimatsymbols" (PH 379). Dieses Symbol ist keine rationalisierte Sexualität, kein Kunstgewerbe, sondern Entwicklungsraum für zwei Menschen. Gleichzeitig ist es nicht bloßer moralischer Nachtrag zur Liebe, sondern das Abenteuer erotischer Weisheit (PH 380). Wenn Ehe eine Utopie darstellt, so kann man sie in zwei Varianten betrachten.

Die erste Variante ist die mythische Utopie der Ehe, die Utopie des Hohen Paars. Die Kategorie des Hohen Paars erschien gleich nach der mutterrechtlichen Gesellschaft. Es ist ein Wunschbild der Ehe, wo Weib und Mann ein konzentrisches (kosmisches) Bild bekommen: Sie ist anmutig und gewährend-gut, er ist kraftvoll und herrschend-gut. Es ist die Einheit von Zartheit und Strenge, Huld und Macht (PH 381). Dieser Nimbus des Hohen Paars liegt auf Perikles und Aspasia, Salomo und Königin von Saba, Antonius und Kleopatra, Simon Magnus und Elena. Hier spielt auch die Konfession eine besondere Rolle: „Das Christentum, mit dem weiblosen Gottvater, ließ keine oder undeutliche Hohe Paare auf Erden zu, das gnostisch-kabbalistische Judentum dagegen durchaus" (PH 382). Bloch sieht hier auch Einflüsse von astralmythischen Religionen und Gnosis. Das Bild solcher Union ist, nach Bloch, im Kitsch und in dynastischen Paaren erhalten. Und in der europäischen Kultur bleibt dieser Paar-Mythos in der Faust-Helena-Sage und in der Pamina-Tamino-Union bestehen.

Die zweite Variante der mythischen Utopie der Ehe ist der Corpus Christi. Die Ehe wird die Gemeinde, der von Frau und Mann nachgebildete Corpus Christi (PH 383). Das Vorbild der Ehe ist der Bund Christi mit seiner Gemeinde. Es gibt das Sakrament der Ehe und als geweihte Glieder des Leibes Christi widmen sich die Gatten der Erweiterung dieses Leibes. „Die Ehe wird bei Paulus die Verbindung von Jünger und Jüngerin aus Verwandtschaft und Herkommen" (PH 384). Es ist keine Geschlechtsgenossenschaft mehr, sondern Kultgenossenschaft. Und endlich antwortet Bloch auf eine ewige Frage: was weiter? Wenn der Traum verwirklicht wurde, wenn die Liebe stattfand und schon Vergangenheit ist, was passiert dann? Nach Bloch entsteht ein Nach-Bild der Liebe, als erfüllter und doch wieder nicht erfüllter (PH 385). Das Nach-Bild ist ein Versprechen – denn im Vergangenen erwartet man noch ein Ungewordenes, auch nach dem Tod: „Die tote Geliebte hat sich aus der bloßen Erinnerung herausbewegt, die Imago läßt nicht fruchtlos zurücksehen, sondern wirkt wie ein Stern aus der Zukunft her" (PH 387).

Was den Tagtraum in symbolischer Gestalt betrifft, so beginn Bloch mit der „merkwürdigen" Pandora-Sage, wonach die von Zeus geschickte Pandora die Büchse öffnete und „Krankheit, Sorge, Hunger, Mißwachs flogen heraus" (PH 388). Einzig in der Büchse gebliebene, verschlossene Hoffnung erregt Blochs Aufmerksamkeit und er zeigt zwei Fassungen der Hoffnung. Einerseits war nach dieser Sage die Hoffnung mitten unter den Übeln; logisch gesehen war sie selbst – bei Hesiod – ein Übel. Die mildere und diesem teils widersprechende Auffassung ist, so Bloch, von Andrea Pisano auf dem Portal des Florentiner Baptisteriums dargestellt: Die Hoffnung sitzt wartend, obwohl sie geflügelt ist (PH 388). Aber es gibt eine andere Fassung, Hoffnung als Gut. Es ist das noch nicht gereifte, aber auch nicht endgültig vernichtete Gut. Dies beginnt in der späten hellenistischen Tradition, wo die Pandoralade voll ist mit Reizen, Geschenken, Glücksgaben. Diese Lade – als freundlichstes Symbol – transformiert Bloch verschiedenartig: Es ist warme Stube mit halbgeöffneter Tür, die Kajüte an Land, das offene Meer. Die Illusionen aus dieser Lade sind verflogen, aber die realiter fundierte Hoffnung ist geblieben. Diese Fassung der Hoffnung ist im Rahmen einer Philosophie möglich, die materialistisch-offen ist.

Gestützt auf die Affektenlehre und die Tagträumekonzeption können folgende Schlussfolgerungen gezogen werden:

1. Die Tagträume haben sich aus dem banal-alltäglichen Phänomen in einen Gegenstand der anthropologischen Argumentation verwandelt. Die Beschreibung der Tagträume und ihre Rolle im Leben der einzelnen Menschen und in der Gesellschaft erlaubt es, die humanistischen Werte beizubehalten. Diese theoretische Position ist auch heute – unter den Bedingungen der Konsumgesellschaft – aktuell. In der heutigen Gesellschaft wird der Mensch immer mehr von außen gesteuert und verliert oft seine eigene persönliche und soziale Identität. (Man sehe zum Beispiel: Riesman, 1958). Als ein mögliches Mittel des Widerstands und der Bewahrung der Selbstidentität kann hier der Tagtraum auftreten. Wie der Psychologe Heiko Ernst zeigt, bilden Tagträume ein Gegenprogramm gegen die wachsende soziale Veräußerung: der Tagtraum „ist die erste Verteidigungslinie unserer Innenwelt. Wir brauchen dieses Paralleluniversum, um unser Selbst zu bewahren". (Heiko, 2011)

2. Die Analyse der Tagträume lässt neue Dimensionen der Antizipation erkennen. Diese Antizipation ist konkret, illusionslos und optimistisch (vgl. PH 390). Ein anderes Bild der Welt und der Philosophie ist hierfür erforderlich, weit entfernt von mechanischem Materialismus und von Idealismus: „Die wirklich offene Welt ist die des *dialektischen* Materialismus" (PH 390).

Literatur

Eberhard Braun: Wie kann ein Tagtraum vom besten Leben Prinzip sein? In: ders.: Grundrisse einer besseren Welt. Beiträge zur politischen Philosophie der Hoffnung, Mössingen-Talheim 1997.
Richard Grathoff: Milieu und Lebenswelt. Einführung in die phänomenologische Soziologie und die sozialphänomenologische Forschung. Suhrkamp, Frankfurt a. M. 1989
Heiko Ernst: „Unser persönliches Paralleluniversum", in: Psychologie heute, 07/2011. (http://www.psychologieheute.de/archiv/detailansicht/news/unser_persoenliches_paralleluniversum)
Werner Jung: Stichwort „Dunkel des gelebten Augenblicks", in: *Bloch-Wörterbuch. Leitbegriffe der Philosophie Ernst Blochs*, hrsg. von Beat Dietschy, Doris Zeilinger, Rainer E. Zimmermann, Berlin/Boston 2012
Birger P. Priddat: „Ich, Wir und das multiple self. Ein Modernisierungsvorschlag", in: Jan Robert Bloch: „Ich bin. Aber ich habe mich nicht. Darum werden wir erst". Perspektiven der Philosophie Blochs, Frankfurt a. M. 1997, 196–208
Manfred Riedel: Tradition und Utopie. Ernst Blochs Philosophie im Licht unserer geschichtlichen Denkerfahrung. Frankfurt a. M. 1994

David Riesman: Die einsame Masse. Eine Untersuchung der Wandlungen des amerikanischen Charakters. Reinbek bei Hamburg 1958
Alfred Schütz, Thomas Luckmann: Strukturen der Lebenswelt. Konstanz 2003
Francesca Vidal: „Die Detektivgeschichte als ein Hinweis auf die Methodik der Spurensuche bei Ernst Bloch", in: Rainer E. Zimmermann, Gerd Koch. U-Topoi. Ästhetik und politische Praxis bei Ernst Bloch, Mössingen-Talheim 1996, 122–133
Sergej Werschinin: „Ernst Bloch und die russische Kultur des 20. Jahrhunderts" in: Vorschein. Die Ernte von 68. Anthropologie und Natur, Blätter der Ernst-Bloch-Assoziation, Nr. 18/19, Berlin 2000

Lucien Pelletier
5 Das „Noch-Nicht-Bewußte"
2. Teil, Nr. 15, 16, 20

Die Abschnitte 15, 16 und 20 im *Prinzip Hoffnung* befassen sich vor allem mit der Erfahrung des „Noch-Nicht-Bewußten" und seinem ontologischen Hintergrund. Dem Autor zufolge waren diese Konzeptionen seit den Anfängen seines Philosophierens vorhanden, als ihm im Jahr 1907 „der Durchbruch" gelang. Er habe dann einen Text geschrieben mit dem Titel *Über die Kategorie des Noch-Nicht*, der „[...] sich vorerst, psychologisch, auf das subjektiv Noch-Nicht-Bewußte [bezog], aber das Korrelat des objektiv Noch-Nicht-Gewordenen stand, konkret utopisch, bereits dahinter." (Bloch, 1980, 300)

Bloch hatte die Idee des „Noch-Nicht-Bewußten" – als das, was er seinen „einzigen und ersten originalen Gedanken" (Münster (Hg.), 1977, 33) zu nennen pflegte – zuerst durch eine mystisch-religiöse Ausdrucksweise formuliert, die für sein Jugendwerk charakteristisch ist. Das Zusammentreffen mit dem Marxismus um das Jahr 1923 herum, unter dem Einfluss des Freundes Lukács, und die politischen und theoretischen Debatten, an denen er von jener Zeit an teilnehmen wollte, zogen die Überprüfung neuer Probleme nach sich und riefen bei ihm eine eher nüchterne und genauere Schreibweise hervor, bis hin zu einer globalen Interpretation der Kultur, gestützt auf eine philosophische Anthropologie, wie im *Prinzip Hoffnung* zu sehen. Gerade im Herzen dieser Anthropologie kehren die Hauptkonzeptionen seiner Jugend wieder, angepasst an eine militante Sicht, die sich von nun an als „materialistische" versteht. Aber wegen der beim Leser erweckten Vorurteile verdunkelt dieses letzte Adjektiv vielleicht zum Teil Absichten wie Ergebnisse jener Idee des „Noch-Nicht-Bewußten". Die folgenden Seiten verstehen sich insofern als solche, in denen es darum geht, jene Absichten neuerlich herauszuarbeiten, die zwischen den Zeilen in den oben genannten Kapiteln des *Prinzips Hoffnung* eingeschrieben sind, mit den Mitteln eines erhellenden Lichtes, das durch die prä-marxistischen Werke des Autors indirekt auf sie geworfen wird.

5.1 Der Begriff des „Noch-Nicht-Bewußten" in seinem Entstehungskontext

Die Idee des „Noch-Nicht-Bewußten" ist im Geist des jungen Blochs in der Hauptsache aus dem Zusammenfluss von vier philosophischen Strömungen entstanden, die zu Beginn des zwanzigsten Jahrhunderts in Deutschland etabliert wurden oder bereits etabliert waren. (Für das, was folgt, sehe man Pelletier, 2009, 201–276; Pelletier, 2013, 305–340; Pelletier, 2016.)

Die erste ist die Metaphysik des Willens, in der Nachfolge Schopenhauers durch Eduard von Hartmann und Friedrich Nietzsche befördert, jedem seinem eigenen Weg gemäß. Völlig der Schopenhauerschen Konzeption von der Welt als Wille oder als existentiellem Drang anhängend, lehnte es Hartmann jedoch ab, wie sein Meister eine Kluft zwischen diesem nicht-darstellbaren Willen und der Welt als Vorstellung aufrecht zu erhalten: Man sollte, so dachte er, die Welt als einen Prozess auffassen, durch welchen der a-logische Wille selbst danach strebt, Zugang zur Logizität zu gewinnen und auf diese Weise mit ihr schon identisch *in nuce* zu sein. Die Aktion dieses Willens ist unserem Verstehen nicht unmittelbar zugänglich, und daher konstituiert der Wille ein unbewusstes Prinzip, aber man kann seine Existenz im Gefolge seiner Wirkungen auf die Natur und die Geschichte induzieren. Hartmann lässt sich in diesem Zusammenhang durch Hegel und den späten Schelling inspirieren: insbesondere mit dem Letzteren fasst er die willentliche und a-logische Existenz als einen „Daß-Grund" auf, der auf sein logisches „Was-Wesen" hin tendiert. Durch sein ganzes Werk hindurch macht Bloch einen reichhaltigen Gebrauch von dieser Terminologie, aber er trennt sie immer von der Metaphysik des Unbewussten ab, wie sie von Hartmann vorgestellt wird. Dieser Letztere machte sich tatsächlich den Pessimismus von Schopenhauer zueigen, indem er unterstellte, dass der Prozess der Willensmanifestation in Natur und Geschichte für die Menschheit zu einer zunehmenden Bewusstwerdung der Vergeblichkeit von Lebenswillen (vouloir-vivre) und Eudaimonismus führt. Gegen diesen Pessimismus hielt Bloch an der von Nietzsche vertretenen Ablehnung der ganzen metaphysischen, jenseitigen Welt, sei sie auch ein Unbewusstes, fest und griff auf seine entschiedene Bestätigung des Lebens und der Werte, die mit dem Übermenschen emanierten, zurück. Nietzsche jedoch schien ihm diesen Optimismus nicht in der Theorie begründet zu haben, und deshalb suchte Bloch nach einer Weise, die seinem vornehmen Individualismus sein Recht einräumen würde, indem er ihn in eine echte Weltanschauung integrierte. Auf diesem Weg, bis in *Geist der Utopie* hinein und noch darüber hinaus entwickelte Bloch die Utopie einer menschlichen Gemeinschaft auf der Suche nach Erlösung, geleitet durch das Verhalten wertschaffender Genies.

Einen entscheidenden Schritt in der Ausführung seines Gedankens stellte für den jungen Bloch die Entdeckung der Mystik Meister Eckharts dar, welche zur Jahrhundertwende die deutschen Freidenker-Bewegungen unternommen hatten sich anzueignen. Durch seinen Apophatismus bewirkte diese Mystik eine Kritik der traditionellen Vorstellungen vom Göttlichen; aber vor allem beschwor sie eine mysteriöse Geburt Gottes in der Seele, in einem ewigen Augenblick jenseits der Zeit: Das ungeschaffene Fünklein, sagte der Meister, erscheint auf dem Grund der Seele, wenn diese sich von ihren Bildern reinigt und Zugang zu ihrem eigenen Nichtsein gewinnt, das mit der Gottheit zusammenfällt, als Gott jenseits Gottes. Bloch sagte eine Ähnlichkeit voraus zwischen diesem Fünklein, in Gestalt der „Stimmungen und Ahnungen von einer unendlichen, geheimnisvollen Macht" (Bloch, 1992, 12) und dem spontanen Schöpfungsakt der Werte durch das Nietzscheanische Genie.

Es ist das Bemühen um eine nicht-theistische Art der Aneignung dieser mystischen Vorahnungen, welches Bloch zu seiner Idee des „Noch-Nicht-Bewußten" gelangen lässt. Zwei neue konzeptuelle Rückgriffe haben ihm dies ermöglicht. Zunächst gab es die Phänomenologie, präziser, die verschiedenen deskriptiven Psychologien, die in Deutschland verbreitet waren und mit denen er während seiner Studien in München und Würzburg unmittelbar befasst war [il fut directement exposé]. Bloch war insbesondere an ihrer Beschreibung des Denkens als des Meinens eines Objektes interessiert. [Die wörtliche Bedeutung müsste hier eher durch: „[...] im Zuge des Aktes eines Abzielens [visée] auf ein Objekt" wiedergegeben werden. Das entspräche auch der ursprünglich phänomenologischen Konnotation.] (Anm. des Übersetzers).

Vor allem waren es einige Beobachtungen, die seine Aufmerksamkeit fesselten. Einerseits hängt dieser Akt nicht von den empfundenen Bildern ab, die ihn oft begleiten: er emaniert in einem fundamental souveränen, spontanen und schöpferischen Denken. Jedoch kann der Akt dieses Denkens nur retrospektiv beschrieben werden: das handelnde Selbst ist punktuell, in einem immer schon entgangenen, präsenten Augenblick, der daher der unmittelbaren Selbstreflexion unzugänglich ist. Schließlich ist dieser Akt in der Lage, wie die Husserlsche Theorie der kategorialen Anschauung zeigt, die Evidenz der Objekte im Rahmen eines Gelebten anzuzielen und wahrhaft anzuschauen, nicht nur der sinnlichen, sondern auch der ideellen Objekte, ihren verschiedenen Graden der Möglichkeit oder der Wirklichkeit entsprechend: letztlich sind diese Objekte Werte und Postulate, deren Gültigkeit nicht von ihrer Existenz auf der sinnlichen Ebene abhängt. In mancherlei Hinsicht können diese beschreibenden Aspekte des Denkaktes – Spontaneität, postulatives Meinen, enigmatischer Charakter (der Dunkelheit des Augenblicks geschuldet) – mit der Idee vom wertschöpfenden Genie und jener von dem Fünklein, das in einem Augenblick jenseits der Zeit auftaucht, zusammengeführt werden.

Ein viertes Element gestattete Bloch, diesen verschiedenen Gedanken Kohärenz zu verleihen und sie im Rahmen einer neuen Metaphysik zu errichten: dabei handelte es sich um die „Ursprungslogik" von Hermann Cohen. In der „Logik der reinen Erkenntnis" bestätigt Cohen, dass die reine Erkenntnis sich entfaltet, ohne irgendetwas vorauszusetzen: von vornherein und in jedem ihrer Schritte konstituiert sie durch sich selbst ein Problem oder eine Frage, die eine Bewegung der Antizipation ihrer eigenen Bestimmung hervorrufen. Diese Bewegung findet einen ersten logischen Ausdruck in der Mathematik, mit dem Nichts als infinitesimaler Null, die kein reines Nichts ist, sondern eine spontane Idealbewegung des Antizipierens, und sie erfüllt sich und findet ihren hypothetischen Grund in der praktischen Philosophie, mit der Idee (oder mit Gott) als Postulat. Cohen schreibt über das infinitesimale Nichts als seinem Ausgangspunkt:

> Es ist, als ob es eine Ironie wäre auf das Unendliche, das bisher, als *Ens realissimum*, zum Grunde des Endlichen gemacht wurde. Nicht jenes Unendliche der metaphysisch-theologischen Spekulation, sondern das Unendlichkleine soll fortan als der Archimedische Punkt erkannt werden. (Cohen, 2005, 125)

Bloch interessiert sich stark für diese Logik, insbesondere durch den Gebrauch, den Oswald Weidenbach von ihr macht, ein Philosoph, der neun Jahre älter ist als er selbst und den er anscheinend während seiner Studien in Würzburg im Jahr 1906 oder 1907 getroffen hatte. Weidenbach entnahm der Cohenschen transzendentalen Logik den *terminus a quo* (der Ursprung als infinitesimales Nichts) und den *terminus ad quem* (die Idee als Gottespostulat), aber er plazierte sie in einen realistischen und ontologischen Rahmen, der durch Hegel inspiriert war. In dieser Philosophie mit existentialistischen Akzenten konstituiert jeder Augenblick ein Rätsel, das keine vorgezeichnete Lösung besitzt, ein Nichts, das uns die Arbeit einer rationalen Bestimmung abverlangt: „Die Zufälligkeit der Gegenwart erheischt eine Zukunft, um sich zu rechtfertigen. [...] wir stehen vor einem Zauberhintergrund und empfangen aus dem Nichts das Rätsel, aus dem Vernunft die Wirklichkeit erschafft." (Weidenbach, 1907, 45 nebst 66 des zweiten Teils)

Das ursprüngliche Rätsel ist hier nicht nur das Faktum der reinen Erkenntnis wie bei Cohen, sondern die Unbestimmtheit der Existenz selbst. Die Vernunft orientiert uns auf das Postulat der Idee oder Gottes hin, die (oder der) nicht etwas transzendental Bestimmtes ist, sondern ein „Noch-Nicht" (Weidenbach, 1907, 54 des zweiten Teils), das es ohne Unterlass wiederzuerfinden gilt, eine Aufgabe, die nur „in der bescheidenen Form der Hoffnung" (Weidenbach, 1907, 41–42 des zweiten Teils) existiert.

Das Problem, welches jede Gegenwart konstituiert, findet sich auf diese Weise zwischen dem Geheimnis seines Ursprungs und seiner auszuführenden Bestimmung eingespannt: „Das Problem ist weder die Idee, noch das Nichts, es ist beides, es ist das Rätsel, dessen Lösung die Idee ist." (Weidenbach, 1907, 54 des zweiten Teils)

Indem er den enigmatischen Ursprung des Existierenden, in diesem Sinne aufgefasst, mit dem phänomenologischen Erlebnis der Dunkelheit des Augenblicks zusammenbringt, gelangt Bloch dahin, die Welt als einen Prozess aufzufassen, durch welchen ein alogischer Wille danach strebt, die Logizität zu erreichen, dem Beispiel Eduard von Hartmanns folgend, ohne aber wie dieser ein unbewusstes metaphysisches Prinzip vorauszusetzen, weil der Ursprung des Prozesses in jedem Augenblick ein Nichts ist, ein Seinsmangel. Präziser ist er ein „Noch-Nicht-Seiendes", die spontane und immer wieder aufgenommene Bewegung der Antizipation einer unbekannten Bestimmung, von welcher man aber den Eindruck hat, dass sie das Ende der Dunkelheit in jedem Augenblick sein könnte, das aufgelöste Rätsel der Existenz. In dem Maße, in welchem es das Bewusstsein in seinem Sein selbst ist, das sich als ein durch die Dunkelheit des Augenblicks affiziertes vorfindet, fasste Bloch seine Philosophie geradezu als Ontologie des „Noch-Nicht-Seins" auf; weil er aber dem schöpferischen Genie die Führungsrolle in der historischen Erforschung einer Lösung des Existenzrätsels zuwies, kümmerte er sich zuerst um die subjektive Erfahrung des „Noch-Nicht". Das Fünklein der Mystik findet sich als „Noch-Nicht-Bewußtes" reformuliert, das heißt, als Vorahnung einer Bestimmung, die noch unverfügbar ist, durch welche man lediglich die Empfindung hat, sie könnte die adäquate Antwort auf die Dunkelheit des gelebten Augenblicks sein und auf dessen Unerträglichkeit. Auf dieser Ebene ersteht das Wunder der Schöpfung, durch die wissenschaftlichen, künstlerischen, religiösen und politischen Genies hervorgerufen, von Werten, welche das künftige Ziel antizipieren, das heißt den *Deus absconditus*, welcher mit dem zusammenfällt, was versucht, im Herzen des *homo absconditus* zu entstehen.

Die vier theoretischen Bezugnahmen, die wir als Quelle des Begriffs vom „Noch-Nicht-Bewußten" identifiziert haben, behalten ihre Wirkung im ganzen weiteren Werk Blochs bei und strukturieren sehr stark die zentralen Kapitel des *Prinzips Hoffnung*, wie wir jetzt sogleich sehen werden.

5.2 Eine phänomenologische Anthropologie

Befremdenderweise ist der Ausdruck „das Noch-Nicht-Bewußte" in der ersten Auflage von *Geist der Utopie* (1918) nicht vorhanden und erscheint zum ersten Male erst einige Jahre darauf. (Wenn ich nicht irre, findet sich der präzise Ausdruck „das Noch-Nicht-Bewußte" (mit Bindestrichen) zum ersten Mal in der Rezension von *Geschichte und Klassenbewußtsein* von Lukács, im Jahr 1923 veröffentlicht (PA 620).)

Obwohl die Idee seit 1907 entstanden war, wird sie erst 1919 expliziert, in einem Aufsatz, der den Titel trägt: „Über das noch nicht bewußte Wissen", der in veränderter Form in die zweite Auflage von *Geist der Utopie* (1923) aufgenommen wurde. Bloch hat diesen Text in einer abgekürzten Form in die *Philosophischen Aufsätze zur objektiven Phantasie* (PA 115–122) wieder aufgenommen. Es wäre freilich besser, die ursprüngliche Version zu benutzen, die in (Bloch, 1994, 64–72) neuerlich aufgenommen wurde. Man sehe auch (GU 1923, 234–241), Seiten, die in Gestalt einer leichten Veränderung in die dritte Auflage von 1964 (GU 1964, 241–248) wieder aufgenommen wurden.

Weil der Text von 1919 auch der erste ist, in welchem Bloch Freud und dessen Begriff vom Unbewussten diskutiert, kann man vermuten, dass dies zum Zwecke der Abgrenzung gegen den Psychologen geschieht, und dass Bloch seine eigenen Ansichten über das „Nicht-Bewußte" ausführlicher darstellen wollte. Gleichwohl riskiert die Freud und seine Schule betreffende Polemik, die in *Das Prinzip Hoffnung* viel Platz beansprucht, die Lektüre dadurch zu verfälschen, dass glauben gemacht wird, der Blochsche Begriff situiere sich auf dem Gebiet der Psychoanalyse.

Vielmehr ist es seit den ersten Formulierungen das *Wissen*, auf das sich der Ausdruck „Noch-Nicht-Bewußtes" bezieht, wie der Titel des Textes von 1919 andeutet. Zudem bestätigt Bloch zehn Jahre zuvor, in seiner Doktordissertation, „daß der Gedanke mit den Bildern und Worten nicht erschöpft ist, sondern [...] zu einer offenen und noch nicht bewußten Intention überströmt." (TLU 90) Diese Passage und einige andere im selben Werk (TLU 95, 97. – Ein Text von 1921 spricht, im selben Sinn, von einer „kategoriale[n] Fassung [...] des noch nicht bewußten Wissensinhalts." (TLU 114)) beziehen sich klar auf die Erkenntnis; präziser, sie entstammen der Phänomenologie, verstanden als „deskriptive Psychologie" der kognitiven Erfahrung. Bloch hat im Gefolge Husserls und seiner Schule immer deutlich zwischen einem psychologischen Zugang zur Subjektivität, der sich für die Genese der Empfindungen und Vorstellungen interessiert, und einem anderen, der sich eher für die *Gültigkeit* der Akte und Inhalte des Denkens interessiert, unterschieden. (Noch in den 1950ziger Jahren warnte er seine Leipziger Studenten ganz explizit vor der Konfusion der beiden Ansätze (LV 1950–1956, 1, 395–396).) Es ist aus dieser letzteren Perspektive heraus, dass die Analyse des antizipierenden Bewusstseins, wie sie in *Prinzip Hoffnung* präsentiert wird, verstanden werden muss. Im „Vorwort" charakterisiert der Autor das Wesen der Antizipation durch die Worte: „ [...] *Richtungsakt kognitiver Art.* " (PH 10)

Von Beginn an und durch sein Werk hindurch befasst sich Bloch mit der Wertschöpfung, mit der Erscheinung, bei ausgezeichneten Individuen, von neuen Formen, Idealen und Begriffen, welche geeignet sind, eine universelle Gültigkeit zu erlangen. Zu diesem Zweck widmet *Das Prinzip Hoffnung* entscheidende Seiten der Genialität, die als solche „Erscheinung eines besonders hohen Grades von Noch-Nicht-Bewußtem [ist] und der Bewußtseinsfähigkeit, letzthin also Explizierungskraft dieses Noch-Nicht-Bewußten im Subjekt, in der Welt." In der Jugend und bei begabten Individuen, erklärt der Autor, manifestieren sich die Vorahnungen eines „Hinausseins über das bisher bewußt Gegebene, bisher in der Welt Explizierte und Ausgestaltete." (PH 142) Man könnte sich darüber wundern, dass im Herzen eines Werkes, das sich marxistisch gibt, dieses individualistische Motiv aufrechterhalten wird (den frühen Einfluss preisgebend, welchen die Ideen Nietzsches auf den Autor ausüben, den Übermenschen und die Jugend als Orientierung auf die Zukunft betreffend). Bloch gibt dieses doch niemals auf und bestätigt darüber hinaus, dass die Genies, mit Marx selbst als leitendem Beispiel, nicht weniger als die revolutionäre Klasse produktiver Kräfte sind, mit denen es zu rechnen gilt. (MP 401–409; PA 406–411. – Man sehe auch meinen Aufsatz „Les sources de la philosophie de l'histoire d'Ernst Bloch", der in der *Revue internationale de philosophie* erscheinen wird.)

Das Prinzip Hoffnung fügt jedoch hinzu, dass die geniale Produktivität an einen sozialen und historischen Kontext gebunden ist: es gelingt ihr, sich nur dann auszudrücken, wenn der soziale Kontext es ihr gestattet, so wie umgekehrt eine Epoche, schwanger mit Möglichkeiten, steril bleiben wird, wenn es an Individuen fehlt, die fähig sind, diese wahrzunehmen und die notwendige Energie für ihre Verwirklichung einzuhauchen. Diese Betrachtung über die Beziehung zwischen „Revolution und Genie" (PH 149) ist ein Beispiel für die Art, in welcher Bloch in seinen späteren Schriften Motive aus seiner Jugend wieder aufnimmt und an seine militante Sichtweise, die er in der Folge gewonnen hat, anpasst.

Aber seine Verbundenheit mit dem Marxismus ist nur einer der Faktoren, die ihre eigenen Züge dem späteren Werk Blochs mitteilen, wenn man sie mit den Jugendschriften vergleicht. In den drei oder vier Jahrzehnten, die *Geist der Utopie* vom *Prinzip Hoffnung* trennen, haben andere Einflüsse und Debatten diesem Autor die Gelegenheit gegeben, seinen Begriff vom „Noch-Nicht-Bewußten" weiter auszufüllen. Insbesondere die Tatsache, dass die Resultate dieser Untersuchungen im zweiten Teil von *Prinzip Hoffnung* die Gestalt einer Skizze philosophischer Anthropologie annehmen, verrät sicherlich den Einfluss von Max Scheler, der für Bloch über die Jahre von 1910 bis 1920 hinweg ein wichtiger Vermittler war. (Eine Studie über die theoretischen Beziehungen zwischen Bloch und Scheler bleibt eines der Desiderate für die Bloch-Forschung. Für eine erste Annäherung sehe man (Pelletier, 2009, 229–242).

Das Projekt einer philosophischen Anthropologie zieht sich durch das ganze Werk Schelers und wird in seinen letzten Schriften ganz explizit, in denen er sich bemüht, den Menschen in seiner biologischen und intellektuellen wie metaphysischen Dimension zugleich zu bedenken. Bloch und Scheler teilen evidente Neigungen in ihrer kühnen Synthese von Phänomenologie und Lebensphilosophie. Beide haben danach gesucht, den lebenden Menschen, der durch Bedürfnisse und Wünsche getrieben wird, zugleich als sein erkennendes Subjekt zu verstehen, das wertorientiert und auf der Suche nach Wahrheit ist. In diesem Sinn haben der eine wie der andere jedoch nicht so sehr eine Erklärung der menschlichen Ontogenese zum Projekt, als vielmehr eine phänomenologische oder deskriptive Anthropologie, die jeder auf seine Weise verwirklicht, ohne die theoretischen Fortschritte etwa der Freudschen Metapsychologie in Frage zu stellen. (Wie man zeigen kann, grenzt sich Bloch hier freiwillig vom Älteren ab.) Von ihrem Freudschen Standpunkt aus wirft Hanna Gekle richtigerweise Bloch seine Vereinfachungen der Psychoanalyse vor. (Gekle, 1986) Ein Verständnis der vor allem phänomenologischen und ontologischen Perspektive Blochs hätte ihr zweifelsohne eine nüanciertere Kritik gestattet.

1) Die phänomenologische Anthropologie verflicht drei Begriffsgruppen miteinander, die es kurz zu benennen gilt.

Der junge Bloch bemüht sich 1921, seine Sicht auf die Erkenntnistheorie zu klären. (Man sehe „Über motorisch-mystische Intention in der Erkenntnis", wieder aufgenommen in TLU 108–117).

Im Rückgriff auf die phänomenologische Terminologie unterscheidet er zwei Arten der Intention oder des Meinens eines Objektes: eine *motorische* Intention und eine *mystische* Intention. Dieser Unterscheidung liegt die Hartmannsche Konzeption des Ursprungs zu Grunde, nach welcher das Reale alogisch verfasst ist, aber zur Logizität hin tendiert. Für Bloch setzt die Erkenntnis voraus, dass man die Alogizität des Objekts wahrnimmt; als Leser von Schopenhauer ist er der Auffassung, dass es zuallererst in seiner eigenen gelebten Erfahrung liegt, dass das Subjekt jene Alogizität empfindet. Diese manifestiert sich ihm als Trieb oder Wunsch. Dieselbe Triebstruktur in den anderen Wesen wiedererkennend, kann der Mensch dazu beitragen, praktisch und historisch ihrem gemeinsamen Ziel entgegenzustreben. Diese motorische Intention erfordert daher das Bewusstsein vom Ziel. Dieses wird erlangt, denkt Bloch, durch den Akt des menschlichen Geistes, der die Werte in einem Erlebnis der Evidenz anschaut: dieses ist die mystische Intention.

2) Durch sein Werk hindurch benennt Bloch drei Grade des kognitiven Subjekts. Im Stadium von *Geist der Utopie* unterscheidet er, in der Ordnung einer ansteigenden Klärung: *das erlebende Subjekt*, dessen Akte affektiver Natur sind, dann *das begreifende Subjekt*, schließlich das *utopische Subjekt*, dessen besonderer Akt in der Wertschöpfung besteht. (GU 1918, 339, 369; im Spätwerk sehe man zudem TE 42). – Bloch nimmt von Oswald Külpe die Unterscheidung zwischen dem *Erleben* und dem *Auffassen*, denkt sie aber auf unterschiedliche Weise (LM 28).

Im Aufsatz von 1921 verbindet er das erlebende und das begreifende Subjekt, zur motorischen Intention; das *utopische Subjekt* oder das wertschöpfende Subjekt wird mit der mystischen Intention verbunden. Ohne die Terminologie unmittelbar zu verwenden, wird diese Sichtweise im zweiten Teil von *Prinzip Hoffnung* wiederaufgenommen. Die Kapitel 9 bis 14 präsentieren eine Theorie der Affekte oder des erlebenden Subjektes, das Kapitel 15 spricht von der Erhebung zum diskursiven Bewusstsein von dem, was inmitten dieser Affekte entsteht; schließlich bedenken die Kapitel 16 und 20 dieses Bewusstsein als einen Akt der Transzendenz, welcher dem utopischen Subjekt entstammt, dem, was noch der „homo absconditus" ist.

3) Jeder der Grade des kognitiven Subjektes ist durch eine besondere Beziehung zwischen dem *Akt* des Meinens und seinem *Inhalt* gekennzeichnet. Diese Unterscheidung entstammt der phänomenologischen Schule: In *Geist der Utopie* wird in der Tat darauf zurückgegriffen, dass Brentano und Husserl auf der methodologischen Ebene eine Klarstellung der diversen Akte und ihrer entsprechenden Inhalte ermöglicht haben. (GU 1918, 256; siehe auch Bloch, 1989, 38–39. – *Das Prinzip Hoffnung* beklagt aber den Idealismus dieser Autoren, die vorgeben, eine „Psychologie der Akte" zu begründen, die von der „Psychologie des Inhalts" getrennt ist (PH 78–79).)

In *Das Prinzip Hoffnung* wird diese Unterscheidung unmittelbar für die Analyse des antizipierenden Bewusstseins nutzbar gemacht. Die Theorie der Affekte oder des „erlebenden Subjektes", welche in ihm entwickelt wird, stellt fest, dass der intentionale Akt grundsätzlich Trieb und Wunsch ist, und dass dieser Seinsmodus des Subjektes sich durch die intentionalen Akte des Denkens hindurch erhält. (PH 79–80) Bloch beschreibt sorgfältig die verschiedenen affektiven Bewegungen (erfüllte Affekte, Erwartungsaffekte) durch ihre korrelativen Inhalte, die mehr oder weniger deutlich, aber tatsächlich gemeint sind. (PH 78) Das Subjekt, so präzisiert er, nimmt sich selbst im Affekt auf vage Weise wahr (PH 77), aber es ist in jenem der Hoffnung der Fall, so wie er sich im Wachtraum manifestiert, dass es sich wahrhaft zu explizieren imstande ist und mit größerer Genauigkeit das Objekt seines Strebens antizipieren kann. Der Affekt des Hoffens ist „zu logisch-konkreter Berichtigung und Schärfung [fähig]" und zum Bezug auf einen „rein kognitiven Vorgang und Vorstellungswesen, der [sic] sonst keinem Affekt zukommt." (PH 126)

Diese Phänomenologie der Affektivität bereitet somit jene des begreifenden Subjekts vor, und jene des utopischen Subjekts, von welchen in den Kapiteln 15 und 16 die eigenen Akte und ihre korrelativen Inhalte studiert werden. Es handelt sich hierbei um die Kapitel, welche wir in den beiden folgenden Abschnitten untersuchen.

5.3 Die utopische Funktion

Der Begriff des „Noch-Nicht-Bewußten" verbindet sich mit dem unmittelbar gefühlten Akt der Vorahnung (PH 150) und seinen Inhalt, zuerst ausgedrückt im Affekt des Hoffens. Das Kapitel 15 lädt zu seiner Erhellung ein: „Das Noch-Nicht-Bewußte selber muß seinem Akt nach *bewußt*, seinem Inhalt nach *gewußt* werden, als Aufdämmern hier, als Aufdämmerndes dort." (PH 163)

Bloch hat erklärt, die Entdeckung des „Noch-Nicht-Bewußten" im Zusammenhang mit der Idee der „fringes of consciousness" im Sinne von William James gemacht zu haben (Landmann, 129), als er in Würzburg studierte, auf eine Theorie Bezug nehmend, die schon bald von diversen Tendenzen der Phänomenologie aufgenommen worden war. James unterscheidet innerhalb des Bewusstseinsstroms „substantive Teile", welche die Momente der gegenwärtigen Aufmerksamkeit sind, und „transitive Teile", welche die unmittelbaren Ränder des Vergangenen und des Künftigen konstituieren, die gegenwärtige Aufmerksamkeit unmittelbar umgebend. Solche Ränder, fährt er fort, sind schwierig zu erfassen, weil sie sich substantialisieren, sobald unsere Aufmerksamkeit sich auf sie richtet. Sie manifestieren die innere Tendenz des gegenwärtigen Bewusstseins, „the dying echo of whence it came to us, the dawning sense of whither it is to lead". Mit Blick auf den Rand des Künftigen schreibt James noch: „We all of us have this permanent consciousness of whither our thought is going. It is a feeling like any other, a feeling of what thoughts are next to arise, before they have arisen." (James, 1890, 255–256)

Es ist gerade hinsichtlich dieser Ränder der Fall, insbesondere hinsichtlich jener der Antizipation, welche den ganzen Akt des Denkens in Bewegung setzen, dass Bloch zur Erhellung beitragen will, wie die erste Seite des Kapitels 15 deutlich macht, die den Titel „Die zwei Ränder" trägt, in unmittelbarer Anspielung auf James. (PH 129–130) Die Aufgabe ist schwierig, weil es darum geht, selbst das zu beschreiben und zu verstehen, was seiner Natur gemäß einfacher Rand ist und daher nicht einer vollen Erhellung zugeführt werden kann. Wir befinden uns im Bereich dessen, was dem Bewusstsein (noch) entgeht.

Bloch erklärt *ad nauseam*, dass es sich hier nicht um das Freudsche Unbewusste handelt, das ein „Nicht-Mehr-Bewußtes" ist. (PH 130, 145) Im Jahr 1919 erklärt er mit einiger Geringschätzung, erstmals auf die Psychoanalyse Bezug nehmend, sie sei eine Kombination aus „Ohrenbeichte mit Leibnizens petites perceptions", und er assoziiert vielmehr das „noch nicht bewußte Wissen" mit den Rändern im Sinne von James. (Bloch, 1994, 68) Bloch fasst das Unbewusste nicht in einem Freudschen Sinne auf, sondern bald als „Unterbewußtsein". (Gekle,1986, 185. – Zu der Art, wie Freud sich gegen die Idee des Unbewussten bei seinen Vorgängern wie Lipps abgegrenzt hat, sehe man Gödde, 1999.)

Man vermutet hier den Einfluss seines Münchener Meisters Theodor Lipps, der den Ausdruck „das Unbewußte" benutzte, um kognitive Elemente zu bezeichnen, die wohl real, aber zu schwach waren, um irgendeine Klarheit zu erreichen – von woher die von Bloch durchgeführte Annäherung zwischen der Idee des Unbewussten einerseits und den „petites perceptions" andererseits stammt. (Man sehe hauptsächlich Lipps, 1896, 201–220. Der Bezug auf die „petites perceptions" Leibnizens entstammt der Lektüre Salomon Maimons (GU 1918, 262), der den Begriff der „Differentiale des Bewußtseins" geprägt hat, oder den infinitesimalen Grad an Bewusstsein; Bloch befasst sich sehr bald mit dieser Idee Maimons, unter dem Blickwinkel eines Werkes von Emil Lask über Fichte (TLU 101; man sehe auch meinen Aufsatz Pelletier, 2012, 32–33, zudem die historischen Angaben von Bloch erläutert in PH 149–161, sowie in PA 86–115). Die Originalität, die er für seinen Begriff des „Noch-Nicht-Bewußten" in Anspruch nimmt, entstammt dem Umstand, dass er das Bewusstseinserlebnis in seiner Temporalität betrachtet: in einem phänomenologischen Rahmen weist dieser Begriff auf den antizipatorischen Rand hin, der unmittelbar das Subjekt in jedem seiner Akte erlebt. Die Originalität dieses Begriffes liegt auch in seiner Einschreibung der Phänomenologie Blochs in eine Ontologie des „Noch-Nicht-Seins", wie wir des Weiteren noch sehen werden.

Die Vorahnung, von welcher Bloch spricht, ist daher nicht die Reaktivierung einer unterbewussten Quelle (PH 161–162): sie ist mit der Produktion des Neuen verbunden und präzisiert sich „*bewußt-gewußt als utopische Funktion*" (PH 163), in der sie die Hoffnung unterhält, sich selbst und ihre Objekte gleichermaßen zu denken. Das Wort „Funktion" ist wahrscheinlich durch Carl Stumpf inspiriert: in einem Text von 1906, auf den der junge Bloch unmittelbar anspielt (man sehe GU 1918, 256 nebst 244, wo „der scharfsinnige Stumpf" erstmals Erwähnung findet). Dieser Phänomenologe bezeichnet mit diesem Ausdruck alle psychischen Akte, indem er sie von ihren Inhalten oder „Erscheinungen" unterscheidet: Funktionen und Erscheinungen gehen immer Hand in Hand, aber ein und dieselbe Funktion kann sich auf verschiedene Erscheinungen beziehen, während ein und dieselbe Erscheinung Gegenstand verschiedener Funktionen sein kann. Die Funktionen sind „das Wesentlichste im geistigen Leben", und die Erscheinungen sind „nur ihr Material." (Stumpf, 1906, 4–5, 9) Beachten wir, dass das Kapitel 15 von *Prinzip Hoffnung*, ein erstes Mal 1953 in der *Deutschen Zeitschrift für Philosophie* (Jg. 1, 513–551) veröffentlicht, mit „Die antizipierende Funktion" betitelt war.

Der Autor beschreibt diese Funktion mit Hilfe der kartesisch-brentanoischen Unterscheidung (man sehe Brentano, 1874, 2. Buch, 6. Kapitel) von drei Arten psychischer Akte: den Affekten, den Vorstellungen und den Urteilen (die allein der Wahrheit oder Falschheit zugänglich sind). Als ein *Affekt*, bleibt die

Hoffnung einfache „Gemütsbewegung" (PH 79, 163); aber als rationale Funktion weiß sie sich als antizipativen Akt, und ihre Inhalte werden zuerst *Vorstellungen* der schöpferischen und utopischen Imagination, die sodann zum Objekt der rektifizierenden *Urteile* werden können und eines Wissens, ihre reale Möglichkeit betreffend. Bloch fasst seinen Standpunkt in diesen Zeilen zusammen:

> [...] der *Akt-Inhalt* der Hoffnung ist als bewußt erhellter, gewußt erläuterter die *positive utopische Funktion*; der *Geschichts-Inhalt* der Hoffnung, in Vorstellungen zuerst repräsentiert, in Realurteilen enzyklopädisch erforscht, ist die *menschliche Kultur bezogen auf ihren konkret-utopischen Horizont.* (PH 166)

Diese Passage wird im Motto zum vierten Teil des *Prinzips Hoffnung* wieder aufgenommen (PH 522): dieser und der folgende Teil verwirklichen tatsächlich das Programm einer enzyklopädischen und kritischen Prüfung von Ausdrucksformen der utopischen Funktion. Aber schon der dritte Teil betrachtet die kulturellen Vorstellungen der utopischen Phantasie, welche unmittelbar sind.

Für Bloch ist das Adjektiv „utopisch" nicht auf die soziale Ebene beschränkt: er bezeichnet alle kulturellen Formen der Antizipation einer Vollkommenheit. Die utopische Funktion bewirkt ein *Urteil* über die Art, in welcher das verwirklicht wird, das erhofft ist – von woher, in den Kapiteln 17 bis 19 von *Prinzip Hoffnung*, die Reflexion über den Begriff der Möglichkeit und die Unterscheidung zwischen konkreter und abstrakter Utopie stammen. Aber dieses Urteil bemüht sich allem voran, innerhalb der *Vorstellungen* utopischer Phantasie das, was einfache Verschönerung des Realen ist, gegen das abzugrenzen, was tatsächlich seine Überschreitung in Sicht nimmt. (PH 169–170) Das Kapitel 15 stellt mehrere Modi der Phantasie dar und verdeutlicht für jeden Fall seine Umsetzung durch die utopische Funktion: diese kritisiert das, was in diesen Vorstellungen einfach nur Ideologie ist, Legitimation des Realen durch eine falsche Verschönerung, sie arbeitet aber auch, durch diese Kritik hindurch, einen utopischen Überschuss heraus, der in Gestalt der Archetypen, Ideale, Allegorien und Symbole präsent ist und welchen die Vernunft zu reorientieren und akzentuieren gehalten ist. Die Darstellung dieser Begriffe im Kapitel 15 leidet jedoch unter einiger begrifflicher Dunkelheit, weil Bloch, mit der Verwirklichung beschäftigt, sich gezwungen sieht, weitere Ausführungen ontologischen Charakters zu antizipieren. Wir werden deshalb unseren Kommentar jener Seiten nach jenem der im Kapitel 20 formulierten Ontologie mitteilen.

5.4 Die mystische Intention und die Realisierung des Realisierenden

Im Kapitel 16 werden, auf eine präzisere Weise als zuvor, die Probleme der Realisierung diskutiert. Die Unzufriedenheit betrachtend, die sich einstellt, wenn sich ein intensiv erhofftes Objekt eingefunden hat, identifiziert Bloch zunächst zwei Ursachen der Enttäuschung. Die eine ist relativ zum Akt der Verwirklichung: weil dieser Akt im gegenwärtigen Augenblick stattfindet, und der ist dunkel, weil nur abbildbar in einem vergangenen Mal und weil er mit dieser Dunkelheit alles kontaminiert, was sich in seiner Nähe befindet. Daher erscheint das Erreichen des Objektes weniger klar als der Traum, der jenem vorangeht, und der ihm nicht entspricht. Mit Ausnahme des Vorwortes ist es hier, dass das Thema der Dunkelheit des gelebten Augenblicks erstmals im *Prinzip Hoffnung* expliziert wird, voll entwickelt im Kapitel 20. Dieses Thema spielt eine zentrale Rolle für die Ökonomie des Werkes.

Die zweite Ursache der Enttäuschung betrifft weniger den Akt und sein zeitliches Dunkel, sondern den anderen phänomenologischen Pol der Verwirklichung, nämlich seinen Inhalt: einmal angefallen, scheint das Objekt weniger vollkommen als wenn es nur erträumt wurde. Es gibt eine „Melancholie der Erfüllung" (PH 221), in dem Sinne, dass die erhoffte Fülle jeder besonderen Verwirklichung zu entgehen scheint: „In jeder Erfüllung, sofern und soweit diese totaliter schon möglich ist, bleibt ein eigentümliches Element Hoffnung, dessen *Seinsweise* nicht die der vorhandenen oder *vorerst vorhandenen Wirklichkeit* ist, folglich mitsamt ihrem Inhalt übrigbleibt." (PH 213) Jenem Überschuss widmet Bloch die größte Aufmerksamkeit, weil er die Verdinglichung der Hoffnung verhindert. Seine Analyse situiert sich hier offensichtlich nicht auf dem Feld der Psychoanalyse: während für Freud das symbolische und rationale Feld in der Weise einer Interiorisierung des „Notwendigkeitsprinzips" und der Endlichkeit strukturiert, weist Bloch jedoch, sicherlich, ohne jemals den Wert der *anankê* und ihrer Enttäuschungen für die Beschränkung des Imaginären zu bestreiten, den Verzicht auf dieses Prinzip unter dem Aspekt der *docta spes* zurück: „*Philosophische* Vernunft ist keine durch Schaden klug gewordene Phantasie." (TE 114, LA 389) So undefinierbar sie auch ist, die gemeinte Fülle ist ein echter Inhalt der Intentionalität und muss über die besonderen Verwirklichungen hinweg wiedererinnert werden:

> Keine Verabsolutierung eines bloßen Vorgefühls darf das Eingedenken in dieser Intention vergessen lassen. Denn es ist das Eingedenken des Grundinhalts in unserem Treiben, als überhaupt noch nicht ins Bewußtsein, gar ins Gelungensein eingetretenen, welcher eben deshalb noch in Utopie steht. (PH 216)

Das Wort „Eingedenken", das an dieser Stelle im *Prinzip Hoffnung* auftaucht, besitzt eine präzise Bedeutung, die von Bloch in seinem Jugendwerk geäußert wird. (Man sehe Marchesoni, 2014, 15–28, und Pelletier 2009, 273–275. – Die erste Kommentatorin, die ihre Aufmerksamkeit auf den Begriff des Eingedenkens gelenkt hat, ist Laura Boella (Boella, 1987, 122–130).)

Er verbindet es mit einem Thema der neoplatonischen und christlichen Mystik, in Bezug auf welche es wichtig ist, sich unserer letzten Bestimmung zu entsinnen und sich zuerst aller Bilder zu entledigen, die uns dieses vergessen machen. Diese doppelte Bewegung erschien ihm gut ausgedrückt in dem Vers „Allvergessen – Eingedenken", aufgefunden in den *Wesendonck-Liedern* Wagners, und es ist daher so, dass „Eingedenken" für Bloch den Sinn des Erinnerns annimmt, nicht jenes einer vergangenen Sache, sondern einer künftigen Bestimmung, eines Erinnerns, das die Möglichkeit einer Nachzeichnung dessen in sich birgt, was in den Hoffnungen der Vergangenheit das Uneingelöste ist. (LV/ZW 148–149, 155) In dem Werk *Geist der Utopie* wird dieser Begriff als ursprünglicher Beitrag zur Husserlschen Theorie vorgestellt: in der Erweiterung der Idee von der „kategorialen Anschauung", welcher entsprechend der kognitive Akt eine Erfüllung nicht nur durch einen sinnlichen Inhalt, sondern auch durch die Wahrnehmung von Relationen oder Sachverhalten in gelebter Evidenz zu meinen vermag, möchte Bloch die Phänomenologie anreichern, indem er sie zurückbringt „zu dem Eingedenken, dem Gesolltsein, den ethisch-ontologischen Begriffen als der eigentümlichen Schicht keineswegs nur privat reflexiver Akte, obwohl ihnen die objektiv reale Erfüllung, zutiefst auch Erfüllbarkeit überhaupt noch fehlt." (GU 1918, 261; über das „Eingedenken", sehe man dieses Werk, 215, 242, 255, 259–261, 269, 333, 339, 373, 385 et 439 (diese Liste ist nicht erschöpfend); man sehe auch EZ 301.)

Bloch assoziiert das *Eingedenken*, das für den Entwurf das letzte Ziel ist, mit dem *Fünklein* des Meisters Eckhart, das heißt, mit der Geburt Gottes in der Seele. (LV/ZW 157–160)

Man erreicht hierbei das, was der junge Bloch „*mystische, intuitive Intention*" (TLU 114) nannte, welche der Akt „vom utopischen, das heißt werttheoretisch erfüllenden Subjekt" (GU 1918, 339) ist. Die antizipierenden Erfahrungen der Fülle schließen die „Unio mystica" mit ein, jenes „nunc stans", das von Sankt Augustin und dem Meister Eckhart eingeführt wird, weil der erhoffte Inhalt adäquat den Akt des utopischen Meinens erfüllt. (PH 215, 340) Man sehe auch EM 98.

Dieses Endresultat führt Bloch lediglich in formalen Ausdrücken an: es findet im Augenblick statt, der Erfahrung des ursprünglichen Dunkels folgend. Es ist jedoch Erhellung, sehr wohl das genaue Gegenteil des Dunkels des gelebten Augenblicks.

Wenn solche Erfahrungen im Augenblick stattaben, außerhalb des zeitlichen Verlaufs, dann ist das deshalb der Fall, weil der zeitliche Verlauf jener der

Verwirklichung ist und diese einer Subjektivität emaniert, die sich selbst immer dunkel ist, die im Hell-Dunkel und des „Noch-Nicht-Bewußten" agiert. Bloch vereinigt insofern die beiden bereits erwähnten Aporien, jene des durch die Dunkelheit des gelebten Augenblicks belasteten Aktes und jene des Inhalts, der immer diesseits der Erfüllung verbleibt, und er identifiziert die eine wie die andere unter der Gestalt einer dritten Aporie des von der mystischen Intention gemeinten Inhalts, des *Deus absconditus*, der schließlich nichts anderes ist als der Inhalt des *homo absconditus*, des „Treibens- und Ursprungs-Inhalts" (PH 222), der sich in der motorischen und willenshaften Intention manifestiert, im Akt der Verwirklichung des Gemeinten. Bloch trägt diesem Umstand Rechnung, durch den paradoxen Ausdruck „Realisierung des Realisierenden", gegen die idealistische Tradition, welche die Verwirklichung als „ein[en] sich ohnehin entfaltende[n] Logos" denkt. (PH 218) Er nimmt die irrationale Unmittelbarkeit des Augenblicks wahr, die ohne Unterlass den Agenten affiziert, ihm seinen Antrieb verleihend, ihm aber zugleich auch die integrale Beherrschung seines Aktes und dessen, was dieser meint, entziehend: „[...] dieses Verwirklichende steht [...] noch im Nicht-Haben seines Akts wie Inhalts." (PH 221)

Man sieht, dass Bloch beträchtliche Mühe darauf verwandt hat, den Rand des „Noch-Nicht-Bewußten" zu verdeutlichen. Seine Bemühungen haben ihn zu einer wahrhaften Hermeneutik der Spuren und des Vor-Scheins vom Ultimum geführt, was der letzte Teil dieses Textes im Wesentlichen darlegen wird. Zunächst gilt es, kurz auf die ontologische Einschreibung des „Noch-Nicht" zurückzukommen, weil die Blochsche Hermeneutik von ihr abhängt.

5.5 Von der Phänomenologie zur Ontologie

Im Kapitel 20 wird eine Zusammenfassung der Theorie des „Noch-Nicht-Bewußten" vorgelegt, erläutert in den Kapiteln 15 und 16, mit der in den Kapiteln 17 bis 19 ausgeführten Theorie der Welt als Korrelat der utopischen Intentionalität. Die Ontologie, welche daraus folgt, war bereits im Kapitel 15 aufgetreten. Bloch hatte dort erklärt, dass die Emergenz des Neuen sich an subjektiven und sozialen Barrieren stoßen würde, aber auch allgemeiner an der Tatsache, dass die Welt selbst, die Materie, unvollständig wäre: „Das Weltgeheimnis selber liegt [...] im Horizont der zu gewinnenden Zukunft, und der Widerstand, den es seiner Eröffnung entgegensetzt, ist [...] der einer in sich selbst noch im Prozeß befindlichen, noch nicht manifesten Fülle." (PH 148–149) Die folgenden Kapitel richten sich in diesem Sinn auf eine „Ontologie des Seins des Noch-Nicht-Seienden" (PH 274) und laden dazu ein, die Materie als das „*in Möglichkeit Seiende*" (PH 235) zu denken, als Matrix des Neuen, durchpflügt zwar von Widerständen und Widersprüchen, aber einem

Ultimum gegenüber gleichwohl offen (PH 233). Diese Ansichten stützen sich auf eine realistische Auffassung von der Erkenntnis, der anzuhängen Bloch nicht aufgehört hat: Er denkt, dass wir unter bestimmten theoretischen und sozialen Bedingungen eine Erkenntnis von der Wirklichkeit erreichen können, so wie sie ist, das heißt, ihrer Unvollständigkeit und möglichen Finalität entsprechend. Er expliziert die theoretische Basis für diesen Realismus erst in seinen letzten Büchern, insbesondere in der *Tübinger Einleitung in die Philosophie* und vor allem in *Experimentum Mundi*. Sie ist jedoch seit dem Anfang seines Werkes implizit vorhanden und man kann ihre Präsenz auch im Hintergrund von *Prinzip Hoffnung* vermuten, in den auf das Real-Mögliche Bezug nehmenden Ausführungen (Kapitel 18) und in der Ontologie von Kapitel 20.

Bloch hat sich von vornherein zum „transzendentalen Realismus" bekannt, durch welchen Eduard von Hartmann versucht hatte, den alogischen Willen Schopenhauers mit dem Verstand und der Logizität zu verbinden (GU 1918, 265, 272), aber er hat diese Theorie mit Hilfe des „kritischen Realismus" von Alois Riehl und Oswald Külpe neu bearbeitet, ebenso mit den phänomenologischen Realismen von Theodor Lipps, Georg Simmel und Max Scheler. Auf verschiedene Weisen zeigen sich diese Autoren für den Begriff des Widerstands empfänglich, den Wilhelm Dilthey (als Leser von Maine de Biran) in seiner Erkenntnistheorie eingeführt hatte: dieser behauptet, dass unser Glauben an die äußerliche Realität der vitalen Tendenz entstammt, dem Gefühl des behinderten Strebens. Dieses Gefühl ist vor-rational, in dem Sinne, dass es im Ausgang von ihm der Fall ist, dass die Erfahrung des Realen sich zwischen ihren subjektiven und objektiven Polen ausdifferenziert. Unter dem Einfluss dieser Sichtweisen hat Bloch sehr früh schon den Begriff des Widerstandes für realistische Zwecke genutzt. (Man sehe Bloch, 1909, 13–14, 17. Über die hier erwähnten Einflüsse sehe man meinen Aufsatz (Pelletier, 2009) und die Anmerkungen zu meiner französischen Übersetzung der Doktorarbeit Blochs: (Pelletier, 2010). Der Einfluss der Sichtweisen von Lipps (hauptsächlich sein Begriff der „Forderung", der jenes des „Widerstands" mit einschließt) wird deutlich bei Simmel, in seinen epistemologischen Betrachtungen, welche die *Philosophie des Geldes* (Simmel, 1900, 13) eröffnen. Für eine erste Annäherung an das Thema des Widerstandes in Bezug auf Bloch sehe man (Schmidt, 1985).)

Zum einen verbindet er die Tendenz oder den Willen mit den Akten, welche im Augenblick hervorgehen: auf den Widerstand stoßend, erhellt sich das lebende Subjekt allmählich, wird sich seiner selbst bewusst, und zugleich wird es sich des gemeinten Inhalts bewusst. Aber andererseits hebt Bloch diese phänomenologische Beschreibung auf eine ontologische Ebene, indem er hinzufügt, dass man das Erlebnis des Widerstands nicht bloß den Begrenzungen des Subjekts zuschreiben könne. Der Widerstand manifestiert auch großenteils den problematischen Charakter der Realität. (TE 307–315) Der Grundstein des Blochschen Realismus, „das Entscheidende" (PH 340), ist die Idee, dass das Subjekt wie das Objekt der Erkenntnis sich in dieselbe Irrationalität teilen, welche ihrem gemeinsamen Ursprung entstammt, dem „Fast-nichts" des dunklen Augenblicks. Die Erfahrung des Augenblicks handelt vom Sein selbst: Wir empfinden uns als *lebend* und *existierend* in diesem Augenblick, er ist unser *Urgrund*, welcher zugleich auch *Ungrund* ist, weil er auf Grund seiner Flüchtigkeit dem Ergreifen widersteht. (PH 220) Das rechtfertigt es für uns, in dem gegenwärtigen Augenblick „*de*[n] Knoten des Daseinsrätsels" (PH 341) zu sehen, jenes „Daß des Existierens" (PH 353, 358), das heißt, all dessen, was an der Zeit teilhat. Das subjektiv Erlebte des Augenblicks gewinnt somit eine ontologische Bedeutung:

> [D]as Dunkel des gelebten Augenblicks ist abbildlich für das Dunkel des objektiven. Also für das Sich-nicht-Haben jenes intensiven Zeitelements, das sich noch nicht selber in die Zeit und den Prozeß als inhaltlich manifestiert entfaltet hat. (PH 341)

Bloch kann von da an die durch die phänomenologische Beschreibung erhellten Strukturen der subjektiven Erfahrung auf das Ganze des Realen übertragen, weil „kategoriale Grundbegriffe (Gründlichkeiten) einzig durch die Affektlehre hindurch zugänglich gemacht werden. [...] Diese Begriffe erhellen so die Grundaffekte, wie die Grundaffekte die ontologischen Grundbegriffe." (PH 357) Von nun an ist es die Totalität des Realen, die Bloch als utopische Funktion versteht (PH 203) oder als „Realisierung des Realisierenden", in drei Momenten strukturiert – Ursprung, Tendenz und Latenz – denen Grundbegriffe entsprechen. Sich bei Cohen und Weidenbach inspirierend, denkt er den Ursprung des Seins, „das Daßhaft-Realisierende" (PH 357) als ein einfaches *Nicht*, zugleich „Seinsmangel", das „Nicht-Haben" seiner selbst und Impuls, der sich ohne Unterlass auf einen Zustand hin erneuert, welcher zum Haben seiner selbst wird. Es ist das Trachten nach diesem Zustand, welches die Welt als einen Prozess erscheinen lässt, der durch eine Tendenz vorangetrieben wird, als ein *Noch-Nicht*. Als Versuch einer Negation der ursprünglichen Negation umfasst der Prozess bereits sein Ende auf latente Weise, das *Alles*, welches vollständige Negation des *Nicht* wäre. Da aber ein solches Trachten nach diesem Zustand, welches, insofern es nichts als ein Mögliches ist, seinem Ende nicht versichert ist, bleibt das *Nichts* oder das totale Scheitern gleichfalls eine latente Möglichkeit. (PH 356–364)

Dieser Ontologie gemäß ist Bloch der Ansicht, dass die problematische Realisierung des Realisierenden nicht Angelegenheit der einzigen menschlichen Geschichte sein kann: das, was er in seiner Jugend als utopisches Subjekt bezeichnete – das noch nicht existierende Subjekt, auf der Suche nach sich selbst und nach seinen Bestimmungen – dieses sieht er gleichermaßen in der Natur versuchsweise erstehen, und in diesem Sinne spricht er von einem „problemhaften

Natursubjekt." (PH 807; 287) Die menschliche Geschichte, so denkt er, erreicht nicht ihr Ziel, ohne dass es dieser so manifest prozessualen Natur zugeordnet ist, damit befasst, das zu dynamisieren, was in ihrer Mitte der Orientierung auf eine Finalität widersteht. (PH 317–321, 361–363) Aber im selben Atemzug gibt er zu, dass wenn die menschliche Aktion dazu beitragen kann, die Möglichkeiten der Welt zu verwirklichen und Neues entstehen zu lassen, sie nichts als „den vorgeschobensten, aktivsten Posten der in der Welt umgehenden Aurora-Funktion" (PH 203; 287–288, 348) darstellt. Dafür Sorge tragend, die Hoffnung und ihre Praxis aufrechtzuerhalten, sucht Bloch daher nach Bildern, die in der Geschichte wie in der Natur das mögliche utopische Ziel auf enigmatische Weise erahnen lassen. Diese Konzeption konstituiert einen wesentlichen Bestandteil seiner Theorie des „Noch-Nicht-Bewußten" und dem, welchem wir uns nun schließlich zuwenden.

5.6 Die Bilder der Hoffnung

Der metaphysische Rahmen dessen, was die Blochsche Theorie der Bilder werden wird, ist seit der ersten Auflage von *Geist der Utopie* aufgestellt: Der Autor erklärt dort, dass dem Rätsel des Dunkels des gelebten Augenblicks ein anderes entspricht, das sich in der Erfahrung des Staunens manifestiert, in der Empfindung, plötzlich durch selbst kleinste Ereignisse oder Objekte der Welt betroffen zu sein. Er bezeichnet diese Erfahrungen als „Symbolintentionen". Durch ihren unerwarteten und augenblicklichen Charakter haben sie die „Gestalt der unkonstruierbaren Frage", die wir für uns selbst sind, insoweit diese Frage nicht auf etwas bereits Bekanntes bezogen werden kann. (GU 1918, 363–373; GU 1923, 234–252; GU 1946, 243–263) Die Symbolintentionen manifestieren den „schwer verständlichen, [...] inhaltlich rätselvollen Realitätsgrad des Keims oder *Essenz*." (GU 1918, 372)

In der zweiten Auflage von *Geist der Utopie* wird, um von diesem Realitätsgrad zu sprechen, der Begriff der Latenz eingeführt. (GU 1923, 237; GU 1964, 244–245) Im Kapitel 20 von *Prinzip Hoffnung* werden diese Auffassungen explizit wiederaufgenommen und verfestigt: Der dunkle Augenblick ist „Quell", ihm korrespondieren die Symbolintentionen als „Mündung", antizipierende Zeichen einer „offenen Adäquatheit" zwischen dem Sich und der Welt, so dass der Inhalt hinsichtlich unserer gegenwärtigen Erfahrung des Prozesses irreduzibel verbleibt. (PH 336–337) Diese Symbolintentionen manifestieren den „Kern der Latenz" (PH 337, 353), das heißt, wie ein späteres Werk präzisiert, „die Beschaffenheit, worin die Tendenz die seltsame Vorexistenz ihrer Richtung und ihrer Vorwegnahme hat." (EM 147–148) Da die Latenz dabei zu ihrem Inhalt das mögliche Alles und das mögliche Nichts hat, die Erfahrungen des Staunens, die sie voraussehen, sowohl positive als auch negative. (PH 350–353)

Es ist vor diesem Hintergrund der Fall, dass sich die Theorie der Zeichen situiert (Zu diesem Aspekt des Blochschen Werkes sehe man in der Hauptsache (Korngiebel 1999)), die Bloch in den Jahren 1920 und 1930 ausgeführt hat. Seinem Spätwerk eigentümlich, korreliert diese Theorie mit der anderen großen Neu-Orientierung der zwanziger Jahre, mit jener, die durch die Annäherung an den Marxismus und einem erneuerten Verständnis des theoretisch und praktisch aufzustellenden Verhältnisses zwischen Selbst- und Weltverdeutlichung bezeichnet ist. Zwei Netzwerke der Einflussnahme sind hier zu bestimmen. Es gibt zum einen die Theorie der Bilder, entwickelt von Ludwig Klages in seinem Werk des Jahres 1922 „Vom kosmogonischen Eros", das Bloch sofort empfänglich macht. (EZ 334–343. – Bloch kannte Klages seit dem Beginn der Jahre nach 1910 persönlich (man sehe Pauen, 1994, 199). Es ist möglich, in bestimmten Passagen von *Vom kosmogonischen Eros* wie auch von *Geist der Utopie* die Spuren eines Dialoges zwischen den beiden Autoren zu sehen.)

Entgegen jedem festen und determinierten Logos bezieht sich Klages auf eine ekstatische Intuition von der Welt unter den archaischen Bildgestalten, im Augenblick vorgegeben und sich unter den symbolischen Formen wiederholend, welche sich ohne Unterlass erneuern. Bloch bemerkt verschiedene Ähnlichkeiten zwischen seinem Begriff der Symbolintention und dieser Theorie der Bilder. Er bemüht sich, diese neu zu überdenken, wie auch die Theorie der Archetypen von Jung, für die er, wie es ihm scheint, eine philosophische Basis zur Verfügung stellt, indem er den Bildbegriff von jeder archaischen Dimension reinigt, um ihn als Zeichen der Antizipation des „Noch-Nicht-Gewordenen" in der Welt zu nutzen. Die authentischen Bilder, so erklärt er,

> sind bereits die im Märchen enthaltenen Wunschbilder, es sind vor allem die Hoffnungsbilder des betroffenen Staunens, [...] es sind auch jene ‚Formen' der Erhabenheit, welche, wie Kant sagt, eine Ahnung unserer künftigen Freiheit übermitteln. (EZ 342–343)

Diese Denklinie führt als Konsequenz der kritischen Wiederaufnahme von Klages drei zusammenhängende neue Ideen im Bezug auf *Geist der Utopie* ein. Zuerst erwähnt Bloch die „Wunschbilder", denen er nicht weniger als die letzten drei Teile von *Prinzip Hoffnung* widmet. Dann verbindet er die Symbolintentionen, von radikal merkwürdigem Charakter, mit anderen, weniger ungeläufigen Bildern, die in verschiedenen Graden bekannter sind und sicherlich auch in einiger Hinsicht jenseits ihrer selbst lokalisiert werden. (LM 388) Schließlich signalisiert die Erwähnung des Kantischen Begriffs der „Erhabenheit", dass der Autor diese Bilder im Zusammenhang mit einer Naturphilosophie denkt. Der intensive Austausch, den Bloch in derselben Epoche mit drei privilegierten Vermittlern pflegt – Theodor W. Adorno und vor allem Walter Benjamin und Siegfried Kracauer – gibt ihm die Gelegenheit, seine Ansichten zu präzisieren, seine „mikrologische Verschlüsselung" des Realen zu verfeinern und seine Konzeption der Bilder des „Noch-Nicht-Bewußten" dank zweier neuer Begriffe anzureichern, neben dem Begriff des Symbols: durch den Begriff der Allegorie und jenem der Chiffer.

Die Wiederherstellung ihres Dialoges, an welchem Bloch einen bisher weitgehend unterschätzten Anteil hatte, bleibt noch durchzuführen. Über seine Entwicklung in den zwanziger Jahren hat Bloch die wichtige Erklärung abgegeben:

> Ich machte damals noch eine zweite Lernzeit durch und entdeckte, daß Gott im Detail wohnt. Wie damals auch Benjamin und Kracauer erfaßte mich die Liebe zu den kleinen Dingen. [...] Das Gebaute, so wußte es auch Benjamin, hört auf, wir müssen uns überraschen lassen und neu anfangen. [...] Die Richtung auf ein System war auch damals in mir vorhanden, aber ich erschwerte es mir absichtlich selbst, indem ich eine noch unbehauene Erfahrung suchte. Als dagegen diese Phase abgeschlossen war, forderten mich hintereinander mehrere größere Pläne, die sich in mir vorbereitet hatten. (Landmann, 340)

Im Kapitel 15 von *Das Prinzip Hoffnung* werden die Hauptresultate dieser Untersuchung geliefert. Die auf die utopische Funktion bezogene Kritik soll sich nicht nur, erklärt Bloch, auf die Ideologie richten, sondern auch auf die Archetypen, die er in der Art der Bilder im Sinne von Klages versteht, als „situationshafte Verdichtungkategorien, vorzüglich im Bereich poetisch-abbildhafter Phantasie." (PH 184) Alle Archetypen, sagt er, sind nicht oder nicht vollständig mit der archaischen Dimension des Imaginären verbunden: sie können variieren, und etliche erscheinen selbst auf dem Feld der Geschichte. Die utopische Funktion muss eine „Umfunktionierung" dieser Archetypen bewirken, eine *„Befreiung der archetypisch eingekapselten Hoffnung."* (PH 187) Die archetypischen Bilder nehmen zweierlei Formen an: die der Allegorie und die des Symbols. Die Allegorie bezieht sich auf einen „noch in Einzelheit (Vielheit, Alteritas) ausgebreiteten, in Vergänglichkeit, ja Zerbrochenheit befindlichen Sinn." Sie blüht insbesondere in der Kunst und in den polytheistischen Religionen. Gerade die Symbole drücken „[...] eine in der Einzelheit (Vielheit, Alteritas) [...] transparent erscheinende Einheit des Sinnes" aus und finden sich insbesondere in den Monotheismen wieder. (PH 201–202) Während er seine Kategorien präsentiert, fügt Bloch im selben Atemzug hinzu, dass sie nicht nur gestatten, die Antizipation im Sinne historischer Subjekte zu denken: sie sind auch Teil einer „erneut qualitative[n] Naturphilosophie." (PH 188) Es ist möglich, in der Natur Allegorien und Symbole wahrzunehmen, die sich derart nicht nur der menschlichen Vorahnung darbieten, sondern „[...] vielmehr ein Stück Doppelschrift der Natur selbst [zeigen], eine Art Realchiffer oder Realsymbol." (PH 188) – An anderer Stelle spricht Bloch auch in diesem Sinne von *Real-Allegorien*: Man sehe zum Beispiel TE 341–344).

Diese Chiffern versteht Bloch als ebenso viele „Prozeßgestalten" oder Manifestationen, in der Natur selbst, von rätselhafter Anmutung. Die Natur als Trägerin der Zeichen auffassen zu können, ist das, was die Erfahrungen des Schönen und natürlich Erhabenen ermöglicht, welche uns betroffen machen, den symbolischen Intentionen gleich, für welche bereits *Geist der Utopie* die Theorie bereitstellt. (EM 221) Zugleich ist auch eine ähnliche Lektüre erlaubt, die Idee des Natursubjekts betreffend, das Bloch auf seine ontologischen Betrachtungen stützt, mit Blick auf das Dunkel des Augenblicks, subjektiv wie objektiv.

Diese Ansichten bereichern den antizipatorischen Akt und müssen auf ihn abgestimmt werden. Das ist deshalb so, weil die utopische Funktion ihre Kritik auch auf die Ideale erstreckt, als begriffliche Repräsentationen der Perfektion. Im Unterschied zur Kritik der Ideologien oder der archetypischen Bilder handelt es sich hier nicht darum, das auszuweiten, was die Hoffnung einkapselt, sondern darum, einfach die Abstraktion und die Stasis der Ideale richtigzustellen, indem man versucht, sie zu verwirklichen. Mit anderen Worten handelt es sich darum, den einen Teil der Philosophie des wertschöpfenden Subjekts, von Bloch in seinen Jugendwerken dargelegt, mit dem anderen Teil der Ontologie des „Noch-Nicht-Seins" und der Philosophie der Natur, die ein späteres Ergebnis ist, zusammenzuführen. Im Kapitel 54, der tatsächlichen theoretischen Schlussfolgerung von *Prinzip Hoffnung*, wird diese Zusammenfassung besprochen, aber sie wird durch die Betrachtungen in den Kapiteln 15 und 20 über den Begriff des Höchsten Gutes angekündigt. Das Höchste Gut besitzt als seine Charakteristik in der Tat die Eigenschaft, zugleich Ideal und Archetyp zu sein: das grundlegendste Ideal (PH 198) und zugleich der rein utopische Archetyp, von jedem Archaismus befreit, durch das Leben und die Vorstellung geleitet. (PH 355) Sein Inhalt, auf der begrifflichen Ebene, bleibt ein „Sein wie Ideal", noch unsagbar (PH 199), aber so wie die Vernunft ihre Quelle im Leben findet und ihr Streben ausdrückt, ist das Subjekt, welches danach strebt, es zu verwirklichen, eben Natursubjekt, und das erahnte „Sein wie Ideal" fällt mit dem „Sein wie Utopie" zusammen, vom Subjekt wie von der Welt erwartet, als eine „noch völlig ausstehende Realitätsart." (PH 216; nebst 223)

Übersetzung aus dem kanadischen Französisch: Rainer E. Zimmermann (Der Übersetzer bedankt sich bei Cecile Malaspina für eine klärende Durchsicht des Originaltextes.)

Literatur

Ernst Bloch: Kritische Erörterungen über Rickert und das Problem der modernen Erkenntnistheorie, Ludwigshafen am Rhein 1909

Ernst Bloch: „Curriculum vitae", in: Rainer Traub, Harald Wieser (Hg.): Gespräche mit Ernst Bloch. Frankfurt a. M. 1980

Ernst Bloch: Leipziger Vorlesungen zur Geschichte der Philosophie 1950–1956, hrsg. von Ruth Römer und Burghart Schmidt, Bd. 1–4, Frankfurt a. M. 1985
Ernst Bloch: Gedanken über religiöse Dinge, [1905], in: *Bloch-Almanach*, vol. 12 (1992)
Ernst Bloch: Viele Kammern im Welthaus. Eine Auswahl aus dem Werk. Hg. Friedrich Dieckmann und Jürgen Teller, Frankfurt a. M. 1994
Laura Boella: *Ernst Bloch. Trame della speranza.* Milano 1987, 122–130
Franz Brentano: Psychologie vom empirischen Standpunkte. Leipzig 1874
Hermann Cohen, Werke, Bd. 6: System der Philosophie, 1. Teil: Logik der reinen Erkenntnis [Reproduktion der zweiten Auflage von 1914], Hildesheim/Zürich/New York 2005
Hanna Gekle: Wunsch und Wirklichkeit: Blochs Philosophie des ‚Noch-Nicht-Bewußten' und Freuds Theorie des ‚Unbewußten', Frankfurt a. M. 1986
Günter Gödde: Traditionslinien des „Unbewußten": Schopenhauer, Nietzsche, Freud, Tübingen 1999
William James: The Principles of Psychology, t. 1, New York 1890
Wilfried Korngiebel: Bloch und die Zeichen. Symboltheorie, kulturelle Gegenhegemonie und philosophischer Interdiskurs. Würzburg 1999
Michael Landmann: Gespräche mit Ernst Bloch, t. 1, p. 129. (Diese unveröffentlichte Handschrift befindet sich im Ernst-Bloch-Archiv in Ludwigshafen am Rhein).
Theodor Lipps: Der Begriff des Unbewussten in der Psychologie, in: *Metaphysische Rundschau*, vol. 1, n° 3 (1896)
Stefano Marchesoni: Zur Vorgeschichte des Eingedenkens. Über Ernst Blochs ‚motorisch-phantastische Erkenntnistheorie' in *Geist der Utopie* und ihre ‚Umfunktionierung' bei Benjamin. *Benjamin-Studien*, vol. 3 (2014), 15–28
Arno Münster (Hg.): Tagträume vom aufrechten Gang. Sechs Interviews mit Ernst Bloch. Frankfurt a. M. 1977
Michael Pauen: Dithyrambiker des Untergangs. Gnostizismus in Ästhetik und Philosophie der Moderne. Berlin 1994
Lucien Pelletier: Ernst Bloch à la rencontre de la phénoménologie, in: Bloch-Almanach, vol. 28 (2009), 201–276
Lucien Pelletier: Études critiques sur Rickert et le problème de la théorie moderne de la connaissance, Paris, Québec 2010
Lucien Pelletier: L'influence d'Emil Lask sur le jeune Ernst Bloch, in: *Revue philosophique de Louvain*, t. 110, n° 1 (2012)
Lucien Pelletier: Hermann Cohen dans la formation de la pensée d'Ernst Bloch, in: *Dialogue*, vol. 52, n° 2 (juin 2013), 305–340
Lucien Pelletier: La formation de la philosophie d'Ernst Bloch à partir de la mystique de Maître Eckhart, (erscheint 2016 in: *Laval théologique et philosophique*)
Burghart Schmidt: Das Widerstandsargument in der Erkenntnistheorie: Ein Angriff auf die Automatisierung des Wissens". Frankfurt a. M. 1985
Georg Simmel: *Philosophie des Geldes.* Berlin 1900
Carl Stumpf: Erscheinungen und Funktionen, in: *Abhandlungen der Königlich-Preußischen Akademie der Wissenschaften, Philosophisch-historische Classe,* Berlin 1906
Oswald Weidenbach: Mensch und Realität, Gießen 1907

Rainer E. Zimmermann
6 Experimentum Mundi sive Adumbratio
2. Teil, Nr. 17–18 → 19

6.1 Differenzierungen im Begriff Realität

Der Blochsche Ansatz versteht sich als Theorie eines Weltentwurfes, der von vornherein als ein dynamischer, nach vorwärts gerichteter und nach vorn treibender, auf Künftiges, also auf ein *Noch-Nicht*, abzielender, verfasst ist. So heißt es ausdrücklich:

> Das Wirkliche ist Prozeß; dieser ist die weitverzweigte Vermittlung zwischen Gegenwart, unerledigter Vergangenheit und vor allem: möglicher Zukunft. Ja, alles Wirkliche geht an seiner prozessualen Front über ins Mögliche, und möglich ist alles erst Partial-Bedingte, als das noch nicht vollzählig oder abgeschlossen Determinierte. (PH 225)

Es ist hierbei ganz wesentlich, dem genauen Wortlaut zu folgen, um nicht von Beginn an diesem Ansatz einfach nur das Etikett „Prozess-Metaphysik" anzuhängen. Selbst jene nämlich, welche vergleichbaren Ansätzen argumentativ nahestehen, sind von der Notwendigkeit präzise differenzierter Begriffsarbeit überzeugt. (Man sehe zum Beispiel kürzlich Dennis Sölch, 2014. Gleichfalls herausragend, wenn auch nicht unproblematisch, Wolfgang Sohst, 2009.)

Und zuallererst bedarf es dazu einer genauen Betrachtung der Begriffe „Wirklichkeit" und „Prozess". Der letztere ist insofern eher fassbar, als er allgemein auf einen „Verlauf" verweist und spezieller auf eine „Entwicklung" bzw. „Bewegung". Das Einverständnis scheint in diesem Fall so groß zu sein, dass etwa die Sandkühlersche „Europäische Enzyklopädie zu Philosophie und Wissenschaften" (1990, Band 3) gar keinen Stichworteintrag zum Prozessbegriff besitzt. Der Eintrag „Bewegung" dagegen thematisiert lediglich den physikalischen Begriff der Ortsveränderung im Raum – übrigens auf nicht endgültig befriedigende Art und Weise. (Man sehe Enrico I. Rambaldi: Stichwort Bewegung, Band 1, 378–389, und vergleiche dazu meine Einträge in Stephan Günzel (Hg.), 2012.)

Im Bloch-Wörterbuch dagegen findet sich ein Eintrag „Prozeß" (Schlemm, 2012, 434–449), der mit dem lapidaren Satz beginnt: „Blochs Philosophie kann als Prozessphilosophie bezeichnet werden." (Schlemm, 2012, 434) Zu Recht verweist die Autorin hier auf ein Schellingsches Motiv, betont aber, dass bei Schelling, im Unterschied zur eher einzelwissenschaftlichen Nutzung des Begriffs, eine Differenz zwischen dem Absoluten, „außer aller Zeit" sich befindlichen (SW 6, 41) und dem „zeitlich sich verändernden Endlichen zu berücksichtigen" ist, so dass der Grund der Existenz und das Existierende zu unterscheiden sind. (SW 7, 357) Heidegger wird dazu formulieren: „Das Sein des Seienden ‚ist' nicht selbst ein Seiendes." (Heidegger, 1979, 6.) Von dieser Position aus gelangt er dann sogleich zur Differenzierung ontologischer und ontischer Vorrangstellungen des Daseins. Darüber hinaus ist das Ontische immer schon materiell (also durch die stoffliche Form) verfasst. Das hat bereits Feuerbach eingesehen:

> Der Beweis, daß etwas *ist*, hat keinen anderen Sinn, als daß etwas *nicht nur Gedachtes* ist. Dieser Beweis kann aber *nicht aus dem Denken selbst geschöpft werden*. Wenn zu einem Objekt des Denkens das *Sein* hinzukommen soll, so muß zum Denken selbst *etwas vom Denken Unterschiedenes hinzukommen*. (Feuerbach, 1966, 166, 182.)

Anders gesagt: keine *software* ohne *hardware*. Das kann man getrost dem kürzlichen Ansatz Stephen Wolframs (Wolfram, 2002) entgegenhalten.

Auf diesen Aspekt müssen wir sogleich zurückkommen. Zuvor kann aber festgestellt werden, dass der hier in Frage stehende Prozessbegriff von vornherein auf einen im Rahmen wohldefinierter Temporalität stehenden Verlauf rekurriert, der zumindest die Ordnung einer sequentiellen Abfolge respektiert. Anders gesagt: Der Prozessbegriff verweist auf die (ontischen) Kategorien von Raum und Zeit. Alles, was also die Spannung des prozessualen Widerstreits zu bezeichnen unternimmt (im ursprünglichen Sinn des *agón*) und dabei auf den Verlauf und das aus ihm Hervorgehende abstellt, impliziert immer schon eine Gerichtetheit der Veränderung. Und diese Richtung ist eine primär temporal geordnete. Das sieht Bloch genauso, denn er erwähnt die drei Ekstasen der Temporalität (Gegenwart, Vergangenheit, Zukunft) gleich zu Beginn ganz explizit. Wenn er also fortfährt, dass „alles Wirkliche [...] an seiner prozessualen Front [...] ins Mögliche" übergehe, dann kann er damit nur das zeitlich Endliche meinen, also das, was traditionell als *Modalität* bezeichnet wird, im Unterschied zur *Realität*.

Diese Terminologie entstammt der Philosophie Spinozas: Die Welt *realiter* bezeichnet bei diesem das von der menschlichen Wahrnehmung unabhängige Absolute, die Welt *modaliter* bezeichnet die gemäß dem (menschlichen) Modus (der menschlichen Seinsweise) wahrnehmbare (Teil-)Welt. In neuerer Zeit wird für *Modalität* oft, dem Angelsächsischen entlehnt, der Begriff *Aktualität* gesetzt. Im Grunde spiegelt sich hierin der schon in der griechischen Antike geführte Streit wider über die Sichtweisen des *Parmenides* und des *Heraklit*. Die erste hat den Vorteil der ontologischen Konsistenz, bezahlt das aber mit dem Nachteil der Unanschaulichkeit. Die zweite hat den Vorteil der ontischen Anschauungskonsistenz, aber den Nachteil der ontologischen Inkonsistenz. Keinesfalls aber wird hier unter „Modalität" das verstanden, was im eher sprachphilosophischen Sinne *aktual* der Fall ist inmitten möglicher Welten bzw. das, was lediglich die Art und Weise des Existierens ausdrückt.

Und eben das trennt Bloch von Schelling: *Es wird über das Existierende gesprochen, nicht über dessen Grund.* Die Formulierung, dass „alles Wirkliche [...] an seiner prozessualen Front [...] ins Mögliche" übergehe, kann dann nur bedeuten, dass jenes Wirkliche stets *weiteres* Mögliches in sich birgt, das im Rahmen des künftig Wirklichen zutage treten wird. (Quidquid latet, apparebit.) Freilich gibt es nirgendwo einen Hinweis darauf, dass alles, was möglich ist, am Ende auch zutage treten *muss*, denn es gibt keinen zureichenden Grund dafür, dass die modale Welt *ergodisch* ist. Dass dies tatsächlich der Fall sei, taucht zumeist als Behauptung im Rahmen einer *theologischen* Argumentationsfigur auf, die mit dem Begriff *kenósis* zusammenhängt (nämlich abgeleitet von einer Formulierung des Paulus in Phil. 2, 7), welche in neuerer Zeit von Gianni Vattimo wieder in die Philosophie eingeführt worden ist. (Vattimo, 1997) Abgesehen davon, dass aus dem Paulus-Zitat keineswegs erkennbar wird, dass diese Entäußerung des Herrn *vollständig* war, ist zudem fraglich, ob hier korrekt zwischen Realität und Modalität unterschieden worden ist. Denn es wird zugleich nicht deutlich, inwieweit eine *modale* Entäußerung des Herrn überhaupt wesentlichen Einfluss auf seine *reale* Konstitution haben sollte.

Insofern rekurriert Bloch hier gar nicht zufällig auf die „Dies irae": „Iudex ergo cum sedebit / *Quidquid latet apparebit* / Nil inultum remanebit." (V 16–18) Weil Bloch sich zudem eher auf die Linie „Leibniz-Hegel" stützt statt auf die Linie „Spinoza-Schelling", hat später Hans Heinz Holz, gleichfalls der ersteren nahestehend, in diesem Zusammenhang Leibniz zitiert: „Omne possibile exigit existere." (Holz, 1975, 129–130) Angesichts der bekannten leibnizschen Auffassungen, die Theologie betreffend, erläutert sich dieses Zitat von selbst.

Bei Bloch wird diese Sichtweise bereits in der Wortwahl des Grundbegriffes „Noch-Nicht" deutlich, denn die Hinzufügung des „Noch" impliziert immer schon, dass alles, was im Nichtsein ist, künftig in Seiendes „entäußert" wird. Während daher das *Nicht* bei Bloch als Ursprung der Entfaltung des Entwurfs von Seiendem *zwischen* dem *Nichts* und dem *Alles* in Erscheinung tritt, ist das *Noch-Nicht* praktisch mit dem Nichtsein identisch. (Man sehe hierzu auch Holz, 1975, 44, 70.)

Aber weder ist diese Sichtweise naheliegend, noch liest sie sich vor dem Hintergrund der Blochschen Schelling-Kritik, die sich in der Hauptsache auf den von Bloch selbst nicht richtig verstandenen Begriff des Urgrundes richtet, als konsistente Entgegnung. Bloch schreibt:

> Diese Verweisung vom Logischen auf ein Willenhaftes und Daß-Intensives geschah [bei Schelling] allerdings um den Preis, daß die Verwirklichung sowohl in Mythologie gebracht wie innerhalb dieser Mythologie schlechthin verteufelt worden ist. Wobei noch hinzukommt: nicht nur der irrationale erste Weltanstoß, auch jede Einzel-Verwirklichung in der Welt erzeugt [...] ausschließlich Zwietracht [...]. (PH 220)

Das entspricht freilich nicht den Tatsachen, denn stattdessen geht der späte Schelling, der hier in Frage steht, von der *Indifferenz* als dem Urgrund des Welthaften aus. (Zimmermann, 2016)

Dieses Problem klärt sich vermutlich am ehesten, wenn man die Hegel-Interpretation heranzieht, die Bloch favorisiert und die Holz übernommen hat. Denn deutlicher als jener noch bezeichnet dieser Hegels angeblich vorgenommene Identifizierung von Substanz und Subjekt als *Hegelschen Kerngedanken* und lokalisiert sodann bei Bloch in der Substanz *als* Subjekt den *Endzustand des Gelungenseins*. (Holz, 1975, 27, 141) Es fehlt hier der Platz, um auf diesen Aspekt genauer einzugehen. Nur so viel sei vermerkt, dass eine neuerliche Lektüre der inkriminierten Hauptstellen (Hegel 1982, 23, 53) erhebliche Zweifel an dieser unerschütterlich tradierten These angebracht erscheinen lässt.

Holz zitiert in diesem Zusammenhang Bloch:

> System ist utopisch-konkretes Totum. Das derart mögliche, ja einzig mögliche offene System ist zielhaft zusammengehalten von der utopischen Totalität der Substanz *als* Subjekt, des Subjekts *als* Substanz in Einem. Das erst ist das Ganze der Materie. (SO 443, Holz, 1975, 27, H. v. m.)

Weiter unten heißt es:

> Materie wird [bei Bloch] zum ersten Prinzip einer Philosophie, die die Deduktion der Mannigfaltigkeit der Welt ohne Rückgriff auf einen setzenden Akt aus der Transzendenz [...] leisten will. (Holz, 1975, 136)

Es ist freilich zu bezweifeln, dass eine solche Philosophie leistbar ist, wenn man unterstellt, dass der Grund von etwas immer verschieden ist von dem, was er begründet. Wenn es sich auch bei einer solchen Begründung nicht notwendig um einen „setzenden Akt" handeln muss.

Für den Aristoteles-Kenner Bloch (und im Übrigen auch für seinen Interpreten Holz) sollte diese Sichtweise alles andere als naheliegend sein: Die relevanten aristotelischen Begriffe sind vor allem *enérgeia* und *entelecheía*, das erstere sich auf den Prozess der Verwirklichung beziehend, das letztere auf den Zustand erreichter Wirklichkeit. (Bartels, 1990, 884–892 nebst Kruse, Stadler, 1990, 892–903.) Dazu hat Christof Rapp Erhellendes ausgeführt, vor allem auch die zwei Bedeutungen von *ousía* bei Aristoteles betreffend und das Verhältnis von Wesen und Wirklichkeit. (Rapp, 1996, 8–10. Ebenso Rapp, 2005, 145–169, vor allem: 146, 149–151, 165. Man sehe auch Berti, 1996, 289–311.)

Wirklichkeit ist dann das Prinzip der Vollkommenheit und Vollendung, das als *Form* vom *Stoff* (hýle) unterschieden wird, der seinerseits das Prinzip des Möglichen (Nicht-Wirklichen) bezeichnet. *Wirklichkeit im Unterschied zur Mög-*

lichkeit ist also das, was geworden ist, nicht das, was noch werden kann. Aber das unabhängig vom Vorstellen und Denken *an sich bestehende* wird statt Wirklichkeit eher *Sein* genannt. Die *Bewegung* ist dann das Streben des Möglichen, sich zu verwirklichen (der Übergang der einen Form von Sein in eine andere). Diese Sichtweise teilt Bloch offenbar mit Aristoteles. (Cf. Phys. 201a16–17) Die Welt ist insofern keine abgeschlossene, vollendete Wirklichkeit, sondern eine, die stets in Entwicklung ist. (Phys. 200b12, 32; Met. 1072a–1073a13) Die in Bewegung befindliche Wirklichkeit der Welt setzt zudem eine erste Seinsursache voraus, welche die *Wirklichkeit schlechthin* ist, eine *abgetrennte Substanz*, rein immateriell und frei von jeder Bewegung. (Met. 1071b4–1072a) Hier wird der trennende Aspekt zwischen dem Ontischen und dem Ontologischen nochmals ganz deutlich. Insoweit Bloch diese Sichtweise übernimmt, wirft das ein helles Licht auf seinen Begriff der Metaphysik, denn *metaphysisch* ist hier nur die Fragestellung *nach den Bedingungen der Möglichkeit von Bewegung*. Aber das Mögliche und das Wirkliche, in ihrer Bewegung befindlich, sind nichts weiter als *modale* Kategorien. (Das ist bei Bloch auch nicht weiter verwunderlich, sind für ihn doch Kategorien bekanntlich die Vermittler zwischen dem Daß-Grund und dem Was-Wesen: „[Sie] sind das immer weiter sich ausprägende Relations-Wie, der versuchte Bezug des Daß zum Was [...]" (EM 78, 71) Die Wirklichkeit ist also *Ausdruck der Substanz*, in diesem Sinne auch *notwendiger* Ausdruck (wie schon bei Thomas von Aquin), aber nicht mit dieser zu konfundieren. Bei Bloch wie bei Holz spricht auch Vieles gar nicht gegen diese Sichtweise, wie man zahlreichen Stellen entnehmen kann, vor allem die Materie als Substrat betreffend, bei Bloch etwa SO 409 und MP 350, 357, bei Holz, 1975, 69, 91 nebst 124, 136. Umso erstaunlicher Holzens Formulierung: „[...] materia sive substantia sive natura [...]" (Holz, 1975, 142), die nicht in dieses Bild hineinpasst.)

Soweit erkennbar, hat nur Roeder von Diersburg diesen Sachverhalt klar benannt: Er weist darauf hin, dass die Materie bei Aristoteles das In-Möglichkeit-Seiende, aber nicht die reale Möglichkeit ist, sondern dass sie die letztere lediglich *hat* (als die Möglichkeit etwas zu sein). Er formuliert:

> τὸ – ‚Das' Noch-Nicht-Seiende [...] hat δυνάμει – Dativus instrumentalis, ‚verliehen von und vermittels' seiner Modalität Teil am ὄν, seinem ‚Seienden'; die Dynamis, *Potenz* an ihrer Energie, ihrem Akt, der Ausgangspunkt an seinem Zielzustand. Zur Potenz, dem Begriff der Realen Möglichkeit, tritt der Akt, zunächst Begriff der Wirklichkeit, somit gleichbedeutend der Entelechie [...] (Roeder von Diersburg, 1967, 52)

Von hier aus legt er das genaue Verhältnis zwischen Wirk-Wirklichkeit einerseits und Gestalt-Form andererseits auseinander (gemäß Physik 193a30 und De Anima 412a19) und betont dabei den Standpunkt des Substrats. Dadurch zeigt er, dass bei Aristoteles bereits mehr angelegt ist, als Bloch ihm letztlich zugesteht. Und er bemerkt ausdrücklich, dass Bloch offenbar „das Sein mit dem Seienden" verwechselt. (Roeder von Diersburg, 1967, 55–56, 69) Vor kurzem hat Reiner Hedrich gezeigt, in welchem Sinne das Substrat neuerdings in der modernen Physik an Bedeutung gewonnen hat. (Hedrich, 2012)

In der späteren Rezeption sind all diese Aspekte auf unterschiedliche Weise wahrgenommen worden: Burghart Schmidt zum Beispiel geht ganz klar von der „Wirklichkeit des Möglichen" aus, auf die wir noch kommen werden. (Schmidt, 1988, 246, 266) Gérard Raulet weist ausdrücklich darauf hin, dass es sich bei dem Blochschen Entwurf nicht um eine „Ontologie im überkommenen Sinne" handle, und er führt den Begriff der „Realallegorese" des Materiebegriffs ein. (Raulet, 1986, 116, 120–121) (Man sehe auch dazu Raulet, 1982, 142: „L'herméneutique objective-réelle n'aura donc pas pour objet l'horizon des sens d'un texte mais l'horizon des possibilites de la matière processuelle, le champ des significations matérielles.")

Ich selbst habe mich mit diesen Themen häufiger befasst, auch, wenn ich heute selbstkritisch einräumen muss, gleichfalls nicht immer der Klarheit gedient zu haben. So zum Beispiel in (Zimmermann, 1997). Man sehe auch (Zimmermann, 2001). Ich nehme im letzteren jedenfalls deutlich Stellung zur hier besprochenen Thematik und unterscheide sorgfältig zwischen den Seienden und ihrem Grund. (Zimmermann, 2001, 128–129) Ich habe zu diesem Zweck auch den Begriff der *Mètopoi* eingeführt, in Abgrenzung gegen die tradierten *Utopoi*. Meine dort geäußerten Auffassungen gehen im Grunde zurück auf meinen Aufsatz (Zimmermann, 1988) und den Aufsatz (Zimmermann, 1992) sowie natürlich auf die Monographie (Zimmermann, 1991). Im Nachhinein hat sich die hier ausgewiesene Auffassung auch am spät edierten Text „Logos der Materie" bestätigen lassen. (LM, 115, 121, 123, 230) Ganz wichtig die letzte Stelle: „Realphilosophie ist […] Kategorienlehre." (!) (Bloch, 2000, 230)

Davon abgesehen sind diese Themen auch mit Blick auf die Einflüsse Schellings, Hegels und Heideggers auf Bloch in Aufsätzen behandelt worden, die nach wie vor maßgeblich sind. Zu Schelling sehe man vor allem (Folkers, 1990) sowie (Pelletier, 1991). Soweit ich erkennen kann, wird darin meine Sichtweise bestätigt. Leider unterläuft dem Kollegen Pelletier ein Fehler bei der Wiedergabe eines Bloch-Zitates, das sich SO 153 befindet (nicht SO 143, wie angegeben): Bloch spricht hier das *Nichts* an und nicht das *Nichtsein*. Das erstere dürfte im Französischen mit „rien", das letztere mit „néant" wiederzugeben sein. (Pelletier, 1991, 56) Zu Hegel sehe man sehr differenziert (Schiller, 2007). Zu Heidegger sehe man (Palazzetti, 1991). Und schließlich wesentlich für die Blochsche Sichtweise auf Aristoteles ist (Ehricht, 2004).

Insgesamt ist die Sekundärliteratur zum Thema des Vorliegenden vergleichsweise begrenzt. Die neueren Publikationen, vor allem angelsächsischer Prägung, erschöpfen sich zumeist in einer unkommentierten Auflistung der relevanten Bloch-Zitate oder verfallen in den einen oder anderen bedeutsamen Irrtum. Das letztere gilt vor allem für (Daniel, Moylan (Hg.), 1997, 177). Hier heißt es: „This is the literal meaning of the word ‚u-topia' – a nowhere which can be reached *in potential*. [The impossible] cannot even [...] become a utopia." Das ist, mit Verlaub, völlig falsch. Das erstere gilt für die Mehrzahl der neueren Arbeiten. Man sehe etwa die Übersichten von (Kerney, 1986, 1994) (Geoghegan, 1995), (van der Helm, 2006). Ebenso, wenn auch sehr interessant, (Kosnoski, 2011). Eigentümlich zudem noch die Dissertation von (Hammond, 2012).

Die spätere (post-aristotelische) Linie der Schlussfolgerungen trennt sich von Hegel an in zwei Richtungen auf: Im Unterschied zu Schelling nämlich, verzichtet Hegel auf eine Thematisierung der metaphysischen Fragestellung. Stattdessen erweist sich die *Kategorie der Identität* bei ihm als eine letzte Struktur,

> die jedem Seienden als Seiendem eigen ist, [...] die jederzeit anwesende Bedingung der Möglichkeit von Bewegung [...] der Wirklichkeit: Was an sich ist, ist nicht von vornherein mit sich selbst identisch, sondern trägt das Anderssein als negierendes Moment von Anfang an in sich. Diese Seinsstruktur ist [...] die Voraussetzung der Möglichkeit und der Ursprung des historischen Prozesses von Werden und Entwicklung. (Bartels, 1990, 887)

Jeroen Bartels hat ganz recht an dieser Stelle, und er fährt fort:

> Die Wirklichkeit bei Hegel steht wesentlich offen für die Wirklichkeit des Kommenden und ist aus diesem Grunde jederzeit zugleich unerfüllt und durchzogen von Noch-Nicht-Wirklichkeit. Dieser Punkt wird von Marx und Engels noch weiter ausgeführt, und bei ihnen wird [d]ie Welt [...] als ein materielles Reflexionssystem begriffen, in dem jedes Seiende mit allem anderen verbunden ist. Es geht hier um ein System von Verhältnissen gegenseitiger Einwirkung, in dem mehrere Typen von Relationen, ihrem unterschiedlichen Grad an Komplexität entsprechend, unterschieden werden. (zitiert nach Bartels, 1990, 888)

Fast unmerklich also wird die Aufmerksamkeit auf die Modalität gerichtet, während die metaphysische Fragestellung nach der Realität eher beiläufig in diese Modalität mit eingeholt wird. Das ist insofern ganz legitim, wenn es um die Herausarbeitung der Rolle des sozialen Systems innerhalb dieses Gesamtzusammenhanges geht, das bei den meisten genannten Autoren im Vordergrund steht – auch bei Bloch. Denn Bartels schreibt weiter: „Wenn die Aktivität allen Seienden inhärent ist, so ist die gegenständliche Tätigkeit des Menschen ein spezifisches Verhältnis von Mensch und Natur, das sich auf allgemeine und identische Gegenstände richtet, und worin der Mensch als Gattungswesen und die Seienden ihrem Gattungscharakter entsprechend hervortreten." (mit Verweis auf MEW EB I, 578–579, Holz 1983, 42, 32) Weil Bloch dieser Linie Hegel-Marx mehr folgt als der Linie von Schelling her, kann er sich dieses Ergebnis erfolgreich zunutze machen.

Dabei übernimmt er aber in seiner Terminologie – trotz aller ursprünglichen Orientierung an der aristotelischen Auffassung – auch die *Verkürzung des Abstandes zwischen Substanz und Subjekt bzw. zwischen Realität und Modalität*, was sich bei ihm öfter als eine begriffliche Ambiguität darstellt, die von Irritationen nicht frei ist. (Zimmermann, 2012) Kruse und Stadler haben den Sachverhalt ganz nüchtern auf den Punkt gebracht und legen folgende Konvention fest:

> In den meisten erkenntnistheoretischen Überlegungen wird zwischen der unmittelbar erlebten Wirklichkeit, der Welt der Erscheinungen (phänomenale Welt) und der Realität, den Dingen an sich (transphänomenale Welt) unterschieden. Wir wollen hier, einem früheren Vorschlag folgend, von Realität (reality) und Wirklichkeit (actuality) sprechen. [...] Unter Realität soll die unabhängig von der Existenz des Lebens, des Psychischen und des Menschen existierende [...] Welt verstanden werden [...] Unter Wirklichkeit verstehen wir demgegenüber alle Formen der subjektiven *Erscheinung der Realität*. (Stadler, Kruse, 1990, 893)

6.2 Möglichkeit als Kategorie

Mit diesen konzeptuellen Vorbereitungen fällt es jetzt vergleichsweise leicht, sich in die Terminologie des Begriffes „Möglichkeit" bei Bloch einzufinden: Er beginnt eher intuitiv, wenn er zwischen dem *bloß erkenntnisgemäß* oder *objektiv Möglichen* und dem *Real-Möglichen* unterscheidet, unter dem ersteren das verstehend, „dessen Eintritt auf Grund einer bloßen Partial-Erkenntnis seiner vorhandenen Bedingungen wissenschaftlich erwartbar ist oder wenigstens nicht ausgeschlossen werden kann", unter dem letzteren „alles, dessen Bedingungen in der Sphäre des *Objekts selber* noch nicht vollzählig versammelt sind (sei es, dass sie erst noch heranreifen, sei es vor allem, daß neue – obzwar mit den vorhandenen vermittelte – Bedingungen zum *Eintritt eines neuen Wirklichen* entspringen." (PH 226) (Die zweite Hervorhebung ist von mir.) Dieses letztere „Real-Mögliche" verweist selbst von vornherein auf Wirkliches, und dazu gehört auch die „Sphäre des Objekts selber". Im Wirklichen also suchen wir die Bedingungen, nicht im Absoluten. Und das unbeschadet der nicht vollständig glücklichen Terminologie, weil wir ja unter dem „Real-Möglichen" eher etwas erwarten würden, das Möglichkeiten des (modalen) Möglichkeitsfeldes regelt, nicht aber die Modalität selbst. Wir müssten also eher wohl vom „Modal-Möglichen" sprechen, denn darum ist es Bloch zu tun. Wir werden deshalb im Folgenden immer dann, wenn die Gefahr der Konfundierung von Modalität und Realität besteht, die entsprechende Formulierung in den Bloch-Zitaten stillschweigend kursiv setzen.

Ähnliches besagt die nachfolgende Formulierung: „Bewegtes, sich veränderndes Sein, wie es als dialektisch-materielles sich darstellt, hat dieses unabgeschlossene Werdenkönnen, Noch-Nicht-Abgeschlossensein in seinem Grund wie an seinem Horizont." (PH 226) Hier würden wir eher „Sein" durch „Seiendes" ersetzt wissen. Und Bloch fährt fort:

> Und solange die Wirklichkeit noch keine vollständig ausdeterminierte geworden ist, solange sie in neuen Keimen wie neuen Räumen der Ausgestaltung noch unabgeschlossene Möglichkeiten besitzt: solange kann von bloß faktischer Wirklichkeit kein absoluter Einspruch gegen Utopie ergehen. [...] gerade die konkrete Utopie hat in der *Prozeßwirklichkeit* ein Korrespondierendes: das des vermittelten Novum. [...] / [...] die konkrete Phantasie und das Bildwerk ihrer vermittelten Antizipationen sind im Prozeß des Wirklichen selber gärend und bilden sich im konkreten Traum nach vorwärts ab; antizipatorische Elemente sind ein Bestandteil der Wirklichkeit selbst. (PH 226-227)

In der Dissertation von Peter Zudeick etwa, die schon durch ihren Titel (Die Welt als Wirklichkeit und Möglichkeit) auf die korrekte Sichtweise abzielt, wird der Blick wegen einer von Beginn an mittransportierten Betonung ontologischer Probleme öfter von diesem Aspekt abgelenkt. (Zudeick, 1980) Ganz deutlich wird das gleich zu Anfang beim Einstieg in den Abschnitt über die Ontologie des Noch-Nicht-Seins (Zudeick, 1980, 38-40). Andere Rezipienten verfahren ganz ähnlich. Man sehe zum Beispiel die Beiträge Holzens in (Schmidt (Hg.), 1978). Neuerdings auch (Klein, 2008).

Es versteht sich von selbst, dass Bloch immer schon auf die *menschliche Bedingung* abzielt, wie auch aus der Terminologie des letzten Zitats (Phantasie, Traum) unmittelbar erhellt. Das verleiht seinem Ansatz allerdings einen spezifisch anthropomorphen Charakter. Unabhängig davon, muss aber aus Gründen der Konsistenz gefordert werden, dass der Ansatz seinen Universalitätsanspruch auch in nicht-menschlichen Strukturen zu begründen imstande ist. Anders gesagt: Gerade der Verweis auf die implizite (bei Bloch allzu selten explizit werdende) metaphysische Fragestellung, welche die menschliche Wirklichkeit allemal mit umgreift, muss auch auf solche Strukturen im Weltsystem abzielen können, die sich jener menschlichen Wirklichkeit entziehen, und dabei sogar die Möglichkeit offenlassen, dass erkenntnisgewinnende Lebewesen *nichtmenschliche* sein können. Was in diesem Sinne Metaphysik ursprünglich bedeutet hat und noch bedeuten kann, ist zum Beispiel erhellend von Harald Seubert diskutiert (Seubert, 2008). Man sehe ebenso (Colli, 1990). So beginnt gerade der Einstieg in die Nummer 17, die mit „Die Welt, worin utopische Phantasie ein Korrelat hat" überschrieben ist, mit dem anthropomorphen Bezug: „Sich ins Bessere *denken*, das geht zunächst nur innen vor sich." (PH 224) (Meine Hervorhebung) Und weiter: „Freilich ginge auch inwendig nichts um, wäre das Auswendige völlig dicht. Draußen aber ist das Leben so wenig fertig wie im Ich, das an diesem Draußen arbeitet." (PH 225) Und schließlich: „Kein Ding ließe sich [...] umarbeiten, wenn die Welt geschlossen, voll fixer, gar vollendeter Tatsachen wäre. Statt ihrer gibt es lediglich Prozesse, d.h. dynamische Beziehungen, in denen das

Gewordene nicht völlig gesiegt hat." Offensichtlich sind diese Aussagen immer auch dann gültig, wenn nicht-menschliche (zum Beispiel physikalische) Strukturen hierfür eingesetzt werden, denn in diesem Fall ist es der Prozess (!) von *trial & error*, welcher die Strategie *aller* vorhandenen Strukturen ist.

Diese „Proben auf die Auszugsgestalten" der Natur manifestieren sich tatsächlich in einem Neuen, das wesentlich auf einer spezifischen Form der *Wiederholung* beruht, mit welcher sich Bloch insbesondere gegen die Auffassung Bergsons abgrenzt:

> In Summa: zum / Novum gehört, damit es wirklich eines sei, nicht nur der abstrakte Gegensatz zur mechanischen Wiederholung, sondern selber eine Art spezifischer Wiederholung: nämlich des noch ungewordenen totalen Zielinhalts selber, der in den progressiven Neuheiten der Geschichte gemeint und tendiert, versucht und herausprozessiert wird. Daher weiterhin: Das dialektische Entspringen dieses totalen Inhalts wird nicht mehr durch die Kategorie Novum, sondern durch die *Kategorie Ultimum* bezeichnet, und an dieser freilich hört die Wiederholung auf. Doch nur dadurch hört sie auf, daß im gleichen Maße wie das Ultimum die letzte, also höchste Neuheit darstellt, die Wiederholung (die unablässige Repräsentiertheit des Tendenzziels in allem progressiv Neuen) sich zur letzten, höchsten, gründlichsten Wiederholung: der Identität steigert. (PH 232–233)

Beim neueren Spezialisten der Wiederholung (Deleuze) heißt es programmatisch:

> Die Differenz und die Wiederholung sind an die Stelle des Identischen und des Negativen, der Identität und des Widerspruchs getreten. Denn nur in dem Maße, wie man die Differenz weiterhin dem Identischen unterordnet, impliziert sie das Negative und lässt sich bis zum Widerspruch treiben. Der Vorrang der Identität, wie immer sie auch gefasst sein mag, definiert die Welt der Repräsentation. Das moderne Denken aber entspringt dem Scheitern der Repräsentation wie dem Verlust der Identitäten und der Entdeckung all jener Kräfte, die unter der Repräsentation des Identischen wirken. Die moderne Welt ist die der Trugbilder. [...] Alle Identitäten sind nur simuliert und wie ein optischer ‚Effekt' durch ein tieferliegendes Spiel erzeugt, durch das Spiel von Differenz und Wiederholung. (Deleuze, 1992, 11)

Was die Blochsche Sichtweise betrifft, so kann diese Konzeption von der Wiederholung hierauf bezogen werden, ohne ihr allzu viel Gewalt widerfahren zu lassen: Bei Bloch nämlich stellt die Wiederholung ein permanentes Prozessieren als Probe auf das Ganze dar, sie bleibt bis zum Erreichen der Identität insofern fragmentarisch und bestenfalls Approximation, indem sie im Neuen das Tendenzziel jeweils repräsentiert, das Ganze aber nicht in der Repräsentation aufzugehen vermag. Der (im strengen Sinne) utopische Gehalt dieses Prozessierens besteht im Ziel einer Identität, die imstande ist, ihre Natur der bloßen Simulation auf eine echte Repräsentation hin zu überschreiten (was aber nicht möglich ist). Während Deleuze von vornherein unterstellt, dass die Identität nichts anderes ist als das, was sich im Ergebnis des Spiels zwischen Differenz und Wiederholung zeigt. Tatsächlich nämlich, kann der Blochsche Ansatz als einer aufgefasst werden, welcher die Differenzierung der Differenz in den Mittelpunkt stellt und unter Identität bestenfalls die Einheit aller Differenzierungen versteht. In diesem Sinne teilt Bloch mit Sartre eine durchaus differenzphilosophische Intention. Entweder ist Bloch also moderner als ihm gewöhnlich unterstellt wird oder Deleuze ist konservativer als gedacht. Beide sind immerhin mehr als eine Generation voneinander getrennt. Zum Verhältnis der Philosophien Blochs und Sartres sehe man (Zimmermann, Grün (Hg.), 1999).

Bloch legt Wert darauf, sich gegen die tradierte Vorgehensweise abzugrenzen:

> [Traditionell] erscheint das [Novum] lediglich als erlangte Wiederkehr eines bereits vollendeten, verloren oder entäußert gegangenen Ersten. [...] der *Kreislauf* ist die Figur, welche das Ultimum dermaßen ans Primum heftet [...] (PH 233)

Dagegen setzt Bloch das Folgende:

> Die Dialektik, die in der Unruhe ihren Motor hat und im unerschienenen Wesen ihren keineswegs ante rem vorhandenen Zielinhalt, hebt den zähen Zyklus auf. Die Spannungsfiguren und Tendenzgestalten, die *Real*-Chiffern in der Welt, auch diese Proben auf ein noch ungelungenes Exempel heben durch ihren besonders hohen Prozentgrad von Utopie den grundsterilen Zyklus auf. (PH 234)

Deshalb ist das Ende keine Wiederbringung, sondern stattdessen eine *Aufsprengung des primum agens materiale* – wie Bloch sagt, „gerade als Einschlag des Was-Wesens in den Daß-Grund." (PH 235) Und weiter:

> Anders gesagt: das Omega des Wohin erläutert sich nicht an einem ungewesenen, angeblich allerrealsten Alpha des Woher, des Ursprungs, sondern konträr: dieser Ursprung erläutert sich selbst erst am Novum des Endes, ja er tritt als ein an sich noch wesentlich unverwirklichter erst mit diesem Ultimum in *Realität*.

In diesem Sinne erscheint die Realität (abgesehen vom Gebrauch des Wortes im letzten Zitat) als Grund der Modalität, so dass gilt:

> Der Ursprung ist gewiß *das Verwirklichende* selbst; doch eben: wie gerade im Verwirklichen noch etwas unreif und noch nicht verwirklicht ist, so fängt die Verwirklichung des Verwirklichens, des Verwirklichenden selbst immer erst noch an zu beginnen. (PH 235)

Wenn *das Verwirklichende* ganz allgemein jene *natura naturans* als Subjekt ist und dessen Substrat die Materie (als Urstoff), dann verweist *die Verwirklichung des Verwirklichenden* auf dessen Grund, also die Substanz (als Bedingung der

Möglichkeit von Verwirklichung). Bloch sagt das selbst: „[...] in der Natur ist die [Verwirklichung des Verwirklichens bzw. des Verwirklichenden] Verwirklichung dessen, was man hypothetisch natura naturans oder Subjekt der materiellen Bewegung genannt hat [...]" *Freilich ist die Emergenz des Natursubjekts dann keine Verwirklichung im selben Sinne wie die erstgenannte*: Denn im Rahmen der Substanz hat diese Emergenz immer schon stattgefunden als einer ihrer Modi, durch welchen die Substanz sich ausdrückt und ihre spezifischen Attribute dem Beobachter darbietet. Wir nutzen hier auf modernisierte Weise die Terminologie Spinozas. Ausführlicher sehe man dazu (Zimmermann, 2010). In genau dieser Hinsicht findet das Verwirklichen hier immer auf der ontischen Ebene statt, nicht auf der ontologischen.

Dieser Sachverhalt kommt im entsprechenden Eintrag im „Bloch-Wörterbuch" (Klein, 2012) nicht mit der gebotenen Klarheit zum Ausdruck: Das liegt vor allem daran, dass die lateinische Form ambivalent wahrgenommen wird und zudem die frühere, namentlich philosophische, Rezeption diese Form oft unbefragt aus der Umgangssprache des 18. Jahrhunderts übernommen hat. (Klein, 2012, 464–467) Gleichwohl wird spätestens seit Kant deutlich, dass der Gebrauch (entgegen des expliziten Wortlauts) auf „den Begriff der Sinnlichkeit bzw. möglicher Erfahrung beschränkt" ist. (Klein, 2012, 465) Schon bei Fichte wird dann unter „Realisierung" das Hervorbringen einer äußeren Realität (Wirklichkeit) durch das Ich verstanden, und Hegel spricht in der Phänomenologie des Geistes wieder ausdrücklich von „Verwirklichung". Erst Whitehead wird es sein, der „eine transzendente Sphäre zeitloser, abstrakter Potentialität" voraussetzt, in welcher „Realisierung durch Auswahl ihre ‚Exemplifikation' findet", so dass „[i]n der Realisierung [...] die Potentialität Wirklichkeit" wird. (Klein, 2012, 465–467). – Zu Fichte sehe man FGA I/2, 430 (Grundlage der gesamten Wissenschaftslehre), zu Hegel HW 3, 405 (Phänomenologie des Geistes), zu Whitehead (Whitehead 1984, 177, 152).

Am besten verzichtet man auf die lateinische Form ganz, um Missverständnisse zu vermeiden. Liest man alles Einschlägige im Sinne der „Verwirklichung" wie im Vorigen expliziert, dann bleiben die wesentlichen Passagen bei Bloch jedenfalls konsistent. (Zum Beispiel in LM 111–131, PH 348–349, TE 366, EM 254–263.) Allenfalls zur Bezeichnung der metaphysischen Frage könnte das Wort „Realisierung" benutzt werden, dann aber mit der veränderten Konnotation. So ist es teilweise durchaus bereits geschehen, wenn von der Spannung zwischen dem *Daß* und dem *Was* die Rede ist: Dieses Daß, in welchem sich das Drängende mit dem Intendierenden und dem Intensiven vereinigt, kann als das *Realisierende* aufgefaßt werden, also als das Setzende. (Klein, 2012, 469)

Eine späte Passage bei Bloch findet dann eine neue Anknüpfungsmöglichkeit an die metaphysische Fragestellung:

Die Realisierung des Realisierenden selber, diese letzte Praxis der auf Erleuchtung des Daß gerichteten Theorie, steht gewiß weit vor der Tür. [...] Jedoch metaphysisch gefaßt, das heißt als das wirkliche ins Überhaupt Einschlagende, ist die radikale, auf ihre eigene Wurzel gehende Verwirklichung durchaus ein Noch-Nicht, als die noch gänzlich ausstehende *letzte* Utopie. (EM 257)

6.3 Der Kontext sozialer Systeme

Den Modus objektiv-realer Möglichkeit behandelt Bloch aus der Perspektive konkreter Theorie-Praxis. Insofern beginnt er von vornherein innerhalb eines Kontextes sozialer Systeme, der sogleich eine menschliche Erkenntnisform unterstellt – die sich freilich später als Naturprodukt erweisen wird. Bloch konstruiert seinen Ansatz daher *bottom-up* im Ausgang von der Subjektivität des menschlichen Alltags, metatheoretisch durchaus korrekt, und holt die Explikation der Konsequenzen für den Materiebegriff und die Schichtung der Kategorie Möglichkeit erst anschließend nach. Hinsichtlich der Konstruktion der Grundbegriffe sind wir dagegen eher *top-down*, also umgekehrt, vorgegangen. Daraus erklärt sich die Spezifität der Perspektiven, unter welchen die Hauptbegriffe in Sicht genommen werden. Freilich müssen am Ende beide Vorgehensweisen gleichermaßen zu konvergenten Ergebnissen kommen.

Bloch beginnt:

Sowohl die kritische Vor/sicht, die das Tempo des Wegs [sic] bestimmt, wie die fundierte Erwartung, die einen militanten Optimismus in Ansehung des Ziels garantiert, werden durch Einsicht in das Korrelat der Möglichkeit bestimmt. Und zwar so, daß dieses Korrelat [...] selber wieder zwei Seiten hat, gleichsam eine Rückseite, auf welche die Maße des *jeweils* Möglichen geschrieben sind, und eine Vorderseite, worauf das Totum des *zu guter Letzt* Möglichen sich als immer noch offen kenntlich macht. [...] Eben die erste Seite, die der *maßgeblich vorliegenden Bedingungen*, lehrt das Verhalten auf dem Weg zum Ziel, während die zweite Seite, die des utopischen Totums, grundsätzlich verhüten läßt, daß Partialerreichungen auf diesem Weg für das ganze Ziel genommen werden und es zudecken. (PH 237)

Erinnern wir uns kurz: Unter *militantem Optimismus* versteht Bloch im Unterschied zum *falschen Optimismus* das, was

zum Zweck des wahren – dem Wissen der Entscheidung [...] einzig zugeordnet ist, [...] das *konkret-utopisch begriffene Korrelat in der realen Möglichkeit*: begriffen als eines, worin zwar keineswegs bereits aller Tage Abend ist, doch ebensowenig bereits [...] aller Abende Tag. [Es ist die] Haltung vor diesem Unentschiedenen, jedoch durch Arbeit und konkret vermittelte Aktion Entscheidbaren. (PH 228–229)

Somit ist das „dergestalt doppelseitige Korrelat: *reale* Möglichkeit [...] nichts anderes als die dialektische Materie." (PH 237) (Im Original alles hervorgehoben.) Das heißt, *reale* Möglichkeit ist „nur der logische Ausdruck für materielle Bedingtheit zureichender Art einerseits, für materielle Offenheit (Unerschöpftheit des Materie-Schoßes) andererseits."

An dieser Stelle sind allerdings einige Bemerkungen über den Blochschen Materiebegriff am Platze: Wichtig ist hier, dass Bloch bei Schelling den Ausgriff auf die Mythologie kritisiert und damit die Konstruktion der initialen Dissonanz als irrationalen, ersten Weltanstoß beiseiteschiebt. Er erkennt allerdings an, dass Schelling auch den Ungrund im Absoluten thematisiert, bevorzugt aber den eigenen Rekurs auf den ursprünglich aristotelischen Ansatz: „Verwirklichung [!] ist nach Aristoteles einzig Selbstverwirklichung der den Dingen innewohnenden Gestalt-Idee oder Entelechie; [diese] ist so selber die Energie (oder der actus) zu ihrer *Realisation*." (Nr. 16, PH 219–220) Auf diese Weise gelangt Bloch zu seinen maßgeblichen Formulierungen zur Materie, die als Möglichkeitssubstrat in Erscheinung tritt:

> Es wurde erwähnt, daß nach Aristoteles die mechanische Materie (τὸ ἐξ ἀνάγκης) einen Widerstand darstellt, demgemäß die entelechetische Tendenzgestalt sich nicht rein ausprägen kann. (Aber auch diese ist dem umfassenden Begriff der δύναμις oder objektiv-realen Möglichkeit zugeordnet.) (PH 237)

Und weiter:

> [Der Begriff] τὸ ἐξ ἀνάγκης wird ergänzt und / erweitert durch κατὰ τὸ δυνατόν, d. h. durch das *nach Möglichkeit*, nach den Maßen der Möglichkeit Seiende. (PH 237–238)

Deshalb gilt folgendes:

> Materie ist nicht nur κατὰ τὸ δυνατόν, nach Möglichkeit, also das nach dem gegebenen Maß des Möglichen jeweils Bedingende, sondern sie ist [auch] το δυνάμει ὄν, das In-Möglichkeit-Seiende, also der [...] *Schoß der Fruchtbarkeit, dem auf unerschöpfte Weise alle Weltgestalten entsteigen*. (PH 238)

Verbunden mit dem oben ausgeführten Beispiel der praktischen Entscheidungsfindung im Rahmen eines sozialen Kontextes ergibt sich daraus, dass

> der kritischen Betrachtung des jeweils zu Erreichenden [...] das Nach-Möglichkeit-Seiende der Materie vorgeordnet [ist], der fundierten Erwartung der Erreichbarkeit selber das In-Möglichkeit-Seiende der Materie. (Im Original alles hervorgehoben.)

Und so:

Kälte wie Wärme konkreter Antizipation sind darin vorgebildet, sind auf diese beiden Seiten des real Möglichen bezogen."(PH 239)

Für das eine wird bei Bloch sodann die Bedingungsanalyse stehen, für das andere die befreiende Intention. (PH 240–241) – Ob allerdings bei Aristoteles, und wenn ja, in welchem Maße, das Passive des Materiebegriffs dominiert, so dass er auf ein bestimmungsloses Wachs verweist, auf dem sich die Form-Entelechien ausprägen, steht dahin und bedarf durchaus der weitergehenden Diskussion. (PH 238) Wir haben das im Übrigen schon bei Roeder von Diersburg weiter oben gesehen.

Es ergeben sich nun die verschiedenen Schichten der Kategorie Möglichkeit, die Bloch wie folgt unterscheidet: 1. *das formal Mögliche*, das im Wesentlichen Denk-Mögliche (PH 258–259), 2. *das sachlich-objektiv Mögliche*, von dem er sagt, es werde „in einem hypothetischen Urteil ausgesagt oder, bei noch geringerer Gewißheit, in einem problematischen." (PH 260) Dabei versteht er unter dem letzteren ein „entwickeltes Urteil der Möglichkeit als einer sachlich modalen Bestimmung: P ist im Modus des Kannseins S zugeordnet." (PH 261) 3. *das sachhaft-objektgemäß Mögliche*, das nicht nur „unsere Kenntnis von etwas [betrifft], sondern dieses Etwas selber (als so oder so werden könnendes). [...] Das sachhaft Mögliche lebt nicht von den unzureichend *bekannten*, sondern von dem unzureichend *hervorgetretenen* Bedingungsgründen." (PH 264) Insofern gilt, dass

> [w]ährend die Sachlichkeit einzig die Erkenntnis betrifft und darum das Anliegen ihrer Objektivität ein erkenntnistheoretisches ist, [...] die Sachhaftigkeit den Gegenstand der Erkenntnis, der ja nicht, nach Angabe der Neukantianer, die Erkenntnis selber ist, [betrifft]; das *reale* [!] Anliegen dieser Objektgemäßheit ist demgemäß ein kategorial gegenstandstheoretisches. (PH 265)

Der wesentliche (und soweit erkennbar auch neue) Aspekt hier ist die Einführung einer Gegenstandstheorie. Bloch sagt dazu:

> *Real* bezogene Gegenstandstheorie [...] ist eine, in der das Apriori noch weniger eine Verführung darstellt als in der Erkenntnistheorie. Denn obwohl die Gegenstände und ihre Sachverhalte nicht nur vom Sachlichen des Erkenntnisverfahrens, sondern auch von den eigentlichen Objekten und ihrem *Realverhalten* noch unterschieden werden müssen, fungieren sie gerade als die tunlichst treuesten Gestalten realistischer Abbildung. Und das hier notierte Vorangelegtsein einer Gegen/standstheorie vor der Objektstheorie enthält deshalb keinen Idealismus, weil die forschend-materialistische Abbildung selber zu der Gegenstandstheorie gehört, erst im Angesicht des *Objekthaft-Realen*, nicht in ihm am Werk ist und nicht mit ihm zusammenfällt. (PH 265–266)

(Wie weiter oben besprochen, sollte hier der Begriff des „Realen" stets durch einen des „Modalen" ersetzt werden, um nicht die Konsistenz des Ausgesagten zu gefährden.)

Offensichtlich unterscheidet Bloch vor allem zwischen *Gegenständen* und *Objekten*. Diese Auffassung geht vermutlich auf Alexius Meinong zurück, der sich seinerseits auf Franz von Brentano stützt und davon ausgeht, dass jede Art der Wahrnehmung auf intentionale Weise gegenstandsbezogen ist. (Meinong, 2006) Insofern gibt es ein „Vorurteil zugunsten des Wirklichen" (Meinong, 2013), welches Gegenstände, im Unterschied zu Objekten, immer schon, modern gesprochen, „kognitiv einfärbt". Meinong unterscheidet daher zwischen dem, was er *Seinsobjektiv* nennt und dem, was er dagegen als *Soseinsobjektiv* bezeichnet. In diesem Sinne ist das „Sein" eines Objektes vom „Sosein" eines Gegenstandes streng getrennt. Wir erkennen hierin neuerlich die Differenzierung zwischen Realität und Modalität wieder, die aber, wenn Bloch sich explizit auf Meinong beruft, an ihre Explizierungsgrenzen stößt, weil das Wort „real" bislang bei Bloch eher eine alltagssprachliche Konnotation getragen hat: Denn wenn sich Möglichkeit und Wirklichkeit auf die Modalität beziehen, kann sich das bei Bloch so genannte „objektiv-real Mögliche" nicht auf die Realität im strengen Sinne beziehen. Rein gegenstandstheoretisch wäre Bloch aber auf der sicheren Seite, denn er sagt weiter:

> *Das sachhaft-objektgemäß Mögliche, gegenstandstheoretisch erfaßt und definiert*, macht also durchaus eine eigene Differenzierung in der Kategorie der Möglichkeit aus und ist nicht etwa eine überflüssige Verdopplung des objekthaft-real Möglichen. Das sachhaft Mögliche ist das sachhaft-partiell Bedingte gemäß / dem strukturellen Genus, Typus [...] der Sache. Partiell Bedingtes erscheint hier mithin als eine strikt im Gegenstand fundierte und so erst der hypothetischen oder problematischen Erkenntnis mitgeteilten Offenheit mehr oder minder strukturell-determinierter Art. (PH 266–267)

Diese Formulierung hebt die partielle Bedingtheit hervor, die Blochs Auffassung gemäß in beiden Bedingungsarten (innerer und äußerer Art) ein Gleichgewicht einhalten muss:

> Möglichkeit bedeutet hier [...] sowohl inneres, aktives Können wie äußeres, passives Getanwerdenkönnen; mithin: Anders-Werden-können. Sobald diese beiden Bedeutungen konkret unterschieden sind, dann [sic] tritt die innere partielle Bedingung als *aktive Möglichkeit*, d. i., als *Vermögen, Potenz* hervor und die äußere partielle Bedingung als *Möglichkeit im passiven Sinn*, als *Poten/tialität*. (PH 267–268)

Bloch wird die ersteren als „subjektiven Faktor" bzw. sein Vermögen bezeichnen; die letzteren als „objektiven Faktor" der Möglichkeit nach Maßgabe der Reife der äußeren Bedingungen. (PH 268, paraphasiert)

Soweit so gut. Nun aber gelingt die Überleitung nicht ganz so gut, denn es heißt jetzt:

> Das Kannsein würde fast nichts bedeuten, wenn es folgenlos bliebe. Folgen hat das Mögliche aber nur, indem es nicht bloß als formal zulässig oder auch als objektiv vermutbar

oder selbst als objektgemäß offen vorkommt, sondern indem es im Wirklichen selber eine zukunftstragende Bestimmtheit ist. (PH 271)

Also in der Tat: Wir sprechen über das Mögliche *im Rahmen des Wirklichen*. Dann heißt „objektgemäß" in seinen Varianten nichts als „gegenstandstheoretisch". In diesem Falle aber verbleibt auch das „objektiv-real Mögliche", auf das wir jetzt kommen werden, allemal im selben Rahmen. Und Bloch spricht die objekttheoretische Differenz zwar an, verwendet sie aber nicht weiter, und die Konnotation des Wortes „real" fällt wieder auf den alltagssprachlichen Gebrauch zurück.

Bei Doris Zeilinger wird dieses Thema nur am Rande und dann auch nur mit primär-literarischen Angaben besprochen. (Zeilinger, 2006, 70–72) Die dortige Formulierung: „Bloch differenziert also zwischen Gegenstandstheorie und Kategorienlehre einerseits und Objekttheorie und Realphilosophie [andererseits]." ordnet somit die Begriffe auf korrekte Weise, stellt aber lediglich eine Hälfte der Argumentation Blochs sicher, während die andere Hälfte (nämlich den Rückbezug auf die Wirklichkeit) unbesprochen bleibt. Die im Vorliegenden weiter oben bereits erwähnte Stelle bei Bloch (PH 266–267) wird daher nicht weiter erhellt, weil die Bemerkung, „reales Objekt" sei die „reale Anlage" selber auf Grund ihres tatsächlichen Modalitätsbezuges unbefriedigend verbleiben muss.

Kommen wir also 4. *zum objektiv-real Möglichen* (PH 271–278): Wieder ist der Orientierungsstandard durch den Menschen selbst gegeben. Es heißt hier: „So ist [insbesondere] der Mensch die reale Möglichkeit all dessen, was in seiner Geschichte aus ihm geworden ist und vor allem mit ungesperrtem Fortschritt noch werden kann." (PH 271) Wir sprechen über die Wirklichkeit (präziser: über das System der Wirklichkeit), in welcher (in welchem) der Mensch eine hochkomplexe Struktur (unter vielen) ist. Deshalb ist es für Bloch wichtig, an dieser Stelle auf den aristotelischen Materiebegriff zurückzukommen, den er zuvor bereits angelegt hatte, denn, was er über den Menschen ausführt, gilt auch insgesamt:

> [...] im unerschöpften Ganzen der Welt selber: die Materie ist die reale Möglichkeit zu all den Gestalten, die in ihrem Schoß latent sind und durch den Prozeß aus ihr entbunden werden. In diesem umfassendsten Begriff realer Möglichkeit hat das dynámei on (In-Möglichkeit-Sein) seinen Ort, als das eben Aristoteles die Materie bestimmt hat.

Und daraus folgt:

> Real Mögliches wird von hier ab begreifbar als Substrat: [Wie es bei Aristoteles heißt:] ‚Alles, was von Natur oder Kunst wird, hat Materie, denn jedes Werdende ist vermögend (dynatón) zu sein und nicht zu sein, das [...] ist aber in jedem die Materie [Stoff als Materie = hýle].' (PH 271) (In Bezug auf Met. 1031a20–24).

Freilich ist die nachfolgende Bemerkung zureichend kryptisch:

> [...] das tätig in dieser Potentialität sich Ausprägende: die sich selbst verwirklichende Form (Entelechie), die bei Aristoteles noch dualistisch von der Materie getrennt wird, [tritt im gleichen Maße zurück] und wird / selber materiell, [so] wie zum Begriff der passiven Potentialität der der aktiven Potenz hinzutritt. (PH 271–272)

Zumindest erregt sie den Widerspruch, wie schon weiter oben angedeutet, was aber hier nicht in aller Ausführlichkeit behandelt werden kann. Sehr differenzierte Erörterungen hierzu finden sich schon früh bei Ernst Tugendhat (Tugendhat, 1988, vor allem: 7, 31). An Gesamterläuterungen kommt man freilich nicht vorbei, etwa bei (Düring, 2005). Sowie in neuerer Zeit (Flashar, 2013). Vor allem der erstere äußert sich sehr differenziert zu den hier in Frage stehenden Begriffen und zu dem Umstand, dass für Aristoteles die Verwirklichung logisch und temporal vor der Möglichkeit kommt. Was bereits darauf verweist, dass die aristotelische Konzeption nicht so passiv sein kann, wie von Bloch unterstellt. (Düring, 2005, 618–620)

Es ist eben auch nicht der Fall, dass es eine ungebrochene Kontinuität von Averroes her gibt. Zwar ist der aktive (selbst-kreative) Materiebegriff sowohl für diesen charakteristisch als auch für Bruno, bei dem letzteren aber gewinnt er eine praktisch substantielle Eigenständigkeit, die bei Averroes in dieser Form nicht vorgesehen ist. Der dem Averroes insofern nahestehende Schelling wird nach wie vor von Bloch kritisiert (hinsichtlich einer „Schöpfung aus Gottmaterie selbst, in welcher Potenzialität und Potenz zusammenfallen"), und zu Bruno schreibt Bloch sodann:

> Natura naturans und natura naturata fallen zusammen in der ewigen, zeugenden Materie. Das *Substrat reale Möglichkeit* wird dadurch, in kühner Erweiterung des Aristoteles, zugleich die Quelle, nicht nur das Gefäß der Formen. (PH 272)

Dabei übersieht Bloch, dass beides qua Materie auf der Ebene der Wirklichkeit (Modalität) operiert und Aristoteles insofern weniger erweitert als vielmehr reduziert wird (denn der *Grund der Materie* wird nicht weiter thematisiert).

Gleichwohl ist der Begriff jener aktiven Materie wesentlich für das weitere Verständnis des Zukunftshorizontes der wirklichen Welt. Wie Bloch sagt: „Ohne Materie ist kein / Boden der [realen] Antizipation, ohne [reale] Antizipation kein Horizont der Materie erfaßbar." (PH 273–274) Hier ist das terminologische Problem durch die eckigen Klammern hervorgehoben. Und es geht in diesem Sinne weiter:

> Die *reale* Möglichkeit wohnt derart in keiner fertig gemachten *Ontologie des Seins* des bisher Seienden, sondern in der stets neu zu begründenden *Ontologie des Seins* des Noch-Nicht-Seienden, wie sie Zukunft selbst noch in der Vergangenheit entdeckt und in der ganzen Natur. Im alten Raum pointiert sich so folgenreichster Weise sein neuer Raum: *reale* Möglichkeit ist das kategoriale Vor-sich der materiellen Bewegung als eines *Prozesses*; sie ist der spezifische Gebietscharakter *gerade der Wirklichkeit, an der Front ihres Geschehens*. (PH 274)

Und sogleich anschließend heißt es im Gegensatz dazu ganz ohne Ambiguität:

> Das wirklich Mögliche [!] beginnt mit dem Keim, worin das Kommende angelegt ist. [...] Der ‚Keim' sieht selber noch vielen Sprüngen entgegen, die ‚Anlage' entfaltet sich in der Entfaltung selber zu immer neuen und präziseren Ansätzen ihrer potentia-possibilitas. [...] [Diese] macht die ursprüngliche Wurzel und Origo prozessual fortdauernder Erscheinung immer wieder auf neuer Stufe originär, mit neu latentem Inhalt.

Bloch zieht hieraus sogleich die dialektisch-sozialphilosophische Konsequenz für soziale Systeme:

> Ja man kann sagen, auch der aufrechte Gang des Menschen, dieses unser Alpha, worin die Anlage zur vollen Ungebeugtheit, also zum Reich der Freiheit liegt, geht selber immer wieder verwandelt und genauer qualifiziert durch die Geschichte der immer konkreteren Revolutionen. (PH 274)

Und wir verstehen deshalb auch, dass zum aufrechten Gang Verbeugungen gehören, wie Jan Robert Bloch in Zagreb 1987 ausführen wird. (Jan Robert Bloch, 1989)

Damit ist zugleich der methodische Rahmen des epistemisch-Zugänglichen abgesteckt:

> Derart ist das bisher Wirkliche sowohl vom ständigen Plus-ultra essentieller Möglichkeit durchzogen wie an seinem vorderen Rand von ihr umleuchtet. Diese Umleuchtung, ein vorscheinendes Horizontlicht [...] gibt sich *psychisch* als Wunschbild nach vorwärts, *moralisch* als menschliches *Ideal*, *ästhetisch* als naturobjekthaftes Symbol. (PH 275)

Bloch führt dann die jeweiligen Unterschiede auf: Symbole werden als verhüllte bezeichnet, im Unterschied zu den Idealen. Das im Symbol Angedeutete erweist sich als „Chiffer" in Blochscher Diktion. Und die Differenz zwischen Symbol und Allegorie manifestiert sich in der Gegenüberstellung von Einheit und Vielfalt. (PH 275–276, paraphrasiert)

6.4 Zur Rolle der Ästhetik

Der Symbolbegriff leitet die Diskussion der Ästhetik ein: Bloch beginnt damit zu fragen, wie es sich mit dem Satz Plotins, dann Hegels, verhalte, dass Schönheit sinnliche Erscheinung der Idee sei. (243, paraphrasiert) (Vermutlich bezieht sich Bloch auf den Text der „Enneade I, 6" über das Schöne, obwohl der genaue Wortlaut hier nicht aufgefunden werden kann.) Er verweist in diesem Zusammenhang auf jenen Mathematiker, der nach dem Anhören Racines fragt: „Qu'est-ce que cela prouve?" Aus der Werkausgabe Flauberts lernen wir, dass es sich wohl um Malebranche handelte, der einer Aufführung der Racineschen „Athalie" (nicht „Iphigenie", wie Bloch meint) beigewohnt hatte, also vermutlich im Jahr der Premiere, 1691. (Flaubert, 1964, I, 184) Der „L'Artiste" von 1839 verzeichnet eine fiktive Antwort auf diese Frage: Racine habe bewiesen, dass wenn ein Mann zwischen zwei Frauen stehe, er lieber den Tod wähle als die andauernde Inkonsistenz. Und dieser Beweis sei nichts anderes als exakt.[1]

Bloch kommt zu dem Schluss:

> [...] die Frage nach der Wahrheit der Kunst wird philosophisch die nach der gegebenenfalls vorhandenen Abbildlichkeit des schönen Scheins, nach seinem *Realitätsgrad* in der keineswegs einschichtigen *Realität* der Welt, nach dem Ort seines Objekt-Korrelats. Utopie als Objektbestimmtheit, mit dem Seinsgrad des *Realmöglichen*, erlangt so an dem schillernden Kunstphänomen ein besonders reiches Problem der Bewährung. Und die Antwort [...] lautet: Künstlerischer Schein ist überall dort nicht nur bloßer Schein, sondern eine in Bilder eingehüllte, nur in Bildern bezeichenbare Bedeutung von Weitergetriebenem, wo *die Exaggerierung und Ausfabelung einen im Bewegt-Vorhandenen selber umgehenden und bedeutenden Vor-Schein von Wirklichem darstellen*, einen gerade ästhetisch-immanent spezifisch darstellbaren. (PH 247)

Bloch sieht darin eine Funktion der Aufmerksamkeitsverschärfung auf das, was im Alltäglichen der Aufmerksamkeit zu entgehen pflegt: „Eben dadurch wird dieser Vor-Schein erlangbar, daß Kunst ihre Stoffe, in Gestalten, Situationen, Handlungen, Landschaften zu Ende treibt, sie in Leid, Glück wie Bedeutung zum ausgesagten Austrag bringt. Vor-Schein selber ist dies Erlangbare dadurch, daß das Metier des *Ans-Ende-Treibens in dem dialektisch offenen Raum geschieht*, worin jeder Gegenstand ästhetisch dargestellt werden kann."

---

[1] https://books.google.de/books?id=xlwGAAAAQAAJ&pg=PA143&lpg=PA143&dq=Racine+Qu%27est-ce+que+cela+prouve&source=bl&ots=TlJKO8l3S2&sig=VKOmTmzhD89gfwaHdpmXYJGDD4g&hl=de&sa=X&ei=WbvkVKn6CdDiaqXRgaAB&ved=0CDEQ6AEwAg#v=onepage&q=Racine%20Qu%27est-ce%20que%20cela%20prouve&f=false (18.02.15).

Was heißt in diesem Sinne „ästhetisch dargestellt"? Es bedeutet „immanent-gelungener, ausgestalteter, wesenhafter als im unmittelbar-sinnlichen oder unmittelbar-historischen Vorkommen dieses Gegenstandes" dargestellt. Bloch fährt fort:

> Diese Ausgestaltung bleibt auch als Vor-Schein Schein, aber sie bleibt nicht Illusion; vielmehr alles im Kunstbild Erscheinende ist zu einer Entschiedenheit hin geschärft oder verdichtet, die / die Erlebniswirklichkeit zwar nur selten zeigt, die aber durchaus in den Sujets angelegt ist. [...] Dergestalt lautet die Losung des ästhetisch versuchten Vor-Scheins: wie könnte die Welt *vollendet werden, ohne daß diese Welt, wie im christlich-religiösen Vor-Schein, gesprengt wird und apokalyptisch verschwindet.* (PH 247–248) (vgl. dazu: Ernst Bloch, GdU 2, S. 141)

Kunst liebt somit eher die

> Küstenschiffahrt ums Gegebene: Sprengend, im offenen Raum geschehend, wirkt nur die Musik, [...] [a]lle übrigen Künste betreiben die Darstellung des reinen Karats an einzelnen Gestalten, Situationen, Handlungen der Welt, ohne daß diese Welt gesprengt ist; daher die vollkommene Sichtbarkeit dieses Vor-Scheins. (PH 248)

Auf diese Weise wird die Natur humanisiert und in sich zugleich eine vollendetere:

> *Kunst ist ein Laboratorium und ebenso ein Fest ausgeführter Möglichkeiten*, mitsamt den durcherfahrenen Alternativen darin, wobei die Ausführung wie das Resultat in der Weise des fundierten Scheins geschehen, nämlich des welthaft vollendeten Vor-Scheins. (PH 249)

Gleichwohl heißt es schließlich:

> Ob allerdings der Ruf nach Vollendung [...] auch nur einigermaßen praktisch wird und nicht bloß im ästhetischen Vor-Schein bleibt, darüber wird nicht in der Poesie entschieden, sondern in der Gesellschaft.

Die letztere aber ist es, welche die Verfaßtheit des Menschen konkret in Kauf zu nehmen hat, denn der

> Mensch ist noch undicht, der Gang der Welt ist noch unbeschlossen, ungeschlossen, und so ist es auch die Tiefe in jeder ästhetischen Information: *dieses Utopische ist das Paradox in der ästhetischen Immanenz, das ihr selber am gründlichsten immanente.* (PH 255)

Dabei ist aber zu beachten, dass ohne „solche Potenz zum Fragment [...] die ästhetische Phantasie zwar Anschauung in der Welt genug" hätte (Bloch sagt: „mehr als jede andere menschliche Apperzeption"), aber sie hätte letzthin kein Korrelat:

> Denn die Welt selber, wie sie im argen liegt, so liegt sie in Unfertigkeit und im Experiment-Prozeß aus dem Argen heraus. Die Gestalten, die dieser Prozeß aufwirft, die Chiffern, Allegorien und Symbole, an denen er so reich ist, sind *allesamt selber noch Fragmente, Realfragmente, durch die der Prozeß ungeschlossen strömt und zu weiteren Fragmentformen dialektisch vorangeht.* Das Fragmentarische gilt auch fürs Symbol, obwohl das Symbol nicht auf Prozeß, sondern auf das Unum necessarium darin bezogen ist; aber gerade durch diese Beziehung und dadurch, daß sie nur erst eine Beziehung ist und kein Angelangtsein, enthält auch das Symbol Fragment. (Hervorhebung inmitten der Hervorhebung von mir.)

Und damit schließt sich der Kreis zurück zum Symbolbegriff, der immer schon auf das verweist, was Bloch den „jeweils immer wieder gemeinte[n] Grundbezug des Symbol-Gleichnisses auf ein ‚Unum Verum Bonum' der Essenz" genannt hat. Wie er sagt:

> Indem jedoch gerade diese Essenz nur im andeutungsweise *realisiert* Möglichen liegt und noch nirgends anders liegen kann, ist das Symbolische [...] nicht nur in seinem *Ausdruck*, sondern [...] ebenso in seinem *Inhalt selber* noch verhüllt. Denn der echte Symbol-*Inhalt selber* ist noch im Abstand von seiner vollen Erscheinung, er ist darum auch objektiv-*real* eine Chiffer. Genau vom Licht des *real* Möglichen her geschieht dieser Art die fällige Notierung eines realen Kerns im Begriff des Symbolischen [...] (PH 276) (Erste, fünfte und sechste Hervorhebung von mir: Es ist hier wesentlich zu verstehen, dass der reale Kern im Begriff des Symbolischen nicht mahnend hervorgehoben werden muss, denn tatsächlich verweist er auf Realität, nicht nur auf die Modalität, wenn auch ohne die Möglichkeit, ihn auf den Begriff zu bringen.).

Dieser letztere Begriff wird noch weiter präzisiert:

> [...] das Symbolische teilt sich einzig vom Objektinhalt her seinem Ausdruck mit, differenziert die einzelnen Symbole vom objektiv *realen* Material her, dessen verschieden situierten Verhülltheits-Inhalt, Sachidentitäts-Inhalt sie als dies Verhüllte und Sachidentische jeweils abbilden. Und es ist einzig diese Abbildlichkeit einer *Realchiffer*, eines *Realsymbols*, welche schließlich Symbolen ihre Echtheit mitteilt.

Für Bloch ist es gerade die Dichtung, welche das Symbolische im von ihm so genannten „real" Möglichen deutlicher erfasst hat als die bisherige Philosophie, die freilich im Unterschied zu jener mit der Strenge des Begriffs arbeitet:

> Beide aber [...] eröffnen: die Welt selber ist voller *Realchiffern* und *Realsymbole*, voller ‚signatura rerum' im Sinn zentral bedeutungshaltiger Dinge. Sie weisen in dieser ihrer Bedeutsamkeit ganz realiter [!] auf ihre Tendenz und Latenz von ‚Sinn' [...] (PH 277)

Wie in den gesellschaftlichen Qualitäten des sozialen Systems unterliegt auch die Kunst im allgemeinen den Einflüssen des subjektiven wie objektiven Faktors:

> Der subjektive Faktor ist [...] die unabgeschlossene Potenz, die Dinge zu wenden, der objektive Faktor ist die unabgeschlossene Potentialität der Wendbarkeit, Veränderbarkeit der Welt im Rahmen ihrer Gesetze [...] (PH 286)

Deshalb gilt zudem:

> Die subjektive Potenz fällt zusammen nicht nur mit dem Werdenden, sondern mit dem Realisierenden in der Geschichte [...] Die objektive Potentialität fällt zusammen nicht nur mit dem Veränderbaren, sondern mit dem Realisierbaren in der Geschichte [...]

Allerdings, und das wird jetzt von Bloch thematisch nachgeholt, ziehen sich die Faktoren durch die gesamte Entfaltung des Experimentum Mundi, nicht nur in menschlicher Perspektive. So heißt es schließlich noch aufs Allgemeine ausgreifend:

> *Realisierendes* ist gewiß auch [...] in der vormenschlichen und außermenschlichen Welt. Ist hier, obzwar mit keinem oder schwachem Bewußtsein, von der gleichen intensiven Wurzel, aus der dann auch die menschliche subjektive Potenz entsprungen ist. Doch noch gewisser faßt der Mensch als *Realisierendes* [...] die zentrale Potenz in der Potenz-Potentialität der prozessualen Materie zusammen.

Von der Erwartung her etwas verspätet wird dieser Aspekt, zweifellos der primären Ausrichtung auf das Gesellschaftliche geschuldet, nunmehr nachgeschoben, wenn auch wieder mit einer zum Teil recht problematischen Formulierung:

> Und eben die Welt dieser letzten *Realmöglichkeit*, die wenigstens definitorisch antizipierbare *Welt der causa sui*, stellt sich im Exempel dar als: Einklang des unverdinglichten Objekts mit dem manifestierten Subjekt, des unverdinglichten Subjekts mit dem manifestierten Objekt. (PH 287)

Die hier angebrachten Hervorhebungen bezeichnen die konzeptuelle Schwierigkeit dieser Passage, denn eine „Welt der causa sui" kann dem Wortlaut gemäß nichts anderes sein als die Region der Substanz, denn so ist sie definiert (und wenn man möchte, auch „definitorisch antizipierbar"). Dann wäre sie in der Tat auch eine „letzte Realmöglichkeit" im strengen Wortsinne. Allein, wir wissen bereits, dass wir bisher die Wirklichkeit (Modalität) nicht verlassen haben und dass von einer Konzeptualisierung der Realität im Sinne einer „Strukturtheorie des Absoluten" (Barbara Loer über Schelling) nicht die Rede sein kann. Und Bloch bezieht sich selbst auf diesen Umstand, denn er spricht am Ende explizit über das „Subjekt". Aristotelisch als *hypokeímenon* verstanden, ist Subjekt das Substrat des hier in Frage stehenden Prozesses und mithin die (aktive) Materie. Es bildet daher den formalen Grund der wirklichen (modalen) Vielfalt, ist selbst aber noch der Modalität zugehörig, nicht der Realität, von welcher es ein Attribut ist. Als solches ist es auch natura naturans im tradierten Sinne:

Die Angel in der Geschichte der Natur aber, die der Mensch zum Unterschied von seiner eigenen Geschichte zwar beeinflußt, doch nicht macht, ist jenes mit uns kaum noch vermittelte, ja noch hypothetische Agens des außermenschlichen Geschehens, das abstrakt Naturkraft heißt, unhaltbar-pantheistisch natura naturans genannt worden war, das jedoch in dem Augenblick konkret zugänglich gemacht werden kann, wo der arbeitende Mensch, diese stärkste, höchstbewußte, von der übrigen Natur keinesfalls abgetrennte Teil des universalen materiellen Agens, aus / dem halben Inkognito seiner bisherigen Entfremdung herauszutreten beginnt. (PH 287–288)

6.5 Ausblick

Bloch hebt im Zusammenhang mit der Frage der praktischen Umsetzung des hier Ausgeführten vor allem auf die elfte Feuerbach-These Marxens ab, die er als die wichtigste und am prägnantesten gefasste der Feuerbach-Thesen ansieht (PH 323): Freilich hindert ihn das nicht daran, entgegen seiner eigenen Prämissen, allzu schnell vorauszugreifen. Denn es heißt ausdrücklich: „Wirkliche Praxis kann keinen Schritt tun, ohne sich ökonomisch und philosophisch bei der Theorie erkundigt zu haben, der fortschreitenden." (PH 322) Tatsächlich ist es deshalb fraglich, inwieweit der Protagonist der offenen Systeme eine Formulierung wie das folgende Lenin-Zitat verantworten kann: „Die Lehre von Marx ist allmächtig, weil sie wahr ist." Unter logischen Aspekten kann diese Schlussfolgerung bestenfalls als kurios angesehen werden. Andererseits zielt die These selbst durchaus auf jene Schiffe ab, auf die es zu gehen heißt. Denn Bloch bemängelt zu Recht, dass Feuerbach „nicht auf die Schiffe geht", sondern die Dinge lässt, wie sie sind, oder nicht umhin zu können glaubt, die Dinge umzustellen, jedoch nur im Buch, während die Welt selber nichts davon bemerkt. (PH 319, paraphrasiert) Stattdessen bedeutet für Bloch die Interpretation nicht reine Kontemplation, sondern aktives Philosophieren. Er stellt deshalb dem Text der These verdeutlichend zwei kritische Varianten gegenüber: „Ihr könnt die Philosophie nicht aufheben, ohne sie zu verwirklichen." bzw. „[Ihr glaubtet,] die Philosophie verwirklichen zu können, ohne sie aufzuheben." (PH 325) Es erhellt daraus, dass das hier besprochene Ziel nicht erreichbar ist, ohne eine konkrete *Aufhebung* des Bisherigen, und sei es letzten Endes das, was aufgehoben wird, das Proletariat selbst. Wir müssen dabei beachten, dass bei Bloch der Begriff „Aufhebung" auf verallgemeinerte Weise genutzt wird und die Bedeutung des Hegelschen Begriffes bei weitem übersteigt, denn in der Blochschen Dialektik ist sie nur ein Teil der progressiven Bewegung, weil es noch neben der „Aufhebung der Widersprüche" noch die „Überwindung der Widerstände" gibt, ein Vorgang, der auch scheitern kann und dann dazu führt, dass *Ungleichzeitigkeiten* weiter durch die Geschichte mittransportiert werden müssen. Darin sieht Bloch recht eigentlich das angestrebte „Eschaton", und er zitiert nochmals Marx:

> Erst hier ist ihm (dem Menschen) sein *natürliches* Dasein sein *menschliches* Dasein und die Natur für ihn zum Menschen geworden. Also die *Gesellschaft* ist die vollendete Wesenseinheit des Menschen mit der Natur, die wahre Resurrektion der Natur, der durchgeführte Naturalismus des Menschen und der durchgeführte Humanismus der Natur. (MEGA I, 3, 116). (PH 327)

Literatur

Jeroen Bartels: Wirklichkeit I. In: Hans Jörg Sandkühler (Hg.): Europäische Enzyklopädie zu Philosophie und Wissenschaften. 4 Bde. Hamburg 1990, Band 4, 884–892
Enrico Berti: Der Begriff Wirklichkeit in der *Metaphysik* des Aristoteles. In: Christof Rapp (Hg.): Aristoteles. Metaphysik. Die Substanzbücher. Berlin 1996, 289–311
Jan Robert Bloch: Warum zum aufrechten Gang Verbeugungen gehören. Bloch-Almanach, Ludwigshafen, 9/1989, 73–113.
Giorgio Colli: Die Geburt der Philosophie, Athenäum, Hain, Königstein/Ts. 1990 (1981)
Jamie Owen Daniel, Tom Moylan (Hg.): Not Yet. Reconsidering Ernst Bloch. London, New York 1997.
Gilles Deleuze: Differenz und Wiederholung. München 1992
Ingemar Düring: Aristoteles. Darstellung und Interpretation seines Denkens. 2. Auflage, Heidelberg 2005
Hans-Reiner Ehricht: Adaptionen und Transformationen Aristotelischen Denkens in den ontologischen Annahmen von Ernst Bloch. Bloch-Almanach, Ludwigshafen, 23/2004, 9–40.
Ludwig Feuerbach: Kleine Schriften. Ed. Löwith, Frankfurt a.M. 1966
Helmut Flashar: Aristoteles. Lehrer des Abendlandes. 2. Auflage. München 2013
Gustave Flaubert: Oeuvres complètes. 2 Bde., Paris 1964
Horst Folkers: Schellings Erfahrung der Offenbarung und Blochs Fahrt nach Utopien. Bloch-Almanach, Ludwigshafen, 10/1990, 13–44.
Vincent Geoghegan: Ernst Bloch, Routledge, London 1995
Stephan Günzel (Hg.): Lexikon der Raumphilosophie, Darmstadt 2012
Craig A. Hammond: Towards a Neo-Blochian Theory of Complexity, Hope and Cinematic Utopia. PhD thesis 2012, Lancaster University, Sociology Dept.
Reiner Hedrich: Hat die Raum-Zeit Quanteneigenschaften? Emergenztheoretische Ansätze in der Quantengravitation. In: Michael Esfeld (Hg.): Philosophie der Physik. Berlin 2012, 287–305
Georg Wilhelm Friedrich Hegel: Phänomenologie des Geistes, Theorie-Werkausgabe, Suhrkamp, Frankfurt a. M. 1982
Martin Heidegger: Sein und Zeit, 15. Auflage. Tübingen 1979
Hans Heinz Holz: Logos spermatikos. Ernst Blochs Philosophie der unfertigen Welt. Luchterhand, Darmstadt, Neuwied 1975
Ruud van der Helm: Towards a clarification of probability, possibility and plausibility: how semantics could help futures practice to improve. Foresight 8 (3), 2006, 17–27. Man sehe

auch: http://archive.cspo.org/projects/plausibility/files/read_van-der-Helm-Towards-a-Clarification-of-Probability.pdf

Richard Kerney: Dialogues with Contemporary Continental Thinkers, Manchester University Press, 1986 (new edition)

Richard Kerney: Modern Movements in European Philosophy, Manchester University Press, 1994 (2nd edition)

Manfred Klein: Prozess und Manifestation. Zu Ernst Blochs Ontologie des Noch-Nicht-Seins. Bloch-Almanach, Ludwigshafen, 27, 2008, 49–71

Manfred Klein: Realisierung des Realisierenden. In: Beat Dietschy, Doris Zeilinger, Rainer E. Zimmermann (Hg.), Bloch-Wörterbuch. Leitbegriffe der Philosophie Ernst Blochs. De Gruyter, Berlin, Boston 2012, 464–472

Jason Kosnoski: Specter and Spirit. Ernst Bloch, Jacques Derrida, and the Work of Utopia. Rethinking Marxism 23 (4), 2011, 507–523

Peter Kruse, Michael Stadler: Wirklichkeit II. In: Hans Jörg Sandkühler (Hg.): Europäische Enzyklopädie zu Philosophie und Wissenschaften. 4 Bde. Hamburg 1990, Band 4, 892–903

Alexius Meinong: Über die Erfahrungsgrundlagen unseres Wissens. (Reprintausgabe) VDM-Müller, Saarbrücken 2006.

Alexius Meinong: Über Gegenstandstheorie. Selbstdarstellung. (ed. Josef M. Werle) Meiner, Hamburg 2013. Cf. http://www.gleichsatz.de/b-u-t/gene/meinong/standtheorie1.html (Insichtnahme 18.02.2015).

Luciana Palazzetti: Ontologie, Existenz, utopische Hermeneutik. Zu Blochs Lektüre von Heideggers ‚Sein und Zeit'. Bloch-Almanach, Ludwigshafen, 11/1991, 89–121

Lucien Pelletier: Bloch Lecteur de Schelling. Bloch-Almanach, Ludwigshafen, 11/1991, 41–87

Enrico I. Rambaldi: Stichwort Bewegung. In: Hans Jörg Sandkühler (Hg.): Europäische Enzyklopädie zu Philosophie und Wissenschaften, Meiner, Hamburg, Band 1, 378–389

Christof Rapp: Einleitung. In: ders. (Hg.): Aristoteles. Metaphysik. Die Substanzbücher. Akademie, Berlin 1996

Christof Rapp: Aristoteles und aristotelische Substanzen, in: Käthe Trettin (Hg.): Substanz. Neue Überlegungen zu einer klassischen Kategorie des Seienden. Klostermann, Frankfurt a. M. 2005, 145–169

Gérard Raulet: Humanisation de la Nature, Naturalisation de l'Homme. Ernst Bloch et le projet d'une autre rationalité. Klincksieck, Paris 1982

Gérard Raulet: Blochs ‚Ontologie des Noch-Nicht-Seins'. Postontologische Hermeneutik als Philosophie der symbolischen Formen. In: Gvozden Flego, Wolfdietrich Schmied-Kowarzik (Hg.), Ernst Bloch – Utopische Ontologie, Germinal, Bochum 1986,115–126

Egenolf Roeder von Diersburg: Zur Ontologie und Logik offener Systeme. Ernst Bloch vor dem Gesetz der Tradition. Hamburg 1967

Hans Jörg Sandkühler (Hg.): Europäische Enzyklopädie zu Philosophie und Wissenschaften. 4 Bde. Hamburg 1990

Hans-Ernst Schiller: Bloch und Hegel. Eine erneute Lektüre von ‚Subjekt-Objekt' im 175. Todesjahr Hegels. Bloch-Almanach, Ludwigshafen, 26/2007, 39–60

Annette Schlemm: Prozess. In: Beat Dietschy, Doris Zeilinger, Rainer E. Zimmermann (Hg.): Bloch-Wörterbuch. Leitbegriffe der Philosophie Ernst Blochs. De Gruyter, Berlin, Boston 2012, 434–449

Burghart Schmidt (Hg.): Materialien zu Ernst Blochs Prinzip Hoffnung. Frankfurt a. M. 1978

Burghart Schmidt: Kritik der reinen Utopie. Eine sozialphilosophische Untersuchung. Stuttgart 1988

Harald Seubert: ‚Die große Thatsache der Welt', in: Paulus Engelhardt, Claudius Strube (Hg.): Metaphysisches Fragen. Köln, Weimar, Wien 2008, 125–155
Dennis Sölch: Prozessphilosophien. Wirklichkeitskonzeptionen bei Alfred North Whitehead, Henri Bergson und William James. Freiburg, München 2014
Wolfgang Sohst: Prozessontologie. Ein systematischer Entwurf der Entstehung von Existenz. Xenomoi, Berlin 2009
Ernst Tugendhat: TI KATA TINOΣ. Eine Untersuchung zu Struktur und Ursprung aristotelischer Grundbegriffe. Alber (Symposion), 4. Auflage, Freiburg/Br., München 1988
Gianni Vattimo: Glauben – Philosophieren. Stuttgart 1997
Alfred North Whitehead: Wissenschaft und moderne Welt, Suhrkamp, Frankfurt a.M. 1984
Stephen Wolfram: A New Kind of Science. Champaign, Illinois 2002
Doris Zeilinger: Wechselseitiges Ergreifen. Ästhetische und ethische Aspekte der Naturphilosophie Ernst Blochs. Würzburg 2006
Rainer E. Zimmermann: Ordnung und Unordnung – Zum neueren Determinismusstreit zwischen Thom und Prigogine. Lendemains 50, 1988, 60–74
Rainer E. Zimmermann: Selbstreferenz und poetische Praxis. Cuxhaven 1991
Rainer E. Zimmermann: Axiomatische Systemdialektik als Differenzphilosophie. Zur Denklinie Spinoza, Schelling, Bloch. In: ders. (Hg.), System & Struktur, Neue Aufsätze zur spekulativen Physik, Cuxhaven 1992, 31–64
Rainer E. Zimmermann: Vom Sein zum Werden oder Auf der Suche nach dem Goldenen Vlies. In: Jan Robert Bloch (Hg.): Ich bin. Aber ich habe mich nicht. Darum werden wir erst. Perspektiven der Philosophie Ernst Blochs. Suhrkamp, Frankfurt a. M. 1997, 374–390
Rainer E. Zimmermann: Subjekt und Existenz. Zur Systematik Blochscher Philosophie. Berlin, Wien 2001
Rainer E. Zimmermann: New Ethics Proved in Geometrical Order. Spinozist Reflexions on Evolutionary Systems. Emergent Publications, Litchfield Park (Az.) 2010
Rainer E. Zimmermann: Stichwort „Natursubjekt". In: Beat Dietschy, Doris Zeilinger, Rainer E. Zimmermann (Hg.), Bloch-Wörterbuch, Leitbegriffe der Philosophie Ernst Blochs. De Gruyter, Berlin, Boston 2012, 374–403
Rainer E. Zimmermann: Emergence from Indifference. In: ders. (Hg.), Aktuelle Blochstudien 2013/2014, Shaker, Aachen, im Druck (2016)
Rainer E. Zimmermann, Klaus-Jürgen Grün (Hg.), Existenz & Utopie, Tagung an der Hochschule München 1999, System & Struktur VII/1&2, 1999
Peter Zudeick: Die Welt als Wirklichkeit und Möglichkeit. Bouvier, Bonn 1980

Ulrich Müller-Schöll, Francesca Vidal
7 Thesen über Feuerbach: Ernst Blochs Kritik des dialektischen Materialismus
2. Teil, Nr. 19

Wenn heute von Ernst Bloch die Rede ist, gilt als unbestritten, dass er Marxist war. Erst kürzlich konnte man in seriösen Fachzeitschriften vom „marxistischen Kern" seiner Argumentation (Brose 2010, 555) und von der „ideologischen Sicherheit" lesen, die „einen Marxisten wie Bloch noch beseelt" habe (Landwehr 2012, 15). So sehr aber aus der Distanz der heutigen Wissenschaft festzustehen scheint, dass Ernst Bloch ein „marxistischer" Denker ist, als so schwierig hat es sich doch stets erwiesen, die Beziehung zwischen Bloch und Marx, dem Marxismus, der Marxschen Lehre und Theorien, die in dieser Tradition stehen, genau und befriedigend zu bestimmen. Sicher, Bloch selbst hat seiner uneingeschränkt positiven Einstellung gegenüber Marx schon Ausdruck gegeben, als er zu Beginn des 20. Jahrhunderts noch nicht dem Marxismus zugerechnet wurde, aber das erleichtert die Sache nicht. Ebensowenig hilft es, dass er sich im Westdeutschland der 60er und 70er Jahre selbst gerne als einen marxistischen Denker bezeichnen ließ. Und selbst dass sein Hauptwerk eine Darstellung des Marxismus enthält, die in den 1960er Jahren einen Zeitnerv traf und bis heute Anziehungskraft auf diejenigen hat, die abseits des östlichen Linienmarxismus nach einer undogmatischen Auslegung des Marxismus suchen, ersetzt noch nicht eine Untersuchung seines Verhältnisses zum Marxismus.

Dass Blochs Bezug zu Marx und zur marxistischen Theorie alles andere als unumstritten war, hatte sich bereits in der Emigrationszeit gezeigt. Damals hatte der Theoretiker der Kommunistischen Partei, Hans Günther, vergeblich versucht, Bloch in seiner Rezension von *Erbschaft dieser Zeit* zur Selbstkritik zu veranlassen und ihn auf die Seite des *dialektischen Materialismus* (DiaMat), der offiziellen Philosophie des Marxismus-Leninismus zu ziehen. In den 50er Jahren, Deutschland war geteilt, notierte Jürgen Habermas dann den „irritierenden Tatbestand", dass eine abweichende marxistische Position aus dem Osten herüber drang, wobei Bloch allerdings als „marxistischer Schelling" suspekt blieb.

Die wissenschaftliche Auseinandersetzung mit dem Werk dieses „Marxisten" fand in den 1980er Jahren im Anschluss an die 68er-Bewegung statt. Da wurde das Verhältnis von Philosophie und Marxismus bei ihm so charakterisiert,

> dass in der Aneignung der Marxschen bzw. marxistischen Theorie die fundamentalen und umfassenden (metaphysischen) Fragestellungen der Philosophie nicht aufgegeben oder

reduziert, sondern [...] zu einer marxistischen Philosophie der Weltveränderung umorientiert wurden (Fahrenbach 1983, 81).

Irritierend war hier, dass die Philosophie nicht „aufgehoben", also weder abgeschafft noch in einen anderen Theorietyp transformiert werden sollte.

Als Blochs Beitrag zu diesem Verhältnis von Marxismus und Philosophie bzw. zu der Frage, wie das Projekt einer Aufhebung der (traditionellen) Philosophie im Anschluss an Marx zu verstehen sei (vgl. Braun 1992, 30–32), wurde das 19. Kapitel des *Prinzips Hoffnung* über die Marxschen Feuerbachthesen betrachtet. Blochs philosophische Auffassung musste, wollte man sie marxistisch verstehen, als mit der Marxschen These von der Aufhebung und Verwirklichung der Philosophie „prinzipiell vereinbar" verstanden gelten können (Fahrenbach 1983, 82). In dieser Interpretationsrichtung war das Kapitel über die Feuerbachthesen, dieser „schon klassisch gewordene Text der Marxinterpretation", der zentrale Teil der „Grundlegung" des *Prinzips Hoffnung*, folglich der Philosophie Blochs überhaupt, und Blochs *Prinzip Hoffnung* insofern der Beitrag zu der akademischen Marxrenaissance, die in den 1970er und 80er Jahren an den westdeutschen Universitäten Einzug hielt.

Unbekannt war damals, dass das Kapitel 19 erst Anfang der 50er Jahre entstanden war und erst nachträglich in das in den USA erarbeitete Manuskript des *Prinzips Hoffnung* eingegliedert wurde (vgl. Jahn 2000, 215). Zunächst war es (ebenso wie das Kapitel 18 über die Schichten der Kategorie Möglichkeit) unter der Überschrift „Keim und Zelle" 1953 in der „Deutschen Zeitschrift für Philosophie" (Heft 1, 1953) erschienen, die von Bloch mitgegründet worden war. Man deutete dies so, dass Bloch mangels anderer Manuskripte diverse Auszüge seiner druckfertigen Manuskripte „in Form von Zeitschriftenartikeln" (Karlson 1996, 130) vorab publizieren ließ. Tatsächlich aber waren es Originalbeiträge aus jener Zeit. (Zur Aufnahme der Blochschen Interpretation der Feuerbachthesen (insbesondere der 11. These) in der DDR vgl. auch Rauh 1996, 264–270.)

Und sie wurden nicht für das *Prinzip Hoffnung* geplant, sondern aller Wahrscheinlichkeit nach aus aktuellem Anlass verfasst; dafür spricht, dass sie dem Manuskript des *Prinzips Hoffnung* erst ganz zuletzt hinzugefügt wurden. Das belegen die Druckfahnen des Inhaltsverzeichnisses beim Aufbau Verlag: Denn diese stammen von 1953 und verweisen auf die neuen Beiträge noch nicht (Quelle: Archiv des Aufbau Verlags, Staatsbibliothek zu Berlin).

Inwiefern bestand für Bloch ein aktueller Anlass, in das *Prinzip Hoffnung* ein Kapitel über Marx einzufügen? Für Bloch stand fest, wie schon unser Kommentar zum Vorwort gezeigt hat, ja, es war für ihn eine Binsenwahrheit, dass sein philosophisches Schaffen und Wirken in *dem* Raum stattfand, den Marx historisch eröffnet hatte. Bislang hatte Bloch keine Veranlassung gesehen, sich mit dem Werk von Marx explizit auseinanderzusetzen. Nun hatte sich die Situation verändert. Er hatte den Ruf eines antifaschistischen Denkers, seit *Erbschaft dieser Zeit* bei vielen auch den eines Marxisten, und wegen seiner affirmativen Haltung zu Stalin galt er in den Kreisen der Diaspora als (wenn auch parteiloser) Kommunist. Unter anderem aus diesem Grunde wurde er als Professor nach Leipzig berufen. Dort angekommen wiederholte sich die Erfahrung, die er bei *Erbschaft dieser Zeit* gemacht hatte: Seine Haltung wurde als Unterstützung aus den Reihen der Intelligenz begrüßt, aber seine Sicht der Dinge von offizieller Seite keineswegs als marxistisch anerkannt. Vielmehr wurde von der sowjetischen Zensurbehörde sowie von der SED der Widerspruch misstrauisch zur Kenntnis genommen, dass da einer, der mit dem Ticket eines „bürgerlichen Wissenschaftlers" (Caysa 1992, 37) fuhr, für den Marxismus Partei ergriff und auf die marxistische Theoriebildung Einfluss zu nehmen suchte. Bloch, der seine Philosophie für die notwendige Ergänzung zur praktischen Bewegung des Marxismus hielt und der davon überzeugt war, dass sie nur im Rahmen dieser Bewegung wirkungsvoll sein konnte, suchte nun nach Möglichkeiten, die Sache des Marxismus zu fördern und zu verbessern. Dies musste so geschehen, dass Bloch auf das, wie er meinte, mangelhafte theoretische Niveau des Marxismus Einfluss nahm (es sind u. a. lautstarke Zornesausbrüche überliefert). Im Kreise seiner Studentinnen und Studenten wirkte er darauf pädagogisch hin. Gleichzeitig durfte er dem „Klassenfeind" keine ideologisch verwertbare Angriffsfläche bieten.

In der *Deutschen Zeitschrift für Philosophie* werden diese Momente zum Programm: Die erste Seite der ersten Ausgabe ziert ein Bild des studierenden Stalins. Darunter heißt es im Vorwort der Herausgeber, unverkennbar im Stil Blochs: „Fern bleibe jeder, der [...] das Tiefsinnsgerede mondäner Niedergangs-Ideologien verbreitet und – offen oder versteckt – Klopffechterei im Dienst des Profits betreibt." Es gehe um die „Entfaltung eines echten wissenschaftlichen Meinungskampfes", für den „Stalins Weisheit" in Anspruch genommen wird: Es sei „,allgemein anerkannt, dass keine Wissenschaft [...] ohne Freiheit der Kritik sich entwickeln und gedeihen kann'" (Stalin, (1938); 1953) Mit anderen Worten: Bloch machte sich in seinen Texten die Zitate der Klassiker subversiv zunutze. Die umfangreichen Änderungen am Manuskript des *Prinzips Hoffnung* scheinen überwiegend dadurch motiviert, dem bürgerlichen Etikett entgegenzutreten und einen tiefgründigeren, in sich konsequenteren und insofern recht verstandenen Marxismus dem offiziellen („vulgär-marxistischen", Bloch) Marxismus-Leninismus kritisch korrigierend entgegenzuhalten. Darin ist der damalige Grund für den Einschub der Kapitel 18 und 19 zu sehen. (Dass die Interpretation der Feuerbachthesen später zu einem „Klassiker" der Marxauslegung gerierte, gehört zur Rezeptionsgeschichte). – In diesem Kommentar legen wir deshalb den Akzent auf die versteckte Auseinandersetzung, die Bloch mit den Zeitgenossen seines Leipziger Umfelds führte.

Bloch war durch Erfahrungen mit der Zensurbehörde bei der Publikation seines Hegelbuchs (SO) auf die Notwendigkeit einer verdeckten Auseinandersetzung vorbereitet und tat gut daran, seine Kritik nicht in direkter Auseinandersetzung zu äußern. Die damals entstehenden Abrisse des DiaMat gingen alle auf eine Darstellung des DiaMat und des *Historischen Materialismus* (HistoMat) durch Stalin von 1938 zurück, die wiederum im Wesentlichen eine Collage aus Zitaten der Klassiker Marx, Engels und Lenin war. Zu Recht wählte Bloch wie hier über die Feuerbachthesen den Weg, durch die Interpretation eines Klassikertextes seine Kritik *indirekt* herauszuarbeiten. Die Überschriften, die Bloch den in Gruppen zusammengefassten Thesen gab, entsprechen daher nicht nur einer zwingenden systematischen Logik oder Interpretationsidee. Sondern sie sprechen jeweils Punkte an, in denen seine Auffassung des Marxismus sich von der offiziellen unterschied und zugleich für Blochs Philosophie zentral waren. Dass Bloch auf diesem Weg seine Differenzen austrug, blieb übrigens den ideologischen Kaderschmieden durchaus nicht verborgen. Thematisch handelt es sich um Probleme der a) Erkenntnistheorie, b) des (historischen) Materialismus, c) des Theorie-Praxis-Verhältnisses, d) der Rolle der Philosophie und schließlich e) des tätigen Menschen als des Antriebs der Philosophie.

a) *„Erkenntnistheoretische Gruppe" (Zu den Thesen 5, 1 ,3, PH 295–303)* In seiner Schrift zum Dialektischen und Historischen Materialismus nimmt Stalin die etwas simple Polemik von Engels auf, mit der dieser die Kant'sche These vom „Ding an sich" in Frage stellt und meint, dass die Praxis sie spielend widerlege.

> Im Gegensatz zum Idealismus, der [...] der Ansicht ist, dass die Welt voll sei von ‚Dingen an sich', die niemals von der Wissenschaft erkannt werden können, geht der marxistische philosophische Materialismus davon aus, dass die Welt und ihre Gesetzmäßigkeiten durchaus erkennbar sind, dass unser Wissen von den Naturgesetzen, durch die Erfahrung, durch die Praxis geprüft, zuverlässiges Wissen ist, das die Bedeutung objektiver Wahrheit hat, dass es in der Welt keine unerkennbaren Dinge gibt, wohl aber Dinge, die noch nicht erkannt sind, und diese werden durch die Kräfte der Wissenschaft und der Praxis aufgedeckt und erkannt werden. (Stalin 1952)

Welt und Gesellschaft werden demnach von Gesetzmäßigkeiten bestimmt, die von der Wissenschaft erfasst werden. Wissenschaftlich gewonnene Erkenntnisse aber sind ‚objektiv' wahr: Dies ist eine nicht weiter angezweifelte Grundannahme des Marxismus-Leninismus, die nicht kritisch geprüft wird bzw. die durch ihr Funktionieren in der Praxis, z. B. in der industriellen Produktion, als bewiesen gilt; die Frage einer absoluten Wahrheit, die als Ding an sich im Gegensatz zu einem uns erscheinenden Ding für uns in Relation stünde, wird nicht gestellt. Unbekanntes bzw. Unerkanntes wird gleichgesetzt mit wissenschaftlich noch nicht Erforschtem, dem sich die Wissenschaft unendlich annähert.

Wie Erkennen vonstattengeht, erklärt der Marxismus-Leninismus mit der Widerspiegelungstheorie:

> Die menschliche Erkenntnis [...] ist ein subjektives Abbild des Objektiven. Das Objektive besteht außerhalb des Bewusstseins. Es bildet den Inhalt der Widerspiegelung. Aber diese selbst ist ein subjektives ideelles Modell des Objektiven. (Gropp 1971, 167)

Unterstellt (und nicht weiter erklärt) wird, dass durch Widerspiegelung ein wahres Abbild des Objektiven vom Bewusstsein erfasst wird. Diese Art von Rezeptivität beruht nicht auf einer Aktivität, sondern stellt sich, wie Bloch bemängelt, durch „Anschauung" (PH 295) ein.

Bloch nennt dieses Verhältnis auch „mechanisch" und sieht in diesem „ruhend abbildenden Spiegel" (PH 297) das Manko des Materialismus von Demokrit bis zur Neuzeit, bzw. wie unschwer aus Kontext und einzelnen Formulierungen hervorgeht: auch des DiaMat. Im Idealismus dagegen sei die Erzeugung über die geometrische Konstruktion hinaus „in die wirkliche Arbeitsgestalt der historischen Genesis" übergegangen: Der Begriff der Erzeugung bzw. Arbeit rückt in den Mittelpunkt. Bloch strebt eine Synthese an, in der der Materialismus diesen Arbeitsbegriff aufnimmt. Erkennen ist dann ein Hin-und Her-Oszillieren zwischen Subjekt und Objekt, das Bewusstsein ist selbst Teil des Seins, die Umgebung ist keine Gegebenheit, sondern Material, das im Prozess der Arbeit geformt wird: Erkennen ist somit ein aktiver Prozess, in dem der Mensch die für ihn unfertig vorliegende und als Totum (noch) nicht erkennbare Welt im selben Maße aktiv schafft wie erkennt – ein *dialektisches* Verhältnis.

Auch der DiaMat beansprucht für sich ein dialektisches Verhältnis: „Zwischen dem Abbild eines Gegenstandes und diesem selbst besteht Einheit und Widerspruch, indem der objektive Gegenstand nach bestimmten Seiten, Zusammenhängen usw. richtig erfasst wird". (Gropp 1971, 167) Dieses aber besteht in der Gebrochenheit der Annäherung, in Störungen bzw. in nicht perfekter Widerspiegelung, die beseitigt werden muss, letztlich in der nie perfekten, nur unendlichen Annäherung an den Gegenstand, der die Widerspiegelung stets überbietet, ist also nicht mehr als eine technische Störung der gespiegelten Anschauung.

Bloch nennt Feuerbach, meint aber den DiaMat, der „mechanistisch" übertreibe (PH 300), indem er auch hier die Tätigkeit auslässt, anstatt auf die „*wechselwirkende Vermittlung von Subjekt und Objekt*" (PH 300) zu setzen. Marx gebe darüber in der 3. Feuerbachthese Aufschluss, „ein Aufschluß, der allerdings dem Vulgärmaterialismus keine Freude bereitet" (PH 301) und der „dem menschlichen Bewußtsein den reellsten Platz in den ‚Umständen', also gerade innerhalb der von ihm mitgebildeten Außenwelt" gibt (PH 301). Marx, so Blochs Schluss, kämpft ebenso sehr gegen die „idealistische Subjekttheorie" wie gegen die „mechanistische Milieutheorie".

Blochs hinter Feuerbach versteckte Kritik wurde sehr wohl verstanden, zumal von seinem Habilitanden R. O. Gropp, der in diesen Jahren jene Parteischriften zum DiaMat erstmals verfasste, die bis in die 1970er Jahre fast unverändert weiter publiziert werden sollten: Dem Marxismus werde

> ein mechanistischer Widerspiegelungsbegriff unterschoben, richtiger jedoch gesagt, die Widerspiegelungstheorie überhaupt, die gnoseologische Gegenüberstellung des Materiellen und Ideellen, des Objektiv-Realen und des Subjektiv-Ideellen, auf die sie sich gründet, werden als ‚mechanistisch' ausgegeben und als ‚undialektisch' hingestellt. Dagegen wird die ‚echte' Dialektik in irgendeiner untrennbaren, angeblich in der ‚Praxis' begründeten Subjekt-Objekt-Einheit gesehen, bei der das Objekt […] in […] einer scheinmarxistischen Verbrämung vom Subjekt abhängig gemacht wird" (Gropp 1971, 168),

sprich: bei der wie durch Bloch dem Subjekt im Erkenntnisprozess eine aktive Rolle eingeräumt wird.

Damit ist auch ein Rätsel gelöst: nämlich warum Bloch die zu einer Gruppe zusammengefassten Thesen 1, 3 und 5 eine „erkenntnistheoretische" nennt. In den Thesen ist kein einziges Mal von Erkenntnis die Rede, vielmehr von Materialismus. Der Materialismus ist im Gegensatz zu Feuerbach nicht mechanistisch, sondern um den Begriff der „Tätigkeit" (PH 303), also Arbeit, historischem Formieren, um die lebendige Subjekt-Objekt-Beziehung Mensch herum angesiedelt. Aus diesem Materialismus-Begriff leitet Bloch eine erkenntnistheoretische These ab, die der Widerspiegelungstheorie widerspricht und dafür eine materialistische Erzeugungserkenntnis anbietet: Die „anti-vulgärmarxistische" (PH 303) Konsequenz ist, dass „der arbeitende Mensch, diese in allen ‚Umständen' lebendige Subjekt-Objekt-Beziehung […] entscheidend mit zur materiellen Basis" (PH 303) gehört.

b) Realer Humanismus – der ‚wahre' Materialismus (Zu den Thesen 4,6,7,9,10, PH 304–310)

Die hier zusammengestellten Feuerbachthesen gruppiert Bloch um ein besonders heikles Thema in der Konfrontation zwischen der Marxismusinterpretation des DiaMat und seiner eigenen: Es geht um den Stellenwert des Humanismus und, noch grundsätzlicher, um den Begriff des Materialismus, auf den die Diskussion zuläuft.

Feuerbach ging von der religiösen Entfremdung des Menschen aus. Bei ihm verdoppelt sich die Welt in eine „imaginäre", in den Himmel projizierte und eine „wirkliche" (304), die des irdischen Jammertals. Die (anthropologische) Kritik dieser „Selbstentfremdung" der Menschen holt „den Himmel zu den Menschen zurück" (304). Marx kritisiert, dass das menschliche Wesen kein „dem einzelnen Individuum innewohnendes Abstraktum" sei, kein „Abstrakt-Genus" (PH 304), wie Bloch sagt, sondern „in seiner Wirklichkeit ist es das Ensemble der gesellschaftlichen Verhältnisse" (PH 304), wie Bloch aus der 6. Feuerbachthese zitiert. Der DiaMat löst diese Kritik so auf: Der anthropologische Begriff des Menschen wird eliminiert, der Mensch als Element der durch den historischen Materialismus bestimmten Gesetzmäßigkeiten gefasst, die wiederum abgeleitet sind aus den allgemeinen Gesetzen des Dialektischen Materialismus; der Mensch ist Element der wissenschaftlich analysierten und unterstützten gesellschaftlichen Wirklichkeit.

Bloch entgegnet, dass sich die Kritik an Feuerbach nur gegen den „rein anthropologischen Gattungsbegriff" richte und von der „Absage an jeden Rest bürgerlicher Demokratie" motiviert sei. Der neue proletarische Standpunkt hebe aber „den Wertbegriff Humanismus so wenig auf, daß er ihn praktisch überhaupt erst nach Hause kommen läßt; und je wissenschaftlicher der Sozialismus, desto konkreter hat er gerade *„die Sorge um den Menschen im Mittelpunkt, die reale Aufhebung seiner Selbstentfremdung im Ziel"* (PH 306, Hervorhebung von Bloch). Marx führe „vom generell-idealen Menschen [...] auf den Boden der wirklichen Menschheit und möglichen Menschlichkeit" (307). Diese Seite, die Bloch auch den „Wärmestrom" neben dem Kältestrom der wissenschaftlichen Analyse nennt, wird vom DiaMat als zu subjektivistisch abgelehnt: „Die Gesellschaft ist [...] objektiv gegeben. Wissenschaft von der Gesellschaft ist nur möglich, wenn das objektive-reale Sein der Gesellschaft als unabhängig vom Bewusstsein und als diesem gegenüber primär anerkannt wird." (Gropp, 1971, 43)

Aber die entscheidende Differenz zwischen Bloch und dem DiaMat betrifft nicht die theoretische Stellung des Menschen, sondern den Begriff der Materie bzw. den „wahren Materialismus". Materialismus bedeutet für den DiaMat: „Anerkennung der Priorität der Materie, Ableitung des Subjekts und des Bewußtseins aus der Materie". Für Bloch ist dagegen Materialismus und realer Humanismus dasselbe: „Beziehung der Menschen zu Menschen und zur Natur – das und nichts anderes ist bei Marx die spezifische Materie der Geschichte; sie erhebt sich auf der physisch-organischen Basis, doch sie fällt durchaus nicht mit ihr zusammen" (MP 307). Für den DiaMat ergibt sich der Historische Materialismus als Ableitungsverhältnis aus dem allgemeinen dialektischen Materialismus. Dieser könnte jedoch nur dann so gefasst werden, wenn der Mensch vollumfängliche „absolute" Kenntnis der Materie hätte. Der DiaMat geht von absoluter Kenntnis zwar nicht aus, sagt aber jeder Form von Agnostizismus den Kampf an und behauptet das Verhältnis des Menschen, d. h. der Wissenschaft, gegenüber der Materie als das eines ständig fortschreitenden und sich unendlich annähernden Erkenntniszugewinns.

Für Bloch steht dagegen am Anfang des Prozesses, in dem die Materie erkannt, erschlossen wird, der Hiatus des Dunkels des gelebten Augenblicks. Die

Welt wird erst von einem gewissen Abstand aus als wahr erkannt. Durch diese anfängliche Kluft verbietet es sich, die Erkenntnis der Welt bzw. den Materialismus als ein Ableitungsverhältnis zu fassen. Materialismus ist deshalb ein Erfassen der Materie (der Welt im Ganzen) aus der Mitte des unzulänglich bestimmten, im Prozess befindlichen Verhältnisses der Menschen zu den anderen Menschen und zur Natur. Bloch beruft sich bei dieser Vorgehensweise, die also nicht von der äußeren Materie auf die geschichtlich-gesellschaftliche Situation des Menschen schließt, sondern umgekehrt von dieser aus auf die Materie, nicht auf die Grundkonstruktion seiner (eigenen) Philosophie, sondern auf Marx, der „aus den jedesmaligen wirklichen Lebensverhältnissen ihre verhimmelten Formen zu *entwickeln*" als „die einzige materialistische und daher wissenschaftliche Methode" (PH 308) bezeichnet habe. Dadurch wird aus einem Materialismus, der das Subjekt aus der Materie ableitet, ein „Materialismus nach vorwärts": „Die wahrhaft totale Erklärung der Welt aus sich selbst, die dialektisch-historischer Materialismus heißt, setzt auch die Verwandlung der Welt aus sich selbst". (PH 310)

c) *Das Theorie-Praxis-Verhältnis (Zu den Thesen 2 und 8, PH 310–318)*

Dass Theorie und Praxis im Marxismus zusammengehören, ist klar, umstritten jedoch der Stellenwert der Praxis. Gegen marxistische Ansätze, die den Begriff der Praxis zum „Grund- und Ausgangsbegriff" machen (Gramsci, die jugoslawische Praxisphilosophie), wird vom DiaMat geltend gemacht, dass der Praxisbegriff selbst erst materialistisch erklärt werden müsse, da er „in sich bereits die subjektive Seite der Tätigkeit" (Gropp 1971, 43) enthalte. Dieses (in gewisser Weise „vorkritische", Habermas) Argument des DiaMat richtete sich auch gegen Bloch.

Für den DiaMat ist Praxis der „gesamtgesellschaftliche Prozess der Einwirkung der Menschen auf die objektive Realität". (Gropp 1971, 169) So ist nach Bloch der Stellenwert der Praxis noch nicht angemessen getroffen. Das zeigt sich daran, was in einer theoretischen Frage als Beweis gelten kann.

Es gibt für Bloch „*keinen theoretisch-immanent möglichen vollen Beweis*" (PH 311); Sinnlichkeit, die bei Feuerbach als Anschauung gefasst ist und die für das gesamte Erkenntnisvermögen (das von der Sinnlichkeit ausgeht) steht, kann deshalb auch nicht aus der Materie abgeleitet werden, sondern muss in ihrer „Vermitteltheit" gefasst werden, als Sinnlichkeit, die „theoretisch bearbeitet" wurde. Entscheidend ist, dass die Theorie die Macht hat, in die Wirklichkeit einzugreifen, und insofern Wahrheit davon abhängt, dass „die wahre Abbildung zum seinsmächtigen Eingriff" verwandelt wird. Dieses ist für Bloch das „Novum des Theorie-Praxis-Verhältnisses gegenüber bloßer ‚Anwendung' der Theorie" (PH 312).

Dieser Praxisbegriff ist „völlig verschieden" (PH 315) von den früheren Praxisbegriffen in der Philosophie und betrifft auch die Theorie selbst im Kern. Theorie und Praxis „oszillieren eben", wie Bloch noch einmal seinen offiziellen Kontrahenten vorhält, in der Aufbau-Ausgabe gestützt durch ein Stalin-Zitat: „‚Natürlich', sagt Stalin (Fragen des Leninismus, Dietz 1951, 24), ‚wird die Theorie gegenstandslos, wenn sie nicht mit der revolutionären Praxis verknüpft ist, genauso wie die Praxis blind wird, wenn sie ihren Weg nicht durch die revolutionäre Theorie beleuchtet'". Und Bloch fährt fort: „Höher ist der konkrete Gedanke nie gewertet worden als hier, wo das Licht zur Tat wurde, und höher nie die Tat als hier, wo sie zur Krönung der Wahrheit wurde." (PH 315) Mit anderen Worten: Bei Bloch ist Theorie und Praxis so vereint, dass die Praxis sich fundamental von der Theorie nicht unterscheidet und die Theorie selbst eine Praxis ist. Der DiaMat fasst dieses Verhältnis als ein Aufsteigen der Theorie aus dem Praxiszusammenhang der Gesellschaft in die Sphäre des spezialisierten Denkens, in der sie aber nur ein zeitweises und relatives Eigenleben fristet und in die Praxis zurückkehrt, wo die Theorie „angewandt" wird. Wie oben, wo der Begriff der Arbeit an die Stelle der Anschauung rückte, sind Theorie und Praxis für Bloch verschmolzen in einem Prozess, der eine strikte Trennung von Theorie und Praxis unterläuft. Der DiaMat erkennt dagegen „der Materie, dem Sein den Vorrang vor dem Denken und dem Bewusstsein zu" (Gropp 1957, 71). Die Natur ist für den DiaMat ursprünglich, und Geist, Bewusstsein, Denken abgeleitet. Für die Welt überhaupt bzw. aus der Unabgeschlossenheit ihres Systems und dem Noch-Nicht ihrer Erkennbarkeit als ganzer folgt für Bloch dagegen, dass Theorie und Praxis verweisend aufeinander bezogen bleiben.

d) Das Losungswort und der Philosophiebegriff (Zu These 11, PH 319–327)

„Die Philosophen haben die Welt nur verschieden *interpretiert*; es kömmt drauf an, sie zu *verändern*" (MEW 3,7): auf die Interpretation der berühmtesten 11. Feuerbachthese „zum Losungswort und seinem Sinn" wurde im Kontext der neomarxistischen Diskussion in den 70er und 80er Jahren um die Überführung der Philosophie in Kritische Theorie bzw. um einen nachmetaphysischen Philosophiebegriff ein besonderes Augenmerk gerichtet. Den Hintergrund für dieses Interesse bilden einerseits die philosophiekritischen und -feindlichen Äußerungen von Marx und Engels in den philosophisch-ökonomischen Manuskripten und in der *Deutschen Ideologie* (Aufhebung und Verwirklichung der Philosophie, vgl. MEW 1, 384: „Philosophie und wirkliche Welt verhalten sich zueinander wie Onanie und Geschlechtsliebe", MEW 3, 218 usw.), andererseits die Positionen der *Kritischen Theorie*: Für Adorno ist 1962 (1963, 25) „das einzige Maß von Philosophie heute" die Kraft des Widerstands, die der Geist gegen seine Vereinnahmung durch den Materialismus des DiaMat aufbringen kann; Habermas spricht der Philosophie die ermäßigten Rollen eines Platzhalters, der durch starke Theorien ersetzt werden soll, und eines Moderators für Grundsatzfragen zu. (Habermas 1983, 9ff) Demgegenüber erscheint Blochs Philosophiebegriff als „Wissen und Gewissen des Totum" (PH 326) und als „neue Philosophie [...] des Neuen" (vgl. Kommentar zum Vorwort) in irritierender Weise ausgreifend (vgl. Fahrenbach, 116–118). Die elfte Feuerbachthese von Marx deutet Bloch so, dass die unterschiedlichen Interpretationen der Welt durch die Philosophie nicht ausreichend seien. Da es darauf ankomme, „die Welt zu verändern" (MEW 3, 7), gehe es um ein auf Weltveränderung abzielendes Denken. Angesichts der Position, die menschliche Tätigkeit verändere den Philosophiebegriff von Grund auf, öffne sie und richte sie zur Zukunft hin aus, ist diese Interpretation durchaus konsequent:

> Das schlechthin Neue in der marxistischen Philosophie besteht in der radikalen Veränderung ihrer Grundlage, in ihrem proletarisch-revolutionären Auftrag; aber das schlechthin Neue besteht nicht darin, daß die einzige zur konkreten Weltveränderung fähige und bestimmte Philosophie keine – Philosophie mehr wäre. (PH 326)
> Philosophische Veränderung ist eine mit unaufhörlicher Kenntnis des Zusammenhangs; denn wenn Philosophie auch keine eigene Wissenschaft über den anderen Wissenschaften darstellt, so ist sie doch das eigene Wissen und Gewissen des Totum in allen Wissenschaften. Sie ist das fortschreitende Bewußtsein des fortschreitenden Totum, da dieses Totum selber nicht als Faktum steht, sondern einzig im riesigen Zusammenhang des Werdens mit dem noch Ungewordenen umgeht. (PH 326)

Bloch wurde hier vorgehalten, er ziele mit der Betonung des „Totum" letztlich doch wieder auf einen allumfassenden traditionellen Philosophiebegriff ab. Diese Hypothese wäre im Zusammenhang mit seinem „offenen System" zu diskutieren. An dieser Stelle aber lässt sich dies nicht folgern, denn Bloch bezieht sich hier auf die eingeschränkte Bestimmung der Philosophie, wie sie im Anschluss an Engels (MEW 19, 207) in den DiaMat einging, und die Betonung liegt auf dem Gegensatz eines geschlossenen Totums als „Faktum", im Gegensatz zu einem zur Zukunft (und damit auch zur Vergangenheit) offenen möglichen Totums. Engels schreibt, angesichts der einzelnen Wissenschaften, die sich ihrer „Stellung im Gesamtzusammenhang der Dinge und der Kenntnis von den Dingen" klar seien, sei keine „über den Wissenschaften stehende Philosophie mehr" nötig. Bloch bestätigt dies, sieht aber neben der von Engels der Philosophie konzedierten „Lehre vom Denken und seinen Gesetzen" jenes „Wissen und Gewissen" (PH 326) des Ganzen, das die „Weltanschauung" ausmacht, noch nicht als erledigt an.

Kurt Hager, seinerzeit Leiter der Abteilung Wissenschaft und Hochschulen beim ZK der SED und zuvor Professor für Philosophie an der Humboldt-Universität Berlin, war der für Bloch zuständige Widerpart in der SED. Er definierte:

> Die marxistische Philosophie unterscheidet sich [...] von der bisherigen Philosophie, [...] 1. dass sie nicht über allen Wissenschaften stehen will, [...] dass sie ihre Erkenntnisse aus den Wissenschaften schöpft, [...] und 2. dass sie nicht beschaulich, betrachtend sein will,

sondern dass sie eine aktive kämpferische, revolutionäre Philosophie ist." (Hager 1954, 20) Marxistische „Philosophie ist ein anderer Ausdruck für wissenschaftliche Weltanschauung. (Hager 1954, 27).

Bloch tut es in dem ihm eigenen Stil, spricht aber dennoch deutlich an, welches die Gemeinsamkeiten mit dem DiaMat sind: Die Philosophie steht nicht mehr über den Wissenschaften; sie ist nicht mehr kontemplativ; sie ist ein Programm der Weltveränderung. Und für Bloch wie für den DiaMat gilt: Sie sahen offenbar in der Tatsache, dass Engels einerseits die Philosophie auf „die formelle Logik und die Dialektik" (MEW 20, 24) (d. h. auf formale und dialektische Logik) beschränken wollte, andererseits aber fortlaufend von der marxistischen „Weltanschauung" spricht, einen gewissen Widerspruch, der allerdings nicht weiter thematisiert wurde. Die marxistische Philosophie, von Engels „materialistische Weltanschauung" genannt, handelte jedenfalls von wesentlich mehr, nämlich von all dem, was Bloch mit „Klotz-Materie" zusammenfasste, und dies als ein abgeschlossenes Ganzes (das Bloch mit „Totum" anspricht). Bei Bloch bleibt dagegen Philosophie das „Wissen-Gewissen jeder Praxis" (PH 327), also etwas Vorläufiges, ein an den tätigen Menschen gekoppeltes Wissen und Werten, gerichtet auf das „noch ferne Totum", dessen Begriff nur angedacht werden kann, in der marxistischen Philosophie nach Bloch zugleich jedoch auch mitgedacht werden *muss*.

e) Der archimedische Punkt: der arbeitende Mensch (PH 328–334)

Zusammenfassend lässt sich sagen: Im Kontrast zum damals in der DDR sich als offizielle Ideologie formierenden DiaMat hat Bloch durch die Interpretation der Feuerbachthesen seine Auffassung des Marxismus im Vergleich zu früheren Ausführungen detaillierter und gegenüber der Lehre des DiaMat pointiert ausgeführt. Im Zentrum stehen zwei Momente: die „beginnende Philosophie der Revolution [...] im *Horizont der Zukunft*" (PH 329) mit der Akzentuierung des Tätigen: des „fieri", des Produzierens (statt Faktum, Produkt) und des „Arbeitsvorgangs in der Erkenntnis". Bloch geht es wie in der Tradition um Philosophie als umfassende Theorie der Welt (Metaphysik). Diese ist für ihn aber (im Gegensatz zum DiaMat) notwendig unabgeschlossen, da weder ihr Prinzip noch ihr Ziel (ihr Eschaton) „herausgebracht", also weder (subjektiv) erkannt, noch (objektiv) geworden ist. In dieser offenen Welt und in einem ihr entsprechenden offenen System fasst sich der Mensch als „arbeitender", als tätig erkennender („Schlüssel") und als praktisch und zielhaft verändernder („Hebel"); nicht eingeschränktanthropologisch als „Abstrakt-Genus", sondern gesellschaftlich vermittelt als „Ensemble der gesellschaftlichen Verhältnisse", zielhaft orientiert an der „Veränderbarkeit zum Guten" (PH 329, vgl. PH 2 und Blochs fünfte These in unserem Kommentar zum Vorwort in diesem Band). Dies gelingt der Philosophie im Marxismus *erstmals*, er ist die „neue Philosophie [...] des Neuen". (PH 5) Der *arbeitende Mensch* als materialistischer Ansatz, gerichtet auf ein *Eschaton*, eine stets mitschwingende Zielvision – dies sind die zwei Positionen, in denen sich Bloch grundsätzlich und, wie sich später zeigen sollte, unversöhnlich von der offiziellen Lehre des Marxismus-Leninismus unterscheidet und die er am Anfang seiner Arbeit an der „Deutschen Zeitschrift für Philosophie" noch durchsetzen zu können glaubte. Die Zielvision versucht Bloch in den Kapiteln 54 und 55 (vgl. den Kommentar zu diesen) auszuarbeiten, in diesem Kapitel belässt er es mit dem geplanten „Umbau der Welt zur Heimat" (PH 334) bei einem komprimierten Hinweis darauf. Die erstere der beiden Positionen, also der „arbeitende Mensch", insofern er gesellschaftlich organisiert und somit historisch spezifiziert ist – dies ist der von Bloch identifizierte sogenannte „archimedische Punkt" (PH 333), also der materialistische Dreh- und Angelpunkt des Marxismus, auf den Blochs Interpretation der Feuerbachthesen zuläuft. Unter dem Aspekt der harten, auch für Bloch persönlich existentiellen Auseinandersetzung, die Bloch in diesem Text 1953 mit dem offiziellen Marxismus-Leninismus führte, ist es nicht uninteressant nachzuvollziehen, *auf welche Weise* Bloch seine Position in diesem letzten Abschnitt seiner Interpretation der Feuerbachthesen entwickelt. „Und nun, *was ist es endgültig*, was den Ansatzpunkt der ‚Elf Thesen', also die beginnende *Philosophie der Revolution* entdeckt hat?" (PH 328), fragt er zusammenfassend. „Es ist doch nicht der neue, der proletarische Auftrag allein" (der in allen Darstellungen des DiaMat betont wird und den Bloch selbst als Konkretisierung mit aufnimmt.).

> Auch ist es nicht nur das kritisch-schöpferisch angetretene Erbe der deutschen Philosophie, der englischen politischen Ökonomie, des französischen Sozialismus, so notwendig diese drei Fermente [...] waren [die geschichtliche Herleitung stammt von Engels und wurde lehrbuchmäßig übernommen]. Sondern dasjenige, was endgültig zum archimedischen Punkt führte und mit ihm zur Theorie-Praxis, kam in gar keiner Philosophie bisher vor, ja ist *in und an Marx selber noch kaum völlig reflektiert worden*. (PH 328–329, Hervorhebung von uns, UMS, FV)

Bloch hat bis dahin im Text noch gar nicht erläutert, worin der titelgebende „archimedische" Punkt als der feste Angelpunkt im Marxismus bestehen soll – und die Antwort auf diese Frage wird von einer seitenlangen Suspense in der Schwebe gehalten. In der traditionellen idealistischen Philosophie war ein solcher Angelpunkt ein Prinzip wie Decartes Cogito oder Hegels Geist; in den Darstellungen des DiaMat ist es die Materie, aus der Bewusstsein und Denken abgeleitet wird. Genau diesen Punkt aber markiert Bloch als „in und an Marx selber noch kaum völlig reflektiert". Bloch unterstreicht das Pathos der Revolution, „das Bestehende umzustürzen", er zitiert in der Aufbau-Ausgabe Stalin, der von „Ferment und Vorspiel der proletarischen Revolution" (Stalin, PH 328) spricht und kommentiert sie so:

> So begab sich der Geist der Thesen, das ist, der Aktionsgeist der Marxschen Lehre wachsend von der damaligen in die heutige Gegenwart. Er machte den Fortschritt von den Barrikaden zur Machtergreifung, von der Zertrümmerung des alten Staatsapparates zum Aufbau des sozialistischen. (PH 307)

Wie nebenbei beruft sich Bloch für seine zentrale These auf Engels: Die physikalische und biologische Materie liege

> zwar entwicklungsgeschichtlich jedem weiteren Bau zugrunde, doch der ‚starting point', wie später Engels in der ‚Dialektik der Natur' das nannte, dann der archimedische Punkt (für die Geschichte) *ist dem Marxismus der arbeitende Mensch.* (PH 333, Hervorhebung von uns – UMS u. FV)

(Zur philosophischen Konzeption, die diese grundlegende Bestimmung des archimedischen Punkts ausführt, vgl. Fahrenbach 1975, 343–348, insbesondere 347.)

Wie nebenbei hatte Bloch damit eine ausführliche Gegenthese zum DiaMat formuliert, der 1953 in diversen kurzen Darstellungen soeben publiziert war oder zur Publikation vorbereitet wurde, und er hatte das mit freundlichen Angeboten für seine Gegner, mit Zitaten der Klassiker dargelegt und somit goldene Brücken gebaut (allerdings: auch dies ist wieder eine Form des Versteckspiels, wie wir es aus dem Vorwort, vgl. Kommentar zu diesem, kennen gelernt haben). Die Auseinandersetzung zog sich noch bis 1957 hin – einen Teilerfolg konnte Bloch zwischendurch erzielen, als Kurt Hager eine scharfe Note an die auf der reinen Lehre bestehenden „Sektierer" richtete (Caysa 1992, 39). Von Bloch ist aber auch durch die Stasi überliefert, dass er auf die Mahnung eines Professors, die Studenten möchten doch auch „die Weiterentwicklung des Marxismus" beachten, auf sich gedeutet und „wörtlich" „also Bloch" gesagt habe (Scherer/Schröter 2015, 344); solche Vorstöße – und sollten sie eine Spur Selbstironie enthalten haben – fielen auf ihn zurück. Der von Bloch ins Spiel gebrachte Materie-Begriff wurde zurückgewiesen („Wir meinen, daß der ‚unstarre' Realitäts- und Möglichkeitsbegriff Blochs die Wirklichkeit einfach verfälscht", Horn 1957, 294). Bloch trete „mit dem Anspruch auf, [...] die echte philosophische *Heilslehre* gefunden zu haben, zu der der Marxismus angeblich nur erst einen unzulänglichen Anfang gemacht habe. Eine solche Anmaßung richtet sich selbst". (Gropp 1957, 47)

Bloch war in eine schwelende Auseinandersetzung um die rechte Linie verwickelt, deren Frontlinie Anfang der 50er Jahre aber keineswegs nur zwischen Bloch und einer DDR-Nomenklatura verlief. Sondern sie äußerte sich, wie Karola Bloch erinnerte, in „Machtkämpfen" quer durch das DDR-Establishment (vgl. Scherer/Schröter 2015, 155). Diese Auseinandersetzung hatte zwar keine Auswirkungen auf den Kern der Blochschen Theorie. Aber sie erklärt, warum Bloch für die Darstellung des Marxismus und dessen systematischen Aufbau den Weg über die Feuerbachthesen gewählt hat. Zugleich macht sie verständlich, weshalb das Kapitel 19 das seltsam Erratische eines Fremdkörpers innerhalb des Aufbaus des *Prinzips Hoffnung* hat.

Blochs Philosophie ist sicherlich keine von ideologischer Sicherheit beseelte marxistische Doktrin. Die Frage, inwiefern Blochs Philosophie als „marxistisch" bezeichnet werden kann, könnte heute aufgrund der besonderen Stellung, die das Marxismus-Kapitel im *Prinzip Hoffnung* hat, noch einmal aufgenommen werden – zumal im heutigen Kontext nicht mehr, wie noch in den 50er Jahren im Osten und in den 70er/80er Jahren im Westen, die wird Blochs Philosophie in die Spielarten des Neomarxismus und der Kritischen Theorie schwer einzuordnen sein. Das Entscheidende an ihr ist jedoch ihr Bezugspunkt: die im gesellschaftlichen Wandel stehende tätig sich begreifende Menschlichkeit, und damit der und damit der Raum, den Bloch seit Marx eröffnet sieht. In diesem Raum, d. h. im zu erschließenden Horizont möglicher Zukunft, hat sich die Diskussion um Blochs Werk in vielfacher Weise als erhellend und für theoretische Denkanstöße wie praktische Initiativen als fruchtbar erwiesen. (Hervorzuheben sind folgerichtig nicht nur die theoretischen Anstöße, die Bloch in der Geschichtsforschung, in der Diskussion um Gleichzeitigkeit/Ungleichzeitigkeit, in der Bestimmung des Existenzverständnisses und einer philosophischen Anthropologie (Fahrenbach), des Verhältnisses zur Natur (Schmied-Kowarzik, Zimmermann) gegeben hat, um nur einige Beispiele zu nennen, sondern auch die praktischen Initiativen, die in die Gesellschaft gewirkt haben.)

Literatur

Theodor W. Adorno: „Wozu noch Philosophie?" in: Eingriffe, Frankfurt a. M. 1963, 25–63; auch in: Gesammelte Schriften in 20 Bänden, Bd. 10, Teil II, Frankfurt a. M. 2003, 459–473
Ernst Bloch: Keim und Grundlinie. Zu den Elf Thesen von Marx über Feuerbach, in: Deutsche Zeitschrift für Philosophie, Januar 1953, 237–261
Ernst Bloch: Über die Kategorie der Möglichkeit, in: Deutsche Zeitschrift für Philosophie, Januar 1953, 29–53
Ernst Bloch: Das Prinzip Hoffnung Bd. 1–3, Berlin 1953, 1954 u. 1959, abgek. als PH A 1–3
Ernst Bloch: Die Hoffnung, ihre Funktion und Inhalte, Tübinger Ms. 1949/50, Bloch-Archiv Ludwigshafen (Ms. des *Prinzips Hoffnung*, Datierung ist vorläufig)
Eberhard Braun: „Aufhebung der Philosophie". Marx und die Folgen, Stuttgart/Weimar 1992
Hanns-Georg Brose: Das Gleichzeitige ist ungleichzeitig – Über den Umgang mit einer Paradoxie in Zeiten der Transformation, in: H.-G. Soeffner (Hg.) Unsichere Zeiten, Verhandlungen des 34. Soziologiekongresses, 6.–10.10. 2008 in Jena, Bd. 1, Frankfurt a. M. 2010, 547–562

Petra Caysa, Volker Caysa, Klaus-Dieter Eichler, Elke Uhl: Einleitung, in: Volker Caysa u.a. (Hg.), „Hoffnung kann enttäuscht werden". Ernst Bloch in Leipzig, Frankfurt a. M. 1992
Helmut Fahrenbach: Ernst Bloch und das Problem der Einheit von Philosophie und marxistischer Theorie, in: Burghart Schmidt (Hg.), Seminar: Zur Philosophie Ernst Blochs, Frankfurt a. M. 1983, 75–122
Volker Gerhardt, Hans-Christoph Rauh (Hg.): Anfänge der DDR-Philosophie. Berlin 2001
Volker Gerhardt (Hg.): Eine angeschlagene These, Berlin 1996
Hans Günther: Rezension von ‚Erbschaft dieser Zeit', in: Internationale Literatur, Moskau, Heft 3, 1936
Rugard O. Gropp, Grundlagen des dialektischen Materialismus, Berlin 1971
Jürgen Habermas: Ein marxistischer Schelling (1960), in: Politisch-philosophische Profile, dritte, erweiterte Auflage. Frankfurt a. M. 1981, 141–159
Jürgen Habermas: Die Philosophie als Platzhalter und Interpret, in: Moralbewusstsein und kommunikatives Handeln. Frankfurt a. M. 1983
Kurt Hager: Der dialektische Materialismus – die Weltanschauung der marxistisch-leninistischen Partei, Kleinmachnow 1954
Johannes Horn (Hg.): Ernst Blochs Revision des Marxismus, Berlin 1957
Jürgen Jahn: Bericht über ein Skript, anlässlich seiner Präsentation am 1. August 1997, in: Bloch-Almanach 19/2000, 207–217
David Karlson: Von Cambridge, Massachusetts nach Leipzig, DDR. Zur Entstehung von Ernst Blochs ‚Das Prinzip Hoffnung', in: Bloch-Almanach 15/1996, 117–135
Achim Landwehr: Von der ‚Gleichzeitigkeit des Ungleichzeitigen', in: Historische Zeitschrift, Band 295, 1–34
Karl Marx: Zur Kritik der Hegelschen Rechtsphilosophie, Einleitung MEW 1, 203
Karl Marx: Thesen über Feuerbach, in: Marx-Engels-Werke (MEW) 3, S. 5–7
Hans-Christoph Rauh: Schreibschwierigkeiten mit der „Elften" oder: Das kleine Wörtchen „aber". In: Volker Gerhardt (Hg.): Eine angeschlagene These. Berlin 1996, 253–274
Irene Scherer, Welf Schröter (Hg.): ‚Etwas, das in die Phantasie greift'. Briefe von Karola Bloch an Siegfried Unseld und Jürgen Teller, Mössingen-Talheim 2015
Robert Schulz, „Blochs Philosophie der Hoffnung im Lichte des Historischen Materialismus", in: Ernst Blochs Revision des Marxismus, Berlin 1957, 51–70
Joseph Stalin, Über dialektischen und historischen Materialismus (1938), http://ciml.250x.com/archive/stalin/german/gst_diahistomat.html

Peter Knopp
8 Wunschbilder im Modus des Übergangs
3. Teil, Nr. 23–28 → 29

> Rund um das Kap der Guten Hoffnung wurde das Meer dunkel.
> (Ilse Aichinger, Die größere Hoffnung)

> das Fernsein im Dienst der Gegenwart
> die paar blauen Fetzen im Kopf
> (Samuel Beckett, Gedichte)

8.1 Übergang zum Anderswo

Der Dritte Teil von *Das Prinzip Hoffnung* wird in der Struktur dieses Werkes in fünf Teilen als Übergang bezeichnet. Es ist der mittlere Teil, eine Art Brücke, die von den Teilen „Bericht" (Eins) und „Grundlagen" (Zwei), zu den Teilen „Konstruktion" (Vier) und „Identität" (Fünf) führt. Was es mit dem werkimmanenten Begriff „Übergang" auf sich hat, wird – „im Lichte unserer Erfahrung" – beiläufig zu erörtern sein. Noch sehr am Anfang des weit ausholenden Textes über das „Prinzip Hoffnung" findet man einen Satz, der uns unmittelbar in unserem Alltagsleben berührt. Ein Satz, der, jenseits von Abstraktionen, mitten aus dem Alltag der Existenz kommt. Dieser Satz, der uns sofort anrührt in seinem gewöhnlichen Realismus lautet: „Die meisten Leute auf der Straße sehen aus, als ob sie an etwas ganz anderes dächten." (PH 35)

Ernst Bloch erzählt, wie nur je ein Erzähler anhebt und seine Geschichte hören lässt, dass es im real ablaufenden Alltagsleben etwas gibt, nämlich das „Ganz Andere", das in seinem nur gedachten Zustand, ein Teil unseres Daseins und dessen Intentionen sein oder werden kann.

Dass solch eine mentale Doppelsinnigkeit von Bewusstseins-Existenz möglich ist, hatte Jean-Paul Sartre schon 1940 in seinem Werk *Das Imaginäre. Phänomenologische Psychologie der Einbildungskraft* analysiert und beschrieben als eine grundlegende Eigenschaft des Bewusstseins, nämlich vorstellend und wahrnehmend zu sein. Sartre schreibt: „Das realisierende Bewusstsein schließt immer ein Überschreiten auf ein besonderes vorstellendes Bewusstsein hin ein, das wie die Kehrseite der Situation ist und im Verhältnis zu dem sich die Situation definiert." (Sartre 1971, 290) Und er schreibt: „Das Irreale wird außerhalb der Welt hervorgerufen durch ein Bewusstsein, das in der

Welt bleibt, und weil er transzendental frei ist, stellt der Mensch vor." (Sartre 1971, 289)

Die Wunschbilder im Kopf, die Vorstellungen der Menschen von dem „Ganz Anderen" sind nach Sartre charakteristisch für ein

> Bewusstsein, das ständig von einem Hof von Phantom-Objekten umgeben ist. [...] Doppeldeutig, karg und trocken zugleich, ruckartig erscheinend und verschwindend, ergeben sie sich als ein ständiges ‚anderswo', als eine ständige Flucht. Aber die Flucht, zu der sie auffordern, ist nicht nur eine Flucht, die uns unserer gegenwärtigen Lage, unseren Sorgen, unserer Langeweile entfliehen ließe; sie bieten uns an, jedem *Welt*zwang zu entkommen, sie scheinen sich als eine Negation der Bedingung des In-der-Welt-Seins darzubieten, als eine Art Anti-Welt. (Sartre 1971, 221)

Die Bewegung der gesellschaftlichen Monade mit ihrem „Traum vom besseren Leben" hat Bloch in einer hoffnungsvollen Perspektive gesehen. In Schein dieser Perspektive bewegt sich der gesamte Text seiner Überlegungen. Sartre dagegen beschrieb das Bewusstsein zunächst rein „technisch" in seinen beiden Existenzformen, ohne konkreten intentionalen Zielpunkt. So ist für Sartre das vorstellende Bewusstsein als „der imaginative Akt zugleich konstituierend, isolierend, und nichtend." (Sartre 1971, 282)

8.2 Ausfahrt ins Wegwohin. Innen und Außen. Ein gewisser Zendelwald

Die Worte „Wunschbilder" und „Spiegel", die den Titel des Dritten Teils bestimmen, können für sich schon beim Leser eine assoziative Spannung auslösen, denn im Spiegel wohnt immer auch der latent verborgene Tod des Wunschbildes. – Das immer bewegliche Bewusstsein des Menschen gerät bei manchen Worten in eine Unruhe, wird unverhofft abdriftig auf seinem Kurs, auch wenn die Lektüre des Textes noch erst am Anfang steht. Es gibt Worte, die nicht nur eine vertraute mehrfache Bedeutung haben („Kofferworte"), sondern auch einen „Keller", in den man unversehens geraten kann und in dem man sich vorantasten muss.

Für den Leser, zumal den Leser im ersten Drittel des 21. Jahrhunderts, mag das Wort „Übergang" eine solche Signifikanz besitzen. Durch Bloch aufgestiegen vom bloßen Wort zum gut gesetzten werkimmanenten Strukturbegriff, verwandelt die gelebte Erfahrung des Rezipienten einen Begriff unerwartet zurück in ein bloßes Wort. Der Zeitgeist – auch er „bläst, wo er will" und man weiß nicht „woher er kommt und wohin er fährt." (Joh. 3,8) – der Zeitgeist geht durch einen Text hindurch und berührt die Worte und verwandelt manche in ihrer Bedeutung.

Mit dem Wort „Übergang" verhält es sich so, als verlöre es durch die Berührung die Kraft einer Zielrichtung, weil diese nicht mehr deutlich erkennbar ist, vielleicht auch abhanden kam. Übergang verweist indessen auf einen weiteren Übergang und dieser auf den nächsten. (In der Sprache der Politiker heißt das „auf Sicht fahren".)

Es handelt sich jetzt um eine Folge von Übergängen ohne Kraft zu Konstruktion und Identifikation. Ein massiv behinderter „dialektischer" Prozess, in dem „Aufhebung" zu „Annullierung" wurde und das „Noch-nicht" zum „Nicht-mehr" mutierte. Das Wort „Übergang" verwandelt sich abermals für den Leser und wird zur unbestimmt welthaltigen Metapher.

Wie schon in beiden Fassungen von *Geist der Utopie* von 1918 und 1923 gemahnt der Stil von *Prinzip Hoffnung* auch hier eher an eine, wie Hans Mayer bemerkte, „poetisch-philosophische Rhapsodie als an irgendein systematisches Philosophieren". (Mayer 1989, 39) Die ernsten „Träume vom besseren Leben", wie das Gesamtwerk ursprünglich heißen sollte, werden in einem gelösten, manchmal auch ironischen Erzählton vorgetragen, der die denkbar verschiedensten Bereiche und Regionen durchmisst, vom rauen Erwerbsalltag bis hin zu Kunstgebilden, die den Staub der Existenz in einem ästhetischen Prozess fast zum Verschwinden gebracht haben.

„Nicht jeder sieht nach etwas aus. Aber die meisten wollen angenehm auffallen und streben danach". (PH 395) So beginnt das erste kurze Kapitel mit der Überschrift „Sich schöner machen als man ist", in dem Bezug genommen wird auf das Herrichten und Inszenieren, das der Mensch, der am täglichen Arbeitskampf teilnehmen muss, als eine Verwandlungsarbeit auf sich zu nehmen hat. Bei Ernst Bloch, der ebenso ein Sprachkünstler ist wie ein Philosoph, heißt das folgende Kapitel mit seinen beiden Abschnitten „Was einem heute der Spiegel erzählt". Allein der Sprachgestus und der Klang dieses Satzes lässt aufhorchen. Man ist sofort an Gustav Mahlers 3. Sinfonie d-Moll erinnert und an die Überschriften, die der Komponist einzelnen Sätzen gegeben hat, wie etwa „Was mir die Blumen auf der Wiese erzählen". Das Wort Spiegel, mit seinem unhintergehbaren Vernichtungsaspekt, kommt bei Mahler indessen nicht vor. Auch vermeidet Bloch den prononciert persönlichen Bezug mit dem Klageton und spricht von „einem", dem aktuell etwas „erzählt" wird.

In den folgenden Kapiteln mit je verschiedener Anzahl von Abschnitten wird das Repertoire von Ansatz- und Ausfahrtmöglichkeiten für jegliche Art von Wunschbildern fortgesetzt. Bloch hat hier nicht konzentriert zusammengefasst und offenbar jeder anbrandenden Eingebung stattgegeben. – Schaufensterauslagen und bunte Magazine, Circus und Jahrmarkt, Märchen und die Träume der Kolportage werden ebenso in den Blick genommen wie Verkleidungen und Maskenspiel.

Reisewünsche, los und weg ins exotisch Unbekannte, wie ebenso auch der Wunsch zurück in die Vergangenheit, provoziert durch die Aura ihrer Ruinen und alter Kunst-Stücke, sind für das unruhige Bewusstsein wechselnde Ausgangspunkte für die permanente Erzeugung von Wunschbildern. Dass die Musik hier eine wesentliche Rolle spielt bei der Konstruktion von Tagtraumbildern sei noch besonders hervorgehoben. Sartre hat das auf die Formel gebracht: „Der Mensch gleicht entweichendem Gas, er strebt hinaus ins Imaginäre." (Sartre 1971, 25)

Der Spiegel zeigt die schroffe Ausgangslage, die den Sog ins Wegwohin provoziert. – Der stolze Begriff vom Bürger, welchen es als Begriff noch immer gibt, deckt sich mit der Daseinsweise vieler Menschen längst nicht mehr, die sich unter anhaltender kommerzieller Reizung und tief wirkenden Friktionen verwandelt haben ins „Heiligste, was es neben dem Eigentum gibt, in den Kunden." (PH 400) Es sind auf „Leimruten angelockte Traumvögel", deren manifestes Wesen, das Geld nämlich, wie Bloch sagt, durch die Warenwelt gebunden wird. (PH 401)

Die Gesellschaft, in der es rau zugeht, erfordert vom Einzelnen Schutzmaßnahmen, um bestehen zu können und um durchzukommen. Anverwandlung und Maskenspiel sind geboten. Die Maske kann durchaus vom Traum inspiriert sein, nicht nur für und durch ein reizvolles Ballvergnügen. Bloch findet die Formulierung „jemand wirft damit einen Traum über sich" (PH 401); als wäre die Maskerade auch eine Rüstung.

Unter den zahlreichen aufgezählten Ausflügen in die verschiedensten Traumlandbereiche gibt es eine verstörende Geschichte, die offenbart, dass die Dominanz des Imaginären im Alltag nicht ohne Gefahren ist. Es handelt sich um die Erzählung „Die Jungfrau als Ritter" aus der Sammlung „Sieben Legenden" von Gottfried Keller. Im Mittelpunkt steht der Ritter Zendelwald. Dieser Geschichte widmet Bloch seine besondere Aufmerksamkeit. Es gibt Menschen, deren starke Phantasie bei weitem ihre Handlungsfähigkeit übersteigt. Der Ritter Zendelwald ist „der Verträumteste dieser Art. Daher lebte er völlig unentschlossen, wußte fast nichts von den Dingen, die außerhalb vorgehen." (PH 416) Das Inwendige dominiert den träumerischen Ritter, sein „Bild- und Gedankenwesen" ist nicht auf realisierende Handlung, sondern auf permanente Antizipation in einem „Traumwerk" aus. Dem Ritter, „in Träumen ertrunken", wie in unseren Tagen Samuel Beckett sagen würde, kommt die heilige Jungfrau zu Hilfe und bringt für den Ritter des Vorscheins (als Gegenpol gewissermaßen zum „Ritter der unendlichen Resignation" bei Kierkegaard), der auf der Freite ist, alles in Ordnung. Für den Leser jedoch bleibt der gute Ausgang in der Legende ein beklemmendes Ende, denn der Ritter findet, obwohl ihm die Heilige realen „Boden verschaffte" (PH 418), aus seiner Inwendigkeit nicht mehr heraus, die „Reise nach Innen" findet den Ausgang zum Draußen nicht und kann ihn nicht finden, weil das Draußen nicht gekannt ist. Hier führt das Wunschbild, der Traum, das Imaginäre zu einer permanent vorherrschenden Subjektivität. Die Legende ist als Menetekel zu lesen. Bloch hat sie nicht ohne Grund so ausführlich in seinem Text behandelt. – Die Situation wie die eines Ritters Zendelwald, dem der Übergang ins Außen versagt ist, und die Bloch so eindringlich beschreibt, ist für Sartre „eine Erfahrung, die uns helfen kann, zu verstehen, was ein Bewusstsein wäre, das sein „In-der-Welt-Sein" verloren hätte und das zugleich damit der Kategorie des Realen beraubt wäre." (Sartre 1971, 277)

8.3 Der Tanz zum ersten

„Auch wer tanzt, will anders werden und dahin abreisen." (PH 456) Das „Dahin" bleibt unbestimmt und wird es bei Bloch immer bleiben, wie später das „Etwas". Der Blick, den Ernst Bloch auf die verschiedenen Tanzentwicklungen richtet, ist sondierend und wertend unter dem Aspekt seiner Hoffnungsphilosophie. Manches wird mit herben Worten strikt verworfen, anderes wird nur einschränkend toleriert. Tendenzen im Tanz, die in die eigene Denkrichtung weisen, werden nachdrücklich hervorgehoben. Der Tanz ermögliche dann „den Wunsch nach schöner bewegtem Sein". (PH 457) – Verworfen werden besonders heftig die amerikanischen „Jazztänze seit 1930", von denen Bloch nicht annehmen konnte, dass sie sich bis in unsere gegenwärtigen Tage erhalten und sich einer anhaltend nostalgischen Beliebtheit erfreuen würden. – Der Philosoph bereitete seine Übersiedlung aus den USA nach Ostdeutschland vor, und er hat, um seinem Werk eine Chance auf Veröffentlichung dort zu geben, noch manches in den fertigen Text eingefügt und überarbeitet. Manche Veränderungen sind deutlich erkennbar durch Zeitangaben im Text, die offenbar erst nach der Übersiedelung vorgenommen wurden. (Diese Textüberarbeitungen können gültig erst in einer historisch-kritischen Ausgabe von PH aufgezeigt werden.) Kenntlichkeit von Veränderungen entsteht bei dem vorliegenden Text durch deutliche Differenzen zur sprachlichen Ausdrucksebene des Gesamtwerkes. Bestimmte Passagen korrespondieren ganz offenbar mit der herrschenden dogmatischen Ästhetik in Ostdeutschland und sind in der rauen ideologischen Sprache geschrieben, wie sie lange Zeit kennzeichnend war, nicht nur für den östlichen Teil Deutschlands, sondern für den gesamten Ostblock. So werden die amerikanischen Modetänze als ein besonderer „Unflat", als ein „außer Rand und Band geratener Stumpfsinn" mit begleitendem entsprechendem „Gejaule" beschrieben, also in einer Sprache, wie sie in ihrer genauen Wörtlichkeit lange üblich war in den Medien Ostdeutschlands und besonders im maßgebenden Zentralorgan der dort führenden Partei. – Mehrfach weist Bloch jetzt auf Volkstänze hin, besonders auf die „russisch erhaltenen Volkstänze", belebt durch „eine neue sozialistische Heimatliebe" und er verweist auf das sowjetische Ballett und ihren „praktischen Theoretiker Moissejew", dem es gelungen sei, aus Volkstanz und Ballett ein „Tanzpoem" zu schaffen, das die Wunschaffekte in der neu entstandenen Ordnung beeinflussen sollte.

Indessen setzt der Blick auf den Tanz, den Bloch auf diese Kunstform richtet, durchaus schon früh bei Isadora Duncan und Émil-Jaques Dalcroze ein. Hier sieht er Ansätze zu neuen Formen des Tanzes, die er als „eine Art Reinigungsbewegung" begreift gegen den Zerfall im kulturellen Bereich, der den „Unflat", besonders amerikanischer Herkunft, hervorbrachte. Es ist jedoch lediglich eine Reinigungsbewegung innerhalb des kapitalistischen Systems, das als die Grundlage jeglichen Übels von Bloch empfunden wird. Wunschbilder und Tagträume streben eigentlich in ein anderes „Etwas", worin sie real werden könnten. – Hier könnten die neuen Tanzschulen, die ein neues und „schöneres Menschenbild" vorzeigen wollten, die Wunschbilder der Menschen, des Bildungsbürgertums und ihren Kindern, nicht die eines Massenpublikums, fein lenken, verbessern, und der Bildfantasie eine bessere Richtung geben. Isadora Duncan tanzte ein von Freiheit affiziertes Menschenbild vor und der Tanzpädagoge Dalcroze aus der Schweiz entwickelte eine Methode der Körperbewegung, in der Rhythmus, Musik und Erziehung die Grundlagen einer Neugestaltung des Menschen sein sollten. Es gab nach dem Ersten Weltkrieg und vor 1933 viele neu entstehende Tanz-Bewegungen, die sich auch im Gleichklang mit Schulen der Reformpädagogik (z. B. von anthroposophischen Lehrschulen) befanden, jedoch meist dezidiert eigene Wege gingen wie die Entwicklungen in und um die so genannte Loheland-Schule, die Tanz und Gymnastik verband. – Bloch nahm das alles mit Interesse zur Kenntnis, hielt aber nicht sehr viel davon. Er sah diese Entwicklungen als eine Form des „Kunstgewerbes" an, das den Zerfall in manchen Kunstäußerungen, massive „Verhäßlichungen", allenfalls lindern, aber keine wirklichen Veränderungen bewirken konnte. Seine besondere Kritik galt der Loheland-Schule, weil sie zwar besonders natürlich sein wollte, aber den „Bau vom hohen Dach her" begann, von oben plante, und deshalb äußerst „weltanschaulich" bleiben mussten. Diese Schule sah, wie Bloch bemerkte, in ihren Schülern auf „die schönen Tiere mit dem in sich gut eingehängten, kerngesunden Gang. Sie ging darauf aus, die zweckhaft verborgene oder eingefrorene Haltung, die das Herr-Knecht-Verhältnis mit sich brachte, von oben herab aufzulösen ..." Und weiter: „Formen wurden angenommen und vorgeführt, mittels derer der Mensch als in Freiheit dressiert erschien." (PH 458) – Die Schlussfolgerung, die Bloch zieht, ist durchaus überraschend. Das Beste nämlich wäre im Volkstanz zu finden. Was „was allda so künstlich gesucht wurde", hätte jederzeit dort hätte gefunden werden können, „wo die Menschen sich einzig naturhaft bewegen – im Volkstanz." Im Volkstanz sieht Bloch das „Maß jedes unverdorbenen, gruppenhaft gelingenden Ausdrucks von Trieb- und Wunschbildern." (PH 458) In dieser Maßbestimmung sei der Volkstanz national übergreifend. Diese alten Tänze würde noch erinnern an „Übereinstimmung, die Zeit der Gemeinwiesen, des Gemeinackers". Dies alles stünde im Gegensatz zum gut gemeinten Kunstgewerbe des neuen Tanzes und seiner Künstlichkeit.[1] – Es fällt auf, dass in diesem Ablehnungs-Diskurs einer der bedeutendsten Tänzer, Choreographen und Tanztheoretiker seiner Zeit und noch mit langer Nachwirkung fehlt und nicht einmal erwähnt wird: Rudolf von Laban. Er war eine zentrale Instanz in der neuen Tanzbewegung mit Innovationen, die bis heute zum Repertoire des modernen Tanzes gehören. Ganz deutlich wird, dass der Tanz (und auch anderes wovon gehandelt wird) nicht zu den besonderen Kenntnissen Blochs gehört und seine Urteile und Einordnungen auffallend vom rein persönlichen Geschmack bestimmt sind. Die Bewegungslehre Labans, die dieser vornehmlich am Ikosaeder, einem regulären Polyeder und Zwanzig-Flächner, demonstrierte, hatte eine an der Ästhetik der Euklidischen Geometrie (und darin mit ihren fünf Platonischen Körpern) ausgerichtete Grundlage. Dieser mathematische Aspekt mag Bloch fremd gewesen sein. Platon kannte er natürlich, aber ohne geometrischen Hintergrund. – Die Künstlichkeit der Loheland-Schule wurde abgelehnt, nicht aber die Künstlichkeit des klassischen, höfischen, „exakten" Balletts, wie Bloch nachdrücklich hervorhebt; obwohl das Ballett dem Volkstanz höchst fern ist, wie auch dem Kunstgewerbe des neuen Tanzes mit seiner „entspannten Bewegung". – Der heutige Leser kommt vielleicht zu einer besonderen Nachdenklichkeit über die hier so geschätzte Nähe zwischen höfischem Bewegungsgestus und dem Volk mit seinem Tanz.

Die Künstlichkeit des klassischen Balletts beeindruckt Bloch in seiner Sehnsucht nach der graziösen Haltung, mit der Anmut in der Bewegung, mit seinem Spiel von „feinem Leiden und kühlem Jubel". (PH 459) Das klassische Ballett ist eine hoch spiritualisierte Handwerkskunst. Hier wird gewissermaßen der Boden, die Schwere, verneint. Hier trifft sich das Leichte mit dem Exakten, das Schwebende mit choreographischer Präzision. Das „Leicht-Exakte", wie Bloch formuliert, berührt sich hier mit dem Mechanischen des Handwerks und es liegt nahe, dass an dieser Stelle Kleists Aufsatz *Über das Marionettentheater* dem Philosophen von *Geist der Utopie* unbedingt in den Blick kommt. – Es ist die vollendete Grazie der Marionette, die wahrgenommen wird und bezaubert, ihre Bewegungsanmut, die dadurch hervorgerufen wird, dass, wie Kleist bemerkt (und Bloch mit eigentümlicher Sympathie für den Moment zur Kenntnis nimmt),

---

[1] In diesem Zusammenhang sei hingewiesen auf „Wege zu Kraft und Schönheit – Ein Film über moderne Körperkultur" (1925) von Wilhelm Prager und Nicolas Kaufmann. Darin sieht man einige der von Bloch erwähnten Tanzprotagonisten und Tanzschulen. Kann komplett über Youtube angesehen werden.

ihr Bewusstsein fehlt, das viel Unordnung in der natürlichen Grazie des Menschen angerichtet habe. – Das ist jetzt ein glattes Terrain für Bloch, und der ist auch „auf der Hut" und betont sogleich, dass „damit keineswegs auf irrationale Vorurteile" gezielt würde, sondern auf das „Mechanische, dem die Marionette zugehört", und das ihr die Exaktheit und Grazie gäbe. Das Materielle also gibt den Ausschlag. Allerdings, und darin folgt Bloch den Ausführungen Kleists, fällt die vollendete Grazie dem Menschen erst auf der anderen Seite der Erkenntnis zu, nach „völliger Durchmessung des Bewußtseins und der Erkenntnis". (PH 460) An dieser Stelle vertieft Bloch seine Bemerkungen zu Kleist nicht, der doch vom „Durchgang durch das Unendliche" (Kleist, 1978, 3, 480) gesprochen hat, von der reinen Grazie, die entweder kein oder „ein unendliches Bewusstsein" hat. Zu wünschen ist wieder vom Baum der Erkenntnis zu essen, um in den „Stand der Unschuld zurückzufallen". Hier müsste erneut etwas sein, das verloren wurde. Man käme dahin auch nicht durch ein Zurückfallen, sondern eher durch eine Eroberung. Vielleicht eine Eroberung, die eine besondere Art des Zurückfallens ist. Niemand kann das sagen. – Der oft so ausschweifende Philosoph bleibt hier verhalten, spart keineswegs mit Worten, setzt aber die Akzente anders. Gewiss, eine Durchmessung ist dem Ballett nicht möglich, aber eine „elegante Lösung" auf der Grundlage einer kühlen Ratio, die der natürlichen Grazie nahezukommen scheint. – Bei der Lektüre ist anzumerken, dass Illusion und Schein nicht nur in negativer Konnotation wirken, sondern auch in helfender, stützender, in das Leben stärkender und ermutigender Art; als Wärmemittel gegen die gesellschaftliche Kälte; als „Lebenslüge" im Sinne Ibsens, als fatale und niedere Art der Lebenshilfe. Davon ist bei Bloch keine Rede. Aber diese Mittel und andere ungewollte Kontexte entsteigen für den heutigen Leser dem abyssischen Raum, dem oft unverhofften tiefen Abgrund zwischen den Zeilen des Textes, den man vorher nicht sah und den die Zeitenwenden jäh aufreißen und sichtbar machen. – Zu verweisen (oder zu erinnern) ist auf den unbehausten Pilger Luka in Maxim Gorkis Theaterstück *Nachtasyl* (Szenen aus der Tiefe; 1902), einer berührenden Gestalt und ein Meister der humanistisch orientierten Lebenslüge in seinen mitfühlenden, trostreichen Reden. (Hier insbesondere Lukas' Erzählung vom „Land der Gerechten", in: Gorki, 1947.)

Es ist so, als hätte Bloch im Augenblick des Schreibens in Kleists Essay für einen Moment eine noch wenig deutliche, nur geahnte Entsprechung zu seinem eigenen Utopie- und Hoffnungsthema gefunden. Eine Art von unverhofftem thematischem Vorschein, aber nicht ganz in der gewünschten Richtung. Hier kommt wieder der das ganze Werk durchziehende Aspekt von Text und Subtext ins Spiel und der für uns Heutige zunehmend deutlicher werdende ungewollte Aspekt dieses Subtextes. Die „Durchmessung", die auf ihre Weise eine „Reise um die Welt" (Kleist, 1978, 3, 476) ist, führt zu jener „Zone" (Cocteau), auf der anderen Seite des Spiegels, wo vielleicht der Baum der Erkenntnis steht oder geahnt wird.

Davon ist im Tanz- und Ballett-Kapitel Blochs noch nicht die Rede, aber man spürt durch die Nähe zu Kleist die Latenz des eigentlichen Bloch-Themas, und dieses wird zunächst nur wie zufällig gestreift.

Dass Blochs Vorstellung einer Synthese von Volkstanz und Ballett gelingen kann zu einem beeindruckenden Tanzpoem, zeigte ohne Stilbruch in dieser Mischform das sowjetische Ballett. „Der gebärdenhaft-reiche Ausdruck des Volkstanzes und der sparsam-präzise des Balletts einen sich realistisch in der abzubildenden Handlung." (PH 460) Eine solche Vorstellung mag für manchen irritierend sein. Dass eine solche Synthese jedoch gelingen kann, wird jeder bezeugen, der einmal das Ballett *Gajaneh* (1942) von Aram Chatschaturjan sah und seine Musik mit Elementen armenischer Volksmusik hörte. Die Choreographie schuf die Tänzerin und Choreographin Nina Anisimova. Auch dieses Werk wurde zweimal durchgesehen und revidiert (Libretto/Choreographie): 1952 und 1957 (endgültige Fassung) – umständehalber.

8.4 Der Tanz zum zweiten

„Wo alles zerfällt, fehlt oder fehlte auch der Weg ins Fremde nicht." (PH 460) Es gilt, dem Zerfall standzuhalten und die Wege der Ausfahrt zu prüfen, die der Tanz einschlagen will. Durchaus und mit heimgeholter, näher gerückter Exotik im Tanz. Das war ein wichtiges Ziel von Tanzschulen, insbesondere anthroposophischen, und neuen Tanzprotagonisten. Bloch hat das seinerzeit zur Kenntnis genommen, wohl auch genauer in Bezug auf seine eigenen thematischen Intentionen beobachtet. Er hat das meiste, was er vom neuen Tanz sah, verworfen und als ungeeignet befunden, um der „Verwilderung der bürgerlichen Jugend" entgegenzuwirken. (PH 461) Er hielt es für gut gemeint, aber doch nur für Kunstgewerbe, zeitweilig interessant und Aufsehen erregend, den realen Verhältnissen gegenüber jedoch hilflos. Die damals stark aufkommende Eurythmie mit ihren anthroposophischen Tendenzen wurde von Bloch abgelehnt, ebenso relativ eigenständige Akteurinnen wie Niddy Impekoven und Sent M'ahesa. Hier wurde nach Bloch ein tänzerischer „Rapport mit unkontrolliertem Anderssein, mit unzivilisierter Fremde" (PH 461) gesucht und scheiterte doch in banalen „aufgeputzten Genrebildern", oft spießig wirkend, mit falscher Exotik und von banal irrationaler Ausstrahlung. Im Ganzen „banalverrückt".

In kritisch positivem Licht erscheint jedoch Mary Wigman als Vertreterin eines echten Expressionismus, einer „Wigman-Welt", wie Bloch es nennt. An diesen originalen Tanzschöpfungen sei ein Erbe anzutreten. Aber diese ganze

„Tanzheit", wie Bloch schreibt, und die Lektüre zeigt hier abermals, dass der Philosoph kein besonderer Kenner der Tanzszene ist und das Thema mehr interessenbedingt und geschmäcklerisch streift als wirklich behandelt, diese „Tanzheit" wäre dem Dionysischen zugehörig. Hier ist er wieder auf dem richtigen Gleis. Der Bezug zu Nietzsche und dessen Tanzüberlegungen wird deutlich gesehen aber nur kurz gestreift. Das Thema ist aus heutiger Sicht und weitgehend frei von Ideologie behandelt in: (zur Lippe, 2014).

Hier fände sich die „Nachtseite des Expressionismus" ebenso wie das „utopisch Grelle oder Helle": „Da ist der Dionysos, der nach unten hin zum Tanz der Mörder rief [...]" und der „andere Dionysos, der den Tanz gegen den Geist der Schwere pries, der in freilich vagerem Dithyrambus den Lebensgott pries, gegen die Mechanei der Verkleinerung und Denaturierung." (PH 462) Diese dionysische Doppelsinnigkeit und Doppelgesichtigkeit hat viele Künstler, Philosophen, Schriftsteller, Intellektuelle auf ihrer Lebensbahn in die verschiedensten politischen und ideologischen Richtungen getrieben, in strikte politisch-weltanschauliche Entgegensetzungen, die in manchem doch auch miteinander verwandt waren, besonders in ihrer anti-demokratischen Grundintention, ihrem Irrationalismus und ihrer simulierten Wissenschaftlichkeit. – Als Ernst Bloch am *Prinzip Hoffnung* schrieb, war er kein junger Mann mehr. Von 1938 bis 1947 erfolgte die Niederschrift in den USA. Die Überarbeitungen und Durchsichten des Textes fanden in den Jahren 1953 und 1959 statt, wie vom Autor angegeben. Es muss dem Philosophen klar gewesen sein, dass nicht alle „Blütenträume" der zwei Fassungen von *Geist der Utopie* (1918 und 1923) in Erfüllung gehen würden. Das *Prinzip Hoffnung*, das ursprünglich den Titel *Träume vom besseren Leben* haben sollte, ist auch ein großes Rettungsunternehmen für den Geist der Utopie, eine spirituelle Arche für die verschiedenen Formen eines gelenkigen Geistes, der den Vorschein des Utopischen sucht, wo er ihn finden kann und manchmal auch nur den Anschein vom Vorschein. – Für uns Heutige, die wir den desaströsen Lauf einer sogenannten Geschichte erleben, die Schrecknisse der alltäglichen Kriegs- und Vernichtungsereignisse, die fortgesetzten Triumphe der Nachtseite des Dionysos, lesen Ernst Blochs großes Werk als ein berührendes Traumbuch. Freilich bleibt bei der Lektüre ganz unvergesslich die Einsicht von Goethe, der die Entwicklung und den Fortschritt der Menschheit mit dem Taumeln eines trunkenen Bettlers zu Pferde verglich.

Mary Wigman, die große maßgebende Tanzprotagonistin und Tanzlehrerin mit vielen Schülern und anhaltender Wirkung weit über ihre Zeit hinaus, wurde zeitweilig auch von den dunklen Schatten, der Nachtseite des Dionysos, erfasst. – Nach 1933 wurde ihre Tanzschule in die neuen Verhältnisse eingepasst und ihre Art des Ausdruckstanzes modifiziert. Es hatte jetzt, nach den Wünschen der nationalsozialistischen Herrschaft, ein anderes Tanzverständnis zu beginnen. Viele

Künstler wollten leben und überleben. Der Abgrund, der sich in und neben jedem Leben auftut, der aber in der Nazi-Zeit sein abyssisches Ausmaß, ständig wachsend vergrößerte, konnte für Mary Wigman mit fortgesetztem Tanz noch einmal für eine kurze Zeit provisorisch verdeckt werden. Sie hat auch in den Nazi-Jahren weiter getanzt und Solo-Tanzpoeme geschaffen: das „Schicksalslied" im Jahr 1935 und die „Herbstlichen Tänze" 1937. Als die Olympischen Spiele 1936 in Berlin stattfanden, durfte sie zur Eröffnungsfeier einen choreographischen Beitrag leisten. Ihre Schöpfung hatte den Titel *Totenklage* und war eine Choreographie mit 80 Tänzern für das Festival der Olympischen Jugend. – Dem Nationalsozialismus stand Mary Wigman innerlich fern, auch aus einer gewissen abgehobenen inneren Naivität heraus. Sie war darin durchaus manchem Dichten und Denken verwandt, das seine spirituelle Verortung und Lebensluft hauptsächlich im Bereich der Kategorie Möglichkeit, im Land „Es wird einmal", sucht und findet. – Nach dem Ende des Faschismus in Deutschland hat Mary Wigman mit ihrer Tanzschule noch für eine kurze Zeit in Leipzig gewirkt. Zufällig haben sich in dieser Zeit die Wege von Ernst Bloch und Mary Wigman, ohne persönliche Begegnung, gekreuzt. Im Jahr 1949, noch vor der Gründung der DDR, verließ Mary Wigman Leipzig und siedelte nach West-Berlin über. Die aufziehende neue ideologische Ausrichtung in Ostdeutschland war ihr, nach allem Erlebten, nicht mehr geheuer. Im gleichen Jahr, im Sommer 1949, kam Ernst Bloch nach Leipzig. Er folgte einer Berufung auf den Lehrstuhl für Philosophie der dortigen Universität.

8.5 Kultisches

„Der Tanz war stets die erste und leibhaftigste Form, auszufahren." (PH 462) – in diesem Abschnitt ist von Besessenheit und von Dämonen die Rede, von Tanzaktionen auch, die zur Trance führen. Zunächst bei so genannten Naturvölkern, in Stammesverbänden, in ihren Hütten im Busch, in der Wüste. „Nichts hierbei ist willkürlich, jeder Schritt ist geschult und vorgeschrieben." Der Tanz ist magisch. „Magischer Tanz ist Einschulung", bemerkt Bloch treffend dazu. Die Tänzer und Träger dieser Magie „sind auf überlegte Art bewußtlos und auf geregelte wild." (PH 463) Das erscheint uns Heutigen am beginnenden 21. Jahrhundert ganz außerordentlich modern und tagesaktuell in vielen Weltgegenden und eigentlich von globalem Ausmaß. – Nicht nur von Stammeskulturen her, sondern auch von der griechischen Wiege der Zivilisation kommend erscheint das Wilde, Dunkle, Rasende, Maßlose. Nicht nur die anmutigen Nymphen fanden sich zum Reigentanz versammelt, sondern in den Frieden drangen auch die rasenden Mänaden ein, die Bacchantinnen, das Gefolge des Gottes Bacchus, des griechischen Dionysos also, und setzten mit der dunklen Bewegungskraft des Dionysischen den

Frieden in Brand. Unheimlich und rätselhaft tobt sich eine entfesselte Energie aus, meist vernichtend und zerstörend, und wird dann in alten Erzählungen und Überlieferungen kulturell gemildert als orgiastische Tanz- und Fruchtbarkeitsriten, in mutterrechtliche und vaterrechtliche Zusammenhänge gebracht. Das alles hat Ernst Bloch gesehen und dazu klarsichtig festgestellt: „Der dionysische Abgrund wurde überbaut ..." (PH 464) Der existentielle Abgrund wurde abgedeckt, der „blutige Riss im Jetzt" (LA 221), wie das Bloch später genannt hat in einem kleinen persönlichen Text der Verstörung, musste irgendwie zum Verschwinden gebracht werden, die verhüllenden Schleier waren geschickt auszubreiten, nach dem Rasen und Toben musste wieder Ruhe eintreten, wenigstens deren Anschein. – Der Tanz hat, rituell oder als hochentwickelte Kunstform, nicht immer absichtlich, sehr viel deutlich gemacht und war in seinen vielfältigen Ausdrucksformen ohne Worte hinreichend beredt. (zur Lippe, 2014) Es ist daher nicht verwunderlich, dass die christliche Religion, aber auch andere religiöse Strömungen, den Tanz als heidnisch abtaten oder als gottesfern, als eine Bewegungssünde von Ungläubigen. Noch im Alten Testament, und Bloch weist darauf hin, gehört der Tanz zu den Baal-Priestern, wird ausgeführt von ekstatischen Propheten, die wie Derwische (Bloch bezieht sich hier auf Ibn Tufail (1110–1185), einen islamischen Mystiker und seinen auch in Europa (von Lessing, Mendelssohn, Defoe u.a.) vielbeachteten philosophischen Roman „Haiy ibn Yaqzan", den sogenannten „Ur-Robinson") auftraten. Das Christentum und auch das Judentum haben den Tanz in all seinen Formen, auch den religiös inspirierten Tanz, zurückgedrängt. – Aber als Wunschbild war der Tanz auch von der christlichen Religion nicht gänzlich zu entfernen. Als „Bewegungen der Seligen und der Engel" (PH 466) wurde er immer wieder gemalt und beschrieben, als eine Art Flug und imaginiert als himmlischer Tanz ohne Schwere, nicht als irdische Bewegung. – Ein „seliger Reigen", ein „Reigen seliger Geister", wie es Christoph Willibald Gluck in seiner Oper *Orpheus und Eurydike* musikalisch ausgedrückt hat. – Für Bloch ist die Grundlage von jedwedem echten und wahren Tanz die Freude, als Anlass und Wirkung. Die „substanziierteste Freude" aber entsteht „mit der Erstürmung der Bastille und ihren Folgen, dem freien Volk auf freiem Grund; sie war nicht vor dieser Erstürmung und wird nicht ohne sie sein." (PH 466)

8.6 Pantomime

„Der Tanz braucht keine Worte, er will auch nicht singen." (PH 467) Die Pantomime ist dicht beim Tanz, vielleicht eine Spezialform des Tanzes. Eine suggestive Form von Ausdruck. Bloch reflektiert über Gebärdensprache, den reinen Mimus, und über Lautsprache. Es wäre ein Irrtum zu glauben, schreibt er, die Gebärdensprache stände in ihrer Ausdruckskraft und Ausdrucksfähigkeit unterhalb der Lautsprache und habe einen quasi-primitiven Status, weil sie der Lautsprache in der Entwicklung vorausgegangen sei. Bloch schreibt:

> Die Lautsprache, als Grundlage des Denkens, entwickelt mit dem Geistigen erst die Fähigkeit, sich auch wortlos-mimisch auszudrücken. Sich mindestens so viel reicher, variierender, vor allem mehr im Mimus eines Zusammenhangs ausdrücken zu können als die sprachlosen Tiere. (PH 467)

Bloch verweist auf die Wechselwirkung von Laut- und Gebärdensprache. – „Jede seelische Erregung hat von Natur aus ihre Miene und Geste.", wird Cicero zitiert. Seelische Erregung und körperliche Darbietung sind eng verbunden. In diesem Sinne behandele Aristoteles die Affekte (Emotionen) nicht in seiner Schrift über die Seele, sondern in der über Rhetorik. (Aristoteles, 2001, 2011)

Bloch erwähnt den Abbé Charles Batteux, der hinsichtlich Gesten und Attitüden ein ganzes Wörterbuch, ein sogenanntes „Wörterbuch der Natur" anlegte, und weist abermals darauf hin, dass komplizierte Gestik, wie auch das *Naturel dictionaire de la nature* von Batteux, die ausgebildete Lautsprache voraussetzt. – Der Tagtraum, der Wunsch- und Wachtraum also, bewegt ebenso wie der Traum im Schlaf stumme Bilder. Kein Satz wird geredet, kein Wort fällt, denn „Rede und Gegenrede müssen meistens erst erfunden werden." (PH 469) Ein ursprünglicher Vorgang sei mit der Pantomime gegeben, eine „archetypische Erinnerung" [...]: die Ur-Pantomime, lange vor dem antiken Mimus und außerhalb seiner, war, gleich dem Tanz, mit dem sie zusammenfiel, wortlos-magisch." (PH 469) Bei den Naturvölkern sollten die rituellen Pantomimen mit ihrer Gebärdensprache den Gemeinden sagen, was in Worten nicht auszudrücken war. Und eben der Traum hätte dieses „lautlos-ausdrucksvolle Spiel" bewahrt, und daher wurde diese „geformte und überlegte Pantomime" nie ganz vergessen. – Bloch streift beiläufig, aber doch rühmend, die mimisch-pantomimischen Kunstleistungen der Asta Nielsen im Film und einige Ballett-Pantomimen, etwa Paul Claudels Tanzpoem *Der Mensch und seine Sehnsucht* aus dem Jahr 1918, das in den zwanziger Jahren durch ein Schwedisches Ballett[2] zur Aufführung gebracht wurde und besonders auch *Die Flamme von Paris* von Boris Assafjew. Diese Ballett-Pantomime aus dem Jahr 1932 spielt in der Zeit der Französischen Revolution, im Sommer 1792, und zeigt eine revolutionäre Gruppe auf ihrem Weg von Marseille nach Paris. Es gibt eine glücklich endende Liebesgeschichte zwischen dem Anführer der Gruppe und einem Bauernmädchen, und der Freude auslösende Höhepunkt, die „sub-

---

2 Das Schwedische Ballett von Rolf de Marés gastierte in den 20er Jahren in Europa.

stanziierteste Freude" für Bloch, nämlich die Erstürmung einer Herrschaftsfeste, ist diesmal der Sturm auf die Tuilerien, wo gerade ein Ball, von Ludwig XVI. gegeben, stattfindet. Eine getanzte Revolution. Am Schluss: Volksfest, Hochzeit des Liebespaares, Freude und Tanz. –

„Das alles wird möglich, sobald der Sinn der Fabel in Gebärden des Schweigens sich vermittelt, in der eigentümlich offenen Aura um wortloses Zeigen und Handeln." (PH 471) – Hier allerdings wird die Wortlosigkeit von Pantomime und Tanz von Musik begleitet. Die Musik aber ist auch eine besondere Form des beredten Schweigens. Dennoch ein merkwürdiger Satz von Bloch mit der Wendung von den „Gebärden des Schweigens". Es wird hier ein Problem gestreift, das, schon in den Tagen der Niederschrift von *Prinzip Hoffnung* und erst recht in den Jahren der durchsehenden Überarbeitung von 1953 und 1959, nicht nur untergründig vorhanden war und sich in manchen künstlerischen Hervorbringungen zeigte, manchmal nur andeutete, und das heute, in unseren schnellen globalen Tagen, schon gelegentlich reflektiert wird: das Zuviel an Worten, deren Verbrauchtheit, das Ende der „Großen Erzählungen" (Lyotard) jeglicher Art, die Variation des längst Erkannten. Die Sprache zentriert sich in ihrem Zerfall um das Schweigen. Wo sich Sinnzerfall zeigt, ist Sprachzerfall die Folge, als prozessualer Verlauf. Ein altes Thema, das schon Hugo von Hofmannsthal in seinem berühmten Chandos-Brief von 1902 tiefgreifend berührt. – Die Pantomime, besonders in ihrer eigentlichen Form, das heißt ohne Beiwerk, zeigt manchmal Existenzspiele, in denen die „Condition humaine" beispielhaft und eindringlich deutlich wird, und ihre Bewegungsabläufe sind von großer kommunikativer Kraft. – Kann man sich eine Philosophie vorstellen, die träumt? Eine Philosophie, die aufsteigt von einem „Denken", einer „sinnenhaften Erkenntnis", die nichts mehr sagt, weil alles schon gesagt ist und die nur noch wortlos zeigt? Die, wie Prospero seinen Zauberstab, ihre besonderen Instrumente beiseitelegt?

„Bedeutung kann getanzt werden." (Steiner, 2011, 292) – Eine Philosophie (auch manche Geisteswissenschaft), die aufsteigt in den Ausdruckstanz oder in die Pantomime. „All out. All out." (Der Ruf der englischen Parkwächter, wenn die Gärten schließen.) Nach so vielen Worten kein Wort mehr. All out.

Die Kapitel in „Wunschbilder im Spiegel", die den Teil *Übergang* bilden, sind nicht als Hauptstücke anzusehen im *Prinzip Hoffnung*; manches Thema ist hier eher feuilletonistisch gestreift oder nur beiläufig referiert. – Für eine Reflexion über „Gebärden des Schweigens", die Bloch so unverhofft und überraschend benennt (und die ihm vielleicht nur unterlaufen ist), war er wohl aus mancherlei Gründen nicht gerüstet. Aber es gab in dieser Zeit schon deutliche Zeichen für eine existenziell beredte Bildersprache. Zu nennen sind hier vor allem die Pantomimen von Marcel Marceau, dessen Ruhm in den fünfziger Jahren begann und sich lange fortsetzte. Erinnert sei an Mimodramen wie *Der Maskenmacher* (1959) oder an *Youth, Maturity, Old Age and Death* von 1965. In nur wenigen Minuten ist jedem klar, was der Fall ist und wo wir sind. Kein Wort könnte zusätzliche Kenntnis verschaffen. – Erinnert sei auch an die beiden Pantomimen, die Samuel Beckett 1956 und 1959 schrieb: *Acte sans paroles 1 und 2*, kurze wortlose Szenen, in denen das Desaster der Existenz in still-konzentrierter Form zur Anschauung kommt. Nirgendwo Wunschbilder. Der Geist von „Glaube Liebe Hoffnung" ist nicht auffindbar. Nur erschreckende Bilder aus einem reflektierenden Spiegel der Existenz fallen uns an. Hans Mayer hat diese Konstellation in Bezug auf Ernst Blochs bekanntestes Werk in einem Satz fokussiert: „Der Name Franz Kafka fehlt im Namensregister des *Prinzip Hoffnung*". (Mayer, 1989, 50) – Der Name Kafkas musste fehlen, weil mit seinem Werk im Hintergrund die Hoffnung, auch als Prinzip, nicht gedeihen konnte.

8.7 Der Film zum ersten

Die Geste in Pantomime und Schauspiel: für Bloch war es auffallend, „wie die Geste gerade filmhaft so reich werden konnte." (PH 471) Die mimische Kraft wurde bedeutend verstärkt, und es sei ein Glück gewesen, dass der Film stumm und nicht als Tonfilm begann. Aus der „Halbkunst" Film entwickeln sich bedeutende Werke der Filmgeschichte. Bloch würdigt hier einige Pioniere der Filmgeschichte, die heute noch bekannt, uns teilweise sehr vertraut sind. Die Schauspielerin Asta Nielsen wird gewürdigt mit ihrem hochvirtuosen „Kammerspiel in der Gebärde", Griffith mit seinen Großaufnahmen von Gesichtern und Köpfen, dann die klassischen „Russenfilme", die damals besonders in Deutschland großes Aufsehen erregten und auch in anderen europäischen Ländern ihre Wirkung entfalteten. Sergej Eisenstein schuf mit *Panzerkreuzer Potemkin* (1925) und *Oktober. Zehn Tage, die die Welt erschütterten* (1928) stumme Filmbilder, die sich den Betrachtern unvergesslich einbrannten. Man fand damals den Stummfilm künstlerisch interessanter als den aufkommenden Tonfilm, der allerdings sogleich ein Massenpublikum eroberte. – Fasziniert von den Stummfilmen Eisensteins, dies sei hier eingefügt, war auch Samuel Beckett, der sich nach 1936 bei Eisenstein am Staatlichen Institut für Filmkunst bewarb, zum Erlernen des Skriptschreibens und des Filmschnitts. Es war die ausdrucksstarke „schweigende Beredsamkeit" seiner suggestiven Film-Sprache, die Beckett beeindruckte. – Die Faszination durch den stummen Film ergriff die europäische künstlerische und intellektuelle Elite der damaligen Zeit, darunter auch Ernst Bloch, den Philosophen des Utopischen, mit der ausladend-andrängenden barocken Sprache. Bei aller Sympathie für die neue aufkommende Filmkunst mit ihren aufregenden, oft verstörenden Bildern, man denke an die berühmte Treppenszene in Odessa mit ihrer rohen Vernichtungsgewalt im *Potemkin*- Film, war Bloch in erster Linie ein Mann des Wortes und des antizipierenden Denkens, der philosophischen Ausfahrt in das ausgedehnte Reich des Nicht-Seins, aber im Teilbereich einer realen Möglichkeit, das heißt mit Blick auf einen konkreten Prozess von Verwirklichung. Unter diesem Aspekt sind auch Blochs Wahrnehmungen von Kunstwerken zu sehen und einzuordnen. Das erklärt die oftmals nur beiläufig aber positiv registrierende Bestandsaufnahme von Filmen René Clairs (*Chapeau de paille*, 1927) oder George Cukors *Gaslight* (1943). – Im Ganzen wertet Bloch den Film als ein Kunstwerk, das das „ganze Erlebniswirkliche in einem flußhaften Mimus aufzunehmen fähig ist". Dies gälte aber auch hinsichtlich von „Konzentrations-Bildern, die den Wunsch der Lebensfülle als Ersatz und Glanzbetrug, aber auch als bildreiche Informationen aufgestellt werden." (PH 474) Hier zeigt sich schon frühzeitig für Bloch der Doppelcharakter des Films als Traumfabrik und als Fälschung der Wirklichkeit, wofür Hollywood steht. Aber es gäbe auch den realistischen Film mit seinen „antikapitalistischen Spitzenleistungen", der durchaus als „Hoffnungsspiegel" den „Mimus der Tage" darstellen kann und die Veränderung der Welt im Fokus hat.

8.8 Der Film zum zweiten

„Je grauer der Alltag, desto Bunteres wird gelesen." (PH 474) Gegenwärtig kommt es stark auf die bunten Bilder an! Der heutige Leser von *Prinzip Hoffnung* wird bemerken, dass neben dem Hauptwort „Hoffnung", das Wort „Traum" in seinen verschiedenen Schattierungen und Konnotationen eine zunehmende, fast dominierende Rolle spielt. Das *Prinzip Hoffnung* ist, wie schon bemerkt, auch ein Traumbuch mit flüchtigem Bezug zur Alltagswirklichkeit, von der es sich jedoch immer wieder abstößt in die „schöne neue Welt" des Vorscheins. – Der Film ist von allen künstlerischen Medien wohl dasjenige Medium, das dem Traum am stärksten verwandt ist und die größte suggestive Kraft auf die Massen, auf das sogenannte breite Publikum, heute Mainstream genannt, auszuüben vermag. Schon früh wurde bemerkt, wie Kinobesucher, wenn sie wieder ins Freie treten und den Kontakt mit dem Alltag erneut aufnehmen, nur langsam den Weg zurück finden aus der Welt des Imaginären eines Filmwerks. – Sartre verglich diesen Übergang aus der Fixierung des Bewusstseins im Imaginären zum Realen mit einem „authentischen Erwachen" (Sartre 1971, 258). Bloch sieht in der Vielfalt des Imaginären (Traum, Kunstwerk etc.) mögliche Anstöße zu einer gelingenden Praxis auf dem Weg zu einem „besseren Leben". Das Bessere ist als Latenz in manchen Imaginationen enthalten. Der Traum kann zerplatzen, die Hoffnung kann enttäuscht werden. Der Gedanken einer Erschöpfung kommt bei Ernst Bloch jedoch nicht vor. (Siehe dazu: Gilles Deleuze, 1996, 51: „Der Ermüdete kann nichts mehr verwirklichen, der Erschöpfte kann keine Möglichkeiten mehr schaffen." Der Möglichkeits-Raum reduziert sich in den aktuellen Konstellationen der Zeitläufte.)

Strindberg hatte schon 1901 in seinem Stück „Ein Traumspiel" die dynamische Kraft des Traums, der Imagination, in szenischen Episoden gezeigt, aber auch das Scheitern jedweder Realisierungsmöglichkeit der Träume. Der sich wiederholende leitmotivische Satz zu den Handlungsepisoden lautet „Es ist schade um den Menschen!" und die Traumsequenzen verweisen vorwegnehmend auf Kafka und Beckett und einen schwarzen Strom, gleich ob warm oder kalt, der als lang verborgene Grundströmung an die Oberfläche tritt. – Die das Bewusstsein manipulierende Traumsuggestion des Films mit ihrer anhaltenden Stärke hat schon früh die business-orientierten Filmproduzenten auf den Plan gerufen, und dort sind sie bis in unsere Tage auch aktiv geblieben. Parallel kam das Interesse machtorientierter Politiker und Ideologen hinzu, die diese Fähigkeit des Films für ihre jeweiligen Ziele nutzen wollten und es auch mit dauerhaftem Erfolg konnten. – Bloch hat diesen Doppelgebrauch des Films klar gesehen und hat sich auf die Seite des aufklärenden, auch unterhaltend-informativen Films gestellt, der eine verbesserte Gesellschaft intendierte und für die Massen ein wichtiges Erziehungsmittel sein sollte. Nicht Lebensersatz hatte der Film zu sein, vielmehr sollte der Traum im Kino, als gelenkte Imagination, zum richtigen Handeln aktivieren. Das Vorbild für solche Art von Filmen sah Bloch durchaus im sowjetischen Film, denn der Film sei durch Amerikas Hollywood-Produktionen die „geschändetste Kunstart" (PH 475) geworden. In Bezug auf ein Erziehungsmittel und einen ins Positive gerichteten sozialen Hoffnungstraum, mit einer im Realen verwurzelten Möglichkeits-Vorstellung, sah Bloch im Film „eine *gute* Traumfabrik". Und „eine Kamera der kritisch anfeuernden planhumanistisch überholenden Träume, hätte, hatte und hat zweifellos andere Möglichkeiten – und das innerhalb der Wirklichkeit selbst." (PH 476) Bloch berief sich hier auf Lenin. (PH 475) Dieser hatte im Gespräch mit Anatoli Lunatscharski, dem ersten Volkskommissar für das Bildungswesen, im Jahre 1922 gesagt: „Von allen Künsten ist die Filmkunst für uns die wichtigste." Dieser Satz Lenins hing als Transparent nach dem Krieg in jedem größeren Kino Ostdeutschlands, in einem Filmtheater der späteren DDR. – Mit großer Zustimmung zitiert Ernst Bloch den Regisseur des sowjetischen Films „Sturm über Asien" (1928) Wsewolod Pudowkin: „Der Film versammelt die Elemente des Wirklichen, um mit ihnen eine andere Wirklichkeit zu zeigen; die Maße von Raum und Zeit, die in der Bühne feststehen, sind im Film gänzlich verändert." (PH 477) Diese andere Wirklichkeit steigt imaginär auf und ist wie immer auch von bestimmten Intentionen manipuliert, im Zeichen des vermeintlich Guten oder Bösen. Sie „steigt mit ihrer Wunschhandlung oder Wunschlandschaft, obzwar nur photographiert, ins Parterre." (PH 478) So erhofft Ernst Bloch sich die Wirkung des realistischen Films. Die Gemeinde aber, das Publikum, sitzt vor den Filmbildern, skeptisch und mit an- und abschwellenden „Glaube Liebe Hoffnung"-Gefühlen, und ist wie eh und je, ganz unbiblisch, im Jetzt und in den Wunschbildern befangen, die der Tag gerade provoziert.

8.9 Top-Down/Bottom-Up oder Aufs Ende gesehen

> Dieser rasende Dämon Hoffnung.
> Paul Valéry

> Tage, an denen die Hoffnung zögert,
> bevor sie versickert, sind glückliche Tage.
> Elias Canetti

Das *Prinzip Hoffnung* ist Ernst Blochs bekanntestes Werk. Schon vom Titel her, der fast sprichwörtlich geworden ist, haben viele eine Art Kenntnis von der Existenz einer solchen wortreichen philosophischen Schrift. Es hat in wechselnden Zeiten viel Zustimmung zu Blochs Werk gegeben, aber auch Kritik der vielfältigsten Art, sowohl sachlich argumentierend, als auch polemisch und gelegentlich geschickt mit Lob verbunden. – Darauf kann an dieser Stelle (Kap. 29 und Vorlaufendes im dritten Teil) nicht eingegangen werden, denn man befindet sich noch fast am Anfang des Werkes und im ersten Band der dreibändigen Schrift. Andererseits kann, seit der abschließenden Veröffentlichung 1959 des gesamten Textes, die gemachte Erfahrung nicht gänzlich übergangen werden.

Im *Prinzip Hoffnung* wird gelegentlich ein Systementwurf gesehen (Zimmermann, 2001), der in seinem Verlauf der Bottom-Up-Methodik folgt. „Die Systematik schreitet auf diese Weise vom Kleinen zum Großen, vom Lokalen zum Globalen, vom Speziellen zum Allgemeinen fort. Obwohl Bloch im Grunde seine Philosophie als einen Systementwurf anlegt, geht er doch, wie wir heute sagen würden, im Zuge einer Bottom-Up-Methodik vor, während wir inzwischen vielleicht eher geneigt sind, einen Systementwurf mittels einer Top-Down-Methodik vorzulegen." (Zimmermann, 2014)

Also vom Allgemeinen zum Besonderen her, mit deduktivem Blick gesehen. – Ernst Bloch bekundete in Gesprächen gelegentlich, seine Lust bei der Lektüre von Kriminalromanen schon mal vorwegnehmend, das Ende, den Schluss (Wer ist der Täter?!) zu lesen. Mit diesem Wissen wird dann die Kriminalgeschichte „ordentlich" gelesen, gewissermaßen Bottom-Up- methodisch und mit dem Vergnügen, bei allem erzählerischen Verwirrspiel des Autors, doch schon zu wissen, wie es ausgeht. („Aber wehe, wehe wehe! / wenn ich auf das Ende sehe!")

Wer im *Prinzip Hoffnung* aufs Ende sieht, findet einen viel zitierten, schönen Satz. In diesem Satz gibt Bloch der Hoffnung Ausdruck, dass einst in der Welt, bei deren Umgestaltung durch den Menschen hin zu einer „realen Demokratie" ohne Entäußerung und Entfremdung, etwas entsteht, „das allen in die Kindheit scheint und worin noch niemand war: Heimat." (PH 1628) Was ist dieses Etwas, das da entsteht? Was bedeutet „Heimat" – und was hat dieses Wort für einen uns heute kaum noch verborgenen Subtext? Ist dieses Wort die Verhüllung für den eschatologischen Endpunkt? Einen Subtext, den Bloch gewiss nicht wollte und der ihm womöglich nicht kenntlich war, den die Zeitläufte aber roh ins Sichtbare getrieben haben? – Die Antwort, es wurde schon oben angedeutet, hat Kafka gegeben mit seinem Werk, das wie ein sich allmählich entbergender Subtext von *Das Prinzip Hoffnung* zu Tage tritt. Der „Traum vom besseren Leben" bei Bloch wird konterkariert von den labyrinthischen Albträumen Kafkas. – Traum und Albtraum. – Es scheint, als habe der Prager Dichter, der schon 1924 starb, mit den Sätzen in seinen Erzählungen, Romanen und Notizen auf seltsame Weise die künftigen Sätze des großen Traumbuchs von Ernst Bloch vorwegnehmend überschrieben und nahezu zum Verlöschen gebracht. Wer ein menschenfreundliches Hoffnungstraumbuch schreibt, muss gegen wenigstens zwei unabdingbare Grundtexte gerüstet sein: das *Kohelet* und das Werk Franz Kafkas. Der „Dämon Hoffnung" (Valéry) findet keine Statt bei einem Dichter, der die „Menschheitsentwicklung" (Kafka, 1953) in einer anderen Perspektive sah.

„Wunschbilder im Spiegel" heißt der Dritte Teil, der Teil *Übergang*, im *Prinzip Hoffnung*. Vom Jetzt ist die Rede und vom Spiegel. Zum Jetzt gibt es noch immer ein Dann. Es sei arglos zitiert: „Wir sehen jetzt durch einen Spiegel ein dunkles Bild; dann aber von Angesicht zu Angesicht. Jetzt erkenne ich stückweise; dann aber werde ich erkennen wie ich erkannt bin." (1. Kor. 13, 12) Das Dann ist ein sich auflösender Traum in einer zukünftigen, werdenden Zeitlosigkeit. Man kann es auch Heimat nennen.

Literatur

Aristoteles: Rhetorik. Ditzingen 2001
Aristoteles: Über die Seele (De anima). Ditzingen 2011
Gilles Deleuze: Erschöpfung. In: Beckett, Quadrat. Frankfurt a. M. 1996
Maxim Gorki: Ausgewählte Werke Berlin 1947
Franz Kafka: Hochzeitsvorbereitungen auf dem Lande (Prosa aus dem Nachlass), Viertes Oktavheft, Frankfurt. a. M. 1953
Heinrich von Kleist: Werke und Briefe. Berlin, Weimar 1978
Rudolf zur Lippe: Das Denken zum Tanzen bringen. Alber-Verlag. (3. korrigierte Auflage), München 2014

Hans Mayer: Reden über Ernst Bloch. Frankfurt a. M. 1989
George Steiner: Gedanken dichten. Berlin 2011
Rainer E. Zimmermann: Subjekt und Existenz. Zur Systematik Blochscher Philosophie. Berlin 2001
Rainer E. Zimmermann: Η ΝΕΑ ΠΟΛΥ. Neue Stadtbegriffe auf dem Weg in die Heimat. Berlin 2014

Kleines „Who is who" im Tanz

Nina Anisimova (1909–1979), sowjetische Ballerina und Choreographin; im Kirov Ballett.
Boris Assafjew (1884–1949), russisch/sowjetischer Musikwissenschaftler und Komponist.
Charles Batteux (1713–1780), französischer Kunstphilosoph.
Émil-Jaques Dalcroze (1865–1950). Schweizer Komponist und Musikpädagoge. Begründer der musikalisch-rhythmischen Erziehung: Methode MJD.
Isadora Duncan (1877–1927), US-amerikanische Tänzerin und Choreographin. Wichtige Protagonistin des Ausdruckstanzes.
Niddy Impekoven (1904–2002), dt. Tänzerin und Choreographin, u.a. im Film „Wege zu Kraft und Schönheit" (1925) zu sehen.
Rudolf von Labahn (1879–1958), Ungarischer Tanztheoretiker. Anreger und Mit-Begründer des Deutschen Ausdruckstanzes.
Sent M'ahesa (1883–1970), hieß mit bürgerlichem Namen Else von Carlberg, dt. Ausdruckstänzerin im Modernen Tanz.
Igor Alexandrowitsch Moissejew (1906–2007), sowjetischer Tänzer, Ballettmeister und Choreograph am Bolschoi-Theater; pflegte die Verbindung von Volkstanz und Ballett; Moissejew-Ensemble.
Mary Wigman (1886–1973), dt. Tänzerin und Choreographin. Maßgebende Protagonistin des rhythmisch-expressiven Ausdruckstanzes. Schrift: „Die Sprache des Tanzes" (1963).

Gerd Koch, Gerhard Fischer, Stefan Winter
9 Der andere Schauplatz der Gestaltung: Blochs Theaterkonzeption

3. Teil, Nr. 23–28 → 30

9.1 Blochs Aufmerksamkeitsrichtungen[1]

Das Kapitel 30 von Ernst Blochs *Das Prinzip Hoffnung* mit dem Titel „Die Schaubühne als paradigmatische Anstalt betrachtet, und die Entscheidung in ihr" (PH 478–500) ist eingebettet in einem größeren Themen- und Argumentationszusammenhang – gleich: „Dritter Teil (Übergang) Wunschbilder im Spiegel (Auslage, Märchen, Reise, Film, Schaubühne)". Dieser dritte Teil widmet sich anfänglich unterschiedlichen performativen Mustern künstlerischer und außerkünstlerischer Provenienz (siehe „Auslage", „Reise") sowie Zwischenformen (siehe „Märchen", „Film", „Circus", „Tanz"). Erst am Schluss der „Wunschbilder im Spiegel" kommt Bloch zu seinem Konzept, zu seiner Theater- bzw. Schaubühnen-Philosophie im Speziellen – unter dem Titel: „Die Schaubühne als paradigmatische Anstalt betrachtet, und die Entscheidung in ihr". Die sinntragenden Begriffe der Kapitelüberschrift spannen einen großen dynamischen Bogen von der historischen Schaubühnen-Perspektive (speziell der Bezug auf Schillers wirkungsästhetische Rede vor der kurpfälzischen Deutschen Gesellschaft vom 26.6.1784 „Die Schaubühne als eine moralische Anstalt betrachtet" mit ihrer leitenden Frage: „Was kann eine gute stehende Schaubühne eigentlich bewirken?") bis hin zur Überführung in laborhafte, theatrale, performative Versuchsanordnungen neuerer Zeit – deutlich und umfänglich exemplifiziert durch Bloch an Bertolt Brechts Theaterschaffen als Praxis und Theorie zugleich und namentlich an dessen Lehrstück-Ansatz (vgl. Vidal 1994; Steinweg 2005; Koch 1988).

Zwischenüberschriften differenzieren leitend Ernst Blochs „Schauanordnung" (Autsch, Öhlschläger 2015, 92–93): „Der Vorhang geht auf" (PH 478–479) – „Die Probe aufs Exempel" (PH 479–483) – „Weiteres zur Probe aufs zu suchende Exempel" (PH 483–485) – „Lektüre, Sprachmimik und Szene" (485–490) – „Illusion, aufrichtiger Schein, moralische Anstalt" (490–494) – „Falsche und echte Aktualisierung" (PH 494–497) „Weitere echte Aktualisierung: Nicht Furcht und Mitleid, sondern Trotz und Hoffnung". (PH 497–500)

---

[1] Autor: Gerd Koch.

Die erste Zwischenüberschrift zitiert eine typische, alltags-theatrale Metapher und sinnlich-visuelle Erfahrung: „Der Vorhang geht auf" – oder wie es im Theaterjargon heißt: ‚Der Lappen geht hoch'. Damit ist Ernst Bloch – noch – ganz in herkömmlichen Sichtweisen des Theater-Machens und -Erlebens – er holt den imaginierten Leser/die imaginierte Leserin pädagogisch dort ab, wo sie – vermeintlich unbedarft – noch steht, um zur Zerstreuung (?) in eine andere, bessere (?) Welt entführt (?) zu werden (vgl. aber Bloch 1972, besonders: Sokrates und die Propaganda, 103–105, Kritik der Propaganda, 195–197). Bloch nun nimmt sie mit auf eine neue Reise, die die aktivischen Stationen „Exempel", „Aktualisierung", „Lektüre, Sprachmimik und Szene", „Illusion, aufrichtiger Schein, moralische paradigmatische Anstalt" ansteuert.

> „Der Vorhang geht auf": Das ist zugleich der Vorgang einer Enthüllung, Entschleierung von vorher (noch) Verhülltem; pathetisch (religions-philosophisch) gesprochen: eine Offenbarung, ein magischer Moment. Bloch zeichnet Analogien und Differenzen zwischen Schaubühnen- und Buch-Lese-Erfahrungen/-Dynamiken/-Rezeptionsweisen: zwischen zwei Buchdeckeln verbirgt sich ein Geheimnis, das ich mittels Aufklappen à la „der Vorhang geht auf" in meinem Zeitmaß und als „nur ein einzelner Leser" rezipiere. (PH 480)

Im repräsentativen Theater geht der Vorhang auf – Ernst Blochs Gewährsmann in Theaterdingen, Bertolt Brecht, verfährt anders: Er kennt nicht mehr einen geschlossenen Vorhang, sondern einen halben Vorhang (ein Zeichen nur), der zusätzlich noch durchscheinend ist und namentlich von den oberen („billigen") Rängen einen Einblick schon auf die Bühne ermöglicht, bevor das Spiel im traditionellen Sinne beginnt: „sperrt mir die Bühne nicht ab" (BFA Bd. 22.2, 867), heißt es bei Brecht, der dem Überraschungseffekt misstraut.

Der von Bloch im Kapitel 30 als Referenz herangezogene Brecht der Lehrstücke hatte ferner weniger die Guckkastenbühne als Perspektive (s)eines Theaters der Zukunft im Auge, sondern die Kultivierung von an Selbstverständigung interessierten Menschen in Gruppen mittels theatraler Arrangements, gewissermaßen ein performatives Agieren avant la lettre, wie es aus einer künstler-theoretischen Absichtserklärung von 2015 hervorgeht:

> Für viele Künstler ist der kritische Zustand unseres gegenwärtigen gesellschaftlichen Zusammenlebens eine provozierende Herausforderung. In und mit ihren Arbeiten beziehen sie nicht nur Stellung, sondern machen es sich zur Aufgabe, die bestehenden künstlerischen Formen und Konzepte von Versammlung und Teilhabe radikal zu hinterfragen und zu erneuern. Während dabei der Glaube an die repräsentative Macht des Theaters und seines Publikums immer weiter infrage gestellt wird, erscheint im Gegenzug die Performance selbst mehr denn je als Ort der gemeinsamen körperlichen Imagination und Kommunikation. Denn was ist es, das wir, die gemeinsam Anwesenden, grundsätzlich tun können, unbedingt tun müssen und überhaupt noch tun wollen? (aus der Absichtserklärung von TOGETHER FOREVER. DANCE, PERFORMERS, POLITICS 2015)

Es werden durch das Brechtsche Lehrstück Proben aufs Exempel gemacht; es finden „Theorie-Praxis-Manöver" statt, wie Ernst Bloch (Bloch 1972, 363) Bertolt Brechts Ansatz recht genau bezeichnet. Das speziell, argumentativ und bewusst Entscheidungen-treffen-Können wird unter anderem im geselligen, übenden Verkehr miteinander trainiert.

Thematisch ist hier ein Unterschied zur „klassischen" Tragödie zu bemerken: Dort wurde nicht „Zeitgeschichte dramatisiert", sondern der Mythos stand zur Verhandlung: „eine dramatische Sühneverhandlung" (Bloch 1985, 286) – und – so zitiert Bloch Walter Benjamin – die dramatische

> ‚Dichtung (ist) Abbildung und Revision des Verfahrens zugleich'. Ja, die Nachwirkung des Gerichtsbilds begründet sogar die berühmte Lehre von den drei Einheiten [...] Entsprechend dem forensischen Ursprung der Tragödie ‚ist die Einheit des Ortes: die Gerichtsstätte; die Einheit der Zeit: die seit je – im Sonnenumlauf oder anders eingegrenzte des Gerichtstags; und die Einheit der Handlung: die der Verhandlung' (Benjamin, 111). (Bloch 1985, 286)

An anderer Stelle (PH 483) vermerkt Bloch, dass Bertolt Brechts Stücke die Eigentümlichkeit hätten, selbst noch zu lernen – sie also keine Thesenstücke seien, sondern „learning plays" (Brecht, vgl. Vaßen 1995), Übungen, Einübungen, „Wirkvermittlungen" körperlich-sozialer Art (vgl. Zimmermann 2004, 658, mit Bezug auf Koch, Naumann, Vaßen 1999).

Zeitlich vor dem Erscheinen seines *Prinzips Hoffnung* hat sich Bloch mit solchen „offenen", experimentellen, alltäglichen, politischen, theatral-performativen Versammlungsformen befasst. Namentlich in seinen Äußerungen zu Theater-Experimenten der 1920er Jahre, wie sie in *Erbschaft dieser Zeit* zu finden sind, zeigt sich Ernst Bloch als (manchmal dramaturgisch aktiv beteiligter, beratender) Zeitgenosse, der das damalige Theaterschaffen sympathisch beobachtet und konzeptionell dazu und daraus sein prospektives Theaterkonzept formuliert. Einiges davon klingt noch in den Abschnitten 23–29 von *Prinzip Hoffnung* an, wird jedoch nicht deutlich argumentativ in das Schaubühnen-Kapitel 30 übernommen – lässt sich aber ansatzweise noch in Blochs dortigen Argumentationsfiguren bzw. Aufmerksamkeitsrichtungen zu „Probe aufs Exempel" (PH 479–485) und zu „Aktualisierung" finden (PH 494–498). Experimentalformen, wie sie namentlich im populären, auch politischen Theater beziehungsweise aus Künstler-Avantgarden entstanden, werden an dieser Stelle nicht – mehr – annonciert. Mit einer sehr speziellen Ausnahme: dem Schaffen Bertolt Brechts, der sowohl Ernst Blochs aktiver Zeitgenosse der 1920er/1930er Jahre ist wie der 1940er /1950er Jahre.

Blochs Argumentationsweise ist im Kapitel 30 abständiger, kategorial, um Systematik im Kontext eines „Prinzips Hoffnung" bemüht und versäumt dadurch zum Teil das vitale Geschehen des Theatralen. Michael Löwy charakterisiert Ernst Blochs Schreibstrategie in *Prinzip Hoffnung* so, indem er dieser

Vermutung Ausdruck gibt: „Das *Prinzip Hoffnung*, das in den Jahren von 1949 bis 1955 entstand" (richtig bei Schmidt 1978, 15: „es wurde geschrieben in den USA, von 1938–1947 und sollte „erscheinen [...] unter dem Titel „The Dreams of a Better Life") zeige

> eine große Kontinuität, was die romantisch-revolutionäre und messianische Orientierung betrifft [...] Doch die libertäre Dimension scheint zu verschwinden. Dem dialektischen Materialismus stalinistischer Prägung hat Bloch sich nie angeschlossen, aber ein gewisser Einfluß des ‚Staatssozialismus der DDR', die er 1961 verlassen wird, läßt sich hinsichtlich bestimmter politischer Formulierungen in *Das Prinzip Hoffnung* nicht verleugnen. (Löwy 2002, 214; bei ihm mit Bezug auf *Prinzip Hoffnung*, 662–670; siehe ausführlich Schmidt 1978, 15–17)

Im Jahr 1955 schreibt Rugard Otto Gropp (Leipzig), dass Bloch „den Kampf der Menschheit um eine glückliche Zukunft" fördere. (Gropp 1955) Zwei Jahre später lautet der Titel von Gropps Beitrag in „Ernst Blochs Revision des Marxismus": „Ernst Blochs Hoffnungsphilosophie – eine antimarxistische Welterlösungslehre" (Gropp 1957, 9–11).

Im gleichen/ungleichen Zeitzusammenhang, in dem Bloch am *Prinzip Hoffnung* in der DDR arbeitet, ist Brecht produktiv: er entwickelt 1948 ein „Theaterprojekt B." für ein „ständiges Ensemble" (siehe Schillers Plädoyer), das zentral / dezentral und landesweit gewissermaßen „volksbildnerisch" die Theaterverfassung des Landes erneuernd, tätig sein soll (dokumentiert und kommentiert bei Hecht 2013, 20–21). Ferner fällt in dieselbe Zeitspanne die scharfe Kritik an Brecht wegen sog. Formalismus, wegen mangelndem sog. sozialistischem Realismus, der sich Ernst Bloch nicht anschließt, wie seine Ausführungen im Kapitel 30 zeigen. Brechts Stücke, seine Konzepte und seine Inszenierungen entsprachen nicht dem damals aufgrund der sowjetischen Kulturpolitik Shdanowscher Prägung vorherrschenden, reduzierten Theateransatz von Konstantin Stanislawski (Hecht 2013, 26–28, vgl. Stuber 2000; vgl. BFA, Bd. 23, 314); Ernst Blochs Verweis auf den Lehrstück-Autor Brecht kann gelesen werden als (s)eine subkutane Erinnerung an theatrale Experimente der 1920er Jahre.

Meines Erachtens lässt sich Ernst Blochs Argumentationsduktus von / im Kapitel 30 mit dem von Bertolt Brecht in seinem *Kleinen Organon für das Theater* (erschienen 1948; Bloch zitiert im Kapitel 30 daraus; BFA 23, 65–97) vergleichen in Absicht und Schreibweise: in beiden Fällen ist daran gedacht, eine handhabbare, regelhafte, kategoriale Quintessenz vorzulegen – auf die Gefahr hin, Weite und Vielfalt und prozessuale Besonderheiten, auch Lücken, Brüche und Ausgewogenes zu vermeiden – obwohl das ja gerade künstlerische wie philosophische Stimuli wären, die der experimentellen Aktualisierung, der Prospektivität und der menschlichen Praxis dienlich sind.

Bertolt Brecht gab zur Dynamisierung seines Konzepts ferner das Buch *Theaterarbeit* über das Berliner Ensemble (mit-)heraus und stellte so genannte Modellbücher zu und von Inszenierungen zusammen – mit der Aufforderung, auf neue Weise mit Modellen zu arbeiten, so dass sie durch entschiedene, dialektische Übernahme wirken – ganz im Blochschen Verständnis von „Probe aufs Exempel" und „Aktualisierung", also nicht sklavisch übernommen werden; denn Modelle sind ihm Herausforderungen, Impulse zum Abarbeiten, zum gekonnten Andersmachen. Brecht:

> Natürlich muß das künstlerische Kopieren erst gelernt werden, genau wie das Bauen von Modellen [...], es gibt eine sklavische Nachahmung und eine souveräne [...]. Die Veränderungen des Modells, die nur erfolgen sollten, um die Abbildungen der Wirklichkeit zum Zweck der Einflussnahme auf die Wirklichkeit genauer, differenzierter, artistisch phantasievoller und reizvoller zu machen, werden um so ausdrucksvoller sein, da sie eine Negation von Vorhandenem darstellen – dies für Kenner der Dialektik. (BFA, Bd. 25, 389)

Und zum Gestus des Experimentierens beschreibt der Philosoph Günther Anders Brecht zutreffend als jemanden, der etwas erforscht und sich dabei zusehen lässt, so dass sowohl der Forschungsinhalt beobachtbarer Gegenstand wird wie auch die Haltung des Forschenden. Günther Anders referiert aus seinen Gesprächen mit Brecht: „Was Sie in ihrem Theater durchführen, sind [...] Experimente [...] Experimentaldramatik [...] Sie (waren) darauf aus [...], mit Hilfe literarischer Werke nützliche Experimente aufbauen zu können." Brecht antwortete darauf: „Stimmt. Kürzer: [...] Episches Theater ist zugleich experimentelles Theater" – darauf wieder Günther Anders:

> Ihre Theorie des Zeigens [...] stammt aus der Praktikums-Situation [...] Weil das im Praktikum durchgeführte Experiment nicht nur dasjenige zeigt, was sich nun physikalisch oder chemisch abspielt, sondern immer zugleich, was man, soll das Experiment gelingen, zu tun oder zu lassen hat [...] dieses doppelte Zeigen [...] also Zeiger und Gezeigtes zugleich. (Anders 1993, 138–139)

Solches Theater ist also eine Vorstellung – was ja neben der Bedeutung von Erscheinung, Auftritt, Einbildungskraft, geistigem Bild und theatraler Aufführung auch eine Verdeutschung vom griechischen *phantasia* ist (nebenbei: Nordafrikanische Reiterspiele, wie so z. T. in Zirkussen heute nachgespielt werden, nennen sich *fantasia* – Bloch erwähnt die „arabische Fantasia", 423): „Von der Straße, dem Jahrmarkt, dem Zirkus, der Kolportage dringen [...] Formen vor, neue oder nur aus verachteten Winkeln bekannte, und sie besetzen das Feld der Reife." (EZ, 368)

An anderen Stellen des Blochschen Werkes werden nicht mehr im Kapitel 30 vom *Prinzip Hoffnung* enthaltene, aber zu Ernst Blochs Lebenszeit (1920er/1930er

Jahre) gepflegte Formen der aktivierenden, paradigmatischen, vergnüglichen, experimentellen Theaterarbeit, die er wertschätzend aufgenommen und kommentiert hat, annotiert. Er hat sie speziell auch geschätzt als Muster für eine neue Art des Philosophierens. Zu denken ist an seine Herausarbeitung des „Revuehaftigen", in der Philosophie bei Walter Benjamin: der „Revuegestus: ein schlagkräftiger Hinweis darauf, wie sich [...] aus dem Leichten, ja Frivolen das Visionäre, Verstörende herausschält", so der Musikhistoriker Hans-Klaus Jungheinrich (2015, 34): „Echt hoffmannesk" in seiner Rezension einer Inszenierung von Jacques Offenbachs *Les Contes d'Hoffmann*; er spielt mit dem Wortklang: hoffmannesk / hoffnungshaft. Bei Bloch heißt es im Schaubühnen-Kapitel zu Karl Kraus' Offenbach-Aktualisierung:

> So hat Karl Kraus nicht nur Offenbach-Texte, sondern den ganzen Diamant dieser Musik aus dem Schlendrian gerettet, wohin er gefallen war. So hat Brecht den ‚Hofmeister' von Lenz als eine Menschenpflanze besichtigt, die aus der feudalen Misere des achtzehnten Jahrhunderts in die kapitalistische des zwanzigsten weiterwächst [...] Nur als [...] Entwicklung und Nachreife geschieht Erneuerung auf dem Theater und nur zu diesem Ende werden Meisterwerke, mit einem wie immer glücklichen Zerfall ihres ‚Galerietons', Museumswerts, auf die Bretter zitiert. (PH 495–496)

Bloch schreibt zum richtig-aktualisierenden Schauspieler, der

> (a)uch Richard der Dritte [...] (nicht) spielt ..., als *wäre* [Hervorhebung von mir] er Hitler, sondern er versinnlicht heute einen Teil des Hitlerischen desto klarer, je mehr er durch Shakespeare seine eigene Haut und die seiner Zeit darstellt. (496; siehe weiterführend Binnerts 2014)

Interessanterweise kommt Ernst Bloch bei der Vorstellung eines revuehaften Philosophierens ganz schnell in das Feld der theatralen Künste, namentlich in die Montage-Kunst der Revue als einer variabel zu haltenden Reihung von verwunderlichen Einzelheiten (siehe Sergej Eisensteins „Montage der Attraktionen" von 1923) zur An- und Aufregung und Bereicherung eines Philosophierens neuer Art (EZ, 368–370): Diese neue Weise des Philosophierens antizipiert ganz und gar unphilosophische Methoden, Fragestellungen, Darstellungsweisen und Möglichkeiten des Selbstbezugs. Nicht mehr „die große Form" (EZ, 368), nicht mehr die Pflicht zum System oder zur Systematik (EZ, 369) sind Leitfiguren, sondern die Aufnahme solcher Formen und Erkenntnisweisen, die der Alltag selber – sei es in Ansätzen, sei es ausgeformt – kennt. Bloch nimmt die Revueform (von der er sagt: „Wo sie sich bildet, geht man recht heiter mit", EZ, 368), die „überwiegend dem Amüsierpöbel (diente)" (ebd.) ernst, und er registriert, dass sie „Hilfsmittel" (EZ, 369) in nicht nur unterhaltend-ablenkenden Künsten wurde, sondern auch unterhaltsam-lehrhaften Künsten diente. Er nennt das Theater Piscators, die Brechtsche *Dreigroschenoper* neue Aspekte des „Stegreifs, der Taten der linken Hand".

Zweierlei fällt auf: Die Subjektivität („Leibnähe") und die Zuwendung den unscheinbaren, einzelnen, abseitigen Dingen gegenüber: Die Dinge, die traktiert werden, zeigen die Folgen des Eingreifens eines Ichs. Es „ist sehr nahe, aber wechselnd, ja, es sind recht viele Iche; ebenso setzt fast jeder Satz neu ein, kocht anders und anderes" (EZ, 368): Das Unbegriffene, Unscheinbare wird nicht verschwiegen, das Ausgeliefertsein und der Wandel werden nicht kaschiert, ein Nebeneinander wird nicht zugunsten eines falsch gesponnenen roten Fadens in eine Systematik eingepresst. Die realistische („ehrliche") Erkenntnis als bruchstückhafte und offene ist zwingendes Gebot. Das Ich beobachtet und demonstriert scharf, gibt präzise Bilder, deren Schärfe und Eigenart auf das beobachtende, betroffene Subjekt schließen lassen: Das sind Spiel-Regeln, die im Lehrstück-Labor gelten. Sie ermöglichen nicht nur „neues" Denken, sondern im experimentellen Umgang verändert sich nicht nur der sog. Gegenstand (oder ein Thema) sondern auch die Tätigen. Es findet zusätzlich durch das Labor-Kollektiv-Handeln ein wechselseitiger Gaben-Austausch statt (vgl. Hentschel, Moehrke, Hoffmann 2011): Die Gabe hat den Vorzug, sich beim/im Gaben-Nehmer zu verwandeln: etwas einst Fremdes wird zu einem/meinem Neuen (verfremdet) – gleich einer prospektiven Verwandlung, d. h. gezeigt, entfaltet, neu und anders gruppiert, so dass „die Verkoppelung von Dort mit nächstem Hier, von brütenden Mythen mit dem exaktesten Alltag erkenntnisstiftend und Subjekte aktivierend möglich wird. Ein neues Sehen mit Allegorie-Blicken" (EZ, 370) und ein „philosophische(r) *Leitfaden* [Hervorhebung im Original] und Basar" werden exemplarisch vorgestellt, er- und durchgespielt.

Bei Walter Benjamin, so fasst Ernst Bloch zusammen, wurden die Revue-Formen der Künste und der Alltagsunterhaltung philosophisch:

> als Form der Unterbrechung, als Form für Improvisation und plötzliche Querblicke, für Einzelheiten und Bruchstücke, die ohnedies keine ‚Systematik' wollen. [...] Nun zieht mit dem bürgerlichen Vernunftsprinzip a priori, auch das System ab, das seinen idealistischen Zusammenhang einzig aus diesem Vernunftsprinzip bestritten und entwickelt hatte. Das geschlossene Lehrgebäude vergeht im selben Akt wie der abstrakt-geschlossene Kalkül des Bürgertums. [...] Ganz anders dezidiert erscheint ‚Revue' in Benjamins kleinem Formversuch; sie erscheint als überlegte Improvisation, als Abfall des gesprungenen Zusammenhangs, als Folge von Träumen, Aphorismen, Losungen, zwischen denen höchstens quere Wahlverwandtschaft wünscht, da zu sein. Ist also ‚Revue', ihrer methodischen Möglichkeit nach, Reise durch die hohlgehende Zeit, so reicht Benjamins Versuch Photos dieser Reise oder besser gleich: Photomontage. (EZ, 369)

Abgeleitet aus dem Straßen- und Passagen-Denken wird Philosophie und Erkenntnis zu einem „öffentlichen Prozeß" (EZ, 371), und die fragmentierten/ fragmentarischen Einzelerkenntnisse und Bilder aus Beobachtungen werden „dialektische Experiment-Figuren des Prozesses. Das surrealistische Philosophieren ist musterhaft als Schliff und Montage von Bruchstücken, die aber recht pluralistisch und unbezogen solche bleiben. Konstitutiv ist es als Montage, die an wirklichen Straßenzügen mitbaut, dergestalt, daß nicht die Intention, sondern das Bruchstück an der Wahrheit stirbt und für die Wirklichkeit verwertet wird". Ernst Bloch: „Ein Denker spürt Einzelnes genauestens aus". Das hat Folgen,

> das ergibt die seltsamste Form, worin je Gedanken ausgebreitet worden sind; die Kapitel [in Walter Benjamins *Einbahnstraße*] heißen: Tankstelle, Frühstückstube, Normaluhr, Halteplatz für nicht mehr als drei Droschken ... Straße-Denken, genauer: Passage-Denken. (EZ, 370)

Blochs Ermunterung zur Aktualisierung im Theater, mittels Theater kann so geschehen, damit nicht bloße Aktualität (als „der letzte Schrei") entsteht: Die Materialien und Themen (in denen immer auch noch und schon etwas anderes als das Gängige steckt) werden befragt, weiter zerlegt und neu montiert, Erkenntnis und Intention stiftend, so dass „an den gerichteten Trümmer-Bedeutungen [...] ein anderes ‚Kaleidoskop' ans Licht (kommt)" (EZ, 371): ein „Reich konkreter Intention materialer Tendenz, als einer keineswegs unbestimmten" – sondern als das, was Bloch „konkrete Utopie" nennt und was bei Brecht durch Bearbeitung verschiedener Stoffe als Abbild der Wirklichkeit, als Registrieren des So-Seins und als Entbindung des Anders-Seins durch kritisch-eingreifendes Verfahren entsteht. Aktualisierung durch experimentelles, laborhaftes Handeln ist eine blochisch-brechtsche Form der Materialgerechtigkeit (also nicht pure Anpassungs-Modernität, Neuigkeit, dem sog. *dernier cri* der Mode und des Gängigen folgend): Dynamiken des Materials werden versuchend freigesetzt – Materie (im Blochschen weiten Sinne; siehe seine Untersuchung zum Naturalismusproblem) ist ihm „kein toter Klotz" (vgl. Zudeick 2012, 270; erweitert Zimmermann 2004) – sondern ein in sich dynamisches, ursprüngliches (wie auch die natürliche wie gesellschaftliche Natur / Personalität des Menschen), nicht ein eingekapseltes Phänomen: sondern selbst-experimentell, potentiell offen und aktual-schaffend: *natura naturans*.

Im Gegensatz zum Kapitel 30 wendet sich Ernst Bloch später in seinem *Experimentum Mundi* (vielleicht nicht zufällig klingt in diesem Titel das „teatrum mundi" mit an), 1975 als „Kategorienlehre" veröffentlicht, wieder deutlich den Schlägen „linker Hand" (EM, 47) zu, die er früh bei Brecht und Benjamin beobachtet hat: Das „querschlagend Einzelne, Unverabredete" (EM, 47); das sind ihm notwendige, auch ästhetische/poetische (theatrale wie philosophische) „Unterbrechungen eines bloß verabredeten Zusammenhangs" (EM, 47) allgemeiner begrifflicher Annahmen: eine „ungewohnte Instanz (bittet) zur Aufmerksamkeit" (ebd.), zeigt ihre „Hinweisungskraft" (EM, 47), die Bloch im Beckettschen „Warten auf Godot" sieht, sowie in der frühen Brechtschen Formel aus Brechts *Mahagonny*: „Aber etwas fehlt" (Bloch 1922, 363; siehe auch Koch, Vaßen, Zeilinger 2006).

Mit Bertolt Brecht gesprochen: Die neue Form von sinnlicher, unterhaltsamer experimenteller, laborhafter Aktualisierung, von übersetzendem, überschreitendem, Erbe-Antreten auf und mittels der Schaubühne und der sich in ihr befindlichen Versammlung, die traditionell Publikum genannt wird, nun aber die Chance des Akteur-Autor-Status bekommt,

> bereitet [...] dem Hörer oder Leser erstaunliche Schwierigkeiten, sobald von ihm verlangt wird, die Tragweite des Entschlusses zu fassen, eine solche Demonstration [...] als Grundform großen Theaters, Theaters eines wissenschaftlichen Zeitalters, anzunehmen. (BFA Bd. 22, 371)

Theatrale Demonstrationen und Vor-Gänge provozieren

> Handlungserfahrungen bzw. [...] ‚Handlungswissen', die aus der spezifischen Produktion und Vermittlung von kulturellen Angeboten und ihrer notwendigen Übersetzungsleistung in spezifische, das heißt in performative und kognitive Unterscheidungsoperationen resultieren. (Autsch, Öhlschläger 2015, 110, Anm. 3; mit Bezug auf Düllo 2011, besonders 15–17; siehe auch Wiese 2005)

9.2 Brecht als Klassiker[2]

9.2.1 Ein Diskurs über Theater in Deutschland

Im 30. Kapitel von *Das Prinzip Hoffnung* schreibt sich Bloch in einen über zweihundertjährigen Diskurs über das Theater, speziell das Theater in Deutschland ein, dessen Ursprung historisch recht genau zu benennen und zu datieren ist: die Veröffentlichung von Johann Christoph Gottscheds *Versuch einer critischen Dichtkunst vor die Deutschen* im Jahr 1730. Gottscheds Regularium, an der präskriptiven Ästhetik des französischen Rationalismus (Nicolas Boileau) orientiert und die Formenstrenge der klassizistischen Dramatik eines Corneille oder Racine zum Vorbild nehmend, war geleitet von dem Bestreben, einerseits die deutsche Literatursprache zu läutern und vom Schwulst der herrschenden Barockmetaphorik zu befreien, und andererseits das deutsche Theater zu verbessern, d. h. im Prinzip zu zivilisieren. Nicht das „offene" Jahrmarkt- bzw. Improvisationstheater der nomadisierenden Komödianten, das sich aus der karnevalistischen Tradition der mittelalterlichen Populärkultur (Bachtin) entwickelt hatte, sondern eine „geschlossene" Schaubühne mit einem sesshaften Ensemble und literarisch ebenso wie moralisch anspruchsvollen Dramentexten, verfasst von entsprechend

---

[2] Autor: Gerhard Fischer.

qualifizierten, akademisch ausgebildeten Autoren war das Ziel. Gottsched verfolgte eine zweifache Abgrenzung: nach unten, zu einem „derben", plebejischen Volkstheater (*rough theatre*, Peter Brook 1969, 93), und nach oben, zum exklusiven Hoftheater, das in erster Linie das Unterhaltungsbedürfnis der altfeudalen Oberschicht befriedigen und ihrer ständischen Repräsentation dienen sollte. Das kulturpolitische Programm, das die intellektuelle Selbstvergewisserung des aufstrebenden Bürgertums widerspiegelte, gipfelte in der Idealvorstellung eines Deutschen Nationaltheaters, in der Organisationsform eines Stadt- bzw. Staatstheaters, dem eine zentrale Rolle als Leitmedium und als Identifikationsobjekt der sich *in statu nascendi* befindlichen bürgerlichen Nation zugedacht war.

Schillers einflussreicher Essay über *Die Schaubühne als moralische Anstalt betrachtet*, an den Bloch schon im Titel seines Beitrags anknüpft, ist zweifellos ein wichtiger Beleg dafür, dass dem Konzept Gottscheds ein nachhaltiger Erfolg beschieden war, auch wenn der Urheber in der Folge massiv kritisiert wurde. Lessing, in seiner polemischen Absage an Gottsched im 17. der *Briefe, die neueste Literatur betreffend* (1759), lehnte die Verbesserungsvorschläge des Leipziger Ästhetikprofessors kategorisch ab („Verschlimmerungen"). Zwar stimmte Lessing Gottsched in der Beurteilung der „Verderbnis" „der alten dramatischen Poesie" in Deutschland zu („Unsinn, Bombast, Schmutz und Pöbelwitz"), doch in der Verbannung des Harlekins von der Bühne – er wurde auf Geheiß Gottscheds von der Neuber'schen Truppe *in effigie* rituell verbrannt – sah der Autor des *Nathan* „selbst die größte Harlekinade, die jemals gespielt" wurde. Vor allem polemisierte er gegen die Propagierung der französischen Klassizisten als Vorbild. Anstelle der an der antiken Rhetorik geschulten französischen Theaterautoren bevorzugte Lessing den halbgebildeten Engländer Shakespeare, der dem deutschen Geschmack angeblich besser entspräche, und er verwies auf unsere „dramatischen alten Stücke" – als Beispiel wird *Doktor Faust* genannt – als Vorlagen für eine zeitgenössische deutsche Theaterliteratur. Der Einfluss Lessings zeigt sich nicht zuletzt an der Entwicklung des Geniekults in der Sturm-und-Drang-Periode, die wesentlich auf dessen enthusiastische Würdigung des Genies Shakespeare zurückzuführen ist („Ein Genie kann nur von einem Genie entzündet werden"; Lessing, Frankfurt 1967, 614–616).

Auch Goethe nahm die Kritik Lessings an Gottsched in seine theatertheoretischen Überlegungen auf. In einer Passage seines Aufsatzes über das „Deutsche Theater", die von Bloch im 30. Kapitel zitiert wird, beklagt Goethe den Verlust einer Traditionsbasis, die durch die Gottsched'schen Reformen verkümmert sei:

> Aus rohen und doch schwachen, fast puppenspielhaften Anfängen hätte sich das deutsche Theater nach und nach durch verschiedenen Epochen zum Kräftigen und Rechten vielleicht durchgearbeitet, wäre es im südlichen Deutschland, wo es eigentlich zu Hause war,

zu einem ruhigen Fortschritt und zur Entwicklung gekommen; allein der erste Schritt, nicht zu seiner Besserung, sondern zu seiner sogenannten Verbesserung, geschah im nördlichen Deutschland von schalen und aller Produktion unfähigen Menschen (PH 492).

Interessanterweise bleibt dieses Zitat im Folgenden weitgehend unreflektiert. Die Idee eines Theaters im Süden Deutschlands, wobei wohl eher ein italienisches Modell Pate gestanden haben mag, wird von Bloch nicht weiter verfolgt. Dabei hatte Goethe in seiner *Italienischen Reise* geradezu überschwänglich über seine Begegnung mit dem venezianischen Volkstheater berichtet:

> Nun endlich kann ich denn auch sagen, daß ich eine Komödie gesehen habe! [...] Aber auch so eine Lust habe ich noch nie erlebt, als das Volk laut werden ließ, sich und die Seinigen so natürlich vorstellen zu sehen. Ein Gelächter und Gejauchze von Anfang bis zu Ende. (Venedig, 10. Oktober; Goethe 1950, 94–95)

Dass es Bloch in seinem Beitrag über die *Schaubühne als paradigmatische Anstalt* nicht um diese Art von plebejisch-südländischem Volkstheater geht, wird gleich zu Anfang des 30. Kapitels deutlich. Bloch bezeichnet dort das Theater als „fensterlosen Raum" mit einer „Kasse", die Theatervorstellung demnach als exklusive, geschlossene Veranstaltung, zu der nichtzahlende oder nichtzahlenkönnende Bürger, die womöglich auch aus bildungsfernen Schichten kommen, keinen Zutritt haben. Auch die Tatsache, dass Bloch in seinem dem Aufsatz vorangestellten Motto – „Sie sitzen schon, mit hohen Augenbrauen, / gelassen da, und möchten gern erstaunen", aus dem Vorspiel von Goethes *Faust* – die den zitierten zwei Zeilen unmittelbar voranstehende Zeile „Und jedermann erwartet sich ein Fest" auslässt, scheint darauf hinzudeuten, dass es ihm nicht in erster Linie um eine Idee von Theater als festlich-feiernde, Gemeinschaft stiftende Veranstaltung geht, wie sie Goethe in Venedig erlebt hatte. Auch der Gedanke an eine Selbstorganisation von Theater-Spielenden bzw. Theatralität als gesellschaftliches Strukturphänomen (Rudolf Münz spricht vom „Theatralitätsgefüge"; Münz 1998) wird hier nicht angesprochen oder thematisiert. Stattdessen betont Bloch das „Staunen", als Vorstufe zur philosophischen Erkenntnis, die ihrerseits zum richtigen Handeln anleiten soll.

Während Goethe in seinem Aufsatz die dramatische Produktion seiner Zeit Revue passieren lässt, fehlt bei Bloch jeglicher Hinweis auf die zeitgenössische Dramatik, mit einer Ausnahme: Bertolt Brecht. Weder die Werke der expressionistischen Dramatiker werden erwähnt noch die überaus vielfältige, künstlerisch wie politisch differenzierte Theaterszene der Weimarer Republik. Die Texte, auf die sich Bloch bezieht, sind die der kanonischen Autoren der europäischen Theaterliteratur: genannt werden vor allem Shakespeare, die Tragödien der griechischen Antike, dazu Calderón und – als einziger „Moderner" – Ibsen, sowie

Goethe und Schiller neben Mozart, Beethoven und Wagner als Spitzenvertreter des klassischen deutschen Sprech- bzw. Musiktheaters. Somit werden die Themenbereiche deutlich, um die es Bloch in seinem Aufsatz geht. Da ist zunächst die Frage nach dem zeitgenössischen Umgang mit der humanistisch-klassischen Literatur, d. h. nach dem kulturellen Erbe, das es nach der Katastrophe des Faschismus in Deutschland aufzuarbeiten gilt. Dazu kommt der besondere Beitrag Bertolt Brechts, dessen Werk – im Nachkriegsdeutschland weder im Osten noch im Westen unumstritten – Bloch in die Nähe der großen Klassiker rückt und damit programmatisch auf der Bühne eines zukünftigen, sozialistischen Deutschlands zu etablieren versucht. Die Diskussion dieser Fragen zielt ab auf das Ziel, das Prinzip einer emanzipatorischen, Zukunft antizipierenden Kunst, vor dem „Rundhorizont Morgen" (PH 499) wie Bloch schreibt, am Beispiel des Theaters herauszuarbeiten. Dabei gerät das „Epische Theater" Brechts für Bloch zum Modell seiner eigenen, paradigmatischen Idee eines zukunftsmächtigen Theaters.

9.2.2 Bertolt Brecht: Lehrstück und Parabelstück

Im Folgenden referiert Bloch einige Zentralbegriffe der Brechtschen Theaterästhetik. Ausgangspunkt ist die Rolle des Zuschauers: nicht passives Genießen oder kritiklose Einfühlung und Identifikation mit den Figuren und dem Geschehen auf der Bühne sind gefordert, sondern „wacher Sinn". Die Aktivierung des Zuschauers, der zur Entscheidung herausgefordert wird, darf sich nicht auf ein bloßes Geschmacksurteil (Äußerung von Missfallen oder Beifall) beschränken, sondern soll Konsequenzen aufzeigen, die über den aktuellen Theaterabend hinausreichen. Auch die Arbeit der Schauspieler zeichnet die wache, kritisch-distanzierte Beobachterhaltung aus. Das epische, zeigende Spielen zielt nicht auf Einfühlung ab. Der Akteur soll nicht in der dargestellten Figur aufgehen – Bloch spricht von „verschmelzen" (PH 480). Vielmehr wird durch eine anti-naturalistische Spielweise das Un-Natürliche, Nichtalltägliche der gezeigten Vorgänge betont und als gemachte, gesellschaftlich konstruierte und damit veränderbare soziale Wirklichkeit herausgestellt.

Bloch zitiert aus dem Epilog des Lehrstücks *Die Ausnahme und die Regel* („Was nicht fremd ist, findet befremdlich!"), um Brechts Prinzip der theatralen Verfremdung zu veranschaulichen. Der berühmte V-Effekt zielt darauf ab, „Stutzen" und „Verwundern" (PH 481) zu provozieren, ein Sich-Wundern darüber, dass die Dinge so sind, wie sie sind: als Ausgangspunkt philosophischen Denkens. Nicht mehr „gedankenloses Hinnehmen von Erscheinungen" wird vom Publikum gefordert, sondern „Staunen als Anfang des Nachdenkens" und als „erkennenwollendes Verhalten". (PH 481) Als „Hauptanliegen" des Brechtschen Theaters beschreibt Bloch eine experimentelle Haltung zur Herstellung von „richtigem Verhalten". Das Theater soll ein soziales Laboratorium sein, das „eine Probe aufs Exempel" der gesellschaftlichen Realität ermöglicht; es muss alternative Handlungsmuster dialektisch gegenüberstellen und im Spiel „durchexperimentieren". (PH 482) Bloch verweist hier wieder auf die Lehrstücke Brechts (*Maßnahme, Jasager/Neinsager*), aber auch auf die „Parabeldramatik" der späteren („reifen") Theaterstücke (*Leben des Galilei*), in denen er einen ähnlichen dramaturgischen „Duktus" (PH 482) am Werk sieht, in diesem Fall das „Durchexekutieren" der Frage, ob es gerechtfertigt sei, dass Galilei seine Forschungsergebnisse widerruft, um die Fertigstellung des noch unfertigen Hauptwerks nicht zu gefährden.

Es ist bezeichnend für Blochs Verständnis des Brechtschen Theaters, dass er einen kontinuierlichen Bogen von den Lehrstücken zu den großen Dramen des Spätwerks zieht, wobei die experimentellen Kurzdramen in der Endphase der Weimarer Republik quasi nur als Vor- oder Zwischenstufe auf dem Weg zu den großen, angeblich künstlerisch reiferen Parabelstücken der Exil- und Nachkriegszeit verstanden werden. Diese Sichtweise, die weitgehend dem Stand der Brecht-Forschung vor den Publikationen zur Lehrstücktheorie von Reiner Steinweg entspricht, lässt die besondere performative Praxis der Lehrstücke außer Acht. Brechts Versuch, eine neue Form des Theaterspielens mit nicht-professionellen Arbeiter-Schauspielern und ohne Anwesenheit eines Publikums zu entwickeln, wird von Bloch, der sich auf die Texte der Lehrstücke stützt, in seiner spezifischen Eigenart nicht anerkannt. Das Experiment der Lehrstücke beruhte nicht zuletzt auf der Einsicht, vermittelt vor allem durch den überragenden Erfolg der als anti-bürgerlich konzipierten *Dreigroschenoper* beim bürgerlichen Publikum, dass die traditionelle Theaterform der Schaubühne nicht dazu geeignet ist, soziale, gesellschaftskritische Veränderungen zu bewirken und in Gang zusetzen, alldieweil das Theater alles „eintheatert", wie Brecht formulierte (Brecht 1991, Bd. 6, 350), d. h. eine intendierte gesellschaftliche Wirkungsabsicht immer durch die Bedingungen der bürgerlichen Kulturrezeption zunichte gemacht wird. Von daher versteht sich der Versuch Brechts, aus dem traditionellen Rahmen der etablierten Theaterproduktion (hier: die „stehende Schaubühne") auszubrechen und stattdessen mit Laien, Schulkindern und Angehörigen proletarischer Kulturorganisatonen (Arbeiterchöre) Theater zu spielen mit dem Ziel, dass die Akteure im und durch das Spiel Verhaltensstrategien lernen und einüben, die auf ihren eigenen revolutionären Alltag zurückverweisen und so in der außertheatralischen Wirklichkeit von Nutzen sein könnten. Mit dem Beginn der NS-Diktatur fand diese Phase ein vorzeitiges Ende. Im Exil fehlte Brecht das soziale und kulturelle Umfeld, das eine Weiterführung der Lehrstück-Experimente ermöglicht hätte, sodass er zu einer traditionellen Form der Schaubühne, allerdings in der ihm eigenen Variante des episch-verfremdenden Dramas, zurückkehrte.

9.2.3 Parabeldramatik und humanistisches Erbe

In der „Parabeldramatik" des späten Brecht findet Bloch seine Vorstellung von einem Theater als experimentelles „Laboratorium von richtiger Theorie-Praxis" bestätigt. (PH 482) Zum Wesen der Parabel gehört, dass gleichnishaft auf ein imaginäres Zweites, Anderes verwiesen wird, d. h. auf eine andere als die auf der Bühne vorgeführte Wirklichkeit. Die metaphorische Struktur, die der Parabel inhärent ist, provoziert modellhaft alternative Bedeutungen oder Handlungsabläufe und fordert so die teilnehmenden Zuschauer zur Entscheidung heraus. Das Parabelstück betont das Potential einer emanzipatorischen Dimension innerhalb des theatralen Rezeptionsvorgangs, die für Bloch entscheidend ist: das Publikum wird aktiviert, aus passiv Genießenden werden kritisch beobachtende, mitdenkende und mithandelnde Akteure, die bei der Gestaltung der sozialen Wirklichkeit eingreifend tätig werden können.

Ein Pendant zur experimentellen Parabeldramtik Brechts, in dem „Menschen und deren Handlungen fragend-untersuchend gewendet und auch umgewendet werden" (PH 483), findet Bloch in der „offenen Form" klassischer Theatertexte. Im Gegensatz zur Tragödie (als Beispiel werden *Othello* und *Antigone* genannt), die immer nur eine „unabänderliche" und „unausweichliche" Handlungsstruktur aufweisen kann, bieten die offenen Dramen das „Experiment eines Anders-Seinkönnens, Anders-Handelnkönnens, Anders-Denkenkönnens" und geben so ein Beispiel für ein „bewußtseinbildendes, Entscheidung schulendes Theater" (PH 484), in dem zukünftiges Handeln in der Praxis antizipiert und eingeübt werden kann. Darüber hinaus verweist Bloch auf die „progressivsten Meisterwerke" der Oper, so die *Zauberflöte* und *Figaros Hochzeit*, die ebenso seiner Idealvorstellung eines Theaters entsprechen, das „im nobelsten Genuß gleichzeitig das aktivierendste humane Wunschbild" (PH 484) des sich befreienden Menschen darstellt. Die Dramentexte, auf die sich Bloch beruft, sind *Hamlet*, *Fiesco*, *Stella* und *Tasso*. Es ist eine sehr eigenwillige Unterscheidung, die hier vorgenommen wird. Bloch verweist auf die unterschiedlichen Fassungen der Stücke Goethes, um die Offenheit dieser Texte zu belegen, während er in Schillers Drama den Monolog Fiescos, genauer das Schwanken der Bühnenfigur zwischen Monarchie und Republik, als Hinweis auf eine mögliche Alternativlösung interpretiert. Bei Shakespeare schließlich ist es lediglich das von Hamlet arrangierte Spiel-im-Spiel der fahrenden Komödianten, durch das die Unabänderlichkeit des Handlungsablaufs in

Frage gestellt wird und so eine Alternative zur Handlungsunfähigkeit des Helden aufgezeigt wird.

Wenn man das Spektrum der von Bloch angesprochenen Texte und Autoren überblickt, wird klar, was intendiert ist. Brecht wird von Bloch sozusagen literarisch salonfähig gemacht, nicht zuletzt vor dem Hintergrund einer in der unmittelbaren Nachkriegszeit im Entstehen begriffenen sozialistischen Leitkultur in einem Teil Deutschlands, die für sich beansprucht, das bürgerlich-humanistische Erbe der deutschen Aufklärung und Klassik anzutreten bzw. weiterzuführen. Die Dramen Brechts, allen voran die späten Parabelstücke, werden in die Nähe der Texte und Kompositionen von Shakespeare und Schiller, Goethe und Mozart gerückt. Blochs Theaterkonzeption bleibt trotz der Berufung auf den marxistischen Autor und Theoretiker Brecht dem bürgerlichen Literaturkanon verhaftet. Anders formuliert: Brecht ist für Bloch einer der großen europäischen Dramatiker in der Tradition des aufklärerischen Humanismus, dessen Werk gerade auch in der Zeit nach der Katastrophe des Nationalsozialismus für die Überwindung der „deutschen Misere" und der Gestaltung einer gerechten, menschenwürdigen Weltordnung wegweisend ist.

9.3 Blochs Verfremdung: Vom Epischen Theater zur Performance[3]

Blochs Bemerkungen zum Theater im *Prinzip Hoffnung* bilden den Abschluss einer längeren Meditation über die Eröffnung neuer Sichtweisen und Verhaltensformen. Die Reise (PH 431, 433) und die Liebe (PH 432), der Umgang mit Dingen der Vergangenheit (PH 445), das Lesen (PH 453) und der Tanz (PH 456) sind Wege der „Verfremdung", die das Selbstverständliche des Alltags aufbrechen, neue Bedeutungen entdecken und entwerfen, und gewohnte Kontexte neu erfahren und gestalten. Der Inbegriff dieser Bewegung ist für Bloch die Kunst, und in der Kunst sieht er wiederum das Theater als das Zentrum, von dem die Impulse zur Gestaltung der Gesellschaft und der individuellen Existenz primär ausgehen. Blochs Theaterkonzeption profiliert sich in drei Absetzungen, die mit Brechts Epischem Theater eng verbunden sind:

---

[3] Autor: Stefan Winter.

9.3.1 Gestaltung der Wirklichkeit

Das „dramatische" Theater war in seiner ganzen Tradition, von seinen frühgriechischen Anfängen bis in die Tragödien des frühen 19. Jahrhunderts, von einer göttlich gegebenen Weltordnung ausgegangen. Die Tragödie entstand aus der orphischen Tradition, als nicht mehr die ganze Gemeinde ihren religiösen Kultus mitvollzog, sondern ein Teil dabei zugeschaut hat. (vgl. Winter 2007) In der Entwicklung der Tragödie gingen die Tragiker davon aus, dass die göttliche Weltordnung sich nach anfänglicher Verblendung (hamartia) immer erst nachträglich manifestiert. Als Platon die göttliche Ordnung der Ideen als geradewegs erkennbar darstellte, wurde die Tragödie der Philosophie untergeordnet, und mit ihrer schwindenden Bedeutung in der *polis* ging ein Verblassen ihrer Sprachkraft von Aischylos und Sophokles zu Euripides einher. In diesem Horizont erinnert Aristoteles die *katharsis*, die rituelle „Reinigung" in der Tragödie, als ein Eingedenken der göttlichen Ordnung, das stets auf die ganze *polis*, nicht auf das einzelne Individuum bezogen war.

Als die Tragödie durch ihre christliche Transformation hindurch in der Renaissance erneut aufblühte und sich bis in das bürgerliche Drama der Goethezeit entwickelte, veränderte sich die Gestalt der *katharsis*. Ihre Elemente, *phobos* und *eleos*, von Lessing verengt mit „Furcht und Mitleid" übersetzt, haben ihren Ort jetzt in der Seele des einzelnen Subjekts, das bis in Hegels Theologie des Geistes hinein gleichwohl noch in einer umfassenden göttlichen Ordnung steht.

In ihrem epochalen Einschnitt geht die Moderne nicht mehr davon aus, dass die Ordnung der Bedeutungen zeitlos gegeben wäre – in ihren Wissenschaften und in ihren Künsten zeigt sie, dass Bedeutungen geschichtlich entstehen und geschichtlich auch verändert werden können. Die modernen Wissenschaften lösen sich aus den alten Verhältnissen der Repräsentation – sie beschreiben nicht mehr passiv die Strukturen ihrer Gegenstandsgebiete in gegebenen Bedeutungen, sondern werfen aktiv Netze von Begriffen über Gegenstände, die in ihrem Wesen unbekannt sind. Die modernen Künste brechen gewohnte Sinnzusammenhänge auf, befragen das Entstehen von Bedeutungen und gestalten neue Weisen des In-der-Welt-seins. In diese Bewegung schreibt sich Brechts Episches Theater ein, wenn es durch den Kunstgriff der Verfremdung, den „V-Effekt", individuelle Haltungen und gesellschaftliche Verhältnisse in einen Abstand bringt und darin den Spielraum der Gestaltung öffnet.

In seiner kritischen Valenz setzt sich das Epische Theater primär ab von Wagners „Bühnenweihfestspiel", das seinen Produktionsprozess verdeckt: Die Musiker verschwinden im Orchestergraben, und das Publikum wird in einen Traumzustand versetzt, es wird eingesaugt in eine Einfühlung in die Protagonisten einer Weltordnung, die sich als schicksalshaft gegeben darstellt. Im Epischen

Theater „verschmilzt" der Schauspieler dagegen „nie ganz mit der Figur und ihrer Handlung", der Zuschauer „bleibt wachen Sinns und versetzt sich in die Handlung und ihre Spieler, während er sich ihr ebenso gegenübersetzt." (PH 480) In diesem Verhältnis hat die Verfremdung das Ziel, „den gesellschaftlich beeinflußbaren Vorgängen den Stempel des Vertrauten wegzunehmen, der sie heute vor dem Eingriff bewahrt." (PH 482) Bloch folgt Brecht auf dieser Linie und ersetzt „Furcht und Mitleid", die der Index einer gegebenen Bedeutungsordnung waren, durch „Trotz und Hoffnung", als Signatur für die Gestaltung von Bedeutungen. (PH 499)

9.3.2 Schein und Illusion

In der letzten Ästhetik der Metaphysik hatte Hegel die Kunst als die unmittelbare Existenz der Religion bestimmt und das Schöne als „das sinnliche Scheinen der Idee", die als der göttliche Geist die Welt von innen heraus gestaltet. (HW 13, 151) In der ersten Ästhetik der Moderne bestimmt Schopenhauer das Schöne unter dem Zeichen der industriellen Produktion. Schopenhauers Welt wird gestaltet vom Willen-zum-Leben, der sich ohne letztes Ziel endlos reproduziert und dem Leben insgesamt den Charakter der Arbeit aufprägt – rhythmisiert durch Schmerz und Langeweile (WWV I § 57), ist es ein „Pensum zum Abarbeiten". (WWV II Kap. 45) In diesem Kontext geht die Kunst hinter die Erscheinungen, hinter den „Schleier der Maja" zurück, betrachtet die Ideen, die Vorbilder für den produktiven Willen sind, und bildet sie nach (WWV I § 52). Die Schönheit der Kunst besteht darin, dass wir „für den Augenblick allem Wollen, d. h. allen Wünschen und Sorgen enthoben, gleichsam uns selbst loswerden". Die Künste bieten in dieser Funktion aber immer nur „eine kurze Feierstunde, eine ausnahmsweise, ja eigentlich nur momentane Losmachung vom Dienste des Willens" (WWV § 68) – und kein dauerhaftes „Quietiv". (WWV § 52) (Zum epochalen Unterschied zwischen Hegel und Schopenhauer vgl. Winter 2009, 231–237)

Eduard v. Hartmann, auf den Bloch sich ebenfalls bezieht, modifiziert die schopenhauersche Ästhetik, indem er nicht die Idee, sondern bereits die Erscheinung, wie sie von der Realität und ihren Zwecken abgelöst ist, als das ästhetisch Schöne definiert. (PH 491) Damit ist der Weg geöffnet, auf dem die Kunst „bloße Zerstreuung" und massenmedial im 20. Jahrhundert dann Entertainment werden kann. (PH 479)

In beiden ästhetischen Figuren wird der Schein, mit dem das Theater arbeitet, zur Illusion: Wenn die Ideen des produktiven Willens, einschließlich der „komplexen Idee der menschlichen Natur", als unveränderlich gegeben gelten – und nicht als gesellschaftlich hervorgebracht –, dann eröffnet und ergreift das

Theater gerade keine neuen Möglichkeiten der Gestaltung und legt sein Publikum statt dessen auf eine passive Haltung fest. Wenn die Erscheinungen „von der Realität und ihren Zwecken" abgelöst sind, dann beirren sie über den gesellschaftlichen Produktionsprozess. Bloch beschreibt die beiden philosophischen Figuren als einen Ausdruck der Restauration, in der sie entstanden sind:

> Einer Bourgeoisie, die Wirklichkeit einerseits, Kunst und Ideal andererseits völlig auseinanderriß, [...] mußte auch das Theater als Illusion gewiß entsprechen." – „Kunst als Illusion wäre und bliebe auf der ganzen Strecke Lüge (PH 491–492)

In der Absetzung fordert Bloch ein „Theater des aufrichtigen Scheins", das in die Gestaltung der Gesellschaft und der individuellen Existenz führt – es gibt Anstöße für ein Handeln, das „moralisch" ist, insofern es als richtig oder falsch beurteilt werden kann, und das „politisch" ist, insofern es für die Gesellschaft, für die *polis* relevant wird. Das Spiel dieses Theaters „quiesziert nicht, vermag vielmehr gerade den Willen von dieser Welt, in ihren realen Möglichkeiten zu beeinflussen – als paradigmatische Anstalt", als ein Raum, in dem „Vorbilder", *paradeigmata* für die Orientierung und das Handeln vorgezeigt und ausgehandelt werden. (PH 492) Die Rollen und Figuren entsprechen einem „mimischen Bedürfnis" im Publikum, einer „Lust sich zu verwandeln", und daher fordert das Gespielte ständig die Entscheidung, ob es als „Paradigma" akzeptabel ist oder ob etwas anderes an seine Stelle treten soll. Die Entscheidung reicht „über den Theaterabend hinaus [...], auf aktiviert-belehrte Weise, ins besser zu tätigende Leben hinein [...]" (PH 478–480)

Bloch benennt als erste Referenz für diese Konzeption das Epische Theater:

> Die Haltungen und Vorgänge sollen daraufhin durchgeformt, spielhaft durchexperimentiert werden, ob sie zum Verändern des Lebens taugen oder nicht. [...] Das Brechtsche Theater beabsichtigt, eine Art von variierenden Herstellungsversuchen des richtigen Verhaltens zu sein. [...] Ein Laboratorium von richtiger Theorie-Praxis im Kleinen, in Spielform, gleichsam im Bühnenfall zu sein, der dem Ernstfall experimentierend unterlegt wird. (PH 482)

Die zweite, geschichtlich ferner liegende Referenz findet Bloch in Schillers Rede „Die Schaubühne, als moralische Anstalt betrachtet" von 1784: sie entwirft ein Theater, das „den realisierenden Willen und den Willen zur Realität" aktiviert. Schiller entwickelt sein Konzept der Schaubühne aber in einer vormodernen Welt, in der das Handwerk die Basis der gesellschaftlichen Produktion blieb. Sie ist durch einen epochalen Bruch von der modernen Welt getrennt, die von der industriellen Produktion geprägt wird und nicht mehr von einer gegebenen Bedeutungsordnung ausgeht. Bloch markiert den Unterschied auf dem Weg des Theaters: „Schiller kommt [...] von der aristotelischen Definition der Tragödie nicht los. Uns ist die Furcht- und Mitleidsreinigung fremd geworden." (PH 498)

Schillers Theaterkonzeption kann daher nicht *tel quel* übernommen werden (der Rückbezug auf sie wäre dann Nostalgie oder Regression) – sie muss vielmehr in einen neuen Kontext übersetzt, „aktualisiert" werden. (PH 494–497) Blochs Rückbezug auf Schiller zeigt, dass er mit der Geschichte anders umgeht als die Avantgarden des 20. Jahrhunderts. Sie hatten einen Schnitt in die Gegenwart gelegt, das Künftige als das Wahre erwartet, das „Bisherige" als das Falsche abgestoßen und die Geschichte entsprechend ausgekehrt. Bloch nimmt sie in einer Über-setzung auf, als andere Seite eines Dialogs, der nur dann produktiv sein kann, wenn das Andere der Geschichte *als Anderes* bestehen bleibt.

9.3.3 Ideologie und Vorschrift

In der ersten Hälfte des 20. Jahrhunderts sieht Bloch eine Bewegung, in der künstlerische Medien zunehmend kommerzialisiert und zugleich ideologisch aufgeladen werden. Als primäres Medium dieser Bewegung benennt er den Film, der in seiner Abdrift gesellschaftliche Verhältnisse ideologisch verdeckt oder verkehrt und ineins damit stereotype Idealbilder und Handlungsmuster aufdrängt: „Das Hollywood-Kino" nimmt „die Rohheit und Verlogenheit der Magazingeschichten" auf und benutzt „diesen Kitsch [...] zur ideologischen Verdummung und faschistischen Aufhetzung [...] die Traumfabrik [ist] zur Giftfabrik geworden." (PH 475–476) Aber auch das Theater kann gesellschaftliche Strukturen so zeigen, „wie sie nicht sind" und darin zu einem Werkzeug der „Abrichtung" werden – der Spielraum zwischen den gezeigten Typen, Haltungen und Handlungsformen und der Rezeption der Zuschauer wird dann zusammengedrückt auf ein simples Umsetzen von Vorschriften. (PH 476, PH 492)

> In seiner künstlerischen Dimension dagegen kann der Film ein kritisches Medium der „Aufklärungsarbeit" sein, und er kann als „gute Traumfabrik", mit einer „Kamera der kritisch anfeuernden [...] Träume", Typen und Haltungen entwerfen, die weder Formen der Verkennung noch auch „Flucht-Utopien" sind. (PH 474–476) Für das Theater fordert Bloch – mit Brecht – die kritische Analyse gesellschaftlicher, ökonomischer, politischer Verhältnisse, und zugleich favorisiert er Rollen, Handlungsformen und Figuren, die einen Vorschlag, aber keine Vorschrift für die Gestaltung der Gesellschaft und der individuellen Existenz darstellen. Damit wird auch ausgeschlossen, dass eine Botschaft und Bedeutung, die im Voraus bereits feststeht, im künstlerischen Medium nur noch vermittelt wird und in der Rezeption zu „lernen" ist – „nicht der erhobene Zeigefinger", sondern eine „Mehrschichtigkeit", die mehrere Wege offen lässt und der Entfaltung des Individuums Raum gibt. (PH 492)

In diesen Absetzungen profilieren sich die Umrisse eines Theaters, das zeigt, „wie es ist", und das zugleich Erfahrungsräume öffnet für „das Experiment eines Anders-Seinkönnens, Anders-Handelnkönnens". (PH 483) Blochs Schaubühne ist ein

Raum des öffentlichen Verhandelns über gesellschaftliche Haltungen und Verhältnisse, über individuelle Leitbilder und kollektive Entwürfe. Auf dieser Achse zeichnet sich das Theater in Blochs Philosophie der Utopie ein, die im *Prinzip Hoffnung* umfassend ausformuliert ist. In dem geschichtlichen Abstand, in dem wir sie heute sehen, zeigt sie sich als eine Position auf der Schwelle zur „post-industriellen" Welt, in der sich auch das Theater wiederum transformiert. Ebenso wie die geschichtlichen Begrenzungen in Blochs Philosophie werden im Rückblick aber auch die Linien sichtbar, die sie mit der Gegenwart verbinden. Das Theater, das Bloch vor Augen hatte, transformiert sich über die Performancekunst auf drei Achsen.

9.3.4 Dezentrierung der künstlerischen Formsprachen

Als Max Herrmann 1918 die Theaterwissenschaft als Disziplin begründete, legte er den Fokus im Theater nicht mehr auf das Drama, das gespielt wird, sondern auf die Aufführung. In dieser Akzentverschiebung bleibt Theater gleichwohl die Szenifizierung literarischer Vorlagen; der Text bleibt das Zentrum, das die Elemente der Aufführung – Bühnenbild, Kostüm, etc. – organisiert. Diese zentrale Stellung wird in der Avantgarde der klassischen Moderne bereits dezentriert, etwa in Meyerholds biomechanischem Theater, das auf einem System von Körperhaltungen basiert. Bloch weist auf eine parallele Entwicklung im Film hin: Da „der Film als stummer, nicht als Tonfilm begann, [wurde] eine mimische Kraft ohnegleichen entdeckt, ein bislang unbekannter Schatz deutlichster Gebärden." (PH 471) Die Avantgarde nach 1945 setzt die Dezentrierung der künstlerischen Formsprachen auf einer breiteren Basis fort.

In den ersten Formen der Performancekunst, die John Cage, Merce Cunningham und Allan Kaprow in der Nachkriegszeit entwickeln, wird das Spektrum künstlerischer Materialien radikal erweitert. John Cage zeigt mit *Imaginary Landscape No. 3* (1942) und mit dem *Water Walk for Solo Television Performer* (1959), dass für ihn „alles sonore Material, jedes Klangphänomen, jedes Schallereignis, zum Material der Musik geworden [ist]." (Weibel 1987, 112) Allan Kaprow schreibt über die Erweiterung des Action Painting zur Performancekunst: „Objects of every sort are materials for the new art: paint, chairs, food, electric and neon lights, smoke, water, old socks, a dog, movies, a thousand other things that will be discovered by the present generation of artists." (Kaprow 2003, 8)

In der Erweiterung ihres Bereichs treten die künstlerischen Medien zugleich aus ihrer alten Hierarchie heraus. John Cage stellte in der ersten Performance der Geschichte, dem *Untitled Event* (1952), verschiedene Kunstformen ohne übergreifende inhaltliche Einheit nebeneinander. Merce Cunningham brach bereits 1944 mit der Vorstellung, dass der Tanz Figuren, Geschichten, Situationen darstellt und darin von der Musik getragen wird: „Discard music and plot, concentrate on pure movement of bodies." (Atlas 2000) In einer Tanzsequenz kann jetzt jede Bewegung jeder anderen folgen; Musik und Tanz sind nur dadurch noch verbunden, dass sie simultan geschehen. Allan Kaprows *18 Happenings in 6 Parts* (1959) schlagen die Funken ihrer Wirksamkeit gerade daraus, dass verschiedene Formsprachen in parallelen Reihen von Ereignissen interagieren, ohne dass für die stets „situierten" Teilnehmer und Zuschauer ein Blick auf „das Ganze" möglich wäre. Susan Sontag nennt die Performance „eine Kunst der radikalen Juxtaposition" (Sontag 1964) und beschreibt damit eine Verschiebung, die Derrida umfassender als Dezentrierung des „Phonozentrismus" bezeichnet. (Derrida 1967)

9.3.5 Auslegung und Präsenz

Im Blick auf die (literarische) Kunst der klassischen Moderne verändert sich auch das Profil der Hermeneutik – sie geht nicht mehr davon aus, dass der Sinn des Kunstwerks sich in sich abschließt und als „fertiger", „gerahmter" Sinn der Rezeption gegenübertritt. Vielmehr fokussiert die Hermeneutik nach 1945 auf das „offene Kunstwerk", dessen Sinn sich in der Rezeption ständig weiter fortschreibt. (Eco 1962, Iser 1972)

Die frühe Performancekunst geht weiter, sie unterläuft die hermeneutische Distanz und damit das Verfahren der traditionellen Auslegung im Ganzen. Während die Lektüre eines Textes und die Theateraufführung, die einen Text szenifiziert, prinzipiell wiederholbar sind, bilden Performances einmalige Ereignisse, die eine Zeitspur ziehen, in der sie aufleuchten und dann erlöschen. In der Dezentrierung der künstlerischen Formsprachen basiert die Performance nicht mehr auf Bedeutungen, die auszulegen sind, sondern auf der Entstehung von Erfahrungsräumen und der Präsenz von Situationen, die transformierend wirken. (vgl. Gumbrecht 2004) Die Performance bindet ihre Zuschauer und Teilnehmer in den Kunstprozess auf eine neue Weise ein. In der ästhetischen Reflexion hält Susan Sontag fest, dass die neue Kunstform die Distanz der Auslegung durch eine Interaktion ersetzt, in der beide Seiten – Künstler/in und Publikum – sich verwandeln. (Sontag 1964, Fischer-Lichte 2004)

9.3.6 Bewegung in den öffentlichen Raum

In der Öffnung ihrer Ausdrucksformen verlässt die Performancekunst auch die traditionellen Spielorte des Theaters und bewegt sich in den öffentlichen Raum, wie Allan Kaprow es mit *Yard* (1961), *Fluids* (1967) und *Echo-logy* (1975) exemplarisch zeigte. Sie interveniert damit zugleich in den öffentlichen Raum und verbindet sich an diesem Punkt mit Ansätzen der Situationisten, die im Driften (dérive) durch den Stadtraum die Bedeutung von Gebäuden neu entwarfen und die Kodierungen von Orten probehalber anders dachten. In der Kielwelle dieser Bewegung finden auch Theateraufführungen in Räumen statt, die zu anderen Zwecken entworfen und gebaut wurden – die Schaubühne als Spielort des Theaters wird damit relativiert.

Das Verhältnis von Performance und Theater zu ihren „ex-zentrischen" Spielorten kann drei Formen annehmen: Erstens kann die künstlerische Arbeit dem gewählten Ort äußerlich bleiben. Zweitens kann sie sich auf ihn beziehen, ohne an ihn aber gebunden zu sein – sie bleibt transferierbar. Drittens entsteht die künstlerische Arbeit aus der Auseinandersetzung mit dem Ort und seiner Geschichte („site-specific performance/theatre"). Sie liest den Ort als ein Palimpsest, in dem Schichten der Geschichte übereinander geschrieben sind. Sie öffnet die Erinnerung an frühere Kontexte, Situationen und Geschichten, und sie schreibt dem Ort eine neue Schicht der Bedeutung ein. In der Einheit dieser beiden Seiten ist die Performance oder die Theateraufführung untrennbar von ihrem Ort. Sie trägt zur Bildung individueller und kollektiver Identität bei und greift zugleich in die Debatte über die Gestaltung öffentlicher Räume ein. (McAuley 2005; vgl. Schechner 1973, 1979, Kaye 2000, Pearson 2010)

Die drei Linien dieser Entwicklung kennzeichnen eine Kunst, die Bloch in ihren konkreten Formen vielleicht fremd gewesen wäre, in ihren grundsätzlichen Koordinaten aber viele seiner Forderungen weiterträgt. Auch die neue Performance- und Theaterkunst durchläuft immer wieder den Prozess, der die Selbstverständlichkeit des Alltags aufbricht, neue Bedeutungen entdeckt und entwirft, und gewohnte Kontexte neu gestaltet – den Prozess einer Utopie, die sich nicht mehr auf die Gesellschaft im ganzen bezieht, sondern von Individuen und Gruppen getragen wird, die in ihren Impulsen die Gesellschaft als komplexes System ständig verändern. „These bold creators", schrieb Allan Kaprow 1958 über die Performancekünstler, „show us, as if for the first time, the world we have always had about us but ignored ..." (Kaprow 2003, 9)

Literatur

Günther Anders: Der Mensch ohne Welt. 2. Aufl., München 1993
Charles Atlas: Merce Cunningham – A Lifetime of Dance. ARTE 2000
Sabiene Autsch, Claudia Öhlschläger: Schauanordnungen des Kleinen in Kunst und Literatur, in: kritische berichte, H. 1, 2015, 92–112

Paul Binnerts: REAL TIME ACTING für ein Theater der Gegenwärtigkeit SPIEL ZEIT RAUM. Berlin u. a. 2014
Ernst Bloch: Naturrecht und menschliche Würde. Frankfurt a. M. 1985
Ernst Bloch: Vom Hasard zur Katastrophe. Politische Aufsätze aus den Jahren 1934–1939. Frankfurt a. M. 1972
Bertolt Brecht: Anmerkungen zur Dreigroschenoper, Werke Bd. 6. Frankfurt a. M. 1991
Peter Brook: Der leere Raum. Berlin 1969
Jacques Derrida: De la Grammatologie. Paris 1967
Umberto Eco: Opera aperta. Milano 1962
Erika Fischer-Lichte: Ästhetik des Performativen. Frankfurt a. M. 2004
Goethes Werke (Hamburger Ausgabe). Hamburg 1950
Rugard Otto Gropp: Ernst Blochs Hoffnungsphilosophie – eine antimarxistische Welterlösungslehre, in: Ernst Blochs Revision des Marxismus. Berlin 1957
Rugard Otto Gropp (Hrsg.): Festschrift Ernst Bloch zum 70. Geburtstag. Berlin 1955
Hans Ulrich Gumbrecht: Diesseits der Hermeneutik. Die Produktion von Präsenz. Frankfurt a. M. 2004
Werner Hecht: Brecht und die DDR. Die Mühen der Ebenen. Berlin 2013
Ingrid Hentschel, Una H. Moehrke, Klaus Hoffmann (Hrsg.): Im Modus der Gabe/In the Mode of Giving. Theater, Kunst, Performance in der Gegenwart/Theater, Art, Performance in the Present. Bielefeld u. a. 2011
Wolfgang Iser: Der implizite Leser. München 1972
Hans-Klaus Jungheinrich: Echt hoffmannesk, in: Frankfurter Rundschau, 25./26. 7. 2015, 34
Allan Kaprow: Essays on the Blurring of Art and Life. Berkeley 2003
Nick Kaye: Site-specific Art. Performance, Place and Documentation. London 2000
Gerd Koch: Lernen mit Bert Brecht. Frankfurt a. M. 1988, erw. Neuausgabe
Gerd Koch, Florian Vaßen, Doris Zeilinger unter Mitarbeit von Sinah Marx (Hrsg.): „Können uns und euch und niemand helfen". Die Mahagonnysierung der Welt. Frankfurt a. M. 2006
Gerd Koch, Gabriela Naumann, Florian Vaßen (Hrsg.): Ohne Körper geht nichts. Berlin, Milow 1999
Lessings Werke, hg. v. Kurt Wölfel. Frankfurt a. M. 1967
Michael Löwy: Erlösung und Utopie. Berlin 2002 (zuerst 1997)
Gay McAuley: Site-specific Performance: Place, Memory and the Creative Agency of the Spectator, in: Arts: The Journal of the Sydney University Arts Association, Vol. 27, 2005
Rudolf Münz: Theatralität und Theater. Zur Historiographie von Theatralitätsgefügen. Berlin 1998
Mike Pearson: Site-specific Performance. Basingstoke 2010
Richard Schechner: Environmental Theatre. New York 1973
Richard Schechner: Performance Theory. New York 1977
Burghart Schmidt (Hrsg.): Materialien zu Ernst Blochs „Prinzip Hoffnung". Frankfurt a. M. 1978
Susan Sontag, Against Interpretation. New York 1964
Reiner Steinweg: Lehrstück und episches Theater. Brechts Theorie und die Theaterpädagogische Praxis, Frankfurt a. M., 2005 2. Aufl.
Petra Stuber: Spielräume und Grenzen. Studien zum DDR-Theater. Berlin, 1998, 2. Aufl. 2000
TOGETHER FOREVER. DANCE, PERFORMERS, POLITICS. Internationales Tanzfestival und Sommerlabor 27.8.–13.9.2015, veranstaltet von T 21 – Tanzlabor 21 – Tanzbasis Frankfurt Rhein-Main

Florian Vaßen: Bertolt Brechts ‚learning-play' – ‚Kunst für Produzenten'. Genesis und Geltung des Lehrstücks. In: Brecht Then and Now/Brecht damals und heute. The Brecht Yearbook/Das Brecht Jahrbuch, Vol. 20, hrsg. v. Marc Silberman u. a. Madison: The International Brecht-Society 1995, 201–215

Francesca Vidal: Kunst als Vermittlung von Welterfahrung. Würzburg 1994

Peter Weibel: Clip, Klipp, Bum. Von der visuellen Musik zum Musikvideo. Köln 1987

Hans-Joachim Wiese: Bausteine für eine Theorie der theatralen Erfahrung. Gegenwärtigkeit, Oberfläche und Exterritorialität. Berlin u. a. 2005

Stefan Winter: Stimme und Repräsentation. Zur Entstehung des Theaters aus dem orphischen Gesang, in: Reality strikes back (ed. Tiedemann/Raddatz). Berlin 2007

Stefan Winter: Die Geschichtlichkeit der symbolischen Ordnung. Von Orpheus bis zu Husserl. Würzburg 2009

Rainer E. Zimmermann: System des transzendentalen Materialismus. Paderborn 2004

Peter Zudeick: Materie, in: Beat Dietschy, Doris Zeilinger, Rainer Zimmermann (Hg.): Bloch-Wörterbuch: Leitbegriffe der Philosophie Ernst Blochs, Berlin u. a. 2012, S. 265ff.

Wilfried Korngiebel
10 Das historische Fundament der Sozialutopien
4. Teil, Nr. 36

10.1 Einführung

Das 36. Kapitel: *Freiheit und Ordnung. Abriss der Sozialutopien*, ist der am frühesten publizierte Teil des *Prinzips Hoffnung*. Es wurde bereits 1946 gesondert als Monographie im New Yorker *Aurora Verlag* veröffentlicht (Bloch 1946), einem durch Wieland Herzfelde geleiteten deutschsprachigen Autorenverlag von elf Exilschriftstellern. (Zudeick 1987, 179–181; Seghers/Herzfelde 1986, 7–9, 151–153) (Man sehe auch den Briefwechsel zwischen Bloch und Herzfelde 1945/46 (Bloch/Herzfelde 2001). Der Aurora-Verlag war nach einem zweiten Versuch im Prager Exil der dritte Anlauf des berühmten Berliner Malik Verlages – mit dem Novum einer Autorenverfassung. Später erschien der Text in zwei weiteren Einzelausgaben (Bloch 1947, Bloch 1969), er gelangte auf diese Weise an deutschsprachige Lesekreise in drei verschiedenen Ländern (USA, DDR, BRD). Diese internationale Dimension erschien in dem Falle als eine besonders günstige Rahmenbedingung für Blochs Publikumsprojekt, durch unterschiedliche Ebenen argumentativer und sprachbildlicher Performanz auch verschiedene soziale Träger einer möglichen gesellschaftlichen Veränderung ansprechen zu wollen (dazu Korngiebel 2012).

Bloch hat diesem großen philosophie- und sozialhistorischen Abriss *Freiheit und Ordnung* drei Zitate als Motti vorangestellt, sie erschließen drei Hauptaspekte des Themas „Sozialutopie" und skizzieren bereits sein Programm. In der Erstausgabe von *Freiheit und Ordnung* (Bloch 1946) sind dem Text stattdessen zwei Zitate von Vormärz-Schriftstellern vorangestellt: Das erste aus *Dantons Tod* (1835) von Georg Büchner, die Forderung nach Transparenz und Formbarkeit des Staates durch das Volk betreffend, das zweite aus *Geist der Zeit* (1. Teil, 1806/07) von Ernst Moritz Arndt mit einer Aussage zu Gerechtigkeit und Humanität als den idealen Konstituentien eines Staates. In die ein Jahr später erschienene Ostberliner Ausgabe (Bloch 1947) werden diese beiden Motti noch übernommen. In der späteren westdeutschen Einzelausgabe (Bloch 1969) stehen hingegen die drei Motti aus der Textfassung des *Prinzip Hoffnung* der DDR-Ausgabe (Bloch 1955) sowie der westdeutschen Werkausgabe (GA), Kap. 36.

Das erste Zitat spricht das Gemeineigentum als eine zentrale Substanz klassischer Sozialutopien an: „Die Erde gehört niemandem, ihre Früchte gehören allen." Als Urheber dieser Aussage über *commons* wird (ohne Quellenangabe) der egalitäre englische Priester John Ball (1335–1381) genannt, der als ein zentraler Teilnehmer des von Wat Tyler angeführten Bauernaufstandes von 1381 durch ein Gericht des Königs Richard II. hingerichtet wurde und gleichsam einen britischen ‚Vorläufer' von Thomas Münzer darstellt. Von John Ball ist die Predigt-Aussage überliefert: „When Adam delved / and Eve span / who was then the gentleman?", die sich auch in vielen deutschsprachigen Bauernkriegsliedern wiederfindet (Steinitz 1979, I, 10). Wie Bloch auf John Ball zurückgreifen konnte, bleibt aber unklar: Womöglich wurde er inspiriert durch eine Erzählung des im gleichen Kapitel später noch behandelten William Morris, *A Dream of John Ball*, 1886/87 (von Bloch jedoch nicht aufgeführt). Denn bei Engels, auf den Bloch in Sachen Münzer fast durchgängig rekurriert, wird John Ball im *Deutschen Bauernkrieg* ohne Zitierung nur kurz erwähnt. In Morris' Erzählung wird die John Ball zugeschriebene Aussage auch nicht zitiert, wohl aber vielfach motivisch paraphrasiert (Morris 1953, 39, 114).

Das Zitat ist – in etwas abgewandelter Form – allerdings viel eher als eine allgemeine, anonymisierte Aussage aus Rousseaus zweitem *Discours* (1754) bekannt. (Rousseau 1981, I, 230) Man sehe dazu auch Blochs fast gleich lautendes Zitat aus dem Manifest des Babeuf und der Egalitären von 1795. (PH 671) Dieses Manifest greift mit Sicherheit auf Rousseaus zweiten *Discours* zurück.

Das zweite Zitat, aus J. G. Fichtes populär gehaltener philosophischer Schrift *Die Bestimmung des Menschen* von 1800 schlägt die Brücke von den alten Sozialutopien und Naturrechtslehren hin zur historisch-systematischen Bewegungswissenschaft des Marxismus. Denn schon aus dem Erbe der Aufklärung und dem Wissen des deutschen Idealismus heraus können – wie bei Fichte – Reflexionen über „die gegenwärtige Lage der Menschheit" zur Erkenntnis derselben „als Durchgangspunkt zu einem höheren und vollkommeneren" gelangen, welcher durch aktives Handeln-Wollen geschichtlich befördert werden soll (3. Buch: Glaube). Besonders wichtig an diesem Fichte-Zitat ist der Aspekt der zeitlichen Achse: Er indiziert Blochs paradigmatische Verschiebung des klassischen Utopiebegriffs vom „Nirgendwo" zum „Noch-Nicht".

Das dritte Zitat deutet mit Marx/Engels die Umrisse einer solidarischen Ökonomie und poststaatlichen Demokratie an: „An die Stelle der alten bürgerlichen Gesellschaft mit ihren Klassen und Klassengegensätzen an tritt eine Assoziation, worin die freie Entwicklung eines jeden die Bedingung für die freie Entwicklung aller ist." (Marx/Engels, 1848, 482)

Sozialutopien liegen traditionell in der *literarischen Form eines Staatsromans* vor, in dem die *Narration einer Reise* zu dem ersehnten Ziel, einem fernen Land mit einer anderen, gerechten Gesellschaftsverfassung führt. Bloch sieht in diesen Romanen „Raummaschinen", in den neueren auch „Zeitmaschinen" am

Werk, die als imaginäre Vehikel auf uns einwirken und ins „soziale Traumland" transportieren: „seit mehr als zweitausend Jahren ist in Utopien die Ausbeutung des Menschen durch den Menschen abgeschafft." (PH 550) Ihre „Wunschländer", „Wunschzeiten" und „Wunschräume" sind gegen das schlechte Bestehende gerichtet. Mit solchen Feststellungen verbindet Bloch die Frage, ob Unterdrückung, Ausbeutung und Krieg als geschichtlich „normal" einzustufen seien:

> Denn normal, denkt man, ist es doch, oder müsste es sein, daß sich Millionen Menschen nicht durch Jahrtausende von einer Handvoll Oberschicht beherrschen, ausbeuten, enterben lassen. Normal ist, daß eine so ungeheure Mehrheit es sich nicht gefallen läßt, Verdammte dieser Erde zu sein. Statt dessen ist gerade das Erwachen dieser Mehrheit das ganz und gar Ungewöhnliche, das Seltene in der Geschichte. Auf tausend Kriege kommen nicht zehn Revolutionen; so schwer ist der aufrechte Gang. Und selbst wo sie gelungen waren, zeigten sich in der Regel die Bedrücker mehr ausgewechselt als abgeschafft. Ein Ende der Not: das klang durch unwahrscheinlich lange Zeit gar nicht normal, sondern war ein Märchen; nur als Wachtraum trat es in den Gesichtskreis. (PH 551)

Die Hoffnung, die in der Präteritumsform des letzten Satzes zum Ausdruck kommt, bezieht sich auf die großen kairotischen Akzente der Moderne: die durch die Ereignisse der *Französischen Revolution* und der *Russischen Revolution* bewirkten weltpolitischen Kräfteveränderungen.

10.2 Hauptteil

10.2.1 Blochs Leitdifferenz

Bloch sichtet und analysiert die vorgefundenen antiken, mittelalterlichen und neuzeitlichen Sozialutopien mittels der schon im Titel erscheinenden *Leitdifferenz Freiheit vs. Ordnung*. Freilich nicht ohne diese beiden Begriffe einer geradezu sokratischen Befragung nach ihren Bedeutungen zu unterziehen und das Problem einer dialektischen „Verbindung" beider zu erschließen. Paradigmatisch durchexerziert wird die Opposition *Freiheit vs. Ordnung* anhand der frühneuzeitlichen Utopien von Thomas Morus und Tommaso Campanella. Zur Unterscheidung lässt sich vorwegnehmend festhalten: Freiheitsutopien sind tendenziell dezentral und demokratisch strukturiert, Ordnungsutopien tendenziell zentralistisch und autoritär ausgerichtet.

Um den Aufbau und die Darstellungsweise von *Freiheit und Ordnung* nachvollziehen zu können, bietet es sich an, unseren Kommentar im Folgenden möglichst eng an Blochs Textstruktur und seine Ausführungen anzuschließen und vor allem seine *Leitdifferenz* zu übernehmen. Dazu werden wir außerdem unter sozialphilosophischen und literatursoziologischen Gesichtspunkten *weitere Dif-*

ferenzierungen, soweit Bloch sie im Einzelnen vornimmt, möglichst durchgängig als *Kriterien zur charakterisierenden Kurzbeschreibung der verschiedensten sozialutopischen Entwürfe* verwenden: *1. Die politische Fragestellung:* Handelt es sich ein System der Demokratie, und in welcher Weise wird es geleitet? Bleibt das utopische System auf eine „Insel" beschränkt, oder wird seine universelle Ausweitung angestrebt? *2. Die ökonomische Fragestellung:* Wie wird die Frage von Privat- oder Gemeineigentum behandelt, gibt es noch hierarchische Arbeitsteilung, welche Funktion wird dem Geld zugewiesen? Ist die Produktionsbasis agrarisch oder industriell, wie ist das Verhältnis von Technik und Natur vorgestellt, wie viele Stunden ist der Arbeitstag lang? *3. Die Gender-Fragestellung:* Wie ist das Geschlechterverhältnis gedacht, gibt es eine Gleichberechtigung von Männern und Frauen, welche Rolle bekommen Ehe und Familie zugewiesen? *4. Die „Praxis"-Fragestellung:* Folgten dem jeweiligen sozialutopischen Entwurf experimentelle Erprobungen wie z. B. Genossenschaftsprojekte, egalitäre Siedlungsgründungen oder politische Reformen? *5. Besonderheiten:* Wie unterscheidet sich die jeweilige Sozialutopie von anderen?

Neben der grundlegenden Differenzierung *Freiheit vs. Ordnung* sucht Bloch zugleich *die materiellen Ausgangsbedingungen der Entstehung von utopischen „Staatsromanen"* nachvollziehbar zu machen, er spricht sogar von einem historischen „Fahrplan":

> Sie gehorchen einem sozialen Auftrag, einer unterdrückten oder sich erst anbahnenden Tendenz der bevorstehenden gesellschaftlichen Stufe. Dieser Tendenz geben sie Ausdruck, wenn auch mit privater Meinung vermischt, sodann mit dem Traum der besten Verfassung schlechthin. [...] Bei Augustin hat die beginnende Feudalwirtschaft eingewirkt, bei Morus das freie Handelskapital, bei Campanella die absolutistische Manufakturperiode, bei Saint-Simon die neue Industrie. (PH 555–556)

In der Antike wie in der Renaissance standen laut Bloch reale Entdeckungs-, Kriegs- und Handelsreisen historisch Pate für die literarisch-philosophischen Fahrten der Utopisten und ihre imaginäre Suche nach dem Wunschland, so z. B. die Berichte über die Feldzüge Alexanders des Großen nach Arabien und Indien oder die Entdeckung Amerikas durch Kolumbus. (PH 566–567)

10.2.2 Antike

Platon
Ausgehend vom Mythos des Goldenen Zeitalters, der als Ausdruck der Wünsche nach einem besseren Leben leitmotivisch die Überlieferungen aus der Antike durchzieht, findet Bloch zunächst utopische Elemente in der Gesetzgebung des

Solon (Teilung des Besitzes), bei den Kynikern (Bedürfnislosigkeit) und im Hedonismus (kluge Genussfähigkeit), um sodann zur folgenreichsten Utopie der Antike überzugehen: Platons *Politeia*, sowie seinem Spätwerk *Nomoi*. Blochs Bewertung fällt weitestgehend negativ aus: Platon sei am dorischen Staat der Spartaner orientiert und erhebe ihn zur idealen aristokratischen Ordnung, auf strenger militärischer Disziplin basierend und aus drei Kasten bestehend, den Bauern/Handwerkern, den Kriegern, sowie den Philosophen als Regenten. Nur für diese oberste Kaste sei „Gemeinschaft" vorgesehen. Die „Gerechtigkeit" dieses Modells werde als naturgemäß interpretiert. In der Spätschrift *Nomoi* sei diese Sozialutopie zu Lasten von philosophischer Bildung und Gemeinschaft noch reduziert worden, sodass allein „Ordnungsideal" übrig bleibe: die „Idealgesellschaft" als „Polizeistaat", nun „unter Beibehaltung von Privateigentum und Ehe". (PH 564) Allerdings stellt Bloch eine geradezu paradoxe Rezeptionsgeschichte fest: In den Bauernkriegen und der Renaissance sei durch „produktives Mißverständnis" Platons spartanischer Ständestaat im Sinne eines egalitären Goldenen Zeitalters interpretiert worden und habe auf frühe sozialistisch-kommunistische Strömungen als utopische Inspiration gewirkt. (PH 566)

Jambulos und die Stoa

Viel positiver liest sich dagegen Blochs Wertung der hellenistischen „Sonneninsel" des Jambulos. Diese fragmentarisch überlieferte Schrift ist längst nicht der erste antike Staats- und Reiseroman, mit imaginierter Aufhebung von Sklaverei und Kastenwesen, mit Gemeineigentum und Gemeinschaft von Arbeit und Genuss aber sicherlich der wichtigste. (Vgl. PH 566ff) Von Bloch gleichfalls utopisch gewürdigt werden auch das Wegfallen aller Rangunterschiede, die Ethik der Vernunft, der Universalismus und die Intention auf Weltvollkommenheit in der philosophischen Schule der Stoa. (PH 569–571)

Altes und Neues Testament

Selbstverständlich unterzieht Bloch auch die Bibel einer utopisch-symptomatischen Lektüre, wenngleich sie keine ausgearbeitete Sozialutopie beinhaltet. Jedoch erscheint im *Alten Testament* Jahwe als Gott der „Befreiung" und des „Exodus": Der von Moses angeführte „Auszug aus der Knechtschaft" Ägyptens wird für Bloch zum Modellfall des „Exodus" aus unerträglicher Gegenwart und Unterdrückung überhaupt. (PH 576) Und die spätere „Prophetenpredigt gegen Reichtum und Tyrannei" wie etwa bei Amos (PH 577) enthält ebenso ein utopisches Moment wie die Friedensvision „Schwerter zu Pflugscharen" bei Jesaja und Micha. (PH 578) Im *Neuen Testament* sind es vor allem Jesu Verheißung, „einen neuen Himmel und eine neue Erde" schaffen zu wollen (PH 580), sowie das apokalyptische Versprechen des „Reichs" (PH 582), verstanden als Geist der Gemeinschaft, des Friedens und der Gleichheit unter den Menschen, die viel prägnanter als andere Bibelstellen ein *Novum* im *utopischen Futur* ankündigen. In knapper Form nur skizziert hier Bloch einige Grundzüge seiner Religionsphilosophie, die er in seinem Spätwerk *Atheismus im Christentum* (1968) noch genauestens explizieren wird.

10.2.3 Mittelalter

Augustinus
An der Schwelle der Spätantike zum Mittelalter steht das Werk des Augustinus. Blochs Urteil über dessen äußerst einflussreiche Schrift *De civitate Dei* bleibt ambivalent. Handelt es sich überhaupt um ein sozialutopisches Werk, wenn darin die göttliche Gnade alle Zukunft determiniert und dem (unvermögenden) menschlichen Willen nur äußerst wenig Raum gelassen wird? Jedenfalls trat zu Zeiten Augustins unter den Christen bereits die Hinwendung auf ein als schon vorhanden gedachtes „Innerliches" und „Jenseits" in den Vordergrund: „Statt des radikal zu erneuernden Diesseits erschien ein Institut des Jenseits: die Kirche; und sie bezog die christliche Sozialutopie auf sich selbst." (PH 583) Bei Augustinus erschien die im *Neuen Testament* verheißene „neue Erde" nun als ein „*Jenseits* auf Erden". (PH 583) Trotz aller Kritik am Prinzip des „Bösen" im weltlichen Staat gelangte Augustinus zu einer relativen Anerkennung der ordnenden Autorität des römischen Weltreichs gegenüber seinen Untertanen. Er fasste die Menschheitsgeschichte als „*Heilsgeschichte zum Reich hin*", als andauernden Kampf zwischen sündiger *civitas terrena* und vollkommener *civitas Dei*. (PH 585) Letztere greift als sich noch entwickelnde Gemeinschaft von „Heiligen" auch über die – unvollkommene – vorhandene Kirche hinaus. (PH 587) Zwar präsentiert sich der obere, göttliche Staat als ein „fixes Gnadengebilde" (PH 588), allerdings erfüllt sich in ihm und aus ihm letztlich dennoch etwas *Neues*, das ihn zur letzten „Vorstufe" des von der Christengemeinde erbetenen und gewollten „Reichs" (PH 589) werden lässt:

> Wie also der irdische Sabbat für Augustin ein utopisches Erwartungsfest des himmlischen ist, so hat civitas Dei, die nur scheinbar vorhanden-fertige, selbst noch ihre Utopie in sich: eben regnum Christi als letzten, himmlischen Sabbat. (PH 590)

Joachim di Fiore

Dass entgegen den Intentionen der Kirchenväter das „Reich Gottes" erneut auch auf weltliche Bereiche ausgeweitet werden konnte, zeigt in besonderem Maße die Lehre des kalabrischen Abtes Joachim di Fiore, laut Bloch die „folgenreichste Sozialutopie des Mittelalters". (PH 590) Unter verstärktem Rückgriff auf die neutestamentarische *Offenbarung* richtete Joachim seine heilsgeschichtliche Lehre in direktester Weise auf die *Zukunft* des Evangeliums aus:

> Es gibt, lehrt Joachim, drei Stufen der Geschichte, und jede ist näher zum betreibbaren Durchbruch des Reichs. Die erste Stufe ist die des Vaters, des Alten Testaments, der Furcht und des gewußten Gesetzes. Die zweite Stufe ist die des Sohnes oder des Neuen Testaments, der Liebe und der Kirche, die in Kleriker und Laien geschieden ist. Die dritte Stufe, die bevorsteht, ist die des Heiligen Geistes oder der Erleuchtung aller, in mystischer Demokratie, ohne Herren und Kirche. (PH 591)

Dieses „Dritte Evangelium", „Dritte Reich" oder „Dritte Testament" erschien bei Joachim „im Modus und als Status historischer Zukunft". (PH 592) Seine Verheißung einer „societas amicorum" in „mystischer Demokratie" bewirkte sogar Toleranz „gegenüber Juden und Heiden". (PH 593) Als „Ketzerchristentum" und „revolutionär-adventistische Utopie" (PH 597) wirkte die Lehre des Joachim in den folgenden Jahrhunderten auf Taboriten, Wiedertäufer und aufständische Bauern, hier besonders auf ihren charismatischen Anführer Thomas Münzer; sie wirkte sogar nach bis in die egalitären Strömungen der Englischen Revolution und letztendlich mittelbar bis in die Strömung des mystischen Sozialismus in der Russischen Revolution (z. B. Alexander Blok).

Blochs sozialhistorische und sozialutopische Interpretation der Lehre des Joachim di Fiore hat theologische und philosophische Kontroversen ausgelöst. Insbesondere stand die Frage im Mittelpunkt, ob Joachims Theologie der allumfassenden Liebe und christlichen Freiheit sich bloß auf ein kontemplatives frommes Klosterleben beziehe oder die gesamte geschichtliche Lebenswelt mit einschließe (vgl. dazu exemplarisch Scholtz 1982), Doch auch ein ausgewiesener Kenner mittelalterlicher Denksysteme wie Kurt Flasch gelangt zu dem Fazit: „Aber es sollte die Freiheit aller auf dieser Erde sein." Und in Bezug auf das dritte Zeitalter fügt Flasch den Kommentar an: „Mit dieser Naherwartung bedrohte der fromme Denker aus Kalabrien die Strukturen der Kirche, ohne es zu wollen." (Flasch 1987, 243; vgl. dazu auch Wehrli 1980, 617–618) Die spätere, völlig umwertende Inbesitznahme des von Joachim geprägten Begriffs *Drittes Reich* durch die Alltagsmythologie des Hitlerfaschismus hat Bloch 1937 in dem Essay *Originalgeschichte des Dritten Reichs* ausführlich kommentiert. (Bloch 1972, 291–318)

10.2.4 Frühe Neuzeit

Morus

In der Neuzeit ersetzten rational konstruierte Denkmodelle des bestmöglichen Staates nach und nach die religiös motivierten utopischen Erwartungen der Apokalypse. Im Jahr 1516 erschien im niederländischen Löwen die lateinische Schrift eines englischen Diplomaten, die für das gesamte Genre idealisierender Staatsromane namengebend werden sollte: *Utopia* von Thomas Morus; sie wurde vor der Drucklegung offensichtlich noch redigiert durch den Humanisten Erasmus von Rotterdam. (Zur Zusammenarbeit von Morus und Erasmus und zur Edition von *Utopia* vgl. Zudeick 2012, 634–635, 638–639.)

Bloch bespricht sie unter dem Titel „Utopie der sozialen Freiheit". (PH 598–600) Auf der Insel Utopia sind Gleichheit, Gemeineigentum, Kollektivwirtschaft und Demokratie eingerichtet. Die Bewohner sind zur Arbeit als Handwerker und Bauern angehalten, doch die tägliche Arbeitszeit beträgt nur noch sechs Stunden. Die Geldkategorie ist abgeschafft. Der Staat ist auf seine notwendigen Verwaltungsfunktionen reduziert. Die Regierung besteht aus einer einfachen gewählten Leitung. Es herrschen Glaubensfreiheit und Toleranz, Epikureismus und Sinnenfreude werden bevorzugt, Bildung wird gefördert. In Gemeinschaftshäusern leben stets mehrere Familien zusammen. Bloch stellt bei seiner Lektüre freilich auch fest, dass *Utopia* „keineswegs aus einem Guss" sei, sondern verschiedenste narrative oder logische „Bruchstellen" aufweise. (PH 602–603) So hätten trotz einer reformierten Justiz verurteilte Kriminelle noch schwere Sklavenarbeit zu leisten, auch bestehe die Todesstrafe weiterhin; sogar neue Kriege würden noch geführt. (PH 602–605) Diese kritischen Einschränkungen berühren Blochs Gesamturteil aber nur wenig: „‚Utopia' ist weithin ins irdisch Ungewordene, in die menschliche Freiheitstendenz hinein entworfen – als Minimum an Arbeit und Staat, als Maximum an Freude." (PH 607)

Campanella

Ein gutes Jahrhundert später, 1623, erschien in Frankfurt das von Bloch so genannte „Gegenstück zu Morus": der *Sonnenstaat* (*Civitas solis*) des süditalienischen Dominikanermönchs Tommaso Campanella – das Paradigma der „Utopie der sozialen Ordnung". (PH 607–609) Das in dieser Schrift geschilderte Inselreich ist als ein bürokratischer Zentralstaat organisiert, der laut Bloch am Vorbild des zeitgenössischen Absolutismus orientiert sei. Das Privateigentum ist abgeschafft, Gemeinwohl steht an erster Stelle, die soziale Ordnung ist klassenlos. Jedoch ist sie politisch extrem hierarchisch auf Befehl und Gehorsam aufgebaut, es herrscht strengste Disziplin gemäß der Zeitmessung durch die Uhr. Individuelle Freiheiten sind zugunsten einer „personlosen Ordnung" stark reduziert, der Staat ist der „höchste Zweck der Gesellschaft". Es gilt Arbeitszwang, jedoch ist die Arbeit längst auf den Vierstundentag beschränkt. Zum Justizwesen im *Sonnenstaat* merkt Bloch ganz besonders kritisch an, dass Todesurteile von den Verurteilten selber gewollt und begründet sein müssten: In solchen Prozeduren werde die betreffende Subjektivität also dahin gebracht, sich als „Abweichung" selber vernichtet sehen zu wollen. (PH 612) (Möglicherweise eine Anspielung Blochs: Das sich selbst verurteilende Geständnis der Angeklagten war z. B. auch ein wesentlicher Bestandteil der stalinistischen Schauprozesse der 1930er Jahre.) Konformismus ist im *Sonnenstaat* obligatorisch. Campanellas zentralistische Utopie erzwingt geradewegs das Gemeinwohl ihrer Bürger: Sie ist ausgestattet „mit breitliegendem hochgebautem Regiment, mit Sozialutopie als Strenge und disponiertem Glück". (PH 614)

10.2.5 Freiheit und/oder Ordnung

Bloch nimmt seine paradigmatische Gegenüberstellung von Morus und Campanella zum Ausgangspunkt einer sokratischen Reflexion über die Konnotationen von „Freiheit" und „Ordnung", um anschließend seine philosophische Begriffsbestimmung vornehmen zu können. „Freiheit", so wird in seiner Argumentation sehr schnell deutlich, darf nicht zur Willkür werden und damit die Freiheit Anderer einschränken. Allerdings muss Freiheit auch mit der Einsicht in jene Notwendigkeiten vermittelt sein, die nicht aus Zwang und Gewalt resultieren, sondern aus wachsend erkennbaren, aber nicht suspendierbaren Kräften in Natur und Gesellschaft. Von Morus bis Marx/Engels sei die Einsicht vorherrschend, dass die Abschaffung des Privateigentums und das Absterben des Staates die Voraussetzungen für gesellschaftliche wie individuelle Freiheit seien: „Wesenhaft lebt in Freiheit die Opposition gegen ein ohne Zustimmung Vorgeordnetes, gegen das die Abhängigen überkommene [...] soziale Schicksal." (PH 616) „Ordnung" hingegen sei oftmals „purer Zwang", „einzig regulierte oder aber gewaltsam aufrechterhaltene Unordnung" oder schlicht „Notstand". (PH 617) Gesellschaftlich positiv begreifen lasse sich „Ordnung" jedoch als Struktur einer „nicht-antagonistischen Gemeinschaft", mit absterbendem Zwang und wachsender Solidarität, als ein „*Reich* der Freiheit" (PH 618), als „Fülle in Einheit", als „reich bewegter Zusammenklang der individuellen und der gesellschaftlichen Kräfte". (PH 621) Im Kontext gesamtgesellschaftlicher Funktionsweisen bestimmt Bloch positive Ordnung auch als eine Art innerer Logik des Materials, wie etwa auf den Gebieten der Mathematik, der Philosophie, der Wissenschaften, der Künste und der Musik. (PH 619) Blochs darauf aufbauendes philosophisches Verfahren einer dialektischen Vermittlung der Begriffe „Freiheit" und „Ordnung" findet aber keineswegs in einer imaginären Mitte, keinem Dazwischen statt, in dem sie etwa eine Schnittmenge bilden würden. Denn diese Vermittlung hat gleichsam ihre eigene Asymmetrie, wie sich zeigen wird. „Freiheit" meint die Überwindung gegeneinander gerichteter, willkürlicher Einzelinteressen, die nur dissoziierende Wirkungen entfalten können; sie zielt ab auf demokratische Prozeduren gesellschaftlicher Willensbildung und Übereinkunft, auf Assoziation: „Denn konkrete Freiheit ist ebenso der gemeinschaftlich offenbar gewordene und sozial gelingende Wille, wie konkrete Ordnung die gelungene Figur der Gemeinschaft selber ist; beide, auch die Freiheit sind nun konstruktiv." (PH 620)

Bloch verdeutlicht mit Nachdruck, dass „konkrete Ordnung" hier nicht als das spiegelbildlich verkehrte Gegenüber der „Freiheit" gedacht ist, sondern nur die *gegliederte Form* oder der *Logos* einer freien Gesellschaft sein kann:

> Nur der Wille Freiheit hat einen Inhalt, der Logos Ordnung hat keinen eigenen Inhalt; mit anderen Worten: das Reich der Freiheit enthält nicht wieder ein Reich, sondern es enthält die Freiheit oder jenes Fürsichsein, zu dem hin einzig organisiert und geordnet wird. (PH 620–621)

10.2.6 Rationalismus und Aufklärung

Naturrecht

Mit der Anfängen des Rationalismus traten ab dem 16. Jahrhundert neuzeitliche Naturrechtslehren neben oder an Stelle von Sozialutopien auf den Plan: eine Wiederaufnahme und Weiterentwicklung der schon seit der Antike bekannten rechtsphilosophischen Position, dass es angeborene, unveränderliche, in letzter Konsequenz unveräußerliche Rechte gebe, die jeder geschriebenen, positiven Rechtssatzung vorgängig seien. Wandelt sich also geltendes Recht in Unrecht bzw. werden durch Willkür der Regierenden angeborene Rechte verletzt, so lehrt die Naturrechtsposition für diesen Fall das Recht zur Aufkündigung der gesellschaftlichen Übereinkunft (des „Gesellschaftsvertrages") und zum Widerstand. In stärkerer oder schwächerer Form findet sich diese Rechtsauffassung bei Johannes Althusius, Hugo Grotius, ja selbst noch bei Thomas Hobbes, stark parlamentarisch-repräsentativ ausgerichtet dann bei John Locke, untrennbar verbunden mit der philosophischen Grundlegung des contrat social und der volonté générale bei Jean Jacques Rousseau. Wenngleich bei Rousseau gelegentlich sogar von einer Beschränkung des Reichtums die Rede ist und eine „annähernde Gleichheit des Privateigentums" (PH 627) angestrebt wird, so trifft jedoch Blochs Charakterisierung des Naturrechts im Vergleich mit der Sozialutopie gewiss den wichtigsten Unterschied:

> Doch das klassische Naturrecht hatte seine Stärke nicht darin, daß es ökonomisch, sondern daß es politisch rebellierte, soll heißen: daß es den Respekt vor der Obrigkeit abtrug. Es baute die subjektiven öffentlichen Rechte in die sogenannten Grundrechte des Individuums ein, kodifiziert in den Droits de l'homme der französischen Nationalversammlung. (PH 627)

Diese Erklärung der Menschen- und Bürgerrechte in der Französischen Revolution stellte folglich eine *Kodifizierung* von Naturrechtslehren dar. Sie entsprach laut Bloch der Ideologie des aufstrebenden Bürgertums, beinhaltete zugleich aber einen allgemeinen, utopischen, noch immer unabgegoltenen „Überschuss". (PH 627)

Die Naturrechtslehren imaginieren keine gesellschaftliche Zukunft, sondern *intervenieren* in die jeweilige Gegenwart; der „aufrechte Gang aller" ist ihr Orientierungspunkt. Gerade das Naturrecht vermag in Obrigkeits- und Klassenkonflikten eine „postulativ-revolutionäre Kraft" (PH 631) zu entfalten, die der Sozialutopie niemals eignete. Sozialutopie und Naturrecht stehen in einem Verhältnis der Komplementarität:

> Die Sozialutopie geht überwiegend auf *menschliches Glück* und überlegt sich, in mehr oder minder *romanhafter Form*, seine wirtschaftlich-soziale Form. Das Naturrecht (mit nur teilweiser Ausnahme von Hobbes) geht überwiegend auf *menschliche Würde* und leitet, in tunlichst *durchdachter Deduktion*, aus dem Begriff eines a priori freien Vertragssubjekts die Rechtsbedingungen ab, unter denen die Würde sozial gesichert und erhalten wird. (PH 632)

Einen aktuell bleibenden „Überschuss" des Naturrechts sieht Bloch exemplarisch im kämpferischen Beharren auf „Streikrecht", „Koalitionsrecht", „Prinzip der Gleichberechtigung aller Menschen und Nationen", „Pathos der freien Person" gegen Obrigkeit und wirtschaftliche Macht. (PH 636–637)

Fichte

Die nächste Sozialutopie, der Bloch eine ausführliche Besprechung widmet, ist Johann Gottlieb Fichte, *Der geschlossene Handelsstaat*, aus dem Jahr 1800. (PH 637–639) Diese Schrift zeige sich als eine „merkwürdige Mischform: juristische Sozialutopie", von Fichte selbst als „,Probe einer künftig zu liefernden Politik bezeichnet'". (PH 638) Fichtes Abhandlung gehe nicht von einem künftigen Idealstaat aus, sondern von der Kritik am gegebenen wirklichen, zu verändernden Zustand. Er wandle das klassische Naturrecht in ein vollkommenes Vernunftrecht und tilge jeden auf Natur gründenden Ursprungsmythos. Fichtes Vernunftstaat soll das vorgefundene ungleichmäßig verteilte Eigentum unter die Bürger aufteilen, sodass jeder genug zur Gestaltung seines Lebens zur Verfügung hat. Anstelle des Eigentumsrechts tritt das vom Staat gewährleistete „Erzeugungsrecht", in neuem Rückgriff auf die (feudale) Zunfttradition:

> Es gibt bei Fichte kein Eigentumsrecht auf Sachen, sondern nur eines auf Handlungen, derart, daß kein anderer befugt sein solle, dieses Stück Boden zu bebauen, oder es nur einer Gruppe erlaubt sein soll, Schuhe herzustellen. Alte Zunftrechte werden so funktionell erneuert, als das gesicherte Vermögen des Einzelnen, ‚ausschließend eine größere Kunst zu treiben'. An Grund und Boden gibt es schlechthin kein Eigentum, er gehört niemand und dem Ackerbauer nur insofern, als er ihn bebaut (folglich kein müßiger Feudalherr ist). (PH 641)

In Fichtes Staatskonstruktion werden Militär und Feudalwesen abgeschafft, alle Privilegien sowie die ständische Rangordnung aufgehoben. Seine Zukunftsintention geht freilich auch noch in eine zweite Richtung: gegen den Manchesterkapitalismus, daher „die Ausscheidung des freien Unternehmers, die Stillegung der freien Konkurrenz" und „die Abschaffung des offenen Marktes". (PH 642) Der innerstaatliche Handel wird juristisch strikt reguliert, der Außenhandel bleibt ein Monopol der Staatsregierung. Mit dem Begriff „geschlossener Staat" bezeichnet Fichte das staatliche Monopol nicht nur der Legislative und Jurisdiktion, sondern darüber hinausgreifend auch der Arbeitsbeschaffung und der Handelslenkung. Regiert wird der Staat von Gelehrten. Bloch charakterisiert den „geschlossenen Handelsstaat" als dirigierenden Staat, der aber auf „Freiheit" (PH 640, 645) seiner Bürger abziele, eine „relative Ordnungs-Utopie". (PH 643) Diese beinhalte die Aufhebung der Feudalgesellschaft und sei zugleich eine Prävention gegen Geld- und Kapitalakkumulation. Fichtes staatliche „Autarkie" strebe zugleich internationale wissenschaftliche Beziehungen zwecks Förderung der Humanität an. Kritisch vermerkt Bloch allerdings, dass Fichtes staatspolitische Ideen Ansatzpunkte für ihren späteren Missbrauch in der autoritären Brüning-Zeit der Weimarer Republik bereitstellten. (PH 644)

10.2.7 Utopien des 19. Jahrhunderts

Gemäß seiner Leitdifferenz von *Freiheit und Ordnung* zieht Bloch Filiationslinien bis in die Gegenwart: Das Erbe von Morus zeigt sich in den föderativen Utopien von Owen und Fourier und darüber hinaus, die zentralistische Utopie von Campanella setzt sich bei Cabet fort und endet bei Saint-Simon noch lange nicht.

Owen
Die föderative Utopie des menschenfreundlichen britischen Unternehmers Robert Owen versprach Sozialismus durch Reformen „von oben". (PH 647–649) Als Hauptziele wurden angestrebt: die Aufhebung des Privateigentums, der Ehe und Familie sowie der positiven Religion. Überall sollten genossenschaftliche Siedlungen auf agrarisch-handwerklicher Grundlage entstehen; auf internationaler

Ebene sollte eine lose Konföderation zwischen ihnen genügen. Owen flankierte seine Utopie durch soziale Experimente, denen allerdings nur eine kurze Lebensdauer beschieden war. So gründete er in den 1820er Jahren die frühsozialistische Produktionsgenossenschaft New Harmony in Indiana, USA. Wenige Jahre später beschränkte er sich praktisch auf eine Konsumgenossenschaft, indem er 1832 in London eine Arbeitsbörse bzw. einen Tauschbasar einrichtete, samt Arbeitswertgutscheinen, sowie mit Distriktsräten zur Bedarfsermittlung und Produktenverteilung. Blochs Urteil schließt recht eng an Friedrich Engels' Einschätzung an (PH 649), dass solche sozialistischen Experimente zwar ihre zeitweilige Funktionsfähigkeit unter Beweis stellen konnten, jedoch aufgrund ihrer Isoliertheit scheitern mussten. (Vgl. Engels 1845, 521–535; Engels 1878, 243–245) So kritisiert Bloch Owens ‚von oben her' konzipierte und zum Großteil noch vorindustriell orientierte Projekte, würdigt aber auch exemplarisch am Fall Owen die utopisch-pädagogischen Impulse, die aus seinem „Traum, eine neue Menschheit zu bilden", hervorgingen. (PH 650)

Fourier
Auch die Utopie des Charles Fourier ist eher dezentral angelegt. Erstaunlicherweise geht Fourier von der Kritik unerträglich gewordener Zustände durch gleichzeitige Vermögensakkumulation und Verelendung im Kapitalismus aus und entdeckt, dass „in der Zivilisation die Armut aus dem Überfluß selbst entspringt" (PH 651); er sieht sogar schon die Tendenz zur ökonomischen Monopolbildung. Fouriers gegen die „Barbarei" gerichtete Utopie strebt eine genossenschaftliche Produktion und Verteilung von Gütern an, gleichfalls auf agrarisch-handwerklicher Grundlage. Als Organisationseinheiten dieser neuen Gesellschaft waren kleine Kommunen von etwa 1500 Personen vorgesehen, sog. „Phalanstéres" – wozu in Frankreich in den 1830er Jahren auch ein Pilotprojekt eingerichtet wurde. Für die Phalanstéres war eine lockere Assoziation geplant, allerdings sollte diese auch durch eine Weltleitung koordiniert werden. In den Kollektiven sollte die Individualität gewahrt und gefördert werden; Aufhebung der Arbeitsteilung, vielfältiger biographischer Wechsel der Tätigkeiten und die Weiterführung der Praxis christlicher Nächstenliebe sollten die zukünftige „Harmonie" in die Wege leiten. Fourier hielt einen Zweistunden-Arbeitstag für ausreichend, um alle lebensnotwendigen Produkte herzustellen. Bloch geht bedauerlicherweise nicht auf Fouriers vehemente Befürwortung der Frauenemanzipation und seine Kritik der Geschlechterarbeitsteilung ein. (Bloch nennt an späterer Stelle nur kurz Morus und Fourier als Befürworter der weiblichen Emanzipation; für Fourier gelte diese zudem als der Gradmesser einer allgemeinen gesellschaftlichen Emanzipation (PH 690).)

Fouriers Plädoyers für Sinnengenuss und für genügend nahrhaftes und schmackhaftes Essen für alle Menschen bleiben hier ebenfalls Desiderate. Diese Lücken bei Bloch mögen verwundern, denn lange vor ihm, der sich ja dezidiert in sozialistische Traditionen einschreibt, hatte kein Geringerer als August Bebel genau diese Aspekte der Utopie Fouriers wieder deutlich hervorgehoben. (Bebel 1977, Bebel 1978)

Cabet

Die *Reise nach Ikarien* (1839/40) von Etienne Cabet weist demgegenüber schon deutlich moderne industrielle Züge auf. Cabet setzte auf die Dampfkraft als Technik der Zukunft. Er benutzte vielleicht als erster das Wort *communisme* für die geplante Wirtschaftsordnung. Die zentralistische Struktur seiner Utopie zeigt sich in den vorgestellten großen Produktionskomplexen ebenso wie in der hierarchisch gestaffelten, vereinheitlichten Verwaltung: „Ingenieure und Beamte regieren eine Fachwelt." (PH 655) Bei Cabet ist ein Siebenstundentag vorgesehen, und der Arbeitseinsatz wird strikt nach der Uhr geregelt.

Auch Cabets Realexperiment einer frühsozialistischen Kolonie „Ikarien" in den USA (Nauvoo am Mississippi, Illinois) scheiterte nach einigen Jahren.

Saint-Simon

Wie Cabet vertrat auch Henri de Saint-Simon eine zentralistische Utopie auf industrieller Basis. Er ging von der Annahme einer großen „arbeitenden Klasse" aus, zu der er „Kapitalisten, Bauern, Arbeiter, Händler, Unternehmer, Ingenieure, Künstler, Wissenschaftler" rechnete. (PH 656) Denn alle diese Schichten standen für ihn im Gegensatz zu dem untätigen „Macht-Reichtum" der Feudalherren (PH 657), die in seinem Sinne die eigentlichen Ausbeuter der Gesellschaft darstellten. Die Veränderung der alten Gesellschaft sollte bei Saint-Simon und seinen Schülern durch technische Innovationen, staatliche Banken, soziale Einrichtungen und Bildung stattfinden. Bloch kritisiert die Ideen des Saint-Simonismus als „gouvernementalen Sozialismus'" (PH 658) und als „Sozialpapismus" (PH 661), dessen christliche Humanität *von oben her* gedacht sei.

Stirner, Proudhon, Bakunin

Bloch kritisiert an den Anarchisten generell, dass die Ziele ihrer politischen Theorien zumeist geschichtlich-gesellschaftlich unvermittelt seien, lediglich auf Prinzipien und Axiome aufgebaut würden. Max Stirner wird grundsätzlich negativ bewertet. Mit seinem Buch *Der Einzige und sein Eigentum* (1844/45) sei er ein Vertreter des individuellen Anarchismus, der über die grundsätzliche Ablehnung des Staates weit hinausgehe und sich auch keiner Gesellschaft anschließen oder sich für die menschliche Gemeinschaft engagieren, sondern nur einen völlig unverbindlich-egoistischen „Verkehr oder Verein'" mit seinen Mitmenschen zulassen wolle. (PH 663–664)

Pierre-Joseph Proudhons berühmtes Urteil „Eigentum ist Diebstahl" findet Blochs Zustimmung in sachlicher Hinsicht, wenngleich Bloch einschränkend anmerkt, Proudhon habe in einer späteren Schrift das Eigentum als naturgemäß definiert. Seine Kritik des Geldes und des Zinses greife theoretisch zu kurz. Proudhons Utopie besteht in einer durch Vertrag errichteten Gesellschaft ohne Staat, dafür mit Individualität und gegenseitiger Hilfe, aus Kleineigentümern mit annähernd gleichem Besitz, der zu gering und deshalb untauglich zur Unterjochung anderer Menschen ist. Proudhon sah als wichtige gesellschaftliche Institution eine Tauschbank vor, mit Zirkulationsbons als Äquivalente für die eingelieferten Güter. Sein Projekt einer derartigen Volksbank scheiterte nach wenigen Monaten.

Die Theorie von Michail Bakunin setze die „Lust der Zerstörung" als „schaffende Lust" und verbreite die „Propaganda der Tat". (PH 667–668) Dabei gehe er, so Blochs Feststellung, von der irrigen Voraussetzung aus, alles Übel, auch das des Kapitalismus, aus Staat und Gott ableiten zu können. Er setze auf die freie revolutionäre Assoziation, meine aber in idealistischer Manier, „ohne Detektivwissen um ökonomische Materie" (PH 669) auskommen zu können. Einige antistaatliche und antiautoritäre Momente des Anarchismus könnten aber, wie Bloch konstatiert, auch marxistisch wieder aufgegriffen werden, unter Korrektur der historischen Prioritäten, denn Absterben des Staates und herrschaftsfreie Gesellschaft würden erst nach der Überwindung der kapitalistischen Ökonomie beginnen können.

Weitling

Der Bücher schreibende und öffentlich agitierende Schneidergeselle Wilhelm Weitling ist eine Ausnahmeerscheinung unter den Frühsozialisten: „der *Handwerksbursche Weitling* sprach aus proletarischem Elend und aus dem dämmernden Bewußtsein seiner Klasse". (PH 670) Er fand über den „Bund der Gerechten" Anschluss an die gerade entstehende deutsche und europäische Arbeiterbewegung und griff auf die Forderungen von Gracchus Babeuf und der Egalitären aus der Französischen Revolution zurück. Marx wie auch Bloch kritisieren diese ersten sozialistischen Postulate als „‚rohe, asketische Gleichmacherei'" (PH 671), unterziehen jedoch Weitlings erneuernden Rückgriff durchaus einer kritisch-positiven Würdigung. Weitlings utopische Entwürfe kennen eine Gütergemeinschaft der Zukunft, die gesellschaftliche Produktion ist an den Verbrauch angepasst, entsprechend ist die tägliche Arbeitszeit geregelt. Wohlstand für alle Menschen heißt eine zentrale Zielsetzung, neben die Arbeit tritt der Genuss. Die zukünftige Gesellschaft ist genossenschaftlich strukturiert. Die Produktion soll durch eine Räteverwaltung aus Bauern, Handwerkern und Industriearbeitern organisiert werden. Der Genuss, d. h. die Distribution der produzierten Güter, soll durch die Assoziation von Familienbünden unter Anleitung der Ältesten gewährleistet werden.

Weitling plädierte in seinen Reden und Schriften messianisch für die soziale Revolution der unteren Stände und für praktizierte christliche Nächstenliebe, er ließ sogar adventistische Hoffnung auf ein neues Zeitalter erkennen – ähnlich wie einst Thomas Münzer.

Weitling gewann zeitweilig starken Einfluss in der US-Arbeiterbewegung. Er beteiligte sich, durch Proudhon und Saint-Simon inspiriert, an einer sozialistischen Kolonie in den USA und gründete dort eine selbstverwaltete Gewerbeaustauschbank (1850er Jahre); beide Projekte hielten sich nur einige Jahre am Leben.

10.2.8 Paradigmawechsel: Marx/Engels

Die Sozialutopien bildeten nach Blochs Urteil bis weit in das 19. Jahrhundert hinein den *Typus „abstrakte Utopie"*. Sie waren rationale Konstrukte von Schriftstellern und Philosophen und blieben kathederhaft, unvermittelt: eben abstrakt, insofern ihnen keine Bedingungen und Tendenzen, keine Klassenströmungen und sozialen Bewegungen in der jeweiligen geschichtlich-gesellschaftlichen Realität entsprachen. Eine sehr wichtige historische Funktion will Bloch den alten Utopisten aber ganz und gar nicht absprechen:

> Dennoch haben diese Träumer einen Rang, den ihnen niemand nehmen kann. Unzweifelhaft ist allein schon ihr Wille zum *Verändern*, sie sind trotz des abstrakten Gesichts niemals nur betrachtend. Das unterscheidet die Utopisten von den politischen Ökonomen ihrer Zeit, auch von den kritischsten (hinter denen sie an Wissen und Forschung so oft weit zurückstehen). Fourier sagt mit Recht, die politischen Ökonomen (etwa seine Zeitgenossen Sismondi, Ricardo) hätten das Chaos nur belichtet, er aber wolle daraus herausführen. Dieser Wille zur Praxis kam zwar fast nirgends zum Ausbruch; wegen der schwachen Beziehung zum Proletariat, wegen der geringen Analyse der objektiven Tendenzen in der vorhandenen Gesellschaft. (PH 676–677)

Es ist klar, dass die systematische Entfaltung der Kritik des Bestehenden und das hieraus sich ergebende Aufspüren der gesellschaftlichen Bruchstellen durch Karl Marx und Friedrich Engels für Bloch einen philosophischen *Paradigmawechsel* zur konkret-vermittelten politisch-sozialen Praxis hin darstellt. Weshalb behalten die alten Utopien bei Bloch dennoch ihren Rang für die Gegenwart? Zur Erklärung darf hier Blochs im *Antizipierenden Bewusstsein* (*Das Prinzip Hoffnung*, 2. Teil) entwickeltes *Begriffspaar Kältestrom/Wärmestrom* herangezogen werden: Der vom Verstand dominierte *Kältestrom* der gesellschaftlichen Analyse, Formalabstraktion und Kritik muss immer von einem *Wärmestrom* des Enthusiasmus, der ethischen Impulse und der kollektiven Phantasie begleitet werden, um überhaupt massenwirksam eingreifen und ergreifen zu können: Das „konkret-antizipierte Ziel regiert den konkreten Weg", das „*Pathos des Grundziels*" der alten Utopisten bleibt bedeutsam. (PH 678)

Marx entwickle aus seiner Analyse immer „die Arbeit des nächsten Schritts" und gebe nur sehr knapp „Zielgehalte" wie etwa „Reich der Freiheit" an, diese würden von ihm nicht ausgemalt, gäben jedoch die entscheidenden Impulse für seine gesamte gesellschaftsverändernde Tätigkeit ab. Bei den Utopisten hingegen erschien das Reich der Zukunft immer als ein starres, bereits fix und fertig ausgestaltetes Ziel, das nur noch in die Gegenwart hereinzuholen wäre. Dennoch bleibt ihre „Intention auf die bessere Welt" utopisch „mitnichten abgegolten", sie speist den „Glauben ans Ziel". (PH 679) Bloch würdigt also die alten Sozialutopien, insistiert aber auf dem von Marx und Engels hergestellten theoriepolitischen Bruch: „Seit Marx ist der abstrakte Charakter der Utopien überwunden [...]." (PH 680) Die abstrakte Sozialutopie wird ersetzt durch eine aus der systematischen Analyse des Bestehenden entwickelte konkret-utopische Praxis. Doch die uralte Forderung bleibt aktuell: „Friede, Freiheit, Brot." (PH 680)

10.2.9 Partialutopien

Auch wenn die alten Sozialutopien historisch überwunden und ersetzt wurden, so sind dennoch in ihrer Nachfolge einige neue Utopien entstanden, die gesellschaftlich anzuerkennen und zum guten Teil sogar notwendig sind: Gruppenutopien oder Partialutopien. Bloch erkennt den besonderen Rang von drei gesellschaftlichen Gruppierungen und ihren utopischen Programmen: Jugendbewegung, Frauenbewegung und jüdische Emanzipationsbewegung. Soziologisch sind alle drei Projekte gekennzeichnet durch einen das *Oben* und *Unten* der gesellschaftlichen Klassen-Stratifikation verbindenden „Längsschnitt":

> Jetzt aber treten Gruppen allein auf und schälen sich, mit vermeintlicher oder echter Eigenart, aus dem Ganzen heraus, um ihr *spezifisch* Bestes zu suchen, vorauszumalen. Sie sondern sich in einem Längsschnitt aus, der vermeintlich durch alle Klassen gehen sollte; verbindend waren organische oder nationale Eigenschaften. Und freilich unterdrückte oder verfolgte, wie Jugend, weibliches Geschlecht, gar Judentum. So entstanden hier ganz späte Sozialutopien, sozusagen neben Marx, solche einer gruppenhaften Emanzipation. (PH 681)

Ihnen fehle gewöhnlich der „Wille zum *Umbau der gesamten Gesellschaft*"; nicht „Revolution", sondern *„Sezession"*, „Auszug aus mannigfachem Ghetto" sei ihr Programm, doch hinter ihren „emanzipatorischen Plänen" (PH 681) sei von Anfang an „wirkliche Bewegung" (PH 682) vorhanden.

Jugendbewegung

Bloch bespricht zunächst das um 1900 einsetzende Phänomen der Jugendbewegung. Familie und Schule hätten seinerzeit nur noch aus Zwang und Gewohnheit bestanden: Der Auszug der Jugend aus bürgerlicher Enge sei die Konsequenz gewesen, er habe sich vor allem in der Wanderbewegung, dem gemeinschaftlichen Leben im Freien artikuliert und sei von einer Reformpädagogik begleitet worden. Doch die rauschhafte „Sehnsucht nach einer Gemeinschaft" und anti-zweckrationale Abenteuerlust erwiesen sich bald zu großen Teilen als faschistisch verführbar: „Daß das Vater-Ich, wogegen der Jugendtraum anging, nur durch das viel härtere eines Todesstaats ersetzt worden war, kam nicht zu Bewußtsein." (PH 685)

Eine grundsätzliche Schwäche der Jugendbewegung lag in der Reduzierung gesellschaftlicher Probleme auf einen Generationenkonflikt. Bloch unterscheidet nun zwischen Sozialisationsformen und geht von autoritären Auswirkungen des grundlegenden gesellschaftlichen Klassenkonfliktes auf vornehmlich bürgerliche und kleinbürgerliche Familien- und Schulmilieus an. Das emanzipatorische Anliegen kann nur gesamtgesellschaftlich gelöst werden: „Um seine Jugend nicht betrogen zu sein, dies Gute gelingt erst, wenn nirgends mehr betrogen und entrechtet werden kann." (PH 687)

Frauenbewegung

Die gesellschaftliche Situation der Frauen begreift Bloch zunächst ganz elementar als eine Form von Leibeigenschaft:

> Das Weib liegt unten, es wird seit langem dazu abgerichtet. Ist immer greifbar, immer gebrauchsfähig, ist die Schwächere und ans Haus gefesselt. Dienen und der Zwang zu gefallen sind im weiblichen Leben verwandt, denn das Gefallen macht gleichfalls dienstbar." (PH 687)

Etwa um 1900, als „Träume begannen vom neuen Weib" (PH 687), wollten viele, zumeist junge Frauen entweder einfach nur ein eigenständiges, freies Leben führen („das freie Mädchen") oder aber den Erfolgen der Männer nacheifern und sie überbieten („die Männliche"). Bloch weist auch auf das Phänomen einer bohèmehaften, literarisch-künstlerischen Jugendstil-Revolution dionysischen

Charakters hin, an der auch Frauen stark beteiligt gewesen seien. Der Zerfall der bürgerlichen Familie und der kapitalistische Bedarf an weiblichen Arbeitern und Angestellten hätten objektive gesellschaftliche Bedingungen abgegeben, die den Weg der Emanzipation erleichterten. Die Schattenseite der beruflichen Emanzipation wurde freilich in den schlechter bezahlten und zumeist subalternen Tätigkeiten der Frauen sichtbar. Außerdem sei die Erringung des Frauenwahlrechts sowie ihres Hochschulzugangs in Deutschland auch noch durch den bald einsetzenden Abbau bürgerlicher Demokratie konterkariert worden. Ähnlich wie einst das Versprechen des Citoyens zur Realität des Bourgeois geworden war, erreichte auch die Frauenbewegung weniger als sie ursprünglich wollte. Doch sie transportiert noch immer Unabgegoltenes: „Die Frauenbewegung enthält sogar eine eigene utopische Fragestellung: die nach der Grenze des Geschlechts, und sie hegt den Zweifel, ob überhaupt eine solche Grenze bestehe." (PH 682, 689, 693)

Bloch nennt Helene Lange, Marie Stritt und Gertrud Bäumer als Vertreterinnen einer bürgerlichen Frauenbewegung, die nur innerhalb der bestehenden Gesellschaft Verbesserungen erreichen wollte. Bloch weiß natürlich, dass die Frauenbewegung sehr viel älter ist als die um 1900 einsetzende Bewegung. Vorbildlich erscheinen ihm jene Frauenrechtlerinnen aus früheren Epochen, die weibliche Emanzipation im Kontext der sozialen Frage und allgemeiner Menschenrechte begriffen hätten: die Forderungen von Mary Wollstonecraft 1792, George Sand 1830 und der „roten Demokratin" und Herausgeberin der ersten deutschen Frauenzeitschrift Louise Otto-Peters 1848/49.

Blochs Darstellung ist freilich recht lückenhaft. Schon einige Monate vor Louise Otto-Peters gab Mathilde Franziska Anneke die erste *Deutsche Frauenzeitung* heraus (Sept. 1848). Zudem hatte Sophie von La Roche bereits 1783/84 ein Frauenjournal der Aufklärung begründet. Bloch erwähnt zwar Mary Wollstonecraft als eine der ersten Frauenrechtlerinnen, vergisst aber Olympe de Gouges und ihren Aufruf von 1791. Bloch orientierte sich wohl an dem von ihm herausgestellten August Bebel (*Die Frau und der Sozialismus*, 1879), möglicherweise auch an den Aufsätzen *Zur Geschichte der proletarischen Frauenbewegung Deutschlands* (1928) von Clara Zetkin, welche jedoch ebenso wie die russische Feministin Alexandra Kollontai ungenannt bleibt. (Vgl. Bebel 1977, Zetkin 1971)

Was Bloch sehr deutlich in der Publizistik wie im Alltag wahrnimmt, ist das rasche Hin- und Herwechseln patriarchaler Frauenbilder auf einer Skala zwischen Gut und Böse, zwischen der Idealisierung als erziehende „Mutter" und der Entwertung als bloße „Hetäre": imaginierte und modellierte „Frauentypen" und „Prädikate" – hervorgegangen aus „Warenkategorien" und „Herrschaftskategorien" überhaupt. (PH 697) Dass Bloch der proletarischen Frauenbewegung den Vorzug gegenüber der bürgerlichen gibt, ist keine Frage. Eine andere Frage bleibt offen, denn seiner Ansicht nach ist die Utopie der Frauenbewegung „vertagt". Er vertritt die – sicherlich nicht unstrittige – These, dass „in den bisherigen Männergesellschaften" (PH 695) die möglichen „Prädikate" des weiblichen Geschlechts aufgrund ihrer Unterdrückung weniger „herausgebracht" werden konnten als die der Männer. (PH 696–697) Erst mit der umfassenden Befreiung der Gesellschaft würden mit der „Überschreitung einer nicht ausgemachten Geschlechtsschranke" (PH 698) neue Qualitäten hervortreten und sich entwickeln können.

Jüdische Emanzipationsbewegung

Die Besprechung der Emanzipationsbewegung der Juden erinnert im Subtext durchgängig an die Shoah: „Es gibt kein Leid, das dem jüdischen zu vergleichen wäre." (PH 698) Nach langen Jahrhunderten antiker Judenfeindschaft sowie eines mittelalterlichen christlichen Antijudaismus entstand im 19. Jahrhundert die Form des modernen Antisemitismus, der sich im 20. Jahrhundert während der NS-Diktatur bis zum systematischen Vernichtungswillen auflud. Bloch arbeitet für diese Großzeiträume drei sehr unterschiedliche „Motivierungen" des Judenhasses heraus, die Juden wurden auf jeweils andere Weise immer zum „Unwunschbild" gemacht: In der Antike war es der „angebliche Hochmut" der Monotheisten, im Mittelalter wurde der biblische Judas zum Negativ-Repräsentanten der Juden überhaupt; in der Neuzeit setzten faschistische „Rassentheorie" und die berüchtigte verschwörungstheoretische Fälschung der Protokolle der „Weisen von Zion" den systematischen mörderischen Antisemitismus in Gang. (PH 710) Bloch verdeutlicht sehr eindringlich, dass die relativ abgesicherte Stellung der Juden in der mittelalterlichen „spanischen Blütezeit" (PH 699) oder seit der Französischen Revolution eine geschichtliche Ausnahmesituation war, die jederzeit wieder in Pogrome umschlagen konnte. So entstand schon im 19. Jahrhundert mit der Erinnerung an das „Gelobte Land" und dem Wunsch nach „Heimstätte" (PH 699) der Zionismus.

Bloch stellt zwei Projekte des Zionismus einander gegenüber: das erfolglos gebliebene des Moses Heß und das zur Realität gewordene von Theodor Herzl. Die Utopie des Sozialisten Heß bezog sich auf den „alten Messianismus" des Judentums und war gleichzeitig „mit der internationalen Arbeiterbewegung" (PH 705) verbunden, blieb jedoch ohne hinreichende Unterstützung. Herzl schuf nach dem alarmierenden Dreyfusprozess in Frankreich (1894) einen bürgerlichen Zionismus als Gegenbewegung zum wachsenden Antisemitismus. Herzls Modell ist nach Blochs Einschätzung „kooperativer Privatkapitalismus mit Bodenreform, das Land ist öffentliches Eigentum, wird nur auf fünfzig Jahre jeweils verpachtet"; es ist zudem problematisch verbunden mit jüdischem „Nationalbewußtsein". (PH 704) Auch das spätere Israel sei trotz seiner agrarischen „Kommunen" (PH 708) dem kapitalistischen Kontext verhaftet geblieben. Seine im *Prinzip Hoffnung* völlig überzogene, bis zum Faschismus-Vorwurf reichende Kritik am Nationalstaat Israel hat Bloch später einer klaren Revision unterzogen. (Vgl. dazu Blochs Rede *Zum Pulverfass im Nahen Osten* (1967), PM 419–424.)

Bloch scheint die nicht-zionistischen Emanzipationsbewegungen der jüdischen Diaspora zu bevorzugen: die „prophetische Bewegung" gehöre „durchaus unter die Völker" (PH 712–713), die Utopie seiner messianischen „Sendung" (PH 704–705) könne sich nur im egalitären Völkerverbund verwirklichen: „Zionismus mündet im Sozialismus, oder er mündet überhaupt nicht." (PH 713)

10.2.10 Späte Gesamtutopien: Bellamy, Morris, Carlyle, George

Späte Gesamtutopien nach dem Paradigmawechsel durch Marx/Engels können bestenfalls noch „Spiel oder romantisch" sein: „Über diese beiden letzten Arten ist allenfalls noch zu sprechen, sie haben utopische Neigung wenigstens flott gehalten." (PH 714) Ein Spiel mit der Utopie ist beispielsweise der Zukunftsroman *Looking Backward* (1888) von Edward Bellamy, durchaus eine „sozialistische Phantasie". Bei Bellamy erscheint Amerika als Pionier der Zukunft, der Autor entwirft in seinem Roman „eine gleichheitliche Organisation des Wirtschaftslebens, ohne Slums, Banken, Börsen, Gerichte". Und mehr noch: „Es gibt kein Geld mehr, nur noch Waren und Kreditscheine für geleistete Arbeit." (PH 715) Durch groß angelegte Reformmaßnahmen ist die tägliche Arbeitszeit verkürzt worden, das frühere System der Lohnabstufungen ist abgeschafft zugunsten von „sozialem Wetteifer" und Auszeichnungen für Geleistetes, der Beamtenapparat ist stark reduziert bzw. durch eine einfache und übersichtliche Verwaltung ersetzt, Güterverteilung geschieht anhand einer genau dokumentierten „Statistik des Bedarfs". (PH 715) Bloch wertet dieses Modell als „Staatssozialismus" oder „zentralistischen Sozialismus" in der „Verlängerungslinie der heutigen Welt" (PH 715), als „Geschäftsverbandssozialismus" (PH 716) mit Redistribution der staatlichen Gewinne und Vermögen auf die Bürgergesellschaft.

Der bildende Künstler, Schriftsteller und politisch links stehende Arbeiterbewegungs-Organisator William Morris repräsentiert dagegen mit seinem Roman *News from Nowhere* (1890/91) eine eigensinnige sozialistische Romantik ohne Restaurationstendenzen. Morris wendet sich „gegen die gesamte Mechanisierung des Daseins" und die „Hässlichkeit" des Kapitalismus; seine Sozialutopie kennt „keine Profitmacherei" mehr, „keine unwürdige und unbeseelte Arbeit", „kein Geld und keinen Lohn". (PH 716) Er versteht Revolution aber auch als „Akt der Vernichtung" des Industrialismus (i. e. als „Maschinensturm" – W. K.) (PH 717). Sein sozialutopischer Entwurf ist auf eine handwerkliche und agrarische Grundlage gestellt, „ganze Menschen" üben schöpferische Tätigkeiten aus; Morris'

Ästhetik des Alltags ist am Mittelalter orientiert, insbesondere an der Gotik, doch dieser Rückgriff ist sozialistisch gemeint, „entfeudalisiert und entkirchlicht". (PH 717) Bloch ironisiert und würdigt Morris zugleich (mit einer Anspielung auf Schillers Ästhetik): Er sei ein „Homespun-Sozialist" (PH 716) „mit der gleichzeitig naiven und sentimentalischen Intellektuellen-Mischung von Neugotik und Revolution". (PH 718)

Bloch bespricht nur noch zwei weitere Autoren ausführlich. Diese Kommentare fallen im Vergleich zu Bellamy und Morris viel ungünstiger aus. In den Schriften von Thomas Carlyle geht es um die Betonung des Individuums in der Gemeinschaft, Kritik des Manchesterliberalismus, Schilderung des Arbeiterelends und Hässlichkeit des Fabriklebens. Doch Carlyle schließt dem keine Rückkehr-Forderung mit Verklärung der Schönheit des Mittelalters an. Er hasst vielmehr grundsätzlich die Feudalzeit und bejaht die Französische Revolution als Durchbruch in die neue Zeit. Seine Utopie besteht in einem industriellen Sozialstaat mit Wohlfahrtseinrichtungen und einem „puritanischen Arbeitsethos". (PH 719) Carlyles Konzeption ist autoritär: Er propagiert eine Art Industrieheldentum und setzt auf ein „Führer-Gefolgschafts-Verhältnis", derart mündet seine Kritik von Liberalismus und Feudalismus paradoxerweise in einen „individualistischen Neufeudalismus" (PH 719) – so Blochs vernichtendes Urteil.

Henry George (*Progress and Poverty*, 1879) reduziert die Ursache der industriellen Massenarmut sowie der Wirtschaftskrisen einzig auf „den Privatbesitz an Grund und Boden" und sieht in der „Bodenrente" (PH 721) eine ungeheure Machtfülle der Großgrundbesitzer. So ist seine Utopie ist eine bloße Bodenreform-Utopie: Er fordert eine Einziehung der privaten Revenuequelle „Boden" durch „Nationalisierung" und protegiert ein Bündnis von Arbeiterklasse und Industriekapital. Sein Entwurf wird von Bloch als viel zu kurz greifender und völlig wirkungsloser Reformismus eingestuft. (PH 722)

Bloch konstatiert, die nachmarxschen Gesamtutopien seien größtenteils auf kleinbürgerlicher Klassenbasis entstanden. (Ein Desiderat ist bei Bloch die positiv-kritische Aufnahme klassischer Dystopien in seinen Diskussionszusammenhang. Die unvoreingenommene Rezeption von dystopischen Romanen z. B. der Autoren Jewgeni Samjatin (*Wir*, 1920), Aldous Huxley (*Brave New World*, 1932) und George Orwell (*Animal Farm*, 1945; *1984*, 1948/49) hätte ihm ungeahnte Hindernisse bei der Verwirklichung des Noch-Nicht aufzeigen können. Bloch hat sich im *Prinzip Hoffnung* lediglich an einer Stelle sehr negativ zu Huxleys Roman geäußert (PH 511).)

Gleichwohl ist die gesamte Geschichte der Utopien erinnerungswürdig: „Desto freundlicher erinnert, als der Fortschritt des Sozialismus von der Utopie zur Wissenschaft ja längst ein entschiedener ist." (PH 723) Die systematischen Analysen von Marx und Engels und ihre Impulse gebenden, aber doch kargen

Bezeichnungen der Zukunft wie „Reich der Freiheit" und „klassenlose Gesellschaft" (PH 725) hätten allerdings nicht verhindern können, dass im Laufe der späteren Entwicklung des Marxismus zuweilen eine „Unterernährung der revolutionären Phantasie" (PH 726) eingetreten sei. Mit einer Anspielung auf Engels' Schrift *Die Entwicklung des Sozialismus von der Utopie zur Wissenschaft* (Engels 1882) heißt es nun bei Bloch:

> So erschien zuweilen ein allzu großer Fortschritt des Sozialismus von der Utopie zur Wissenschaft, dergestalt, daß mit der Wolke auch die Feuersäule der Utopie liquidiert werden konnte. Stattdessen muß wiederholt werden: Marxismus ist *nicht keine Antizipation (utopische Funktion), sondern das Novum einer prozeßhaft-konkreten*. (PH 726)

Blochs Sprachbild der „Wolke" bezeichnet die ‚Ideologie', das ‚verkehrte Bewusstsein'; die „Feuersäule" steht als Metapher für ‚Enthusiasmus' und ‚kollektive Phantasie'. Als Pendant des analytischen *Kältestroms* fungiert der *Wärmestrom* der gelehrten und belehrten Hoffnung. Zu letzterem gehört auch jener „kategorische Imperativ", wie ihn der junge Marx formulierte: „‚alle Verhältnisse umzuwerfen, in denen der Mensch ein erniedrigtes, ein geknechtetes, ein verlassenes, ein verächtliches Wesen ist'". (PH 726; vgl. dazu Marx 1844, 385) Entsprechend bezieht sich Blochs Kategorie der „konkreten Utopie" auf die realistisch fundierte „*Einheit von Hoffnung und Prozeßkenntnis*". (PH 727)

10.3 Unabgegoltenes: Nachwirkungen und Rezeptionen

10.3.1 Nachwirkungen der Sozialutopien in experimentellen Entwürfen und Praktiken

Verglichen mit der vorherigen Utopieforschung (vgl. Voßkamp 1985) hat seit etwa einem Vierteljahrhundert in den öffentlichen Debatten der Ton gewechselt. Wohl mehr als je zuvor ist die Tendenz zur Negativwertung von Utopien dominant geworden. Mit dem Zusammenbruch des Realsozialismus haben verschiedenste Autoren, besonders z. B. Joachim Fest, das „Ende der Utopien" verkündet und sogleich sämtliche linken und alternativen Ansätze für eine andere Gesellschaft (selbst antistalinistische, antibürokratische, anarchistische, antiautoritäre und undogmatische Konzeptionen) umstandslos dem gerade untergegangenen Gegensystem zugeschlagen. Die Argumentationskette lautet: Der Realsozialismus sei die Verwirklichung einer Utopie gewesen, Utopie laufe auf systematischen Terror hinaus, utopisches Denken sei deshalb „totalitär" und konsequenterweise ein für allemal zu diskreditieren. Es gebe keine Alternative zum Bestehenden. Das Verdikt traf natürlich auch Bloch. (Exemplarisch: Fest 1991) Gegen Positionierungen dieser Art hat Peter Zudeick eingewandt, dass die Debatte um das Ende der Utopien zwar auch Blochs Philosophie pauschal als „moralisch und politisch gefährlich" diskreditiert habe, doch würden diese Argumentationen sachlich an Blochs offenem, differenziertem Utopiebegriff vorbeilaufen, da sie zumeist der Unkenntnis des Untersuchungsgegenstandes geschuldet seien: „Das hat mit Bloch wenig zu tun, zeigt aber die für eine bestimmte Bloch-Rezeption typische ressentiment-geladene Haltung." (Zudeick, 2012, 663) Zudeicks Ausführungen zeigen implizit, dass diese Debatte durch die auslaufende *Ost-West-Blocklogik* des Kalten Krieges determiniert war.

Aber auch ein Blick in die soziale Realität der Jetztzeit kann uns rasch eines Besseren belehren: Utopien und utopische Projekte sind keineswegs tot. Allein in den USA sind seit den sechziger Jahren Dutzende utopische Siedlungen, Agrar- und Handwerkskommunen in der Nachfolge von Owen, Cabet, Weitling u. a. entstanden (vgl. Schwarz 1985) und bestehen teilweise noch heute, zudem entwickeln sich dort in bescheidenerem Ausmaße immer wieder neue Projekte. Der große Bruch mit der Utopie hat nicht stattgefunden. Wohl kaum jemand hat so umfassend und kenntnisreich wie der Sozialwissenschaftler Rolf Schwendter auf die nach 1989 entstandene Vielzahl utopischer Entwürfe, Romane und soziopolitischer Projekte aufmerksam gemacht. (Schwendter 1994) Aus feministischer Perspektive komplementär bestätigt werden diese Forschungen durch Barbara Holland-Cunz, auch sie vermerkt Dutzende neuer radikaldemokratischer, feministischer, ökologischer utopischer Entwürfe. (Holland-Cunz 1992) Darüber hinaus ist, bezüglich des von Bloch herausgestellten geschichtlichen Pendants zu den Sozialutopien, den Naturrechtslehren, nachdrücklich an die Feststellung von Inge Münz-Koenen zu erinnern, dass in langen, mühsamen Kämpfen proklamierte und verteidigte „Naturrechte" wenigstens teilweise als Menschenrechte in positive Rechtssatzungen eingegangen sind. (Vgl. Münz-Koenen 1997, 82–84, 86–87)

10.3.2 Neuere Rezeptionen des Blochschen Utopiebegriffs

Richard Saage hat das komplexe Phänomen „politische Utopie" im Kontext der post-realsozialistischen Atmosphäre Europas nach 1989 kritisch untersucht. Zwar übt er Kritik an Blochs Kategorie der „utopischen Intention" und reduziert dessen erweitertes Blickfeld auf das „Utopische" wieder auf die Formen der *politischen Utopie*. Doch auch Saages Untersuchungen halten die Notwendigkeit utopischer Entwürfe als Reaktion auf gesellschaftliche Fehlentwicklungen und

Krisen, insbesondere auf die Zerstörung natürlicher Lebensgrundlagen, soziale Verelendung und patriarchale Unterdrückung fest. (Saage 1991, Saage 1992, Saage 2004) Barbara Holland-Cunz bezieht sich kritisch-positiv auf Blochs Utopiebegriff, obwohl sie gleichfalls der Ausweitung seiner Studien auf „utopische" Phänomene der Kunst, der Musik und des Alltags nicht zu folgen gewillt ist. Auch Holland-Cunz insistiert, aus ähnlichen Beweggründen wie Saage, auf der Notwendigkeit von Utopien; zugleich fordert sie sehr vehement den Abbau patriarchaler Strukturen und den Einbau feministischer Dimensionen in neue utopische Entwürfe – anderenfalls seien diese Utopien überholt. (Holland-Cunz 1992; vgl. auch Holland-Cunz 1988) Rolf Schwendter referiert in seiner programmatischen Monographie *Utopie. Überlegungen zu einem zeitlosen Begriff* im Rekurs auf Ernst Bloch nicht nur klassische Sozialutopien, sondern auch mehrere Dutzend neue utopische Romane, Erzählungen, Programme, Manifeste und Entwürfe basisdemokratischer, feministischer und ökologischer Provenienz. An Saages und Holland-Cunz' Forschungsresultate anknüpfend, münden Schwendters eigene Untersuchungen in der Feststellung, dass die geschlossene narrative oder logische Form, die die klassischen Utopien kennzeichnete, in Auflösung begriffen ist zugunsten von „antwortvielfältigen" Formen; so werden häufig mehrere Lösungen als Möglichkeit angeboten:

> Der Ausgang, wer sich wohl durchsetzen werde, ist offen: eine ‚open-ended utopia'. Der ‚Einbau dystopischer Elemente in das utopische Szenario bricht mit der Illusion eines geschichtsphilosophisch begründeten, linear gedachten sozialen und menschlichen Fortschritts, der in den Fortschrittsutopien von der Mitte des 18. Jahrhunderts bis zum Beginn des 20. Jahrhunderts eine zentrale Rolle spielte.' (Schwendter 1994, 61)

Zu den offenen Formen der Utopie muss auf jeden Fall auch die in den Jahren 1964–67 von Robert Jungk entwickelte Methode der *Zukunftswerkstatt* gerechnet werden, die sich bewährt hat und immer noch praktiziert wird. (Vgl. Schwendter 1994, 63–65)

Blochs philosophische Kategorien sind gegenwärtig weitgehend aus den akademischen Diskursen der Philosophie wie auch der Kultur- und Sozialwissenschaften verschwunden. So mag es freilich überraschen, dass in den letzten Jahren innerhalb der US-amerikanischen Gender- und Queer-Forschung im Kontext von Forderungen nach sexueller Selbstbestimmung eine Wiederentdeckung des Utopiebegriffs stattgefunden hat und Blochs Kategorie der „konkreten Utopie", etwa in Verbindung mit seinen anthropologischen Fragestellungen der „Antizipation" und der Enttäuschbarkeit von „Hoffnung", eine gewisse Renaissance erfahren konnte. (Muñoz 2009, Halberstam 2011) Weniger verwunderlich ist es freilich, wenn in der heutigen globalisierungskritischen Literatur des englisch-, spanisch- und deutschsprachigen Raums oftmals auf Blochs Konzept der

„konkreten Utopie" Bezug genommen wird, häufig in Kombination mit weiteren blochschen Kategorien wie „Ungleichzeitigkeit" oder „Multiversum". Denn auch die Weltsozialbewegung hat inzwischen vielfältige Praktiken utopischer Antizipation entwickelt. (Vgl. Dietschy 2012, 323–324; vgl. Rehmann 2012, 13) Der erneuernde *theoretische Rückgriff* auf Bloch erfolgt in aller Regel genau dann, wenn es um konkrete Projekte, gesellschaftliche Programme und politische Schritte geht, die ganz real zeigen wollen, dass eine andere Welt möglich ist. (Vgl. Altvater/Mahnkopf 1997, Holloway 2002, Altvater 2005, Fisahn 2008, Holloway 2010, Roth/Papadimitriou 2013) In diesem Zusammenhang mag der Titel eines Gesprächsbandes, in dem der Ökonom Elmar Altvater und der Politologe Raul Zelik über die „kommende Gesellschaft" diskutieren (Zelik/Altvater 2015), zugleich für Symptom und Programm der vielfältigen Suchbewegung des Anderen stehen: *Vermessung der Utopie.*

Literatur

Elmar Altvater: Das Ende des Kapitalismus, wie wir ihn kennen. Eine radikale Kapitalismuskritik. Münster 2005
Elmar Altvater, Birgit Mahnkopf: Grenzen der Globalisierung. Ökonomie, Ökologie und Politik in der Weltgesellschaft. Münster 1997
Ernst Bloch: Freiheit und Ordnung. Abriss der Sozialutopien. New York 1946
Ernst Bloch: Freiheit und Ordnung. Abriss der Sozialutopien. Berlin-Ost 1947
Ernst Bloch: Das Prinzip Hoffnung, Bd. 2. Berlin-Ost 1955
Ernst Bloch: Freiheit und Ordnung. Abriss der Sozialutopien. Reinbek bei Hamburg 1969
Ernst Bloch: Vom Hasard zur Katastrophe. Politische Aufsätze aus den Jahren 1934 bis 1939. Frankfurt a. M. 1972
Ernst Bloch: Wieland Herzfelde: Briefwechsel 1938–1949. Frankfurt a. M. 2001
August Bebel: Die Frau und der Sozialismus. Frankfurt a. M. 1977
August Bebel: Charles Fourier. Sein Leben und seine Theorien. Frankfurt a. M. 1978
Beat Dietschy: Ungleichzeitigkeit, Gleichzeitigkeit, Übergleichzeitigkeit. In: Beat Dietschy/Doris Zeilinger/Rainer E. Zimmermann (Hg.): Bloch Wörterbuch. Leitbegriffe der Philosophie Ernst Blochs. Berlin 2012, 589–633
Friedrich Engels: Beschreibung kommunistischer Ansiedlungen. In: MEW 2, 521–535
Friedrich Engels: Herrn Eugen Dührings Umwälzung der Wissenschaft. In: MEW 20, 1–303
Friedrich Engels: Die Entwicklung des Sozialismus von der Utopie zur Wissenschaft. In: MEW 19, 185–228
Joachim Fest: Betört von einer Welt im Umsturz. Die alte deutsche Sehnsucht nach dem „Totum" – Ernst Bloch und das ewige „Noch nicht": der Philosoph als Prophet. In: Frankfurter Allgemeine Zeitung, 9. März 1991, Rubrik „Bilder und Zeiten"
Andreas Fisahn: Herrschaft im Wandel. Überlegungen zu einer kritischen Theorie des Staates. Köln 2008
Kurt Flasch: Das philosophische Denken im Mittelalter. Von Augustin zu Machiavelli. Stuttgart 1987

Judith Halberstam: The Queer Art of Failure. Durham 2011
Barbara Holland-Cunz: Utopien der neuen Frauenbewegung. Gesellschaftsentwürfe im Kontext feministischer Theorie und Praxis. Meitingen 1988
Barbara Holland-Cunz: Utopien der anderen Subjekte. Geschlechterverhältnis, Naturverhältnis und nichtteleologische Zeitlichkeit. In: Richard Saage (Hg.): „Hat die politische Utopie eine Zukunft?", Darmstadt 1992, 239–250
John Holloway: Die Welt verändern, ohne die Macht zu übernehmen. Münster 2002
John Holloway: Kapitalismus aufbrechen. Münster 2010
Wilfried Korngiebel: Revolution. In: Beat Dietschy, Doris Zeilinger, Rainer E. Zimmermann (Hg.): Bloch-Wörterbuch. Leitbegriffe der Philosophie Ernst Blochs, Berlin 2012, 472–483
Karl Marx: Zur Kritik der Hegelschen Rechtsphilosophie. Einleitung. In: MEW 1, 378–391
Karl Marx, Friedrich Engels: Manifest der Kommunistischen Partei. In: MEW 4, 459–493
William Morris: John Ball oder Der Aufstand der Bauern von Kent. Berlin-Ost 1953
Inge Münz-Koenen: Konstruktion des Nirgendwo. Die Diskursivität utopischen Denkens bei Bloch, Adorno, Habermas. Berlin 1997
José Esteban Muñoz: Cruisung Utopia. The Then and There of Queer Futurity, New York and London 2009
Jan Rehmann: Antizipation. In: Beat Dietschy/Doris Zeilinger/Rainer E. Zimmermann (Hg.): Bloch Wörterbuch. Leitbegriffe der Philosophie Ernst Blochs, Berlin 2012, 3–13
Karl Heinz Roth/Zissis Papadimitriou: Die Katastrophe verhindern. Manifest für ein egalitäres Europa, Hamburg 2013
Jean Jacques Rousseau: Schriften, hg. von Henning Ritter, 2 Bde. Frankfurt a. M., Berlin, Wien 1981, Bd. 1, 165–302
Richard Saage: Politische Utopien der Neuzeit. Darmstadt 1991
Richard Saage (Hg.): „Hat die politische Utopie eine Zukunft?". Darmstadt 1992
Richard Saage: Wie zukunftsfähig ist der klassische Utopiebegriff? In: Utopie kreativ, H. 165/166, Juli/August 2004, 617–636
Gunter Scholtz: Drittes Reich. Begriffsgeschichte mit Blick auf Blochs Originalgeschichte. In: Bloch-Almanach, hg. von Karlheinz Weigand, 2. Folge, Ludwigshafen 1982, 17–38
Egon Schwarz: Aus Wirklichkeit gerechte Träume: Utopische Kommunen in den Vereinigten Staaten von Amerika. In: WilhelmVoßkamp (Hg.): Utopieforschung. Interdisziplinäre Studien zur neuzeitlichen Utopie. Frankfurt a. M. 1985, Bd. 3, 411–431
Rolf Schwendter: Utopie. Überlegungen zu einem zeitlosen Begriff. Berlin, Amsterdam 1994
Anna Seghers, Wieland Herzfelde: Gewöhnliches und gefährliches Leben. Ein Briefwechsel aus der Zeit des Exils 1939–1946. Darmstadt, Neuwied 1986
Wolfgang Steinitz (Hg.): Deutsche Volkslieder demokratischen Charakters aus sechs Jahrhunderten, 2. Bde. Frankfurt a. M. 1979 (Berlin-Ost 1955, 1962)
WilhelmVoßkamp (Hg.): Utopieforschung. Interdisziplinäre Studien zur neuzeitlichen Utopie, 3 Bde. Frankfurt a. M. 1985
Max Wehrli: Geschichte der deutschen Literatur vom frühen Mittelalter bis zum Ende des 16. Jahrhunderts. Stuttgart 1980
Raul Zelik/Elmar Altvater: Vermessung der Utopie. Ein Gespräch über Mythen des Kapitalismus und die kommende Gesellschaft. Berlin 2015
Clara Zetkin: Zur Geschichte der proletarischen Frauenbewegung Deutschlands. Frankfurt a. M. 1971
Peter Zudeick: Der Hintern des Teufels. Ernst Bloch – Leben und Werk. Bühl-Moos 1987
Peter Zudeick: Utopie. In: Beat Dietschy/Doris Zeilinger/Rainer E. Zimmermann (Hg.): Bloch Wörterbuch. Leitbegriffe der Philosophie Ernst Blochs. Berlin 2012, 633–664

Doris Zeilinger
11 Zur technischen Utopie
4. Teil, Nr. 37, 38

Wie weit war Blochs natur- und technikphilosophischer Entwurf gediehen, als er 1938 mit der Abfassung des *Prinzips Hoffnung* begonnen hat? Wichtig ist die Klärung des Materialismus- bzw. Materiekonzepts 1936–37 (MP) in *Das Materialismusproblem, seine Geschichte und Substanz*. („Durchgesehen und erweitert" wurde das Werk 1969–71, erschienen ist es erstmals 1972.)

Entscheidend ist die darin enthaltene Erkenntnis, dass Materie (Zudeick 2012, 265–275) bzw. Natur Hoffnung begründen kann. Diese Quintessenz der Blochschen Philosophie führte 1955, kurz nach Erscheinen des zweiten Bandes von *Das Prinzip Hoffnung*, also des Teils, in dem die technischen und architektonischen Utopien enthalten sind, zu einer „von der Parteileitung der SED am Institut für Philosophie der Karl-Marx-Universität zu Leipzig veranstalteten ‚Konferenz über Fragen der Blochschen Philosophie'". (Horn 1957, 7) Die Hoffnungsphilosophie wurde von Rugard Otto Gropp als „eine antimarxistische Welterlösungslehre" (Gropp 1957, 9–49) diffamiert und auch Blochs Materialismuskonzept (Schulz 1957, 51–70) bzw. sein Materiebegriff (Rochhausen 1957, 71–91) einer Fundamentalkritik unterzogen. Zum Beispiel schreibt Rochhausen:

> Bloch hat seine Materiekonzeption in einem noch nicht veröffentlichten Manuskript konzentriert dargestellt. Dieses Manuskript hat jahrelang am Institut für Philosophie Leipzig ausgelegen und war also jedem Wissenschaftler und Studenten zugänglich. Besonders eingehend haben sich einige Studenten, die bei Bloch ihre Diplomarbeit geschrieben haben, mit dem Inhalt dieses Manuskripts vertraut gemacht. Außerdem bildete dieses Manuskript die Grundlage für ein Kolloquium der oberen Studienjahre, das unter dem Thema ‚Materiebegriff' über zwei Semester unter Blochs persönlicher Leitung durchgeführt wurde. (Rochhausen 1957, 71)

Rochhausen kommt zu dem Schluss,

> daß der Blochsche Materiebegriff Grundkategorie eines idealistischen anthropozentrischen Systems ist, das zu einer Vergöttlichung der produktiven Natur und des Menschen führt. Der Mensch steht im Mittelpunkt des Weltalls und schafft gemeinsam mit der allmächtigen Natur das menschliche Haus. [...] Die Triebkraft dieser Entwicklung liegt dabei grundsätzlich im Subjektiven, in der Sphäre des Immateriellen. Das in unserem Sinn Objektive ist nur ‚Wurzel' und deshalb werthaft gering. Der eigentliche Motor aller Entwicklung ist in der Gesellschaft das ‚Subjekt des menschlichen Willens' und in der Natur das ‚sich mit dem Menschen vermittelnde Natursubjekt'. (Rochhausen 1957, 88)

Der Vorwurf, der hier erhoben wird, samt der Kritik (Engelmann 1957, 173–179) an Blochs Konzept einer Allianztechnik, dürfte nicht nur in der DDR von 1957, sondern auch noch 2015 weithin Zustimmung finden.

Die Kapitel 37 und 38 über die technischen und die architektonischen Utopien sind im „Vierten Teil" des *Prinzips Hoffnung* enthalten, dem Bloch den Titel „Konstruktion" gegeben hat. Hier wird etwas *konstruiert*, entworfen, errichtet, gebaut, nämlich die „Grundrisse einer besseren Welt". Der Begriff „Konstruktion" ist seit Blochs *Geist der Utopie* gegenwärtig, bereits seit der ersten Fassung, allerdings als Negation in der „Gestalt der unkonstruierbaren Frage". Was der Mensch sei – in dieser Frage belasse man es tunlichst vorerst bei einem Rätsel, als Antwort möge „die ausgesagte, aber unkonstruierte, unkonstruierbare Frage selber") dienen. Die bis dato angebotenen Antworten nach dem menschlichen Wesen seien „allzu anhaltend konstruktive[n] Erledigungen des Problems" – ausgenommen „die wenigen seltsamen Selbstbegegnungen romantischer Dichtung und prinzipiell der Musik". (GU 1918, 367)

Technik und Architektur nehmen innerhalb dieser *Konstruktionen* eine Mittelstellung ein: Nach Präliminarien zur menschlichen Existenz beginnt Bloch mit den medizinischen und den gesellschaftlichen Utopien, es folgen die technischen und architektonischen, die geographischen Utopien sowie die Kapitel über „Perspektive in Kunst und Weisheit". Diese Stellung im Werk kann so begründet werden: Technik und Architektur (samt der Geographie als Übergang) bilden diejenige Sphäre, in der die „zentralen Gebietskategorien Mensch und Natur" (EM 230) aufeinander treffen und in besonderer Weise interagieren. Technik und Architektur haben es in der Realisierung ihrer Produkte mit dem Naturstoff, mit dem Material außerhalb des Menschen zu tun, mit dem „Gewaltigsten, was nicht lebt: mit den Kräften der anorganischen Natur" (PH 729). Ihr Gegenstand ist nicht der Mensch in seiner Leiblichkeit, sind auch nicht unmittelbar Fragen des menschlichen Zusammenlebens, und es sind noch nicht die Sphären der Kunst und des Denkens in ihrer Freiheit. Technik und Architektur befassen sich mit einer Art zweiter Natur, mit den von Menschen geschaffenen Geräten, Maschinen, Anlagen, Fahrzeugen, aber auch mit Technologien in der Lebensmittelproduktion, der Energiegewinnung, mit Bauwerken usw., mit denen der Mensch sich umgibt und deren Grundlage und Bedingung ein Umgang mit der ersten Natur ist. Insofern handelt es sich um Gemeinschaftsprodukte, entstanden in Kooperation von Subjekt und Objekt. Der Mensch mit seinen Träumen und Ideen trifft auf ein Gesetztes, das der gewünschten Realisierung einerseits Grenzen vorgibt, sie aber andererseits überhaupt erst ermöglicht.

Als Novum gilt Blochs Konzept der „Allianztechnik" (Zimmermann 2012/1, 349–374): Natur und Mensch finden sich in einem für beide Seiten produktiven Verhältnis, aufgrund der Annahme eines „hypothetischen Natursubjekts"

(Zimmermann 2012/2, 374–403), was impliziert, dass nicht ein Subjekt-Objekt-Verhältnis (Schlemm 2012, 514–540) im herkömmlichen Sinn vorliegt, sondern sinnvoller Weise eine Subjekthaftigkeit der Natur im Umgang mit ihr zu unterstellen sei. Der Sinn dieser Annahme wird begründet mit dem Naturwesen Mensch (Thompson 2012, 275–283), dessen Fähigkeit zu Subjekt-Objekt-Beziehungen, dessen Bewusstsein/Selbstbewusstsein und dessen Vernunft, die letztendlich in seiner Natur beschlossen sind. Der Mensch ist Teil einer „Gesamtnatur", in deren außermenschlichen Gestalten eine latente Subjektivität vermutet werden kann, die in der Dynamik des Naturprozesses sich äußert. Dieses Naturkonzept (Zeilinger 2012/2, 324–349), basierend auf einem „spekulativen Materialismus" (Holz 2012/2, 483–508), enthält zum einen die unproblematische Annahme, dass das *Wissen* über die Natur noch nicht ausgeschöpft sei und insofern noch kein Ende der technischen Errungenschaften, die aufgrund neuen Wissens realisiert werden können, erreicht ist. Zum anderen ist der Naturprozess als solcher nicht abgeschlossen. Insofern liegt eine *utopische Ontologie* vor. (Flego, Schmied-Kowarzik 1986)

Technische und architektonische Utopien sind richtungsweisend, weil in ihnen Technikträume und Wunscharchitekturen artikuliert werden. Sie transportieren einen Überschuss an menschlicher Phantasie, sie sind Ausdruck menschlicher Sehnsucht. Ihre Realisierung ist mitunter später gelungen. Heute sollten als substanzielle Technik- und Bauutopien jene gelten, in denen eine „Naturallianz" (Zimmermann 2012/1, 349–374) angestrebt wird. Auf dem Gebiet der Kunst, der Musik, der Literatur, aber ebenso in der Philosophie, scheint eine Mensch-Natur-Beziehung vor, die auf *Qualität* der Natur gerichtet ist, Naturwissenschaft und Technik basieren auf *Quantität* (LV 4, 208), die ergänzende Orientierung auf Naturqualität steht noch aus. Da Technik und Architektur in der gesellschaftlichen Praxis realisiert werden, unterliegen sie Verwertungskriterien des kapitalistischen Markts, was die Durchsetzung einer Allianztechnik erschwert.

„Man nennt ja die deutsche klassische Philosophie, was ihre Naturphilosophie angeht, auch romantisch, aber diese Art Romantik kommt nicht nur in der Romantik vor, sondern, was die Dichtung betrifft, auch in der Klassik." Mit dieser Reminiszenz an Goethe, den „Naturforscher eigener Art" (LV 4, 207), führt Bloch in seiner Leipziger Schelling-Vorlesung (Bloch 1985) in das Thema „Naturqualität" ein. (Diese Vorlesung wurde unter dem Titel „Aus der Bloch-Vorlesung" 1985 auch in der DDR publiziert.) „Wie kommt es dazu, daß Wellenbewegungen sich in Töne verwandeln?" fragt Bloch, und seine Antwort lautet: „Das kann man wohl einen Umschlag von Quantität in Qualität in des Wortes verwegenster Bedeutung nennen" (LV 4, 207). In dieser Vorlesung hebt Bloch darauf ab, dass „die Dialektik der Natur ganz radikal gefaßt" werden müsse, um den Vorwurf des Anthropozentrismus als Grundlage einer Annahme von Naturqualität, von Naturdialektik überhaupt, zu überwinden. Qualität der Natur sei neben dem Quantum ebenso Kriterium ihrer Erkenntnis, vorerst nur in der Ästhetik offensichtlich. Die mögliche Rationalisierung des romantischen Konzepts zu einer „bewußt-dialektischen Naturwissenschaft" bewirke die Aufhebung der scheinbaren Gegensätze von Quantum und Quale in der Natur, von Goethe und Schelling auf der einen und Newton auf der anderen Seite. (LV 4, 216–217) Olaf L. Müller hat aktuell ein umfangreiches Werk zum Streit Goethe-Newton vorgelegt, in dem er die Position Newtons einer Kritik unterzieht: Newtons Auffassung, er könne aus seinen Experimenten, insbesondere seinem „experimentum crucis" (Müller 2015, 88–117), direkte Schlussfolgerungen ziehen, sei nicht haltbar. Als Leistung Goethes hebt er besonders hervor:

> Goethe hat (anders als Newton) gewusst oder doch geahnt, dass sich im Prinzip jedes Newtonsche Experiment umkehren lässt. Hier hatte er die Nase vorn – nicht nur vor Newton, sondern auch vor Ostwald, Heisenberg, Born und Weizsäcker [...]. Hat Goethe geraten, dass z. B. das *experimentum crucis* später einmal umgedreht werden und dass sich sein Theorem streng beweisen lassen würde? Kaum zu glauben. Hier muss eine andere Erkenntnisquelle im Spiel gewesen sein – mathematische Intuition. (Müller 2015, 429)

Bloch hat die Schelling-Vorlesung Anfang der fünfziger Jahre gehalten. Damals bescheinigt er der Technik eine vollständige Abhängigkeit von der mathematischen Naturwissenschaft, doch habe diese Technik einen technischen Fortschritt großen Ausmaßes bewirkt, die Verwandlung der Welt in eine „riesige Fabrik [...], in einen maschinellen Verlauf, in dem alles quantitativ faßbar ist", was keinen Zweifel daran zulässt, dass „der mathematischen Naturwissenschaft in der Welt etwas entspricht". (LV 4, 209) Aber gibt es deswegen keine objektiven *Qualitäten* der Natur?

Franz von Baader (1765–1841), Alexander von Humboldt (1769–1859) und Friedrich von Hardenberg (1772–1801) gehören zu jenen Romantikern, denen in ihrem naturwissenschaftlich-technologischen Naturumgang der Begriff der Naturqualität noch gegenwärtig ist. Ihr beruflicher Alltag war, zumindest zeitweise, von der Technik bestimmt. Humboldt war von 1792 bis 1797 für den fränkischen Bergbau in den zu Preußen gehörenden Fürstentümern Ansbach und Bayreuth zuständig. Er hatte, wie Franz von Baader und Friedrich von Hardenberg, ein Zweitstudium an der Bergakademie Freiberg absolviert. Auch Baader und Hardenberg waren danach im Bergbau- und Hüttenwesen bzw. in der Landvermessung tätig. Neue Publikationen verweisen auf das wieder erwachte Interesse an der Freiberger Frühromantik. (Bonchino 2012)

Insbesondere die Gedankenfiguren Friedrich von Hardenbergs, der sich seit seiner Freiberger Zeit Novalis nannte, tauchen bei Bloch als zentrale Elemente seiner Philosophie der konkreten Utopie auf. In der Fragmentsammlung *Blüthen-*

staub (Novalis 1798), die in der „Formierungsphase" der Frühromantik als eines ihrer Gründungsdokumente gilt, legt Novalis den Grundstein für die „integrierende Zusammenschau" (Balmes 1978, 332) von Philosophie, Religion, Ästhetik, Naturwissenschaft und Politik – in Form des *Fragments*. Die von ihm erkannte Bedeutung des Fragments wird Bloch im Rahmen der Philosophie des „Noch-Nicht" (PH 129–203) zu einer seiner bedeutendsten begrifflichen Schöpfungen bewegen: dem *Realfragment*:

> Denn die Welt selber, wie sie im argen liegt, so liegt sie in Unfertigkeit und im Experiment-Prozeß aus dem Argen heraus. Die Gestalten, die dieser Prozeß aufwirft, die Chiffern, Allegorien und Symbole, an denen er so reich ist, sind *allesamt selber noch Fragmente, Realfragmente, durch die der Prozeß ungeschlossen strömt und zu weiteren Fragmentformen dialektisch vorangeht.* [...] Konkrete Utopie als Objektbestimmtheit setzt konkretes Fragment [...] voraus und involviert es, wenn auch gewiß als ein letzthin aufhebbares. (PH 255)

Bloch bestimmt hier „die Welt selber" als fragmenthaft während ihres Prozesses hin zu möglicher Identität. Allerdings verstehe sich bislang in erster Linie die ästhetische Phantasie, durch ihre Art der Apperzeption, auf die Anschauung der unfertigen Welt in geeigneter Weise. Aber auch Naturwissenschaft und Technik müssten dieser Grundbestimmung Rechnung tragen.

Novalis geht bereits in *Blüthenstaub* auf eine technische Utopie ein:

> Wir träumen von Reisen durch das Weltall: ist denn das Weltall nicht in uns? Die Tiefen unseres Geistes kennen wir nicht. – Nach Innen geht der geheimnißvolle Weg. In uns, oder nirgends ist die Ewigkeit mit ihren Welten, die Vergangenheit und Zukunft. Die Außenwelt ist die Schattenwelt, sie wirft ihren Schatten in das Lichtreich. (Novalis 1978, 233)

Die Antithese von innen und außen wird Bloch im *Geist der Utopie* dialektisch weiterführen, allerdings mit anderer Akzentuierung. Bloch wendet den Ansatz existenzialistisch:

> Ich bin. Wir sind. Das ist genug. In unsere Hände ist das Leben gegeben. Für sich selbst ist es längst schon leer geworden. Es taumelt sinnlos hin und her, aber wir stehen fest, und so wollen wir ihm seine Faust und seine Ziele werden. (GU 1923, 11)

Der Mensch ist Bedingung für eine wieder zu gewinnende gesellschaftliche Perspektive nach den Verheerungen – nicht zuletzt durch neue Kriegstechnik – des Ersten Weltkriegs. Der praktische, kämpferische Zugriff ist ebenso Bedingung eines Neuanfangs wie die geistige Erneuerung. Anfang der Sechzigerjahre, in seiner *Tübinger Einleitung in die Philosophie*, ist das Thema Innen- und Außenwelt weiterhin präsent. Erkenntnistheoretisch unterstreicht Bloch erneut die Bedeutung des Subjekts: Es ist der „einzige Schlüssel, um die verschlossene, mehr: um die sich selbst noch weithin, erst recht in die Tiefe verschlossene Welt aufzuschließen". (TE 44) Die gelingende Vermittlung mit dem Objekt unter dem Primat der praktischen Vernunft (im Sinn Fichtes) wird hier immer der Prüfstein sein. Ziel ist die „In-formatio über die Welt und der Welt selber":

> Ja, der wirklich geheimnisvolle Weg geht nicht so sehr nach innen, wie Novalis sagt, als vielmehr nach außen, dringt mit nicht nur anderer Weite, auch mit schließlich größerer Tiefe nach außen ein. Item: *das Inwendige ist und bleibt der Schlüssel zum Auswendigen, doch der Schlüssel ist nicht die Substanz, sondern die Substanz auch des Schlüsselhaften ist in dem noch so wenig fertigen Objekthaus Welt.* (TE 44)

Diese unfertige Welt aufzuschließen – das ist ohne Technik unmöglich. Ansatzpunkt einer „Allianztechnik" wäre eine erneute Sichtung der Signaturlehre (Böhme 2009, 507–788), die von Novalis aufgenommen wurde. Seinem Versuch attestiert Bloch, dass er auf einem guten Weg war, den Signaturen, „auch in unpoetischer Gestalt, wieder auf die Spur zu kommen; er hatte nicht umsonst den seltsamen, nur scheinbar antihumanen, nur scheinbar astralmythischen Satz geschrieben: ‚Die Steine und die Stoffe sind das Höchste, der Mensch ist das eigentliche Chaos.' Und dieses Chaos sah er in naturhaften Linien auf phantastische Art sogar die Wege der Menschen betreffend: ‚Wer sie verfolgt und vergleicht, wird wunderliche Figuren entstehen sehen; Figuren, die zu jener großen Chiffernschrift zu gehören scheinen, die man überall, auf Flügeln, Eierschalen, in Wolken, im Schnee, in Kristallen und Steinbildungen, auf gefrierenden Wassern, im Innern und Äußern der Gebirge, der Pflanzen, der Tiere, der Menschen, in den Lichtern des Himmels, auf berührten und gestrichenen Scheiben von Pech und Glas, in den Feilstäben um den Magnet her und sonderbaren Konjunkturen des Zufalls erblickt'". (Werke, Minor, IV, S. 3)

> Das ist Analogiebildung und kaum noch mehr, wenn auch eine unter lauter objekthaften Allegorien; es ist, wie jede Analogie, Rest einer Entsprechung zwischen Dingformen, wobei jedoch der methodische Hintergrund dieses Konkordanz-Gedankens zusammengebrochen ist. (PH 1598)

So zeigt sich ein Netz von Begriffen, das Bloch mit Novalis verbindet: Innen-Außen, Fragment, Chiffer. Diese Begriffe sind Eckpfeiler der Philosophie der konkreten Utopie.

Mit Blochs Naturphilosophie, die jener Tradition verpflichtet ist, die seit der Antike Naturqualität und das Verhältnis des Menschen zur Natur problematisiert, liegt spätestens seit dem Erscheinen des zweiten Bandes von *Das Prinzip Hoffnung* 1955 im Aufbau-Verlag Berlin, ein Konzept von „Naturallianz" und „Allianztechnik" vor, das als Paradigma eines neuen Mensch-Natur-Verhältnisses dienen könnte.

Blochs methodisches Vorgehen im Teil „Konstruktion", in den Kapiteln 36, 37, 38, also in den sozialen, den technischen und den architektonischen Utopien, ist immer gleich: Er durchforstet für überwunden erachtete Entwürfe, um darin ein Erbe ausfindig zu machen. Dann wendet er sich Utopien zu, die als Gesamtkonzept aktuell eine utopische Relevanz aufweisen. Diese Teile tragen die Überschriften „Projekte und Fortschritt zur Wissenschaft" (Kapitel 36), „Nicht-euklidische Gegenwart und Zukunft" (Kapitel 37) sowie „Die Bebauung des Hohlraums" (Kapitel 38).

Bloch stellt den technischen Utopien fünf Motti voran. Der oben erwähnte Franz von Baader wird am ausführlichsten zitiert mit einer Stelle aus seinem Werk *Über die Begründung der Ethik durch die Physik*. (Baader 1969, 19–55) Bei ihm fänden sich „seltsam jähe Blicke, die uns nach wie vor noch etwas zu denken geben, ja sogar, soweit ein Blick dazu imstande ist, uns etwas zu nagen und zu beißen zu geben", so dessen Modell eines Weltprozesses im vierfachen Sinn, als chemischen, als medizinisch-heilenden, als gerichtlich-strafenden und als religiös-rettenden Prozess. „Und am Ende, wenn der Prozeß gewonnen ist, wenn die in dem Prozeß, im Weltprozeß anhängige Sache gewonnen ist, gibt es die prophezeite Verklärung des Menschen und der Natur". (LV 4, 229) In einem weiteren Motto kommt Roger Garaudy zu Wort. Er stellt einen Zusammenhang her zwischen den gesellschaftlichen Verhältnissen und dem Naturverhältnis. Blochs Bezugnahme auf Garaudy ist der These geschuldet, dass Technik abhängig sei vom gesellschaftlichen Kontext. Nur dieser Zusammenhang lässt einige euphorische Aussagen zu Segnungen durch Technik – unter veränderten gesellschaftlichen Bedingungen – nachvollziehbar erscheinen, vor allem im Hinblick auf die Atomenergie. Im letzten Motto wird Marx mit der berühmten Stelle aus den *Ökonomisch-Philosophischen Manuskripten* angeführt: „Also die *Gesellschaft* ist die vollendete Wesenseinheit der Menschen mit der Natur, die wahre Resurrektion der Natur, der durchgeführte Naturalismus des Menschen und der durchgeführte Humanismus der Natur". (PH 730) Mit diesem exzessiven Motto-Gebrauch weist Bloch auf seine Vorläufer hin, deren Ideen er fortführt bzw. weiterbildet. Gemeinsam ist das Ziel, der Weltprozess möge in seinem Ultimum eine „Versöhnung" von Mensch und Natur sein. Allerdings ist diese Utopie eine zu konkretisierende, im Prozess von Menschen zu gestaltende, erst noch zu gewinnende. Zur Konkretisierung trägt der menschliche Naturumgang im Bereich der Technik Entscheidendes bei.

Technische Utopien haben eine lange Tradition. Die Schwerkraft zu überwinden, ins Innere der Erde vorzustoßen, Gold zu machen – alles Wunschbilder, die den Menschen Möglichkeiten eröffnen, sie bereichern sollen. Mit großem Interesse wendet sich Bloch der Alchemie zu, und zwar ihrem Anliegen der „mutatio specierum", der „Umwandlung der anorganischen Arten". (PH 746) Interesse zeigt Bloch für die Haltung des Alchemisten, denn die *Imagination* des Goldes war Voraussetzung möglichen Gelingens: „Das Gold sollte jedenfalls mit dem Willensbild seiner selbst erregt und gerufen werden". (PH 747) Wir sehen hier im noch vorwissenschaftlichen Naturverhältnis die Frage aufgeworfen, ob die innere Haltung des erlebenden und auffassenden Subjekts sowohl Voraussetzung für das Gelingen des materiellen technischen Vorgangs als auch Kriterium der Erkenntnis dieses Vorgangs ist. Die neuzeitliche Naturwissenschaft wird diese Frage selbstredend verneinen, da jegliche Subjektivität zu vermeiden ist. Bei den Alchemisten wird der subjektive Wille vorausgesetzt, weil im Innern der Natur ein auf ihn Reagierendes anzutreffen sei: „Einige Vorschriften [...] wirken, als ob gerade das ganze leidenschaftliche Willenssubjekt in die Natur einzusteigen habe, mit deren eigenem Innern als Quellpunkt [...] ‚sympathetisch' verbunden". (PH 747) Daraus zieht Bloch, im Rückgriff vor allem auf Schelling (Schelling 1799), die Konsequenz, es sei von einem *hypothetischen Natursubjekt* auszugehen. „Wille und Natur" haben offenbar nicht nur Geltung für das abgehandelte Vergangene, sondern auch für das zu gewinnende Neue. Es liegt nahe, daraus die Forderung einer Revitalisierung des Willens-Faktors im Naturumgang abzuleiten.

In dem Abschnitt über die „Magische Vergangenheit" pointiert Bloch den Begriff der *Essenz*, der aus dem Kanon der philosophischen Termini in die Alchemie übernommen wurde. Alle Metalle enthalten hier, außer der in ihnen steckenden passiven „materia prima" drei Essenzen (Merkur, Sulphur und Sol) in unterschiedlicher Zusammensetzung. Während die Chemie noch bis gegen Ende des 18. Jahrhunderts „an die drei angegebenen Grundbestandteile der Metalle geglaubt" hat, und zwar nur daran, brachte die Alchemie schon bald die aristotelische Entelechie ins Spiel; sie fügte „die höchste ‚Essenz' oder den Goldkeim hinzu, der in allen gewöhnlichen Metallen drängt, am Wachstum verhindert, eine ‚Entelechie', die noch nicht aktualisiert ist". (PH 749) Die *Alteritas*, die verschiedenen Metalle in unterschiedlicher Zusammensetzung der Grund-Essenzen, wird abgelöst vom *Symbol* des einen, höchsten Metalls im Zeichen eines „unleugbare[n] Fanatismus des Überhaupt":

> *Das Gold, das Glück, das ewige Leben befinden sich im Bleigefängnis; der gefangengehaltene Christus, die Gold-Entelechie aller Dinge und Wesen, muß durch die Generalreformation, deren die Alchymie ein Gleichnis ist, aus dem Kerker des Status herausgeführt werden.* (PH 752)

Hier zeigt sich ein Denken, dessen innerster Antrieb das prozessuale Herauspräparieren der *Essenz* ist. Dies erklärt die Bedeutung dieser vorwissenschaftlichen Praxis des Naturumgangs für die Philosophie der konkreten Utopie: Eine Prozessspannung wird unterstellt, die im Verhältnis zwischen Existenz und Essenz eine Entwicklung zur Freisetzung der Essenz unterstellt. Manche Intentionen der Alchemisten, die ihnen aufgrund ihrer „phantastischen Prozeßmittel", also auch mangels entsprechender technischer Möglichkeiten, versagt blieben, wurden später realisierbar. Mit den naturwissenschaftlich-technischen Möglichkeiten des 20. Jahrhunderts – erst recht des 21. Jahrhunderts – liegt vieles in Reichweite: „[...] die Umwandlung der Metalle (Elemente) als Plan selber, klingt in der Zeit der Atomzertrümmerung, der Elektronverlagerung der Elemente keineswegs mehr grotesk." Die Sympathie Blochs für die „eingreifende Behandlung" der anorganische Natur scheint auch in seiner Kritik an Positionen des 19. Jahrhunderts durch:

> Grotesk war vielmehr, daß man im vorigen Jahrhundert, im Darwin-Jahrhundert der ‚Umwandlung der Arten', die anorganischen Elemente selber als unverrückbar ansah und den ganz identischen Ausdruck: ‚mutatio specierum' (er kommt zum ersten Mal in der Alchymie vor) überhaupt nicht verstand. (PH 754)

Bloch begrüßt die „mutatio specierum", sein utopisches Natur-Konzept findet er durch die Naturwissenschaft des 20. Jahrhunderts konkretisiert. (Lindner 2015) Das verändernde Eingreifen in die Natur ist im beginnenden 21. Jahrhundert in einem zuvor nie gekannten Ausmaß möglich geworden.

Im Abschnitt „Nicht-euklidische Gegenwart und Zukunft, technisches Anschlußproblem" drängt sich zunächst der Eindruck auf, Bloch wäre geradezu der Apologet einer auf ständiger Innovation basierenden technischen Zivilisation, wie sie für die Gegenwart typisch ist. Aus seiner damaligen Perspektive beklagt er ein zeitweiliges „Moratorium der Technik" (PH 769) in der ersten Hälfte des 20. Jahrhunderts, das hinsichtlich der Geschwindigkeit, mit der Erfindungen im 19. Jahrhundert sich ausbreiteten, nicht mithalten könne. Als Beispiel hierfür nennt er die schleppende Entwicklung der „Atomenergie, sicher umwälzender als Dampfboot und Elektrizität zusammen". (PH 770)

Bloch geht aus von einer grundsätzlichen Differenz zwischen *sozialistischer* und *kapitalistischer* Technik: Wenn in einer sozialistischen Gesellschaft „maximale Bedarfsdeckung auf dem Stand der höchsten Technik" (PH 771) die Maxime sei, gelte im Kapitalismus das Gesetz des maximalen Profits. So stünde die Entwicklung der Technik einmal unter der Zielvorgabe menschlicher Bedürfnisbefriedigung, zum anderen unter dem systematischen Diktat der Rentabilität. Blochs euphemistischer Schluss, dass erst Bedarfswirtschaft statt Profitwirtschaft einen neuen Schub technischer Weiterentwicklung ermögliche, muss aus heutiger Sicht als Irrtum bezeichnet werden. Was allerdings im Technik-Kapitel sehr deutlich zum Ausdruck kommt, ist Blochs Hoffnung auf technischen Fortschritt im Sinn einer Auslotung der noch nicht erkannten und erforschten technischen Möglichkeiten in Gesellschaften neuer Prägung, die den Grundsätzen seiner Naturphilosophie und den Vorgaben einer Allianztechnik entsprechen. Mit Blick auf die neue Technik, wie sie bereits Einzug gehalten hat, rechnet Bloch mit neuen Anforderungen an das menschliche Bewusstsein.

Die klassische Mechanik sei die „unseres mesokosmischen Anschauungsraums" gewesen, angesiedelt zwischen dem „unmenschlichen ‚vierdimensionalen Weltkontinuum' und dem unmenschlich verwirklichten Abgrund des ‚Atomraums'". (PH 773) Die neue Atomtechnik aber „verhält sich nicht nur wie die drahtlose Telegraphie zur akustischen Tischglocke, sondern es können durch Zerstrahlung beliebige Teile der irdischen Materie in den Zustand der Fixsternmaterie verwandelt werden: es ist, als ob Fabriken unmittelbar über den Energieorgien der Sonne oder des Sirius stünden." So stellt sich der bereits vorhandenen synthetischen Chemie, „welche Rohstoffe herstellt, wie die Erde sie nicht trägt, [...] in der Atomphysik eine Art analytischer Gewinn von Energie zur Seite, *wie sie überhaupt nicht von dieser Erde ist, als der bisher vertrauten*". (PH 773–774) Diese Sätze klingen – trotz des vorher bemerkbaren technischen Optimismus – nicht nach unkritischer Feier dieses technischen Fortschritts, sondern eher nach der Erkenntnis, dass gewaltige Entwicklungen Platz greifen werden, technisches Veränderungspotenzial entstanden ist, das gesellschaftliche Veränderungen erfordert, um damit in angemessener Weise umgehen zu können. Bloch bringt denn auch unmittelbar den gesellschaftlichen Aspekt ins Spiel: „Eine Gesellschaft freilich ist vorausgesetzt, welche diese Umwälzung der Produktivkräfte ertragen kann". (PH 774)

Folgende natur- bzw. technikphilosophische Probleme sind anzugehen:

Die *Art* der Natur, wie sie sich in nicht-euklidischer Physik zeigt, in der „ihre Welt als bloße Verdinglichung mathematischer Symbole" (PH 776) erscheint, bewirkt ein *Entfremdungsverhältnis* zwischen Natur und Mensch. Aus diesem Umstand erwächst die Aufgabe, eine konkrete Beziehung zwischen dem Menschen und dieser Natur herzustellen, die „*Abstraktheit (Fremdheit)*" (PH 776) vermittelnd zu überwinden. Hierfür sei notwendig, den „Zusammenhang mit dem menschlichen Subjekt" (PH 777) nicht zu verlieren, das Technik nicht als Bedrohung, sondern als Errungenschaft erfahren hat.

Des Weiteren sei die Einbeziehung jener Technik der „Entorganisierung" in das (Geschichte und Natur übergreifende) Schema eines dialektischen Weltprozesses zu vollziehen. (Bloch versteht darunter das Ergebnis eines Prozesses, in dem die technischen Mittel der Menschen immer mehr die Organähnlichkeit, so z.B. die Faust als Vorbild des Hammers, verloren haben, über die Maschinerie bis hin zur Atomtechnik.)

Auch muss die *natura naturans*, das *hypothetische Natursubjekt*, in den Wissenschaftsdiskurs eingebracht werden, als „*Kern- und Agens-Immanenz* des eigentlich naturhaften Objektzusammenhangs". (PH 777) Erst die Diskussion dieser noch immer offenen Frage ebnet den Weg zu einer „*Vermittlung der Natur mit dem menschlichen Willen – regnum hominis in und mit der Natur*". (PH 778)

Zum Anschluss technischer Prozesse an die nicht-euklidische Physik führt Bloch zunächst aus, dass diese Kräfte aus der Natur stammen, „obzwar aus einem besonders unheimlichen Fonds".

Die daraus entwickelten *Verfahren*, „wonach neue Arbeitstransformatoren zu bisher ungeahnten Nutzeffekten und Wunderwerken gebaut werden", dürfen zu der „Impulsmaterie im nicht-euklidischen Natursegment keinesfalls disparat bleiben". (PH 780) Wir haben es also zu tun mit einem Segment der Natur, zu dem die technischen Verfahren, die darauf beruhen, in einem disparaten, unvermittelten Verhältnis stehen. Zweitens gelten auch hier Naturgesetze im Sinn von Notwendigkeit, was neu zu entschlüsseln sei. „*Drittens und letzthin* also könnte erst die volle Eindringung in die *wesenhafte Notwendigkeit* der Prozesse auch die Entorganisierung vor dem Nicht-Bezug zum ‚Feuer' des Natur-Agens bewahren". Bildhaft wird hier mit „Feuer" das in der Natur Produzierende gefasst. Die wesenhafte Notwendigkeit ist keine rein äußere, sondern sie zielt auf ein inneres Wirken, „auf *das Herstellende auch in der Natur*" (PH 783), das ist *natura naturans*, eine entmystifizierte (Zimmermann 2007 und 2008): „So wird das Problem eines zentral vermittelten Bezugs zur Natur das dringendste; die Tage des bloßen Ausbeuters, des Überlisters, des bloßen Wahrnehmens von Chancen sind auch technisch gezählt". (PH 783) Wiederum zeigt sich Blochs alte Intention, die uns bisher gewordene Natur als werdende begreifen. (Pelletier 2003) Aufgabe ist die Vermittlung der neuesten technischen Errungenschaften und der ihnen zugrundeliegenden Physik mit dem menschlichen Subjekt: „*[...] es ist die technisch intendierte ‚Übernaturierung' der Natur selber, welche Einwohnerschaft in der Natur verlangt*". (PH 784) Der Weg, den Bloch beschreibt, ist die Reaktualisierung naturphilosophischer Traditionen, die Naturqualität neben der Naturquantität zu berücksichtigen wussten – das Ganze „auf die Füße gestellt". (PH 785–784) (Bloch bezieht sich an dieser Stelle zum einen auf Kant, der mit dem „inneren Naturzweck" und dem „Endzweck eines Reichs vernünftiger Wesen" „mit zweifelhaft noch trüber Teleologie, ein denkbares Natursubjekt" eingeführt habe. Außerdem führt er Leibniz „inquiétude poussante" an, die Leibniz als „Kernintensität aller Monaden und zugleich als Explizierungstendenz dieses Kerns selbst" setzt.)

Welchen Beitrag kann der subjektive Faktor mit seinen spezifischen Möglichkeiten leisten, um diesem *Naturkern* näher zu kommen? Erinnert sei an die oben erwähnte willentlich hervorgerufene Haltung der Alchemisten, die Voraussetzung gelingenden Experimentierens war. Bloch setzt ebenfalls – bemerkenswert und diskussionswürdig durchaus – auf die Willensstärke des Subjekts und vermutet, insbesondere in unserer westlichen Zivilisation, viel noch nicht erkanntes Potenzial: „Doch ist das alles freilich noch Europa, also – gemessen an *der weit älteren, weit radikaleren Willenstechnik Asiens* – fast noch Dilettantismus".

(PH 789) Zu erforschen sei also eine „Willenstechnik", die neue Horizonte im Naturumgang eröffnet, ein legitimes Anliegen, denn „Wille und Imagination als Naturfaktoren sui generis" (PH 801) könnten nicht einfach abgemeldet bleiben. Paracelsus sei dieser Forderung am weitesten entgegengekommen, indem er den objektiven Sinn bewahrt hat, der subjektive Spontaneität allererst ermöglicht. Abschließend gilt:

> Das mögliche Aktionsfeld des Menschen in der Natur ist zuverlässig umfangreicher, unabgeschlossener; und es kann das sein – womit das Hauptthema zurückkehrt – aufgrund jenes möglichen Subjekts der Natur, das nicht bloß subjektiv, auch objektiv sich ausgebärt und utopisch dynamisiert. (PH 801)

Bloch sah die zeitgenössischen Erkenntnisse der Physik keineswegs als erschöpfend an, was er auch an der Sprache festmacht. Die abstrakten Fachtermini verdeckten so manch objektives Unwissen. Darüber hinaus ist aufgrund ihrer Abstraktheit kein Anschluss möglich, was in qualitativ orientierten Termini, selbst mythologischen Ursprungs, durchaus gegeben scheint, denn „sie verdecken kein Unwissen, sondern umkreisen die Gegend des objektiv möglichen Anschlusses oder Weltbegriffs für den subjektiven Energiefaktor der Imagination". (PH 804) Entscheidend ist die Nähe zu „dem Konkretum Naturerfahrung und der Zuordnung zu ihrem Produktivfaktor". (PH 804) Der „Herd des Produzierens in der Natur" (PH 805) ist und wird weiterhin rätselhaft bleiben, aber es können versuchsweise Zugänge erprobt werden. Weder Mensch noch Natur sind an ihrem Ende angelangt, konnten sich endgültig manifestieren, noch sind Mensch und Natur in den Zustand einer befriedigenden Humanisierung bzw. Naturalisierung übergegangen. Vielmehr besteht eine Abstandsbeziehung zur Natur, eine Art sentimentalische Beziehung, die wahrzunehmen ist als Chance für Gestaltungsmöglichkeiten in Naturallianz, die eine Allianztechnik eröffnet. Sie wird neue Erkenntnisse bescheren, denn sie ist eine „mit der Mitproduktivität der Natur vermittelte". (PH 807) So zeigen sich Gesellschaft und Natur als die beiden Komponenten, die eine humane, dem Menschen zuträgliche und angemessene Praxis erst ermöglichen. Bisher wurde die Bedeutung der Natur in diesem Prozess zu wenig berücksichtigt. Erst Jahrzehnte nach Erscheinen des *Prinzips Hoffnung* wurde in Gesellschaft und Politik das Thema Technik unter ökologischen Gesichtspunkten wahrgenommen. Andere Entwicklungen sind hinzugekommen, wie Roboterisierung, Gentechnologie und Reproduktionsmedizin. Es scheint jedoch so zu sein, dass Blochs Entwurf einer Naturallianz noch nicht durchgedrungen ist, abgesehen davon, dass die sozialen Voraussetzungen ebenfalls nicht geschaffen wurden. Daher sei noch einmal daran erinnert:

> Die Fähigkeit des problemhaften Natursubjekts, dieses Haus mitzubilden, ist eben das objektiv-utopische Korrelat der human-utopischen Phantasie, als einer konkreten. Darum ist es sicher, daß das menschliche Haus nicht nur in der Geschichte steht und auf dem Grund der menschlichen Tätigkeit, es steht vor allem auch *auf dem Grund eines vermittelten Natursubjekts und auf dem Bauplatz der Natur.* Grenzbegriff für diese ist nicht der Anfang der menschlichen Geschichte, wo Natur (die während der Geschichte beständig anwesende und sie umgebende) zum Platz des regnum hominis umschlägt, aber zum rechten, und sie unentfremdet aufgeht, als vermitteltes Gut. (PH 807)

Dies ist die vom jungen Marx intendierte Perspektive eines neuen Mensch-Natur-Verhältnisses, wofür eine doppelte Vermittlung vonnöten ist: die soziale Vermittlung der Menschen mit sich selbst und die Vermittlung der Technik mit der Natur. Und so schreibt Bloch im vorletzten Kapitel des *Prinzips Hoffnung*, unter der Überschrift „Zahl und Chiffer der Qualitäten; Natursinn des höchsten Guts":

> Daher bleibt die Natur, die unvergangene, uns rings umschließende und überwölbende, mit so viel Brüten, Unabgeschlossenheit, Bedeutung und Chiffer in sich, *statt Vorbei vielmehr Morgenland.* [...] In jeder Schönheit, jeder Symbolchiffer ihres De nobis res agitur hebt sich die Natur sowohl von ihrem Platz weg, wie sie ihn mit Unscheinbarkeiten, Erhabenheiten des Eigentlichen, das an diesen Platz gehört, wieder einnimmt. Das Eigentliche ist das höchste Gut, es ist die qualifizierteste Daseinsform des der Möglichkeit nach Seienden, also unserer Materie. Das Eigentliche dämmert so im gesamten Potential der Materie – hin zu einer letzten, als der adäquat qualifizierten, figurierten. Diese ihre noch nicht seiende Reichsfigur regiert, durch die großen Gefahren, Hemmungen, Umkreisungen hindurch, alle anderen eines guten Wegs, und in ihr ist es, der Intention nach, gestaltet wie Freude. (PH 1601)

So muss auf dem Gebiet der Technik eine *Allianztechnik* ihren Beitrag leisten, die *natura naturans*, gar die *natura supernaturans* befördernd zu enthüllen.

Von den vier Mottos, die Bloch den architektonischen Utopien voranstellt, sei der Satz aus Schellings *Philosophie der Kunst* zitiert:

> Da die Architektur nichts anderes ist als ein Zurückgehen der Plastik zum Anorganischen, so muß auch in ihr die geometrische Regelmäßigkeit noch ihr Recht behaupten, die erst auf den höheren Stufen abgeworfen wird. (PH 819)

Mittlerweile gibt es berühmt gewordene gebaute Architektur, die geometrische Regelmäßigkeit in besonders vollendeter Form darbietet, wie die geodätischen Kuppeln Richard Buckminster Fullers, die auf ihre Art und Weise mit der Natur interagieren und einen Lebensraum mit vielen Vorteilen schaffen, was zum Beispiel die Licht- und Luftversorgung, aber auch die Energieeffizienz anlangt. Einen anderen Weg ist Friedensreich Hundertwasser gegangen, der sich nicht nur von der geometrischen Regelmäßigkeit, sondern sogar von der geraden Linie, wie auch Bloch mitunter (LV 1, 380) distanziert (So äußert er sich mit Blick auf Marx'

Dissertation: Bei Epikur fielen die Atome nicht senkrecht aufeinander, wodurch nur eine gerade Linie entsteht und sonst nichts, sondern es gebe eine Freiheit in ihrem Fall, „um die Abbiegung, die Deklination von der geraden Linie zu erzeugen, damit sich Wirbel bilden", also Neues entstehen könne.):

> Jede moderne Architektur, bei der das Lineal oder der Zirkel auch nur eine Sekunde lang – und wenn auch nur in Gedanken – eine Rolle gespielt hat, ist zu verwerfen. Gar nicht zu reden von der Entwurfs-, Reißbrett- und Modellarbeit, die nicht nur krankhaft steril, sondern widersinnig geworden ist. Die gerade Linie ist gottlos und unmoralisch. Die gerade Linie ist keine schöpferische, sondern eine reproduktive Linie. (Hundertwasser 1958)

Hundertwasser favorisiert die Spirale, die in der Figur der „Drehung und Hebung" (EM, Gruppen und Zentren der Kategorienlehre) bei Bloch auch erkenntnistheoretisch von Bedeutung ist.

In den Abschnitt „Figuren der alten Baukunst" leitet Bloch mit einer erhellenden Beobachtung ein: Das gebaute *Modell* sei immer perfekter als der wirkliche Bau, denn „das Modell, das Haus als Kind, verspricht eine Schönheit, die nachher, im wirklichen Bau, nicht immer so vorkommt. [...] Der Entwurf behält den Traum vom Haus". (PH 820) Architektonische Träume dieser Art, von keinen Einbußen durch Realisierung bedroht, bergen konkret-utopische Qualitäten. Modellierte, gedichtete, gemalte Architektur bedarf weder statischer Berechnungen, Materialprüfungen, Messungen; sie erfreut sich einer Freiheit, die schwereloses Bauen, leichte Linienführung, diverse Perspektiven und vieles mehr erlaubt. Zwar sind auch technische Utopien literarisch und künstlerisch überliefert, jedoch nicht in der Fülle und Mannigfaltigkeit wie architektonische Utopien im engeren Sinn. Das Haus regt offenbar die künstlerische Phantasie stärker an als die Maschine.

In frappierender Weise zeigen die *pompejischen Wandmalereien* (Panieri Panetta 2013) diese utopischen Architekturen, entstanden vom Beginn des zweiten vorchristlichen Jahrhunderts an. Bekannt ist das Verdikt Vitruvs „Über die Wandmalerei" dieser Zeit:

> 3. Aber das, was die Alten aus dem Kreis wirklicher Dinge als Vorbilder nahmen, wird von der gegenwärtigen verderbten Mode verschmäht. Denn auf den Wänden werden vielmehr abenteuerliche Missgestalten, als wirkliche Nachbildungen von bestimmten Dingen gemalt: an die Stelle der Säulen z. B. werden Rohrstängel, an die Stelle der Giebel gestriemte und geschweifte Zierraten mit krausen Blättern und spiralförmig verschlungenen Ranken gesetzt, Lampenständer (Kandelaber) stützen die Tempelchen, über den Giebeln sprossen aus dort wurzelnden Gewächsen mehrere zarte Stengel mit geringelten Ranken, auf welchen in sinnloser Weise Figuren sitzen, ja sogar aus den Blumen, welche aus den Stengeln treiben, kommen Halbfiguren, bald mit menschlichen, bald mit Tierköpfen zum Vorschein.
>
> 4. Derlei aber gibt es weder, noch kann es geben, noch hat es gegeben. [...] Aber obwohl die Menschen solche Lügen sehen, tadeln sie dieselben nicht, sondern ergötzen sich daran,

und machen sich nichts daraus, ob etwas davon möglich ist, oder nicht. [...] Gemälde, welche nicht naturgetreu sind, verdienen keine Anerkennung; auch wenn sie in Rücksicht auf künstlerische Ausführung reizend sind. (Vitruv 2015, 351, 353.)

Vitruv opponiert an dieser Stelle gleichermaßen gegen die Unausführbarkeit solcher Architektur, worauf Bloch hinweist, er beklagt jedoch auch die fehlende Naturnachahmung der Wandmalerei überhaupt, wie er sie im vorausgehenden 2. Abschnitt beschreibt: Auf den alten Wandgemälden seien „wirkliche Eigentümlichkeiten der verschiedenen Plätze" (Vitruv 2015, 351) wiedergegeben worden, wie Häfen, Vorgebirge, Küsten, Haine, Schafherden usw. Für Bloch sind die von Vitruv verworfenen Wandbilder nicht nur Ausdruck phantasierter, von Menschen erträumter Welten, die zumindest an der Wand malerisch realisiert und so auch de facto Teil des Alltags wurden. Vielmehr entdeckt Bloch in ihnen als konkretutopisches Element eine „Vorwegnahme späterer Stile". (PH 821) Es fallen gotische und barocke Elemente auf, die ohne Vorbild in der antiken Baukunst seien, insofern ein Novum:

> So zeigt die winklig aufgetürmte Häuserfülle in der Dekoration von Boscoreale einen gotischen Zug. Noch unzweifelhafter tauchen barocke Motive auf: hier in einer geschwungenen Säulenreihe, dort in gebrochenen oder sich bäumenden Giebeln, dort wieder in Bosketten und dergleichen, die das Rokoko nachher kopieren konnte, ohne deshalb aus seinem Stil zu fallen. (PH 821)

Insofern widerlegt die Zukunft Vitruvs Einwand. Ursache dieser Entwicklung ist aber nicht nur technischer Fortschritt. Vielmehr war ein Vorbild entstanden, eine Antizipation von Wunschorten, die Leitbilder wurden für die Nachfahren und deren Bau-Intention lenkte. Mit Bloch kann von einer vorscheinenden *Latenz* (Zeilinger 2012/1) gesprochen werden, die zur Realisierung drängte. Ein weiteres Phänomen ist ein gewolltes Wechselspiel von Realem und Schein im Zeitalter des Barock. Im originären Stil des wirklichen Bauens, also im barocken Stil, wird in den höfisches Fest- und Theaterkulissen „utopisch fortexperimentiert". (PH 825) Kombinationen verschiedener Perspektiven, wechselseitige Bespiegelung, bis hin zu Übergängen des Wirklichen ins Gemalte, des Gemalten ins Wirkliche erscheinen hier in spielerischer Weise.

Im *Märchen* fällt die Tendenz auf, den architektonischen Stil der eigenen Epoche zu vervollkommnen. Wiederum weist Bloch auf überraschend Einleuchtendes hin: Der besondere Reiz dieser erdichteten Architektur sei darauf zurückzuführen, „daß die gedichteten Bauwerke aller Zeiten einen wesentlichen Teil ihres Glanzes der Miniatur oder Schmuckwelt der vorhandenen Architektur entnehmen". (PH 828) So scheint im Beiwerk des realisierten Gebäudes der Ort zu sein, an dem das „Kunstwollen" seinen „konzentrierten Ausdruck" (PH 828) findet und daher die dichterische Phantasie dort besonders inspiriert wird in ihrem Wunsch, dieses Willensbild auszugestalten. Die Dichtung treibt es weiter, lotet es aus und gelangt zu einer „literarischen Essenzbildung" (PH 828) – eine unvermutete, von Bloch entdeckte Leistung, nicht nur im orientalischen Märchen, sondern u. a. auch bei Achim von Arnim und E. T. A. Hoffmann.

Exkurs: Das Kunstwollen

Schon im *Geist der Utopie* nimmt Bloch den Begriff des *Kunstwollens* auf, wie er durch Alois Riegl (1858–1905) als antiklassisches Konzept bekannt wurde: Umfassende Erkenntnis über die Bedeutung künstlerischen Wirkens sei nicht durch wertende Betrachtung und damit Hierarchisierung in bestimmten Stil-Epochen zu erlangen, sondern entscheidend sei die beobachtbare Tatsache künstlerischen Wirkens und die Rezeption der Produkte in der gesamten Menschheitsgeschichte. Festzustellen sei,

> daß das Kunstschaffen sich lediglich als ein ästhetischer Drang äußert: bei den einen (den Künstlern), die Naturdinge in einer bestimmten Art und Weise, unter einseitiger Steigerung der einen, Unterdrückung der anderen Merkmale wiederzugeben, bei den anderen (dem Publikum), die Naturdinge in ebendieser Art und Weise, wie es von den gleichzeitigen Künstlern geschieht, wiedergegeben zu schauen. (Riegl 1996, 57)

Für Riegl ist das *Kunstwollen*, das er synonym mit dem Begriff *Kunstschaffen* verwendet, das einzig sicher Gegebene, das er aber nicht weiter bestimmt. (Reichenberger 2003) Er selbst begründet dies fachlich:

> Wodurch aber der ästhetische Drang, die Naturdinge unter Steigerung oder Zurückdrängung der isolierenden oder der verbindenden Merkmale in Kunstwerken reproduziert zu sehen, determiniert ist, darüber könnten bloß metaphysische Vermutungen angestellt werden, die sich der Kunsthistoriker grundsätzlich zu versagen hat. (Riegl 1996, 60)

Ernst Bloch, der es gewagt hat, „den Terminus Metaphysik in die marxistische Philosophie" (Holz 1, 2012, 283) zu übernehmen, sieht in der menschlichen Praxis des Kunstwollens jenes „utopische Fortexperimentieren" bis hin zum Vor-Schein von Gelungenheit, das vorzüglich in der Kunst möglich ist.

Pompeji, Spätgotik, Raffael sind Zeugen dafür, dass gemalte Architektur älter ist als gemalte Landschaft. (Busch 2003, 49) (Naturelemente, wie sie Vitruv aufzählt, sind im Bildkontext „Motive". Bei Plinius (*Naturalis historia*, 50 n. Chr.) tauchen hingegen schon Beschreibungen von „Überschaulandschaften" auf.)

Bei Altdorfer und Dürer wird Architektur nicht mehr nur als Hintergrund, sondern um ihrer selbst willen dargestellt – gleiches gilt bei Letzterem erstmals für die Landschaft in der europäischen Malerei. Die Architekturmalerei präsentiert sich wiederum voller gemalter Wunscherfüllungen, mit „prophetischen Vorwegnahmen des kommenden Baustils". (PH 830) Die Maler arbeiten mit Perspektiven, die unkonstruierbar und unrealisierbar sind, jedoch den Vorzug haben, dem Betrachter ein besonderes Erlebnis zu vermitteln: Alle Elemente erscheinen „leicht beieinanderwohnend" (PH 831), mit Vor-Schein zukünftiger Gestaltungsmöglichkeiten – eine utopische Baustelle durchaus. Bloch entdeckt *Archetypen* der Bauformen, so den *Turm* und den *Tempel*. Insbesondere anhand der Wiener Version von Bruegels „Turmbau zu Babel" (1563) wird der Turmbau als Ausgeburt menschlicher Hybris dargestellt, als Fragment, doch auch als Ausdruck des aufkommenden Bürger- und Unternehmerwunsches, bis in den Himmel zu bauen, zu schaffen wie Gott, ohne zu sündigen. Vom Gegenbild des Turms, dem *Salomonischen Tempel* der Weisheit, gibt es kein Pendant zum Bruegelschen „Turm von Babel". Das auf Giottos Fresko in der Oberkirche von Assisi dargestellte Gebäude neben dem träumenden Franziskus lasse an den Tempel denken, gemeint sei aber wohl im Grund das himmlische Jerusalem. Die Architekturmalerei stoße bei der malerischen Realisierung des neuen Jerusalem an ihre Grenze, dieses ideale Wunschbild zeige sich nur an Horizonten:

> Die Phantasie der Architekturmalerei warf hier vorher Anker, sie überließ es dem Bausymbol, das ist, wie nun zu zeigen sein wird, den Utopieformen *innerhalb der Architektur selber*, diesesfalls der gotischen, eine ‚urbs vivis ex lapidus' wenigstens zu bedeuten. (PH 835)

Wenn es vom „Vormalen zum freien und gedachten Entwurf über[geht], dann erst befindet man sich unter den eigentlichen, nämlich den *Plan- oder Grundriß-Utopien*". (PH 12) Hier kommt alles darauf an, dass gekonnt gestaltet und ausgeführt wird, indem das Gewünschte im Verwirklichten erhalten bleibt. Dies gelingt „desto unbeschwerter, als bei großer Ausführung der Traum, statt vor der Technik zu verschwinden, sie zu seinem Aufstieg verwendet". (PH 835) Die vornehmste Aufgabe der Technik ist, dem Menschen bei der Erfüllung seiner Wunscharchitekturen zu dienen, sie soll nicht als funktionaler Aspekt in den Vordergrund treten. Von den Akteuren, die einst Bauten wie die ägyptischen Pyramiden oder die gotischen Dome errichtet haben, wurde die Technik in dieser dienenden Weise beherrscht. In technisch gekonnter Interaktion mit der Natur, mit den Naturstoffen, werden in den Bauhütten Bauwerke enormen Ausmaßes *erschaffen*. Der Realisierung zugrunde liegt geheimes Wissen, die Regeln, die sich auf Erfahrungen stützen, werden an die jeweils nächste Generation von Bauleuten weitergegeben. Sind diese handwerklichen und technischen Kenntnisse hinreichende Bedingungen für die Entstehung sakraler Bauten, vor denen heutige Besucher noch voller Staunen innehalten?

Hier rückt nun das „*Kunst*-Wollen" (PH 837) ganz in den Mittelpunkt. Das sakrale Bauen orientiert sich an einer Idee, „Bauvollkommenheit" kann nur erreicht werden „im Hinblick auf ein geglaubtes symbolisches Vorbild". (PH 837) Planung und Ausführung gehorchen nicht allein rationalen Überlegungen, die vornehmlich die Technik betreffen, viel prägender ist die im Subjekt wirkende Intention, die in die Phantasie greift und so das Kunst-Wollen leitet in Richtung der Realisierung von Symbolhaftem („Symbolintention"). *Intention* und *Symbol* sind die maßgeblichen Kategorien, auf denen Blochs Konzept architektonischer Utopien ruht. Intention und Affekt stehen in einem Bedingungsverhältnis zueinander:

> Affekte selber sind als Intentionsakte sich zuständlich gegeben. Und sie sind sich zuständlich-intensiv gegeben, weil sie vorzüglich von dem Streben, dem Trieb, dem Intendieren bewegt sind, das allen Intentionsakten, auch den vorstellenden und denkendurteilenden, zugrunde liegt. (PH 79)

Daher, so Bloch, sind die Affekte „primär Selbstzustände" und als diese „die aktivsten Intentionen". (PH 79) Symbol verwendet Bloch im religiösen Kontext, „symbolischer Vor-Schein" (EM 206) sei in allen Religionen präsent. In ihrem Grund führten sie „ein invariantes Letzt-Symbol" (EM 207) mit sich, das auf die Essenz, das *Wesen*, zielt. Wie in den technischen Utopien ist auch in den architektonischen eine besondere Disposition des agierenden Subjekts vorausgesetzt, ein besonderes Verhältnis zur Welt, dessen Resultat eben die *Symbolintention* ist. Diese Symbolintention des Subjekts, resultierend aus einem als unangemessen empfundenen Dasein, findet ihre logische Erklärung in der von Bloch vorausgesetzten Beziehung zwischen einem „Daß-Anstoß und Was-Gehalt" (EM 70) im Prozess: „Die Spannung kommt aus dem intensiven, anstoßenden, insistierenden, unruhigen Faktor, diesem wirklichen Sauerteig mit dem dauernden Übersteigen der jeweils gewordenen, noch inadäquat bestimmten Daseinsform". (EM 78) Von anderen Intentionen unterscheidet sich die Symbolintention durch ihre Eindeutigkeit, geleitet von dem zu gewinnenden wesentlichen Gehalt.

Mit dieser „neuen Daseinsform" kämpfen auch die gotischen Baumeister auf ihrem Gebiet, indem sie *nicht* die Realisierung eines Urbilds, eines Archetyps anstreben, sondern ein Vor-Bild, ein Zukunfts-Bild wirkt sich auf ihre gesamte Herangehensweise aus: „Diese Intention aber suchte mit Dreieck und Zirkel *den Maßen eines vorbildlich imaginierten Daseins-Baus überhaupt abbildlich näher zu kommen*". (PH 837) Die Suche nach einem qualitativen Maß verblieb weitgehend im Bereich des Experimentierens, wurde auch mitunter, zum Beispiel von den Freimaurern, gewollt im Nachhinein zusätzlich übermythologisiert. Wie für den gotischen Dombau, gilt die Symbolintention ebenso für den ägyptischen Pyramidenbau. Beide sind *versuchte Imitatio eines kosmischen oder aber christförmigen Baus, als des vollkommenst gedachten, zum Zweck eines Rapports.* Die Imitatio geht dem ersehnten Rapport notwendig vorauf, so schuf sie in ihren radikalsten Ausprägungen das *kristallene Ebenmaß der ägyptischen Pyramide* oder aber die *hieratisch geordnete Lebensfülle des gotischen Doms.* (PH 838)

Im Unterschied zu den beiden „Leiträumen" (PH 858), dem ägyptischen „Todeskristall" und gotischen „Lebensbaum" (PH 804), verbindet sich mit der griechischen Architektur kein religiöses Symbol. Sie steht für den „urbanen Menschenstil unter den Architekturen". (PH 838) Insofern spielt das griechische „gebaute Urbanum" (PH 838) eine Sonderrolle, die der säkularisierten Gesellschaft einen Weg weisen wird. Doch konnte die Antike die beiden Pole, die Alternativen ägyptische Klarheit und gotische Fülle, Ordnung und Freiheit, nur abstrakt beschwichtigen. Weiterhin bleibt Überwindung dieser Alternativen in einer Einheit der Auftrag. Ob dies unter den Bedingungen „einer vom Spätkapitalismus völlig nihilisierten Architektur" (PH 858) möglich war und ist, wird im Folgenden erläutert.

Den Terminus *Hohlraum* verwendet Bloch nicht nur in der Bedeutung eines gegebenen leeren Raums, sondern Hohlraum ist auch Produkt der *„unfertigen Welt"* (PH 389) an ihrem Übergang vom Möglichen ins Wirkliche:

Das menschliche Dasein hat trotzdem mehr gärendes Sein, mehr Dämmerndes an seinem oberen Rand und Saum. Hier ist gleichsam etwas hohl geblieben, ja ein neuer Hohlraum erst entstanden. Darin ziehen Träume, und Mögliches, das vielleicht nie auswendig werden kann, geht inwendig um. (PH 225)

So ist der Hohlraum Möglichkeitsraum, nicht zwangsläufig Wirklichkeitsraum. Besondere Aufmerksamkeit widmet Bloch dem *„Hohlraum mit Funken (Chiffern, positiven Symbolintentionen)"* (PH 389), einer Erscheinungsform der *Latenz,* also des treibenden Wesenskerns im Weltprozess. Wie konnten nun diese Funken, die bedeutsamen Chiffern, die positiven Symbolintentionen, zur Entstehungszeit des *Prinzips Hoffnung* eingefangen werden? Schon in *Erbschaft dieser Zeit,* also Anfang der dreißiger Jahre, konstatiert Bloch einen Hohlraum, der durch den Zusammenbruch der bürgerlichen Kultur nach dem Ersten Weltkrieg entstanden ist, „in ihm spielt nicht nur die Rationalisierung einer anderen Gesellschaft, sondern sichtbarer eine neue Figurenbildung aus den Partikeln des chaotisch gewordenen Kulturerbes". (EZ 214) Adolf Loos, Frank Lloyd Wright, Le Corbusier, Walter Gropius und andere – ihre Leistungen werden anerkannt als „Reinigung vom Muff des vorigen Jahrhunderts und seinem unsäglichen Zierat". (PH 860) Aber ihre Bau-Intentionen führten nicht zu befriedigenden Ergebnissen. Nur das Weglassen, nur die Negation, genügt nicht. So fällt Blochs Urteil harsch aus: In den „Wohnmaschinen" der modernen Städte würden die Menschen zu „Fremdkörpern", zu „genormten Termiten" in ihrer „verchromten Misere". „Hier überall ist Architektur als Oberfläche, als ewig funktionelle; wonach sie auch in größter Durchsichtigkeit keinen Inhalt zeigt". (PH 861) Dieses „Ägypten" aus Glas, Beton, Stahl und Chrom, ohne Symbolintention dem „*Todeskristall* [...] *nachgebildet*" (PH 847), ist ebenso inhuman wie die vorher grassierende „Gotik aus Nichts, mit Strahlen und Strahlenbüscheln ohne Inhalt emporschießend wie haltlose Raketen". (PH 862) Inzwischen erinnert dieses Urteil an die bereits überkommene Phase der sogenannten Postmoderne mit ihrer Rückgewinnung bildnerischer Elemente und die sich daran anschließende, gegenwärtig dominierende Phase des Minimalismus, mit dem Kubus als Grundelement und dem gänzlichen Verzicht auf nichtfunktionales Schmuckwerk.

Warum in der Architektur nicht gelungen ist, was in Malerei oder Plastik durchaus achtbare Ergebnisse hervorgebracht hat, ist auf den besonderen Charakter der Architektur zurückzuführen: „Eben weil diese weit mehr als die anderen bildenden Künste eine soziale Schöpfung ist und bleibt, kann sie im spätkapitalistischen Hohlraum überhaupt nicht blühen". (PH 862) Architektur ist keine freie Kunst, sie ist stärker abhängig von den sozioökonomischen Verhältnissen. Sie ist ein Gemeinschaftsprodukt für die Gemeinschaft, sie ist zweckorientiert, eine darüber hinausgehende Ziel- und Sinnorientierung ist heute schwierig geworden – und sie ist bezüglich des erforderlichen Technikeinsatzes mit den Künsten nicht vergleichbar. Große Bauvorhaben werden von der öffentlichen Hand oder Wirtschafts- bzw. Finanzkonzernen beauftragt. Dass hier, neben dem Wirtschaftlichkeitsaspekt, die Funktionalität Priorität hat, wird auch deutlich an der Verpflichtung, „Kunst am Bau" zu realisieren. Die Größenordnung, die staatlicherseits aufgewendet wird, beträgt ein Prozent der Baukosten. Bloch beharrt auf einem Kausalnexus von gesellschaftlicher Formation und Bauintention. Wenn die übrigen sozialen Schöpfungen nicht primär das menschliche Wohl zum Grundsatz haben, kann auch der gesellschaftliche Teilbereich des Wohnungs- und Städtebaus diese Grundlagen nicht transzendieren und muss dem allgemeinen Trend gehorchen. Zwar sei eine formale Vielfalt bzw. Beliebigkeit grundsätzlich möglich, jedoch fehle eine inhaltliche Begründung und insofern die Einheit von Inhalt und Form. Dies gilt auch für die Technik:

> Die Technik von heute, die selber noch so sehr abstrakte, führt auch als ästhetisch aufgezogene, als künstlerischer Ersatz aus dem Hohlraum nicht heraus; dieser durchdringt vielmehr die sogenannte Ingenieurkunst, so wie diese ihn durch eigene Leere notwendig vermehrt. (PH 862)

Das Bauen behält für Bloch durchaus eine konkret-utopisch Relevanz. Um dieses Potenzial jedoch herauspräparieren zu können, ist zunächst die strenge Unterscheidung von *Baukunst* und *Maschine* erforderlich. Diese Distinktion bedarf einer Präzisierung: „Maschinenware" (PH 448) setzt Bloch gleich mit „allgemeiner Mechanei und ihrer Einfallslosigkeit"; er lehnt sie ab. Auch das Haus kann Maschinenware sein. Das „relativ Interessanteste von heute oder gestern" (PH 863) ist für Bloch die Glasarchitektur. Sie verspricht Gestaltungsmöglichkeiten, die Bauten haben als Grundform den Kristall „als eine erst noch zu vermittelnde, erst noch aufzuschlagende Antwort" (PH 863) auf die Frage nach dem Menschen. Was der Mensch sei, ist mit dem Kristall, der Geometrie nicht erledigt, auch wenn hier Klarheit das Tun leitet. Der Mensch wird weiter ein Suchender sein, wird weiterhin die „Melancholie der Erfüllung" verspüren und daher Ausdrucksmöglichkeiten suchen, die sich nicht in ihm unangemessener, aufdringlicher Klarheit erschöpfen. Dies mag helfen, Blochs kryptisch anmutenden Satz zu verstehen: „Der Baumeister gibt dann seinem Werk vielleicht ‚das Wasser einer Perle', doch endlich auch eine verlorene, weniger durchsichtige Chiffer: den bildnerischen Überfluß in nuce – das Ornament." (PH 863) (Bloch bezieht sich auf Bruno Taut, der die Idee seiner Glasarchitektur mit einem Zitat Paul Claudels veranschaulichte: „In die Wellen des göttlichen Lichtes stellt der Baumeister planmäßig weise / das Steingerüst hin wie ein Filter / Und gibt dem ganzen Bauwerk das Wasser einer Perle." (zitiert nach PH 861).)

Dieser Bau wird dem Menschen einen Raum geben, der Erfüllung verspricht: „Heim, Behagen, Heimat". (PH 861) Gelingt der Architektur die Gestaltung eines „menschadäquaten Raums" (PH 872), wird dies ein Raum sein der dialektischen Einheit von Form und Inhalt:

> Der Kristall ist der Rahmen, ja der Horizont der Ruhe, aber das Ornament des menschlichen Lebensbaums ist der einzig wirkliche Inhalt dieser umschließenden Ruhe und Klarheit. Die bessere Welt, welche der große Baustil ausprägt und antizipierend abbildet, besteht so ganz unmythisch, als reale Aufgabe vivis ex lapidus, aus den Steinen des Lebens. (PH 872)

Nicht nur für das einzelne Gebäude, auch für den Städtebau bleibt als Fazit:

> „Wie kann menschliche Fülle in Klarheit wieder gebaut werden? Wie läßt sich die Ordnung eines architektonischen Kristalls mit wahrem Baum des Lebens, mit humanem Ornament durchdringen?" (PH 870)

Bei der Suche nach Elementen einer Antwort verweist Bloch ausdrücklich auf die von Marx intendierte „Humanisierung der Natur" als „konkreter Tendenz". (PH 871) Wollte man Gesellschaft, Natur, Technik und Architektur/Stadtplanung in eine logische Abfolge bringen, so ergibt sich die Veränderung der sozialen Beziehungen und Verhältnisse als Bedingung: „Naturströmung als Freund, Technik als Entbindung und Vermittlung der im Schoß der Natur schlummernden Schöpfungen, das gehört zum Konkretesten an konkreter Utopie. Doch auch nur der Anfang zu dieser Konkretion setzt zwischenmenschliches Konkretwerden, das ist, soziale Revolution voraus; eher gibt es nicht einmal eine Treppe, geschweige eine Tür zur möglichen Naturallianz". (PH 813) Gleiches gilt für ein „gebaute[s] Reich der Freiheit" (PH 871), dessen Intention sich auf „menschliche Expression" (PH 871) richtet, das ist der Beginn

> menschliche[r] Antizipations-Gestalt mitten im Kristall, vielleicht mittels seiner, doch durch ihn hindurch; sie beginnt mit der Extravertiertheit zum Kosmos, doch in Zurückbiegung seiner *zum Lineament einer Heimat*. Architektur insgesamt ist und bleibt ein Produktionsversuch menschlicher Heimat, – vom gesetzten Wohnzweck bis zur Erscheinung einer schöneren Welt in Proportion und Ornament. (PH 871)

Literatur

Ernst Bloch: Aus der Schelling-Vorlesung, in: Sinn und Form, 37. Jahr, 4. Heft. Berlin 1985, 817–837

Franz von Baader: Über die Begründung der Ethik durch die Physik und andere Schriften. Stuttgart 1969

Hans Jürgen Balmes: Vermischte Bemerkungen/Blüthenstaub, in: Novalis: Werke, Tagebücher und Briefe Friedrich von Hardenbergs, hg. von Hans-Joachim Mähl und Richard Samuel, Band 3. München, Wien 1978 und Darmstadt 1999

Jakob Böhme: Morgenröte, De Signaturum Rerum, in: Werke, hg. von Ferdinand van Ingen. Frankfurt a. M. 2009

Alberto Bonchino: Materie als geronnener Geist, Studien zu Franz von Baader in den philosophischen Konstellation seiner Zeit, hg. von Albert Franz und Alberto Bonchino. Paderborn 2014

Werner Busch: Kommentar zu „Plinius", in: ders.: Landschaftsmalerei, Geschichte der klassischen Bildgattungen in Quellentexten und Kommentare, Band 3. Berlin 1997, Darmstadt 2003

Horst Engelmann,: Produktivkräfte und Natur – Kritik der Technikkonzeption von Ernst Bloch, in: Ernst Blochs Revision des Marxismus. Kritische Auseinandersetzungen marxistischer Wissenschaftler mit der Blochschen Philosophie. Berlin 1957

Gvozden Flego und Wolfdietrich Schmied-Kowarzik (Hg.): Ernst Bloch – Utopische Ontologie. Band II des Bloch-Lukács-Symposiums 1985 in Dubrovnik. Bochum 1986

Rugard Otto Gropp: Ernst Blochs Hoffnungsphilosophie – eine antimarxistische Welterlösungslehre, in: Ernst Blochs Revision des Marxismus. Kritische Auseinandersetzungen marxistischer Wissenschaftler mit der Blochschen Philosophie. Berlin 1957

Hans Heinz Holz: Metaphysik, in: Beat Dietschy, Doris Zeilinger, Rainer E. Zimmermann (Hg.): Bloch-Wörterbuch. Leitbegriffe der Philosophie Ernst Blochs. Berlin, Boston 2012 (= Holz 2012/1), 283–301

Hans Heinz Holz: Spekulativer Materialismus, in: Beat Dietschy, Doris Zeilinger, Rainer E. Zimmermann (Hg.): Bloch-Wörterbuch. Leitbegriffe der Philosophie Ernst Blochs. Berlin, Boston 2012 (= Holz 2012/2), 483–508

Johannes Heinz Horn: Vorwort in: Ernst Blochs Revision des Marxismus. Kritische Auseinandersetzungen marxistischer Wissenschaftler mit der Blochschen Philosophie. Berlin, 1957

Friedensreich Hundertwasser: Verschimmlungsmanifest – 1958, http://www.kunstdirekt.net/kunstzitate/bildendekunst/manifeste/hundertwasser1.htm

Konrad Lindner: Denker des Möglichen – Ernst Bloch und Niels Bohr, http://www.leipzig-lese.de/index.php?article_id=688
Olaf L. Müller: Mehr Licht. Goethe mit Newton im Streit um die Farben. Frankfurt a. M. 2015
Novalis: Blüthenstaub, in: Athenaeum. Eine Zeitschrift, hg. von August Wilhelm und Friedrich Schlegel. Erster Band, Erstes Stück. Berlin 1798
Novalis: Werke, Tagebücher und Briefe Friedrich von Hardenbergs, hg. von Hans-Joachim Mähl und Richard Samuel, Bd. 2. München, Wien 1978 und Darmstadt 1999
Marisa Panetta Panieri: Pompeji. Geschichte, Kunst und Leben in der versunkenen Stadt. Stuttgart 2005, 2013
Lucien Pelletier: Entwurf der Naturphilosophie (1912). Aus dem Nachlass herausgegeben, eingeleitet und erläutert, in: Karlheinz Weigand: *Bloch-Almanach* 22/2003
Andrea Reichenberger: ‚Kunstwollen'. Riegls Plädoyer für die Freiheit der Kunst, in: kritische berichte 1/03, Marburg 2003
Alois Riegl: Naturwerk und Kunstwerk I, in: Alois Riegl: Gesammelte Aufsätze, hg. von Artur Rosenauer. Wien 1996
Rudolf Rochhausen: Zum Blochschen Materiebegriff, in: Kritische Auseinandersetzungen marxistischer Wissenschaftler mit der Blochschen Philosophie. Berlin 1957
Annette Schlemm: Subjekt-Objekt, in: Beat Dietschy, Doris Zeilinger, Rainer E. Zimmermann (Hg.): Bloch-Wörterbuch. Leitbegriffe der Philosophie Ernst Blochs. Berlin, Boston 2012, 514–540
Robert Schulz: Blochs Philosophie der Hoffnung im Lichte des historischen Materialismus, in: Kritische Auseinandersetzungen marxistischer Wissenschaftler mit der Blochschen Philosophie. Berlin 1957
Peter Thompson: Mensch, in: Beat Dietschy, Doris Zeilinger, Rainer E. Zimmermann (Hg.): Bloch-Wörterbuch. Leitbegriffe der Philosophie Ernst Blochs. Berlin, Boston 2012, 275–283
Vitruv: Zehn Bücher über Architektur, De architectura libri decem, übersetzt und durch Anmerkungen und Zeichnungen erläutert von Franz Reber. Wiesbaden 2015
Doris Zeilinger: Latenz, in: Beat Dietschy, Doris Zeilinger, Rainer E. Zimmermann (Hrsg.): Bloch-Wörterbuch. Leitbegriffe der Philosophie Ernst Blochs, Berlin, Boston 2012 (= Zeilinger 2012/1), 232–242
Doris Zeilinger: Natur, in: Beat Dietschy, Doris Zeilinger, Rainer E. Zimmermann (Hg.): Bloch-Wörterbuch. Leitbegriffe der Philosophie Ernst Blochs. Berlin, Boston 2012 (= Zeilinger 2012/2), 324–349
Rainer E. Zimmermann: Naturallianz, Allianztechnik, in: Beat Dietschy, Doris Zeilinger, Rainer E. Zimmermann (Hg.): Bloch-Wörterbuch. Leitbegriffe der Philosophie Ernst Blochs. Berlin, Boston 2012 (= Zimmermann 2012/1), 349–360
Rainer E. Zimmermann: Natursubjekt, in: Beat Dietschy, Doris Zeilinger, Rainer E. Zimmermann (Hg.): Bloch-Wörterbuch. Leitbegriffe der Philosophie Ernst Blochs, Berlin, Boston 2012 (= Zimmermann 2012/2), 374–403
Rainer E. Zimmermann: Die Raumdeutung. Ein erster Ansatz, in: Doris Zeilinger (Hg.): VorSchein Nr. 29. Ernst Bloch zum 30. Todestag, Jahrbuch 2007 der Ernst-Bloch-Assoziation. Nürnberg 2007
Rainer E. Zimmermann: Conceptualizing the Emergence of Entropy , in: Quantum Biosystems 2008, ed. Massimo Pregnolato, (s. auch: www.quantumbionet.org/admin/files/QBS2%20152-164.pdf)
Peter Zudeick: Materie, in: Beat Dietschy, Doris Zeilinger, Rainer E. Zimmermann (Hg.): Bloch-Wörterbuch. Leitbegriffe der Philosophie Ernst Blochs, Berlin, Boston 2012, 265–275

Beat Dietschy
12 Wunschlandschaften, entdeckt und gebildet
4. Teil, Nr. 39, 40

> „In *Arkadien* würden wir
> nach *Utopien* schmachten."
> (Jean Paul 1983, 235)

12.1 Das Wo im Wann

In einem Brief an Adorno, geschrieben im September 1937 in Prag, erwähnt Ernst Bloch eine „geplante philosophische Geographie" (Br. II 438), welche den letzten Band einer Gesamtausgabe im Malik-Verlag bilden sollte. Bereits 1933 berichtet er in einem Brief aus der Schweiz an Siegfried Kracauer voller Enthusiasmus, er lese Reiseliteratur, um „ein Landschaftsbuch, eine Art philosophischer und sehr anschaulicher Geographie" zu schreiben. Darin würden „Wiesen, Steppen, Wälder, Seen, Wüsten, Oasen, Nordsee, Vulkane, Gletscher, Hochgebirge, Wasserfälle, Wolken, Gewitterhimmel, Landschaften nach einem Erdbeben, orientalische Großstädte und andere ,Ansichten der Natur', ebenso aber auch ,erträumte Landschaften" (Br. I, 377) beschrieben.

Eine eigenständige „philosophische Geographie" hat Bloch jedoch nicht publiziert. Doch wurde die Thematik in Aperçus und essayistischen Texten aufgegriffen, welche u. a. in der ,Frankfurter Zeitung' erschienen sind (Einige der Texte finden sich in FD 1997 oder Augenblick 2007. Notizen Blochs von 1933 zu einem Landschaftsbuch („Beiträge zum Orbis Scriptus") werden zur Zeit im Ernst-Bloch-Zentrum Ludwigshafen zur Publikation vorbereitet.) – aber auch in den Städte- und Landschaftsbildern, die schließlich als „Verfremdungen II (Geographica)" in den *Literarischen Aufsätzen* (LA 401–548) versammelt sind. Nicht zuletzt jedoch wird dieses Thema in den Kapiteln 39 und 40 von *Prinzip Hoffnung* prominent behandelt. Bloch hat 1942/43 im amerikanischen Exil in Cambridge daran gearbeitet. (Br. II 532 u. 538) Beide Texte sind zuerst in der Zeitschrift *Sinn und Form* veröffentlicht worden, „Dargestellte Wunschlandschaft in Malerei, Oper, Dichtung" 1949 (Bloch 1949), „Eldorado und Eden, die geographischen Utopien" (Bloch 1950, 60) ein Jahr danach.

Landschaften und Geographica im Kontext eines Werks, das vom Vorwärtsdrängenden und vom antizipierenden Bewusstsein handelt: das mag auf den ersten Blick erstaunen. Der einmal in Erwägung gezogene Buchtitel „Funktion und Welten der Hoffnung" (Br. II, 554) deutet immerhin an, dass es darin eben auch um eine Art Erdkunde der utopischen Funktion gehen soll. Dennoch fällt beim Denker des Noch-Nicht auf, dass hier primär nach dem Wo statt nach dem Wann gefragt wird: Wunschräume, nicht Wunschzeiten stehen im Mittelpunkt. Nun ist das freilich auch in anderen Kapiteln des vierten Teils von *Prinzip Hoffnung* mehr oder weniger der Fall. Die darin behandelten „Grundrisse einer besseren Welt" zeigen utopische Konstruktion mit hohem Raumanteil, am stärksten natürlicherweise in den Texten über Technik und Architektur. Auch viele der im Kapitel „Freiheit und Ordnung" untersuchten Gesellschaftsentwürfe sind Raum-Utopien, lokalisiert auf Inseln am Rande der bekannten Welt, erst ab Merciers 1771 erschienenen Roman *Das Jahr 2440* wurden diese zunehmend von der räumlichen Ferne in die Zukunft verlegt. (Vgl. Zudeick 2012, 640 und AiC 265)

Dennoch unterscheiden sich die geographischen Utopien von den vorher behandelten dadurch, dass sie sich auf reale Länder oder Landschaften beziehen, die nur entdeckt, jedoch nicht erschaffen werden: „das Schiff, das am völlig fremden Strand ankommt, hat diesen durchaus nicht gebildet" (PH 874). So rückt Utopisches in eine problematische Nähe zu Vorhandenem, das lediglich erreicht und aufgefunden werden muss. Bei bloß betrachtender Haltung droht eine Verdinglichung, die über der Gewordenheit das Werden und das Bewegende aus den Augen verliert. (Vgl. EM 108) Diese Gefahr ist, wie Bloch in *Experimentum Mundi* zeigt, dem Raumdenken inhärent. Anders als die Kategorie Zeit, welche er als „Wegweise-Form der intensiven vorschreitenden Äußerung, das heißt Veränderung" (EM 107) fasst, schreibt er der Raum-Kategorie einen widersprüchlichen Doppelcharakter von Schema der gestaltenden Äußerung und geronnener Äußerlichkeit zu. Erst Zeit macht „das Außen des Raums, das für sich allemal entspannte, ex-tensive, zu einem Außen für Spannung, Intensität".

Die Gefahr von Verdinglichung in der Objektivierung gilt nicht nur für aufgefundene, sondern auch für erfundene Landschaften – die erwähnten Inselutopien etwa –, erst recht für die imaginierten Topographien von Eden und Elysium. Daher betont Bloch das Veränderungshandeln und aktive Erforschen, das den Entdeckungen zugrunde liegt, und ebenso das Produktive, Herausbringende, das in der ästhetischen Gestaltung am Werk ist. Möglicherweise will er diesen Akzent der Weltveränderung noch verstärken, wenn er an Stelle des Nietzsche-Gedichts „Nach neuen Meeren" (Bloch 1950, 60) – „Mittag schläft auf Raum und Zeit" – der Buch-Fassung von „Eldorado und Eden" das Brecht-Motto voranstellt:

> So wie die Erde ist
> Muß die Erde nicht bleiben.
> Sie anzutreiben
> Forscht, bis ihr wißt. (PH 873)

Geographische Utopien sind daher Landkarten, in denen Hoffnung nicht nur verzeichnet, sondern verändernd tätig ist. Sie sind auf „gut Land" aus, wie das Motto aus Dtn 8,7 sagt, auf Orte, in denen Hoffnung ankommen will. Auch wenn sie dabei oftmals eine Vorhandenheit suggerieren, sind diese Orte im strengen Sinn U-Topoi, Nicht-Orte oder Orte des Nichts, das heißt, es sind „transitorische Regionen praktischer Realisierung". (Zimmermann/Koch 1996, 7) Ästhetikproduktion und ihre Reflexion dienen dabei „der Erhellung jenes utopischen Potentials im Vorschein charakteristischer Situationen praktizierter Besetzung von U-Topoi". (Zimmermann/Koch 1996, 7) In diesem Sinne stehen geographische Hoffnung (Kapitel 39) und die ästhetischen Wunschlandschaften (Kapitel 40) bei aller Verschiedenheit des Gebietes in engem Zusammenhang.

12.2 Das Paradies auf Erden – horizontale Schatzgräberei

Bloch entfaltet das Thema der geographischen Utopien im *Prinzip Hoffnung* im historischen Kontext der europäischen Entdeckungsfahrten zu Beginn der Neuzeit. An ihnen, namentlich an der für Bloch zentralen Figur des Kolumbus, wird deutlich: „Entdecken will und kann durchaus verändern". (PH 876) Dabei geht er in seiner Deutung von der Feststellung aus, dass diese „Entdeckungen ebenso kräftig Träume wie Veränderungen mit sich führten". (PH 877) Interessanterweise werden die Veränderungen sehr viel weniger beleuchtet und erforscht als die Träume. Diesen geht das Kapitel ausführlich nach, und zwar mit dem Doppelfokus auf „Eldorado und Eden". Bloch geht sogar so weit zu behaupten, „jede andere utopische Intention" sei „der der geographischen Entdeckungen verpflichtet; denn jede hat im positiv erhofften Zentrum den Topos: Goldland, Glücksland". (PH 878)

Wie gelangt Bloch zu dieser gewagten These? Zum einen ist Kolumbus, der überzeugt war, dem irdischen Paradies auf der Spur zu sein, ihm dafür ein willkommener Kronzeuge. Zum andern rekurriert er auf die Vorgeschichte der Paradies-Motive, welche seit der Antike nicht nur die Phantasien der Seefahrer beflügelt haben. Bloch unterlässt es nicht, die Bedeutung der Handelsreisenden für die Entwicklung geographischer Utopien und imaginierter Ferne hervorzuheben. Auf der Suche nach einem direkten Weg für den Austausch begehrter Güter wie Salz, Bernstein, Gold oder Silber sind sie zu Pionieren für das Entdecken nicht nur neuer Straßen, sondern „völlig neuer Ware" (PH 877) geworden, von fabulösen Wundern und Wunschgütern wie dem Quell, der ewige Jugend schenkt. Nirgends scheint sich das glaubhafte Berichten mit dem Märchenhaften so leicht vermischt zu haben wie in den Fern- und Reisebildern. Geographie wird zum Gebiet, „wo schlechthin alles für möglich gehalten wurde". (PH 881) Selbst Fälschungen, wie John Mandevilles erdichtete Weltreise (1356) oder die drei Briefe des sagenhaften Priesterkönigs Johannes (1165) haben ihre Wirkung entfaltet und den Erwartungsraum für spätere Fahrten und Unternehmungen bis hin zur Kolumbusfahrt mit geprägt. Sagenhafte Wunschgüter der Ferne wie „*Goldenes Vlies und Gral*" (PH 883) erscheinen darin, aber durchaus auch handfestere Schätze aus Gold- und Glücksland. „Gold und Vlies, Gold und Gral, Gold und Paradies" (PH 884) locken vereint.

Die Faszination, die von solchem „exotischen Wunschtraum-Schatz" (PH 883) ausgeht, ist für Bloch eines der Kernelemente für das Verständnis von Erwartungsaffekten und antizipierendem Bewusstsein, auf dem kritisch durchdachte Hoffnung aufbaut. Sie betrifft die „*Direktion* des Tagträumens" und „die Linie, auf der sich die Phantasie der antizipierenden Vorstellungen bewegt". (PH 127) Während die negativen Erwartungsaffekte und ihre utopischen Bilder wie die Verzweiflung in ihrer Untergangsgewissheit „letzthin das *Höllenhafte* als ihr Unbedingtes intendieren, haben die positiven Erwartungsaffekte ebenso unausweichlich das *Paradiesische* im Unbedingten ihres letzthinigen Intentionsgegenstands".

In diesem Licht deutet Bloch nicht nur die Mythen von Vlies und Gral oder die Fahrt St. Brendans zum „‚Gelobten Land der Heiligen'" (PH 893), sondern ebenso die Entdeckungsreisen des ausgehenden Mittelalters. Er spricht dabei von einer „*horizontalen Schatzgräberei*". (PH 884) Denn der gesuchte Schatz liegt hier nicht wie in der Spuren-Geschichte „Tableau mit Bogen" vertikal unter dem eigenen Boden begraben (vgl. SP 140–141), sondern horizontal in der Ferne. Das Gesuchte ist dort durchaus vorhanden, befindet sich in einer „ Art wartender Vorhandenheit" (PH 877), unklar ist nur, wo „dort" ist und wie man dorthin kommt. Nicht die Existenz des irdischen Paradieses ist umstritten, wohl aber seine Lage. Sie wechselt im Laufe der Geschichte häufig, trotz der biblischen Lokalisierung des Gartens von Eden im Osten (vgl. Gen 2,8). In Mesopotamien, Armenien und Arabien, in Äthiopien, Indien, China und auf Ceylon ist es vermutet worden, später auch am Orinoko-Delta, in Peru, ja selbst am Nordpol. (Vgl. Börner 1984, 21)

Für das messianische biblische Verständnis ist allerdings, wie Bloch zu Recht festhält, nicht das Wo, sondern das Wann entscheidend. Es stellt eine „Beziehung von Eden, dem geographischen Wunschtraum des Glücks, zu einer Wunschzeit, in der es erreicht wird" her und „mündet in den Wunschtraum absoluter Art: am Ende der Tage ist das irdische Paradies wieder offen". (PH 888) Das verlorene Paradies kommt also aus der Zukunft wieder, indem nach der Vision des Johannes das neue Jerusalem aus dem Himmel herabsteigt (Offb. 21,2). Diese eschatologische Hoffnung auf eine Wiederkunft des Paradieses in der Endzeit, die den Griechen fehlt, ist in der apokalyptischen Literatur ausgebildet worden. Im äthiopischen Henochbuch beispielsweise wird der Garten Eden am Ende der Zeiten zu einem „Garten der Gerechten" (äth Hen 60,23), die zusammen mit den Engeln Gott im Garten des Lebens lobpreisen (äth Hen 61,12). Im slawischen Henochbuch wird in jenem Weltalter „das große Paradies ihnen Obdach und ewige Wohnung sein. Sie erdulden nicht mehr die irdischen Ungerechtigkeiten" (slav Hen 65,10, vgl. Krauss 2004, 113f.). Solche Vorstellungen haben namentlich chiliastische Bewegungen beeinflusst und im Joachimismus ab dem 13. Jahrhundert zur Erwartung eines innerweltlichen Zukunftshorizonts, des utopischen „Zeitalters des Geistes", beigetragen.

Doch zurück zur Frage nach der geographischen Situierung des ursprünglichen Paradiesgartens: er besteht nach herkömmlicher mittelalterlicher Auffassung weiter, liegt jedoch an einem unzugänglichen Ort, *„hinter einem Gürtel von Schreck"* (PH 887), Meeren, Wüsten oder Bergen. Sein Betreten ist nach Kirchenlehre den Menschen zu Lebzeiten verwehrt, was sie jedoch nicht daran hindert, seine Umgebung aufzusuchen, die dank der dem Paradies entspringenden Flüsse als locus amoenus galt. „Der Alexander des französischen und deutschen Alexanderromans stand in Indien vor der Mauer dieses Gartens, verspürte seine Wohlgerüche" (PH 889), so, wie nach ihm Kolumbus an der Orinoko-Mündung. Es kamen also in der mittelalterlichen Paradiesvorstellung ganz unterschiedliche Motivstränge zusammen: das ursprünglich aus Persien stammende biblische Gartenmotiv, das von Vergil geprägte idyllisch-bukolische Landschaftsbild Arkadiens und das an den Grenzen der Erde befindliche Elysium, wohin nach Homers Odyssee (IV, 561–569) Menelaos an Stelle des Todes hinkommen soll. Ähnlich werden auch nach Hesiod die Helden des homerischen Zeitalters von Zeus auf Inseln der Seligen am Rande der tiefen Strudel des Okeanos versetzt. (Vgl. Krauss 2004, 101)

Als weiteres Element ist noch zu erwähnen, dass nach griechisch-römischer Tradition nicht alle außerhalb ihres Kulturkreises lebenden Völker als ungesittete Barbaren betrachtet wurden. Manche, wie die Skythen und Hyperboräer im Norden oder die Äthiopier im Süden, wurden auch für ihre ursprüngliche und unverdorbene Lebensweise als tugendhafte und glückselige Menschen gepriesen. Dies verband sich mit dem Mythos vom Goldenen Zeitalter, in dem das erste Menschengeschlecht unter der Herrschaft des alten Götterkönigs Kronos ein glückliches und sorgenfreies Leben führte, und wurde schließlich mit den Inseln der Seligen zusammengebracht. (Vgl. Gewecke 1992, 66) So wurde „die unwiderruflich verloren geglaubte Wunsch*zeit* des Goldenen Zeitalters durch ihre Projizierung auf einen real-geographisch lokalisierbaren Wunsch*ort* aus vorzeitlicher Ferne in die Gegenwart gerückt – eine Gegenwart, die für jeden, der sich der gefahrvollen und ungewissen Reise unterzog, Wirklichkeit werden konnte". (Gewecke 1992, 67)

Die Himmelsrichtung, in der im Mittelalter nach dem Himmel auf Erden gesucht wurde, schwankt. Für den Osten sprachen Alexander, die Bibel und das paradiesische Reich des Priesterkönigs Johannes. Hinzu kommt für Bloch der astralische Archetyp des „ex oriente lux", der zugleich im Westen, wo die Sonne untergeht, das Reich des Todes lokalisiert. (Vgl. PH 885) Im nördlichen und später im südwestlichen Atlantik wurde die Paradiesinsel des Heiligen Brendan gesucht, die auf den Karten als „Verlorene Insel" vermerkt war. (Vgl. Gewecke 1992, 80) Im Westen wurden aber auch die „Inseln der Seligen" vermutet.

Im 12. und 13. Jahrhundert verändert sich die Topographie des Jenseits unter dem Einfluss der scholastischen Theologie: aufgegeben wird die Lehre von einem zwar noch gottfernen, aber angenehmen Zwischenort für die Seelen der fromm Verstorbenen. Dante beschreibt daher in seiner *Divina Comedia* drei Bereiche: die Hölle (L'Inferno), das Fegefeuer (Il Purgatorio) und den Himmel, den er „Il Paradiso" nennt. Das irdische Paradies hingegen verlegt er auf den Gipfel des Monte Purgatorio im südlichen Weltmeer. Im Unterschied zum Purgatorio ist es allerdings unbewohnt, eine Folge der erwähnten scholastischen Neuerung.

Für Kolumbus war die christliche Verortung des Paradieses im Osten maßgeblich. Doch schlug er, weil die Ostroute durch die Vorherrschaft der Türken versperrt war, den Weg nach Westen ein, um es zu erreichen. Die seit dem 13. Jahrhundert anerkannte Kugelgestalt der Erde erleichterte ihm diese Synthese. (Vgl. PH 903) Er verfügte zudem über einiges Vorwissen, das er zumindest für die Legitimierung seines Vorhabens verwenden konnte. So erwähnt er die von Marco Polo und Mandeville her bekannten „Indischen Inseln jenseits des Ganges, die unlängst entdeckt wurden". (Gewecke 1992, 90) Nach Bloch entscheidend für den Erfolg des Kolumbus, „des kühnsten Fahrers und Träumers in einem", war aber genau dies, dass sein Ziel sehr weit gesteckt, ja „überspannt" war: „Der Glaube ans irdische Paradies, dieser allein, hat endlich den Täter befeuert, die Westfahrt mit Bewußtsein und Plan zu wagen". (PH 904–905)

Tatsächlich führt Kolumbus in seinen Briefen an die spanischen Monarchen nicht nur die Reichtümer und klimatischen Vorzüge der neu entdeckten Länder an. Er deutet sie religiös und spricht von den Flüssen, die vom irdischen Paradies her kommen, welches sich – ähnlich wie bei Dante – auf der „Spitze" der Erde befinde. In einem Brief von seiner dritten Reise an Doña Juana de la Torre bezeichnet er sich gar als Boten vom *„Neuen Himmel und der Neuen Erde*, die unser Herr gebildet, wie Johannes schreibt in der Apokalypse". (PH 908) Das stützt die chiliastische Interpretation Blochs.

12.3 Tücken des Entdeckens

Blochs Kolumbusbild setzt gegenüber der Vielzahl bestehender Interpretationen (vgl. Heydenreich 1992) neue Akzente, wirft aber auch Fragen auf. Erstaunlich ist zunächst, dass der Genuese zwar als „der utopisch-religiöse Träumer" (PH 905) präsentiert, jedoch nicht gezeigt wird, *wie* er seine Einbildungskraft für die Entdeckungsleistung gezielt einzusetzen verstand. Und dies, obwohl Bloch dem Kapitel ein Zitat von Humboldt voranstellt, das die Rolle der Einbildungskraft beim Überschreiten von Grenzen unterstreicht. Genau an der Schwelle zur Neuzeit hat das, was Bloch selber „exakte Phantasie" nennt, eine wichtige erkenntnisleitende Rolle zu spielen begonnen. Das stellt Barbara Ränsch-Trill zum Beispiel bei Leonardo da Vinci fest, für den die beobachteten Phänomene – wie etwa eine Mauer, die mit mancherlei Flecken bedeckt ist – dazu verwendet werden, eine weitausholende Aktivität der Phantasie hervorzurufen, um so „den Geist zu verschiedenerlei Erfindungen zu wecken". Leonardo sagt in seinem Traktat von der Malerei weiter: „Durch verworrene und unbestimmte Dinge wird nämlich der Geist zu neuen Erfindungen wach". (Ränsch-Trill 1996, 86f.) Im *Prinzip Hoffnung* wird Leonardo zwar durchaus gewürdigt, aber vorwiegend als Erfinder, der sich mehr „‚sympathetisch‘ als quantitativ zur Natur" verhalte, „obwohl, ja weil er sie bereits in Zahlen geschrieben glaubte". (PH 757)

Auch Kolumbus wird von vielen Biographen als „von hoher Erfindungsgabe" (Oviedo) und „mit aller Art von Einbildungskraft" (Las Casas) versehen betrachtet. Auch ihm „ist diese Phantasie der Zeit eigen, die Leonardo kennzeichnete: aus Ahnungen, Hoffnungen, Wünschen, Vorstellungen, Kombinationen konstituiert sich die Gestalt eines geographischen Raumes: des Seeweges nach Indien". (Ränsch-Trill 1996, 94) Sein durchaus verworrenes geographisches Phantasiebild führt ihn letzten Endes zusammen mit seiner Beobachtungsgabe und Navigationskunst zwar nicht nach Indien, aber an Küsten auf dem Westweg dahin. Ausgerechnet das Experimentierende an der Kolumbusfahrt lässt Bloch aber beiseite, auch wenn er jede „Expedition nach Eutopia" ein „Experiment der neuen Welt" (PH 878) nennt. Er konzentriert sich auf die Korrespondenz des Admirals, in der dieser sich bemüht, seinen Auftraggebern trotz bislang geringer materieller Ausbeute mit seiner christlichen Mission die weitere Unterstützung des Unternehmens abzuringen. Kolumbus tritt damit im *Prinzip Hoffnung* wohl stärker als *homo religiosus* im mittelalterlichen Sinne in Erscheinung, als er es war.

Dabei hat Bloch im Abschnitt „Erfinden und Entdecken" deutlich Stellung bezogen gegen Positionen wie diejenige Max Schelers, die mittels dieser Kategorien zwischen modernem und mittelalterlichem Habitus unterscheiden und dem prometheischen Erfinden ein bloß hinnehmendes Entdecken oder Erforschen gegenüberstellen wollten. Mit Recht macht Bloch darauf aufmerksam, dass Schelers Phänomenologie verkenne, dass es in beiden Fällen um veränderndes und neubildendes Handeln gehe und Entdecken selber aktiv-utopisch sei. (PH 875 nebst PH 879)

Beides zusammen, *homo faber* und *contemplativus*, macht den neuzeitlichen Menschen aus. Dass dieser 1492 auf den Plan tritt und dieses Datum das Geburtsjahr der Moderne sei, ist die These von Enrique Dussel. Denn die Moderne setze damit ein, dass „Europa sich als Zentrum einer beginnenden Welt-Geschichte behauptet", damit aber Peripherie hervorbringe, die sie gleichzeitig in ihrem eigenen Sein zu verkennen und zu vergessen beginne, argumentiert der argentinische Befreiungsphilosoph. (Dussel 1993, 9f., vgl. Dussel 1992) Erfunden, betont er u. a. gegen O'Gorman (1958, 77–79), habe Kolumbus Amerika nicht, er „erfand lediglich das ‚asiatische Wesen' des Gefundenen". (Dussel 1993, 34)

Auch Bloch war entschieden der Meinung, dass die Neuzeit den Anbruch einer neuen Epoche der Menschheit bedeute. Er spricht in seiner Philosophie der Renaissance von einem „Morgen", wie die Weltgeschichte ihn noch selten gesehen habe. „Das war nicht einfach Wiedergeburt [...] es war Neugeburt". (ZW 175) Ja, er feiert diesen historischen Moment, weil er wie kaum ein Anderer Utopie zum Leitstern hat. Sein eigenes Denken ist gewissermaßen aus dem Geist der Renaissance geboren: die „Absicht" seines ersten Hauptwerks *Geist der Utopie* schließt emphatisch mit Dantes „Incipit vita nova". (GU 1918, 9) Weniger deutlich sah Bloch, wie das Erfinden der „Neuen Zeit" mit dem Finden der „Neuen Welt" – und ihrem Erobern – einhergeht. Dussel dagegen stellt genau dies heraus: „Die Erfahrung nicht nur der ‚Entdeckung', sondern gerade der ‚Eroberung' wird wesentlich sein für die Konstitution des modernen ‚Ego', nicht nur als Subjektivität, sondern als Subjektivität des ‚Zentrums' und des ‚Endes' der Geschichte". (Dussel 1993, 25)

„Plus ultra", der Leitspruch aus dem Zeitalter der europäischen Entdeckungsreisen, verspricht (aus der Sicht des Zentrums): Neuland findet, wer über die zeit-räumlichen Grenzen der bekannten Welt hinaus sich wagt und dahin gelangt, wo vor ihm noch niemand war. Was allerdings dem zu Entdeckenden Neuland ist, das bewohnen meist schon Andere. Sie wurden ausgeblendet, als Europa sich anschickte, sich die „Neue Welt" zu erschließen. Kolumbus, stellt Tzvetan Todorov in seiner bekannten Studie fest, „hat Amerika entdeckt, nicht aber die Amerikaner" (Todorov 1985, 65). Dussel kommt im Blick auf die nachfolgende Geschichte zu einem ähnlichen Schluss: „die Bewohner der neuentdeckten Länder erscheinen nicht als Andere, sondern nach ihrer Eroberung, Kolonisierung, Modernisierung als Dasselbe, als ‚Materie' des modernen ego". (Dussel 1993, 42) Das heißt, die vom neuen Zentrum der Weltgeschichte aus Entdeckten werden zugleich als Andere, in ihrem Anderssein verdeckt. Diese kolonialen „Tücken des Entdeckens" (vgl. Dietschy 1992, 234–236) gilt es in jedem „Experiment der neuen Welt" zu bedenken.

Wie die Anderen unsichtbar gemacht werden, hat Boaventura de Sousa Santos mit dem Begriff des „Abgründigen" zu erfassen versucht. Er spielt damit auf den zerklüfteten Meeresboden an, auf dem seit Mitte des 16. Jahrhunderts die kartographisch festgelegten Grenzlinien, die sogenannten *Amity Lines*, zwischen Alter und Neuer Welt verlaufen. Das abgründige Denken der europäischen Moderne besteht ihm zufolge „aus einem System von sichtbaren und unsichtbaren Unterscheidungen, in welchem die unsichtbaren als Grundlage der sichtbaren dienen. Indem radikale Grenzlinien bestimmte Unterscheidungen als unsichtbar etablieren, teilen sie die soziale Realität in zwei Reiche: [...] Diese Teilung bewirkt, dass das ‚Jenseits der Grenze' als Realität verschwindet, zu existieren aufhört und in der Tat als nicht-existent erst produziert wird, wobei ‚nicht-existent' bedeutet, keine relevante oder verständliche Seinsweise zu besitzen". (Santos 2008, 399; vgl. Dietschy 2014, 69–71) Dies hat fatale Auswirkungen insbesondere in der Sphäre des Rechts und auf die Frage, wem das Land gehört. Es werden globale Rechtsgrenzen wirksam: das Koloniale wird als Raum des „Naturzustands" behandelt, in dem die Institutionen der Zivilisation absent sind und das Land als *terra nullius* gilt, sofern es nicht im Sinne der Kolonisatoren oder später der kapitalistischen Verwertung genutzt wird. Das Land der Kolonisierten wird ähnlich behandelt wie die Seelen der Indios, die nach der Bulle Papst Paul III. von 1537 als leeres Gefäß für den katholischen Glauben zu betrachten waren. (Vgl. Santos 2010, 34–35)

Ein Niemandsland, das von Fremden angeeignet werden kann, ist genauso wie die Natur selber kein Naturzustand, sondern eine gesellschaftlich im Zuge der Inbesitznahme der Neuen Welt konstruierte Kategorie. Sie hat aber auch mythische Vorläufer, die zur Geschichte der geographischen Utopien gehören. „Er fuhr zur unbewohnten Welt" (PH 1201), heißt es in einer Kapitelüberschrift im fünften Teil des *Prinzips Hoffnung* von Odysseus. Anders als der homerische Held kehrt dieser in einem Sagenstoff, der in Dantes *Göttlicher Komödie* (Dante 1960, Inf. XXXVI, v. 55–142) aufgenommen und verarbeitet wird, nicht nach Ithaka heim, sondern bricht ein letztes Mal auf, um – die Kolumbusfahrt vorwegnehmend – über die Grenzsäulen der bekannten Welt hinaus, „der Sonne nach zur unbewohnten Welt" (Dante 1960, Inf. XXXVI, v. 55–142, v. 116f.) zu fahren. Ein *mondo senza gente* ist nach aristotelisch-mittelalterlicher Auffassung der Südteil der Erde. Dorthin verlegte Dante das irdische Paradies, zu dem kein Mensch gelangen kann. Auch Dantes Odysseus, in dieser Hinsicht noch antiker Held, scheitert im Anblick des Paradiesbergs, denn „her vom Neuland stob mit mächtigem Prallen / Ein Sturmgebraus, Schiffs Bug zu schlagen". (Dante 1960, Inf. XXXVI, v. 55–142, v. 137f.) Vorbote der Neuzeit aber ist er mit seiner *Überschreitung der Grenze* der bekannten Welt, womit er die berühmte Seneca-Stelle wahrmacht, auf die sich dann auch Kolumbus des Öfteren beruft, dass Thule nicht mehr das Äußerste der Erde sein werde. (Vgl. PH 905, PH 1205)

Der moderne Odysseus, der auszog „die Welt zu sehn und alles zu erkunden" (Dante 1960, Inf. XXXVI, v. 55–142, v. 98, zitiert nach PH 1202), hat also anders als der antike die Weisung „Nec plus ultra" missachtet. Er ist so zum Symbol für das Selbstbewusstsein der Neuzeit geworden, die sich auf allen Gebieten aufmachte, die Säulen des Herkules hinter sich zu lassen: 1620 erschien sein Schiff auf dem Titelblatt von Francis Bacons „Instauratio magna", und wenige Jahre darauf wird der Versuch von Joseph Glanvill, eine erste Bilanz des angebrochenen Zeitalters zu ziehen, *Plus ultra* (Glanvill 1668/1958) heißen. Noch 1958 kann die Zeit der Entdeckungsfahrten ungebrochen als „heroische Epoche des Abendlandes" gefeiert werden, selbst etwa von Adolph Meyer-Abich in seiner Einführung zu Humboldts *Vom Orinoko zum Amazonas*. (Humboldt 1958, 9, vgl. Dietschy 1993, 179–181) Auch Bloch scheint in die unkritische Verherrlichung der europäischen Expansion einzustimmen, jedenfalls, was die herausragende Figur des Kolumbus angeht. Er streicht die Kühnheit seines Vorhabens heraus und betont in erster Linie, dass er ohne seine „mystische Zielbesessenheit" und seinen phantastischen Glauben, ans irdische Paradies zu gelangen, nicht zum Entdecker der Neuen Welt geworden wäre. „Kolumbus glaubte fester als je ein Mensch ans irdische Paradies [...] sein Atlantik hatte diese Küste". (PH 906)

Mag auch diese Sichtweise andere Interpretationen zurechtrücken, welche die materiellen Triebfedern des Entdeckungsprojekts – das Goldland – privilegieren, so verführt sie den Autor doch zu einer Mystifikation des ganzen Unternehmens, wenn er es in eschatologischer Weise als Exodus-Traum der Menschheit deutet:

> Expedition war Sezession, Auszug aus dem Alten ins Neue, nicht nur Erweiterung des Mutterlandes oder stationärer Zuschlag eines Unbekannten zum Bekannten. [...] Insgesamt also: das Geschäft der menschlichen Hoffnungen besitzt im Horizont der großen Entdeckungsfahrten seinen eigenen. (PH 879–880)

Dass auch umgekehrt Hoffnung auf Geschäfte und gigantische Raubzüge damit verbunden waren, registriert er fast verwundert: „Die Triebe nach Beute und nach Wundern gingen hierbei erstaunlich oft ineinander oder miteinander". (PH 874)

Auch Kriegsschiffe können freilich Speranza als Gallionsfigur haben. Versäumt es Bloch also über seiner religiös-utopischen Lesart, den Kehrseiten der Neuland- und Goldlandsuche Beachtung zu schenken? Der inflationäre Gebrauch von Goldmetaphern – vom exotischen Wunschtraum-Schatz bis zum Goldraum der Utopie – mag das nahelegen, es sei denn, man verstehe sie im Sinne der alchymistischen Utopie. (PH 746–748) Gold und Paradies scheinen sich jedenfalls nicht nur in der Figur des Admirals, sondern auch in der seines philosophischen Bewunderers zu vermischen: „Beides eben: Eldorado in Eden, Eden in Eldorado, traf hier einzigartig zusammen, wie weder vorher noch nachher". (PH 905) Das

Argument hier ist zwar stichhaltig: ohne ökonomisches Interesse, aber auch ohne Hoffnung auf ein Eden wäre kein Schiff ausgelaufen. Doch gerät, wer so argumentiert, alsbald in die Nähe jener Conquista-Rechtfertigung durch Heilsgründe: ohne den Anreiz des Goldes und somit der Conquistadores wäre keine Rettung der Seelen durch die Patres erfolgt. So hatte ein Gutachter in Peru die Ausbeutung der Silberbergwerke legitimiert: um eine hässliche Braut zu verheiraten, brauche sie eine reiche Mitgift. (Vgl. Gutiérrez 1990, 132–134) Auch Kolumbus hatte das Gold – und die dadurch mögliche Verbreitung des Christentums – bewusst als Köder eingesetzt, um die Unterstützung der spanischen Könige nicht zu verlieren. (Vgl. Todorov 1985, 16–17) So schreibt er auch in einem Brief aus Jamaica (1503), den Marx im *Kapital* zitiert: „Gold ist ein wunderbares Ding! Wer dasselbe besitzt, ist Herr von allem, was er wünscht. Durch Gold kann man sogar Seelen in das Paradies gelangen lassen". (MEW 23, 145)

Es ist schwer zu beurteilen, wie weit die Finanzierung eines Kreuzzugs zur Rückeroberung Jerusalems, die Kolumbus in Aussicht stellt, rein taktischer Natur ist und wie sehr ihm die Verbreitung des Christentums tatsächlich das Herzensanliegen war. Die blochsche Charakterisierung seiner Mission und Intention jedoch mündet in eine Apologie, wenn nicht Apotheose des Genuesen, die doch überrascht, wenn man bedenkt, dass sich „docta spes" im *Prinzip Hoffnung* von Wunschdenken oder gar „schwindelhafter Hoffnung" (PH 3) durch reflektierte konkret-utopische Antizipation (PH 163–165) unterscheidet. Zu einfach mutet die Aussage an, die den Kolumbusabschnitt beschließt:

> Daß Eden dann nachher nur die Antillen waren, daß in den Kontinent dahinter dann keine weißen Götter, sondern Verbrecher wie Cortez und Pizarro eindrangen, daß das irdische Paradies insgesamt nicht Fakt, sondern Hoffnungsproblem und Latenz ist: dies nimmt der von Kolumbus verfolgten Intention nicht ihre Kraft und Würde. (PH 909)

Will sich „docta spes" tatsächlich als belehrbare Hoffnung erweisen, die illusionäre Träume richtet und berichtigt, so drängt sich angesichts solcher Passagen eine kritische Relektüre und eine interkulturell, postkolonial und antihegemonial konzipierte Dekonstruktion des blochschen Diskurses auf. Ausgehen müsste sie von den Abwesenheiten der unsichtbar gemachten Anderen und der anderen Seite der unsichtbaren Grenze, die das „abgründige Denken" (Santos) der westlichen Moderne noch immer zieht. Einlösen könnte eine solche Relektüre an Bloch, was er selber in *Erbschaft dieser Zeit* gefordert und auch praktiziert hat: kritisches Eingreifen und Verwandeln. (Dietschy 2014)

Wie aber kommt es bei Bloch zu einer solchen Überhöhung der Kolumbusfigur, die wenig Raum für kritisches Urteil lässt? Der Hauptgrund dürfte darin zu finden sein, dass er in ihm eine „Leitfigur der Grenzüberschreitung" (vgl. Kap. 49) sieht, welche sich, anders als Odysseus oder Faust, in einer historisch realen Gestalt verkörpert. Ihr Entdecken ist „aktiv-utopisch", umfasst „Auszug" wie auch „Ankunft". (PH 879–880) Hinzu kommt, dass sich darin seine eigene Denkbewegung des Überschreitens exemplarisch wiederfindet, die „Reiseform des Wissens", die auszieht, die Welt zu erkunden und gewissermaßen Faustplan und Hegelsche Phänomenologie praktisch macht. (Vgl. TE 49–51) Und schließlich „spricht Kolumbus sogar vom Neuen Himmel und der Neuen Erde, die durch ihn erreicht seien". (PH 879) Trotz der apokalyptischen Übersteigerung, die offenkundig in diesem Anspruch liegt, ist dies der Horizont, auf den auch die blochsche Philosophie zusteuert. Sie „verleiht", in Jan Robert Blochs Worten, „wie verschlüsselt auch immer, dem weltlichen Entwicklungsprozeß und damit der menschlichen Geschichte eine vorgegebene Latenz in Richtung der heilsbringenden Genesis einer Neuen Welt". (Bloch, J.R. 2009, 67)

12.4 Die Erde als Paradies

So endet das Kapitel über die geographischen Utopien nach einem Abstecher in die im Sturm und Drang imaginierte nordische Utopie Thule mit Überlegungen, welche den Wohnort Erde insgesamt betreffen. Der Blick richtet zunächst auf den Weltraum, insbesondere auf den Mars, der am ehesten als *terra habitabilis* gelten und als Hoffnungsbild an die Stelle „Indiens" oder „Amerikas" treten könnte (PH 916), um festzustellen, „daß *die Erde selber* das Bessere auf anderen Sternen, falls eines ist oder wird, in sich halten könne". (PH 918)

Hat auch Kopernikus die Erde astronomisch „entthront", so bleibt sie vom Standpunkt der Humanutopie aus Mittelpunkt der Welt, ja sie „wird den Patrioten der humanen Kultur zugleich die Hauptstadt des Alls". (PH 921) An diesem Punkt wird Franz Baader bei all seiner Mythologie für Bloch wichtig. Er erlaubt ihm, eine Brücke zu schlagen zwischen „Eden" und „Eldorado", das heißt, zwischen einer Utopie des Raums und der eines zukünftigen Goldenen Zeitalters, zwischen Latenz und Tendenz. Denn Baader verbindet das Transzendieren des bekannten Raums mit einem *„Plus ultra der Zeit"* (PH 923) und gelangt in seinem christlichen Rückgriff auf die Kabbala zur Vorstellung einer künftigen, zusammen mit dem Menschen in einem Wiederbringungsprozess werdenden Welt. (Vgl. MP 269) Dass sie, wie Baader sagt, *„ein Gebäude ist, dessen Erbauer er selbst ist, und welches nur mit ihm erwächst"* (PH 923) wird für Bloch zum nützlichsten Gleichnis (vgl. TE 344) einer utopischen Geographie der Erde.

Die Vermittlung zwischen Menschen und Erde wird im letzten Abschnitt des Kapitels nüchterner in marxistischer Begrifflichkeit als Arbeits- und Stoffwechselprozess zwischen Mensch und Natur gefasst. Hervorgehoben wird von Bloch die oft unterschlagene Mitproduktivität der Natur in dieser Wechselwirkung, aber auch die Veränderung der Erdoberfläche bis hin zur Industrielandschaft durch den Menschen. Dass der gesellschaftliche Auftrag zum gezielten Umbau der Natur „am großartigsten" in der Sowjetunion erfolgt sei und „damit in riesigem Maß die Gesichtsbildung der Kulturlandschaft, zu der die Erde fähig ist" (PH 925), befördere, fehlt noch in der Fassung von 1950 in *Sinn und Form*. Möglicherweise wollte Bloch mit dem Einschub sich gegen Revisionismusvorwürfe absichern, die sich im Vorfeld des Erscheinens von Band I (1954) und II (1955) des *Prinzips Hoffnung* in der DDR intensivierten, und seine gleich folgende Kritik an Technik, die leicht ins Listige und Überwältigende gehe (vgl. PH 925), abfedern. Er könnte aber auch als Vorgriff auf eine „konkrete Utopie künftiger Erdbeschaffenheit" dienen, „die an den Träumen vom irdischen Paradies ihr [...] Grenzideal hat". (PH 926) Denn eine solche konkrete Utopie wird im Folgenden nicht wirklich ausgeführt. (Namentlich Rugard Otto Gropp, Inhaber des Lehrstuhls für Dialektischen Materialismus in Leipzig, kritisierte 1954 an der Babelsberger Philosophenkonferenz der SED Bloch scharf. (B. Schmidt 1978, 18) Die Kritik erfolgte auch in der Deutschen Zeitschrift für Philosophie (1954). Bereits zuvor hatte Kurt Hager, Mitglied im Zentralkomitee der SED, der Veröffentlichung des *Prinzips Hoffnung* im Aufbau-Verlag nur unter Vorbehalten zugestimmt (vgl. Bloch 2007, S. 157–158).)

Stattdessen wird der „Leere und Verdinglichung" (PH 926) des kapitalistischen Zeitalters lediglich eine Kontrastideologie (vgl. Br. I, 767), nämlich das Arkadienbild von der Antike bis „zum sanften oder erlauchten Pastorale des Barock", gegenübergestellt, ein, wie Bloch selber sagt, „aus heidnischen, dann christlichen Vorstellungen vom irdischen Paradies säkularisiertes Bild" einer „*Ideallandschaft*". (PH 927) Doch vermag diese wohl eher für abhanden gekommene Naturbeziehung zu kompensieren, als eine „zu einer eigenen Freundlichkeit entbundene Natur" (PH 927) herbeizuführen. Seit Vergil, der das rohe Arkadien zur bukolischen Idylle stilisierte und damit der ersehnten Wiederkehr des goldenen Zeitalters ein Traumreich öffnete, dienten Ideallandschaften als Fluchtraum vor dem Wirklichkeitsbezug (Wormbs 1978, 38), ja sie ersetzten diesen zuletzt: „Getäuscht meint bürgerliche Gesellschaft, im Bild der Landschaft von der Außenwelt zu erfahren, was sie selbst einmal hineinprojiziert hat", schreibt Brigitte Wormbs. Arkadien wird so zu gemalter Ungleichzeitigkeit: „Die Hymne auf die Natur, ländlicher Idylle angedichtet, geriet zum kunstvollen Schwanengesang überholter Landschaft". (Wormbs 1978, 36–37)

In „allen Verbesserungen konkret möglicher Art" jedoch sieht Bloch einen „Realismus sui generis am Werk", der seine Quelle in „*objektiv-utopischem, objektiv-latentem Material*" (PH 927) habe. „Der Fundus objekthafter Möglichkeit, der hier Erde heißt" (PH 927), eröffne im Unterschied zur Sackgasse des Nihilismus zumindest eine Fahrstraße zu Neuland, eine geographische Verlängerungslinie, die verfolgt werden kann und, „wenn sie in irdische Fernen blicken läßt, dort *Empfang und Heimat intendiert*". (PH 927–928)

Ob Goldland, von Desperados fieberhaft gesucht, oder erhofftes irdisches Paradies der „Theologen und philosophischen Weisen" (Kolumbus) – bei allen „falschen Ausfüllungen", die damit verknüpft waren, gibt der Motivzusammenhang Eldorado-Eden für Bloch doch sämtlichen Grundriss-Utopien einen Ort: er steht für einen „in der mündenden Welt, am Delta der Welt, noch erwartbaren Goldraum", nämlich für die „*Raummöglichkeit* (kursiv BD) von neuem Himmel und neuer Erde". (PH 929) „Daß so auf dieser Erde zugleich der Raum für eine neue ist und daß nicht nur die Zeit, auch der Raum seine Utopie in sich hat: *Das meinen die Grundrisse einer besseren Welt, was geographisches Eldorado-Eden angeht*". (PH 928–929)

Indem Bloch die Entdeckung der neuen Welt säkular-eschatologisch als mögliches Neuwerden der Welt gedeutet hat, gibt er dem Kapitel 39 eine über das Gebiet des Geographischen hinaus reichende Bedeutung: „*Eldorado-Eden verhält sich deshalb zu den übrigen Grundriß-Utopien umfassend*" (PH 929) – geographische Utopien münden im Ganzen der Erde. In einem Erdzeitalter, das heute von manchen als Anthropozän (vgl. Crutzen 2002; Ehlers 2008) bezeichnet wird, weil die menschgemachten Veränderungen die Erde insgesamt unwiderruflich prägen, ist dieser Horizont der Problemlage auf jeden Fall angemessen.

12.5 Perspektive und großer Horizont in Wunschlandschaften der Kunst

Von den Wunschlandschaften der Entdeckungsreisen zu jenen der Kunst ist der Schritt nicht weit, beginnt doch die Öffnung des Bildraumes für Landschaftsdarstellungen in derselben Zeit, als die geographischen Entdeckungen die Grenzen der bekannten Welt sprengen. Mit der Überschreitung der festen Grenzen, die mit der mittelalterlichen Vorstellung eines Weltrandes verbunden waren (Koschorke 1990, 15–17), und dem Plus ultra in der Naturerkenntnis weitet sich der Horizont des wahrnehmenden Subjekts und bringt für die ästhetische Naturerfahrung neue, unbegrenzte Möglichkeitsräume. Sie gehen, so Bloch, „*suo genere geographisch, in den weit vorgelegten Wunschlandschaften aus Malerei, Oper, Dichtung auf*" (PH 981), von denen das Kapitel 40 handelt.

„Die Perspektive sieht sich entdeckt" – mit diesen Worten stellt Bloch in seinen Vorlesungen zur Philosophie der Renaissance den Zusammenhang zu den Fernreisen her und fährt fort:

Durch Fenster sieht man in eine unendliche Landschaft hinein, zum Beispiel in die Stadtaussicht des Jan van Eyck. Mehr und mehr wird die Welt, wird die Natur erobert, der Reiz des Diesseits wird außerordentlich interessant, der des Jenseits schal. (LV 127)

Ästhetische Gestaltung tritt allmählich die Nachfolge religiöser Erwartung an. Die Stelle religiös-utopischer Wunschbilder nehmen Landschaftsbilder ein, der Goldgrund in den Gemälden macht gemaltem Himmel und Naturlandschaft Platz, und statt Eden sind Städte wie Florenz oder Siena zu sehen. Vor allen Dingen aber tritt das bildende Ich in Erscheinung, „der persönliche Beiname taucht auch für den Urheber von Kunstwerken auf" (LV 126), die Individualität wird wichtig. „Ein Ich muß hinter der aufgetragenen Farbe sein, eine Hand, die aufträgt. Ein Gefühl geht durch die bewegte Hand hindurch, fügt sich in das Gemalte ein". (PH 930) Damit beginnt das Kapitel, beim tätigen Subjekt und seiner Interaktion mit der Außenwelt, den Rezipienten.

Doch ist es trotz so hervortretendem Subjekt nicht dieses allein, das für Bloch die ästhetische Produktion ausmacht. Hinzu kommt seine Entsprechung auf der Objektseite. Erst ihre Rezeption und „die in ihrem Vollzug aufkommende Distanz zur Natur ermöglichen die Wahrnehmung des Schönen durch das Subjekt ohne Reduktion auf dasselbe". (Vidal 1994, 146) Durch diese wechselseitige Vermittlung hindurch „gehen die Dinge als gemalte auf, [...] werden nun aus Farbe wiedergeboren und geformt, Blume und Teppich gehen dinglich auf, zunächst als Stilleben". (PH 930) Fortgesetzt sieht er dies in „Stilleben aus Menschen", vor allem im holländischen Innenbild, das ganz Stille und Stube geworden ist, Nähe-Raum mit Seekarten als einziger Ferne darin, „als gäbe es keine Störung in der Welt". (PH 931–932)

In Fahrt und zugleich in eine Nähe mit unruhig verhüllter Ferne bringt der folgende Abschnitt, der von Watteaus „Einschiffung nach Cythera" berichtet. Hier beginnt das Wort von Franz Marc „Malen ist Auftauchen in einem anderen Ort", das dem Kapitel vorangestellt ist, seine Bedeutung zu entfalten. Verwandlung, Ortswechsel, Wechsel der Zeiten – von archaischem Aphroditekult zur höfischen Tändelei bis hin zu antizipiertem Glück – kündigt sich darin an. Vordergründig zeigt das Bild, das in drei Fassungen vorliegt, zwar nur junge Damen und Herren, die auf eine Barke warten, die sie zur Insel der Liebesgöttin bringen soll. Ein beliebtes Thema zu jener Zeit in Paris, das auch in Schäferspielen wie *Trois Cousines* vorkam, und nicht viel mehr als die „erotisierte Langeweile" (PH 933) des damaligen Hoflebens wiedergab. Doch Blochs Interesse richtet sich nicht so sehr auf den „Archetyp der Liebesfahrt" (PH 933), als auf die Stimmung, die von der Landschaft, dem bereits dämmernden Licht und insbesondere dem in Wolken verschwindendem Hintergrund des Bilds in der zweiten Fassung von 1717 ausgeht: „eine verzaubernde Landschaft umgibt die Paare, schon verschwimmen die Konturen des Parks, die Liebesbarke wartet auf dem silbernen Wasser, ein fernes Gebirge steht in der Dämmerung, unsichtbar, aber gegenwärtig wirkt die Nacht der Insel in die Bewegung und Vor-Lust des Bilds herein". (PH 933)

Es ist, vor allem der großen Venusstatue in der dritten Version des Bildes wegen, vermutet worden, dass es sich eher um den Aufbruch von der Insel der Göttin als um die Hinfahrt handle. In der Tat lässt das der ursprüngliche Bildtitel „Le pèlerinage à l'isle de Cithère" offen. Hat Bloch sich von der erst nach Watteaus Tod gebräuchlich gewordenen Bezeichnung der „Einschiffung", die er „deutlich utopisch" nennt, in die Irre führen lassen? Die blochsche Interpretation werde Watteau nicht gerecht, meinte Stefanie Bielmeier: „Seine Kythera-Bilder sind mehr als bloße Versinnlichungen des Erwartungsaffekts". (Bielmeier 1988, 147) Gerade das Pariser Bild bringt jedoch, was Bloch durchaus wahrnimmt, mit der Spannung zwischen den mit Aufbruch noch zögernden Figuren des Vordergrunds und der undeutlichen Ferne des Gebirges im Hintergrund, aber auch mit dem changierenden Licht vor allem das Unentschiedene und Offene der Situation zum Ausdruck, nicht einfach das Erwartungsgeladene. Es sind „Bilder eines Schwebezustands, eines Segels, eines Wolkenzustands, einer verhüllten Erwartung und ihres Lichts", welche erotische Sehnsucht verkörpern, nicht solche „des fest vorhandenen Lands". (PH 934) Auch für Norbert Elias ist die Stimmung auf dem zweiten Kythera-Bild „vieldeutig und zwielichtig", zwischen Festfreude und Melancholie gelegen. Elias bringt das in Verbindung mit dem Wechselbad der Empfindungen in der Pariser Gesellschaft zur Zeit der Entstehung des Bildes: das Gefühl der Befreiung, das mit dem Tod Ludwigs XIV. aufkam, kippte, als sein Neffe die Regentschaft übernahm. (Elias 2000, 23–24)

Nicht erst bei Antoine Watteau kam Weite und Tiefe ins Landschaftsbild. „Sobald das Diesseits statt des Drüben unendlich zu werden begann, erschien die Wunschlandschaft offener Ferne im Bild". (PH 935) Ermöglicht wurde dies durch die Entwicklung der Maltechnik der Perspektive. Mit dem Fluchtpunkt als Bild des im Unendlichen liegenden Verschwindepunkts einer Geraden gelang es, Unendlichkeit des Raums in die Bildfläche zu übertragen und mit einem perspektivisch konstruierten Horizont als Linie ihrer Fluchtpunkte zu visualisieren. (Koschorke 1990, 56–57) In der Folge greift der vorgestellte Raum, wie Panofsky gezeigt hat, nach allen Richtungen hin über den dargestellten hinaus. Jan van Eyck hat sogar „die kühne Neuerung gewagt, den dreidimensionalen Raum *von seiner Bindung durch die Vorderseite des Bildes* zu befreien". (Panofsky 1927, 281) In seiner Kirchenmadonna

> fällt der Beginn des Raumes nicht mehr mit der Grenze des Bildes zusammen, sondern die Bildebene ist *mitten durch ihn hindurch* gelegt, so daß er dieselbe nach vorn zu überschreiten, ja bei der Kürze der Distanz den vor der Tafel stehenden Beschauer *mitzuumfassen* scheint.

Bloch knüpft an Panofskys Erkenntnisse an, legt allerdings in seiner Interpretation Jan van Eycks die Akzente mehr auf die Weite des Horizonts, die „Wunschweite" etwa in der „Madonna des Kanzlers Rolin". Zwischen der Madonna und der Figur ihres Stifters geht hier der Ausblick hindurch und „eröffnet sich, durch Säulen unterbrochen und eingefaßt, ein mit Schätzen überfülltes Fernland. Meisterlich detailliert, mit allen raum-utopischen Emotionen besetzt, deren die Lockerung [Es muss „Lockung" heißen (PH 377).] eines gleichsam horizontalen Abgrunds fähig ist. Eine Stadt wird sichtbar [...] und ganz zuletzt liegt die Ungrenze eines sich wolkig verlierenden Himmels". (PH 935–936) Man sieht „nicht Brügge noch Maastricht noch Lyon", sondern ein „vollkommenes Traumland" (PH 935–936), allerdings, wie man beifügen kann, aus der Warte des Betrachters und in dem Sehfeld, das sein Blick durch das „Fenster" der Säulen festlegt.

Auch bei Leonardo stellt Bloch das Verhältnis von Vorder- und Hintergrund heraus: Mona Lisa „wiederholt die Form der Landschaft im Rieseln des Gewands, die Traumschwere des Hintergrunds in den Augenlidern, den geronnenen, unheimlichen, paradox undurchsichtigen Äther im Lächeln". (PH 936) Er betont: *„Die Landschaft ist hier so wichtig wie die Figur"*. Das gilt selbst für Rembrandt, bei dem in den Porträts und späten Bildern die Landschaft verschwindet und durch die Technik der Dunkelgrundierung die Hintergrundferne schließlich zu einem Dunkelton wird, goldbraun durchzogen. Alle Bilder Rembrandts sind laut Bloch vom Hintergrund her komponiert, und „das Licht wirkt in die Finsternis, [...] dringt durch aus einem seltsam vorhandenen Nirgendwo [...]: es ist *Perspektivenlicht der Hoffnung*" (PH 938). Auch hier ist ein „Fernschein, der sich in der Nähe spiegelt". (PH 937)

Die Dialektik von Nähe und Ferne, Vordergrund und Hintergrund wird nicht zufällig so stark hervorgehoben. Sie verweist darauf, dass mit der westlich-modernen Weltsicht des Natur und Welt erobernden Subjekts zugleich Spaltungen und Entzweiungen aufgetreten sind, um deren ästhetische Überwindung bis in die Romantik und namentlich bei Jean Paul gerungen wird. Die Entdeckung des Horizonts hat sakrale in empirische Ferne verwandelt (vgl. Koschorke 1990, 55), doch erweist er sich darin trotz perspektivisch im Bildraum eingefangener Unendlichkeit als begrenzend, weil visuelles Erkennen vom Standpunkt des betrachtenden Subjekts aus erfolgt. Das echte oder gemalte Fenster in der Renaissancekunst „symbolisiert den Standort des Subjekts, das aus dem Fenster ‚hinaus' auf die Welt blickt. Der Horizont dagegen symbolisiert die Grenze des Blicks, dessen empirische Reichweite hier endet". (Belting 2009, 260) An die Stelle der mittelalterlichen Unterscheidung zwischen irdischem, köperbezogenem Raum und überirdischer Unräumlichkeit tritt daher „das empirische Spannungsverhältnis zwischen Nähe und Ferne". (Koschorke 1990, 58)

Hans Belting macht mit dem „Fensterblick" darauf aufmerksam, dass es einen spezifisch westlichen Blick gibt, der „in einer eigenen Geschichte eingeübt wurde" und damit verbunden sei, die Außenwelt im Akt der Wahrnehmung zu kontrollieren. (Belting 2009, 263–264) Das Wohnen in Häusern, deren Fenster ein „Durchschauen" (perspicere) erlauben, ohne sich körperlich nach draußen zu begeben, mag in der Tat die Selbsterfahrung des Subjekts in der europäischen Kultur anders geprägt haben als etwa die verschiebbaren Wände in fernöstlichen Häusern, die das Verhältnis zwischen Außen und Innen offen halten. Die Spaltung zwischen Subjekt und Objekt, Innen und Außen hat jedenfalls das westlich-neuzeitliche Denken bestimmt und kommt in dem Ringen um eine andere als die instrumentelle, Natur beherrschende Rationalität zum Ausdruck. Es findet wesentlich in der Suche nach einer Vermittlung im Medium ästhetischer Naturerfahrung statt.

„Landschaft" ist von da her gerade nichts einfach Vorliegendes, sondern von Haus aus Wunsch-Landschaft, die versuchte Rettung eines Scheins, nämlich des „Vor-Scheins" dessen, was Natur jenseits ihrer Reduktion auf Nutzwert für den Menschen als Teil der Natur bedeuten könnte. Daher hat Bloch seine literarischen Landschaftsbilder „Verfremdungen" genannt – sie bilden nichts ab, suchen aber etwas im Landschaftserleben freizulegen, das fremd, ja disparat zur herrschenden Gleichzeitigkeit der gesellschaftlichen Naturaneignung steht, und wovon sich wie etwa vom Rheinfall bei Schaffhausen sagen lässt: „nicht für uns gebaut, uns aber am Ende betreffend". (LA 433) Landschaftsbilder als so entdeckte Real-Chiffren der Natur sind daher von Grund auf von einer Ungleichzeitigkeit gekennzeichnet, die auf noch nicht erlangte Versöhnung in der Wechselwirkung zwischen Menschen und Erde verweist. Historisch entstanden dank der Öffnung des Bildraums durch perspektivische Gestaltung, zeigt Landschaftmalerei diese Ungleichzeitigkeit als Abstandsproblem oder mehr oder weniger gelungene Vermittlungen von Vordergrund, Mitte und Hintergrund, von Nähe und Ferne. Sie sind „Auszugsgestalten, deren unvollkommene Vermittlung die ungleichzeitige Natur gerade sichtbar macht". (Raulet 1987, 26).

Mit den Kategorien „Auszugsgestalt" und „Vor-Schein" macht Bloch ein Transzendierendes, noch nicht Realisiertes in den ästhetischen Gestaltungen kenntlich. Gerade der Rest an Unverwirklichtem wird im Bild bewahrt, damit aber auch leicht verdinglicht. (Holz 1975, 87) Die Gefahr einer Kunst, die demzufolge „keine eigentlichen Wunschlandschaften enthielte" sieht er überall dort, wo Ästhetik sich „in der idealistischen und darum so schön gerundeten Formvollendung" am Ziel wähnt und wo „das Verhältnis zum Schönen auf pure Betrachtung" (PH 946) sich beschränkt. Gegen den Klassizismus einer „Auskonstruiertheit", den er auch bei Lukács zuweilen am Werke sieht, setzt er auf einen Materialismus, der dialektisch die unfertige Welt in ihrer prozesshaft offenen Tendenz erfasst. Daraus ergibt sich für Bloch, dass auch Kunst samt ihrer Theorie „eine perspektivenhafte", „eine des wirklichen Prozesses" und „eine ungeschlossene" zu sein hat, in summa: „eine in der Weise des *zu Ende getriebenen Vor-Scheins geschehende Darstellung der Tendenz und Latenz ihrer Gegenstände*". (PH 946–947)

„Perspektive" bedeutet hier nicht das Abstandsverhältnis von Objekten im Raum in Bezug auf den Standort des betrachtenden Subjekts. Sie operiert nicht zwischen Stand- und Fluchtpunkt, sondern betrifft den Abstand der Auszugsgestalten des Vor-Scheins zur Realisierung ihres Zielgehalts. Es handelt sich also nicht um eine subjektive, standortbedingte, sondern um eine „in den dargestellten Gegenständen selber herausgearbeitete Perspektive auf die immanente Vollendung dieser Gegenstände". Kunst wird somit entelechetisch als „das Metier des Ans-Ende-Treibens" real angetroffener Situationen verstanden, die das Wesenhafte des Gegenstands herausarbeitet.

Der Tiefenraum, den Perspektive in Kunstwerken zu gestalten hilft, erhält also die zusätzliche Bedeutung, auf eine andere, noch nicht seiende Welt hinzuweisen. Bloch privilegiere diese utopische „Dimension einer unendlichen Tiefe zuungunsten jener Vermittlung des Fernen und des Unmittelbaren, die das Werk zur ,Auszugsgestalt des Gelungenseins' macht", meint Gérard Raulet dazu. (1987, 23) Zwar formuliert Bloch seit der zweiten Fassung von *Geist der Utopie* von 1923 als Kriterium für den ästhetisch versuchten Vor-Schein: „Wie könnte die Welt vollendet werden, ohne daß diese Welt, wie im christlich-religiösen Vor-Schein, gesprengt wird und apokalyptisch verschwindet". (PH 948, vgl. PH 248) Richtig an Raulets Bemerkung ist jedoch, dass Bloch den allegorisch zu verstehenden Weg der Kunst dem Wohin und Wozu der „*Zielbestimmung* kraft des Symbols" (PH 951) grundsätzlich unterordnet. Auch wenn beide zusammenwirken, so gehört der Richtung gebende symbolische Vor-Schein doch in das Gebiet von „Metareligion ohne Aberglauben", während der vieldeutige allegorische Vor-Schein der „Kunst ohne Illusion" zugeordnet wird. (Vgl. EM, Kap. 42 und 43)

Eng damit verbunden ist, dass Bloch eine *Rangordnung „der Kunststoffe nach Maßgabe ihrer Tiefen- und Hoffnungsdimension"* (PH 945) postuliert. Das meint keine subjektive Wertung oder eine nach Formal-Kriterien, sondern betrifft wiederum die „*gegenständliche Perspektive in der Bedeutungsrichtung des Objekts selbst*". (PH 949) Entscheidend ist der ästhetische Vor-Schein eines Werks, im Grunde seine performative Kraft, der Grad seines Vorgriffs auf das von ihm Bedeutete. Gerd Ueding expliziert das so:

> Das Noch-Nicht-Gewordene des Objekts manifestiert sich im Kunstwerk als eines, das sich selbst sucht, sich selbst in seiner Bedeutung vorausscheint. Vor-Schein ist damit nicht einfach objektiv, im Gegensatz zum subjektiven Schein, vielmehr ist Vor-Schein die Weise des Seins, die ihrerseits utopisches Bewußtsein weckt und diesem das Noch-Nicht-Gewordene in der Skala seiner Möglichkeiten bedeutet. (Ueding 1974, 21)

Von ästhetischer Illusion unterscheidet sich von da her Vor-Schein wesentlich dadurch, dass er zum Stimulans verändernder Praxis wird und insofern „im Horizont des Wirklichen selber steht". (PH 948) Das gliedere, fährt Bloch fort, „den Vor-Schein nach Maßgabe und Rang seiner utopisch bedeutenden Sujets", aber auch seiner Fähigkeit, eine Beziehung zu Erkenntnis und dadurch zuletzt zur *„Materie begriffener Hoffnung"* (PH 948) herzustellen.

12.6 Himmlische Hoffnungslandschaft und abgründige Nähe

Die utopische Rangordnung der ästhetischen Auszugsgestalten mag als hermeneutischer Schlüssel dienen für die Hoffnungslandschaften, wie sie das Kapitel 40 vorstellt. Sie macht verständlich, weshalb Seurat, Cézanne und Gauguin als „Maler des gebliebenen Sonntags" bezeichnet werden. Bilder wie Seurats „Un dimanche à la Grande Jatte" zeigen für Bloch „glückloses Nichtstun", Freizeit, die weit entfernt ist von befreiter Arbeit oder „tätiger Muße" (PH 1080), kleinbürgerliche Sonntage, denen jede Tiefe und eschatologisches Wunschland fehlt, wie es im Augustinsatz vom dies septimus, den wir Menschen selber sein werden (PH 1003), enthalten war. „Sonntag *in Breite und gleichsam für alle Tage*" (PH 955) konnte einzig in exotischer Ferne von Europa gesucht werden, was aber Gauguin selbst in dem zum Kapitalismus noch ungleichzeitigen Polynesien nicht wirklich gelang. Somit stellt Bloch im Wunschlandbild der Neuzeit hauptsächlich Darstellung eines „Sehnsüchtig-Ungelungenen und Abstandhaften" (PH 953) fest: „Gemaltes Eden in der Neuzeit muß sich stets mit der sentimentalischen Resignation eines bloßen Arkadien versehen" (PH 957), mit einem Flucht-Sonntag, der nicht von der Beschwerde des Alltags erlöst.

Kehrt aber Bloch mit seiner Rangordnung des Abstands nicht zu einer „Hierarchie des Gelungenseins" (PH 959) zurück, wie sie im der Mittelalter in der „Bedeutungsperspektive" zum Ausdruck kommt, die den Figuren nach dem Maß ihrer Heiligkeit und Gewichtigkeit Ort und Größe im Bildaufbau zuwies? In der Tat scheinen Elemente des zugrunde liegenden Weltbilds wie die Korrelation von Wertbestimmungen und Seinsstufen bei Thomas von Aquin in Blochs Ontologie des Noch-Nicht-Seins mit ihren abgestuften Realisierungsgraden (TE 285–287) in verwandelter Gestalt wiederzukehren. Blochs Rückgriffe auf Früheres sind jedoch stets Eingriffe: er akzeptiert keineswegs die an Ort und Stelle implizierte und längst zerbrochene „fixe Ontologie" und „Feudal-Theokratie", wenn er bei Giotto „die Homogenität eines Gelungenseins" hervorhebt, „mit jedem Gegenstand an seinem Wert-Ort", sondern sieht darin ein Modell, das als Korrektiv auch in anderem Kontext bedeutsam ist. Giotto bezeichnet für ihn den „Primat der Ruhe über die Bewegung, des Raums über die Zeit, der Raumutopie über endlose Zeitutopie, der Ankunfts-Gestalt über die Perspektive". (PH 959–960)

Diese „Modellbildung" (EM 199; TLU 399–401) wird in der Gegenüberstellung von Dantes Paradiso und dem Faust-Himmel weitergeführt. Im ersteren eröffnet sich auf der letzten Stufe des Bergaufsteigens in der Vision der Himmelsrose, einer nur symbolhaft umschreibbaren Schau des Göttlichen, die Utopie des Raumes als raumloses Überall, in dem alles nah und fern zugleich ist. (Vgl. Par. 30, v. 121; PH 963; EM 112) Goethes Faust jedoch geht neuzeitlich „ins Unendliche, indem er nach allen Seiten ins Endliche schreitet, jedoch wiederum auf bergsteigerische Weise" (PH 963): von Arkadien wird Faust am Ende in eine zerklüftete hochalpine Felsenlandschaft versetzt. Bei Dante wie Goethe wird eine Natur mit Kaskaden und herabfahrenden Blitzen (vgl. Par. 30, v. 46; Faust v. 10163 und 11874–11876), „als spräche die Landschaft ihre eigene Schöpfungsgeschichte allegorisch aus" (Adorno 1973, 12), zum Gleichnis für den himmlischen Schauplatz. Doch während Faust selbst da noch immer strebend und schaffend „lauter Zukunft in der Form der Ewigkeit" (PH 965) erwartet, sieht Dante im Paradiso nur Figuren der Vergangenheit. Das Dante-, Giotto-, Thomas-Modell der *Ruhe* bedeutet für Bloch also ein Korrektiv gegen das unendliche Streben der Annäherung, das bei Faust-Lessing-Kant sich selber zu vernichten drohe. Umgekehrt hält Faust, der „sich nie auf ein Faulbett zu legen gewillt ist" (TE 79, vgl. Vosskamp 1985) das Bewusstsein für den Abstand vom Zielinhalt wach. Den utopischen Vorrang aber erhält, trotz Gefahr ontologischer Hypostasierung, als Schema der Erfülltheit und der Ankunft doch die himmlische Ruhe. (Vgl. PH 966–968)

Ankommendes, nicht nur Kommendes überhaupt, findet Bloch vor allem in der Musik (siehe dazu Joachim Lucchesi in diesem Band), die er als „die utopisch überschreitende Kunst schlechthin" (PH 1242) charakterisiert. Sie sei „kraft des Trostcharakters ihrer Überschwebung am stärksten dazu imstande, einen Vor-Schein von Mündung zu geben". (PH 969) Mit dem Wortbild des „Überschwebens" verdeutlicht Bloch eine spezifische Weise des Überschreitens, welche der Musik eigen ist. Zu ähnlichen Metaphern greift Schelling, wenn er in seiner *Philosophie der Kunst* Musik als Kunstform charakterisiert, die sich dank dem Rhythmus am meisten von Materialität befreit, „indem sie die *reine* Bewegung selbst als solche, von dem Gegenstand abgezogen, vorstellt und von unsichtbaren, fast geistigen Flügeln getragen wird". (Schelling 1859, 502; vgl. Wanning 2003, 92; Wanning 1988, 120) Schelling lässt im Anschluss an Kepler und die pythagoreische Tradition der Sphärenklänge das Universum der Musik wie die Himmelskörper auf „,Flügeln der Harmonie und des Rhythmus schweben'". (PH 1267)

Blochs Ausdruck der „Überschwebung" ist jedoch nicht himmlisch-statisch zu verstehen. Eher lässt er an die Schwebungsregister italienischer Orgeln denken, die ein Tremulieren des Pfeifentons ermöglichen, das als Voce humana bezeichnet wurde. Nur metaphorisch lässt sich hier sagen: „da schwebt hervor Musik mit Engelsschwingen". (Goethe 1960, 734) In diesem Sinne hat das „hinüber Schweben" (GU 1918, 188) nichts Weltflüchtiges, durchaus aber etwas Flüchtiges. „Der Ton wird von uns verdichtet, qualitativ gefärbt und verschwebt sogleich", heißt es bereits in der Musiktheorie des *Geists der Utopie* von 1918. Das weist darauf hin, dass die gemeinte Sache sich noch „in der Schwebe" befindet und nicht hypostasiert werden darf. Es gibt keine ontologisch garantierte „Mündung".

Dieser Schwebezustand hat mit dem Medium der Musik zu tun, dem Klang, der geformt werden kann, „aber dennoch schwebend trägt". (GU 1923, 153) „Der Klang schwebt, es ist nicht klar, wo er sich befindet. Ebenso ist nicht ganz deutlich, was er ausdrückt". (PH 969) Doch kann er besser als jede Farbe oder Worte „jenen Übergang ausdrücken, an dem man nicht mehr weiß: ist hier Klage oder Trost". (PH 969) Genau dank dieser Ambivalenz mag Musik „eine Art Unterstrom zur künftigen Welt haben" (Gramer 1976, 231), und zu einem Organ werden für das Erkennen von Naturgestalten bis hin zu Wunschlandschaften. Denn diese kennzeichnet wie die Musik ebenfalls ein „objekthaftes Schweben in Formen" (EM 219), sie sind nicht einfach krude Faktizität oder tote, ausgelebte Natur, sondern Auszugsgestalten im Status des Anderssseinkönnens, die einer objektivrealen Hermeneutik bedürfen. Es handelt sich um „Realchiffern", die ein ästhetisch vermitteltes „wechselseitiges Ergreifen" von Kunst und Natur zu versuchter Gelungenheit hin zu treiben erlauben. (Zeilinger 2001, 73)

Der „Schwebezustand, in dem wir uns hier befinden" (TAG 134), bleibt. Er ist letztlich ein Zustand der metaphysischen Ungewissheit und Schwebung. (PH 1578–1579 und Stauder 1980, 226) Auch wenn Elysisches in der Oper anklingt, so ist damit der Tod als Ausdruck der härtesten Gegen-Utopie nicht besiegt, breiten sich „Ankunft und Land", wie Bloch in Entdeckersprache formuliert, nirgends zu himmlischen Sphären aus. (PH 976) Er führt das an Beethovens neunter Symphonie aus, wo im Maestoso des „Über Sternen muss er wohnen" bei der dritten Wiederholung des „überm Sternenzelt" Flöten und Geigen ein flimmerndes Überschweben erklingen lassen. Sie sei „von dem empirischen Zweifel eines bloßen Kantischen Gottespostulats bewegt" und teile den „Untergang der himmlischen Seinsgewissheit", sagt Bloch von dieser Musik, aber eben so, dass sie „durch Nicht-Entsagen wie durch die angegebene vieldeutige, jedoch mit Wunschaffekt, Wunschlösung zielende Überschwebung zugleich [...] den stärksten Vor-Schein eines Gutgewordenen geben konnte". (PH 976–977)

Selbst in dem für Bloch signifikantesten Beispiel von „Ankunftsmusik", Beethovens Fidelio, bleibt diese Spannung. Wider das Schicksal ertönt die „Fideliofanfare" (Adorno, vgl. Gramer 1976, 103) und verheißt nicht nur Freiheit, sondern bringt sie mit apokalyptischem Posaunenklang, als Befreiung von Tyrannei und

Todeskerker in *einem* Augenblick von „namen-, namenloser Freude". „Leonore nimmt Florestan die Ketten ab, das Ziel schlägt herein, sein Licht ist da, ‚O Gott, welch ein Augenblick', und sogleich, mit einem Harmoniewechsel, der alle Leiden der Welt vergessen läßt, die Melodie des verweilenden Glücks, [...] ein Wunder der Ankunft, wie es nur in Musik je geworden ist". (PA 152) Auch hier notiert Bloch also das Abstandhafte, das erst Musik gewordene „Vorgefühl des höchsten Augenblicks". (PH 976) Es erstaunt nicht, dass ihn das ahnende *Vorausklingen* des Trompetensignals in der dritten Leonoren-Ouvertüre stets am meisten erschüttert hat.

Utopische Ferne kann so „in die Unmittelbarkeit musikhafter Selbst-Berührung" (PH 977) einschlagen. Vor allem „Musik der langsamen Ankunft oder des tönenden Augenblicks" tut dies; wenn Bilder und Worte das „Auftauchen in einem anderen Ort" ermöglichten, so ist in Blochs Abwandlung des Franz Marc-Worts „bei sich angelangte Musik *Auftauchen der Menschen an ihrem eigenen Ort*". (TLU 183) Doch führt auch in gemalten und gedichteten Landschaften „ein geheimer Weg zum Brunnen der intensivsten Nähe zurück" (PH 978), gerade, wenn sie sich begegnen. Dafür wird als Beispiel Heinrich Kleists „Empfindungen vor Friedrichs Seelandschaft" angeführt.

Caspar David Friedrichs „Der Mönch am Meer" hat eine Vielzahl entgegengesetzter Deutungen erfahren. (Vgl. Janz 2003) Unzweifelhaft ist, dass das Bild provoziert hat, indem es die Konventionen der Landschaftsmalerei durchbrach. Hier setzt Kleists Betrachtung an. Sie notiert die Enttäuschungen, die das Bild in ihm hervorruft, indem es als gemaltes, ausgestelltes Bild dem „Anspruch des Herzens" der romantischen Sehnsucht nach der unermesslichen Weite des Meeres sich ebenso verweigert wie dem „Abbruch", den das Erhabene der Natur nach der Erwartung der Aufklärung dem Subjekt antun sollte. Kleist folgt nun im Grunde der Veränderung der Wahrnehmung, die das Bild in ihm hervorruft, und bildet es fort: er wird selber der Mönch, das Bild wird zur Düne, daraus nimmt er „eine Quadratmeile märkischen Sandes mit einem Berberitzenstrauch, worauf sich eine Krähe einsam plustert". (Nach PH 978–979) Folgt man der Interpretation von Janz, parodiert hier Kleist mit seinem erfundenen Bild die Natürlichkeitsillusion traditioneller Landschaftsmalerei, namentlich jene der Kritiker Friedrichs. Dies erst recht, wenn er fortfährt: „Ja, wenn man diese Landschaft mit ihrer eigenen Kreide und mit ihrem eigenen Wasser malte, so glaube ich: man könnte die Füchse und Wölfe damit zum Heulen bringen". (PH 978–979)

Die Ironie Kleists scheint Bloch (wie auch Zeilinger 2006, 152–157 oder Cometa 2004, 144) nicht weiter zu beachten, er treibt sie faktisch jedoch insofern weiter, als er bemerkt, es gehe „unter dem Heulen der Füchse und Wölfe, am Rand einer ausgehenden Welt [...] eine zentrale Wunschlandschaft auf", und zwar in einem „Subjekt wie Objekt konzentrierenden Haus". (PH 979–980) Nicht direkt „Landschaft als antizipierte Versöhnung von Mensch und Natur" oder „Vorschein einer befreiten Natur" (Vidal 2003, 146) erscheint hier freilich, denn die Kleistsche Bildbeschreibung zeichnet nach Bloch gerade aus, dass sie unter allen „am meisten in den gemalten Hiatus zwischen Subjekt und Objekt eingedrungen" (PH 980) sei. Sie macht den „Abgrund, worin Mensch und Natur beide sind, beide nicht mehr sind" (PH 979) zum Ort ihrer Begegnung, genauer: zu einem Nicht-Ort von Begegnung, da diese einer unentfremdeten Welt angehören würde.

Das „Abgründige", das Bloch hier findet, zeigt paradigmatisch, wie sich das Ozeanische der Ferne und „tiefste Nähe" (PH 978) wechselseitig anziehen, aber auch, wo sich die beiden Pole ästhetischer Glückssuche der Moderne – Interieur und Perspektive, Subjekt und Landschaft – treffen. Das Wo ist dabei selbst und gerade in den kühnsten Werken wie der Sixtinischen Madonna ein paradoxer Nicht-Ort:

> Geometrisch übersichtliche Einheit [...] ist in Raffaels Bild, doch sie bestimmt der Figur darin überhaupt keinen Ort, weder in Nähe noch Ferne, weder in Diesseits noch Jenseits. Die Madonna schwebt ebenso vor wie zwischen wie hinter dem eigentümlichen Vorhang, der ihre Aura im Bild einfaßt. (PH 980, vgl. Latini 2012)

Es taucht so „in der Ortlosigkeit, worin Interieur und Perspektive wechselseitig ineinander übergehen, und sich mit aufgelöstem Jenseits durchdringen, *ein ganzes Dasein am anderen Ort auf*". (PH 980) Die eigenartig schwebende Ortlosigkeit dieses Wo, in der Bloch seine Betrachtungen zur Wunschlandschaft in Malerei, Oper, Dichtung landen lässt, ist für Kunst insgesamt charakteristisch (vgl. Schulz 1985, 14): das „Gutgeratensein seines Raums" (PH 981) liegt noch im Vor-Schein des Bilds, Tons oder Worts.

Literatur

Theodor W. Adorno: Noten zur Literatur, Bd. II, Frankfurt a.M. 1973
Hans Belting: Florenz und Bagdad. Eine westöstliche Geschichte des Blicks. München 2009
Stefanie Bielmeier: Etwas Wichtiges fehlt. Zu Ernst Blochs Interpretation von Watteaus „Einschiffung nach Kythera", in: Bloch-Almanach, 8. Folge, hg. vom Ernst-Bloch-Archiv durch Karlheinz Weigand, Baden-Baden 1988, 144–148
Ernst Bloch: Eine Bildmonographie, hg. vom Ernst-Bloch-Zentrum durch Karlheinz Weigand, Frankfurt a.M. 2007
Jan Robert Bloch: Das Auftauchen an einem anderen Ort. Zu den Wegen im „Prinzip Hoffnung", in: Bloch-Almanach, 28. Folge, hrsg. von Klaus Kufeld, Mössingen-Talheim 2009, 45–72
Klaus H. Börner: Auf der Suche nach dem irdischen Paradies. Frankfurt a.M. 1984
Michele Cometa: Parole che dipingono. Letteratura e cultura visuale tra Settecento e Novecento. Roma 2004
Paul J. Crutzen: Geology of mankind, in: Nature, Bd. 415, Nr. 23, 2002

Beat Dietschy: Das Niemandsland oder Die Entdecker-Utopie Europas, in: Loccumer Protokolle Nr. 10/1992, Loccum 1993, 179–194
Beat Dietschy: Die Tücken des Entdeckens. Ernst Bloch, Kolumbus und die Neue Welt, in: Bloch-Jahrbuch der Ernst-Bloch-Gesellschaft, Ludwigshafen 1994, 234–251
Beat Dietschy: Von der Monokultur zum Multiversum der Erkenntnis, in: Raúl Fornet-Betancourt (Hrsg.), Gerechtigkeit, Erkenntnis und Spiritualität. Dokumentation des XVII. Internationalen Seminars des Dialogprogramms Nord-Süd, Mainz 2014, 65–77
Enrique Dussel: 1492: El encubrimiento del Otro. Hacia el orígen del mito de la Modernidad, Madrid 1992
Enrique Dussel: Von der Erfindung Amerikas zur Entdeckung des Anderen. Ein Projekt der Transmoderne, Düsseldorf 1993
Eckart Ehlers: Das Anthropozän. Die Erde im Zeitalter des Menschen. Darmstadt 2008
Norbert Elias: Watteaus Pilgerfahrt zur Insel der Liebe. Frankfurt a. M., Leipzig 2000
Frauke Gewecke: Wie die neue Welt in die alte kam. Stuttgart 1992
Joseph Glanvill: Plus ultra or the Progress and Advancement of Knowledge since the days of Aristotle, London 1668, Neudruck Gainesville 1958
Johann Wolfgang von Goethe: Berliner Ausgabe. Poetische Werke, Bd. 1, Berlin 1960
Wolfgang Gramer: Musik und Verstehen. Eine Studie zur Musikästhetik Theodor W. Adornos. Mainz 1976
Gustavo Gutiérrez: Gott oder das Gold. Der befreiende Weg des Bartolomé de Las Casas, Freiburg 1990
Heydenreich, Titus (Hrsg.): Columbus zwischen zwei Welten. Historische und literarische Wertungen aus fünf Jahrhunderten. 2 Bd., Frankfurt a.M. 1992
Hans Heinz Holz: Logos spermatikos. Ernst Blochs Philosophie der unfertigen Welt, Darmstadt, Neuwied 1975
Alexander von Humboldt: Vom Orinoko zum Amazonas. Reise in die Äquinoktial-Gegenden des neuen Kontinents. Wiesbaden 1958
Rolf Peter Janz: Mit den Augen Kleists: Caspar David Friedrichs „Mönch am Meer", in: Kleist-Jahrbuch, hrsg. von Günter Blamberger, Stuttgart 2003, 137–149
Albrecht Koschorke: Die Geschichte des Horizonts. Grenze und Grenzüberschreitung in literarischen Landschaftsbildern. Frankfurt a.M. 1990
Heinrich Krauss: Das Paradies. Eine kleine Kulturgeschichte. München 2004
Micaela Latini: Ein Zukunftsbild. Ernst Bloch und die „Sixtinische Madonna", in: Bloch-Almanach, hrsg. von Frank Degler, 31. Folge, Ludwigshafen 2012, 109–122
Edmundo O'Gorman: La invención de América. Investigación acerca de la estructura histórica del Nuevo mundo y del sentido de su devenir, México 1958
Erwin Panofsky: Die Perspektive als „symbolische Form", in: Vorträge der Bibliothek Warburg 1924–25, hrsg. von F. Saxl, Leipzig/Berlin 1927, 258–330
Jean Paul: Titan, Frankfurt a. M. 1983
Barbara Ränsch-Trill: Phantasie. Welterkenntnis und Welterschaffung. Zur philosophischen Theorie der Einbildungskraft. Bonn 1996
Gérard Raulet: Natur und Ornament. Zur Erzeugung von Heimat. Darmstadt, Neuwied 1987
Boaventura de Sousa Santos, Denken jenseits des Abgrunds. Von globalen Grenzlinien zu einer Ökologie von Wissensformen", in Lindner, Urs et al, Philosophieren unter anderen. Beiträge zum Palaver der Menschheit. Münster 2008, 399–431
Boaventura de Sousa Santos: Descolonizar el saber, reinventar el poder. Montevideo 2010
Burghart Schmidt (Hg.): Materialien zu Ernst Blochs „Prinzip Hoffnung", Frankfurt a.M. 1987

Walter Schulz: Metaphysik des Schwebens. Untersuchungen zur Geschichte der Ästhetik. Pfullingen 1985
Peter Stauder: Ernst Bloch. Kritik am lebensphilosophischen Fundament seines Systems. Berlin 1980
Todorov 1985 = Tzvetan Todorov: Die Eroberung Amerikas. Das Problem des Anderen. Frankfurt a.M. 1985
Gerd Ueding: Blochs Ästhetik des Vor-Scheins, in: Ders. (Hg.): Ernst Bloch: Ästhetik des Vor-Scheins, Bd. 1, Frankfurt a. M. 1974, 5–19
Francesca Vidal: Kunst als Vermittlung von Welterfahrung. Zur Rekonstruktion der Ästhetik von Ernst Bloch. Würzburg 1994
Francesca Vidal: Bloch, in: Stefan Lorenz Sorgner/Oliver Fürbeth (Hrsg.): Musik in der deutschen Philosophie. Stuttgart 2003, 135–154
Wilhelm Vosskamp: „Höchstes Exemplar des utopischen Menschen". Ernst Bloch und Goethes Faust, in: Deutsche Vierteljahrsschrift für Literaturwissenschaft und Geistesgeschichte, 59. Jg., Bd. LIX, Stuttgart 677–687
Brigitte Wormbs: Über den Umgang mit Natur. Landschaft zwischen Illusion und Ideal, Frankfurt a.M. 1978
Doris Zeilinger: Wechselseitiges Ergreifen. Kunst als Brücke zwischen Mensch und Natur, in: Bloch-Jahrbuch, hrsg. von Francesca Vidal, Mössingen-Talheim 2001, 58–80
Doris Zeilinger: Wechselseitiges Ergreifen. Ästhetische und ethische Aspekte der Naturphilosophie Ernst Bloch. Würzburg 2006
Rainer E. Zimmermann/Gerd Koch: Vorwort, in: Dies. (Hrsg.) U-Topoi. Ästhetik und politische Praxis bei Ernst Bloch, Mössingen-Talheim 1996, 7–8
Peter Zudeick: Utopie, in: Beat Dietschy, Doris Zeilinger, Rainer E. Zimmermann (Hg.): Bloch-Wörterbuch. Leitbegriffe der Philosophie Ernst Blochs, Berlin, Boston 2012, 633–663

Matthias Mayer

13 Der neuzeitliche Mensch als „expandierende Mitte" von Natur und Geschichte

4. Teil, Nr. 41, 42

Die Kapitel 41 und 42 bilden den Schlussakt des „Vierte[n] Teil[s]" von „Das Prinzip Hoffnung", der Beschreibung der „Grundrisse einer besseren Welt". Das 41. Kapitel ([982]–1039) ist überschrieben mit „Wunschlandschaft und Weisheit sub specie aeternitatis und des Prozesses". Obwohl in Kapitel 41 die *Philosophie* zur Analyse ihres „Wunschgehaltes" ansteht, nimmt es deutlich Bezug auf ein vorhergehendes, nämlich jenes über „geographische Utopien". (Kap. 39, PH 873–929) Das verbindende Element heißt *Geometrie*, genauer: *Kugel* – oder, um eine Dimension verkürzt: *Kreis*. Was ist gemeint? Zur Erläuterung des Behaupteten seien einige essentielle Passagen aus dem Unterkapitel „Bessere Wohnstätten auf anderen Sternen" (PH 915–929) erinnert und zitiert.

Bloch differenziert mittels „geodesiderater" Ausführungen über das ersehnte „Eldorado-Eden" genau zwischen (realer) „Wunschlandschaft" und (irrealer) „Ideallandschaft", d. h. zwischen (berechtigtem) *Wunsch* und (reiner) *Illusion* (Freud). Gegen Letztere hilft ihm die „[g]eographische Verlängerungslinie". (PH 924) Weit zielt diese über ein bloßes „Indien" und „Amerika" hinaus. Nicht nämlich führt sie den Sehnenden und Suchenden in die allein äußere Welt, sondern in dessen *innere* „Wunschlandschaft". Dort hat er zu beginnen, wartet die eigentliche Arbeit auf ihn: „[D]ie Menschenwelt lag niemals auf dem Mond, niemals im reinen Geist. Sie lag auf der Erde". (PH 925) Daher die eindringliche Mahnung des Verfassers (welche schon Hegel in der Einleitung zu seiner Rechtsphilosophie verwandt hatte):

> Die fernen blitzenden Lichtpunkte ließen zwar die Menschen zuerst aufblicken, der bestirnte Himmel gibt das Urbild von Frieden, Erhabenheit, Heiterkeit, jedoch *auf der Erde* ist dieses Bild auch eine Aufgabe und ein Ziel – hic Rhodus, hic salta, hier ist die Kuppel, hier steige. (PH 918, Hervorhebung von mir.)

Nicht auf dem Mars liegt Bloch zufolge das „Eldorado-Eden des Zu-sich-selber-Kommens", sondern *hic et nunc* ist es auffindbar, gar schon vor- und zuhanden: carpe fortunam! Die geometrischen Figuren von Kreis und Kuppel – Symbole für Geborgenheit, Einheit und Vollkommenheit – rückt Bloch dabei ins Zentrum seiner „Innenschau" und „Mitte-Suche". Ihm nämlich geht es darum – ungeachtet des ebenso relevanten wie (weil *Fortschritt* signalisierenden) neuzeitlichen Begriffs der Unendlichkeit – sowohl auf terrestrische wie supraterrestrische, scilicet *astronomische* Ziele bezogen, die Utopie als eine *konkrete* und vorstellbare zu präsentieren und zu bewahren, sie nicht nur auf eine beliebige und *abstrakte* Ferne (weder auf der Erde noch im Weltall) zu projizieren. (Der Terminus der Unendlichkeit (= *l'infinito* bei Bruno) stammt aus der Astronomie. Er bezieht sich ursprünglich auf das *Universum*, dessen Raum die Spekulation über Unendlichkeit schon in der Antike aufkommen ließ. Und dass der Begriff der Geometrie (= altgriech.: γεωμετρία) nach seiner antiken Herkunft nichts anderes bedeutet als *Erdmaß* und *Landvermessung*, beweist einmal mehr, dass auch die abstrakteste Konzeption einen realen bzw. materialen Grund hat oder: dass das Sein dem Bewusstsein vorausgeht.)

Anders noch: das Konzept der *Endlichkeit* darf nicht zugunsten eines der *Unendlichkeit* aufgegeben werden *et vice versa*. Geometrisch gesprochen ist es Blochs Sujet, *Linie* und *Kreis*, d. h. *Unendlichkeit* und *Identität* (= „Heimat") miteinander zu verrechnen. Den kosmologischen, id est mathematischen Unendlichkeitsbegriff kann und will er nicht aufgeben, da er ihm eine allzu wertvolle Analogie ist für die mit der Renaissance (dem beginnenden Zeitalter erfolgreicher Überseefahrt und technischer Erfindungen) an- und aufbrechende *Möglichkeitsform* des Weltstoffes, als δύναμις-Gestalt schlechthin, welche die Menschheit selber mit bildet.

Wie aber gelingt Bloch dies? „*Eldorado-Eden*" (PH 929) ist für ihn „*umfassend[er]*" (PH 929) als die „Marsphantasien". (PH 916) *Umfassend* meint eben *mehr* als nur Projektion und Illusion, meint authentische Adäquation individuell-realisierbarer Wünsche und objektiver Phantasie.

> Der Optimismus der kopernikanischen Unendlichkeit bei Giordano Bruno, bei Spinoza nahm den Menschen noch auf, gerade in seinem ‚eroico furore' hier, in seinem ‚amor dei (sive naturae) intellectualis' dort; der Nihilismus des absinkenden Bürgertums läßt dagegen, indem er das Erdleben zur Sackgasse macht, das Humanum-Geographische gänzlich im Astronomischen entwertet sein, ohne jeden eigenen Bezugspunkt darin. Und dies also bleibt beim *Unvertrauen* auf das Humanum in der Welt die extreme Konsequenz der *erwählten geographischen Sackgasse*. (PH 928)

Genau an diese Sätze knüpft Bloch im 41. Kapitel an, indem er Bruno und Spinoza wiederaufnimmt und mit ihnen seine Argumente gründlicher aus- und zu Ende führt. Er versucht, die Konzentrik zwischen unendlicher (Theo-) und endlicher (Geo-) Sphäre herzustellen, indem er die „Geborgenheit selber" als *unendliche Möglichkeit* begreift und verkündet. *In omnibus partibus relucet totum*: die irdischen Möglichkeiten sind *Ausdruck* des Weltalls, Spiegel der kosmischen Potenz – e contrario; daher Blochs starke Affinität zu den großen Identitätsphilosophien eines Bruno, Spinoza, Leibniz, Schelling, Hegel und Marx.

Begriffe wie „Sphäre", „Kugel", „Rundung", „Mittelpunkt" etc. begegnen dem Leser im 41. Kapitel an vielen Stellen – was die Richtigkeit unserer Hypothese von der hohen Bedeutung geometrischer Analogie für die Darstellung der herrschenden Dialektik von Wirklichkeit und Möglichkeit, Endlichkeit und Unendlichkeit, Gravitation und Expansion, Geborgenheit und Fernziel, Realitätsprinzip und Tagtraum erhärten soll.

Eben diese Spannung wird in der Überschrift des 41. Kapitels mit „sub specie aeternitatis und des Prozesses" annonciert. Wie schon Bruno, lässt auch Bloch das allumfassende Ganze, die *Ewigkeit,* als Synonym der Vollkommenheit und Garant der Einheit bestehen. Das *Prozesshafte* hingegen bildet den „Weichmacher" im System. Es ist eine notwendige Ingredienz, um es vor Sklerose, d. h. der Ideologie des Stillstandes, der Aufgabe des Zieles „Heimat" zu bewahren. Brunos Dialoge bereits lehrten uns, dass zwischen *Ewigkeit* und *Unendlichkeit* es zu unterscheiden gilt. Erstere ist ein Erbstück der Theologie, die in der „neuen Metaphysik", jetzt „Naturphilosophie" oder „spekulativer Materialismus" genannt, ihre Aufhebung erfährt. Letztere ein Novum insofern, als sie (im Vergleich zur Ersteren) nicht (nur) zeitlich gemeint ist, sondern v. a. räumlich – und damit sich reale und materiale Möglichkeiten für die *geschichtliche Entwicklung* auftun. Anders: Im Begriff der Ewigkeit steckt noch die Geborgenheit (= Kugel, Kuppel, Kreis etc.), von welcher Bruno ebenso wenig wie der sehr viel spätere und damit modernere Bloch lassen möchte (käme es doch vermutlich einer psychischen Überforderung des Menschen gleich, würde ihm auch noch der Glaube an ein letztes „scapularium marianum" genommen). Dieser „Zerrissenheit" lässt auch im Blochschen Text sich nachspüren. Vollständig ist sie nicht ausgeräumt (was sie vermutlich auch nicht werden soll, um einen neuen Dogmatismus zu verhindern und die philosophische Konstruktion als solche „offen" zu halten). Das hat er mit den Schriften Brunos gemein. Beide stehen zwischen einem *Nichtmehr* (an die alte Metaphysik glaubend) und einem *Noch-nicht* (in der „neuen Heimat" angekommen sein, jedoch den Weg dorthin nicht aufgebend), zwischen *Kreis* und *Pfeil*.

Indem Bloch einen Omega-Punkt proklamiert (durchaus im Sinne Teilhard de Chardins), als Telos der Geschichte, der jedoch – und dies ist das Besondere – mit dem Alpha-Punkt (= „Heimat") *zusammenfällt* (= S-O- oder S-P-Identität), provoziert er eine Paradoxie, die nicht nur schwer und kompliziert aufzulösen ist, sondern die auch dadurch entsteht, dass er (Schelling und Hegel gleich) versucht, die Anwesenheit des Absoluten (als vollkommener Indifferenz) im Nicht-Absoluten (als Natur und Geschichte) zu erklären, dass er (klassische) Metaphysik treibt, ohne wiederum es (wirklich und bewusst) zu wollen. (Auch Eberhard Braun bemerkt in diesem Zusammenhang logische Widersprüche:

> Bloch hat zeit seines Lebens unverwandt absolut, nach einem unbedingten Zustand der Welt gefragt. [...] Aber ein unbedingter Zustand des Immerseienden kann in der Materie als Inbegriff des sinnlich sich Bewegenden gar nicht vorkommen; ein solcher Zustand ist für die Materie transzendent, so dass er selber seinem ureigensten Prinzip ‚Transzendieren ohne Transzendenz' untreu wird, was aus der absoluten Frage nach dem unbedingten Zustand herrührt. Sie ist identisch mit der individuell wie kosmisch gefassten Unsterblichkeit. In der äußersten Utopie überschlägt sich Blochs Materialismus. (Braun 1997, 101)

Daher: *Neuplatonisches* nämlich macht bei Bloch sich deutlich bemerkbar. Auch bei ihm ist das Ziel mittels Erinnerung (ἀνάμνησις) der Ideen bzw. intelligibler Rückkehr (ἐπιστροφή) zur Einheit erreichbar – und so die Bewegung *zyklisch* gedacht und vollzogen, auch bei ihm fallen „Heimat" und „Fahrtziel", Woher und Wohin in eins. (Es existieren andere Stellen im Gesamtwerk Blochs, wo er der aufgeführten Widersprüchlichkeit sich durchaus bewusst zeigt; beispielsweise in *Atheismus im Christentum*:

> So [...] machte sich [...] auch im antiken Denken, dem doch futurische, gar messianische Intentionen fast alle fehlen, das schwer Vereinbare von schon urseiendem und sich erst eschatonhaft erlangendem Vollkommensein geltend. Wie erst, wenn die Sache Alpha-Weg-Omega in höchster Schärfe, also biblisch auftritt, zwischen Weltschaffendem und Welterlösendem. Wenn statt der *Emanation* (mit dem Archetyp: überfließendes Licht) *Schöpfung* behauptet wird, und statt, mindestens außer der *Evolution* ein Sprung, ein *Exodus* ins ganz Neue stattthat (mit dem Archetyp: Auszug aus Ägypten). Da kann das Prinzip, das die Welt geschaffen haben soll, nicht das gleiche sein, das aus dieser Welt wieder herausführt. (AiC, 289–290)

Der Unterschied zwischen jenen antiken „Kreis-Philosophen" und Bloch ist jedoch der, dass bei Letzterem der Weg, welcher zum Telos „Heimat" führt, durch *Arbeit* (Hegel) und *Stoff* (Marx) vermittelt, ein *materialistischer* und daher der mühsamere ist. Lässt jedoch die materialistische Philosophie (Blochs) sich überhaupt so exakt „zyklisch" konstruieren wie die idealistische (Platons)? Es liegt genau hier jene Paradoxie im Blochschen System verborgen, auf die wir aufmerksam machen wollen.

Zwischen den beiden bekannten Modalitäten von Unendlichkeit, der aktualen und der potentiellen, entscheidet Bloch im vorliegenden Text sich für keine von beiden. Mit dem Satz „Hic Rhodus, hic salta ..." plädiert er dafür, das Unendliche nicht wie natürliche Zahlen zu begreifen, also „die Grenzen des Horizonts endlos hinauszuschieben". (Kunz 2013, 12) Ebenso wenig will er es aber als *abgeschlossenes Ganzes* verstanden wissen. Mit dem *geschichtlichen* Prozess verhält es sich bei Bloch ganz ähnlich: Utopia darf nicht zum „St.-Nimmerleinstag" werden: *Prozess* bedeutet und stellt sich dar als *aufsteigende Linie* (= Exponentialfunktion) und zugleich *nicht*, da es doch einmal zur *Kongruenz* der Linien, d. h. von Fortschritt und Zeit (als S-O-Identität oder „coincidentia oppositorum") kommen soll.

„Heimat" heißt der „Grenzwert", welcher für Bloch existiert und „ausrechenbar" sein muss. Damit wäre jene „Ewigkeit" berührt und gemeint, die Bloch in die Kapitel-Überschrift setzt. Das Rund ist bereits da; und auch die Mitte ist keinesfalls verloren (zusammen mit dem Verlust Gottes seit der Renaissance): Es ist das *neuzeitliche Subjekt*, das seine eigene „expandierende Mitte" ist, von der aus es sich unendlich ausdehnt, jedoch nicht in „blinder Zuversicht", sondern mit „spes docta" und sich selbst als Limes. Potentielle Unendlichkeit hat aktuale Unendlichkeit zu werden. Natürliche Zahlen bilden eine (bürgerlich-) idealistische und daher „verlorene" Unendlichkeit. Materie aber, als „findbare" Unendlichkeit, vollendet sich nach Bloch im und durch den Menschen selber, wird aktualiter zur Sphäre des Prozesses, mit Einheit „nach außen" und Dialektik „nach innen", geschlossen (als Identität) und offen (auf Zukunft) gleichermaßen. Materie bildet jenes Totum (als aktual Unendliches), „zu dem es kein Äußeres gibt, ein in sich abgeschlossenes Unendliches". (Kunz 2013, 31)

Anschaulicher wird all dies durch einen Denker der Gegenwart: In seinem dreibändigen opus magnum *Sphären* erläutert *Peter Sloterdijk* das Wesen des Phänomens der sogenannten Globalisierung. Dies gelingt ihm über den Hinweis auf den engen Zusammenhang von Philosophie, Kosmologie, Geometrie und Geographie. Wie ist das genau zu verstehen und worin besteht die Verbindung zu Bloch? Es bedeutet, dass Weltentdeckungen und Weltumsegelungen wie jene von Kolumbus, Vespucci und Magellan als *bloß physische Erschließungen* dessen erkannt und psychologisch durchschaut werden, was als (unbewusstes) Symbol der Einheit und der Vollkommenheit, welche Kreis und Kugel ausdrücken, eigentlich gesucht wird.

Die besondere und hervorzuhebende Leistung des Autors liegt in der Entdeckung des *Kugel*-Motivs (= altgriech.: σφαῖρα, lat.: *globus*) für die Kulturgeschichte der Menschheit. „In den umfassenden Kugeln entdeckten die Alten eine *Geometrie der Geborgenheit*; in dieser entfaltet sich [...] das starke Movens der metaphysischen oder totalistischen Weltbildproduktionen." (Sloterdijk 2005, 14, Hervorhebung von mir.) Sloterdijk führt uns auf dem Wege seiner Globalisierungsanalyse (zurück) zum archaischen Begriff der Angst als dem Ursprungsmotiv unseres (auch aktuellen) Handelns. (Für viele eine narzisstische Kränkung und der eigentliche Grund, den Autor abzulehnen.) Die Kosmologie des westlichen Altertums, namentlich die platonische und die der späteren hellenistischen Gelehrten, hätten der Idee sich verschrieben, das Ganze des Seienden in dem stimulierenden Bild einer allumfassenden Sphäre darzustellen. (Vgl. Sloterdijk 2005, 19) Der Name dieses Gebildes sei auch heute noch der europäischen Erinnerung gegenwärtig, „denn von altakademischen Tagen her hieß das große Rund des Seienden der *Kosmos* [= altgriech.: Weltordnung, Schmuck] – ein Name, der den Schmuck- und Schönheitscharakter des Universums [= lat., wörtl.: in eins gekehrt] ins Gedächtnis ruft. Derselbe Gegenstand wurde zugleich als der Himmel, *Uranos*, angesprochen. Der titanische Name drückte die Vorstellung aus, dass die Welt in einem letzten Äther-Gewölbe ihre Grenze finde – eine Anschauung, die man ebenso gut eine Hoffnung hätte nennen können. Man wollte sich den Himmel als eine weite Vase denken, die den Fixsternen Halt gewährt und die menschliche Angst vorm Fallen beruhigt. Der Himmel galt Aristoteles als die äußerste Kugelhülle, die alles enthält, aber von nichts enthalten wird. Diesen Himmel in Gedanken ausmessen hieß die erste Globalisierung vollziehen. Dabei entstand die gute Nachricht der Philosophie: dass der Mensch, sosehr ihn auch die erlebte Unordnung deprimiert, nicht aus dem Weltall fallen kann." (Sloterdijk 2005, 19–20)

Für Sloterdijk liegen die Anfänge der Globalisierung in dem philosophischen Versuch einer Rationalisierung der Weltstruktur. Nach ihm war die klassische Ontologie als Welt- wie als Gotteslehre eine „Sphärologie".

> An diese Umstände zu erinnern bedeutet offenzulegen, warum ‚die Globalisierung' im Ganzen ein logisch und historisch sehr viel mächtigerer Vorgang ist als das, was im aktuellen Journalismus und bei seinen ökonomischen, soziologischen und polizeilichen Informanten darunter verstanden wird. (Sloterdijk 2005, 20)

– Diese Ansicht teilen wir.

Der *kosmologischen* Phase des griechischen Altertums folgt nach Sloterdijk eine *terrestrische*, d. h. geographische und geostrategische Kugelerfassung; hiernach, in einer dritten, der aktuellen Periode, *verdichtet* das errungene Rund sich lediglich durch seine Bewohner. *Verdichtung* bezieht dabei sich auf die Beschleunigung wie Ubiquität von konventionellem wie digitalem Waren- und Datenverkehr. (Da Globalisierung nichts anderes heißt als *Welthandel* und dieser nichts anderes als *Seehandel*, bedeutet ihre *Verdichtung* zugleich die akzelerierte Marinisierung des Kommerzes (mit zuerst der Amphore, dann dem Container als dessen vornehmsten „Subjekten").

Der Kugeltheoretiker Sloterdijk hilft uns mit seinen Sphärenthesen durchaus weiter, die Handlungsintentionen des globalisierten und globalisierenden Menschen freizulegen: Jede Abwesenheit oder Nicht-Erfahrbarkeit einer ihn schützenden Kugelgestalt – wenn auch nur symbolisch und unbewusst – ängstigt ihn. Die Angst vor *Chaos* ist nichts anderes als die Angst vor dem (wörtl., altgr.:) *unendlichen Raum*, die Angst, ins Unendliche zu fallen. (Darin besteht auch der besondere Unterschied zwischen *Brunos* Begriff des Infiniten und dem der *Antike*. Genau genommen liegt die Differenz „in der Frage der Begrenztheit oder Unbegrenztheit des Universums. Zwar kennt die Antike den Gedanken des Unendlichen, des Unbegrenzten, allerdings vorzüglich als *serielle* Unendlichkeit.) Für die Antike gilt jedoch der ‚*Wertvorzug der Finität*'. Nur die begrenzte

Form, die Gestalt, gilt als intelligibel. Das Grenzenlose, das Gestaltlose ist *Chaos*, ein *Nichtsein* (μὴ ὄv), Nichtintelligibles, Irreales. In der Renaissance dagegen wird der Gedanke der Unendlichkeit des Universums als Denknotwendigkeit eingefordert, so bei Nikolaus von Kues und in forcierter Weise bei Giordano Bruno. (Stadler 1991, 181, Hervorhebung von mir)

Unsere aktuelle Auffassung sowie unser „Vollzug" von Globalisierung scheinen genau diesen Phobien begegnen zu wollen. Der Mensch setzt sich Grenzen, welche ihn eine – wenn auch künstliche – Geborgenheit fühlen lassen. Aus diesem Grunde auch fürchten wir uns vor den (Blochschen) Begriffen des Möglichen und der Utopie. Beides klingt, als könnte man, wie einst die Seefahrer, am Rande der Erdscheibe ins Unendliche fallen. Die sichere Küstenschifffahrt zugunsten der ungewissen Überquerung der weiten Ozeane aufzugeben, bedeutet Geburtsängste für die Menschheit.

Noch einmal: Sloterdijk teilt den Globalisierungsprozess in drei Phasen: erstens die „metaphysische", d. h. die Kosmologie (= Ontologie) des Hellenismus, zweitens die „terrestrische", d. h. die durch christliche Seefahrt und europäische Expansion vollzogene reale Land- und Weltaneignung, welche etwa 500 Jahre dauerte, von 1492, der Entdeckung Amerikas durch Kolumbus, bis zum Ende des Zweiten Weltkrieges 1945 und drittens, aktuell, die auf technischer und elektronischer Verdichtung und Vernetzung basierende, oder: die „Sättigungsphase", welche dem *Ende der Geschichte* entspricht. „Der Ausdruck Sättigung", erklärt Sloterdijk,

> besitzt im gegebenen Zusammenhang einen handlungstheoretischen Sinn: Nach der Befriedigung des aggressiven Welthungers, der sich in den Ausfahrten und Okkupationen europäischer Agenten manifestierte, hat, spätestens 1945 beginnend, eine Ära eingesetzt, deren Modus der Welterzeugung sich deutlich von dem der vorangehenden Zeit unterscheidet. Sein Merkmal ist der zunehmende Vorrang der Hemmungen vor den Initiativen. (Sloterdijk 2005, 23)

Das Ausbleiben *terrestrischer Initiativen* bedeutet für Sloterdijk das Zum-Stehenkommen des historischen Prozesses, das Ende von Wünschen und Hoffnungen, die Absence des Utopischen. – Diese Ansicht teilen wir nicht.

Jules Vernes Held aus seinem Erfolgsroman *Le Tour du Monde en Quatre-Vingts Jours* (1874), der Engländer Phileas Fogg, ist für Sloterdijk zugleich Prototyp und Antizipator der dritten Globalisierungsphase: die fertig kartographierte und erschlossene Weltkugel – als homogener Raum (die Destination spielt dabei keine Rolle) – kann „nur noch" *durchreist* werden. Das einzige Abenteuer, welches der Reisende erleben könne, sei die *Verspätung*, karikiert Sloterdijk mit bekannt zynischem Unterton. Er scheint allerdings zu übersehen, dass durch die menschliche Eroberung des Weltraums, d. h. „unter irrem Zwang auf fremde Sterne einzustürmen" (Adorno 1969, 207), jene Bewegung ihre (womöglich evolutionäre) *Fortschreibung* erfährt. (Zimmermann 2006) Wie auch immer:

> Jules Verne ist der bessere Hegelianer, da er begriffen hatte, dass in der eingerichteten Welt keine substantiellen Helden mehr möglich sind, sondern nur noch Helden des Sekundären. Lediglich mit seinem Einfall, auf der Atlantikpassage zwischen New York und England in Ermangelung von Kohlen die Holzaufbauten des eigenen Schiffs zu verfeuern, rührte der Engländer für einen Moment noch einmal an das originale Heldentum und gab der Idee des Selbstopfers eine Wendung, die dem Geist des Industriezeitalters entsprach. Ansonsten beschreiben Sport und Spleen den letzten Horizont für männliche Anstrengungen in der eingeräumten Welt. (Sloterdijk 2005, 67)

Die klare Absage, welche Bloch diesen Zeilen, und damit der These vom *Ende der Geschichte* erteilt, findet sich in PH 924. Die Antwort erfolgt dort so passgenau, als hätte ihrem Verfasser Sloterdijks Text vorgelegen: „Es sieht so aus", schreibt Bloch,

> als wären fast alle fernen Küsten entdeckt. Wenige bewohnbare Länder sind noch unbetreten, und die blaue Blume fehlt. So blieb nichts, fast nichts von dem geographischen Traum in seiner alten Gestalt erhalten. Trotzdem *ist die Erde nicht zu Ende gelernt* noch, im zeiträumlichen Sinn, *zu Ende erfahren*. Sie ist es nur in ihrer gegebenen Breite, nicht in ihrer aufgegebenen Tiefenrichtung, entdeckbaren Verlängerungslinie. Diese Linie läuft in der *Vermittlung*, in der *Wechselwirkung zwischen Menschen und Erde*, in diesem schlechthin noch *unabgeschlossenen* Verkehr. (Hervorhebung von mir.)

Nach Sloterdijk ist es allein der romantischen Naturphilosophie gelungen, aus all dem eine stringente und nicht-schizophrene Metaphysik zu entwickeln, die ihrer Hauptaufgabe nachkommt, das ängstliche Subjekt zu stabilisieren:

> An eben der Stelle, wo die Forderung nach Bergung des Subjekts mit dem Motiv der Unendlichkeit verschmilzt, entsteht der Sprengbegriff, der das Denken im 19. und 20. Jahrhundert aus seinen traditionellen Formen herauszwingt: das Unbewusste. Mit diesem Begriff wurde der Versuch gemacht, auch einem infinitisierten Ganzen noch eine Wendung zum Lebensschutz abzugewinnen. (Sloterdijk 2001, 556)

Damit hat Sloterdijk nicht nur Freud gegen Freud gelesen, sondern auch pointiert, was wir bei *Ernst Bloch* finden.

> Das Unbewusste des frühen 19. Jahrhunderts ist die medizin-ontologische Hypostase einer absoluten Heilkraft, die sich selbst in der unendlichen Natur als Vermögen zum Guten *pro nobis* manifestieren soll. Mit diesem Konzept des Unbewussten wird Immunität überhaupt erstmals denkbar – und zwar als Grenzbegriff zwischen Biologie und Metaphysik. (Sloterdijk 2001, 557)

Kugel suggeriert das Fertige. Welt aber ist nicht fertig. Welche geometrische oder symbolische Form kommt ihr dann zu? Da Aristoteles von einer „kreisrunden"

Kosmologie ausgeht, ist es nicht ohne weiteres möglich, Blochs Philosophie „aristotelisch" zu nennen, nur weil sie von der Potentialität und Finalität der Materie ausgeht. Hegel spricht von einem Kreis von Kreisen. Zu Recht, denn auch bei ihm existiert Fertiges in seiner Geschichtsphilosophie, zumindest periodisch, d. h. als Ende und Ausklang einer historischen Epoche. Da Blochs spekulativer Materialismus gleichermaßen offen wie geschlossen ist, fällt es schwer, eine passende geometrische Form für ihn zu finden. In Anlehnung an Sloterdijks Beschreibung der Philosophie Brunos und einiger Probleme im Zusammenhang mit Geo- und Heliozentrismus („Das explodierende All-Eine"; Sloterdijk 2001, 465–467) ließe sich vielleicht – ut supra scripsi – von einer „expandierenden Mitte" sprechen, d. h. Mittelpunkt und kugelförmig-unendliche Ausdehnung des Universums wären nicht nur miteinander vereinbar (nach aktuellen astrophysikalischen Erkenntnissen; vgl. Hawking 2010), sondern es erhielten auf diese Weise sich auch die für die Blochsche Philosophie charakteristische, ebenso bergende wie prozessierend-offene Geometrie. Nur bei ihm werden Möglichkeit und Wirklichkeit, Liebe und Freiheit, Offenbarung und Geschichte, Christus und Französische Revolution, Kreis und Linie, Endlichkeit und Unendlichkeit etc. als philosophische, historische, geometrische und zeitliche Paradoxie komplementär, bilden einen Monismus der besonderen Art. (Vgl. auch Mayer 2015)

Alles bis hierher Zusammengetragene sollte helfen und beitragen, die *Schlüsselposition* zu erhellen, die Bruno im 41. Kapitel zukommt, weil sie zum Verständnis Blochs (und auch dessen intensiver Schelling-Rezeption (Mayer 2014b, 97–188) wesentlich beiträgt. Daher beginnt dieser seine (wiederholte) Darstellung des Italieners im 41. Kapitel mit der Feststellung, dass *Materie* nie auf schönere Weise „erhöht und beseelt", zur echten „Wunschlandschaft" der Philosophie erhoben wurde, als „in der Sicht *Giordano Brunos*". (PH 993) Jener träte als „philosophischer Minnesänger der Unendlichkeit" vor, jedoch weit über Kopernikus hinaus, da er im Vergleich zu diesem die Himmelsdecke sprenge, die der andere belassen hätte, um die Sterne daran zu fixieren. Mit Bruno verschwände außerdem die Erde angesichts des neu entdeckten „Zentrifugalraum[s]", „jedoch ebenso die Sonne als Mittelpunkt, und es bleibt nur die unendliche Sphäre, deren Mittelpunkt überall ist". (PH 994)

Dass ein in sich geschlossenes philosophisches System, als Ausdruck der Vollkommenheit, zugleich den subjektiven (gar neurotischen) Wunsch nach eben derselben verkörpert, weiß Bloch genau und beklagt es nicht allein bei Bruno, sondern im direkten Anschluss auch bei Spinoza (und später noch bei Leibniz). Indem Bloch die Philosophie nach ihren „seelischen Landschaften", nach Wünschen und Illusionen gleichermaßen durchsucht, nach den „wahren Motiven" ihrer Autoren forscht, betreibt er im Grunde *Metaphilosophie*. Indem er immer wieder, wenn auch nur kurzzeitig, sich außerhalb der Tradition stellt und die Philosophie wie ein Externer befragt, um die „Zwischentöne" und „Zwischenwelten" wahrnehmen zu können, ist seine Methode kaum von jener der Psychoanalyse zu unterscheiden.

Was wir oben als Dilemma zwischen potentieller und aktualer Unendlichkeit explizierten, erörtert Bloch auf Spinoza bezogen trefflich als „*mathematische*[n] Pantheismus*". (PH 999) Das Universum als Ganzes hat bei jenem aktual sich vollendet, Möglichkeit und Wirklichkeit kongruieren, oder: Realität und Vollkommenheit sind dasselbe. (Vgl. PH 998) Perfektion und absolute Identität treten um den Preis von Bewegung und Prozess in den Vordergrund: „Man blickt hier also, wider die Abrede, in das vollkommenste Desiderat – a non desiderando, in eine so *perfekte Wunschlandschaft Philosophie, daß in ihr nichts mehr zu wünschen übrigbleibt.*" (PH 998) Weil die Mathematik bei Spinoza als vorbildliche Erkenntnisart der Notwendigkeit gelte, so seien die Dinge, als Attribute Gottes, more geometrico aus der Gottnatur gefolgt. Doch in den Tiefen der Spinoza-Welt, der jubelnden Identität von natura naturans und natura naturata, „der die Einheit von amor fati, amor dei intellectualis sich zuwendet, herrscht jene Stille, worin Lebensflut wie Tatensturm ausklingen, einklingen. Herrscht die ungeheure Wunscherfüllung ‚Über allen Gipfeln ist Ruh'". (PH 999) Spinozismus steht für Bloch deshalb insgesamt da, „als wäre ewiger Mittag in der Notwendigkeit der Welt, im Determinismus ihrer Geometrie und ihres so sorglosen wie situationslosen Kristalls – sub specie aeternitatis". (PH 1000)

Bei aller Schärfe der Analyse, so resümieren wir bis hierher, bleiben Bruno und Spinoza insofern der „blinde Fleck" Blochs, als auch er selbst – wir sagten es oben – bei der exakten Ausführung seiner Geschichtsmetaphysik, beim In-Eins-Denken „modo geometrico" von Identität und Fortschritt in Verlegenheit gerät.

Wichtig und uns nützlich erscheint, dass Bloch im nächsten Schritt seines philosophiehistorischen Durchgangs (dessen Reihenfolge allerdings keiner spezifischen Logik zu folgen scheint, sondern eher dem Gusto und der freien Assoziation ihres Autors) Augustinus von Hippo, als Repräsentanten der *christlichen* „Wunschlandschaft", in seine Analyse mit einbezieht. (Ausführlicher findet Augustinus sich von Bloch nur noch im Band 12 der Gesamtausgabe besprochen (*Zwischenwelten in der Philosophiegeschichte. Aus Leipziger Vorlesungen*, Frankfurt 1985, 44–51).) Dies wundert wenig, da Bloch auch hier sich von den gleichen Antinomien (zwischen fertiger Utopie und geschichtlichem Weg) angezogen fühlt. Indem er den afrikanischen Bischof als denjenigen sieht und preist, welcher die *Zeit* als Thema der Philosophie entdeckt und in dieselbe eingeführt hat, eleviert er ihn geschickt zum „erste[n] Geschichtsphilosophen" überhaupt. (PH 1003) Augustinus' Hauptwerk *De Civitate Dei* zeigt für Bloch sehr wohl noch einen anderen Zusammenhang und Inhalt als den einer Sozialutopie. „Dahin" sei mit dem Kirchenvater die als „gegeben gesetzte Ruhe eines Hen kai Pan, als einer Kugel oder später als einer mathematischen Kristallnatur. [...] Die Weltgeschichte ist einmalig, samt ihrem Höhepunkt Christus." (PH 1002) Dies genau jedoch ist das Problem (wie auch Karl Löwith, Kurt Flasch u. a. feststellen, vgl. Mayer 2014b): Mit der Tatsache der Offenbarung ist alles verkündet, alles gesagt, ist die Geschichte zu Ende. Den Rest erledigt die Gnade Gottes beim „jüngsten Gericht". Die Welt gestalten und selber gut und richtig handeln ist aufgrund der „Ursünde" unmöglich. Das Unternehmen *civitas terrena* ist (aus theologischer Perspektive) allenfalls noch als „pädagogische Einrichtung" bzw. „Maßnahme" zu begreifen, im Prinzip aber sinnlos. Es erstaunt, wie Bloch als nahezu einziger in der Rezeptionsgeschichte Augustinus als *Geschichtsphilosophen* auffasst und verteidigt, denn es gibt keinen wirklich *historischen Weg* beim Bischof von Hippo; allein eine Kenntnis bzw. Zurkenntnisnahme der geoffenbarten Wahrheit Gottes ist möglich (vergleichbar der platonischen Ideen-Schau). Zwischen den beiden Sphären (*civitas terrena* und *civitas dei*) ist ebenso wenig Raum für Prozesshaftes wie zwischen Urbild und Abbild bei Platon. Sowohl der (seiner manichäischen Herkunft geschuldete) Dualismus als auch der Theozentrismus (= „Demiurgenmodell") seines Systems verunmöglichen die historische Initiative des Menschen. In einer nicht-monistisch und nicht-materialistisch verfassten Philosophie kann es im Grunde keine geschichtliche Entwicklung geben. Allein der eschatologische Aspekt, jene christliche Heilserwartung, dass am Ende der Zeit es eine Erlösung geben wird („dies septimus nos ipsi erimus", wie Augustinus korrekt zitiert wird [PH 1003]), scheint für Bloch hinreichend zu sein, diese Art von „Wunschlandschaft" ernst zu nehmen und nicht als bloße Illusion und Geschichtslosigkeit zu verwerfen. Unbeirrt argumentiert unser Autor vom Begriff der Zeit und ihrem Vergehen aus:

> Versinkt das Zeitsein der Geschöpfe und der Welt wegen ihres Nicht-Anteils immer wieder in Vergangenheit, so begibt sich das *Zeitsein als Entfaltung* immer wieder in die Zukunft hinein, von der her ihm Existenz und schließlich immer wahrere zuwächst. (PH 1004)

Weiter zu *Leibniz*: Dessen „Aufklärung" (so Bloch, der großen Gefallen an diesem „Kristall-Pendant" zu Spinoza findet) habe, ihrem rationalistischen Genius entsprechend, das gärende „Retortenwesen" eines Paracelsus und Böhme (deren Renaissance-Schaffen unser Autor ebenfalls in seine Sammlung weisheitlicher „Wunschlandschaften" mit aufnimmt) verlassen. An die Stelle einer „schäumenden Goldküche" trete mit Leibniz „die *Welt als Erhellungsprozeß*, die Landschaft ihrer perfectibilité" (PH 1007): Mensch, Zeit, Welt und Weg seien bei Leibniz „aufs Hellwerden" bezogen, das springe besonders hervor und ist Bloch bedeutsam. Als wichtigsten Satz Leibnizs zitiert er einen von 1702: „Man kann sagen, daß in der Seele, wie überall sonst, die Gegenwart mit der Zukunft schwanger geht." (PH 1007) Außerdem sei der „Zweckbegriff" (seiner Monadologie) sinnvoll, da er auf die „immanente Tendenz", d. h. auf *das Diesseits* bezogen sei, als „Wohin-Verbindung zwischen der natürlichen und moralischen Welt". (PH 1008) Leibniz eröffne, rühmt Bloch an demselben, „mit echten Prozeßgedanken zum erstenmal seit Aristoteles wieder den Begriff der *Möglichkeit*, diese wohl als ‚Anlage', ‚Dispositio' zur Entfaltung in jeder Monade gefaßt, wie als ‚Reich unendlicher Möglichkeiten', von denen die vorliegende Welt eine teilweise Realisierung ist." (PH 1008)

Auch bei der Darstellung Leibnizscher Leistungen für ein „Wünschen der Welt nach vorne" bleibt das von uns oben herausgestellte „Geometrie-Problem" Blochs bestehen: Wie sind Monade (als „Kreis") und Fortschritt vereinbar? Wie geschlossen bzw. „fensterlos" ist die „sub specie aeternitatis et perfectionis" konstruierte Monade (als „Spiegel Gottes"), als dass sie noch mit einer *räumlichen Unendlichkeit* vereinbar wäre etc.? Wieder erkennt und kritisiert Bloch, was er selber nicht vollständig aufzulösen vermag, wenn er am Ende seiner Ausführungen über Leibniz bedauert, dass bei diesem „alle Prädikate des ‚Resultats' weit davon entfernt" seien, „wirklich entspringende Nova" zu sein, „vielmehr sind sie in jeder Stufe bereits fix enthalten und nur noch nicht klar und deutlich. Das ist die alte Kontemplations- und Anamnesis-Schranke sogar in Prozeßphilosophien, die bis vors Tor des Marxismus erhalten gebliebene" (PH 1011) – und *sogar im Marxismus noch fortdauernde*, wäre hier zu ergänzen.

Zum Schluss des 41. Kapitels ist noch des Verfassers Analyse der Moralphilosophie *Kants* von Interesse und Bedeutung. Dass Bloch dessen kategorischen Imperativ einer heftigen Kritik unterzieht, wundert zunächst keinen, der seine Invektiven gegen den Königsberger Aufklärer aus den *Leipziger Vorlesungen* kennt. (LV 11–152) Hier nun aber steht am Ende die Aussöhnung. Wie genau gelangt Bloch dorthin? Zu Beginn freilich zeigt er Kants Mängel und Versäumnisse auf: Die rechte Gesinnung, welche der kategorische Imperativ dem einzelnen abverlange, sei

> recht preußisch als eine solche dargestellt, in der nicht einmal irgendeine Wärme, irgendeine Neigung zum Rechttun vorkommen darf, bei Strafe, nicht rein zu sein. Das einzige Gefühl, das ihr gestattet wird, ist das sehr herbe, welches Achtung heißt, vor dem sittlichen Gesetz, das schlechthin gebietet. (PH 1020)

Formaler habe sich in der Tat kaum je eine Moral angelassen, auch nicht die mühseligste Reflexionsmoral, beklagt der Verfasser den mangelnden Materialismus dieser Ethik.

> [W]ieder vor lauter Reinheit bedarf die Tugend der reinen Gesinnung allemal eines Collegium logicum, als der Prüfungsanstalt ihres Metalls. Zweifellos auch, zum letzten, ist der kategorische Imperativ stark *ideologisch*, nämlich preußischer Krückstock plus idealisiertes Reich der Bourgeoisie. (PH 1021)

Diese Sätze jedoch leiten zugleich die Wende ein, den Übergang zur positiven Sicht; denn im Streben der Bourgeoisie ist generell nicht allein Reaktionäres zu finden: Da ihr Anliegen (neben dem offensichtlichen, d. h. dem ökonomischen und sozialen Aufstieg) auch ein Anti-Feudalistisches, Anti-Monarchistisches war und sie die „formale Gleichheit aller vor dem Gesetz" (PH 1021) verlangte, erhob sie sich selbst gleichzeitig zu jenem von Kant er- und verfassten *abstrakten Allgemeinen*. Darin sieht Bloch nicht nur Formales und Empirieloses, vielmehr entspreche es genau der „bürgerliche[n] Dimension der Kantischen Moralkriterien". (PH 1022) Freilich ist der kategorische Imperativ für Bloch in einer *Klassengesellschaft* niemals durchführbar und genauso wenig die ebenfalls kategorische Forderung, „den Menschen niemals bloß als Mittel, [sondern] stets zugleich als Zweck anzusehen": „Denn jede dieser Gesellschaften beruhte [...] auf dem Verhältnis Herr-Knecht, auf der Verwendung von Menschen und ihrer Arbeit zu Zwecken, die durchaus nicht ihre sind." (PH 1022) Gewiss sei mit Kants Satz die Ausbeutung mit verneint, schlechthin verneint, jedoch: „Nur moralisch verneint". (PH 1023) Kants praktischer Vernunft fehle jede wirkliche Praxis, „doch sie läutet vom Prinzip her der Ausbeutung ihr Gericht". (PH 1023) Hier also entdeckt Bloch wirklichen Vorschein von Utopie und echten moralischen Fortschritt. Zur Erhärtung seiner These zitiert er eine Passage aus Kants *Streit der Fakultäten* von 1798:

> Denn für die Allgewalt der Natur oder vielmehr ihrer uns unerreichbaren obersten Ursache ist der Mensch nur eine Kleinigkeit. Daß ihn aber auch die Herrscher von seiner eigenen Gattung dafür nehmen und als eine solche behandeln, indem sie ihn teils tierisch, als bloßes Werkzeug ihrer Absichten, belasten, teils in ihren Streitigkeiten gegeneinander aufstellen, um sie *schlachten zu lassen – das ist keine Kleinigkeit, sondern Umkehrung des Endzwecks der Schöpfung selbst.* (Kant, 1794, PH 1023)

Mit dem Begriff des „Endzwecks der Schöpfung" meine Kant keine empirische Realität, aber auch keine theologische Scheinrealität; er meine das „Sollsein des Sittengesetzes und seine Verwirklichung durch die geschichtliche, vor allem zukünftige Entwicklung des Menschengeschlechts." (PH 1023) Damit aber ist für Bloch endgültig eine Schicht berührt, die „ganz besonders mit utopischem Pathos bei Kant geladen ist". (PH 1023) Und wenn auch der kategorische Imperativ in einer Klassengesellschaft nicht zu generalisieren und deswegen nicht umzusetzen ist, so wirkt er doch wenigstens wie *„eine Antizipationsformel hin zu einer nicht-antagonistischen Gesellschaft, das ist zu einer klassenlosen, in der überhaupt erst wirkliche Allgemeinheit moralischer Gesetzgebung möglich ist."* (PH 1025) – Einmal mehr ist hier die hermeneutische Kraft zu erkennen, mit der Bloch vorgeht und auslegt: wie er aus dem schon Verloren-Geglaubten und -Gesagten noch die Tendenz zum Besseren elaboriert.

Im 42. Kapitel, mit dem Titel „Achtstundentag, Welt im Frieden, Freizeit und Muße" (PH 1039–1086), folgt, abweichend vom bisherigen Schema, statt einer „Ästhetik- und Weisheitsanalyse" der vom Verfasser gesuchten Tendenzen „objektiver Phantasie" eine eher nüchtern gehaltene und im Stil daher an die „Frankfurter Schule" erinnernde *Gegenwartsanalyse*: „Wenn der Fortschritt im Guten und Glücklichen geschichtlich oft fragwürdig ist, so nicht der der *Auspressung*." (PH 1040) (Blochs Frühschrift *Geist der Utopie* (GU 1918, GU 1923), die bei der Lektüre von PH stets als Folie hinterlegt werden muss, da sie nach Inhalt und Aufbau durchaus als „Vorläuferwerk" bezeichnet werden kann, mündet zum Vergleich in einen Schlussteil, der mit „Karl Marx, der Tod und die Apokalypse" überschrieben ist und auch in seinem Argumentationsgang recht ähnlich verläuft. Vornehmlich unterscheidet GU von PH sich durch geringeren Umfang und expressionistischere Sprache.)

Der Hauptunterschied zu Adorno aber liegt v. a. darin, dass Bloch noch aus dem Negativsten, das zu konstatieren ist, das Positive zu gewinnen vermag – und dies, ohne das „Schlecht-Vorhandene" beliebig schön zu reden, sondern indem erst nach strenger Prüfung (der Beziehung des Einzelnen zum Ganzen e contrario) er es als Wegweiser in die besseren Verhältnisse zulässt. Menschliches Wünschen und Wollen zum Guten und Richtigen sind für Bloch immer stärker als die reflektierte Negation, weil sie Materie bedeuten.

Noch einmal knüpft Bloch im 42. Kapitel bei Kant an und erörtert die Frage, warum dessen Konzept vom „ewigen Frieden" (ebenso wie der kategorische Imperativ) in einer Klassengesellschaft nicht zu verwirklichen ist: „Ursächlich entfernt erst der Sozialismus den Krieg und den Keim, den jeder kapitalistische Friedensschluß zu neuen Kriegen trägt." (PH 1050) Bloch, aus dem US-amerikanischen Exil bewusst in die DDR immigriert, mengt seinen Thesen deutlich marxistische Rhetorik bei: „Pazifismus besteht nicht darin, bestehende Kriege um jeden Preis zu beenden, sondern künftige ursächlich zu verhindern." (PH 1052) Im Zweiten Weltkrieg, der den Aggressor nur von Berlin nach Washington verlegt habe, würde es offenbar: Der Militarismus komme nicht aus feudaler Barbarei, sondern aus den modernsten *Eigentumsverhältnissen*. „Kapitalistischer Friede" sei daher „ein Paradox", „sozialistischer Friede dagegen ist eine Tautologie". (PH 1053) Noch offensichtlicher als Marxist geriert Bloch sich weiter unten: „Die Sowjetunion war dem Faschismus bei Stalingrad sein sehr störender Zeitgenosse; eine Sowjetunion in einladender Reife wird diesem Staatskapitalismus überall ein Ende." (PH 1062) Wir sehen: auch das Messianistisch-Prophetische ist seit GU erhalten geblieben, Moses mit Marx durchmischt.

Auffällig ist, dass Bloch vor allem und immer wieder die Wünsche auch des *Kleinbürgertums* untersucht. Dasselbe wird besonders häufig zum Ziel seiner Kritik, weil es keine wirkliche soziale Zugehörigkeit, keine Identität *als* Klasse besitzt, eine „klassenlose Klasse" darstellt. Die Situation der Nicht-Identität rührt daher, dass es weder zum Proletariat sich zählt, zählen will, noch zur Bourgeoisie, wohin es gerne arrivieren würde. Diese Zwischenstellung schlägt im Psychischen, genauer, im mangelnden *Selbstwertgefühl* des Petit Bourgeois sich nieder und macht ihn anfällig für die Ideen des Faschismus, wo bekanntlich alle Klassen ihre (Pseudo-)Aufhebung in der „Biologie", d. h. im „Völkischen" finden.

Die Themen *Freizeit, Muße* oder *Feierabend* (= „dopo lavoro") sind, zugegeben, nicht oft Gegenstand philosophischer Erörterung. Bloch aber wagt es, auch diese „sozialen Erscheinungen" und Felder nach „Wunschlandschaften" zu durchsuchen. Er differenziert beispielsweise „kleinbürgerlichen Amüsierdrang" und „echte Muße", d. h. wieder – wie oben dargestellt –, dass er zwischen Illusion bzw. Projektion und authentischem (und daher berechtigtem) Wünschen genau unterscheidet. Auch trennt er „echte" von „billiger Geselligkeit": „Was immer mit dem Feierabend angefangen wird, privat oder älterem Herkommen gemäß, verziert nur den bürgerlichen Zweck: Reproduktion der Arbeitskraft." (PH 1062) Schonungslos und wiederholt mit psychoanalytischer Scharfsicht wie Methode kompromittiert der Verfasser eine verdinglichte Freizeitkultur, die, um es mit Adorno zu sagen, „kein richtiges Leben im falschen" mehr zulässt: „Alkohol spült den Staub hinunter, Kartenspiel schlägt die Zeit tot, ist zudem die Lust, dem Zufall nicht nur zu unterliegen, sondern mit ihm spielen zu können und noch dem anderen etwas abzugewinnen." (PH 1062) Bloch beklagt zurecht, dass bei solchen Formen des „dopo lavoro" die menschlichen Beziehungen keine wirkliche Veränderung, keine Gegenwelt zum Arbeitsplatz bilden und darstellen, sondern bloß eine Fortsetzung desselben in „erleichterter" Gestalt – auf dass es keiner im Heer der Proletarier und Angestellten bemerken möge. „Aber dergleichen ist nicht einfach, selbst nicht bei vorhandenem Kontrastwillen; Geselligkeit als Spielform einer Gesellschaft bestätigt diese noch in der Flucht." (PH 1062) Freizeit wird zur *Flucht* vor der traumatisierenden Realität. In den westlichen Produktionsverhältnissen diene alles Pläsier lediglich „als Ersatz für das im kapitalistischen Lebenskampf und seinen bejahten Formen nicht Erreichte." (PH 1063) „Kartenspiel", „Pokermiene" und „Gewinntrieb" sind für Bloch nur Maskerade für Wettbewerb und Konkurrenzkampf; den Sport rechnet er ebenso dazu. Jeder (noch so spielerisch gemeinte) „Wettstreit" spiegle und verharmlose nur den einen „Wirtschaftskampf", auf welchen es eigentlich ankäme. Den Mechanismen der Verdrängung, kreativer als alle materielle Produktion, sind keine Grenzen gesetzt. „Bastler, Kleingärtner und wie viele andere Spielarten lassen sich von ihrer Liebhaberei den Beruf vorspiegeln, den sie versäumt haben oder den es im Ernst des Lebens gar nicht gibt." (PH 1066) Bloch fordert die Aufhebung der Trennung von Arbeit und Lust, vom Reich der Notwendigkeit und dem Reich der Freiheit.

> Dort, wo der fast zufällige Beruf, der Job, die wenigsten Menschen ausfüllt, wie in Amerika, gibt es deshalb die meisten Steckenpferde, hobbies. Und die Liebhaberei wird erst dann verschwinden, wenn sie einmal den richtigen Beruf selber ausmachen wird. (PH 1066)

Im Begriff „Steckenpferd" ist geschickt die *Regression* schon enthalten und ausgedrückt, die dem Hobby innewohnt.

Früher, so Bloch, habe das „*Volksfest in ausgelassener Folklore*" als Ort und Form „mühelosester Liebhaberei", also *authentischer* Geselligkeit, gedient. Bedauerlicherweise jedoch habe nur in bäuerischen Gegenden und katholischen Enklaven diese Tradition sich erhalten können: „Zwischenräume eines Lebensgefühls, dem die Zeit noch nicht Geld ist und die Fidelitas noch kein übertünchtes Grab." (PH 1067) Statt, wie einst, „Wunschträume der Festivität" freizusetzen, freizugeben, sind die Volksfeste heute verstädtert und Teil der Kulturindustrie. „Die Volksfeste stehen im Kontrast zur Not, die Herrenfeste aber zur Langeweile." (PH 1068) Und dennoch sieht Bloch in der stillen Sehnsucht nach dem alten Gebrauch von Spiel, Fest und Freizeit, Freiheit, den Vorschein dessen, wie es wieder sein könnte, sein sollte. Was früher *Muße* hieß, *otium* in der Antike, und von langer Tradition, gilt es als Gegenprogramm neu zu entdecken, neu zu inszenieren. „Kultur bildet so, in der *Muße, die ihre Arbeit ist*, statt der Illusion des *Feierabends* Substanzen der wirklichen *Freizeit*." (PH 1073) Und diese wirkliche, wahrhaftige Muße lebt nach Bloch einzig „vom jederzeit gegenwärtigen, zu guter Zeit vergegenwärtigten Selberseins- oder Freiheits-Inhalt in einer gleichfalls unentfremdeten Welt; erst darin kommt Land." (PH 1086)

So schließen sich Kreis, Kuppel und Kugel um den Mittelpunkt Mensch. In doppelter Hinsicht: thematisch und geometrisch. Weil nämlich die von Bloch zum Schluss des „Vierte[n] Teil[s]", „Grundrisse einer besseren Welt", eingeführte und beschriebene *Muße* jene „geschichtszielige" S-O-Identität synonymisiert, ist auch die „Geometrie der Utopie", welche wir zu Beginn dieses Kommentars explizierten, gegeben und bewiesen: quod erat demonstrandum.

Was bleibt uns am Ende, als Erbe und Auftrag, von Blochs gründlicher „Traumdeutung" philosophischer Systeme und „sozialer Phänomene"?

Der neuzeitliche Mensch bildet seine eigene Mitte, ist der Erzeuger der Geschichte und Mittler zwischen dieser und der zu erforschenden, zu begreifenden und zu bearbeitenden Natur: „Das Wesenhafte braucht Menschen zu seiner immer identischeren Heraufführung; und diese gründlichste Theorie-Praxis ist die Moral der berichtigten Wunschlandschaft in der Philosophie." (PH 1014)

Literatur

Theodor W. Adorno: Minima Moralia. Reflexionen aus dem beschädigten Leben. Frankfurt a. M. 1969

Eberhard Braun: Grundrisse einer besseren Welt. Beiträge zur politischen Philosophie der Hoffnung (Talheimer Sammlung kritisches Wissen; 1). Mössingen-Talheim 1997

Stephen Hawking: Der große Entwurf. Eine neue Erklärung des Universums. Reinbek bei Hamburg 2010

Hans-Peter Kunz: Unendlichkeit und System. Die Bedeutung des Unendlichen in Schellings frühen Schriften und in der Mathematik. (Beiträge zur Philosophie; Neue Folge) Heidelberg 2013

Matthias Mayer: „Augustinus' ‚De Civitate Dei': Philosophie der Geschichte oder Geschichte der Philosophie?", in: Revue philosophique et théologique de Fribourg 61/2, [412]-429; 2014 (=2014a)

Matthias Mayer: Objekt-Subjekt. F. W. J. Schellings Naturphilosophie als Beitrag zu einer Kritik der Verdinglichung, Bielefeld 2014 (=2014b)

Matthias Mayer: Ist die Geschichte zu Ende? Zur Aktualität der Hegel-Interpretation von Ernst Bloch, in: Bloch-Almanach 33, 2015, 149–179

Peter Sloterdijk: Im Weltinnenraum des Kapitals. Für eine philosophische Theorie der Globalisierung. Frankfurt a. M. 2005

Peter Sloterdijk: Sphären. 2. Makrosphärologie: Globen. Frankfurt a. M. 2001

Michael Stadler: Renaissance: Weltseele und Kosmos, Seele und Körper, in: Die Seele. Ihre Geschichte im Abendland. Hg. von Gerd Jüttemann [u. a.], Weinheim 1991

Rainer E. Zimmermann: Die außerordentlichen Reisen des Jules Verne: Zur Wissenschafts- und Technikrezeption im Frankreich des 19. Jahrhunderts, Paderborn 2006

Martin Blumentritt
14 Wunschbilder in Leittafeln
5. Teil, Nr. 43–47

Unter Wunsch wird zunächst einmal eine positive Einstellung innerhalb einer intentionalen Einstellung auf ein Objekt bezeichnet, so dass ein Wunschbild uns aus dem Dunkel des gelebten Augenblicks hinausführt, in eine Antizipation dessen, was anfänglich für uns im Dunkeln liegt. Daher beginnt der Abschnitt auch mit der Spannung zwischen terminus a quo und terminus ad quem: dem, was gewünscht wird und dem, wovon man weg will. Und so findet sich unter der Überschrift „Nicht im reinen mit sich" (43.) eine Diagnose dieser unmittelbaren Situation und der Unruhe, die sie in uns erzeugt, um dann zur Sozialisation überzugehen:

> Von früh auf will man zu sich, Aber wir wissen nicht, wer wir sind. Nur daß keiner ist, was er sein möchte oder könnte, scheint klar. Von daher der gemeine Neid, nämlich auf diejenigen, die zu haben, ja zu sein scheinen, was einem zukommt. Von daher aber auch die Lust, Neues zu beginnen, das mit uns selbst anfängt. Stets wurde versucht, uns gemäß zu leben. Das steckt in uns, was man werden könnte. (PH 1089)

Aber Bloch wäre nicht Bloch, wenn er zugleich auch den Haken dieser realen Möglichkeit, dass die Wünsche autonom wie heteronom, bezeichnete:

> Der Mensch tritt hervor, wie er sich wirksam möchte, und daß er sich meist erst so möchte, ermöglicht zugleich, daß ihm andere einreden können, wie er sich möchte. Er ist überall weit davon entfernt, in Form zu sein. Aus seiner Haut aber kann jeder heraus, denn keiner trägt sie bereits. (PH 1090)

Wachstum und Entwicklung, die buchstäbliche wie metaphorische Bedeutung des „aus der Haut Kommens" sind hiermit umfasst, aber thematisch wird im Folgenden die Entwicklung, die davon den Ausgang nimmt, dass der Mensch nicht fertig auf die Welt kommt, sondern der Anleitung bedarf, so dass der nächste Abschnitt mit: „Haus und Schule leiten an (44.)" überschrieben ist. Bloch analogisiert die Sozialisation mit der Geschichte des zivilisatorischen Fortschritts der Kochkunst vom Rohen zum Gekochten, aber geht sogleich auf die beschränkenden Bedingungen ein, die in einem gewissen Sinne manche Menschen klein halten. Nicht in der Weise, dass er soziologische Studien und Statistiken zitiert, sondern dadurch, dass er auf den Roman „Kleiner Mann, was nun" anspielt, der zur Zeit der Wirtschaftskrise, im Jahre 1932, bei Rowohlt erschienen war und das Schicksal eines kleinen Manns zum Gegenstand hat, den Bloch als *pars pro toto* nimmt:

> Es soll etwas aus dem Jungen werden, gemacht werden. Die Jugend wird erzogen, rohes Fleisch ist nicht genießbar. Wird darum gehackt oder gekocht, zu den Namen verwandelt, die dann auf der Eßkarte stehen. Ein braver Mann, ein ordentlicher Mensch, schon gut, dagegen ist nichts, dafür ist viel zu sagen. Kein gemeines Wesen könnte sonst bestehen, zuverlässiger Fleiß muß sein. Aber der bürgerlich Nutzbare wird als klein gewollt, als besonders verkleinert, als künstlich gesichtslos, mit lauter weggelassener Farbe. Raucht nicht, trinkt nicht, spielt keine Karten, sieht keine Mädchen an, soll sich züchten und gezüchtet werden als sittlicher Kitsch. Der brave Mann denkt an sich selbst zuletzt, kleiner Mann, was nun, ist daher die Regel. Auch wenn seine Stunde schon dreizehn geschlagen hat, soll er noch besonnen sein. (PH 1090)

Auch ein kleiner Mann ist nicht dazu geboren, sondern wird dazu gemacht. Die jungen Menschen besitzen noch viel Kühnheit, wenn auch noch undeutlich gerichtet, die in Haus und Schule genormt wird auch in der repressiven Gesellschaft nicht immer zum Besten: „Doch Abrichtern in Haus und Schule handelt es sich darum, ein Unwahrscheinliches wirklich zu erzielen: daß sich Menschen gefallen lassen, was man nachher mit ihnen anstellt." (PH 1090) Die sozial erzieherische Arbeit, die zum Staatsvolk bildet, traktiert die unterdrückten Schichten, deren von Bloch zugeschriebener eigener Wille gebrochen und als klassenbewusster dann verhindert wird:

> [...] und so wird in der bürgerlichen Erwachsenenbildung nicht nur abgestumpftes Wissen, sondern immer mehr geschärfte Lüge verabreicht. Wahrheitsgemäß kann aber nur zum Leitbild Genosse erzogen werden, wie das in einem großen Land bereits der Fall. Das ist zugleich die einzige Art Erziehung, die utopisch im guten Sinn ist, soll heißen, die das Alte vom Neuen her begreift und erlernt, nicht umgekehrt, und die die kanonische Art des Wollens und Wissens nicht ins Abgelebte oder bewußt Gehemmte zurückbringt. (PH 1092)

Viel ist in der Adenauerzeit von Leitbildern die Rede gewesen, die so restaurativ waren, dass Adorno in *Ohne Leitbild* nur über sie herziehen konnte und dann eine gezähmte Wildsau, die ihre Zahmheit vergaß und mit der Gattin einer Respektsperson davonlief (Adorno, 1967, 26–27), als sein Leitbild annahm. In der Zeit, in der Bloch *Prinzip Hoffnung* schrieb, konnte man vielleicht noch an die Notwendigkeit von Leitbildern glauben, so dass Bloch im Kapitel „Leitbilder selber. Um menschenähnlich zu werden (45.)" mehr oder weniger Leitbilder forderte in einem Sinne, die der Einsicht Adornos entsprach, dass es anfänglich in der Sozialisation der Identifikationen bedarf, die später in Frage gestellt werden können und müssen. Die Erfahrungen der 30er und 40er Jahre waren allerdings für Bloch, was Leitbilder angeht, auch nicht so positiv, so dass die Rede von einer guten und nicht verführten Jugend als zu positiv anmutet.

> Keiner von uns allen könnte nicht auch ein anderer sein. Ein Strauch tut sich vorerst genug damit, einer zu sein. Doch aus einem Menschen kann sozusagen alles werden, unfertig wie

er ist. [...] Freilich ist hierbei einiges vorgearbeitet, kein Mensch ist nur Wachs, und keiner ist auch ein frei aus sich rollendes Rad. Statt des Wachses gibt es mitgebrachte Anlagen, wenn auch mehr der Begabung als des Charakters. [...] Es gibt darin überlieferte Leitbilder des Soseins, geschichtlich geformte, die den Traum von der eigenen Rolle erst faßbar machen. Vor allem die gute und nicht verführte Jugend wünscht, standhaften und kraftvollen Menschen ähnlich zu werden. Gerade nämlich, weil Menschen an sich noch unbestimmt sind, brauchen sie ein Zwischending von Spiegel und aufgemaltem Bild, wenn sie hineinsehen." (PH 1093)

Die Notwendigkeit von Lenkung und dass sie möglich ist, können wir voraussetzen, zumal der Kern der Persönlichkeit anfänglich noch im Dunkel liegt und wie Wachs geformt werden kann.

Ebenso aber ist [der Kern] ... bestimmbar; was haltungsgemäß, innerhalb des geordnet auftretenden Willens bedeutet: *sittlich* bestimmbar. Nur wegen des zugrunde liegenden Wachses ist so viel Pressung in der Erziehung möglich, so viel Zwangsform auch nachher. Aber auch nur wegen der unabgeschlossenen Bestimmbarkeit der Menschen konnten so viele ihrer möglichen Gesichter geschichtlich-sozial bereits erscheinen und sind so viele neue Bestimmungen noch in Zukunft. (PH 1093–1094)

Auf die Mehrdeutigkeit von Bestimmung *determinatio* oder *definitio* und *destinatio*, wie einst Nikolai Hartmann sie in der Hegelschen Logik ausmachte, weist Bloch selber hin und leitet daraus ein experimentelles Moment des Menschen her und die sozialistische Zielbestimmung wird zu der Zeit noch mit großer Plausibilität vorausgesetzt:

Mitsamt dem Ziel, wozu die Haltung und die ihr entsprechende konsequente Handlung geschieht, kurz, der nach dem Leitbild entstandene Charakter tätig ist. Das Ziel ist heute sichtbar geworden als die sozialistische Befreiung; und was diese Freiheit, als eine nicht bloße: wovon, sondern vor allem als eine: wozu, enthält, dies steht gleichfalls der bestimmenden sittlichen Arbeit noch glückhaft offen. (PH 1094)

Die Leitbilder sind allerdings nach Bloch nicht einfach kritiklos hinzunehmen und daher muss er auch nach Maßstäben suchen, wie sie in der Geschichte vorliegen, den amerikanischen Angestellten mag er weniger als geschichtliche Gestalten, die auch im folgenden Text auch vor den Richterstuhl seiner Kritik setzt:

Es gab schönere Typen, ja solche, die wirkliche destinatio erstrebten, wenn auch mit dem ständigen Minus des ernährenden Knechts unter sich. Die bisherige Geschichte hat so den Bann, aber auch den Reichtum jener jeweils kanonischen Typen erzeugt, die als jeweils voranziehende Leitbilder ausgezeichnet werden können. Solche Gestalten sind etwa der Krieger, der Weise, der Gentleman und gar der Citoyen. [...] In den Leitbildern verdichtet sich dasjenige in menschlich sichtbarer, ausbildender Gestaltung, was jeweils Tugend genannt worden ist, als das der Kreatur nicht gegebene, sondern ihr aufgegebene Verhalten. (PH 1094)

Die Leitbilder müssen nun nicht, wie man früher mal sagte, auf dem richtigen „Klassenstandpunkt" stehen, sondern es geht um vorbildhafte Tugenden, die unabhängig von einem sozialen Inhalt vorliegen können.

> Dieser nicht an ihre Zeit geheftete, also umfunktionierbare und zu Neuem tüchtige Gehalt bewirkt, daß es auch an Haltungen und ihrer Tugend ein mögliches Erbe gibt, nicht nur an kulturellen Werken. Er bewirkt, daß ein Ritter- oder ein Mönchsbild noch eine Art Verlust, eine Art Wiederfinden, eine Art Sehnsucht erweckende Verpflichtung wachrufen kann; [...]. (Besondere Wunschporträts des richtigen Menschseins) [...] heben sich bis zum *Citoyen*, als einem [...] besonders utopischen Selbstbild. Der Citoyen ist das am meisten allgemein oder fleischlos gebliebene Wesen, aber auch das von Klassengesellschaft am wenigsten bewohnte und benutzte. (PH 1095)

Auf letzteren hebt Bloch vor allem ab.

> Der Citoyen [...] war gedacht als Mitglied einer nicht-egoistischen und so noch imaginären Polis. Er wurde idealisiert als die andere Seite des Bürgers und so, in seiner nicht-egoistischen, auch nicht-arbeitsteiligen, nicht verdinglichten Traumschöne, besonders gewaltsam idealisiert. (PH 1095)

Der Citoyen wird so zu einer Art Prototyp von „Genosse", findet sich aber mehr im Bereich des Geistigen und Geistlichen:

> Der Citoyen als Leitbild kam als einziges nicht von der Verlängerungslinie vorhandener Menscharten, vorhandener gesellschaftlicher Wertpersonen her, sondern fast gänzlich aus einer intelligiblen Gesellschaft. [...] Der Citoyen ist die vorletzte geschichtlich erschienene Wertperson, er geht derart, in wie immer verblasen-allgemeiner Art, dem Leitbild Genosse vorher. (PH 1096)

Die Leitbilder der jeweiligen Klassengesellschaft vergehen keineswegs mit deren Verschwinden, aber auch nicht deren Doppelcharakter:

> Leitbilder, gar Leitfiguren mit Leittafeln zusammen enthalten erst die Wunschfragen des besseren Soseins haltungshaft-moralisch; sie enthalten die gegenseitige Berichtigung dieser Fragen. Sie säumen und gliedern die Linie der alten Flieh- und Suchefragen nach der rechten Art, menschenähnlich zu werden, so, daß die Linie stimmt. (PH 1096–1097)

Nach Hegel gelten die Zeiten des Glücks als die leeren Seiten der Weltgeschichte, das Gefährliche hatte immer die Veränderungen gebracht, was das „Lebe wild und gefährlich" Nietzsches betont, aber Bloch sucht nach einem „Leitfaden des gefährlichen und des glücklichen Lebens (46.)", womit dann auch das nächste Kapitel überschrieben ist. Und der Weg zu uns ist ja auch nicht so gradlinig, wie etwa der Kierkegaards, der dann zur göttlichen Transzendenz führt, der Weg ist breit, nicht schmal, so dass selbst noch die enge bürgerliche Art schillert. Um gefährlich zu leben, muss man sich allerdings warm anziehen, will man nicht den eiskalten religiösen Vorstellungen von sog. Märtyrern oder Heiligen Kriegern folgen, die im Ägypten der 20er 30er Jahre mit den Nazis paktierten und den Tod dem Leben vorzogen, die das Glück abstrakt verneinen. Aber nach Bloch darf man ebenso wenig „Zu warm gekleidet" sein:

> Und weiter vor allem, soll das Fell uns bequem sein? Wie man sich bettet, so liegt man, doch will man überhaupt liegen und wenn, auf welche Weise? Wer früh aufsteht, bringt früh viel hinter sich und hat bald den Genuß getaner Arbeit. Doch kann auch zu eilig begonnen werden, am Abend des Tags, gar des Lebens kommt dann die Reue, sich unreif ausgegeben, festgelegt zu haben. (PH 1097)

und:

> Und ist die Gefahr nicht dasjenige, was gerade der Tapfere nicht anschlägt, ja was gerade von ihm überwunden werden soll? Nichts süßer wieder, als sich danach aufs Fell zu strecken, zur Seite des wärmenden Ofens. (PH 1098)

Eine ganze Generation von Feinden der Weimarer Republik, die Jüngers, Heideggers usw., wollten das, was im Französischen *ennui* (Ekel, Langeweile, Entfremdung) heißt, durch ein Leben, von dem man nach dem ersten Weltkrieg besser hätte genug haben sollen und das wie „Wilde, verwegene Jagd" anmutet, realisieren. Auf diesen *state of mind* geht Bloch in aller Deutlichkeit ein:

> Dennoch reizt jede Lage, wo es scharf hergeht. Von neuem läuft der Ruf nach gefährlichem Leben, der Nazi hat ihn aufgefrischt. Zwar ist das Leben für die Opfer des Faschismus unvergleichlich viel gefährlicher als für den Mörder selbst. Aber da der Faschist seinen Helfern und kleinbürgerlichen Mitläufern am wenigsten Glück bieten kann, kraft der von ihm beschützten Ausbeutung, war er verpflichtet, es zu verleumden. Nur erfand und bildete der Nazi auch hier nichts, er fälschte ältere Tugenden oder lieh auf Tugenden, denen der Spießer als Held, der Schlächter der Wehrlosen, nicht an der Wiege gesungen war. Jenseits der Mörder wirkt ein echtes Wunschbild des gefährlichen Lebens: das soldatische. (PH 1098)

So ganz verzichten auf solche falschen Wunschbilder, wie sie eine ganze Generation bestimmten, konnte Bloch wiederum auch nicht, wobei ich nicht ganz abweisen kann, dass für mich ein Leben in Völlerei und Genuss auf dem Kanapee nicht so erschreckend erscheint:

> Der Reiz des gefährlichen Lebens ist revolutionär kein Selbstzweck, noch weniger die abstrakte Lust am Ungewissen an sich. Immerhin gehört auch revolutionäre Haltung über die Hälfte mehr zu Mut und Abenteuer als zur Sorge um Fettlebe, mit Vertiko für alle. Die Kanapee-Ecke mit langsam gerauchter Zigarre mag ein Versteck sein, sie ist kein wachsamer Posten. (PH 1099–1100)

Doch, so als ob er mich nicht ganz zu verschrecken trachtet, fügt er dann doch noch einen Abschnitt „Französisches Glück und Freude" ein. Sinclair Lewis' Novelle Babbitt, eine Satire, die Bloch anscheinend sich erzählen ließ, erhielt 1930 einen Nobelpreis, dessen Kommitee die Figur als Leitbild eines amerikanischen Helden der Mittelklasse schildet:

> [...] the ideal of an American popular hero of the middle-class. The relativity of business morals as well as private rules of conduct is for him an accepted article of faith, and without hesitation he considers it God's purpose that man should work, increase his income, and enjoy modern improvements." (Karlfedt, 2012)

Adorno erwähnt die Werke von Lewis auch und schildert sie als

> Selbstkritik der amerikanischen Gesellschaft, welche die zwanziger Jahre kennzeichnet, und für die in Europa Romane vom Typus ‚Babbit' und ‚Main Street' von Sinclair Lewis zeugten. In dieser selbstkritischen Literatur spielt die Entdeckung der amerikanischen Provinz ihre entscheidende Rolle, und zwar unter dem Gesichtspunkt jener Uniformität des provinziellen Lebens, die dem Beobachter in der äußerlichen Ähnlichkeit kleinerer Städte miteinander in die Augen springt. (Adorno 1986, 619)

> [Das Glück] ... [auf weiches Glück] zu beschränken, wäre dasselbe, wie wenn gefährliches Leben völlig auf Rohheit zurückgebracht würde. So wenig das angeht, noch weniger sind Glück, auch Behagen bescheiden oder notwendig Mitte. Der grazienlose Babbit hat alles ruiniert, den Mut des Kampfs wie die Fröhlichkeit. Aber es gibt Formen, die nicht klein geworden sind, wenn sie sich auf Maß, Haus, vor allem aufs Freundliche verstehen, und die, zum Unterschied vom gefährlichen Leben, sicher nicht bluttriefen können. Es sind die Formen des französischen Glücks, Zug um Zug, ländlich-alt und voll epikurischer Aufmerksamkeit, heiteren Sinns und Eingeweides. (PH 1100)

Auch Nietzsche bleibt Bloch zufolge beim „gefährlichen Leben" nicht stehen:

> Der Roheit steht das französische Glück entgegen, doch dem französischen Glück steht keine Freude entgegen; diese nimmt vielmehr den Burgunder auf. Hätten alle Menschen ihr Huhn im Topf und wüßten sie es zu genießen, dann käme keine Verkleinerung, sondern Appetit auf mehr. [...] Gefahr hört schwer auf, aber sie sollte es, Freude hört leicht auf, aber sie sollte das nicht. (PH 1101)

So ist es mit den „Abenteuern des Glücks", sie sind auf andere Art gefährlich, wie Bloch sagt:

> Sie gelten als schwer ertragbar, der Whisky ist zu billig, zu viel Ruhe ist da, zu viel Eintracht. (...) Aber die Gründe liegen nicht im Glück, sondern im Menschen, der es empfängt. Im Arbeitstier, das nicht mehr imstande ist, Nichtstun zu genießen, im bürgerlichen Nichtstun selber, das so genau dem bürgerlichen Alltagsgefühl entspricht wie eine Zahnlücke der Form des gewesenen Zahns. In den niederen Fällen fühlt sich der Arbeitsmensch zum Glück nicht aufgeräumt, in den besseren dazu nicht fertig. (PH 1101–1102)

Leitfaden der Willenstempi und der Betrachtung der Einsamkeit und der Freundschaft, des Individuums und der Gemeinschaft (47)

Bloch diskutiert nun die den Leitbildern zugrundeliegenden Einstellungen, so im Abschnitt „Der anständige Mensch", wo er von der Wahlfreiheit sehr richtig sagt: Der „sogenannte Freie hat die Dinge selber, zwischen denen es zu wählen gibt, sich sehr selten ausgesucht." (PH 1103) In manchem forschen Handeln erreicht man allerdings das Gegenteil von dem Intendierten:

> Der Klügere gibt nach, das ist hier der eine Rat; er spitzt sich auch gegebenenfalls zu dem ganz bedenklichen Satz zu, daß eine Sache mehr anerkannt sein kann, wenn sie bekämpft als wenn sie mitgemacht wird. Was aber sehr rasch dazu führen mag, mit den Wölfen zu heulen, ja ein Verräter zu werden. (PH 1103)

Interessant, weil er als historische Figur im 19. Jahrhundert in gewissen Sinne Leitbild für die Fabier war, ist Quintus Fabius Maximus Verrucosus (ca. 275 v. Chr. – 203 v. Chr.), der Cunctator (Zögerer) genannt wurde, wegen seiner im 2. Punischen Krieg verfolgten Taktik des hinhaltenden Widerstands, dem Bloch den Abschnitt: „Fabius oder der zaudernde Täter" widmet. Man könnte ihn mit dem heutigen amerikanischen Präsidenten vergleichen, denn er war Sprecher einer Senatsgruppe, die sich gegen eine sofortige Kriegserklärung an die Punier aussprach. Aus Angst vor einer Niederlage gegen Hannibal beschränkten sich die Römer zur Zeit seiner kommissarischen Diktatur, die allerdings einen Mitdiktator, den *magister equitum* Minucius hatte, auf eine abwartende Kampfestaktik. Nach Ablauf der halbjährlichen Amtszeit waren die nachfolgenden Konsuln des Abwartens müde geworden und leiteten eine Vernichtungsschlacht mit zahlenmäßig überlegenem schwerbewaffnetem Fußvolk ein, die allerdings vor allem an der punischen Kavallerie scheiterte. Bloch folgt einer dem Historiker Polybius widersprechenden Auffassung. Aber Fabius wird für ihn wegen der Fabian Society, die sich auf Fabius als Leitbild bezog, von Bedeutung:

> Der zu rasch entschlossene Mann wünscht oft, so nicht gewesen zu sein. Aber auch der bedenkliche, hinauszögernde, zu lang überlegende gibt nicht immer einen tüchtigen Anblick. Auf seiner Tafel steht Eile mit Weile, um sie herum ist die versäumte Gelegenheit. Fabius ist der erste, der als Zauderer berühmt, sogleich auch, berüchtigt wurde; Rom kam durch ihn nahe an den Untergang. Dieser Konsul bedachte zu lang, versäumte, doch Hannibal wurde dadurch nicht mürbe. Seitdem sind viele Fabier erschienen, sehr selten haben sie etwas erreicht. Im zu viel erwogenen, zu viel betrachteten Willen geht zuletzt der Wille selber aus, er verringert sich wie betrachteter Zorn. So auch in der revolutionären Tat und ihrem Zorn, er wird zum Abwarten und den Lauen genehm. Herankommt die krauchende revolutionäre Bewegung oder der Umsturz, der alles beim alten läßt. Der rechte Name dafür ist der des englischen Fabiervereins oder der Labour Party, die voll seiner süßen Limonade ist. Der Fabierverein, begründet von Sidney Webbs 1884, brauchte damals wenigstens nicht

zu bremsen, sondern sprach nur die englische lange Weile aus; aber die deutsche Sozialdemokratie seit 1918 wählte Fabius klar als Verhinderer. Umsturz geschieht dann sachte und heißt nur Fortgang, privates Eigentum wird abschafft, wenn die Zeit dafür so sicher ist wie ein Mann mit einem Bankkonto. Auf diese Art wird die Tat immer wieder auf Kinder und Kindeskinder verschoben, es gehört zu dieser Art Aufschub, daß der Weg alles, das Ziel nichts wird. [...] Der Zauderer behütet sich vor vielen Dummheiten bis auf die größte: zu spät zu kommen. Das wäre kein sachliches Unglück, wenn die Fabier bloß abseits stünden, ganz dahinten im langsamen Krähwinkel. Aber die Fabier haben unter anderem auch den sogenannten besonnenen Teil der Arbeiterschaft erzeugt und stehen ihm vor. Sie dienten dadurch jenen schneidigen Akteuren, die eben die Gewalt waren, von denen die Zauderer gesagt hatten, daß sie ihr und nur ihr allein weichen würden. Es war keine rote Gewalt, wie bekannt, es war eine des raschen Putsches, des bedenkenlosen Totschlags, der reaktionären Entscheidung. So halfen die Zauderer des Guten gerade den Putschisten des Bösen in den Sattel; ein geschichtliches Beispiel, das für viele steht. Die Langsamen waren den Raschen der anderen Seite fast immer verschworen, wider Willen, ja zuweilen, in den Falten des Herzens, auch mit ihnen. Das Leisetreten ist genauso abstrakt wie das Türeinschlagen, wovon, sogleich, und entspricht ihm, wobei gewiß hinzuzufügen ist, daß auch das Türeinschlagen, als faschistisches, nur an den Hütten eines war, bei den Palästen dagegen sich völlig aufs Zögern verstand. Das nimmt dieser raschen Heldentat reichlich wieder Abstraktes weg; noch mehr als den gerissen langsamen Fabiern. Indem diese duldeten, statt zu handeln, mußten alle von ihnen Geführten nun wirklich Dulder werden und nichts als das." (PH 1104–1106)

Das Gegenteil des Zauderers ist allerdings, wie Bloch im Abschnitt „Sorel, Machiavelli oder Tatkraft und Glücksrad" aufzeigt, nicht weniger problematisch, aber gewisse Präferenzen hat Bloch doch zu den starken Männern, ähnlich wie Nietzsches Leitbild des Aristokraten die Stärke zum Prinzip erhebt.

Ganz anders wirkt der starke Mann, er schlägt mit der Kraft an sich. Schleicht nicht als Katze um den heißen Brei, handelt vielmehr jäh, bricht vor als Wolf in der Nacht. Handelt auch unter widrigen Umständen und gegen sie; ‚Umstände' sind ihm nur die Dinge, die um die Sache herumstehen. Es erscheint so die rasche Heldentat rein und die faschistische Haltung, doch nicht nur diese. Die Tafel mit dem Spruch: ‚Dem Mutigen gehört die Welt' oder mit dem Bild der Gelegenheit, die an der Stirnlocke ergriffen wird, weil sie am Hinterkopf kahl ist, diese Tafel ist gut verbreitet. Sie wird auch anarchistisch getragen, syndikalistisch, von jeder Bewegung, die Gewalt als schöpferische utopisiert. Dem reinen Aktivisten wie dem unreinlichen Faschisten schwebt wenigstens dies Eine als Meinung vor: daß überrumpelt werden muß. Solcher Aktion an sich scheinen die meisten, wo nicht alle Dinge jederzeit möglich. Gegebenenfalls muß gewartet werden, bis der Feind auf dem richtigen Punkt steht, aber dann erfolgt der Angriff, erfolgt eher zu früh als zu spät. (PH 1106)

Bekannt durch seine Vorbildhaftigkeit für Mussolini und auch für den Juristen Carl Schmitt ist Sorel gewesen. In gewissem Sinne Schüler von Gentile und selber Lehrer Mussolinis befand er sich im Umkreis des Fascismus. „Gentile, italienischer Quasi-Theoretiker des Faschismus, setzte folgerichtig statt geschichtlicher Zusammenhänge eine ‚Einheit des reinen Geistes'", als aktiv stiftende oder gründende. Ihre Zeichen sollen sein Geistesgegenwart und Technik der Massenbeherrschung; die Einheit dieses sogenannten Geistes lebt im grande animatore, als dem Führer. Geistesgegenwart kann dann sogleich eine ungünstige Wendung ins Günstige verwandeln, Massenbeherrschung macht den Pöbel mit einem einzigen Schlag, sei er brachial oder magnetisch, im Willen uniform. [...] Politik ist „‚Schöpfung aus ungeformtem Urstoff'". Nach der deutschen Wendung ist die Welt nur insofern nicht ganz ungeformt, als ihre bereitliegende Zeit immer eine Wolfszeit ist und ihr bereitliegender Raum sogenannte geopolitische Strukturen zeigt, mit denen Kalkulation, als eine der Weltbeherrschung, trotz alles ‚Irrationalen', durchaus zu rechnen hat. [...] Endlos tobt der Kampf ums Dasein, ohne juristische und sonstige Zwirnsfäden, mit dem ‚ewigen Naturrecht des Stärkeren' als Sinn und Inhalt. Der so beschaffene Aktivismus, Schandaktivismus freilich, hat aber seine Lehre vorn allmächtigen „‚atto puro'" ersichtlich nicht nur bei Gentile: er hat sie bei Sorel, auch Nietzsche, obzwar streckenweise zu anderem Text. Vor allem findet sich, durch lange Popularisierung vermittelt, eine Berührung mit dem Hauptlehrer der Machttechnik: mit Machiavelli. Allerdings haben Sorel wie Nietzsche nicht bewusst für faschistischen Gebrauch gearbeitet; insofern sind ihre Macht-Wunschbilder noch ante rem. Sorels Aktionslehre war sogar revolutionär-syndikalistisch gemeint, und er begrüßte 1919, in der letzten Auflage der *Reflexions sur la violence*, Lenin als Vollzieher; Nietzsches Wille zur Macht hatte sich bereits vom Bismarck-Reich abgewendet, und der Faschismus wäre ihm vielleicht Gelächter gewesen und schmerzliche Scham. Trotzdem waren beider Lehren faschistisch brauchbar; Sorel besonders, mit seinem politischen Elan vital ins Leere, Unvorgeordnete, beeinflußte den Faschismus. (PH 1107–1108) Die Gewaltträume Sorels hatten in Machiavelli ihren Lehrer gefunden, dem Bloch einige Bemerkungen widmet, wobei er Machiavelli weder schäbige Gaunerei bescheinigt noch als Theoretiker der Skrupellosigkeit ansieht und auch keine Heuchelei, da er weder eine alte noch eine neue Moral propagiert, sondern in der damaligen Gewaltwelt das Moralische wegließ, um die Technik des unwiderstehlichen Erfolgs zu lehren.

> Machiavellis Buch handelt vom Fürsten, nicht vom Menschen, und es ist eine pure Kunstlehre der Eroberung und Beherrschung. [...] Rationalisierte Technik des politischen Siegs, darum geht dies weniger zynisch als künstlich isolierte Methodenbuch. Soll der Sieg, wie in diesem besonderen Fall, der eines italienischen Nationalstaats sein, dann gibt Machiavelli auch diejenige Tugend auf, die ihm an sich, außerhalb des Zwecks, selber am wertvollsten ist: die republikanische. In den ‚Discorsi' über Livius ist er fanatischer Republikaner, im ‚Principe' setzt er fürstlichen Absolutismus. [...] Die Fechtkunst des Willens hat aber auch hier eine scheinbar gesetzlose Welt vor sich, eine, der sich gerade deshalb der besser geführte Wille aufzwingen läßt. In zweifacher Weise, je nach dem menschlich sichtbaren oder aber anonymen Habitus des Gegenüber: entweder durch Intrige oder durch eiserne Männlichkeit, durch Virtú. Alle diese Leittafeln setzen zwar selber eine Welt aus Willens-

stoff voraus, jedoch nicht aus diszipliniertem, sondern aus triebhaftem und so beherrschbarem. Die Intrige, welche es mit *menschlich sichtbaren Gegenüber* zu tun hat, kann die Affekte, die sie gegeneinander ausspielt, wenigstens noch übersehen; ja das Wesen des Intriganten ist ganz die Berechnung. Jedoch das weitere Person- und Geschichtsgetriebe, die *anonymer Welt*, ist so gründlich affekthaft, daß sie nicht einmal ein Triebwerk aus Affekten darstellt, ein immerhin berechenbares, obgleich nicht begreifbares, sondern lediglich ein – Glücksrad. Der Gegenbegriff zu Virtú ist Fortuna; ihr gegenüber gibt es nur den Rat zur bedenkenlos schlagenden Energie. Von daher die Verachtung Machiavellis gegen den Dilettanten, ‚der seine Sache halb macht, mit halben Grausamkeiten, halben Tugenden'; von daher das Entweder – Oder: Virtú ordinata oder aufsichtslose Welt des Zufalls. [...] So erscheint bei Machiavelli zwar kraftvollst der neue bürgerliche Täter, aber mehr noch die reine Machthoffnung auf dem chaotischen Hintergrund, den sie voraussetzt. Das Mißtrauen gegen objektive Tendenzen verbindet Machiavelli und Faschismus, so wie es Anfang und Ende des bürgerlichen Zeitalters abstrakt verbindet. (PH 1110–1112)

Die frühneuzeitlichen politischen Theoretiker hatten sich auf die spätrömische Epoche bezogen, so dass Bloch im folgenden Text den Schriften dieser Epoche widmet, insbesondere seinen Grundbegriffen.

Tatkraft und Glücksrad

Erst Spätrom hat, aus einleuchtenden politisch-sozialen Gründen, Tyche [Schicksal/MB], besonders Ananke (Zwangsläufigkeit MB), die vordem so hoch gewertete Notwendigkeit, dämonisiert. Und erst das Mittelalter setzte Fortuna gänzlich zum Glücksrad herab, zum launenhaften Auf und Ab der Welt; so auch Machiavelli. Übrig bleiben einzig Laune und Ungefähr, bleibt ein Weltweib, das die Peitsche braucht, ein Glücksrad, dem Tatkraft in die Speichen fährt, Die rasche Heldentat setzt überall diese Fortuna voraus, genau wie Fabius oder der zaudernde Täter umgekehrt Gottes Mühlen voraussetzt, verweltlicht zu einem von selber mahlenden Fortschrittsgeist. Mit letzterem allerdings ist es schlimm bestellt, wie bekannt: ja, der Fabier hat durch seinen Mangel an subjektivem Faktor den Gewalttechniker erst eingeladen. (PH 1112)

Im Abschnitt „Bruchproblem, Herkunft, Herkules am Scheideweg, Dionysos – Apollo" folgt Bloch der Interpretation Nietzsches der *Geburt der Tragödie,* in der Dionysos und Apollo, so wie Leib und Seele dualistisch entgegengesetzt werden:

Die Seele wird häufig als edel und kostbar ausgemalt, altruistische Wünsche bezüglich des eigenen und besonders des fremden Verhaltens hallen darin wider. Selbstsucht und Wohlwollen, diese streitenden Antriebe wurden seit Adam Smith und schon früher öfter zu verbinden gesucht, indem fremder Nutzen, gerade beim Handel und Wandel, auch dem eigenen anzuschlagen schien und umgekehrt. (PH 1113)

Bloch sieht durchaus, dass wie jede Interpretation auch die Nietzsches einen Zeitkern hat und das eigene Zeitalter die Hermeneutik interessiert mitbestimmt:

Nietzsche beispielsweise, wenn er Profitzeloten, aber auch die Grübelfauste dazu antreibt, ‚lachende Löwen' zu werden, hatte gewiß das beginnende imperialistische Zeitalter für sich, mit dem Auftrag und Übergang zum Irrationalen, doch seine Antithese Dionysos-Apollo stellt, indem sie im Norden geschieht, das Dionysische ebenso als ungegeben dahin und feierte es als fernes, gar tropisches Wunschwesen. [...] Eben Nietzsche hat mit der Antithese Dionysos-Apollo der philiströs und gewohnt gewordenen Spannung Sinnenglück-Seelenfrieden neues utopisches Leben gegeben. Und er gab es nicht dem Rausch, als einer glühenden Gärung, sondern wider Willen ebenso dem apollinischen Licht, indem dieses den überwältigten Dionysos in sich hat; beide sind zu betreiben, beide sind unfertig. Der unfertige Dionysos ist bei Nietzsche, was gegen Verkleinerung, Domestizierung, Unterschlagung der wilden Triebe aufbegehrt. (PH 1114–1115)

Bloch zieht also den Dualismus dann in Zweifel und dialektisiert die Spannung von Dionysischem und Apollinischem:

Der Mensch ist mitnichten [...] ein auf einer gezähmten Bestie reitender Engel; denn weder ist ausgemacht, daß das menschliche X der Bestimmbarkeit eine Bestie, noch daß das jeweils vorliegende Reiter-Normbild ein Engel sei. Derart intendiert gerade die am Unaufgeschlossenen, an Dionysos selber genährte Utopie Apollos auf das Dritte über dem öden Paar Sinnlichkeit-Sittlichkeit und der bangen Wahl, welche der Dualismus zwischen beiden ließ. Dionysos [...] bleibt das dunkle Feuer im Abgrund. Apollo gilt nicht anders denn als fortschreitende Bestimmung des dionysisch bezeichneten Gärungsmaterials; er bleibt der Abgrund in der Höhe, der in die Höhe geschaffte. [...] Der Mensch ist noch nicht gefunden, weder als dionysisch noch als apollinisch, ja sein Inkognito ist noch so groß, daß das dionysische wie das apollinische Lied und Wunschbild vor ihm so recht wie unrecht haben." (PH 1118)

Diesen Ausgleich finden wir in einer Traumszene in Thomas Manns *Zauberberg*. Bloch argumentiert hier aber mehr in Anschluss des anhand der Feuerbachthesen diskutierten Verhältnisses von Theorie und Praxis. Das wird nun im Abschnitt „Vita activa, Vita contemplativa oder die Welt des erwählten guten Teils" wieder – unter Bezugnahme auf biblische Motive – aufgegriffen. Die zwei Schwestern, die Jesus (Luk. 10, 38ff) aufgenommen haben, Martha und Maria übernehmen dort, wie Bloch ausführt, die Rolle der vita activa und vita contemplativa: Maria hört den Reden Jesu zu, während Martha aktiv hilft.

Der Streit zwischen dem glühenden und hellen Lied setzt sich höchst auswendig fort. In zwei wünschbaren Arten des richtigen Lebens: der des Tuns, der der betrachtenden Stille. Beide Formen können miteinander unvermittelt abwechseln (so in der Reihe Werktag-Sonntag) oder sich durchdringen (wie das erst nach Abschaffung der Zwangsarbeit möglich). Aber die Frage bleibt: welches Wunschbild hält auch in möglicher Durchdringung das Übergewicht, welches enthält einleuchtender, was des Menschen ist? Ein arabisches Sprichwort sagt: Schöne Frauen sind eine Woche lang gut, gute Frauen sind ein Leben lang schön. Die gute Frau mag die tätige sein, im Sinn des Waltens, die schöne die der Beschauung werte und wohl auch selbst ihrer Beschauung gewidmete. Wie aber, wenn Tätigkeit oder Beschauung gleichzeitig, nebeneinander, alternativisch erwägbar sind? (PH 1119)

Der bios theoretikos und praktikos verteilte sich auch auf unterschiedliche Arten von Klöstern, die im Streit darüber lagen: „Formuliert entbrannte darüber der Streit im Hoch- und Spätmittelalter: zwischen dem ‚theoretischen' Christentum der Dominikaner und dem ‚praktischen' der Franziskaner." (PH 1119–1120) Die Höherbewertung der reinen *theoria* des Aristoteles – die in Interpretationen wie der Heideggers ins Gegenteil verkehrt wird – hält sich auch in der mittelalterlichen christlichen Philosophie durch.

> Die Frage: Tun oder Betrachtung, Primat des Willens oder des Intellekts hat sich zuletzt bis in den scholastischen Gott erstreckt. Duns Scotus, der doctor subtilis der Franziskaner, lehrte den durchgehenden Primat der Willenstätigkeit über den Geist, Thomas von Aquin, der doctor angelicus der Dominikaner, den ebenso durchgehenden Primat des Geistes über den Willen. Gott wird daher, wie Jesus in der Stube der Martha, dort am ersten und höchsten durch Liebe, hier durch schauende Erkenntnis erfaßt. Demgemäß stellte Thomas auch im Menschen den Verstand über die Willenskraft, als deren Leitung, ja ideell-inhaltliche Bestimmung, und die theoretischen Tugenden – nicht zuletzt auch im Anschluß an Aristoteles – über die praktischen. (PH 1120)

Dies hat noch einen Nachklang bei Spinoza oder Hegel, aber erst „die bürgerliche Produktion und Arbeitswelt erlaubt Maria oder der Kontemplation keinen fraglosen Primat mehr über Martha oder das in Tätigkeit sich vollbringende Leben." (PH 1121)

Die Überwindung der Dichotomie von Martha und Maria wird für Bloch ein Bild der konkreten Utopie.

> Wie ein klassenloser Zustand den Gegensatz Kreatur-Zucht, Dionysos-Apollo in vorschreitender Selbstbewegung, Selbstidentifizierung hinter sich läßt, so auch die Spannung der theoretischen und praktischen Tugenden. Der gute Teil ist letzthin weder von Martha noch von Maria erwählt, sondern ist jenes Echte, das *der Aktivität ihr Ruhezentrum* aufweist, von dem her und zu dem hin sie geschieht. So wurden in der griechischen Sage die Täter Achilles, Äskulap, Herakles, Jason wenigstens dem Kentauren Chiron zur Erziehung gegeben, als der Allegorie von Weisheit und Aktion in einem. (PH 1124)

Die nächsten Abschnitte thematisieren nach verschiedenen Aspekten das Verhältnis von Allgemeinem und Besonderem, Gesellschaft bzw. Gemeinschaft und Individuum. Auch hier geht es Bloch darum zu zeigen, dass dies nicht einfach Dichotomien sind, sondern dass die Pole oder Extreme aufeinander verwiesen sind. Wenn er so in einem Abschnitt vom „Doppellicht Einsamkeit und Freundschaft" spricht, so handelt es sich bei Einsamkeit nicht um den allgemein befürchteten Zustand der Verlassenheit, von dem Kierkegaard im Sinne von „Mein Kummer ist meine Ritterburg" sprach, was Bloch für ein christlich-narzisstisches Wunschbild hält:

> Die Menschen werden seit je allein geboren und sterben allein. Sie bleiben auch danach, im Leib und Ich, sich selber ganz unmittelbar der Nächste. Leicht wird dergleichen vom Wind äußerer fremder, gar feindlicher Reize wieder in sich zurückgeweht. Und eine am meisten in sich zurückgetriebene Erscheinung des Willens zum Ich hat von hier ihren narzißtischen Ursprung: das Wunschbild *Einsamkeit*. Soll heißen, mit Einschränkung: Einsamkeit ist nicht in allen Lagen ein Wunschbild, konträr, sie kann gefürchtet, ja ein Elend sein. Das hängt jeweils vom Alter eines Menschen, von der Gesellschaft und Zeitepoche ab, aus der ein Ich zurückgezogen wird. Das Ich ist zwar älter als die individualistische Wirtschaft, wie bemerkt, aber seine Einsamkeit ist nicht älter als die Gesellschaft selbst und nicht wirklich außer ihr. Einsamkeit in Jugend oder fern von Madrid ist genauso ein sozialer Zustand wie Geselligkeit oder Freundschaft, wenn auch in Form des Ausfalls oder Gegensatzes. Meiden, Isolieren, Lösen sind ebenso soziale Akte wie Binden und Vereinigen; Einsamkeit ist in der Tat nur als Fernbild der Gesellschaft da, sei es in erzwungener Abwendung, mit Sehnsucht oder Bitterkeit, sei es in gewollter, mit Haß oder entlastetem Glück. (PH 1125)

Wenn Epikur das Leben im Verborgenen propagiert oder die Stoa ein zurückgezogenes Leben, so ist das ein Lob der Einsamkeit, der der Sehnsucht nach einer vita contemplativa entspricht, die auch den Gesellschaftszustand spiegelt.

> Allerdings hängt auch das *Lob der Einsamkeit* nicht nur vom Habitus des Menschen ab, der etwas mit ihr anzufangen weiß, sondern ebenso wieder vom Zustand der Sozialwelt, innerhalb dessen der Einsame gedeiht. Fühlt ein Subjekt sich von den Tendenzen dieses Zustands angezogen und aufgerufen oder wird der Zustand gar als solcher bejaht, dann ist die Einsamkeit der Zeit so verbunden wie ein Atelier der Stadt Paris. (PH 1126–1127)

Bloch sucht dies wieder ontogenetisch, in der Sozialisation, zu fundieren, aber bezieht es auch auf frühe Gesellschaft mit ihrer politischen Familie:

> Alle Kinder werden allein geboren, aber stets miteinander groß. Gerade die frühesten Menschen lebten gesellig, machten eine Gruppe aus. Der Einzelne war hier der Ausgestoßene, das bedeutete in den Zeiten vollkommener Wildnis: der Untergehende. Der Stamm war der Halt des Leibs, der Inhalt des schwach entwickelten Ichs. Folglich steht zwar am organischen Anfang ein auf sich bezogenes Leih-Ich, aber am geschichtlichen Anfang steht die Gemeinschaft. Und zu ihr gehen in Zeiten, wo sie bedroht ist, ebenso heiße Wünsche wie zur Einsamkeit.[...] (Freundschaft) ist zugleich das wichtigste Stück einer auf Dauer und Gewohnheit angelegten Liebe; so gehen die meisten Ehen nicht aus mangelnder Liebe, sondern aus mangelnder Freundschaft zugrunde. (Bloch 1959, 1129–1130)

Diese Überlegungen finden sich auch bei dem Popularphilosophen Garve, einem Zeitgenossen Kants, auf den Bloch sich bezieht.

> Gegen Ende des achtzehnten Jahrhunderts schrieb der feinsinnige Christian Garve seine Doppel- oder Wechselbetrachtung »Über Geselligkeit und Einsamkeit«, und Freundschaft siegte gegen Abschließung (...) Und sosehr Freundschaft das Kollektive vorerst ersetzen wollte, so deutlich wurde sie, zum Unterschied von Einsamkeit, gerade in Zeiten ungebrochener Polis-Gesinnung dieser verbunden. Stammt doch die ausgeführteste Freundesfeier von Aristoteles, als einem Denker, der den Menschen als Zoon politikon bestimmte, ja die

Freundschaftsethik durchaus in die des Staats einmünden ließ. Zwar dem Staat gab er keine Utopie, wohl aber der Freundschaft, mit einem Schönheitsbild, das die vorhandene herausarbeitet.(...), daß Freundschaft dort beginnt, wo sie sich bewährt, das heißt in den meisten Fällen, wo sie sich etwas kosten läßt; weshalb Aristoteles sowohl in der Nikomachischen Ethik wie selbst in seiner Politik (II, 5) das Sprichwort anführt, das für Klosterkommunismus nachher oft verwendete: ‚Freunden ist alles gemeinsam' oder ‚Freundesgut, gemeinsam Gut'. (Bloch 1959, 1130)

Das auf Eigennutz basierende und ihn reproduzierende System des Kapitalismus kennt auch das Traumbild der Freundschaft, wie sie ja schon in Schillers *Die Bürgschaft* vorgestellt wird. Aber da war Freundschaft noch ein Leitbild, von dem im Kapitalismus nicht viel übrig blieb, wie Bloch betont

> zwar von ferne leuchtend, doch weniger als irgendwo wirksam. Konnte Aristoteles noch die Gruppe der Sklavenhalter, welche die antike Polis ausmachten, in Freundschaft sich versammeln lassen, mit gegenseitigem Wohlwollen zwischen sich als hohem, doch keineswegs durchkreuztem oder seltenem Ideal, so ist das kapitalistische Kollektiv, wenn es sich so nennen läßt, nur noch homo homini lupus, Kampf der Monopole zuletzt. [...] Die bündisch-föderativen Utopien suchen die Geburt des neuen Kollektivs aus der Freundesgruppe, wie bemerkt; es ist das der stark ersatzhafte Teil in dieser Art Sozialutopien. Der Marxismus, so radikal er auch dem Wolfsstaat entgegengesetzt ist, hat keinen Anlaß dazu, von Freundschaft, Siedlung und dem darauf redressierten Kleinbetrieb ein Heil oder gar einen Umsturz zu erwarten. (PH 1133–1133)

Eine weitere Konstellation von Allgemeinem und Besonderem nennt Bloch „Doppellicht Individuum und Kollektiv":

> Die private Wirtschaft, mit dem sogenannten freien Wettbewerb, geht gewiß zu Ende, gerade innerkapitalistisch zu Ende. Aber desto heftiger werden selbst hier, im Sport, im Krieg, die wenigen Felder gesucht, wo der einzelne Mann etwas wert ist, wo er sich auszeichnet. Und wie ein Ich enthaltendes, erhaltendes Wesen schon vor der individualistischen Wirtschaft war, so wird es, wenn auch völlig wieder verändert, noch nach ihr sein. (PH 1134)

Wo das Kollektiv narzisstischen Identifikationen entspringt, der Massenbildung im psychoanalytischen Sinne, dem, was bei Nietzsche Herde hieß, so findet eine Entindividualisierung statt:

> Aber kein Zweifel: ein Stück von dem sehr menschlichen Lebenslicht ums Individuum geht erst recht dort verloren, wo auch ein sozusagen organisch Kollektives einzig mit Herdencharakter auftritt. Wie der Faschismus gezeigt hat, ist es nicht immer erhaben, wenn die Menge rast; es kommt auch hier darauf an, aus welchen Menschen sie besteht und wieviel diese, aus eigenem erarbeitetem Urteil, wissen. In corpore kam hier, aus den grundsätzlich ausgelöschten, verantwortungslos gehaltenen Individuen, nicht nur ein Dummkopf [eine Anspielung auf eine Xenie Schillers: ‚Jeder, sieht man ihn einzeln, ist leidlich klug und verständig, / Sind sie in corpore, gleich wird dir ein Dummkopf daraus.' (Schiller 1962, 288)], sondern eine Bestie heraus, eine in jedem Sinn namenlose, eine namenlos entsetzliche. (PH 1135)

So armselig das Kollektiv ist, so auch das Ich und umgekehrt.

> Also kann das Kollektiv als solches, unabhängig von den Einzelnen, über die, ja gegen die es sich erhebt, nicht gegen Individuen schlechthin ausgespielt werden. Zunächst entspricht dem zur Privatwirtschaft verkümmerten Ich durchaus die dürrste Art des Allgemeinen, die des entseelten Betriebs. Ist das kapitalistische Ich nicht schön, so noch weniger das kapitalistisch gleichfalls vorhandene Kollektiv; es ist sinnlos, diesem Wort einen Goldklang zu geben, weil es in einem numerischen und so oft scheinhaften Gegensatz zur privatkapitalistischen Wirtschaft steht. (PH 1135–1136)

In Bezug auf den Röhm-Putsch formuliert Bloch die Einsicht, dass das Bürgertum seine Macht dem Nazismus überlässt, um seinen Geschäften weiter nachgehen zu können.

> Und weiter vor allem, was eben die Nacht der langen Messer angeht: war der Wunsch, kein Ich zu sein, sondern Kollektiv als solches zu sein, nicht gerade als stärkstes Hilfsmittel zur Aufrechterhaltung des Kapitalismus brauchbar, nämlich im totalen Staat? Seit es die faschistische ‚Volksgemeinschaft' gab, braucht sich die Individualität nicht mehr ihre rein privatkapitalistische Zugeordnetheit vorwerfen zu lassen: *Kollektivisches an sich verträgt sich mit Geschäft so gut wie sie.* Ist so gut wie Individuelles im Kapitalismus brauchbar, auch in der Krise, auch in den Lebensängsten kapitalistischer Spätzeit, gerade in ihr. Bemerkenswerterweise zeigen selbst Länder ohne Staatsvergötzung, also reinkapitalistisch-demokratische, seit alters ein spezifisches Kollektiv, das dem Individualismus, ohne Schaden fürs Geschäft, die Waage hält. (PH 1136)

Wenn vom Kollektiv im Sinne von konkreter Utopie die Rede ist, so geht es Bloch zufolge um „Rettung des Individuums durch Gemeinsamkeit", die er folgendermaßen darlegt:

> Ebenso hat das Kollektiv, nach erlangtem sozialistischem Inhalt, eine von Grund auf veränderte Form. Daß es mit den Zweckverbänden, gar mit dem Staat der bürgerlichen Gesellschaft nichts gemein hat, braucht nicht weiter versichert zu werden; denn in diesen war überhaupt Allgemeinheit nur als abstrakte und der Phrase nach. Der bürgerliche Staat, angeblich über den Parteien stehend, ist in Wirklichkeit Unterdrückungsapparat der herrschenden Klasse; wie bekannt geworden. (PH 1139–1140)

Und genau dies soll mittels der Überwindung der kapitalistischen Vergesellschaftung am Verhältnis von Individuen und Gesellschaft sich ändern, was auch als heimliche Kritik an der Sowjetunion und der DDR zu verstehen ist, unter deren abstraktem Kollektivismus Bloch leiden musste.

> Im klassenlosen Kollektiv hat aber die Unterdrückung, wie sie jeder klassenmäßigen, also scheinbaren Allgemeinheit wesentlich, keinen Anlaß mehr und keinen Gegenstand. [...] Der Bogen zwischen Ich und Wir wird geschlagen, wird dann geschlagen, wenn die kollektive

Produktionsweise endgültig gegen die private Aneignungs- und Austauschweise rebelliert hat; wenn Individuum nicht mehr Einzelkapitalist oder auch querstehende Flause ist. Wenn das Kollektiv, statt dessen, wirklich total geworden ist, also neue Individuen in einer noch nie vorhanden gewesenen Art Gemeinsamkeit umgreift. (PH 1140)

Das Ganze wäre dann eine konkrete Totalität, konkrete Allgemeinheit:

> Und immer wieder verlangt dies total zu entwickelnde Individuum eben das Totum einer Gesellschaft, worin das individuelle Interesse vom Gesamtinteresse nicht nur gegönnt wird, sondern mit ihm in den substantiellen Zielen zusammenfällt. Erst dann werden auch die großen Worte sinnvoll, welche die Klassengesellschaft bald über die Würde *des Individuums*, bald über die *Generalität der wahren Moral* ausgegeben hat. (PH 1141)

Bloch rehabilitiert Kant gegen die Hegelsche Moralkritik, ähnlich wie in seinem Naturrechtsbuch, indem er Kants Moralphilosophie ins Utopische wendet.

> Da ist, nach Seite der *Allgemeinheit*, die Generalität in den Geboten der stoischen, der christlichen, der Kantischen Moral; generell sowohl darin, daß sie alle gleichmäßig verpflichtet, wie generell in ihrem klassenhumanen Ziel. Kant gab die formalste, aber auch die radikalste Leittafel des moralischen Kollektivs im kategorischen Imperativ, im Sittengesetz, das ausnahmslos gebietet. Die Generalität des juristischen Gesetzes, die die bürgerliche Gesellschaft gegen die buntscheckigen Standes- und Lokalrechte aus der Feudalzeit gesetzt hatte, bürokratisch gesetzt hatte, war hier moralisch überhöht. Dazu trat vor allem das Leitbild Citoyen, als Ehrung der allgemeinen Menschheit in jeder Person, als Kollektivgebot der guten oder Citoyenwelt in der empirischen. [...] Wenn ein Mensch, nach Kants Forderung, die eigene Vollkommenheit und die fremde Glückseligkeit zum Zweck seiner Handlungen machen soll, so rebus sic stantibus nicht die Glückseligkeit des Ausbeuters zu der er ohnehin als Mittel verwendet wird. Gerade die moralische Wirksamkeit des kategorischen Imperativs setzt eine Gesellschaft voraus, die nicht mehr in Klassen aufgespalten ist. (PH 1141–1142)

Anders als das falsche Kollektiv von Volk oder Volksgemeinschaft bedeutet das eine neue Synthese von Individuum und Allgemeinem, die auf die Illusion von Gemeinschaft verzichtet, aber dann doch wegen Wegfall der Klassenspaltung die Gemeinsamkeit der Interessen gewährleistet, ohne welche das Kollektiv totalitäre Tendenzen entwickeln müsste und in Ost und West ja auch hatte.

> Diese Synthese zwischen Individuen und Kollektiv, die Aufhebung dieser falsch verdinglichten und dualistisch gemachten Sozialmomente, *kann dann allerdings selbst wieder Kollektiv heißen, nämlich klassenloses*, weil sie den Triumph der Gemeinsamkeit, also die absolute Seite der Gesellschaft darstellt; aber dieser Triumph ist ebenso die Rettung des Individuums. In der klassenlosen Synthese wirkt das gesuchte Totum, dieses, was nach Marx ebenso das total entwickelte Individuum freisetzt wie wirkliche Allgemeinheit. [...] Darin tönt oder tagt das Allgemeine, das jeden Menschen angeht und die Hoffnung des Endinhalts ausmacht: Identität des Wir mit sich und mit seiner Welt, statt der Entfremdung. (PH 1143)

Literatur

Theodor W. Adorno: Ohne Leitbild. Parva Aesthetica. Frankfurt 1967
Theodor W. Adorno: Vermischte Schriften, 2 Bde. (= Gesammelte Schriften, Band 20). Frankfurt 1986
Karlfedt, Erik Axel: „Presentation Speech", http://www.nobelprize.org/nobel_prizes/literature/laureates/1930/press.html (04-04-2012)
Friedrich Schiller: Xenien und Votivtafeln in: Schiller Sämtliche Werke. München 1962³

Rainer E. Zimmermann

15 Subjekt-Objektivierung als Reiseform des Bewusstseins

5. Teil, Nr. 48–50

15.1 Goethesche Weltformel

In dem wesentlich Goethe gewidmeten Abschnitt von *Prinzip Hoffnung* verknüpft Bloch seine materialistische Sichtweise mit der Hegelschen Interpretation des Goethe'schen Spätwerkes. Dieser Teil seines Buches zeigt deutlicher als andere Teile die Neigung Blochs zum Hegelschen Stil der amalgamierenden Montage von Zitaten, die einem heterogenen Feld verschiedener Textsorten entstammen. Dabei gibt es zunächst zwei „Sprünge" im Herangehen, die bedacht werden müssen, um nicht in eine ausweglose Irritation zu geraten: Zum einen stützt Bloch sich auf seine *eigene* Sicht auf Hegel, und obwohl er einen Ansatz der materialistischen Dialektik verfolgt, wird dadurch implizit die Auffassung der idealistischen Dialektik mittransportiert, die in der Hauptsache darauf beruht, die Beschaffenheit der Natur im Ganzen und die Entfaltung des Weltprozesses nach Maßgabe des Bewusstseinsmodells zu denken. (Das sehen wir heute sicherlich anders.) Zum anderen hat Hegel *selbst* nicht wirklich Interesse an einer authentisch rezipierenden Interpretation des Goethe'schen Werkes (namentlich des „Faust"), stattdessen versucht er, die Goethe'sche Sicht exemplarisch so zu bündeln, dass er seine eigenen Ausführungen dabei möglichst deutlich werden lassen kann. (Dazu schon früher Jaeger, 2004, 547.)

Dabei erhebt sich freilich auch die Frage, ob nicht gerade der „Faust" eher der Linie Schellings nähersteht (für Goethe dürfte das insgesamt durchaus der Fall sein) und damit auch jener Spinozas, so dass Hegels Intervention ohnehin mehr der ideologischen Aneignung zu verdanken ist als der korrekten Rezeption. Insofern scheint mir etwa die entsprechende Bemerkung Boldyrevs, es sei schwierig, Fausts unersättliche Leidenschaft (als Hegelscher Geist) mit der Spinozistischen Ideologie einer Harmonie zusammenzubringen, wenig plausibel oder zumindest unklar. (Boldyrev, 2014, 78 – meine Übersetzung) Man sehe dazu auch (Zeilinger, 2006, 103). Günter Martin hatte bereits früher darauf hingewiesen, dass Goethe bei Bloch, namentlich im *Prinzip Hoffnung* deutlich mehr als andere, Marx und Hegel eingeschlossen, zitiert werde. (Martin, 1986, 33) Er geht so weit zu behaupten, das Blochsche Werk könne durchaus als Ganzes als eine große Auseinandersetzung mit Goethe verstanden werden. Da würde wohl auch Ivan

Boldyrev zustimmen. Man sehe zum Beispiel (Boldyrev, 2016). Er bezieht sich dazu vor allem auf eine frühere Bemerkung von Frederick Jameson in (Jameson, 1974, 140). Dazu hat sich auch Wilhelm Vosskamp in (Vosskamp, 1985, 676) geäußert. Ausführlich und sehr erhellend zudem Annette Schlemm in ihrem Stichwort Subjekt-Objekt. (Schlemm, 2012, 523–524)

Tatsächlich kann man dieser Auffassung zustimmen, freilich unter der Voraussetzung, dass die vermittelnde Insichtnahme des letzteren dabei vor allem durch die Hegelsche Interpretation bzw. die Interpretation Hegels geliefert wird. Wenn Martin formuliert: „Für den alten Goethe ist Natur wohl auch mit jener identisch gewesen, die Hegel spekulativ als „‚die Idee in der Form des Andersseins' begriff [...]", dann führt diese Argumentation unmittelbar zur Goethe'schen „Weltformel", welche Mensch und Natur als synchron setzt, wenn sie von der Identität des Augenblicks mit der Ewigkeit spricht. (Martin, 1986, 35, par.) Es ist gerade dieser „perfekte Moment", der „vollkommene Augenblick", der das Grundproblem Blochs ebenso beschreibt wie jenes des Faust-Subjekts, so zwar, dass der „Faust-Plan" zum Grundmodell des dialektisch-utopischen Systems materialistischer Wahrheit wird. (Martin, 1986, 36–37, mit Bezug auf PH 109–110) Allerdings wird die Ewigkeit niemals erreicht, sie repräsentiert als asymptotische das Noch-Nicht. In der Kunst wird dieser Zusammenhang am besten illustriert: Wenn bei Hegel die Natur Idee ist in der Form des Andersseins, dann ist Kunst eine *Bewusstseinsform* der Idee, aber sie ist *keine Vorstellung* der Idee, wie Charles Taylor ergänzend bemerkt hat. (Taylor, 1983) Was insofern die Kunst betrifft, so unterliegt diese „den Gesetzen der Produktion; sie ist Vermittlung zwischen Subjekt und Objekt durch sinnlich-gegenständliche Tätigkeit." (Vidal, 1994, 52) Bei Bloch (mit Hegelschen und Goethe'schen Konnotationen) ist das „Hinausfahren ins Dunkel" ein Überschreiten der „bisherige[n] Ränder des Bewusstseins nach vorwärts." (Vidal, 1994, 53 – mit Bezug auf PH 138) Die zelebrierte Trias von Inkubation, Inspiration und Explikation trifft insbesondere auf die Fahrten von Faust ebenso zu wie auf die Odyssee und damit auch auf unsere heutige Vorstellung von der Anwendung der Reisemetapher auf die Biographie einer Person. Fausts Zaubermantel ist dabei nichts weiter als die Kunst selbst. (Vidal, 1994, 147 – dazu PH 1564):

> Und wie Nunc stans dem Zustand des Verweile-doch die radikalste Formel gab, so geben *Dauer, Einheit, Endzweck* dieser Formel genau noch die Grundbestimmungen des höchsten Guts hinzu. Wobei in der Einheit das Unum, im Endzweck das Verum als Bonum notwendig ist, sofern immer Wahrheit in Ansehung des Endzwecks mit einem Sinn des Endzwecks zusammenfällt. Dieser Sinn [...] ist einzig dadurch Sinn eines Endzwecks, daß *das Was des Daß, der Inhalt des alles herausprozessierenden dynamisch-materiellen Weltkerns* einer des erfüllenden Alles und keiner des vereitelnden Nichts wird.

Ausfahrt und Reise sind die leitenden Topoi, die Bloch nicht nur hier benutzt. Der Begriff der Reise versteht sich insofern als konkrete „Verräumlichung der Zeit" und wird „Chiffer für die ‚Reiseform des Wissens'", gerade im *Faust*, „denn hier erhält die Handlung ihre Dynamik durch den Versuch des Protagonisten, ständig Grenzen zu überschreiten, um zur Verwirklichung [seiner Individualität] zu gelangen." Recht eigentlich wird Faust bei Bloch (in Hegelscher Sicht) damit auch zum Prototyp des Subjekts. (Vidal, 1994, 171 nebst n. 45 dort. Man vergleiche auch PH 1188–89. Sowie die berühmte Stelle gegen d'Holbach in MP 183.)

15.2 Zur Subjekt-Objekt-Immanenz

Aber beginnen wir nochmals von vorn: Bloch betrachtet zunächst das Werk Goethes als unmittelbare (wenigstens strukturelle) Ableitung aus dessen Biographie: Er versteht Goethes Biographie als einen sehnsuchtsgetriebenen Auszug aus der Einsamkeit. Wie er formuliert: „Das gefährlich Suchende ging nun in der Fremde, gegen sie, an. Das Ich-weiß-nicht-was der Kindheit bekleidet und enthüllt sich zugleich: es ist in allem das schöne Mädchen." (PH 1144) Man erkennt leicht den universalen Ausgriff auf die, eher noch phantasierte und bloß angedeutete, Utopie: „Dieser utopische Gefühlszustand (enthaltend ‚Bruder Tod und Schwester Lüsternheit') ist [...] Goethe nirgends fremd; Überschuß erotischer Phantasie hat sein genauestes und bitterstes Dokument im ‚Werther' gefunden." (PH 1145) (Es ist beachtenswert, dass Bloch an dieser Stelle den jungen Goethe als „so viel konkreter" als den jungen Schiller bezeichnet. Wir kommen noch darauf zurück.)

Und Bloch fährt an dieser Stelle fort:

> Der Selbstmord Werthers ist aber nur die eine Seite, die gleichsam passive Art, womit jugendliche Traumfülle bezahlt wird. In der erotischen Poesie war auch soziale Prosa, wenigstens als Umfassung: als Weltekel an einer sehr bestimmten, durch Spießbürger und frivol-unverschämten Adel vertretenen Welt. Dieser politisch gezielte Ekel, nicht nur die Selbstvernichtung aus utopischer Liebe, ist Jugend in Werther; so mischt sich die ungeheure Bitternis, als um 1770 geschehend, mit sozial aggressivem Sturm und Drang. (PH 1145)

Tatsächlich also wird hier die Werkgeschichte nach der Biographie modelliert und daraufhin der Gang des Weltprozesses nach der Werkgeschichte. Das entspricht zwar durchaus der philosophischen Methode, die immer auch sich selbst reflektiert, die Frage bleibt aber offen, inwieweit hier nicht zu schnell zu weit vorgegriffen wird. Gleichwohl ist der explizit soziale Bezug des Themas jedenfalls nicht zu weit hergeholt, weil er doch der Sicht Goethes selbst durchaus entspricht:

> Der Zusammenstoß des utopischen Gefühls war also nicht nur einer innerhalb der Liebeswelt, und das Gefühl selber war nicht nur erotisch. Die Tränen, die die Jugend über Werther weinte, kamen aus überall gepreßtem Herzen. Sie waren unbefriedigte Wünsche, gehemmte Tätigkeit, gehindertes Glück, erbittertes Leid. Leid am eigenen Ungenügen vorm eigenen Wachtraum und am Ungenügen der Welt [...] (PH 1146)

Allerdings ist die Frage nach dem strukturellen Element des politischen Engagements in alldem immer auch differenziert zu sehen, wenn zumal das Stürmende und Drängende dicht beieinander liegt, was Bloch selbst an einer Gegenüberstellung zweier Zitate zu illustrieren sucht. (PH 1149) Für die Position des jungen Goethe führt er an:

> Es regt sich wie Meeressturm über meine Seele, verschlingt mich noch ganz und gar. Wie dann? Soll ich's wagen, danach zu tasten? Ich muß, muß hinan! Du Abgott, in dem sich mein Inneres spiegelt! Wer ruft's! Geschicklichkeit, Geisteskraft, Ehre, Ruhm, Wissen, Vollbringen, Gewalt, Reichtum, Alles, den Gott dieser Welt zu spielen – den Gott! (Es handelt sich hier um ein Zitat aus Friedrich Müller: Fausts Leben [dramatisiert] (1778/1811). Vero, Norderstedt, 2014, Teil I.)

Dagegen aus Schillers „Räuber" (1. Akt, 2. Szene) zitiert er: „Ich soll meinen Leib pressen in eine Schnürbrust, und meinen Willen schnüren in Gesetze. Das Gesetz hat zum Schneckengang verdorben, was Adlerflug geworden wäre. Das Gesetz hat noch keinen großen Mann gebildet, aber die Freiheit brütet Kolosse und Extremitäten aus [...] Stelle mich vor ein Heer Kerls wie ich, und aus Deutschland soll eine Republik werden, gegen die Rom und Sparta Nonnenklöster sein sollen."

Es kann hier der Einwand nicht unterdrückt werden, dass es zum einen problematisch erscheint, Schiller mit Müller (!) zu vergleichen, dabei aber Schiller und Goethe zu meinen. (Anders kann die montierte Passage im *Prinzip Hoffnung* wohl kaum verstanden werden.) Andererseits scheint der beabsichtigte Kontrast weit geringer als erwartet, denn beide Zitate erweisen sich als zureichend konkret und revolutionär, insbesondere, wenn man das zuvor herangezogene Goethe-Zitat noch dazunimmt: „Sprang aus dem Bette wie ein Toller, / Nie war mein Busen seelenvoller." (PH 1148) Dieses Zitat, dessen Quelle leider wie so oft nicht angegeben wird, entstammt dem Ahasver-Torso Goethes, der allerdings zu den eher kryptischen Quellen des Meisters gehört und entsprechend schwer aufgefunden werden kann (nämlich in der „Gartenlaube" von 1873, Heft 2, Ernst Keil (Hg.), Leipzig, 422). Das Prometheische in Goethe scheint hier nicht weniger ausgeprägt als das Revolutionäre in Schiller, und dem Grunde nach unterscheiden sich beide nur wenig voneinander.

Aber es ist sicherlich richtig, dass auch im *Faust* „die vieltönige Kategorie Freiheit" (PH 1151) immer noch nachklingt. Wenn auch wesentlich metaphysischer umrahmt als noch bei Schiller.) Der Überschwang der Jugend ist beiden gemeinsam. Wie Bloch formuliert:

> Das Desiderium ist das gewisseste Sein und die einzige ehrliche Eigenschaft aller Menschen; das Desiderium nach Gestaltung dessen, was so deutlich vordämmert, was in den Objekten selber fragt und seinen Dichter sucht, mit gleichsam forderndem Anblick, ist das Haben und Nichthaben selber. (PH 1153)

Und weiter:

> Werthers Nichthaben im Haben macht daher in anderer, nun so unermeßlich viel breiterer, tieferer Sphäre: im Faust, die gesamte Unruhe aus, am Pult, um Mitternacht beginnend, gerade noch hinter einer bereits zusammengebrochenen früheren Welt der Aussage, die weder der inneren noch äußeren Natur, in Wirkungskraft und Samen, eine Aussage geworden war.

Noch im Alter scheint diese Konzeption für Goethe ihre Gültigkeit zu bewahren, wenn er zu Lavater sagt: „Ich darf nicht säumen, ich bin schon weit in Jahren vor, und vielleicht bricht mich das Schicksal in der Mitte, und der Babylonische Turm bleibt stumpf unvollendet." (nach Bloch zitiert) Bloch kommentiert trocken:

> Produktion in dieser Kraft zum Ungewordenen sieht schon das Ende, das artikuliert und heimbringt; das Morgenrot, das soviel neue Welt sich entgleiten, sich entstehen sah, enthält schon das Erbaut-Gerettete [...] / Die höchste Zeit ist die des erfüllten Augenblicks, und um diesen, um die Aufschlagung seines Zeichens, Ausladung seines Inhalts, waren alle [...] Schöpfungsgesichte bewegt oder gelagert, um die Utopie des voll ausgesagten Jetzt und Hier." (PH 1153–1154)

Und Goethe äußert sich ähnlich in seinem Text *Von deutscher Baukunst*:

> Wenigen ward es gegeben, einen Babelgedanken in der Seele zu zeugen, ganz, groß und bis in den kleinsten Teil notwendig schön, wie Bäume Gottes; wenigern, auf tausend bietende Hände zu treffen, Felsengrund zu graben, steile Höhen drauf zu zaubern, und dann sterbend ihren Söhnen zu sagen: Ich bleibe bei euch, in den Werken meines Geistes; vollendet das Begonnene in den Wolken! (nach Bloch zitiert, PH 1155)

Bloch selbst dazu:

> Subjekt-Objekt-Immanenz bei alledem, soweit es hinausgeht, auch in jenen wahrhaft protoplastischen Wahlverwandtschaften, wo *Produktion und Erdgeist* sich ineinander helfen, ja vertauschen [...] (PH 1155)

15.3 Bewusstsein

Wir sehen schon: Es geht – gut Hegelsch – um die Entfaltung des Bewusstseins, speziell des Selbstbewusstseins. Aber wie kann diese evolutive Figur mit Goethe – sagen wir: mit dem Goetheschen *Faust* – verbunden werden?

Erinnern wir uns kurz: Der *Faust* Goethens wird in vier Teilen erarbeitet, von denen der erste, etwa 1772 bis 1775 entwickelt, erst posthum, im Jahr 1887, veröffentlicht wird und deshalb, ebenso wie *Faust. Der Tragödie zweiter Teil* [*Faust II*], gleichfalls posthum 1832 veröffentlicht, Hegel nicht bekannt sein konnte, der 1831 verstarb. Es geht bei der fraglichen Interpretation also in der Hauptsache um *Faust. Ein Fragment.* (1788 verfasst, 1790 veröffentlicht) und *Faust. Eine Tragödie.* (1808 veröffentlicht). Allenfalls konnte Hegel Kenntnis von kleineren Auszügen aus dem *Faust II* haben, die 1827 und 1828 vorveröffentlicht worden waren. Insbesondere aber die *Phänomenologie des Geistes* ist bereits ein Jahr vor der Veröffentlichung von *Faust I* erschienen. Die weiter unten aufgeführte Stelle aus diesem Text also bezieht sich allein auf das Fragment und charakterisiert deshalb lediglich die Grundhaltung des frühen Faust. Erst die Bemerkungen in der „Ästhetik" können sich auf den *Faust I* beziehen und die übrigen Bruchstücke, zumal auch Eckermann Episodisches über ein Gespräch zwischen Hegel und Goethe berichtet, in welchem allerdings die Kurzfassung der Hegelschen Dialektik als Prinzip des Mephisto stark vereinfacht erscheint und konsequent auch übermäßig und nicht immer zielführend genutzt zu werden pflegt. (Dazu Harry Mulisch: Der verkehrte Mephistopheles. Philosophisch-literarische Phantasie über den heutigen Weltzustand. Die Zeit, 16. März 1990.)

Die Geschichte selbst ist zureichend bekannt. Sie bildet ohnehin einen Stoff, der so oft bearbeitet worden ist, wie selten ein Legendenstoff. Es entbehrt dabei nicht einer historischen Ironie, dass der konkret existierende Johann Faust tatsächlich seine Tätigkeiten im Umfeld der ausbrechenden Reformation verrichtete. In der Goethe'schen Version des *Urfaust* gibt es zunächst weder eine Wette noch unterscheidet sich der Protagonist wesentlich vom Werther. Und weil die Walpurgisnacht nicht vorkommt, entbehrt diese Fassung des explizit metaphysischen Ausgreifens. Das ändert sich im *Faust I* von Beginn an, wenn im „Vorspiel auf dem Theater" bereits das Umfassende des Unternehmens angekündigt wird: „So schreitet in dem engen Bretterhaus / Den ganzen Kreis der Schöpfung aus, / Und wandelt mit bedächt'ger Schnelle / Vom Himmel durch die Welt zur Hölle." (Goethe, 1988, 163) Von Auerbachs Keller über die Hexenküche beginnt die Reise in durchaus alchemistischer Manier, sie wird sich aber erst im zweiten Teil in einer explizit politischen Vision vollenden. Im ersten Teil ist dieses Ende vorerst nicht absehbar: Nachdem sich alles zum Schlimmsten gewendet hat (abgesehen von einer angedeuteten Erlösung für Margarete), wird Faust von Mephisto entrückt. (Von innen verhallt eine Stimme: „Heinrich! Heinrich!" (Goethe, 1988, 322) Von Subjekt-Objekt-Identität und Hegelscher „Aufhebung" kann hier noch schwerlich die Rede sein. Insofern muss man immer bedenken, dass die Hegelsche Interpretation sich vor allem auf den bloß *angedeuteten* Evolutionsprozess – der Bewusstseine wie der Welt gleichermaßen – zu richten hat.)

Erst im zweiten Teil, wenn Ariel den „Schlaf des Vergessens" appliziert hat, beginnt die labyrinthische, vielfältig montierte und höchst karnevaleske Odyssee durch die Mythologie, Raum und Zeit ineinanderfügend, jenseits jeder gefügten Ordnung, wenn auch nicht jeder *formalen* Ordnung. Die Allegorien führen vorwegnehmend bis in Problemstellungen der heutigen Zeit. Man denke nur an den „Homunkulus". Es fällt auf, dass der komplex verschachtelte und ineinandergefügte Text sowohl an die spätere *Faust*-Interpretation Hegels (soweit sie ihm möglich war) erinnert als auch an den montierenden Stil Blochs. Jahrmarkt und Zirkus, Märchen, Kolportage und Mystik, kurz: Karl May und Karl Marx, sind hier bereits umfassend versammelt. Und es endet sogar mit einer ökologischen Konnotation, weil Faust am Ende denkt, die Lemuren wären mit dem Dammbau beschäftigt. Am Schluss steht die politische Botschaft:

> Das ist der Weisheit letzter Schluß: / Nur der verdient sich Freiheit wie das Leben, / Der täglich sie erobern muß. / Und so verbringt, umrungen von Gefahr, / Hier Kindheit, Mann und Greis sein tüchtig Jahr. / Solch ein Gewimmel möchte ich sehn, / Auf freiem Grund mit freiem Volke stehn. / Zum Augenblicke dürft ich sagen: / Verweile doch, du bist so schön! / Es kann die Spur von meinen Erdetagen / Nicht in Äonen untergehn. – / Im Vorgefühl von solch hohem Glück / Genieß ich jetzt den höchsten Augenblick. (Goethe, 1988, 563)

Wohlverstanden bleibt Faust also beim *Vorgefühl* stehen und kleidet die Formel des „Verweile-doch" in den Irrealis. Auf diese Weise entgeht er der Niederlage und dem Teufel, und bei der Grablegung wendet sich die Entwicklung in die vorscheinende Erlösung. Die Engel verkünden darauf die genuin protestantische Lehre: „Wer immer strebend sich bemüht, / Den können wir erlösen." (Goethe, 1988, 575 – „Sola gratia, sola fide.") (Tatsächlich hatte Lessing in einem eigenen *Faust*-Entwurf den Protagonisten stattdessen, gut aufklärerisch, als einen verstanden, der explizit *nach dem Wissen* strebt und gerade *deshalb* des teuflischen Paktes enthoben wird. (Lessing, 1996, Band 2, 487–491 nebst Band 5, 70–73.)

Bloch erfreut sich merklich an der Goethe'schen Montage, wenn er sich auf Ariel bezieht wie auf die Märchenebene Shakespeares:

> Es ist diese Freiheit Ariels, wodurch große Entführer der Poesie die Zeit- und Ortsverhältnisse verletzt haben um reicherer oder konzentrierterer Begegnungen willen. So daß Shakespeare seinen Hektor von Aristoteles sprechen läßt und Theseus mit Oberon und Titania zusammenhängen kann. So daß Goethes Faust und Helena in einem gotischen Sparta vermählt erscheinen, nachdem Faust, als normannischer Herzog, die eben aus Troja Zurück-

> gekehrte vor einem Angriff Menelaos beschützt hat. So werden hier Zeiten und Räume verspellt – ein stärkstes Ineinander dichterischer Phantasie und ihrer, bei aller Geprägtheit, sich durchdringenden Bedeutungsgestalten. (PH 1159)

Jenes „stärkste Ineinander dichterischer Phantasie" hat Bloch auch selbst immer umgetrieben, so dass er freilich auch nicht der damit verbundenen Naivität entgeht, allerdings mit dem Unterschied, dass er Philosoph ist und kein Dichter. (Zwar schließt das eine das andere nicht aus, aber im Falle des Philosophen dient Dichtung allenfalls der illustrierenden Explikation dessen, was auf Grund des zu großen Nähedunkels reflexiv nicht erfasst zu werden vermag.)

Er schreibt selbst dazu:

> So ist die Naivität beschaffen, mit der Goethe auch noch die in Schillers Sinn sentimentalistischsten Gestalten: Mignon, Tasso, selbst Faust, herausgestellt hat. Der große Dichter hat nicht die Alternative, Natur zu sein oder aber keine zu sein und sie zu suchen; nach der Antithese, wonach Schiller hier den naiven, dort den sentimentalischen Dichter beschrieben hat. Sondern als großer Dichter *ist er Natur und wird zugleich sie suchen*, nämlich die poetisch erblickte, die in Handlungen wie Gestalten über das Beiläufige, Stockende, Unentschiedene immanent hinausgetriebene. (PH 1161)

Gleichwohl: Phantasie ist auch hier niemals beliebig, sondern stets gezielt und geschärft:

> [...] die exakte Phantasie, von der Art, wie sie Shakespeare und Goethe erfüllte, ist eben niemals auf ein beliebig Mögliches schlechthin, sondern aufs objektiv-möglich Mögliche gerichtet; dergestalt, daß ihr Theaterlicht die Charaktere, Leidenschaften, Situationen nicht willkürlicher, sondern folgerichtiger macht und daß der Zaubermantel Fausts in Aventiuren trägt, welche die Welt mit ihrer Tendenz vermittelt, im künstlerischen Vor-Schein mehren, nicht aber aus ihr herausfallen. Die dichterische Phantasie, nichts halb gestaltend, gibt so jedem ihrer Gegenstände das Vermögen, sein Metier ganz zu treiben, seine Liebe, seinen Mut, sein Leid, sein Glück, seinen Sieg, gegebenenfalls auch seine Schwäche und Lächerlichkeit, und ist eben deshalb immanent-konkret.

Bloch spricht in diesem Zusammenhang von der „Welttreue bei allem Überschuß", also von der Bezogenheit auf konkret Vorliegendes: „Diese Welttreue bei allem Überschuß, dieser Überschuß gehalten in Welttreue sind das ästhetische Maß schlechthin [...]" (PH 1161) Letzten Endes ist es dieses „ästhetische Maß", welches dazu beiträgt, das Gleichgewicht zu halten, zwischen der „hellen" und der „dunklen" Seite der Macht. (Wir werden an diese beiden Seiten der Magie, die weiße und die schwarze, erinnert, wie sie auch in Shakespears „Sturm" ersichtlich sind. Man sehe dazu (Zimmermann, 1996 (1997), 40–57.) Daraus erhellt das Dämonische in dem Faustschen Unternehmen: „Bei alledem bleibt keine zeugende Kraft sich und anderen recht geheuer. Goethe ließ sie an einem Ort entspringen, wo nicht oder nicht schon ohne weiteres Licht brennt, und er nannte sie dämonisch. Das Dämonische ist ihm nicht etwa das Dunkle schlechthin, sondern das Dunkle, das Macht ausübt." (PH 1162) Blochs Fazit dazu: „Der Dämon Goethes findet und formiert seinen Grundstoff im ‚Faust' [...]" (PH 1165)

Und weiter heißt es, auf die Stoff-Fülle des *Faust II* anspielend:

> Das sich offenbarend Verschlossene oder verschlossen sich Offenbarende macht aber schließlich solche Werke notwendig *allegorisch-symbolisch*, in allen ihren zentralen Partien. Das ist: es macht sie bedeutend im Sinn von Bedeutungen, die in der Welt ihrer Gegenstände selber fundiert sind und dem Verschlossen-Hellen der dämonischen Produktion deshalb auch objektiv entsprechen. *Dadurch wird eine Subjekt-Objekt-Beziehung fundiert*, die sich nicht nur auf die gesellschaftlich aufsteigenden Inhalte der Zeit erstreckt, sondern auf die anrückenden, durchklingenden Kundgaben in der Objektswelt insgesamt. (PH 1166 – zweite Hervorhebung von mir)

Deshalb ergibt sich somit:

> Geniale Produktion ist für Goethe Dämonisches mit Aufheiterung, ist Urbanisierung des Dämonischen, und das gleiche ist ihm die Produktivität Welt, mit ihren sich lebend entwickelnden Entelechien; denn sie sind allesamt ebenso viele lebende, objekthaft vorhandene Allegorien und Symbole. Das und nichts anderes ist Goethes Realismus [...] Hierin, im pantheistisch Ganzen, ist ihm das Buch der Natur durchaus vollgeschrieben, wie bei Giordano Bruno, gar wie bei Spinoza. Doch im *Unterwegs der Gestalten*, der eigentlichen Goethewelt, zeigt sich dauernd verwandelnde, wechselnd bezogene und so allegorische Figurenbildung, mit einem symbolischen Dauerstern darin, der aber, Ewig-Weibliches genannt, selber nicht fixiert ist, sondern schwebt, noch schwebt. (PH 1166–1167)

Das Reisemotiv des „Unterwegs" ist insofern voll von Sehnsuchtssymbolen, wie sie vor allem bei Goethe sich im Archetyp „Mignon" manifestieren. In diesem Sinne sind auch die beiden Meister-Romane diesem Bereich zuzuordnen. (PH 1167–1172) Das „Faustische" in diesen Reisen bleibt so die thematische Invariante:

> Das faustische Zentrum geht durch Welt wie Himmel, beide wirken in fortschreitender Vermittlung als Symbole darum her, aber freilich zu guter Letzt: auch die Welt wie ihr Himmel fassen dieses exzentrische Zentrum noch nicht ein. Also ist dieses Ich überall auf Fahrt, legt bis zuletzt den Mantel nicht ab. (PH 1191)

Die Fahrt ist zwar eine durchaus konkrete, aber, wie auch zum Beispiel in den Irrfahrten vom Typ der „Argonauten" oder der „Odyssee", wird sie allegorisch und symbolisch als Metapher genutzt – schon deshalb, weil es letztlich gilt, eine Jenseitigkeit zu beschreiben, welche auf den Möglichkeitsraum der Evolution auszugreifen versucht:

Die Faust-Handlung ist die einer dialektischen Reise, wobei jeder erreichte Genuß durch eine eigene, darin erwachende neue Begierde ausgestrichen wird. Und jede erreichte Ankunft durch eine neue, ihr widersprechende Bewegung widerlegt; denn: *Etwas fehlt, der schöne Augenblick steht aus.* (PH 1192)

15.4 Weltfahrt

Damit kommt Bloch zum Schluss:

Die dialektische Weltfahrt Fausts hat in diesen ihren fortdauernden Berichtigungen nur eine einzige Parallele: Hegels Phänomenologie des Geistes. Faust ändert sich mit seiner Welt, die Welt ändert sich mit ihrem Faust, eine Probe und eine Verwesentlichung in immer neuen Schichten, bis Ich und Anderes rein zusammenklingen können. Bei Hegel heißt das: aufsteigende Wechselbestimmung vom Subjekt am Objekt, vom Objekt am Subjekt, bis das Subjekt mit dem Objekt nicht mehr behaftet ist als mit einem Fremden. Aus diesem Willen zum erfüllten Jetzt und Fürsichsein stammt eben das Agens der Wette, wie sie Selbst- und Weltbewegung des Gedichts usque ad finem betreibt. Goethe gab der Wette eine genaue juristische und die tiefste utopische Formulierung: *Das ‚Verweile doch, du bist so schön', zum Augenblick gesagt, bezeichnet die Da-Seins-Utopie katexochen.*

Vergewissern wir uns kurz bei Hegel selbst:

Das Selbstbewußtsein fand das Ding als sich und sich als Ding; d.h. *es ist für es*, daß es *an sich* die gegenständliche Wirklichkeit ist. [...] Der Gegenstand, auf welchen es sich positiv bezieht, ist daher [es selbst,] ein Selbstbewußtsein; er ist in der Form der Dingheit, d. h. er ist *selbständig*; aber es hat die Gewißheit, daß dieser selbständige Gegenstand kein Fremdes für es ist; es weiß hiermit, daß es *an sich* von ihm anerkannt ist; es ist der *Geist*, der die Gewißheit hat, in der Verdopplung seines Selbstbewußtseins und in der Selbständigkeit beider seine Einheit mit sich selbst zu haben. [...] / Was die allgemeinen Stationen dieser Verwirklichung sein werden, bezeichnet sich im allgemeinen schon durch die Vergleichung mit dem bisherigen Wege. Wie nämlich die beobachtende Vernunft in dem Elemente der Kategorie die Bewegung des *Bewußtseins*, nämlich die sinnliche Gewißheit, das Wahrnehmen und den Verstand wiederholte, so wird diese auch die doppelte Bewegung des *Selbstbewußtseins* wieder durchlaufen und aus der Selbständigkeit in seine Freiheit übergehen. Zuerst ist diese tätige Vernunft (Faust: Im Anfang war die Tat.) ihrer selbst nur als eines Individuums bewußt [...] – alsdann aber, indem sich sein Bewußtsein zur Allgemeinheit erhebt, wird es *allgemeine* Vernunft und ist sich seiner als Vernunft, als an und für sich schon anerkann/ter bewußt, welches in seinem reinen Bewußtsein alles Selbstbewußtsein vereinigt; [...] (Hegel, 1970, Band 3, 263–264)

Hier können wir den philosophischen Kern der Betrachtung lokalisieren. Und er ist, wie zu Beginn bereits angekündigt, ein genuin *idealistischer* Kern. Er muss noch an die Ästhetik zurückgebunden werden:

> Wie sehr auch im romantischen Trauerspiel die Subjektivität der Leiden und Leidenschaften, im eigentlichen Sinne dieses Worts, den Mittelpunkt abgibt, so kann dennoch im menschlichen Handeln die Grundlage bestimmter Zwecke aus den konkreten Gebieten der Familie, des Staats, der Kirche usf. nicht ausbleiben. (HW 15, 556)

Und schließlich weiter:

> [Dieser Subjektivität gegenüber] können sich [...] die Zwecke ebensosehr wieder teils zur Allgemeinheit und umfassenden Weite des Inhalts ausdehnen, teils werden sie als in sich selber substantiell aufgefaßt und durchgeführt. In der ersten Rücksicht will ich nur an die absolute philosophische Tragödie, an Goethes *Faust* erinnern, in welcher einerseits die Befriedigungslosigkeit in der Wissenschaft, andererseits die Lebendigkeit des Weltlebens und irdischen Genusses, überhaupt die tragisch versuchte Vermittlung des subjektiven Wissens und Strebens mit dem Absoluten, in seinem Wesen und seiner Erscheinung, eine Weite des Inhalts gibt, wie sie in ein und demselben Werke zu umfassen zuvor kein anderer dramatischer Dichter gewagt hat. (HW 15, 557)

Bloch weist nochmals ausdrücklich darauf hin, dass im Unterschied zu anderen Bearbeitungen des *Faust*-Stoffes, bei Goethe der Stoff „aus dem *Begriff* [erhellt wurde], den der Weg vom Sturm und Drang zum Erziehungsroman erlangt hat." Und weiter:

> Die Bewegung des unruhigen Bewußtseins durch eine Wandelgalerie Welt, das Unzulängliche als Werden zum Ereignis: diese stürmische *Arbeits- und Bildungsgeschichte* zwischen Subjekt und Objekt verbindet Faust und die Phänomenologie. (PH 1195)

Wir sehen also schließlich, wie – über das Individuelle der Person hinaus – der materialistische Ansatz Blochs der Hegelschen Deutung eine Wendung in die Praxis des sozialen Kollektivs zu versetzen unternimmt, so zwar, dass Faust nicht nur für die Entfaltung irgendeiner Individuation steht, die ihren „Sinn des Lebens" in einem „perfekten Moment" (PH 1198–1199) sucht, sondern zugleich für ein allgemeines Prinzip des Weltprozesses insgesamt. Dadurch unterscheidet sich die Blochsche Sicht erheblich von jener etwa des französischen Existentialismus, welche vor allem die Vermittlung der wesentlich singulären Person inmitten der Totalität der Anderen thematisiert: „[...] *das Agens der ganzen Welt ist Faust, und Faust entwickelt sich in allen Gestalten dieses Weltagens.*" (PH 1196) Sie verbleibt aber nicht in der Abstraktion, sondern zielt explizit auf das praktische Handeln ab:

> Die *Handlungsform* im Faust legitimiert sich hegelianisch, das ist durch die dauernde dialektische Beziehung des Bewusstseins auf seinen Gegenstand, wodurch diese beiden sich fortwährend genauer bestimmen, bis eine Identität von Subjekt und Objekt entwickelt ist. Aber die *Kerndialektik* der Phänomenologie legitimiert sich erst durch Fausts sich erfüllende Intensität und Moralität des intendierten Augenblicks; hieran erst erweist sich, einschlagend, was Hegel als besseres Wesen des Fürsichseins setzt. (PH 1199)

So ist das Projekt der Individuation immer noch existentialistischer Entwurf, aber innerhalb eines Rahmens, der (in der Form einer doppelten Negation) dem Feld der Möglichkeiten eines Feldes der Möglichkeiten entspricht, weil er eben gerade nicht nur psychologisch, sondern auch wesentlich metaphysisch fundiert ist – insofern der „Faust-Plan" nichts weiter ist als lokaler Bestandteil des „Experimentum Mundi":

> Der Faust-Plan, in der immer wieder einsetzenden Folge: aktuelles Jetzt – historisch verzweigte Gestaltensphäre – informierte und doch ungesättigte Existenz, dieser Subjekt-Objekt-Subjektplan ist das Grundmodell des dialektisch-utopischen Systems materieller Wahrheit. Und das *Ereignis* des Augenblicks, des alles treibenden, alles enthaltenden, bleibt das Gewissen dieses Plans: als *Erreichnis* des Daß oder Erstrebnisses selbst. (PH 1200)

Literatur

Ivan Boldyrev: Ernst Bloch and his Contemporaries: Locating Utopian Messianism. London, New York 2014

Ivan Boldyrev: Ernst Bloch und seine Deutung der „Phänomenologie des Geistes". http://www.ernst-bloch.net/akt/boldyrew.pdf (28.01.2016)

Johann Wolfgang von Goethe: *Faust. Eine Tragödie*. In: Werke, Band 4. Weimar, Berlin 1988

Georg Wilhelm Friedrich Hegel: Phänomenologie des Geistes. Theorie-Werkausgabe, Band 3, Frankfurt a. M. 1970

Michael Jaeger: Fausts Kolonie. Goethes kritische Phänomenologie der Moderne. Königshausen & Neumann, Würzburg 2004

Frederick Jameson: Marxism and Form. 20th Century Dialectical Theories of Literature. Princeton 1974

Gotthold Ephraim Lessing: *Faust*. Werke, Band 2. Darmstadt 1996, 487–491

Gotthold Ephraim Lessing: Literaturbriefe I, Werke, Band 5. Darmstadt 1996, 70–73

Günter Martin: Die befangene Natur. Ernst Bloch und Goethes Naturphilosophie. Bloch-Almanach, Ludwigshafen, 6, 1986, 31–48

Annette Schlemm: Stichwort Subjekt-Objekt. In: Beat Dietschy, Doris Zeilinger, Rainer E. Zimmermann (Hg.), Bloch-Wörterbuch, de Gruyter, Berlin, Boston 2012, 514–540

Charles Taylor: Hegel. Suhrkamp, Frankfurt a. M. 1983 (1978)

Francesca Vidal: Kunst als Vermittlung von Welterfahrung. Zur Rekonstruktion der Ästhetik von Ernst Bloch. Königshausen & Neumann, Würzburg 1994

Wilhelm Vosskamp: „Höchstes Exemplar des utopischen Menschen." Ernst Bloch und Goethes *Faust*. Dts. Vjs. Lit.-wiss. Geistesgesch. 59 (4), 1985

Doris Zeilinger: Wechselseitiges Ergreifen. Ästhetische und ethische Aspekte der Naturphilosophie Ernst Blochs. Würzburg 2006

Rainer E. Zimmermann: Prosperos Buch oder Echolot der Materie. Zum hypothetischen Natursubjekt bei Ernst Bloch: Bilanz & Ausblick. Jubiläumstagung „10 Jahre EBA", Kassel, VorSchein (Neue Folge) 15, 1996 (1997), 40–57

Joachim Lucchesi
16 Musik als intensivste Form der Überschreitung
5. Teil, Nr. 51

An keinem weiteren Ort des *Prinzips Hoffnung* widmet sich Bloch ausführlicher der Musik, doch auch an anderer Stelle gelangt er immer wieder zu ihr. So enthält das 40. Kapitel den Abschnitt *Prunk, Elysium in Oper und Oratorium*, in dem er sich u. a. mit Opern von Monteverdi, Händel, Mozart und Wagner auseinandersetzt. Auch das Kapitel 49 *Leitfiguren der Grenzüberschreitung* beinhaltet eine Auseinandersetzung mit Mozarts *Don Giovanni*, Goethes *Faust* und Shakespeares Dramengestalten. Bereits der Abschnitt *Die Laute schlagen und die Gläser leeren* ist, in knappster Verdichtung, auf das in Mozarts Oper Verhandelte bezogen, obwohl sie zunächst noch nicht behandelt wird. Wenn es statt dessen um Gabriele D'Annunzio, dann wieder um Christian Dietrich Grabbe, Lord Byron und Thomas Manns Romanfigur Adrian Leverkühn geht, so bereiten doch diese realen und fiktiven Personen gesellschaftlicher Normbrechung schon den Übergang zum *Don Giovanni* vor, den Bloch mit dem lapidaren Satz ankündigt: „Zunächst wird hier vorgeführt, schlechthin auf dem Sprung zu sein." (PH 1176) Dann folgen ein Wechsel von Musikbeschreibung und operndramatischer Inhaltsangabe sowie eine psychologische Fallstudie des Verführers und Brechers aller gesellschaftlichen Normen. Damit hat Bloch – seinen Text in musikformalem Sinne strukturierend – wie aus einer motivischen Keimzelle das sich entwickelnde Thema des übernächsten Kapitels vorbereitet: den Gang vollends in die Musik.

Im ersten Abschnitt umschreibt Bloch den Vorgang intensiven Hörens von Musik als ein metaphorisches „Blindwerden" der Sehenden durch ihr Versunkensein ins Hören. Damit benennt er einen Vorgang, den durch Musik berührte Menschen an sich erleben können und den sicher auch Bloch erfahren hat: dass konzentriertes Hören von Musik die simultane visuelle Umgebungswahrnehmung „eintrüben" kann. Gemeinhin wird dies auch als ein „Versunkensein in Musik" bezeichnet. Doch Bloch weist mit diesem „Glück" – also der beglückenden Befähigung, Musik intensiv in sich aufnehmen zu können – nicht nur auf die wahrnehmungspsychologische Seite des Menschen, sondern vor allem auf die erkenntnistheoretische, denn er argumentiert:

> Sich zu kennen, dazu muß das bloße Ich zu anderen gehen. In ihm selber steht es in sich versunken, dem Innen fehlt das Gegenüber. [...] Einzig das Tönen, dies, was in Tönen sich ausspricht, ist ohnehin auch auf ein Ich oder Wir zurückbezogen. Die Augen gehen darin

über, und es dunkelt bedeutend, so daß Äußeres zunächst versinkt und nur ein Brunnen zu reden scheint. [...] Der Ton spricht zugleich aus, was im Menschen selber noch stumm ist. (PH 1243–1244)

„Blindsein" und „Glück" erfahren damit eine weitere Bedeutung; diese meint also das Glück und die Fähigkeit des Menschen, mittels Musik (oder allgemeiner: der Kunst) aus seiner „blind" machenden Subjekt-Befangenheit, aus seinem begrenzten Hier und Jetzt hinaus ins Offene, ins Unbegrenzte gelangen kann. Denn Musik ist ein Medium, das zum Aufbruch, zum Unterwegssein zu Besserem stimulieren kann – dies meint der Philosoph durchaus wörtlich: nicht nur innere Welten soll die Musik freisetzen, sondern vor allem tätiges und auf Zukünftiges gerichtetes Handeln. Dabei spielt es keine Rolle, ob es sich bei der Begegnung mit Musik um historisch alte oder neue handelt. Denn auch aus alter Zeit überkommene Musik enthält im Kern ein bislang unverbraucht-neues, weil unabgegoltenes, erwünschtes, ja ersehntes Potential, das auch ihren zukünftigen Hörern erhalten, erkennbar bleibt und sie zu endlich glückendem Dasein aufrufen kann. Bloch rekurriert auf den Erkenntnisgewinn durch das Musikwerk, welches nicht nur jeweilig begrenzte Gegenwart reflektieren lässt, sondern auch weit in die Zukunft Ausgreifendes hörbar machen kann. Er sieht dieses Zukünftige als ein Besseres, Gelingenderes, als etwas, auf das sich Wünsche und Hoffnungen der Menschen richten. Aus diesem Ansatz heraus wird verständlich, warum sich Bloch in seiner Philosophie der Hoffnung immer wieder paradigmatisch auf einzelne Kunstwerke stützt und „dem Detail und seinen Veränderungen detektorisch nachgeht". (Ueding 1978, 447) Vor allem die Musik, die ihm die ranghöchste aller Künste ist, kann am eindrucksvollsten ein auf Zukünftiges gerichtetes Denken zum Vor-Schein bringen. Diese Perspektive der Musikbetrachtung, oder genauer: des Philosophierens über sie ist es, die – ihr kompositorisch-handwerklich Gearbeitetes oft nur am Rande streifend – Blochs Texte bestimmt. Der musikinteressierte Leser wähnt sich zunächst auf halbwegs vertrautem Boden, da er vor allem gängige Werke aus dem Konzert- und Opernrepertoire im *Prinzip Hoffnung* heranzieht: Beethovens *Fidelio*, dessen 3. und 6. Symphonie, Mozarts Opern *Don Giovanni*, *Figaros Hochzeit* und *Die Zauberflöte* oder Wagners *Meistersinger* und den *Ring des Nibelungen*. Doch hebt er hervor, dass ihm nicht der Sinn nach „schönen Stellen" steht, welche „vor allem das Kleinbürgertum mit seinem Gefühlsverschleiß zu herabgesetztem Preis" unermüdlich verlangt. (PH 1255) Vielmehr steht für ihn „am Ende überhaupt nicht mehr der Ausdruck in der Musik, sondern *die Musik selber als Ausdruck* zur Diskussion. Das heißt *die Gesamtheit ihres Meinens, Bedeutens, Abbildens und dessen, was sie auf so unsichtige, doch im doppelten Wortsinn ergreifende Weise abbildet*." (PH 1256) Mit dem „Meinen" und „Bedeuten" von Musik zielt er auf ihre soziale und sprachlich-kulturelle Grenzen überwindende Ansprache. Vertreter verschiedener Wissenschaftsdisziplinen wie

Linguisten, Philosophen, Musikwissenschaftler oder Soziologen haben immer wieder darauf verwiesen, dass Musik sprachähnlich sei und eine Nähe zur Wortsprache aufweise (vgl. Grüny 2012; Riethmüller 1999). Das in der Musik Enthaltene wird zu einem nur durch Musik Sagbaren, das auf den „Ansprech"-Partner Hörer zielt und eine Transzendenz menschlicher Lebenserfahrung und -erwartung darstellt.

> Im Unsagbarkeitstopos wird der musikalische Gehalt tatsächlich zum spezifisch musikalischen, nur durch Musik sagbaren, doch als einer, der durchaus nicht Musik nur meint. So ist das Wesen der Musik, ihre Idee: die Musik, Transzendenz menschlicher Erfahrung. (Matz 1988, 50)

Bloch benutzt für den Rezeptionsvorgang seinen Begriff des „Hellhörens" (PH 1280), einem inneren Weltwahrnehmen durch Musik, das kein passiv-verweilendes Hören ist, sondern ein unruhig-kritisches, scharfsichtiges, auf Zukunft gerichtetes. „Spekulatives Hören, Interpretieren von Musik", so Matz, „wird zum Hellhören; ‚ein neues Sehen von innen' ersetzt die Wahrnehmung der sichtbaren Welt" [...] Flüchtet sich das Sehen in ein Inneres, ins Hören, so greift die philosophische Sprache musikalische Charaktere auf, um von ihr nichtssagend gewordener Informationssprache sich zu lösen. Festgelegte Termini kommen nicht mehr in Frage". (Matz 1988, 25) Zugleich wird auch ein aufhörendes „Staunen" freigesetzt, das „das erste Erfahrungsmoment Blochischer Philosophie und damit auch der Ästhetik" ist. (Matz 1988, 21)

Bloch setzt mit einer Betrachtung urgeschichtlicher Musikpraktiken ein; er erwähnt neben Trommeln und Rasseln das im Jungpaläolithikum erstmals nachgewiesene Schwirrholz als eines der ältesten Musikinstrumente der Menschheit und verweist auf den dazu ertönenden menschlichen Schrei: dieser „wurde ursprünglich nur von Geräusch begleitet, von Schwirren, Trommeln, Rasseln. Dergleichen betäubt und bleibt dumpf, ein Gegenüber von Hoch und Tief entsteht, aber nirgends ein Ansatz zu fester Tonhöhe, gar Stufenbildung." (PH 1244) Doch zögert er, die amorphen, ohne feste Tonhöhen erzeugten Lautäußerungen und Geräusche im Zeichen von Zeremonie, Ritual, Magie und Geisterwelt als Musik zu qualifizieren, stellt er ihr doch wertend, neben „Bescheidenheit", ein relativierend-zweifelndes „also" voran: „Diese, also Musik, kam bescheiden". Bloch deutet eine Distanz gegenüber urgeschichtlichen Musikpraktiken an, der er seine Wertschätzung griechisch-antiker Musik vergleichend gegenüberstellt, denn „Musik" gelingt ihm zufolge

> erst durch die Erfindung der Hirten- oder Panflöte. Das handliche und überall mitnehmbare Gerät stammt aus einer anderen sozialen Schicht als die geräuscherzeugenden, schreckhaft kultischen Tongeräte. Von Hirten vorzugsweise gebraucht, diente die Panflöte näheren,

> menschlicheren Gefühlen und ihrem Ausdruck. Sie hat nicht Betäubung hervorzurufen oder Zauber zu wirken wie Schwirrholz, Becken oder die magisch bemalte [...] Trommel.

Deutlich wertet er das Mythisch-Kultische der Hordengesellschaften gegenüber der hellenistischen Antike ab, denn erst Letztere habe den entscheidenden Schritt hin zu Musik mit „näheren, menschlicheren Gefühlen" getan. Zudem hebt er die sozialen Differenzen innerhalb der Musikpraktiken hervor: während die urgeschichtlichen Musikpraktiken ganz dem Magisch-Kultischen, dem Zauber dienen und von einer Führungselite als repressives Machtmittel benutzt werden, stellt die antike Panflöte aus der Schicht der Hirten eine Kulturleistung „von unten" dar. Sein Definitionsansatz, was Musik als Musik qualifiziere, zeigt bei ihm nicht nur die aus der Musiktheorie der Renaissance nachwirkende „abendländische" Vorstellung von der Entstehung der Musik in der griechischen Antike. Auch Positionen der marxistisch-leninistischen Musikgeschichtsschreibung in der frühen DDR können in seine Manuskriptdurchsichten der 1950er Jahre mit eingeflossen sein. „Zum Wesen der Musik" heißt es beispielsweise in Ernst Hermann Meyers Standardwerk *Musik im Zeitgeschehen* von 1952,

> gehören eben das ‚Organisieren und Formen von Tönen' [...], genauer gesagt: *feste Tonhöhen, Intervalldifferenzierung, melodische Figuren- und Organismenbildung und rhythmische Gliederung*. Das bloße animalisch-emotionelle Gebrüll a l l e i n führt nicht zur organisierten gesellschaftlichen Tätigkeit Musik. [...] Dieser Hebel ist der Produktionsprozeß, der gesellschaftliche Kampf um die Zurückdrängung der Naturschranke, der Nutzbarmachung der Natur und damit die Entwicklung der Gesellschaft. (Meyer 1952, 15)

Folgt man dieser Aussage, die das Organisieren und Formen fester Tonhöhen als Voraussetzung für „Musik" begreift, dann werden damit Erscheinungsformen vorantiker, urgesellschaftlicher Musik, also das „animalisch-emotionelle Gebrüll *allein*", ausgeklammert.

Wie dem auch sei – den Ursprung von Musik siedelt Bloch im Mythos an. Er erklärt die Panflöte, auch Syrinx genannt, zur „Geburtsstätte der Musik" (PH 1244), welche an verschiedenen Weltorten, bei Griechen, Asiaten und Indianern nachweisbar ist. Die mit ihr erzeugten Töne sollen im Aufgreifen eines tief in die Vorvergangenheit zurückweisenden Liebeszaubers die Geliebte erreichen: als tönendes Ruf-Signal, in die Ferne suchend ausgeschickt. Das Ruf-Signal will kommunizieren, bedarf des Dialogs, ist zielgerichtet. Bloch verweist auf Musik als tönende Artikulation eines menschlichen Wunschtraums, einer Liebessehnsucht, eines Hoffens und Wünschens auf Kommendes, hier erhält Musik eine Beweis- oder Belegkraft ganz im Sinne seines philosophischen Ansatzes. Doch ist ihm die Entwicklung dieses Liebes- und Wunschinstruments auch in ihrer weiteren Geschichte wichtig genug, denn er hebt hervor, dass die Syrinx ein „Urvorfahr" der Orgel, der Königin der Instrumente ist. Auch hier – er spricht es expressis verbis nicht an, doch ist es mitgedacht – dient ihm Orgelmusik als Sinnbild von Transzendenz, als einer nun ans Göttliche gewendeten, tönenden Liebessehnsucht. Doch vor allem sieht er, jenseits theologischer Überwölbung, im menschlichen Sehnen nach Liebe einen überaus irdisch-gesellschaftlichen Kreativort, der zu materieller, erfindender Produktion drängt. Bloch belegt dies mit der in Ovids *Metamorphosen* überlieferten Sage von Pan und Syrinx, wo sich die flüchtende Nymphe vor dem ihr nachstellenden Pan in Schilfrohr verwandelt, das der Wind zum Klingen bringt. Den Klang erzeugt strömende Luft im Hohlraum, und Hohlraum, Höhlung gebiert dieses Tönen, das dem sehnsüchtigen Begehren Pans nach der Nymphe Ausdruck verleiht. Naturbelauschung und Naturbeobachtung bringen Pan dazu, Schilfrohre unterschiedlicher Länge nebeneinander anzuordnen und mittels Atemluft zum Tönen zu bringen. (Ovid 1981, 28) Das ist für Bloch die Geburtsstunde zivilisatorisch-entwickelter Musik, da die Panflöte „eine wohlgeordnete Tonreihe" erzeugen kann (PH 1245); sie steht ihm ein für Gelungenes, Entwickeltes. Zugleich weist die Sage auf verlangende Sehnsucht als Produktivkraft für Erfindung und Bau eines Musikinstruments hin, welches seinerseits der menschlich ungeformten Anfangssehnsucht nun eine neue, tönende, kunstvoll-musikalische Ausdrucksgestalt geben kann. Dieser Kreislauf, der qualitative Umschlag von Wunsch und Begehr in praktische Erfindung und Produktion eines Instrumentariums, das menschliche Gefühle wiederum musikalisch „ausdrücken" und anderen übermitteln kann, findet Blochs Interesse. Gelungene Musik ist ihm ein Spiegel für tiefste Selbstbegegnung, die sich zugleich dem rational Darstellbaren immer wieder entzieht. (Dazu Anna Czajka-Cunico: „Die genuinste Selbstsuche erfolgt nach Bloch in der Musik, und mit dieser Einschätzung betritt er den Weg, den für die Philosophie Schopenhauer und Nietzsche geebnet haben." (Czajka-Cunico 2000, 127).) Der Philosoph ist fasziniert von der Kunstgattung Musik, da jene „das im Weltprozeß gärende, aber noch nicht genügend herausgebrachte Utopische auf ästhetischer Ebene am reinsten, am unmittelbarsten und am unverfälschtesten zum Ausdruck bringt." (Münster 1982, 147) Deshalb wird Musik ihm zum eigentlichen „Instrumentarium des utopischen Geistes." (Mayer 1978, 468) In keinem Werk eines Philosophen des 20. Jahrhunderts ist der Musik ein exponierterer Platz eingeräumt worden – nur Theodor W. Adorno bildet die andere Ausnahme.

Im Unterschied zu seinem Frühwerk ist die Musik im Denken des späten Bloch entschiedener eingesenkt in ihren historischen Kontext. Auch im *Prinzip Hoffnung* wird sie von ihrer geschichtlich-materiellen Seite her gefasst, was sich auf Blochs inzwischen erfolgte Auseinandersetzung mit Hegel, Schelling und Marx rückführen lässt. Doch ist diese sich verändernde Perspektive auch der Freundschaft und dem geistigen Austausch mit Hanns Eisler geschuldet. Jener hatte während seines amerikanischen Exils und der dortigen Wiederbegegnung mit Bloch im Wintersemester 1938/39 an der New Yorker *New School for Social Research* Vorlesungen zur Sozialgeschichte der Musik abgehalten; die Vermutung liegt nahe, dass sich beide auch über Fragen marxistischer Musikgeschichtsforschung ausgetauscht haben, die wiederum in den Entstehungsprozess von *Das Prinzip Hoffnung* mit einflossen. Blochs zunächst mythisch geprägte und vom Geschichtsprozess abgelöste Betrachtung der Musik weicht im Laufe seines Lebens einer mehr durch materielle, technisch-handwerkliche und analytische Kategorien bestimmten Sicht auf ihre Existenzweise. Diese findet ihre Entsprechung darin, dass ein technisch-begriffliches Instrumentarium für die Analyse von Musik stärker zur Anwendung gelangt, welches ihm ermöglicht, musikalische Sachverhalte präziser zu erfassen und zu beschreiben. (Doch nur bedingt kann dies bei Bloch erfolgen, denn: „Strenge musikalische Analyse reduziert ein musikalisches Kunstwerk auf sein bloßes materiales Sosein, – wozu die utopische Musikphilosophie den äußersten Gegenpol bildet." (Matz 1988, 53).)

Bloch hatte erkannt, dass eine reine Inhaltsästhetik die Musik verfehlt, vielmehr müsse auch vonseiten des musikalischen Materials und seiner Form auf den Inhalt geschlossen werden. Adorno hatte dazu formuliert, „daß die Form, die dem Inhalt widerfährt, selber sedimentierter Inhalt ist". (Adorno 1973, 217) Somit wird nicht nur das musikalische Material der Geschichte zugeschrieben, sondern es bleibt auch seiner Inhaltlichkeit geschichtlich. Die Auseinandersetzung mit Blochs Musikphilosophie, die noch im *Geist der Utopie* ihre Impulse aus dem Diskurs mit der romantischen Musikbetrachtung E.T.A. Hoffmanns und Jean Pauls, mit Arthur Schopenhauer und Friedrich Nietzsche bezieht, zugleich aber von der stürmischen Entwicklung des musikwissenschaftlichen und musikästhetischen Denkens an der Schwelle des 20. Jahrhunderts beeinflusst ist (so von Hugo Riemann, Paul Bekker, Hans Pfitzner, Arnold Schönberg, Ernst Kurth, Friedrich Hausegger, August Halm, Karl Grunsky und anderen), verlangt deshalb, sich dem wachsenden Einfluss einer von Hegel und Marx beeinflussten materialistischen Perspektive Blochs bewusst zu werden. In der Kunst, vor allem in der Musik, setzt der späte Bloch erneut an, um von dort aus philosophisch zu erkunden,

> was in den Zeiten gelungener Kunstwerke entweder immer klassizistisch bedroht war oder aber überhaupt nicht über den Horizont seines Begriffes stieg. Innerhalb der Gebietskategorie Kunst wird gerade dadurch mit Vor-Schein über dem Schein, statt des Scheins eine Ästhetik ohne Illusion bedeutet, die sich dem bloß kontemplierenden Kunstverständnis entzieht. (EM 197)

Bloch unterscheidet zwischen „Schein" und „Vor-Schein" des Kunstwerks; während erster Begriff negativ konnotiert wird als „Schein" im Sinne eines „falschen Scheins", bringt „Vor-Schein" den utopischen Kern des Kunstwerks, den Tendenzinhalt zur Anzeige, den es gänzlich freizulegen und produktiv zu beerben gilt. Dieses im Kunstwerk aufscheinende utopische Kraftzentrum stellt er in seinen geschichtlichen Kontext und setzt es in Bezug zum Menschen. Damit distanziert sich Bloch von einem „bloß kontemplierenden Kunstverständnis", das im hedonistisch beharrenden Genuss von Musik ihren Endzweck sieht. Er will vielmehr die Kunst – vor allem die Musik, deren Produktion, Reproduktion und Rezeption – ins Zentrum seiner Auseinandersetzung stellen. Darin berührt er sich mit dem musikbezogenen Denken seiner Zeitgenossen und Freunde Kurt Weill, Bertolt Brecht oder Hanns Eisler, indem er die noch uneingelösten Hoffnungen der Menschen auf gesellschaftliche Veränderung aus der Musik heraushört und sie zum Saatkorn seines Philosophierens macht. Man sehe hierzu Bertsch:

> In Tönen und Klängen kommt es zu einer sinnlichen Manifestation des Utopischen, in der Musik wird etwas ausgedrückt, das im Menschen noch stumm ist und auf eine Verwirklichung hofft. Hoffnung und Musik werden so zusammengeführt und miteinander verwoben. Schon in seinem Frühwerk klingen diese Gedanken an und beschäftigen ihn sein Leben lang. (Bertsch 2010, 1)

Im Titel das antike Nymphen-Motiv der Sage aufgreifend, rückt Bloch aus hellenistischer Antike sogleich ins frühe 19. Jahrhundert vor. Sein musikphilosophischer Exkurs wird nicht, wie man nach den das Kapitel einleitenden Betrachtungen über urgeschichtliche und griechisch-antike Musik vermeinen könnte, am Zeitstrahl chronologisch aufgefächert, sondern Bloch entwickelt seine Betrachtungen aus einem sprunghaften Vor und Zurück. Dazu Czajka-Cunico:

> In der Rekonstruktion der Musikgeschichte [...] verlässt [er] den Standpunkt des linearen technischen Fortschritts wie den der soziologischen Abhängigkeit in der Musikgeschichte und setzt ins Zentrum der Aufmerksamkeit ‚die großen, unvergleichlichen Iche'. (Czajka-Cunico 2000, 129.)

Der Textabschnitt wird eingeleitet mit der Feststellung: „Etwas fehlt" (PH 1246). Dies mag ein Fingerzeig auf Brechts und Weills Oper *Aufstieg und Fall der Stadt Mahagonny* von 1930 sein, die den Mangel im scheinbaren Überfluss befragt sowie ein „Noch nicht" bedenkt. So äußerte sich Bloch in einem Interview:

> Wir sehnen uns nach etwas, wir suchen etwas, wir gehen auf etwas zu. Wir gehen in ein großes Warenhaus [...], und da wird alles Mögliche angeboten. Wir aber wollen etwas, ohne schon zu wissen, was es sei. Das hat Brecht in Mahagonny ausgedrückt mit dem kurzen Satz: Etwas fehlt. Was fehlte, konnte Jimmy nicht sagen; aber etwas fehlt, und das sucht er, das ist es, worauf er aus ist. Dann werden ihm also Cord-Hosen angeboten und Schuhe und Pfeifen und Schränke und Tabak und Zigaretten und Häuser und Eigentumswohnungen. Doch auf all das waren seine Wünsche gar nicht gerichtet. Und er weiß immer noch nicht, was wer will, was er kaufen will. (TAG, 165)

An anderer Stelle heißt es bei ihm: „Das Nicht äußert sich, wie bemerkt, als Hunger und was sich tätig anschließt. Als Meinen und Intendieren, als Sehnsucht, Wunsch, Wille, Wachtraum, mit allen Ausmalungen des Etwas, das fehlt" (PH 360). Eine weitere Bezugnahme lautet: „Wir wissen mithin noch nirgends, was wir sind, zu viel ist voll vom Etwas, das fehlt" (EM 11).

Doch gemeint ist an dieser Stelle ein Fehlen, welches der Entstehungsanlass für die *Symphonie fantastique* von Hector Berlioz war: die Liebessehnsucht des siebenundzwanzigjährigen Komponisten nach der ihn zunächst ignorierenden irischen Schauspielerin Harriet Smithson (mit der er später unglücklich verheiratet war) ist ein bekanntes Deutungsmodell für die 1830 uraufgeführte Sinfonische Dichtung. Bloch bezieht sich ebenfalls darauf, ohne jedoch eine vordergründig biographische Entsprechung in der Musik zu suchen. So heißt es bei ihm auch verallgemeinernd: „Ein junger Künstler erblickt das Mädchen, das alle seine Träume in sich versinnlicht. Das geliebte Bild erscheint ihm nie anders als in Begleitung eines musikalischen Gedankens, eines Themas von leidenschaftlichem, doch vornehmem und schüchternem Charakter; diese Melodie bildet eben die idée fixe". Wie in einem musikalischen „Thema con Variazioni" zieht Bloch nun beide Sehnsuchtsbilder zusammen: das des 19. Jahrhunderts und das der griechischen Antike. Die Schauspielerin und die Nymphe, beide gesellschaftlich konnotierte Symbole lockender und sich buchstäblich „verwandelnder" Weiblichkeit, lenken männliches Wunschbegehren auf sich, aus dem dann männlich erzeugte Musik entsteht. „Wieder also", heißt es bei Bloch,

> erscheint die Nymphe Syrinx, sie geht als Mädchen-Thema durch die fünf Sätze der Symphonie fantastique. Das Jugendwerk als Ganzes ist mitnichten beste Musik, wohl aber eine im Sehnsuchtspunkt sehr signifikante, eine, die auf sensationelle Weise utopische idée fixe im Kopf hat.

Doch er vergleicht keineswegs die Schilfrohr-Panflöte und ihre antiken Tonskalen mit der französisch-romantischen Orchestermusik. Vielmehr sucht er im Außermusikalischen, im Anlass und Impuls zu musikalischer Produktion die Parallele: es sind starke Bilder der Sehnsucht, die hier wirken. Es geht es um die Sehnsucht des bizarren Helden, um sein musikalisches Ausgreifen in den Tagtraum, der ihm erscheint und zugleich von zentraler Bedeutung für die Romantik ist: so lautet die Bezeichnung des ersten Satzes des fünfsätzigen Werks (in dem sich die fünf Akte des klassischen Dramas spiegeln) „Träumereien, Leidenschaften". Doch „Sehnsucht" ist auch ein Schlüsselwort in Blochs Philosophie; er findet es wieder in dem sinfonischen Programm und in der antiken Fabel. Gleichzeitig ist es aber möglich – und zwar abweichend gegenüber mythologischer Wortmusik – die *Symphonie fantastique* in ihrer materiellen musikalischen Gestalt, ihrer Struktur wahrzunehmen: da ist bei Bloch vom ersten und zweiten Thema, seiner Durchführung und Wiederkehr, von Tanzrhythmen im zweiten Satz (*Ein Ball*) oder der Doppelfuge des parodierten „Dies irae" im Schlusssatz (*Hexensabbat*) die Rede. Doch vornehmlich nähert sich Bloch dem Werk von seiner romantischen Seite und ist von der „schönen Verworrenheit" der Musik angetan:

> Es ist das Ungenossene, das diese große Kolportage von Musik füllt; das Noch-Nicht, ja selbst das Niemals hat ebenso sein eigentümlichstes Dasein aus den Luftwurzeln des Klangs. Dessen pneumatisches Geflecht bildet den Ort der idée fixe oder den Dschungel, durch den die Jagd zu ihr hin geht. [...] Das erwähnte Linienziehen im Unsichtbaren wird bei Berlioz grell und die Klage um Syrinx dämonisch. (PH 1247)

Die romantische Musikästhetik ist die erste, welche [...] ‚schöne Verworrenheit' der Musik als Positivum in ihre Theorie aufnahm. Hier knüpft Bloch an. Seine Theorie nimmt beide Motive auf: die musikalische Unbestimmtheit, wie auch die Musik als Kunst des christlichen Zeitalters [...]. ‚In dem Spiegel der Töne lernt das menschliche Herz sich selber kennen', Wackenroders Wort zielt in die selbe Richtung wie die blochische Selbstbegegnung, unter deren Primat die Musikphilosophie steht. (Matz 1988, 34)

Bloch hätte dem 1931 geborenen chilenisch-jüdischen Komponisten Leon Schidlowsky sicher zugestimmt in seiner Äußerung:

> Kunst an sich hat nicht nur eine Bedeutung; in ihr liegen aller Sinn, alle Fragen, alle Antworten. [...] Ich glaube, daß Kunst ein Weg zu uns selbst ist; schöpfend habe ich gelernt, die Welt in mir auszudrücken, ohne Angst und ohne Kompromisse. Ich betrachte die Welt in ständigem Erstaunen, trachtend, das Unzugängliche und Unerreichbare zu erreichen. (Schidlowsky)

Dann wird das Falsche in der Musik angesprochen, ihr „Herz-Schmerz"-Ton:

> Der Ton ist weder dazu da, gefühlig noch bloß gefiedelt zu sein. Mit dem einen hat er die Hörer nicht unter Wasser zu setzen, schmelzend, weibisch. Wenn eine Geige schluchzt wie eine menschliche Brust, so ist das nicht nur ein schlechtes Bild, sondern die Geige spielt schlecht oder Schlechtes. (PH 1248)

Bloch unterscheidet strikt zwischen Gefühl und Gefühligem; dass Musik starke Gefühle vermitteln kann und soll, stellt er nicht in Abrede. Aber nur wenig mehr genügt, um Musik zur Seichtheit, zur Versüßlichung und zum Kitsch gerinnen zu lassen. Dagegen wendet er sich scharf; Gradmesser für den Kitsch ist für ihn die musikalische Ausführung, die in interpretatorischer Sachlichkeit die Probe aufs Exempel macht: „Eine Tonfolge, deren Ausdruck bei klar-sachlicher Ausführung vergeht, hat nie einen gehabt, außer als schwindelhaften." Doch darf andererseits eine ablehnende Haltung des Musikers gegenüber gefühliger Musik nach Blochs Überzeugung nicht dazu führen, sie einfach nur „herunterzuspielen": „es darf der Widerwille gegen Schwüles, gegen gefühlvollen Klangsumpf die psychisch geladene Beschaffenheit des gesamten Tongetriebes nicht verleugnen."

Ein wesentliches Element in Blochs Musikphilosophie stellt der „Ton" dar. Damit ist vordergründig nicht dessen physikalisch-akustische Beschaffenheit gemeint, ein von Instrumenten oder der menschlichen Stimme erzeugtes, mess- und darstellbares Schallereignis also, sondern seine subjektive Wahrnehmung. So kann sich Bloch zufolge im Ton Neues andeuten, das über die Verankerung des Musikwerks in seiner Zeit und seines „Tönens" dazu in Künftiges hinausgreift. Dieses Neue ist im Ton noch nicht manifest, nicht festgelegt, sondern es klingt an, will von Kommendem künden. Damit drängt im Ton etwas zur Sprache, zum Vor-Schein, was menschliche Sprache in Worten nicht leisten kann. Im gehörten Ton, also in der subjektiven Wahrnehmung, wird dieses Mitteilen lebendig: seine Dechiffrierung entsteht im Prozess des aufnehmenden Hörens und ist davon abhängig, was und wieviel der Hörer „heraushören" kann. Somit ist das physiologische Hören für Bloch nur die unabdingbare Voraussetzung für ein Hörenkönnen auf semantischer Ebene. Dazu sind jene feinen sensorischen „Antennen" nötig, die den Hörer durch die Selbstbegegnung mit Musik instandsetzen, sich dem noch Utopischen auszusetzen und es produktiv sich anzuverwandeln. Hören von Musik ist damit nicht mehr eine im passiven Genuss verharrende Haltung, sondern wird vom „Hellhören" abgelöst, welches das Bedürfnis stimuliert, in die unfertigen Verhältnisse der kleinen und der großen Welt gestaltend eingreifen zu wollen. Dass nach Blochs Überzeugung der Ton in der Musik zum Träger, ja zum prophetischen Künder des noch Ungenossenen werden und den zuhörenden Menschen zum tätigen Handeln anstiften kann, erklärt die zentrale Stellung der Musik als Ausgangspunkt seiner Sozialphilosophie der Hoffnung: „Die Beziehung zu dieser Welt macht Musik gerade gesellschaftlich seismographisch, sie reflektiert Brüche unter der sozialen Oberfläche, drückt Wünsche nach Veränderung aus, heißt hoffen." (PH 1279) Da er aber jenes Hinausweisen des Tons ins Künftige nur an einzelnen, ihn selber berührenden Musikwerken demonstrieren kann, greift er zeitlebens auf wenige Beispiele zurück – dazu gehört an erster Stelle Beethovens Oper *Fidelio*.[1] Doch weniger die Oper als Gesamtwerk steht im Zentrum, sondern meist nur wenige Takte, die er des beispielgebenden Ansprechens für signifikant befindet: es ist das Rettung verheißende Trompetensignal, das im Schlussakt der Oper und in der Ouvertüre erklingt (s. dazu Zubke 2010). Weit mehr als nur die sich ankündigende Rettung Florestans aus todbringender Kerkerhaft, sind sie für Bloch das tönende Symbol des noch uneingelösten

---

[1] Zu Blochs Auseinandersetzung mit der Oper *Fidelio* siehe u. a.: PH 210, 428, 974, 976, 1068, 1254, 1255, 1293; GU 1918, 108–109 et passim; EM 112; TLU 183.

Menschheitstraums eines von Unterdrückung, Bedrohung und Bevormundung befreiten Lebens.

Über das in den Ton Eingeschriebene gelangt Bloch zum geschichtlichen Moment von Musik:

> Die *gesellschaftlichen Tendenzen selber* haben sich im Klangmaterial reflektiert und ausgesagt, weit über die gleichbleibenden Naturtatsachen, auch weit über das bloß romantische Espressivo hinaus. Keine Kunst ist so sehr sozial bedingt wie die angeblich selbsttätige, gar mechanisch selbstgerechte Musik; es wimmelt in ihr von historischem Materialismus und eben von historischem. (PH 1249)

Beispielhaft führt er dazu aus:

> Dem beginnenden Unternehmertum entsprechen die Herrschaft der melodieführenden Oberstimme und die Beweglichkeit der übrigen ebenso, wie der cantus firmus in der Mitte und die gestufte Vielstimmigkeit der ständischen Gesellschaft entsprochen haben. [...] Es ist die Konsumentenschicht und ihr Auftrag, es ist die Gefühls- und Zielwelt der jeweils herrschenden Klasse, die in Musik sich jeweils expressiv macht.

(Dazu auch Gramer 1984, 183–185. Er vergleicht hier die Auffassungen des autonomen und gesellschaftlichen Doppelcharakters von Musik bei Adorno und Bloch.)

Über das sich bedingende Verhältnis von Musik und Gesellschaft, über die Reflexion gesellschaftlicher Verhältnisse in der sie sich schaffenden Musik besteht allgemein Konsens. In eine „Schieflage" gerät dieses Verhältnis durch die Auffassung, dass Musik die jeweils herrschenden gesellschaftlichen Beziehungen im Notenbild spiegelt. Vereinfacht wird damit das komplizierte Wechselverhältnis zwischen Musik und Gesellschaft, vor allem aber wird die relative Autonomie musikalischer Materialentwicklung außer Acht gelassen. Dazu bemerkte der ab 1950 in Ost-Berlin lehrende Musikwissenschaftler Georg Knepler rückblickend:

> Die marxistisch-leninistische Ästhetik und Kunsttheorie [...] hat eine dogmatische Phase hinter sich gebracht [...]. Dem wissenschaftlichen ‚Denken in Begriffen', so dachten wir damals, wäre ein ‚Denken in Bildern', das die Domäne der Kunst, auch der Musik sei, gegenüberzustellen. ‚Bildhaftigkeit' käme der Musik als ein konstituierender Faktor zu, und ‚Bewußtseinsbildung' wäre ihre erste Funktion. Die Dinge liegen offenbar komplizierter. (Knepler 1977, 23–24)

(Auf diese Feststellung legt der Autor des vorliegenden Buches auch deshalb Gewicht, weil auch er in den vierziger und fünfziger Jahren derart vereinfachte Auffassungen vertreten hat.) Blochs Ausführungen, die seinen marxistischen Ansatz bei der Darstellung und Bewertung von Musikgeschichte kenntlich machen, ist hier von einer Perspektive geprägt (oder dieser nahe), wie sie in den 1950er Jahren in Lehre und Forschung der DDR auf eine – aus heutiger Sicht –

problematisch vereinfachende Weise vertreten wurde. Ob seine Äußerung so zu interpretieren ist, oder ob er sie sich im Vorfeld des 1959 erscheinenden 3. Bandes seines *Prinzips Hoffnung* zu eigen gemacht hat, um staatliche Zensur zu täuschen, kann nicht mit Bestimmtheit entschieden werden. (Über Blochs Wirken in der DDR bis zu seinem Weggang 1961 siehe Zudeick 1987, 218–245.)

Weiter hebt Bloch hervor, dass Musik einen Überschuss an „Hoffnungsmaterial" habe (PH 1249), das sich weder aus dem „tönenden Leid an Zeit, Gesellschaft, Welt, auch noch im Tod" (PH 1249–1250) vertreiben lässt. Er geht diesem Hoffnungsmaterial in Bachs Kantaten nach und wendet sich gegen den lange nach dessen Tod herrschenden Vorwurf, Bach sei mit seinen Fugenkünsten nur seelenloser „Verstandesmusiker" gewesen, der den *„Ausdruck eines menschlichen Inhalts"* (PH 1250) verhindere – ein Verdikt, das auch Komponisten der franko-flämischen Vokalpolyphonie des 15. und 16. Jahrhunderts wie Johannes Ockeghem und Josquin Desprez mit ihren kontrapunktischen Künsten in Messen, Motetten und Rätselkanons betraf. Noch 1952 hatte Ernst Hermann Meyer dazu kritisch angemerkt:

> Je mehr die Feudalordnung allerdings für die gegen Ende des Mittelalters schnell wachsenden ökonomischen und gesellschaftlichen Notwendigkeiten zu eng wurde, und je mehr der Feudalismus (und mit ihm die alte katholische Kirche) in die Lage geriet, seine überalterten Privilegien gegen die Vertreter der neuen fortschrittlichen Kräfte verteidigen zu müssen, desto mehr hatte auch die Musik des Feudalismus eine rückwärtsgewandte Funktion. Daher die weltflüchtigen, manirierten, formalistischen Züge der spätmittelalterlichen Kirchenmusik. (Meyer 1952, 117)

Doch die Kritik an franko-flämischen Komponisten, sie hätten gekünstelte Schaupartituren, also notierte Musik für den Kennerblick statt zu hörende für die Ohren hergestellt und würden einem „Formalismus der dekadenten Spätgotik" huldigen (PH 1250), weist Bloch mit dem Einwand zurück, dass diese Musik zum Teil nur deshalb so bewertet wurde, weil „ihre Wiederbelebung rein technisch noch nicht gelungen ist." Dieser relativierende und zugleich unbestimmte Einwand (denn was bedeutet „rein technisch" hier?) ist im Perfekt notiert und lässt darauf schließen, dass Bloch eigene Gegenwart und jüngste Vergangenheit im Blick hat, welche die Entstehung seines *Prinzips Hoffnung* begleitete: 1936 erreichten in der Sowjetunion die heftigen Auseinandersetzungen um Schostakowitschs Oper *Lady Macbeth von Mzensk*, die in scharfer Weise des Formalismus bezichtigt wurde, ihren ersten Höhepunkt. Die sowjetische Formalismus-Kampagne griff nach dem zweiten Weltkrieg auf die entstehende DDR über, wo sie im März 1951 scharfe Auseinandersetzungen um Brechts und Dessaus Oper *Das Verhör des Lukullus* entfachte. Blochs oben zitierter Hinweis, dass die Wiederbelebung der franko-flämischen Musik „rein technisch noch nicht gelungen ist", könnte demnach verstanden werden als Anspielung auf ihre kulturpolitisch nicht erwünschte Wiederbelebung und Neubewertung. Doch auch die des Formalismus bezichtigte Gegenwartsmusik drängt beim Benennen von alter Musik mit hervor.

Im Zusammenhang mit dem Ton, seiner gesellschaftlichen Tendenz und seinem Hoffnungsmaterial steht der Ausdruck in der Musik. Doch jener zielt bei Bloch nicht nur als musikästhetisches Phänomen auf die Sinne des Hörers. Mit Ausdruck meint er auch eine Kategorie, die auf menschlichen Inhalt zielt und „ersichtlich nicht auf romantischen beschränkt" ist. Francesca Vidal hat darauf verwiesen, dass diese Kategorie im Frühwerk Blochs „eher vage erläutert" ist und erst im *Prinzip Hoffnung* eine Konkretisierung erfährt: „Wahrheit zeigt sich erst durch die Veränderungen im Geschichtsverlauf. Deshalb ist mit ‚Ausdruck' kein bloßes Ausdrucksmittel gemeint, sondern eine Kategorie, die die Offenheit des Kunstwerkes zu vermitteln vermag." (Vidal 2003, 143) Bloch nennt beispielhaft die vorromantische Musik, die kontrapunktisch-formalistische Musik des Mittelalters und die der griechischen Antike – überall behauptet sie jene Kategorie der Offenheit. Denn auch in der Rezeption historisch alter Musik kommt jene Ausdrucksqualität zum Vorschein; das bedeutet, dass das musikalisch Ausgedrückte im Moment seines Entstehens nicht versteinert, sondern sich dem geschichtlichen Verlauf immer wieder aufs Neue anverwandelt. Allerdings kann nur ein disponierter Hörer den in die Zukunft gerichteten, offenen Ausdruck der Musik erkennen und in neue Gegenwart umsetzen: „Zwischen Musik und Hörer entsteht so eine dialektische Beziehung, wobei der Hörer sich in seinem Bemühen um Verständnis sowohl an den Merkmalen innerhalb des Musikwerkes als auch an seinem grundlegenden Weltwissen orientiert."

Bei seinen Ausführungen zum musikalischen Ausdruck wendet sich Bloch auch der Rezeption zu und kritisiert das „Romantisieren" von Bachs Werken durch den ihn 70 Jahre nach seinem Tod wieder entdeckenden Felix Mendelssohn-Bartholdy als „grundfalsch" (PH 1251). Doch ebensowenig ist „Bachs Verständnis mit bloßem totem Abtun der Romantik erlangt; als bliebe danach nichts übrig als verdinglichte Form." Bloch beharrt auf beiden Grundlagen Bachscher Musik, die sich in einem unauflöslichen Zusammenhang bedingen: „Bach, die gelehrteste und zugleich am tiefsten durchseelte Musik, macht die Antithese Ausdruck – Kanon sinnlos." Ja, er warnt vor der versuchten Austreibung vermeintlich falscher Romantik aus Bachs Musik im Namen von „Historischer Aufführungspraxis" und „Neuer Sachlichkeit". Denn jene dadurch angestrebte „Verdinglichung" der Aufführungspraxis, so Bloch weiter, führt durch die Hintertür wieder ein Vorurteil ein, welches die Bach nachfolgenden Generationen schon einmal vorgebracht hatten: diese Musik sei „verzopft" und „kopflastig". Zugleich warnt er vor einer historisch jüngeren Entwicklung innerhalb der Bach-Rezeption: „Die schlecht überwundene Romantik rächt sich, indem sie trotzdem wieder Ausdrucksdeutung hereinbrachte, doch nun nicht einmal im Mendelssohn-Stil, sondern in dem der Gartenlaube". Den Bachbiographen Philipp Spitta, dessen wirkungsmächtiges Standardwerk (Spitta 1873, 1880) mit der Gründungsphase des Deutschen Reichs zusammenfällt, bezichtigt er jener Gartenlauben-Perspektive. In der Tat war es Spittas Absicht, seine akribisch-wissenschaftliche Rekonstruktion des historischen Klangbilds für ein Vordringen zu Bachs „mystischem Kern" zu nutzen, sein romantisches Streben nach verklärender Schlichtheit war geprägt von Cäcilianismus und Nazarenertum (dazu auch Rathert 2006, 1191–1194.)

Dies wird Bloch bei seiner Kritik an Spittas Gartenlauben-Position im Blick gehabt haben. Er stellt ihr die Bach-Biographie Albert Schweitzers (Schweitzer 1979) von 1908 gegenüber, die auf die Ausdrucksskala der barocken Affektenlehre rekurriert und damit den emotionalen Ausdruckscharakter der Bachschen Musik von einem missverstandenen Romantisieren reinigt – ganz im Sinne Blochs. Er schlussfolgert, „daß gute Musik ihn [den Ausdruck, J. L.] so notwendig gestaltet, wie schlechte ihn herbeischwindelt". (PH 1255) Als wesentliche Leistung Schweitzers bewertet er dessen Bach-Analyse, mit der jener

> völlig aus der Praxis des Bachspiels heraus, das spezifische Espressivo dieser Musik ins einzelnste belegte. Schweitzer erweist bis ins graphische Notenbild, bis in den abgehörten Gestus der Handlung und des Affektes, was es mit Bachs Espressivo auf sich hat: in Kantaten, in Chorälen, in der Instrumentalmusik. Es erscheint ein Inventar dokumentierten Ausdrucks [...]. Eine Ausdrucks-Skala ohnegleichen reicht bei Bach von Todesangst, Todessehnsucht zu Trost, Zuversicht, Friede, Sieg. Keine noch so geschlossene Form hält sie auf. (PH 1252)

Bloch betrachtet Musik weniger aus technisch-analytischer Perspektive, vielmehr sucht er das „Espressivo", den Ausdruck der Musik in seine Philosophie zu integrieren, um sie in ihrer utopischen Zielgerichtetheit auf etwas noch nicht Erkanntes, Erreichtes darzustellen. Dies wird auch deutlich daran, dass er, wie Wolfgang Matz bemerkt, die Künste und ihre Gattungen keineswegs nach herkömmlichen Kategorien systematisch trennt, sondern sich scheinbar anarchisch und systemignorant zwischen ihnen hin- und herbewegt, da ihm der „philosophisch erkannte Gehalt des Werkes allemal wichtiger" ist, als „bloß formale Zuordnungen." (Matz 1988, 136) Doch bei aller Weiträumigkeit seines Blicks in die Künste spricht er der Musik den höchsten Rang zu, dem des „regierenden musikalischen Sprachgebots". (PH 1253) Deutlich warnt er aber davor, dass Musik „billig" wird, wenn sie „kostenlos Seele" abgibt (PH 1254), „Wirkung ohne Ursache" zeigt, sich gefühlig um der Gefühligkeit willen gibt und „schmierig" macht. Er fragt nach den geschichtlichen Voraussetzungen für ihr Abgleiten ins Billige und verweist auf „Ursprünge des falschen Gefühls, sie hängen wahrscheinlich mit warmem Volkston bei beginnendem Verlust des Volkslieds zusammen". Dieser „Schaden", wie er es nennt, beginnt bei der klassisch-romantischen Musik der bürgerlichen Gesellschaft mit ihrem aufsteigenden kapitalistischen System. Zu diesen Schadensbeispielen zählt er den Satz des Grafen „O Engel, verzeih mir" aus Mozarts *Figaros Hochzeit*, Beethovens *Fidelio* mit Florestans „In des Lebens Frühlingstagen", das „Preislied" aus den *Meistersingern* oder das „Recordare Jesu pie" aus Verdis *Requiem*. Zwar seien dies nur „Seitenbeispiele", wie er die ansonsten von ihm stark favorisierten Werke beschwichtigend nennt, aber er warnt bei diesen sprichwörtlich schönen Stellen vor der Gefahr eines Falschwerdens im Ausdruck:

> so viele Kostbarkeiten, Tiefblicke, die Unrast-Heimweh-Macht dieser Musik und ihrer Artikulierungen wurden nicht selten durch langes Hineinknien in autarke Singe-Rhetorik bezahlt. [...] Der Fremdkörper ist mannigfach, er steckt in der sinnlosen Schwüle des romantischen Violintons, im geschwollenen Gesang der Wagner-Heroinen, er ist überall Effekt aus Affekten oder Affekt aus Effekten. (PH 1254–1255)

Hierfür macht er den kleinbürgerlichen Hang zum „Gefühlsverschleiß" verantwortlich, zu welchem eine „dicke" Instrumentierung, übermäßig betonte Mittelstimmen und ein „schwüler" Rhythmus beitragen. Derart Aufgesetztes sei keineswegs gleichzusetzen mit „wirklicher" romantischer Musik und ihrem Ausdruck. Als dagegen gelungene Beispiele erwähnt er *Fidelio* und die *Meistersinger*, wo trotz romantischer Intensität die kunstvoll gearbeitete kontrapunktische Struktur nicht verdeckt ist. Auch im Crucifixus der *h-Moll-Messe* Bachs mit ihrem „kontrapunktischen Wunderbau" (PH 1255) wird Pathos nicht verhindert: intensivster Ausdruck und kontrapunktische Meisterschaft entfalten sich störungsfrei.

Und in der Tat löst Bloch, mag er sich dessen auch nicht voll bewusst gewesen sein, eine Aporie, die Musikphilosophie über lange Zeit lähmte: die Unmöglichkeit, die musikwissenschaftlichen Kategorien von Form, Harmonik, Kontrapunkt mit den großen Entwürfen der Philosophie wirklich zu vermitteln. [...] die Musikologen hatten allzu oft leichtes Spiel, Theorien zu entkräften, die ihres Gegenstandes unkundig waren. Die endgültige Vermittlung ist auch Bloch nicht gelungen, jedoch ist seine Ästhetik ein erster entscheidender Schritt. Bedeutet in dieser also die Musiktheorie eine Grammatik der sprachähnlichen Syntax von Musik, so meint Grammatik hier, wiederum in Analogie zur meinenden Sprache, nicht Konstruktion alleine. Wie die Erkenntnis des Aufbaus den Gehalt der Sprache meint, so die musikalische Analyse das Meinen der Musik. Daß die Formen der Gehalt nicht sind, ihn aber meinen, ist die musiktheoretische Formel Blochs. (Matz 1988, 54)

Bloch kritisiert, dass hermeneutisch-literarische Wegweiser zu Musikalisch-Inhaltlichem den Hörer in eine falsche Richtung führen können. Schon bei Werktiteln wie der „Pastorale" sieht er die Gefahr von Missverständnissen, ebenso bei den Programmsinfonien des 19. Jahrhunderts von Berlioz bis Richard Strauss, die – zugespitzt formuliert – eine „bloße Illustrierung literarischer Phantasie-Beihilfen" abgeben. (PH 1256) Jene Texte verflachen und verengen den latenten Ausdrucksimpuls der in Worte nicht zu fassenden Musik erheblich. Vielmehr ist Musik selber Ausdruck einer „*Gesamtheit ihres Meinens, Bedeutens, Abbildens und dessen, was sie auf so unsichtige, doch im doppelten Wortsinn ergreifende Weise abbildet.*" Es kommt darauf an, die Sprache der Musik herauszuhören, sie hellzuhören. Sie dringt nach Blochs Überzeugung allein aus der absoluten Musik, d. h. der zweckfreien, außermusikalisch nicht gebundenen Instrumentalmusik, nicht aber „aus irgendeinem ihr überlegten und ausgemachten Text. Um gerade einen Vergleich Wagners zu gebrauchen, so verhält sich jede zu großer Musik gesetzte Literatur zu der namenlosen Ausdruckskraft Musik wie ein Kommentar des Gervinus zu einem Drama Shakespeares." Musikalische Ausdruckskraft ist also viel mehr, nämlich ein „Statthalter für viel weitergehende Artikulierung, als sie bisher gekannt ist." Aber die Zeit für viel weitergehende Artikulierung ist noch nicht angebrochen – sie gelangt erst noch zur hörbaren Reife durch die entwickelte menschliche Rezeptionsfähigkeit, die in einem Spannungsverhältnis zum gesellschaftlichen Fortschritt steht. Bloch vergleicht das bisherige Wahrnehmen musikalischer Ausdrucksgehalte mit dem „Lallen eines Kindes" (PH 1257), dessen Sinn man ahnt, aber noch nicht verstehen kann. Daraus schlussfolgert er, dass Bach, Mozart und Beethoven mit ihrem wirklichen Rufen und Benennen bislang noch nicht gehört, erhört worden sind; dies wird erst in der Zukunft möglich sein, wenn ihre Werke das notwendige Reifestadium erreicht haben. Daraus ergibt sich für Bloch, von der utopischen Kunst der Musik zu sprechen, nämlich als einer, die erst im Zukünftigen sich einlöst.

In diesem Abschnitt wird das Handwerklich-Technische in der Musik und dessen Abhängigkeit von gesellschaftlichen Entwicklungen verhandelt; es kann an der „geselligen Kunst" erfahren werden, „wie tief Gesellschaft schon ins Klangmaterial hineinreicht." (PH 1258) Bloch benennt den Einfluss gesellschaftlicher Produktivkräfte auf die Musiktheorie und führt als Beispiel die sich in der Renaissance-Musik niederschlagenden mathematisch-astronomischen Gesetze Johannes Keplers an, einem der „Zerbrecher des alten Weltbilds". (PH 1266) Der Astronom, sich zur pythagoreischen Tradition bekennend, versuchte diese mit dem neuen heliozentrischen Modell zu verbinden. Seit der Antike hatte sich die Vorstellung gehalten, dass die im All umlaufenden Planeten durch ihre Bewegung Musik erzeugen, welche nach Gesetzmäßigkeiten geformt ist und die vom Menschen nicht gestört werden darf. Mit diesem kosmologischen Bezugssystem konnte die Musiktheorie zu ihrem hohen Rang ins mittelalterliche Quadrivium aufsteigen, zusammen mit Arithmetik, Geometrie und Astronomie. Die Musik war noch nicht, so Bloch, zur reinen Stimmungskulisse verflüchtigt, griff sie doch als Sphärenmusik (oder Sphärenharmonie) sprichwörtlich nach den Sternen, um sich als unhörbare musica coelestis aus den Planeten auf die Erde zu ergießen. Damit rationalisierte sich das musikalische Handwerk unter allen Zunftgewerben als frühestes – was zur Folge hatte, dass sich Kontrapunkt und Rationalität in der Musik bis in die Gegenwart erhalten haben. Bloch schlägt mit der kosmologisch abgeleiteten Musiktheorie, die er wegen ihres streng verpflichtenden Charakters „Gesetzwelt" tituliert, einen historischen Bogen von Augustin und den Pythagoreern über Ambrosius, Boethius, über die arabische Musiktheorie zu Philipp de Vitry, Jacob von Lüttich, Kepler bis zur Naturphilosophie Schellings. Schelling hatte in seiner *Philosophie der Kunst* formuliert: „Die Musik ist insofern diejenige Kunst, die am meisten das Körperliche abstreift, indem sie die reine Bewegung selbst als solche, von dem Gegenstand abgezogen, vorstellt und von unsichtbaren, fast geistigen Flügeln getragen wird." (Schelling, 502) Bloch greift hier ein weiteres Zitat als Beleg auf:

> Auf den Flügeln der Harmonie und des Rhythmus schweben die Weltkörper; was man Zentripetal- und Zentrifugalkraft genannt hat, ist nichts anderes als – dieses Rhythmus, jener Harmonie. Von denselben Flügeln erhoben schwebt die Musik im Raum, um aus dem durchsichtigen Leib des Lauts und Tons ein hörbares Universum zu weben. (Zitiert nach PH 1267).

Von dort gelangt er in seine Gegenwart und zu den in West wie Ost polemisch geführten Auseinandersetzungen um Fragen des Formalismus und Realismus in der Musik, die beileibe nicht nur fachintern geführt wurden, sondern staatlich eingreifende Maßnahmen zur Folge hatten – der ab 1949 in der DDR lebende Bloch bekam von ihnen mit Sicherheit Kenntnis. Der verbreiteten definitorischen Unschärfe und der kulturpolitisch damit einhergehenden Unsicherheit, was formalistische Musik ihren Kriterien nach sei, setzt Bloch seinen Bestimmungsversuch entgegen: er verweist auf ihren fehlenden Bezug zum kosmologischen Bau. Dennoch ist formalistische Musik nicht ohne „Glaube an subjektlose Ordnung, eben an Musik als Gesetz statt an Musik als Existenz." (PH 1261) Deutlich richtet sich seine Kritik formalistischer Musik an die westliche Adresse, ohne dabei die unter Formalismus-Verdacht stehende neue Musik auf der östlichen Seite des Eisernen Vorhangs differenzierend und zur Seite stehend mit einzubeziehen – auf Blochs Freunde Eisler und Dessau sei hier stellvertretend verwiesen: „So wird [...] das Außermenschliche in der spätbürgerlichen Anti-Ausdrucks-Theorie der Musik und ihrer Formverdinglichung sehr leicht zum Gegenmenschlichen; die Sachlichkeit interpretiert sich ausschließlich als Fremdgesetzlichkeit." Folglich entdeckt er in formalistischer Musik keinen Weg zur „Selbstüberschreitung, zum utopischen Quell- und Existenzklang" (PH 1262) und bewertet sie für seinen philosophischen Ansatz als ungeeignet. Formalismus sei, „wenn der Kontrapunkt eine gehörte Art Formfetisch geworden ist."

Hier bezieht sich Bloch auf die Tonmalerei, welche so alt wie die Musik ist. Häufig sei sie Abklatsch, eine „bloße läppische Kopie" von Geräuschen oder Stimmen. (PH 1270) Doch „gute Musik mit Tonmalerei" meint und gibt immer mehr als die Oberfläche wieder. Die Menge imitierender Musik ist gewaltig, daraus nennt er Clément Janequins Imitation des Pariser Straßenlärms im Chorwerk *Les cris de Paris* von 1529 oder Arthur Honeggers *Pacific 231* von 1923, der orchestralen Hörbarmachung einer in Fahrt geratenden Lokomotive. Vor allem aber findet er reichlich Tonmalerei in den Kantaten und Passionen Bachs, die mit einem Arsenal figurativ-barocker Bildhaftigkeit die Welt ins Noten- und Klangbild spiegeln:

> Bach übt nicht bloß Tonmalerei, er gibt buchstäblich Tongraphik, soll heißen, er setzt die Klangfigur zu der textlich beschriebenen, in der sichtbare Welt gewordenen, er bringt dies Gewordene dadurch wieder zum tönenden Sprechen [...]. Von daher die Musikbilder des Schreitens, Zusammenbrechens, Niedersteigens, Auffahrens und so fort in den Kantaten und Passionen, ein ständiges Vor-Ohren-Führen der Szene. (PH 1271)

Weitere Beispiele zur agenshaften Musik führt er aus Haydns Oratorium *Die Schöpfung*, Beethovens Oper *Fidelio* und seiner 6. Symphonie, der *Pastorale* an. „Naturnachahmungen" hin zu einem „Erträumt-Mythischen" (PH 1273) bezeichnet er die romantische Tonmalerei: Webers Wolfsschlucht-Musik aus dem *Freischütz* oder Wagners „roh-dekorativen" Walkürenritt und Feuerzauber. Immer kritischer werdend zum ausgehenden 19. Jahrhundert nennt er Richard Strauss distanziert den „Meister der Oberfläche", dabei auf dessen sinfonische Tondichtung *Don Quixote* verweisend. All diese Musik ist in ihrer Stoßrichtung „umgekehrte Sphärenmusik", da sie sich aus dem „Bauch der Natur" entwickelt. Auch Moralität macht er als Bestandteil der Musik und ihrer Geschichte aus, die sich von Platon über das Mittelalter bis in die klassische Musik hinein feststellen lässt; Beethoven ist für Bloch ein Sachwalter musikalischer Moralität schlechthin. Freilich fragt er nach dem geschichtlich-sozialen Kontext von Moral in der Musik; als Beleg dient ihm Platons *Der Staat*, in dem die lydische und die ionische Tonart aus der Musik verbannt wird, da sie mit ihrem weichen, klagenden Charakter die strengen Ertüchtigungsmaßnahmen zwecks Erziehung der Jugend unterlaufen. Ähnliches stellt er bei den mittelalterlichen Kirchenvätern fest, die Platons scharfes „Ethos Musik" (PH 1277) ideologisch umfunktionierten „zu dem einer heilsgemäßen civitas Dei." Unter den Künsten ist die Musik besonders heikel, gilt sie ihnen doch in unbeaufsichtigtem Zustand als Lockspeise des Teufels. Dagegen hat „züchtige" Musik eine heilende und reinigende Wirkung auf die Seele des Menschen. Dies sind für Bloch Beispiele einer erkannten und praktizierten Leitfunktion von Musik im Kontext ideologischer Vorgaben und gesellschaftlicher Machtstrukturen.

Bloch diskutiert Tonalität, Kadenzierung und Harmonieverlauf in der klassisch-romantischen Musik und vergleicht sie mit Schönbergs Zwölftonmusik. Am Spannungs-Lösungsmodell der klassischen Sonate werden die Beziehungen von Konsonanz und Dissonanz dargestellt, welche in dialektischer Spannung zur Lösung drängen. Dagegen weist die dodekaphonische Musik für ihn einen „eher gleitenden, still strengen Reihenzusammenhang" auf. (PH 1280) Aus dem Material der gleichberechtigten zwölf Töne des Oktavraums kann eine Vielzahl von Zwölftonreihen entwickelt werden, die ihrerseits durch bearbeitende Verfahren weitere Differenzierung erfahren. In der ersten Hälfte des 20. Jahrhunderts reagierten Hörer (also Zeitgenossen Blochs) zunächst schockhaft – es war das Unverstandene, nicht Verortbare, das ihnen entgegentrat: „die Harmonie hört auf, Ausgangsland, aber auch Reiseziel mitzuteilen". (PH 1281) Bloch spricht der Zwölftonmusik pauschal das Moment der Wiedererkennbarkeit ab, welche in der tonikalen Ausrichtung und den thematischen Verarbeitungsverfahren von Sonate und Fuge noch geleistet wurde.

> Der Begriff des Kontrapunkts, wie auch der von Fuge und Sonate, ist in der Blochischen Erörterung unbedingt als weiter gefaßt anzusehen, denn im engeren musikologischen Sinne; mit Kontrapunkt gemeint sind die stimmführenden, formbildenden Kräfte, Synthesis von Raum- und Zeitdimension eher als der strikte Gegensatz zur Homophonie. (Matz 1988, 63)

Übereinstimmend mit Ernst Krenek verweist er auf die fragmentarische Formgestaltung in der neuen Musik sowie auf den unbefriedigten Höreindruck, den das Fragmentarische erzeugt. Doch spricht Bloch der Musik mit freier Atonalität einen expressiven Kern nicht ab (dabei auf Schönbergs Monodram *Erwartung* von 1909 verweisend) und deckt hier, wie auch bei Bach, unter der Oberfläche handwerklicher Konstruktion ihre Emotionalität auf. Schönbergs Musik ist eine „Wettermusik", die seismographisch traumatische Schocks aufzeichnet und eben keine „Maschinenmusik" wie jene von Strawinsky, dem er einen mechanisch starr abspulenden Neoklassizismus bescheinigt. Bloch nimmt Partei für Schönbergs Musik in Abgrenzung zu der Strawinskys: sie verkörpert den Hohlraum der Zeit, die Biosphäre, das Dynamit, die „schlagenden Wetter" tief unter der Oberfläche von bürgerlicher Gesellschaft. (Der Autor verdankt den Hinweis auf diese Lesart von Blochs „Wettermusik" Gerd Koch.) Schönbergs Musik ist „eine allein schon durch ihre Kühnheit und Ratio vom totalen Nihilismus unterschiedene, voller Wundmale einer harten, durchaus nicht paradiesischen Übergangszeit", doch gleichzeitig auch „ebenso voll unbestimmter oder noch unbestimmter Funkenfigur ihres Gesichts." (PH 1282) Damit gelangt Bloch wieder zu dem zentralen Punkt seines philosophischen Denkens über Musik: dem Aufspüren des in der Musik verborgenen oder sich noch nicht deutlich zeigenden, entzündbaren Hoffnungskerns, vorscheinend in der „Funkenfigur". Weiterhin hebt er an der neuen Musik des beginnenden 20. Jahrhunderts „eine Meisterschaft in der Weite motivischer Beziehungen, in der unbehausten Gewalt vagierender Akkorde" hervor, sowie den Ausdruck einer „völligen Offenheit". Hierzu zählt er Schönbergs *1. Streichquartett*, die *1. Kammersymphonie*, die *Drei Klavierstücke* und das Monodram *Erwartung*. Als Erbgut der Musikgeschichte sieht er in Schönbergs *Orchestervariationen* von 1943 die Form der Variation aufgehoben. Variation und Suite konstituieren formal das geschichtliche Kontinuum, die Rückbindung, das die ansonsten so radikal mit Traditionszusammenhängen brechende Zwölftonmusik gerade noch zulässt. Bloch begreift im Neuen ein wiedergeborenes Altes, welches neu gehört und ins Offene gewendet ist. Dies ist ein Merkmal von gegenwärtiger Musik, dem er aufmerksam zugetan ist. Denn nun, so folgert er, „klingt auch dasjenige, was als der alte Ton geschichtlich überliefert ist, neu auf." (PH 1284) Damit erhält das Erbe seine „Nachreife" in der neuen Musik. Hatte die alte Sonatenform mit dualistischen Themen und konflikthaft-gesteigerter Verarbeitung noch ihren gesellschaftlichen Grundbezug zum entstehenden freien Unternehmertum, so wendet sich nun die neue Musik der revolutionären Umgestaltung der Gesellschaft zu. Gleiches gilt ihm auch für historisch vorgeprägte Formen wie Passacaglia und Invention in Bergs Oper *Wozzeck* von 1925, an denen sich dramatisches Espressivo wirkungsvoll entfaltet. Auch dies sind Belege für die Nachreife alter Musik in der gegenwärtigen, für die Vereinbarkeit von überlieferter handwerklich-technischer Rationalität mit intensivstem neuen Ausdruck. Bemerkenswert ist Blochs positives Urteil über Schönberg und Berg trotz kulturpolitischer Ächtung der zweiten Wiener Schule durch die DDR der 1950er Jahre. Dass er dabei auch den Bezug Schönbergs und Bergs auf Formen der Musik hervorhebt, die seit dem 16. und 17. Jahrhundert in der Geschichte wirksam sind, ist eine besondere Ironie angesichts offizieller Vorgaben, welche die modellhafte Rückorientierung sozialistischer Gegenwartsmusik an der Musik des 18. und 19. Jahrhunderts im Sinne erwünschter Volkstümlichkeit und Verständlichkeit fordern.

Tod und Musik sowie Tod in der Musik sind Blochs Thema in diesem Abschnitt: „Ist der Tod, als Beil des Nichts gedacht, die härteste Nicht-Utopie, so mißt sich an ihr die Musik als die utopischste aller Künste." (PH 1289–1290) Todesraum und Musik liegen dicht beieinander, wie die Nacht des Todes und die sie hervorbringende Musik. Er nennt Beispiele der Klage, der Todessehnsucht, die von der antiken Orpheus-Sage bis in die Gegenwart reichen; er verweist auf musikalische Formen des Todes: auf Trauermarsch und Requiem. Als Beispiele führt er Beethovens Trauermarsch aus der *Eroica* und den Trauermarsch aus Wagners *Götterdämmerung* an. Doch in diesem Zusammenhang macht er eine überraschende Perspektive auf: Bloch behauptet, dass der musiklose, pure Kirchentext über das Todesthema zwar keinen Glauben mehr im Menschen erwecke, doch in der

Musik weiterlebe: „der Kirchentext von Tod und Verdammnis wird seit hundert, fast zweihundert Jahren von den meisten Menschen nicht mehr geglaubt; trotzdem lebt er in der Musik." (PH 1292) Deshalb bringen die Messen und Requiems – ungeachtet ihres nicht geglaubten Textes – über den musikalischen Ausdruck die darin eingeschriebene Betroffenheit und Erschütterung hervor. Er macht auf den fast schon absurden Umstand aufmerksam, dass die im Mittelalter von der Kirche beargwöhnte und verketzerte Musik, welche angeblich zur Sünde verführt und von frommen Texten ablenkt, sich nun zur „Retterin" christlicher Botschaft entwickelt hat. Er stellt fest, „daß das gleiche Quinquilieren, das früher den Kirchentext überwucherte und deshalb, als Ablenkung, von der Kirche verboten wurde, nun den Kirchentext rettet und eben genießbar macht." Für die Requiems von Mozart, Berlioz, Cherubini und Verdi konstatiert er die Vermeidung dekorativer Äußerlichkeit oder bloßer dramatischer Musikzutat angesichts des Todesthemas:

> Die Musik der großen Requiems verschafft keinen Kunstgenuß, sondern Betroffenheit und Erschütterung; und der Kirchentext, der aus den Frühzeiten chiliastischer Angst und Sehnsucht entsprungene, gibt der Musik seine großen Archetypen heraus, unabhängig von den vergänglichen patristischen Formen. Also bringt die Musik selber die im Requiem wirkenden Symbole der Erwartung wieder hervor; sie sind ihr eingeschrieben. Und der Grund dafür, daß ein Jüngstes Gericht der Musik kein bloß mythologisches Sujet ist oder kein bloßes Bewegungsmotiv nach aufwärts [...] liegt in dem der Musik dauernd präsenten Tod-, Contratod-Utopie-Problem.

Dem Tod als „Beil des Nichts" (PH 1289) setzt Bloch seine Philosophie der Hoffnung in der Musik entgegen, die mit ihrem Drängen ins Offene, ins Zukünftige den Tod in Gestalt des „Contratods" überwindet. Er benötigt ihren Trost spendenden Beistand dringend, ansonsten wäre der Tod als das Ende aller Utopien begriffen – Beethovens Trauermarsch der *Eroica* hört er als Hoffnung gegen den Tod. Damit formuliert er seine antipodischen Koordinaten, die nirgendwo anders so ausgeprägt sind wie in der Musik: „Todesbewußtsein" und „Wunschbewußtsein vom Gegentod" nennt er sie (PH 1293), oder auch einen „metaphysischen Kontrapunkt von Hölle und Sieg, von Hölle verschlungen in den Sieg". Hier setzt Blochs Philosophieren über und durch Musik ihren Hoffnungskern frei, der sich angesichts akuter Todesbedrohung sieghaft behauptet. Allerdings holt er ein Textzitat (nicht die Musik) in den Zeugenstand, um im *Deutschen Requiem* von Brahms die Dialektik von „Tod" und „Gegentod" nachzuweisen: „Denn wir haben hier [recte: hie] keine bleibende Statt, aber die zukünftige suchen wir". Bloch räumt ein, dass dies zwar kein „Gewisses" gegenüber der „härtesten Nicht-Utopie" bedeutet, jedoch Ausdruck dafür sei, die Nicht-Utopie „auf ihrem eigenen Boden zu verneinen." (PH 1294)

Behrens betont, dass Blochs Philosophie „eine ganz und gar musikalische Philosophie ist, auch dort, wo nicht explizit Musikästhetik Thema ist; nicht zuletzt durch seine klanggewaltige, expressive Sprache." (Behrens 1998, 103) Der Autor dieses Textes geht aus vom Vorhandensein einer „verdeckten Kongruenz, eines philosophischen Denkens und Schreibens in musikgenerierten Strukturen, die sich auch in einem nicht musikbezogenen Text unter der Oberfläche entfalten können." (Lucchesi 2014, 190–191)

Wie eine kurze musikalische Coda mit einem „durch Nacht zum Licht"-Schluss fügt sich der letzte Abschnitt an. Im Wesentlichen gibt Bloch den Handlungsverlauf von Beethovens *Fidelio* wieder, um damit zu dem das Kapitel einleitenden Signal-Ruf zurückzukehren, den er mit der antiken Sage von Syrinx und Pan verbunden hat – ganz im Sinne einer ins Musikalische gewendeten Reprise. Es ist das berühmte Trompetensignal aus der Oper, das dem musikliebenden Philosophen zeitlebens besonders nahe ging und sich immer wieder als philosophiewürdiges Motiv durch seine Texte zieht. Auch hier ist es klingendes Sinnbild der Hoffnung und Kündung des Messias, das helle Freiheitslicht, welches in die Kerker scheint und beileibe nicht nur Florestan, sondern den allseits Geknechteten herausleuchtet. Wiederum lässt Bloch in dieser Rettungsoper die höchste Moralität der Musik hervorscheinen: „Wie nirgends sonst wird aber Musik hier Morgenrot, kriegerisch-religiöses, dessen Tag so hörbar wird, als wäre er schon mehr als bloße Hoffnung." (PH 1296–1297) Hier zeigt sich geordneter musikalischer Ausdruck als ein Haus oder ein Kristall, „welcher aus künftiger Freiheit besteht, als ein Stern, als eine neue Erde". (PH 1297) Das starke Hoffnungselement seiner Philosophie und die Musik sind nun, am Schluss des 51. Kapitels, wie in einem sinfonischen Finale auf das Engste vereinigt.

Literatur

Theodor W. Adorno: Ästhetische Theorie. Frankfurt a. M. 1973
Roger Behrens: Hören im Dunkel des gelebten Augenblicks. Zur Aktualität der Musikphilosophie Ernst Blochs. In: Weigand, Karlheinz (Hg.): Bloch-Almanach, Bd. 17. Mössingen-Talheim 1998, 101–117
Alexander Bertsch: Musik und Utopie – eine Annäherung an Ernst Blochs Philosophie der Musik. Datiert: 25.9.2010. http://www.alexander-bertsch.de/joomla25/pdf/ernst%20bloch.pdf
Anna Czajka-Cunico: Wann lebt man eigentlich? Die Suche nach der „zweiten" Wahrheit und die ästhetische Erfahrung (Musik und Poesie) in Ernst Blochs „Geist der Utopie". In: Weigand, Karlheinz (Hg.): Bloch-Almanach, Bd. 19. Mössingen-Talheim 2000, 103–157
Wolfgang Gramer: Musikalische Utopie. Ein Gespräch zwischen Adornos und Blochs Denken. In: Weigand, Karlheinz (Hg.): Bloch-Almanach, Bd. 4. Baden-Baden 1984, 175–191
Christian Grüny (Hg.): Musik und Sprache. Dimension eines schwierigen Verhältnisses. Weilerswist 2012

Georg Knepler: Geschichte als Weg zum Musikverständnis. Zur Theorie, Methode und Geschichte der Musikgeschichtsschreibung. Leipzig 1977

Joachim Lucchesi: Noch immer reichen die Ohren nicht aus. In: Doris Zeilinger (Hg.): VorSchein 32. Jahrbuch 2012/2013 der Ernst-Bloch-Assoziation. Nürnberg 2014, 185–191

Wolfgang Matz: Musica humana. Versuch über Ernst Blochs Philosophie der Musik. Frankfurt a. M. 1988

Hans Mayer: Musik als Luft von anderen Planeten. Ernst Blochs „Philosophie der Musik" und Ferruccio Busonis „Neue Ästhetik der Tonkunst". In: Schmidt, Burghart (Hg.): Materialien zu Ernst Blochs „Prinzip Hoffnung". Frankfurt a. M. 1978, 464–472

Ernst Hermann Meyer: Musik im Zeitgeschehen. Berlin 1952

Arno Münster: Utopie, Messianismus und Apokalypse im Frühwerk von Ernst Bloch. Frankfurt a. M. 1982

Ovid: Metamorphosen. In deutsche Prosa übertragen von Michael von Albrecht. München 1981.

Wolfgang Rathert: Spitta. In: Die Musik in Geschichte und Gegenwart. Bd. 15. Kassel; Stuttgart 2006, Spalte 1191–1194

Albrecht Riethmüller (Hg.): Sprache und Musik. Perspektiven einer Beziehung. Laaber 1999

Friedrich Wilhelm Joseph von Schelling: Philosophie der Kunst. In: Sämtliche Werke, Abt. 1, Bd. 5. Stuttgart 1859

Leon Schidlowsky: http://www.emmaus.de/ingos_texte/schidlowsky.html

Spitta, Philipp: Johann Sebastian Bach. 2 Bde. Leipzig 1873 (Bd. 1); 1880 (Bd. 2).

Ueding, Gert: Schein und Vor-Schein in der Kunst. Zur Ästhetik Ernst Blochs. In: Schmidt, Burghart (Hg.): Materialien zu Ernst Blochs „Prinzip Hoffnung". Frankfurt a. M. 1978, 446–464

Francesca Vidal: Bloch. In: Sorgner, Stefan Lorenz/Fürbeth, Oliver (Hg.): Musik in der deutschen Philosophie. Eine Einführung. Stuttgart 2003, 135–154

Friedhelm Zubke: Der Ton geht mit uns … Die Utopie der Musik. In: Degler, Frank; Kufeld, Klaus (Hg.): Bloch-Almanach, Bd. 29, Mössingen-Talheim 2010, 109–130

Peter Zudeick: Der Hintern des Teufels. Ernst Bloch – Leben und Werk. Bühl-Moos 1987

Rainer E. Zimmermann
17 Hoffnung gegen den Tod
5. Teil, Nr. 52

Insofern Bloch den Tod selbst stets als „stärkste Nicht-Utopie" aufgefasst hat, wie auch im Titel der Nr. 52 in *Das Prinzip Hoffnung* zum Ausdruck kommt, wird der ausführlichen Thematisierung seines Begriffs dort zureichend Raum gegeben. (Die vollständige Überschrift lautet: Selbst und Grablampe oder Hoffnungsbilder gegen die Macht der stärksten Nicht-Utopie: den Tod. (PH 1297)) Häufig sind allerdings unabhängig davon über die Blochsche Sichtweise auf den Tod recht unterschiedliche Details mehr kolportiert als überliefert worden: Es heißt sogar (lässt sich freilich nicht belegen und steht auch nirgends geschrieben), er wäre zuversichtlich gewesen, Elsa von Stritzky, seine erste, früh verstorbene, Ehefrau, im Jenseits wiederzutreffen. Allenfalls gibt es eine entsprechende Andeutung bei Karola Bloch, die aber vergleichsweise unspezifisch und deren Verbindlichkeit durchaus fraglich ist. Man sehe (Karola Bloch, 1989, 45: „Er [Bloch] war ein religiöser Mensch, er hatte einen Spürsinn für das Transzendieren. [...] Das hatte auch mit seiner ersten Ehe zu tun. Else von Stritzky [sic] war eine sehr überzeugende Christin und hatte Einfluß auf ihn.") Insgesamt sind solche Verweise auf Elsa von Stritzky praktisch nur aus Ernst Blochs Darstellungen wiedergegeben, und der Anteil der nachträglichen Inszenierung ist hierbei allerdings ungeklärt und führt bis in die Problematik des „Gedenkbuches" (TLU 11–50), auf die bereits vor Zeiten Martin Korol zu Recht hingewiesen hat. (Korol, 2001, 221–223)

Was jedoch seine offiziellen Publikationen angeht, so äußert sich Bloch eher nüchtern zum Thema Tod. Das gilt auch für veröffentlichte Gespräche und Interviews. Man sehe das Gespräch mit T. W. Adorno in Bloch (1964) oder das Interview mit Arno Münster in Bloch (1977). In den *Spuren* von 1930 noch, kommt das Thema kaum vor, es klingt lediglich in „Motiv des Scheidens" (Sp 70–78) an und auch in „Tot und brauchbar" (Sp 219). Schon zuvor, im *Thomas Münzer* (1921), war das Thema kurz angesprochen worden. Bloch erwähnt dort die religiöse Tradition der Wiedergeburt in Selbstgestalt (TM 212) und formuliert am Ende:

> Wiedergeburt insgesamt meint eine neue Dimension auch in der Außenwelt [...] Dergestalt, daß das Unausweichliche von vorher den Menschen nichts mehr angeht [...] Das ist die utopische Kraft der Wiedergeburt, auch nachdem ihre mythische verlassen, mindestens schwer zugänglich ist. (TM 215)

Hier deutet sich bereits ein Grundgedanke an, der das in Frage stehende Thema mit dem Naturbegriff verbindet. Dieser Aspekt ist aber zu jener Zeit noch längst nicht zureichend ausgearbeitet.

Behandelt ist das Thema freilich noch früher, nämlich in der ersten Fassung von *Geist der Utopie* (1918). Im Abschnitt „Tod, Seelenwanderung, Apokalypse oder das Problem der echten sozialen und kulturellen Ideologie" (GU 1918, 411–430) wird bereits über den Begriff der „Seelenwanderung" spekuliert. Aber die Motivation hierfür leitet sich aus der Frage ab, ob denn der ganze (philosophische) Aufwand überhaupt lohne, weil doch allzu bald gestorben werden muß. (GU 1918, 411) Es geht um die konstatierbare Unerbittlichkeit: „Wir sind, gewiß. Aber danach schlägt alles um." (GU 1918, 411) Und weiter: „[K]ein Blick geht nach oben, ohne den Tod streifen zu müssen, der alles an uns bleicht, allen / unseren Erlebnissen und Worten die Schwere entzieht, ohne eine andere zu geben. Nichts scheint mich, wie ich bin und erlebe, über den Einschnitt hinüber zu bringen [...]" (GU 1918, 411–412) Schließlich:

> Und es ist ein so unvorstellbar Anderes, blind, kalt, faulig zu werden, mit eingefallenen Augen und tief drunten im engen, schwarzen, luftlosen, fest verzinkten Sarg, daß dagegen die schon im Leben bedenklichen reinen Sachlichkeiten nicht gerade vollzählig als die Inhalte und der Ort unseres weiterbestehenden ‚Bewußtseins' begrüßt werden können. Gewiß, wir bleiben erinnerungsmäßig zurück, aber nicht einmal so wie alte, gute Stöcke, Tische, Häuser auch zurückbleiben [...] (GU 1918, 419)

Zwei Gedanken führt Bloch hier ein: Zum einen – im Verweis auf den Aspekt der Seelenwanderung – vergleicht er das Sterben mit einem „Aufsteigen": „Darum, wenn es uns erlaubt ist, die Erde zu verlassen, so bedeutet es ein tieferes Recht, wieder auf diese Erde kommen zu dürfen. Wir gehen zwar nackt und frierend, aber nicht hoffnungslos hinüber." (GU 1918, 423) Zum anderen betrachtet er die Geburt im Zusammenhang mit dem Tod, das heißt, er verleiht dem initialen Zustand des Menschen (vor der Geburt) denselben Status wie dem finalen Zustand (nach der Geburt). (GU 1918, 425 par.)

Freilich sind hier erste Einwendungen am Platze, wenn an dieser Stelle auch noch weitestgehend unklar ist, inwieweit sich Bloch die dargestellten Auffassungen wirklich selbst aneignet: Zwei Dinge sind zu kritisieren. Einmal wird in jedem Rekurs auf den Apostel Paulus (bei Bloch insgesamt häufig zitiert und im Zuge der Illustration des religiösen Wiederauferstehungsgedankens auch am Platze) unterschlagen, dass bei Paulus die Wiederauferstehung gerade nichts ist, was man mit der irdischen Vergangenheit vergleichen könnte. Paulus ist da ganz klar. Man sehe 1. Kor. 15, 40–47. Ausführlich habe ich dazu Stellung genommen in meinem Buch. (Zimmermann, 2011, 90–95) (Im Übrigen ist gerade bei Paulus der Wiederauferstehungsgedanke in Bezug auf Jesus bestenfalls formale Redewendung, aber nicht zentrale Konzeption – anders im Falle der Kreuzigung.)

Zweitens geht es gar nicht darum, die Erde zu verlassen – das ist höchstens metaphorischer Sprachgebrauch. Tatsächlich aber zerfallen die Bestandteile des

Körpers in biologisch unorganisierte Materie, wie wir wissen. Sie verlassen die Erde zwar auch in bestimmter Hinsicht, aber nur in dem allgemeinen Sinne, wie jede Materie die Erde verlässt, nämlich in Gestalt von Wärmestrahlung. Das ist gerade der wesentliche Aspekt, welcher der Entropieerhöhung zugrunde liegt. Und diese wiederum bewirkt recht eigentlich erst die chronologische Abfolge der (observablen) Ereignisse und begründet dadurch die Endlichkeit der Materie in erster Linie.

Wir erkennen bereits an dieser Stelle, dass es somit primär um die präzise Begriffsbildung gehen wird (und nebenbei auch um den Wissensstand in Blochscher Zeit). In der zweiten Fassung von *Geist der Utopie* (1923) liest sich das alles etwas anders: Schon die Überschrift spitzt die Blochsche Sichtweise erheblich zu, denn sie lautet nunmehr „Karl Marx, der Tod und die Apokalypse" und bekommt einen langen Untertitel, der für uns aber gerade interessant ist: „oder über die Weltwege, vermittelst derer das Inwendige auswendig und das Auswendige wie das Inwendige werden kann." (GU 1923, 289) (Rein materialistisch gesehen, ist das beim Tod auch tatsächlich der Fall. Ganz *un*-metaphorisch gesprochen.) Die aus der ersten Fassung übernommene Passage lautet im Übrigen nun nicht sehr verschieden, aber an der entscheidenden Stelle bekommt sie doch eine eher optimistische Konnotation, denn Bloch schreibt:

> Aber bleibt auch das Sterben zum Tod unerfahrbar sprunghaft, so hat es doch den Anschein, als ob *an uns selbst* die Aussichten des Dauernden, das heißt des diesseits und jenseits des Einschnitts identisch Bleibenden, evidenter zu begründen wären. (GU 1923, 310)

Das liest sich jetzt schon wesentlich aussichtsreicher. Denn es geht um unser *Selbst* (nicht um unser *Ich*). Bloch begründet das in gewissem Maße bewusstseinstheoretisch: „Denn wir gehen in uns deutlich fühlbar umher. [...] Der Eindruck bleibt unabweisbar, daß in uns eine Hand den Handschuh regiert und ihn vielleicht auch ausziehen kann." Wir sehen aber sofort: Die Argumentation verläuft hier in idealistischen Bahnen („den Handschuh [...] ausziehen" bedeutet doch, einen Geist ohne Körper vorzustellen). Und sie ist darüber hinaus nicht schlüssig, denn was uns im Augenblick fühlbar ist und welcher Eindruck uns entsteht, das hat keinerlei zwingende Konsequenz für einen transformierten Existenzzustand, wie er durch das Sterben bezeichnet wird und in eine „jenseitige" Zustandsregion führt, sei deren Jenseitigkeit auch lediglich formal gedacht. Die nachfolgende Erläuterung der Auffassung Chestertons ist zudem nicht geeignet, zu einer weiteren Erhellung beizutragen. (GU 1923, 311–312) Bloch verfährt hier nicht anders als in der ersten Fassung, wenn er zunächst ein kulturgeschichtliches Panorama entfaltet – dieses Mal nicht unter dem expliziten Aspekt der Seelenwanderung, sondern unter dem Aspekt der Beschreibung eines möglichen (konzeptuellen) Jenseits. Sympathie für Hölderlinsche und Schellingsche Überlegungen dazu wird von Bloch nicht unterdrückt. Der Gedanke, es gäbe eine Seele, welche „ihrem eidetisch realen Wesen nach als unzerstörbar gesetzt" werden könne, behagt ihm allzu deutlich, und sei es nur mit dem Ziel, das bloß Empirische abzuweisen. (GU 1923, 315) In *Geist der Utopie* deutet Bloch selbst aber noch keine ausdrückliche Lösung des Problems an, obwohl der Hoffnungsgedanke bereits zum Tragen kommt: „Wir leben und wissen nicht, wozu. Wir sterben und wissen nicht, wohin. [...] Und doch, es bleibt uns hier, die wir leiden und dunkel sind, weit hinaus zu hoffen." (GU 1923, 343)

Eine kurze Zwischenbemerkung sei an dieser Stelle erlaubt: Bloch ist ja der antike Ausgangspunkt des Philosophierens von Existenz und Grund durchaus bekannt. Wenn die Einsicht über das, was er später „Ontologie des Noch-nicht" zu nennen pflegt, bis auf seine Zeit als Doktorand in Würzburg zurückgeht, dann begründet er damit auf jeden Fall den Beginn seiner *Prozeß-Philosophie* (wie man seinen Ansatz durchaus nennen darf, ohne die problematische Frage erörtern zu müssen, ob es sich tatsächlich um eine Ontologie handelt oder nicht – das habe ich bei anderen Gelegenheiten ausführlicher besprochen. Man sehe dazu unter anderem auch einen anderen Beitrag von mir im hier vorliegenden Band). Als solche aber bietet sie sich auf *generische* Weise den Konsequenzen immer schon dar, die bereits in der Debatte zwischen den Anhängern des Parmenides und des Heraklit vor langer Zeit zum Gegenstand der Auseinandersetzung gemacht worden sind: Denn jede Form des Werdens schließt das Nichtseiende mit ein (das war das Hauptargument des Parmenides, der deshalb das Werden insgesamt ablehnte, weil das Nichtseiende nicht denkbar sei). Formal kann dieses Nichtseiende in verschiedenen Gestalten gedacht werden: als *Noch-nicht* (das wäre bei Bloch der Fall), als *Nicht-mehr* (das stünde Freud nahe, wenn bei diesem auch eine Rückkehr in die reflexive Wiederkunft möglich ist: was nicht mehr ist, kann künftig doch erinnert werden), als *Nicht* (das überhaupt niemals zutage tritt, aber zutagetreten könnte) und, getrennt davon, als das *Nichts* (das unter Optik der observablen Welt Unmögliche, das gleichwohl als Nichtsein des Nichtseienden, also als dessen Feld der Möglichkeiten, aufgefasst werden kann). Wenn wir das Noch-nicht auf den Zustand der Geburt eines Menschen anwenden und das Nicht-mehr auf dessen Tod, dann leuchtet die Symmetrie beider unmittelbar ein. Im Grunde ist das auf diese Weise personifiziert Seiende (und damit das Seiende ganz allgemein) nichts weiter als eine transitorische Störung dieser ursprünglich harmonischen Symmetrie (eben eine explizite *Symmetriebrechung*). Aus der Sicht einer Prozessphilosophie wie der Blochschen kann sich daher gar nicht die Frage nach Geburt (Entstehung) und Tod (Vergehen) stellen, sondern lediglich die Frage, ob diese Prozessualität eine wesentlich zyklische ist, indem sich nämlich ein solcher Vorgang *ad infinitum* wiederholt, wenigstens teilweise mit *identischem* Ergebnis. Das ist der Kern jeder Reinkarnation, und ganz offensichtlich gibt es keinen zureichenden Grund dafür, dass es so sein sollte. Bloch aber entzieht sich der eigenen Stellungnahme zu dieser Konsequenz, indem er lediglich die kulturgeschichtliche Entwicklung referiert, aber nicht beurteilt. Gerade die Konfundierung der generischen Negationskategorien hat das Verständnis der Blochschen Sichtweise bisher eher verwirrt als erhellt. Man sieht das etwa in dem Aufsatz Hans-Ulrich Fechlers. (Fechler, 2008, 121–152) Dort gehen die Konnotationen einigermaßen durcheinander. (Man sehe vor allem die Seite 141 dort.) Als begriffliche Auflösung des Problems könnte es sich anbieten, in einer neuerlichen Lektüre der relevanten Passage in PH 356–361 das „Nicht" als das anzusetzen, was Schelling in seiner Spätphilosophie als jene „Indifferenz" bezeichnet, die der „Identität" vorausgeht und die sich noch in der Figur von „Identität von Identität und Differenz", wie sie die spätere Tübinger Axiomatik vertritt, niederschlägt. In diesem Sinne steht die Indifferenz für das *Sowohl-als-auch* anstelle des traditionellen *Entweder-oder*, welches die Identität mit der Differenz konfrontiert, statt beide ineinander aufzuheben. Andere kürzliche Versuche hierzu verbleiben eher unbefriedigend. Man sehe zum Beispiel (Daly, 2013, 164–202). Am klarsten äußert sich noch Walter Schulz in (Schulz, 1991 (1978), 47–49).

Es ist tatsächlich erst im *Prinzip Hoffnung* der Fall, dass Bloch detaillierter auf das Problem eingeht, ohne es freilich in ontologisch geklärte Bahnen zu lenken. Zunächst ist sein Startpunkt allemal die Existenzangst im praktischen Alltag:

> Wie drängt man die letzte Angst von sich ab? [...] Wie es vorläufig steht, ist die Furcht vorm Alter quälender geworden als das Denken an den Tod. / [...] daß der lange planende Mensch abfährt wie Vieh, ist auch gleichsam witzig. (PH 1298–1299)

Allzu witzig aber sieht Bloch das nicht wirklich. So schreibt er kurz zuvor im selben Text im Zusammenhang mit der Musik:

> Musik [...] versteht sich auf die Gruft, als Licht in der Gruft. Von daher ihre Nähe nicht nur zum Glück der Blinden, sondern zum Tod, vielmehr: zur Tiefe der Wünsche, die diesen zu erhellen versuchen. Ist der Tod, als Beil des Nichts / gedacht, die härteste Nicht-Utopie, so mißt sich an ihr die Musik als die utopischste aller Künste. (PH 1289–1290)

Allein, es gilt hier genau hinzuschauen: Folgen wir der oben beschriebenen Symmetrie der Möglichkeitszustände, dann ist der Tod das andere Ende des Noch-nicht als Nicht-mehr. Ob er ontologisch der Seinsart des Nichts zuzuordnen ist oder des neuerlichen Nichtseins, ist ungeklärt. Insofern ist die Bezeichnung „Beil des Nichts" wenig einleuchtend. Andererseits zeigt sich der Tod gerade doch als Utopie und nicht als Nicht-Utopie. Bloch zielt hier offensichtlich auf den Aspekt der Denkbarkeit ab und nicht auf den Aspekt der Negation einer Utopie (die ja bedeuten würde, dass ein Nichtort in einen konkreten Ort transformiert wird). Weil aber der Tod aus der Sicht der lebenden Menschen tatsächlich einen Nichtort bezeichnet, bleibt er doch *Utopie*, streng genommen, die „härteste" Utopie. Die Vorstellungen, die im Zusammenhang mit dem Tod entwickelt werden, um ihn beschreibbar zu machen und auszumalen, sind dabei lediglich epistemologische Folge, ontologisch aber wertlos, denn sie entziehen sich jeder Falsifikation und gehören daher nicht mehr dem philosophischen Diskurs an. Mithin wäre der Satz „Ist der Tod die härteste Utopie, so mißt sich an ihr die Musik als die utopischste aller Künste" wesentlich naheliegender.

Erneut gibt Bloch in *Prinzip Hoffnung* einen kulturgeschichtlichen Überblick. Der Tod erscheint hier stets als (zeitlicher) Punkt der Trennung von der observablen Welt (als begrifflich unübersteigbarer Rand der Existenz). Bloch zitiert aus den Erzählungen von „Tausendundeiner Nacht", in denen der Tod als „der Vernichter aller Wonnen und der Trenner aller Gemeinschaft" bezeichnet wird. (PH 1301) Bloch schreibt: „Was bedeutet selbst der höchste Augenblick, das in der zentralsten Utopie intendierte ‚Verweile doch, du bist so schön', wenn der Tod [...] die Existenz streicht?" (Ibd.) Und daher:

> Desto heftiger aber auch die Notwendigkeit, *Wunsch-Evidenzen* gegen diese so wenig einleuchtende Gewißheit zu setzen [...]" Konsequent rekurriert Bloch zunächst auf die Mythologie: „Der Tod kann heutzutage [...] hinter dem Leben versteckt werden, weil hinter dem Tod einmal neues / Leben versteckt worden, das heißt hineingeträumt worden war. Auch diese Träume gehören zur Utopie, wenngleich zu einer überwiegend mythologisch gebundenen [...] (PH 1303–1304)

Im Rahmen des griechischen Kontextes gewinnt der Tod auf diese Weise einen „Bildungsüberschuß", denn:

> Reinigung wird gelehrt, die aus dem kreisenden Tod das Beste zieht, dergestalt, daß der Mensch mit bewahrter Substanz den Tod besteht und auf höherer Stufe wiederkehrt. So in den eleusinischen Mysterien, so, mit dionysischem Akzent, in den orphischen; beide wollten ausschließlich in den Tod weihen, nicht für sein Nichts, sondern für dessen Überwindung. (PH 1308)

Und weiter: „Zu Demeter-Gäa [sic] tritt so Dionysos, mit dem dialektischen Namen ημέρα νυκτερινή, nächtlicher Tag, Licht in / der Erde und aus ihr [noch römisch ist Bacchus Herr der Totenseelen]." (PH 1309–1310) Bloch bezieht sich hier auf Bachofen:

> Dionysos ist der Weg von Demeter zum männlichen Naturerleben, von der weiblichen Höhle zum Phallos; an ihm, nicht nur an der Einheit Grab-Wiege, sucht nun die Hoffnung auf Unsterblichkeit und Wiedergeburt ihr Emblem. Bachofen hat diese Zusammenhänge zuerst wiedererinnert [...] (PH 1310)

Erst in der bereits christlich kontaminierten Spätantike fügt sich in diese Sicht eine explizite Existenzangst mit ein, die alles andere zunehmend überstrahlt:

> Vom Leib dieses Tods befreit zu sein, das wurde immer wilder und fremdartiger ersehnt. Die sich auflösende spätantike Gesellschaft förderte in allen ihren Kreisen eine Angst, wie sie gleich stark bisher kaum gefühlt worden war. (PH 1312)

Es schließen sich sodann Ausführungen Blochs zum paulinischen und zum gnostischen Christentum an.

Die Anbindung der weiteren Entwicklung einer Person nach ihrem Tode an ihr konkretes Verhalten geht dagegen bis auf die ägyptische Zeit zurück: „Zum ersten Mal in der Geschichte [...] tritt der Wunschgedanke auf, daß das Geschick der Toten nicht bloß Fortsetzung ihres irdischen Wohlergehens sei, sondern vom sittlichen Wandel abhänge." (PH 1319) Tatsächlich aber stellt Bloch zu Recht fest, dass die „allgemeine Auferstehung" ein Gedanke ist, der vergleichsweise spät (allenfalls gegen Ende des ersten vorchristlichen Jahrhunderts) eingeführt wird. Bloch folgt hier der verbreiteten Unsitte, Zitate des Paulus mit Zitaten aus dem Johannes-Evangelium zusammenzuführen, ohne darauf zu achten, welche paulinischen Schriften als authentisch zu gelten haben, und ohne die wesentlichen (auch chronologisch bedingten) Unterschiede der im Neuen Testament kumulierten Schriften in Rechnung zu stellen. (Man sehe auch PH 1328–1329)

Ganz abgesehen von der Zweiteilung des künftigen Jenseits, die für Bloch bereits eine klassengesellschaftliche Segregation vorwegnimmt: „*Hölle und Himmel zusammen machen das Lokal des Exitus aus* [...] Nichts bleibt übrig [...] als die Zweiheit von Strafe und Lohn [...] (PH 1329) [...] Zweiheit [besteht] als Reproduktion der Klassengesellschaft und [Abr]echnung [im Sinne der „Dies irae": Iudex ergo cum sedebit, quidquid latet, apparebit, nil inultum remanebit]. (PH 1332)

Erst im Zuge des philosophischen Idealismus, vor allem im Gefolge der Goethe-Zeit, wird diese Auffassung ihrer religiösen Konnotationen weitestgehend entkleidet, wenn auch der systematische Aufbau letztlich erhalten bleibt, selbst in seiner abstrakten Gestalt:

> Und auch die Kantische Fassung der Fortwirkung ist eine immanente: sie ist lediglich der Ausdruck dafür, daß ein endliches Wesen im Sittengesetz eine unendliche Forderung an sich stellt, zu deren Erfüllung es einen unendlichen Weg braucht. Diese Immanenz liegt zwar nicht [...] in der Geschichte, und noch weniger liegt sie [...] im Kosmos; wohl aber liegt sie im Phänomen der *Sittlichkeit* selber, im gänzlich unanschaulich gewordenen Fortgang sittlicher Vollendung. (PH 1349)

Die Nachfolger Kants haben daraufhin versucht, eine durch das historisch verfasste Leben verlorene Einheit wiederherzustellen:

> Gesucht ist Unentzweiung durch Bewußtsein, Unentzweiung durch Subjekt und Objekt: dem scheint die anorganische Welt, indem sie sich von vornherein aus dem Leben herausgehalten hat, nahezustehen. Der Tod gilt dann nicht als Bruder des Schlafs, sondern viel eher als der des Granits, mit Nacht oder Azur über sich, gleichviel. (PH 1355)

Das liegt bereits ganz auf der Linie, die zu einer rekonstruierten Naturphilosophie unterwegs ist.

Anders im Übergang zum Materialismus, wenn auch mit einem ähnlichen Ziel. Wie Bloch formuliert: „Wenn das Individuum alles zu sein glaubt, sagt Feuerbach, dann bleibt nach seinem Tod freilich Nichts, doch da das Individuum durchaus nicht alles ist, so bleibt das *unendliche Wesen (Naturwesen) unendlich und ewig* [...]" (PH 1358) Und weiter: „Bei Feuerbach ist der Mensch, was er ißt, doch zum Schluß ißt ihn das Universum; bei Fechner wird er gleichfalls von diesem verzehrt, doch ebenso behalten und erinnert." (PH 1358) Diese Sichtweise führt bereits in den uns wohlbekannten Bereich der heutigen Auffassung: Materie geht nicht verloren, denn sie bleibt aufgehoben im Ganzen (und die Projektion dieses Umstandes auf die physikalische Welt ist der Energiesatz). Aber sie verliert ihren Organisationsgrad (gemäß dem Entropiesatz), und deshalb gibt es kein individuelles Wiedererstehen der Objekte wie Subjekte. So gesehen, kann schließlich der Ansatz Heideggers, der, selbst einer existentialistischen Sicht verbunden, auf eine Grundverfassung des Lebens pocht, die immer schon auf den Tod ausgerichtet ist, als Verallgemeinerung einer Naturphilosophie verstanden werden (was Heidegger selbst vielleicht eher nicht so gesehen hätte):

> Die Angst ist Todesangst, und sie geschieht nicht in einzelnen Augenblicken oder gar erst im letzten Augenblick, sondern sie ist ‚die Grundverfassung des menschlichen Daseins', ‚das einzig Seiende in der existentialen Analytik des Daseins' (*Sein und Zeit*, 1927, S. 13) [...] ‚Einzig weil das Nichts im Grunde des Daseins offenbar ist, kann die volle Befremdlichkeit des Seienden über uns kommen' [...] ‚Aber das Dasein muß im weltentwerfenden Überstieg des Seienden sich selbst übersteigen, um sich aus dieser Erhöhung allererst als Abgrund verstehen zu können.' (Vom Wesen des Grundes, 1929, S. 110) (PH 1365)

Bloch trägt nun weiterhin der metaphorischen Unsterblichkeit im Werk Rechnung (PH 1366–1368), wenn er auf den „roten Held" zu sprechen kommt, um seinem marxistischen Anspruch gerecht zu werden: In diesem sieht er einen, der „ohne Hoffnung auf Auferstehung [ist]. Sein Karfreitag ist durch keinen Ostersonntag gemildert, gar aufgehoben [...]" (PH 1378) Und Bloch fährt fort: „Das macht: er hatte vorher schon aufgehört, sein Ich so wichtig zu nehmen, er hatte Klassenbewußtsein." (PH 1379) Es geht hier also nicht bloß um das Überleben des individuellen Werkes, sondern um das Überleben der Sache insgesamt:

> Keine Idee im Sinn abstrakten Glaubens, sondern konkrete Gemeinsamkeit des Klassenbewußtseins, die *kommunistische Sache selber* hält hier also aufrecht, ohne Delirium, aber mit Stärke. Und diese Gewißheit des Klassenbewußtseins, individuelle Fortdauer in sich aufhebend, ist in der Tat ein Novum gegen den Tod. (PH 1380)

Aber wie öfter im Textzusammenhang emergiert hier eher spontan das Prinzip des *Non omnis confundar* (PH 1378 et passim), das Bloch sichtlich umtreibt und auf dessen Hoffnungsaspekt er nicht verzichten möchte – trotz aller theologischen Konnotationen (und der Schwierigkeit, einen zureichenden Grund dafür aufzufinden). In diesem Sinne ist auch der daraus folgende Appell an die Solidarität weniger eine ethische Ableitung als vielmehr ein Beharren auf einer beschwörenden Grundhaltung:

> [Solidarität], nicht nur als die eines räumlichen Mit- und Nebeneinanders, sondern ganz besonders die zeithafte Solidarität dazu, die sich zu den Opfern der Vergangenheit, zu den Siegern der Zukunft gegenwärtigst erstreckende. So empfängt und hält das Untötbare des revolutionär-solidarischen Bewußtseins, einer Geborgenheit ohne alle Mythologie, mit aller Einsicht und Tendenz. Dieses Bewußtsein bedeutet [...] das Unsterbliche in der Person als das Unsterbliche ihrer besten Intentionen und Inhalte [...] (PH 1381)

Bemerkenswert in diesem Zusammenhang die Rolle der Natur:

> Die Vermittlung mit dem *Naturhaften* daran ist nun gerade für die befreite, solidarisch gewordene Menschheit ein spezifisch welthaftes, weltanschauliches Problem. [...] Die Vermittlung mit dem Subjekt der Gesellschaft ist in der klassenlosen gelungen, jedoch das hypothetische Subjekt der Natur, woraus der Tod kommt, liegt auf einem anderen Feld, auf einem / weiteren als dem des geglückten sozialen Einklangs. (PH 1381–1382)

Hier bahnt sich bereits ein Ende der Argumentation an, denn letztlich bleibt diese hier angedeutete Naturvermittlung unaufgelöst:

> ‚Geschichte' muß in der Physik eines noch offenen Totum aufs neue fundiert werden, und diese uns nicht mehr disparate Kosmologie liegt allen kommunistischen Problemen in der Verlängerungslinie – existentiell erkennbar am Tod. *Kommunistische Kosmologie ist hier wie überall das Problemgebiet einer dialektischen Vermittlung des Menschen und seiner Arbeit mit dem möglichen Subjekt der Natur.* [Das ist ein Postulat], doch als so beschaffen ist die Ausdehnung des Reichs der Freiheit auf das Todesschicksal legitim. [Doch es] gibt [...] für unser Schicksal in der Natur noch keine positive, so auch keine abschließend negative Lösung. [...] Theorie-Praxis, wenn sie die soziale Utopie berichtigt und auf die Füße gestellt hat, hat eines ihrer letzten Probleme im Kraut gegen den Tod. (PH 1383)

So scheint Bloch mit einer wesentlich agnostischen Erkenntnis abzuschließen und das Weitere auf eine noch ausstehende Naturphilosophie zu verweisen, die vielleicht auch die Gestalt der *Naturwissenschaft* mit zu umgreifen hat. Gleichwohl beendet er hier nicht seine Betrachtung, sondern führt den hauptsächlich weiterführenden Aspekt jetzt erst, praktisch am Schluss seiner Ausführungen, an. Denn er fragt nunmehr: „Hat nun der Tod [...] zum Dunkel des gelebten Augenblicks einen Bezug?" (PH 1386) Das heißt, er kommt am Ende auf den von mir weiter oben aus einem anderen Zusammenhang abgeleiteten Symmetriegedanken:

> In diesem ganzen Gebiet sind vorerst nur Fragestellungen möglich, äußerstenfalls ist eine Vermutung möglich, daß der Tod im Dunkel des gelebten Augenblicks eine philosophische Wurzel hat, ja daß beide die *gleiche* / Wurzel haben. Das unobjektivierte Daß, das Daß-Sein, aber noch nicht Da-Sein des Existenzgrunds ist zweifellos in der Zukunftsreihe der Treiber des *Werdens*, also der versuchten Herausobjektivierung des Daß-Seins zum vermittelten Da-Sein; insofern aber ist der in den Prozeß eingehende Existenzgrund als Werdegrund auch der Grund der *Vergänglichkeit*. [Das ist eine vorerst unentscheidbare Frage] (PH 1386–1387)

Mit dieser Unentscheidbarkeit ist Bloch aber am Ende doch nicht befriedigt. Er lässt sich einen Weg offen, der wesentlich auf der Undefinierbarkeit der Utopie basiert. Dabei beharrt er nach wie vor (obwohl seine eigenen Ausführungen im Grunde dagegensprechen) auf einem Rest von irreduziblem Residuum, das nicht verschwinden kann. Er formuliert ausdrücklich:

> Der Tod, welcher als individueller wie als ferne Möglichkeit kosmischer Entropie dem zukunftsgerichteten Denken als absolute Zwecknegation begegnet, der gleiche Tod geht nun, mit seinem möglichen Zukunftsinhalt, in die Endzuständlichkeit, Kernzuständlichkeit ein, welche von noch ungedeckter Freude und den Latenzlichtern des Eigentlichen beleuchtet wird. Der Tod wird daran nicht mehr Verneinung der Utopie und ihrer Zweckreihen, sondern umgekehrt Verneinung dessen, was in der Welt nicht zur Utopie gehört; er schlägt es weg, so wie er sich selber vor dem Non omnis confundar der Hauptsache wegschlägt: im Todesinhalt selber ist dann kein Tod mehr, sondern Freilegung von gewonnenem Lebensinhalt, Kern-Inhalt. (PH 1389)

Das ist es wieder: das trotzige „Non omnis confundar", das hier verwendet wird im Sinne eines „Umso schlimmer für die Tatsachen". Aus unserer heutigen Sicht können wir dem Folgendes entgegnen: Unbestreitbar ist die Tatsache, dass der Tod nichts anderes ist als ein Skandal.[1] Gleichwohl gilt es, ihn in Kauf zu nehmen, *mit ihm zu leben*. Denn man kann eine „Unzerstörbarkeit unseres Wesens an sich" behaupten, wie das einst Schopenhauer tat (ein Gedanke, dem Bloch ja durchaus nahestand), oder man kann gegen ihn protestieren, wie später Elias Canetti. Doch das alles ändert nichts an der Faktizität des Todes. Aus deren Sicht ist der

---

[1] Man sehe hierzu meine Erinnerungen an Jan Robert Bloch: http://www.ernst-bloch.net/bloch/_/akt/erinnerung_jrbloch.pdf (18.10.15)

Tod nichts, was auf einer individuell-persönlichen Ebene wirklich relevant wäre: stattdessen zählt allein die Globalität der Natur. In diesem Sinne hat Schelling in den „Stuttgarter Privatvorlesungen" zu Recht bemerkt, dass nur das vom Menschen zurückbleibe, was nicht er selber war. Das aber, was er selber war, gehe in die Geisterwelt über. Unter dieser würden wir heute eher die Gedankenwelt verstehen. Und dieser Aspekt steht der Blochschen Auffassung letzten Endes gar nicht so fern, auch, wenn er selbst sich dagegen gesträubt haben mag.

Literatur

Ernst Bloch: Gespräch mit T. W. Adorno: Etwas fehlt ... Über die Widersprüche der utopischen Sehnsucht. (1964) In: Rainer Traub, Harald Wieser (Hg.), Gespräche mit Ernst Bloch. Suhrkamp, Frankfurt a. M. 1980 (1975)

Karola Bloch: Die Sehnsucht des Menschen, ein wirklicher Mensch zu werden, Talheimer, Mössingen-Talheim 1989

Frances Daly: The Zero-Point. Encountering the Dark Emptiness of Nothingness. In: Peter Thompson, Slavoj Žižek (Hg.), The Privatization of Hope. Duke University Press, Durham, London 2013, 164–202

Hans-Ulrich Fechler: „Die Macht der stärksten Nicht-Utopie." Der Tod in der Philosophie Ernst Blochs und Martin Heideggers. Bloch-Almanach 27/2008, Hg. K. Weigand, Mössingen-Talheim, 121-152

Martin Korol: Dada, Präexil und *Die Freie Zeitung*. Bremen etc. 2001 (Dissertation 1997). http://elib.suub.uni-bremen.de/diss/docs/E-Diss174_Korol.pdf (05.10.15)

Walter Schulz: Der Tod, die stärkste Nicht-Utopie. In: Karola Bloch, Adelbert Reif (Hg.), Denken heißt Überschreiten. EVA, Köln, Frankfurt a.M. 1991 (1978)

Rainer E. Zimmermann: Religio. Vorlesungen über eine existentialistische Interpretation des paulinischen Diskurses. Wien, Berlin 2011

Gérard Raulet
18 Die Utopie des Reichs
5. Teil, Nr. 53

18.1 „Das Reich bleibt der religiöse Kernbegriff" (PH 1411)

Der Reichsbegriff ist ein ausgesprochen ausgedehnter und vieldeutiger Begriff, der nicht nur die meisten religiösen Traditionen miteinander verbindet (allen liegt ja die Vorstellung einer göttlichen Gewalt zugrunde, die sowohl im Himmel als auch auf Erden herrscht), sondern vornehmlich im Christentum als Grundlage der Tradition erscheint. Das „Reich Gottes" steht im Zentrum der Botschaft Jesu. Es ist aber auch ein wichtiger Begriff des Alten Testaments. Im Alten Testament wird der Gott der Israeliten als König gesehen. Das Reich Gottes bezeichnet zunächst einmal die Königsherrschaft des Gottes der Israeliten in der Welt. Es hängt mit der Durchsetzung des Monotheismus aufs engste zusammen. Die Rede vom Reich Gottes zielt aber im Volk Israel, vor allem in den Zeiten großer Bedrängnis, auf eine Zeit, „in der Gott König ist". (Richter 8, 23) Im Neuen Testament und im westlichen Christentum wird diese königliche Würde auf Jesus übertragen. Er tritt das Erbe der Erwartung eines von Gott gesalbten Messias an, eines Königs, der Frieden und Gerechtigkeit bringen soll. Jesus ist dabei nicht nur der Erbe der israelitischen Tradition, sondern vor allem der Verkünder eines neuen Reichsverständnisses. Als erste Botschaft verkündet nämlich Jesus, dass das Reich Gottes bald kommen werde. Die Christen sehen in Jesus denjenigen, der die alttestamentarischen Ankündigungen in die Tat umsetzt. Dadurch wird freilich die Möglichkeit eröffnet, in ihm mehr als den Nachfolger einer theokratischen Gründerfigur zu sehen und das heißt den Anführer einer Exodus-Tradition, eines Auszugs aus dem bestehenden Reich, der sowohl auf ein neues Reich auf Erden als auch auf ein jenseitiges Reich hinzielt. Die Parole „Das Reich ist nahe" kann sowohl präsentisch als auch chiliastisch verstanden werden. Auch der Gebetsruf des christlichen Vaterunsers – „Dein Reich komme" – ist der zweideutigste, den es geben kann. Bald sagt Jesus, dass das Reich Gottes schon auf Erden existieren würde, aber nur von den Frommen und Gerechten wahrgenommen wird („Das Reich ist mitten unter euch", sagt etwa Lukas, 17, 21), bald dass es unmittelbar bevorstehe. Wenn im Matthäus-Evangelium Johannes der Täufer Jünger zu Jesus schickt mit der Frage „Bis du der von Gott gesandte König, der Messias, mit dem das Reich Gottes beginnt?" (Mat. 11, 2–3), antwortet Jesus, indem er auf das verweist, was vor den Augen aller schon geschieht. Kurz vor seinem Tod sagt er aber noch, dass es erst mit seiner Wiedergeburt beginnen würde. Was die Äußerungen Jesu charakterisiert, ist eine Spannung zwischen einer auf die Zukunft bezogenen Erwartung der Gottesherrschaft und einer „präsentischen" Eschatologie, wie sie vor allem in der protestantischen Theologie des 20. Jahrhunderts geltend gemacht wurde. Um die Deutung dieses Kerns der christlichen Botschaft sind in der christlichen Theologie die heißesten Debatten des 20. Jahrhunderts ausgeführt worden. Die „konsequente Eschatologie" (Johannes Weiss, Albert Schweitzer u. a.) betonte die Dimension einer kommenden Ordnung gegen die *„realized eschatology"* (Charles Harold Dodd), die auf der Annahme einer überweltlichen ewigen Ordnung beruhte und in dieser Hinsicht mit der entmythologisierten und zugleich enttemporalisierten „präsentischen Theologie" vereinbar war. Wiewohl nun Jesus in seinen Reden Gegenwart und Zukunft ineinander übergehen lässt und während die Theologie, auch die am meisten eschatologisch ausgerichtete, in dieser Ununterscheidbarkeit den Kern der christlichen Botschaft sieht, bildet bei Bloch die Spannung zwischen Gegenwart und Zukunft die geschichtsphilosophische Grundlage seiner Aneignung des christlichen Erbes. Der Reichsbegriff ist also ebenso zentral wie umfassend und vieldeutig genug, um sich in der Tat zu der philosophischen Eroberung zu eignen, der Bloch ihn unterzogen hat, um auf quasi universale Weise mit der Religion abzurechnen und ihr zugleich Recht widerfahren zu lassen. Bei der Komplexität der Reichs- und Königsmetaphorik konnte Bloch unschwer die Auffassungen gegeneinander ausspielen und bis zu dem Punkt bringen, wo sie einander entkräften und sogar die Grunddogmen, einschließlich der Existenz Gottes, untergraben. So interpretiert er streckenweise das Kommen Jesu als Infragestellung der Königsherrschaft Jahwehs: „Wo ein Kind so überholt, hat es der Vater schwer, neben ihm zu bestehen". (PH 1493) Diese Verfahrensweise lässt sich als subversive Hermeneutik bezeichnen. (Vgl. Raulet 1983) Sie schreibt sich in eine lange Tradition der Bibelexegese ein, die sich bis Origenes und über diesen hinaus bis Philon und bis zur jüdischen Kabbala zurückverfolgen lässt. Bloch setzt sie in den Dienst einer säkularen Philosophie der Emanzipation.

Ziel dieser subversiven Hermeneutik ist es nachzuweisen, dass der religiöse Kernbegriff des Reichs in seiner Unbedingtheit den Zielinhalt sowohl aller religiösen als auch aller sozialen Utopien und nicht zuletzt der klassenlosen Gesellschaft zusammenfasst – „Marxismus und Religion, geeint im Willen zum Reich". (GU 1923, 346) Im *Geist der Utopie* wird der Marxismus als Prophetismus gegen den seelenlosen Ökonomismus ausgespielt. Jede revolutionär gerichtete Aufklärung, wird Bloch später noch sagen, hat das Messianische als „rotes Geheimnis". (Bloch 1968, 317)

An dieser Stelle im *Geist der Utopie* scheinen alle Probleme aufgelöst: die Seele, der Messias, die Apokalypse – all dies soll in einer „echten Ideologie des

Reichs" seine Erfüllung finden und nicht zuletzt „das Korn der Selbstbegegnung", die Bloch im *Prinzip Hoffnung* sogar „Identität" nennen wird. Die letzten Sätze des Geists der Utopie zitieren die Apokalypse: „‚Nun aber spiegelt sich in uns allen des Herrn Klarheit, mit aufgedecktem Angesicht, und wir werden verklärt in dasselbe Bild, von einer Klarheit zu der anderen, als vom Geist des Herrn'. Denn wir sind mächtig [...]" (GU 1923, 346) Diese Vision des Reichs hat Bloch sich bemüht, in seinen weiteren Hauptwerken genauer zu artikulieren und zu einer Geschichtsphilosophie auszuarbeiten, die mit dem Erbe der Religion nicht kurzen Prozess machen würde, sondern auch und vor allem dem transzendenten Anspruch darin Rechnung tragen würde.

Im *Prinzip Hoffnung* drückt der zweite Abschnitt des Kapitels 53 („Stifter, Frohbotschaften und Cur deus homo") eindeutig aus, in welcher Perspektive das Material der Überlieferung aufgerollt wird. „Stets wird berichtet". (PH 1417) „Frohbotschaften" wurden zu allen Zeiten von den Sängern und Dichtern übermittelt. Die Utopie des Reichs umfasst das Erbe aller Religionen, die ein besseres Leben angestrebt haben, insbesondere, aber nicht nur dasjenige des Judentums und dasjenige des Christentums. Über beides hinaus zielt sie freilich auf ein „drittes Evangelium".

Die hermeneutische Vergegenwärtigung der Überlieferungen und Lehren hebt mit einer unerwarteten Betonung der „orphisch verheißenen Eudämonie" und des dionysischen Rauschs an. Indem es sich als stärker als die Sirenen zeigt, deutet das Orphische auf eine Überwindung der Herrschaft, die nicht den blinden Naturkräften anheimfällt, sondern auch diese überbietet: „Der Mensch soll sich von dem bösen titanischen Erbe befreien und rein zu dem Dionysos zurückkehren, von dem das Herz in ihm lebendig geblieben ist". (PH 1419) Dieser Auftakt ist entscheidend, weil mit ihm zugleich die Dimension des Gefühls und der Kommunikation mit dem Kosmos und der Natur sofort als integrierende Bestandteile der Utopie des Reichs erklärt werden. Die Umwege über die ägyptischen Astralmythen sowie über die „Frohbotschaft des irdisch-himmlischen Gleichgewichts" bei den Lehrern der chinesischen Weisheit dienen nicht zuletzt dazu, die Erinnerung an diese Komponente der Reichsutopie festzuhalten. Betont wird, dass sie sich in Schlüsselperioden wieder geltend macht wie zum Beispiel zur Zeit der Aufklärung. (PH 1443)

Befragt man die Revue der religiösen Überlieferungen und Stifterfiguren auf ihre Bedeutung für dieses Programm hin, dann kommt es weniger auf den historischen bzw. enzyklopädischen Charakter der Darstellung an als auf einige Denkmomente, die als solche den Kern des Blochschen Erbes am Reichsgedanken ausmachen. Zunächst und in erster Linie die Ausrichtung auf das „Humanum". In diesem Sinn wird an die scheinbar freundlichen Stadtgötter der Griechen erinnert, deren Kehrseite freilich das Numinose der Moira ist. Der Drang zur Plastik, der die griechische Welt auszeichnete, diente zur Gestaltung einer Vermittlung der Menschen mit den Kräften, die sich ihrer Herrschaft entziehen. Umgekehrt verfuhren die Römer, die vielmehr die Götter auf eine Weise urbanisierten, die „statt Kunst [dem] Novum *vergöttlichter Begriffe*" (PH 1424) zur Macht, d. h. zu einer Religion der Herrschaft, einer Staatsreligion, verhalf: „Abstraktionen, mächtige, mächtig waltende Abstraktionen der Herrschaft, der Sittenzucht, des Verstands". (PH 1425) Die zweite, scharf kontrastierende Figur, die in diesem Zusammenhang der Stifter und Frohbotschaften evoziert wird, Prometheus, verzeichnet ein Scheitern – einen „unaufgeblühten Glauben", der eine „tragische Liturgie" u. a. bei Äschylos genährt hat.

18.2 Reich als kritischer Begriff. Moses und die Propheten

Eines steht jedenfalls in diesem Auftakt fest: *Religionen brauchen einen Stifter*, eine Personifizierung, eine charismatische Figur. Bloch verweist auf James George Frazer (*The Golden Bough*, 1935), nach welchem es für den Grundsatz, dass alle großen Religionen „von eindrucksvollen Männern gestiftet worden sind" (PH 1400), so gut wie keine Ausnahme gibt. Er setzt freilich sehr breit an und entwirft eine Art Galerie von religiösen Sonderlingen, mit dem Argument, dass sie allenfalls dem religiösen Mysterium näher stünden als die „rationalen", vor allem protestantischen Theologien. (PH 1398) In *Atheismus im Christentum* spricht sich Bloch gegen Rudolf Bultmanns Entmythologisierung „auf Teufel komm raus, bis nur noch lila übrig bleibt" (Bloch 1968, 32) aus. Der Satz: Wo Religion ist, ist Hoffnung, muss umgekehrt werden: „Wo Hoffnung ist, ist so in der Tat Religion" (PH 1417) – und das heißt auch „unreine", abergläubische Formen von Religiosität, denen Bloch ebenso viel Aufmerksamkeit schenkt wie der Kolportage in der Literatur, mit der er die populären Formen des Religiösen explizit vergleicht.

Was aber gerade Judentum und Christentum von anderen Religionen unterscheidet, ist die starke menschliche Präsenz ihrer Stifter Moses und Jesus. (PH 1402) Diese besteht zunächst einmal darin, dass Moses ein Stifter ist, „*der zur Frohbotschaft bereits selber gehört*". (PH 1450) In ihrer dramaturgischen Steigerung der Aspekte der religiösen Überlieferung, die für das utopische Projekt entscheidende Relevanz besitzen, folgt Blochs Darstellung – bewusst oder nicht – dem Gestus von Lessings „Erziehung des Menschengeschlechts": Moses und Jesus sind Vertreter einer gelebten, praktisch umgesetzten Religion – Moses, der „Führer eines Volks aus der Knechtschaft", ist „zeitlich der erste profilierte Stifter" und „der menschlich sichtbarste geblieben". (PH 1450) Mit Moses, und erst mit ihm – darauf kommt es hier an –, nimmt der Reichsgedanke Form und Gehalt an. „Statt *des fertigen Ziels erscheint nun ein verheißenes, das erst erworben werden muß; statt des sichtbaren Naturgotts erscheint ein unsichtbarer der Gerechtigkeit und des Reichs der Gerechtigkeit*" (PH 1454–1455) Zu Recht oder zu Unrecht – das ist nämlich eine sehr umstrittene Übersetzung des Hebräischen – betont Bloch das „Futurum als Seinsbeschaffenheit" nicht erst bei den Propheten, sondern schon in der Selbstdefinition des Jahweh Mosis: „Ich werde sein, der ich sein werde [Eh'je ascher eh'je]" (PH 1457–1458) und er schließt daraus auf einen „Exodusgeist", der von je her im Judentum angelegt gewesen wäre: „Bei Moses bereits bleibt als Deus Spes angelegt, auch wenn das Bild eines letzten Führers aus Ägypten, also des Messias, erst tausend Jahre später auftritt; der Messianismus ist älter als dieser Messiasglaube". (PH 1459) Diesen Gedanken wird Bloch später seinem Religionsbuch *Atheismus und Christentum* zugrundelegen.

Beruft sich Bloch gern auf das „dritte Evangelium" der Täufer, das Lessing in seiner „Erziehung des Menschengeschlechts", jenem bahnbrechenden Dokument aufklärerischer Religionsgeschichte, auch heraufbeschwört, so unterscheidet sich seine Hermeneutik der religiösen Botschaft von Lessings vergleichender Religionskritik dadurch, dass es ihm nicht auf das Unterscheidende, sondern auf das Verbindende ankommt. Judentum und Christentum werden nicht an ihrem Beitrag zum Fortschritt des „Evangeliums der Vernunft" gemessen, was bei Lessing dazu führt, dass ersteres als die Religion eines noch rohen Volkes erscheint. Es kommt auf den messianischen Gehalt, auf das Versprechen einer anderen Ordnung im Alten wie im Neuen Testament an. Jeder Religionsstifter tritt in einer Aura auf, „*die dem Messias zugehört*, und jede Religionsstiftung besitzt, als Frohbotschaft, *den neuen Himmel, die neue Erde am Horizont*" (PH 1463) – auch dann noch, wenn sie sich in eine „Herrenkirche zur Idealisierung, also Apologetik bestehender Ordnungsverhältnisse" verwandelt. Bei aller Theokratie hat Moses den Grundstein eines solchen Reichs der Gerechtigkeit gelegt. Und selbst wenn der eine für die Ordnung einsteht, während der andere gegen ihre Ungerechtigkeit rebelliert, kämpfen Moses und Hiob beide für ein echtes Reich Gottes – *auf Erden*. Das Buch Hiob, schreibt Bloch, ist „die Messung Gottes an seinem Ideal". (PH 1455) (Jürgen Moltmanns Ansatz in seiner *Theologie der Hoffnung*, auf die wir weiter unten eingehen, ist kennzeichnenderweise gerade die Feststellung, dass diese Welt, auch als Welt des Kreuzes, d. h. des Glaubens an den Erlöser, nicht so bleiben kann, wie sie ist: „[...] Sie ist nicht gottgewirkt und gottgewollt, sondern sie widerspricht Gott und allem, was göttlich ist. Sie kann darum vor Gott nicht bleiben, was sie ist und wie sie ist" (Moltmann 1967, 9).)

Moses und Jesus sind Überschreiter, „kontrastierende Stifter" (PH 1403) gewesen, die keineswegs bereit waren, mit der etablierten Ordnung ihren Frieden zu schließen. Jesus' Liebe und Moral können nur in Bezug auf das Reich verstanden werden. (PH 1491) „*Sprengend gesetzter Messianismus*", die Hoffnung auf „ein anderes Reich" (PH 1404), gehört von Anfang an zur jüdisch-christlichen Religiosität. Sofort werden in der Einleitung zu diesem Teil des *Prinzips Hoffnung* drei Grundbegriffe eingeführt: Hypostase vs. Überschreitung und Utopie: „eine ganz andere Art Unwirklichkeit, die eine des Seinkönnens, mindestens Seinsollens". (PH 1403) Bloch betont den radikalen Unterschied zwischen dem Schicksalsglauben der alten Griechen und der Allmacht Jahwehs. Wiewohl letzterer, da er ja „Kriege entfesselt, Reiche stürzt, Plagen schickt, Plagen wegnimmt", selber „oft wie ein Stück Schicksal" (PH 1515) wirkt, ist sein Despotismus, wenigstens im Text und Glauben der Propheten, weniger naturwüchsig und unabwendbar als die antike Moira:

> Der Gegensatz zeigt zugleich, wie sehr der offene Raum, den der Messianismus darstellt, den geglaubten Gott auch in Ansehung des von ihm Verhängten ändert. Denn nun ist das Verhängte oder Schicksal in nichts mehr tyrannisch zum Menschen, wie bei der Moira und auch beim Astralmythos. Sondern das Schicksal kann durchaus gewendet werden: vor allem Jesajas lehrt es als von der menschlichen *Moral* und ihrem *Entschluß* abhängig. (PH 1514)

Insofern wohnt von Anfang an dem Reichsgedanken ein kritischer Impuls inne, der bis ins Christentum fortwirkt und das Neue mit dem Alten Testament verbindet: Der Messianismus, schreibt der amerikanische Theologe Harvey Cox, „verleiht dem Christentum eine kritische Perspektive der Gegenwart und lädt es mit einem explosiven Potential". (Cox 1978, 508) Dieses Potential bildet den bald glimmenden, bald lodernden Herd aller theoretischen wie praktischen revolutionären Bestrebungen: „Das Messianische [ist] das rote Geheimnis jeder revolutionär, jeder in Fülle sich haltender Aufklärung". (Bloch 1968, 317) Damit ist das Programm eines „messianischen Atheismus" umschrieben.

Der Reichsgedanke durchzieht die Geschichte der revolutionären Erhebungen – vor allem da, wo sie ihre Forderungen religiös begründen, „durchs Mittelalter und die erste Neuzeit hindurch, noch bis zum frommen Radikalismus in der englischen Revolution" (PH 590) und natürlich darüber hinaus bis hin zu Marx' Reich der Freiheit. Er fungiert als Medium, das die Übersetzung des Reichs Gottes ins Reich des Menschen leistet.

Auf der Linie, die vom Exodus über den Messianismus bis zur Prophetie der Wiederkunft Christi am Jüngsten Tag führt, spielen nun die apokalyptischen Vorstellungen eine entscheidende Rolle. Bei den Propheten – z. B. Amos 8, 9, Jesaja 13, Habakuk 3, 3–5 – wird die Zeit heraufbeschworen, in der Himmel und Erde wanken und die Feinde Jahwehs untergehen werden. Jesus Christus reiht sich in diese Traditionslinie ein, als der Messias, der sich alt- wie neutestamentlich den regierenden Herrschern widersetzt und der im letzten Buch des Neuen Testaments dem Übel ein Ende setzen, die Menschheit erlösen und eine neue Welt erschaffen soll. Kennzeichnenderweise wird allerdings die Offenbarung Johannis, auch Offenbarung Jesu Christi genannt, vom Protestantismus als marginal behandelt (Zwingli zählt sie nicht einmal zur Heiligen Schrift), obwohl sie in den meisten christlichen Kirchen (bis auf die syrische und die griechische) nicht in Frage gestellt wird. Bloch stellt sie hingegen ausdrücklich der von Paulus gepredigten „Geduld des Kreuzes" entgegen. Er erinnert daran, dass die Utopie des Reichs in verschiedenen chiliastischen Sekten fortlebte, während die Mehrheit der Christen zum Theismus und zur Herrenideologie zurückkehrte. Die „rote" Tradition des Chiliasmus hat er im letzten Kapitel seines *Thomas Münzer* in Erinnerung gerufen und über Joachim di Fiore und Lessing bis zu Marx verfolgt. Zu den Autoren, die in der Geschichte der Arbeiterbewegung diese Inspiration vertreten haben, gehört auch der von Bloch mehrmals erwähnte Wilhelm Weitling, der Verfasser des *Evangeliums des armen Sünders*, der in seinen *Garantien der Harmonie und Freiheit* 1842 „den morschen Bau der alten gesellschaftlichen Ordnung zertrümmern" will. (Weitling 1842, 281)

18.3 Anthropologie

Blochs subversive Hermeneutik knüpft sowohl an die Bibelkritik von David Friedrich Strauss an, indem sie wie diese die Persönlichkeit der Stifter oder Verkünder und die Historizität der Zeugnisse berücksichtigt, als auch an die Anthropologie, die Feuerbach seiner Religionskritik zugrundegelegt hat. Am Anfang ist die Angst. Wenn er auch nur einen Einstieg darstellt und in keinerlei Weise fundamentalanthropologisch zu verstehen ist, kommt der anthropologische Ansatz, ganz wie die Anthropologie im ersten Teil des *Prinzips Hoffnung*, sofort in der Einführung des Kapitels 53 zur Geltung. Und zwar an exponierter Stelle: Der Einführung, die den ersten Abschnitt bildet, wurden viele der geflügelten Worte, die in der Sekundärliteratur kursieren, deshalb entnommen, weil sie die Perspektive skizziert, in der die religiösen Lehren auf ihre Botschaft hin – und das heißt in Hinsicht auf den „messianischen Atheismus" – interpretiert werden sollen.

Von vorn herein ist somit klar – die Zitate von Feuerbach und Marx stehen dafür ein (PH 1392): *Das Reich ist menschlich*. In Christus ist das „aufgedeckte Angesicht" des Menschen antizipiert worden. „Derart werden im Wort Menschensohn und seinen Implikationen die guten Schätze, die an einen hypostasierten Vaterhimmel verschleudert waren, in ein [...] Humanum eingebracht. Aufgedecktes Angesicht, damit ist nicht allein eschatologisch, sondern apokalyptisch, das heißt eben aufdeckend unsere stets gemeine Identität selber bedeutet und diese als *Reich* des Menschensohnes überall". (Bloch 1968, 218) *Das*

Prinzip Hoffnung schließt mit dem Ausblick „Karl Marx und die Menschlichkeit". Die Realisierung der versöhnten menschlichen Gemeinschaft ist das eigentliche Wozu des sonst ziellosen Sozialismus. Die religiöse Heteronomie und ihre verdinglichte Hypostase lösen sich völlig in der Theologie der Gemeinde auf. Gott ist „das utopisch hypostasierte Ideal des unbekannten Menschen" heißt es im Paragraphen des Kapitels 53, der Feuerbachs Religionskritik gewidmet ist. (PH 1515–1517) In die Figur Gottes wird die Sehnsucht nach einem *Ens perfectissimum* projiziert, das die Realisierung unserer selbst, und das heißt unsere „Wiedergeburt zum *neuen* Menschen" wäre. (PH 1414 – Hervorhebung von mir, G. R.) Bloch betont dabei mit besonderem Nachdruck, dass es im „Cur deus homo", d. h. in der Übernahme der *Deus absconditus*-Lehre durch die Perspektive des *Homo absconditus*, um „einen utopischen Begriff vom Menschen, [...] keinen statisch ausgemachten" (PH 1518) geht.

Schon *Geist der Utopie* definierte das Reich als „jenes obere Reich vernünftiger Wesen, mit dessen Anerkennung Kant die Metaphysik der Sitten geschlossen hat und methodisch schließen musste". (GU 1923, 312) Im *Prinzip Hoffnung* folgt auf das Religionskapitel die philosophische Übersetzung des „Reichs-Inhalts", nämlich „das höchste Gut" als „der letzte Wunschinhalt" und – kantisch formuliert – als „Endzweck allen vernünftigen Handelns". Insofern ist die Gleichsetzung der Transzendenz mit dem Reich der menschlichen Endzwecke nicht mit einer anthropologischen Verflachung zu verwechseln. Das Religiöse erschöpft sich nicht in den Rationalisierungen und im Ethischen. (PH 1408) Bloch bezeichnet eine bloß psychologisch oder soziologisch ansetzende Religionskritik sehr abschätzig als „Aufkläricht". Diese Ablehnung trifft auch Feuerbach, der, wie Moltmann richtig resümiert, „die Mystik im Christentum, nicht aber die christliche Eschatologie" beerbt hat (Moltmann 1964, 314) – also gerade die Ausgerichtetheit auf eine Endzeit aufgeopfert hat, um die es im Reichsgedanken geht. „Am wenigsten kommen in Feuerbachs statisch-vorhandenem Subjekt die den Status sprengenden Religionsbilder unter, die chiliastischen des ‚Siehe, ich mache alles neu' und des Reichs". (PH 1517) Gegen den „Sturz der Theologie in Anthropologie" und die anthropologische Wende als „Zurücknahme Gottes in den Menschen" (Metz 1965, 230), ist eine „neue *Eschatologie der Religion*" (PH 1416) notwendig. Ebenso wenig fällt – aus denselben Gründen – Blochs Religionskritik dem Soziologismus anheim, den Jürgen Moltmann dem Marxismus vorwirft. Vielmehr wird das Reich als die Gemeinde derer definiert, die „*über die Schwelle der bisherigen Kreatur, ihrer Anthropologie und Soziologie getreten*" sind. (PH 1408) Dass es ihm gelingt, beiden Reduktionen zu entgehen, ist, wie noch zu zeigen ist, darauf zurückzuführen, dass Bloch die dialektische Methode beerbt, deren sich Marx in seiner Auseinandersetzung mit Feuerbach und mit Hegel bedient.

Wenn Bloch – wie Marx – das Resultat von Feuerbachs anthropologischer Religionskritik übernimmt, so birgt für ihn die Wunschtheorie Feuerbachs über dieses Resultat hinaus ein Moment, das noch auf seine praktische Einlösung harrt: Das Streben nach Erfüllung ist nicht erledigt. Es kann nicht bloß darum gehen, die Theologie „in bare Anthropologie herniederzuholen", wie Joh. B. Metz dies ausdrückt. (Metz 1965, 228) Bloch knüpft an den Gestus von Marx in der *Einleitung zur Kritik der Hegelschen Rechtsphilosophie* an. Wie Marx geht er über Feuerbach hinaus, indem er die Hinwendung zur Transzendenz in die geschichtsphilosophische Problematik der Überwindung der Entfremdung einschreibt. Er geht aber auch über Marx selbst hinaus, indem er ein Beerben des eigentlich Transzendenten fordert. Die Entzauberung der Transzendenz soll dazu dienen, das „im Menschen- und Weltinhalt utopisch fundierte Transcendere" geltend zu machen.

Ihre Resonanz verdankt Blochs Religionsphilosophie in dieser Hinsicht einem Paradoxon: Während Theologen wie Joh. B. Metz das Ende der absoluten Transzendenz registrieren (es sind die Theologen, die Harvey Cox als die „weltlichen Theologen" bezeichnet und zu denen er sich selber zählt), setzt Bloch gerade an ihr an. Manfred Metzger betont, dass Bloch „Karl Barth zu[stimmt] bei seinem Widerspruch gegen einen allzu ‚umgänglichen Liberalismus', der die Tiefe, das ‚ganz Andere', die Aura des Heiligen nicht kennt". (Metzger 1965, 194) Auch dem „religiösen Humanum" wohnt ein „Numinoses" inne – ein Zugeständnis an Rudolf Otto, das im Kapitel 53 des *Prinzips Hoffnung* auf Karl Barths „extrem-heteronomes Credo" des Ganz-Anderen ausgedehnt wird. (PH 1405–1406) Barths „illiberale" Theologie – wie Bloch sie bezeichnet – enthält eine „bedeutende Mahnung" an ein Transzendentes, das sonst im Psychologismus und Anthropomorphismus verlorengeht. (PH 1406) Es sei gerade *das*, was die Religion „an Reich enthalte". Auf keinen Fall zielt Blochs Humanisierung der Religion auf eine Entspannung der religiösen Schauer. (PH 1409) Ganz im Gegenteil: Der Bogen des Menschlichen soll um der Entfaltung aller seiner Potentialitäten willen gespannt werden – dazu dient das Aufrechterhalten der Herausforderung der Transzendenz.

Die Projektion des Reichs, so resümiert – Bloch zitierend – Wolfhart Pannenberg, braucht das Erhabene eines Außen und Oben. (Vgl. Pannenberg 1965) „Nur am Deus absconditus ist das *Problem* gehalten, was es mit dem legitimen Mysterium *Homo absconditus* auf sich habe". (PH 1406) Bloch nimmt es also mit der Theologie des „*deus semper major*" auf, wie Metz dies ausdrückt. (Metz 1965, 229) Freilich nicht ohne zugleich einen vehementen Protest gegen den absoluten Gottesbegriff der protestantischen Theologie zu erheben:

> Es ist indes nicht so, wie extrem-dualistisches Luthertum statuiert hat, als wäre die Moralität Christi überhaupt nicht in der Zeit, *also auch nicht eine des Advents*, sondern gänzlich außerhalb der Geschichte. (PH 1492)

Blochs Zugeständnisse an die Theologie halten vor dem Versuch jener protestantischen Theologen (Bultmann, Ebeling, Gollwitzer, Gogarten...) inne, die mittels des Gedankens der Unverfügbarkeit Gottes den „Spukthron" (PH 1412) des Theismus wieder aufrichten wollen, weil Gott ja, nach Gollwitzers Diktum, nicht „in der Liste der Seienden" figuriere.

Blochs Religionskritik vollzieht also eine doppelte Umstülpung: (1) Die erste Umkehrung betrifft das Alte Testament: Der Schöpfer-Gott wird durch das Reich ersetzt. „Die mögliche Lösung des Problems heißt nicht Gott, sondern Reich". (PH 1528) „Glaube ist einzig der an ein messianisches Reich Gottes – ohne Gott". (PH 1413) Die „Utopie des Reichs" ist die Wahrheit des Gottesideals. Der Religion als „repressive[r] Rückbindung" wird das Projekt einer „selbst-schöpferische[n] Antizipation" (Bloch 1968, 23) entgegengesetzt. Nur durch die Ablehnung des Schöpfers wird es möglich, dass „eine riesige Schöpfungsregion im Menschen gewonnen wird". (PH 1517) (2) Die zweite Umkehrung bezieht sich auf das Neue Testament: Der menschgewordene Gott ist der Ansatz zum gottgewordenen Menschen, es geht um den „Menscheneinsatz ins religiöse Geheimnis". Bloch spricht durchweg von Christus als dem Menschensohn, dessen Reich von dieser Welt ist. Er lehnt das Opfertod-Dogma ab, weil es eine Theodizee des Weltschöpfers und Weltregierers inszeniert. (PH 1494) Jesu Mittlertum wird interpretiert als *Selbsteinsatz Christi in Jahwe* (PH 1495) und sogar als „Human-Einsatz in den Himmel". (PH 1500) Kennzeichnenderweise scheint Pannenberg genau das zu vermissen oder ignorieren zu wollen, worauf es Bloch in dieser doppelten Revolution ankommt: nämlich um die Umkehrung des Schöpfungsgedankens und das heißt um die Verherrlichung des Menschen und der Welt als den eigentlichen Sinn der Verheißung. Er versucht in seinem Beitrag zur Festschrift von 1965, die das wichtigste Dokument der Diskussion zwischen Bloch und der Theologie – bzw. der Theologie mit Bloch – darstellt, die Logik der beiden Umstülpungen rückgängig machen zu wollen:

> Aber der Gott des kommenden Reiches hätte Anlaß einer eschatologischen Umkehrung werden müssen, sobald er – wie in der Botschaft Jesu geschehen – mit der Zukunft seiner Herrschaft als der allein der gegenwärtigen Welt mächtige und über ihren Sinn, ihr Wesen entscheidende erkannt worden war. In der Botschaft Jesu gehören Schöpfung und eschatologische Zukunft aufs engste zusammen. [...] Die Einheit des verheißenden Gottes mit seiner Verheißung findet ihre Vollendung in der Erfüllung des Verheißenen: denn die Erfüllung wird die Verherrlichung des Menschen und der Welt, also ihre Teilhabe an der Herrlichkeit Gottes bringen. Das Heil, das Gott verheißt, ist er selbst. (Pannenberg 1965, 218–219, 223)

18.4 Überwindung des undialektischen Atheismus

Religion ist „Wunschwesen, mehr bemengt als irgendwo mit Aberglaube und Illusionen". (PH 1415) Aber sie ist auch das höchste Wunschbild und steht in der Struktur des Blochschen „Systems" auf der Ebene der „Identität". Nicht also wie die geoffenbarte Religion und deren höchste theologische Form als Vorbereitung oder Propädeutik des absoluten Geistes, wie es bei Hegel der Fall ist: An die Stelle der Vernunft oder des absoluten Geistes tritt bei Bloch das Schlusskapitel des *Prinzips Hoffnung* über die Säkularisierung und die Umstülpung des Hegelschen Systems. Im Kapitel 55, „Karl Marx und die Menschlichkeit, Stoff der Hoffnung" wird die Religion einem dialektischen Säkularisierungsverfahren unterzogen, das ausdrücklich mit Marx' Umwälzung des Hegelschen Systems in Verbindung gebracht wird: „Säkularisierung oder die Kraft auf die Füße zu stellen". Die Säkularisierung führt nämlich keineswegs zur schlichten Abschaffung der Religion, sondern vielmehr zu ihrer dialektischen Aufhebung durch die Realisierung ihres Wahrheitsgehalts. Wie im *Geist der Utopie* wird an Marx als den Philosophen appelliert, der der Hoffnung ihren „Stoff" verschafft hat, indem er die Kritik der politischen und sozialen Verhältnisse als die Fortsetzung und Realisierung der Kritik der Religion aufgefasst und dadurch die Hoffnung selbst zur Antriebskraft der „Kritik der Erde" gemacht hat. Der „Stoff" der Hoffnung besteht im Geschichtsprozess, in welchem die „objektiv-realen" Möglichkeiten des von der Religion Intendierten Wirklichkeit werden: Ihnen konkrete Gestalt zu geben ist die Aufgabe des „arbeitenden, schaffenden, die Gegebenheiten umbildenden und überholenden Menschen", der, wie Marx sagt, „die Wurzel der Geschichte" ist. Das letzte Wort des *Prinzips Hoffnung*, sein „Beschluss", heißt deshalb „kritische Praxis" bzw. „praktische Kritik". Insofern ist die Identität, in der das „System" gipfelt, die Identität des Prinzips mit sich selbst und zugleich ein Aufruf zu seiner konkreten Umsetzung. (Raulet 1975, 289)

In einem 1959 gehaltenen Vortrag hat Bloch die dialektische Säkularisierung folgendermaßen zusammengefasst und dabei jedem Missverständnis seines Verhältnisses zur Religion vorgebeugt:

> Wir sollen hier zweierlei unterscheiden. Der Marxismus ist keine Eschatologie. Marx sagte nur: Ich will die Hegelsche Dialektik auf die Füße stellen. Und stellte sie auch auf die Füße. Ob er sie ganz auf die Füße gestellt hat, mag für heute dahingestellt bleiben. […] Aber ich darf mit Sicherheit sagen, daß einer, der auf die Füße gestellt wird, des Gehens fähig ist. Es gibt also hier den Gedanken einer Bewegung, die von der These einer Säkularisierung der Eschatologie sonst völlig außer Acht gelassen wird. (Bloch 1965, 235)

Die Formel der dialektischen Säkularisierung bezieht sich sowohl auf die Religion als auch auf ihre vermeintliche Leugnung: So wie sie in begriffene Religion mündet, bedeutet die dialektische Säkularisierung umgekehrt auch und vor allem einen begriffenen Atheismus, d. h. die Überwindung des undialektischen Atheismus. Dies erklärt, warum Jürgen Moltmann Blochs Bekämpfung der flachen Säkularisierung zustimmen konnte:

> ‚Religion im Erbe' kann den flachen Sinn haben, daß Gott tot sei und seine religiöse, kirchliche und theologische Macht auf Erden von lachenden oder weinenden Erben geteilt wird. Nur Tote können beerbt werden. [...] Diese Art Aufklärung, Entmythologisierung und Säkularisierung am Grabe der Religion ist zur Genüge bekannt. ‚Religion im Erbe' gewinnt aber im Christentum einen völlig anderen Sinn, denn durch diese ‚Religion' wurde auf einmalige Weise der Glaube an das eschatologische Erbrecht des Menschen auf die Zukunft der Freiheit, der Gerechtigkeit und der Gegenwart Gottes in eine beladene, verlassene, gottlose Welt gebracht. Menschen wurden zu einem ultimativen Hoffen auf eine Zukunft stimuliert, die es noch nicht gegeben hat. Sie wurden unruhig und unabgefunden, leidend und kritisch zu Heimatlosen in einer unerlösten Welt. Sie entdeckten unter dem Bogen der göttlichen Verheißung die Welt als zukunftsoffene Geschichte. (Moltmann 1978, 482)

Moltmanns Zustimmung geht so weit, dass er sich auch auf Marx' berühmte Formel aus der *Einleitung zur Kritik der Hegelschen Rechtsphilosophie* beruft und sich zu jener Religionskritik bekennt, welche „die imaginären Blumen an der Kette der Knechtschaft nicht darum [zerpflückt], damit der Mensch die phantasielose, trostlose Kette trage, sondern damit er die Kette abwerfe und die lebendige Blume breche". (Moltmann 1978, 483)

Der Marxismus – so will es Moltmann im Einverständnis mit Bloch verstanden wissen – beerbt die Hoffnungsinhalte der Religion: „Alles an den Hoffnungsbildern Nicht-Illusionäre, Realmögliche geht zu Marx, arbeitet – wie immer jeweils variiert situationsgemäß rationiert – in der sozialistischen Weltveränderung". (Moltmann 1978, 488, zitiert PH 16)

Die „*Eliminierung Gottes*" bildet somit die Voraussetzung seiner Realisierung (PH 1412), oder genauer der „unter Gott gedachten und ersehnten Inhalte". (PH 1415) Ganz zu Recht spricht Ursula Pasterk von einer „Allianz von Atheismus und Messianismus". (Pasterk 1978, 530) Der echte Materialismus, nämlich der dialektische (PH 1413), setzt die Abschaffung des Theismus voraus, oder vielmehr dessen „Aufhebung", wie Bloch es präzise sagt, denn er hält an dem Gedanken des Reichs als „*messianischem Frontraum*" (PH 1413) fest. In dieser Textstelle verweist die Kategorie der Front gerade auf das praktisch Mögliche. Das religiöse Geheimnis ist also nichts anderes als eine Form des Utopischen, dessen Gehalt in vielfältigen Formen in allen Sphären des Real-Möglichen angetroffen wird und das „unter dem Namen Gottes so wechselnd experimentiert" wurde. (PH 1416) Da zugleich der Materialismus nachdrücklich heraufbeschworen wird, darf dabei nicht aus dem Blick geraten, dass das Reich auch dem real-möglichen Zustand der Materie als „objektiv-utopischem Korrelat der human-utopischen Phantasie"

(PH 807) entspricht. Nimmt man demzufolge die Provokation „ein messianisches Reich Gottes – ohne Gott" (PH 1413) ernst, dann wird der Atheismus zur Voraussetzung des Messianismus.

Damit erfasst man aber nur sehr allgemein die kulturelle Brisanz von Blochs Ansatz. Es gibt gute Gründe, die Anfänge von Blochs Denken in den ideologisch-politischen Gärungskessel der Jahre wieder zu versetzen, in welchen das Judentum durch die deutsche Niederlage und den gleichzeitigen Zusammenbruch des deutsch-jüdischen Assimilationsmodells in eine tiefgreifende Krise geriet. Grundsätzlich weisen Blochs Denkprämissen Verwandtschaften mit denjenigen Franz Rosenzweigs oder Leo Strauss' auf. Das gemeinsame Moment, das ihn mit der jüdischen Renaissance verbindet und das freilich nicht überstrapaziert werden darf, ist die Verwerfung seichter Kompromisse und die Radikalität der Konfrontation zwischen Atheismus und Glauben, dabei zugleich auch der Wille, sich den biblischen Text wieder anzueignen (sei es für oder gegen zionistische Vorhaben). In Rosenzweigs *Stern der Erlösung* erinnert die Antizipation der Erlösung daran, dass „die Welt noch nicht fertig [ist]. Es ist noch Lachen und Weinen in ihr". (Rosenzweig 1921, 244) Die Erlösung bildet den Horizont einer vom Krieg und vom Elend, von der Angst und der Herrschaft befreiten Menschheit und hat deshalb vor allem einen kritischen und utopischen Sinn. Während aber Rosenzweig der Krise der liberalen Emanzipation durch die Erneuerung der Religion abzuhelfen versucht, radikalisiert der junge Leo Strauss die Kritik am politischen Judentum dahin, dass es für ihn nur noch die Alternative des radikalen Atheismus oder der religiösen Orthodoxie geben kann. In dieser Radikalität lässt er sich durch eine andere Strömung der wiedererwachenden Theologie, die protestantische Theologie der Krise von Karl Barth und Friedrich Gogarten, inspirieren. In seinen ersten Schriften zitiert er auch ausgiebig Rudolf Ottos Buch *Das Heilige* (1917). (Zu diesem Kontext Kahn, 2012, 23–47)

Bloch zielt freilich auf das Gegenteil: Er will nicht die Politik von der Religion völlig abtrennen, sondern die Religion in den Dienst der Politik stellen – nur nicht in der „lauen" Form der liberalen Akkommodation. Die Kritik an der liberalen Theologie ist der gemeinsame Nenner: Seine Bekämpfung der Säkularisierung als bloßer Verweltlichung und sein Pochen auf die Transzendenz bringen ihn in die Nähe der harten Linie des frühen Leo Strauss, selbst wenn er weder Cohens universalistische Interpretation der Propheten noch den Messianismus aufzuopfern bereit ist. Der Messianismus dient bei Bloch dazu, die Statik des Mythos zu sprengen. „Nämlich *nicht statischer, darin apologetischer Mythos, sondern human-eschatologischer, darin sprengend gesetzter Messianismus*". (PH 1404)

18.5 Verhältnis zur Theologie

So wie die Klärung des Verhältnisses Blochs zur jüdischen Gedankenwelt immer noch nottut, irritiert die Nähe Blochs zu theologischen Gedankengängen bzw. umgekehrt die Nähe, die christliche Theologen zu Blochs Gedankengängen eingestehen. Es ist öfters bemerkt worden, dass in der 1965 erschienenen Festschrift zum 80. Geburtstag von Bloch mehr als ein Drittel der achtzehn Beiträge theologischen Inhalts sind. In seiner Würdigung von Blochs „Religion im Erbe" betont Jürgen Moltmann die Eigenart jenes „religiösen Marxismus", der auf die Religiösen irreligiös und auf die Irreligiösen religiös wirkt. (Moltmann 1978, 484) Verwirrend wirkt vor allem die scheinbare Umkehrbarkeit der Verhältnisse zwischen Religion und Marxismus. Einerseits meint Bloch in der Einleitung zum *Prinzip Hoffnung*, dass alle Hoffnungsinhalte, die von der Religion transportiert werden, in die Theorie der sozialen und politischen Emanzipation überführt werden können, selbst wenn sie dabei von ihrem illusionären Charakter befreit werden müssen. Umgekehrt gilt der Spruch: „Wo Hoffnung ist, ist Religion". (PH 1404) Man kann zwar „Religion" im etymologischen Sinn verstehen, also als gemeinschaftliche Bindung, aber es verharmlost dann die Botschaft, um die es geht, oder es re-institutionalisiert sie sogar als die Zugehörigkeit zu einer kirchlichen Gemeinde. Erst auf der Grundlage der „dialektischen Säkularisierung" lässt sich die daraus entstehende Frage, ob Bloch ein marxistischer Religionskritiker ist, oder ob er „den Marxismus in sein System des theologischen Messianismus eingebaut" hat (Moltmann 1978, 488), nicht nur praktisch, sondern auch methodisch beantworten. Schon das Frühwerk setzte sich nämlich ein „System des *theoretischen* Messianismus" zum Ziel – also eine *philosophische* Übernahme der religiösen Zielvorstellung *und vor allem ihrer Denkstruktur*. (Raulet 1975, 284–286)

Im Laufe des XX. Jahrhunderts wurde die christliche Theologie in dieselbe Krise hineingezogen wie das Judentum. Der allgemeine und gemeinsame Hintergrund war die tiefgreifende Säkularisierung der Gesellschaft und der Kultur. Das legt die Annahme nahe, dass die Problematik, mit der Bloch um 1918 herum vor dem Hintergrund reger jüdischer Debatten konfrontiert war, sich in seinem Werk durch die Auseinandersetzung mit der politischen Bedeutung des Christentums strukturell fortgesetzt hat. Blochs Religionsphilosophie traf in den 1960er Jahren auf eine Umbruchstimmung in der Theologie. Moltmanns Reflexion schreibt sich in diesen Kontext ein: „als einer der ersten Theologen [hat] er die Bedeutung erkannt, die Blochs Denken im heutigen theologischen Ringen spielen könnte". (Jäger 1969, 10) Die Festschrift von 1965 sowie noch fast 15 Jahre später die *Materialien zu Ernst Blochs „Prinzip Hoffnung"* dokumentieren die Verarbeitung der Bloch'schen Anregungen bei Johann Baptist Metz, Wolfhart Pannenberg, Gerhard Sauter, Wolf-Dieter Marsch, Paul Tillich u. a. m. Nicht nur Protestanten, sondern auch Katholiken beteiligen sich an der Debatte – Metz ist ein Schüler von Karl Rahner und übernimmt von diesem den Gedanken der Nicht-Widersprüchlichkeit von Autonomie und Theonomie (ein Gedanke, der allerdings nicht die dominante Linie der katholischen Theologie ist, sondern bei Josef Ratzinger, Urs von Balthazar u. a. auf vehementen Widerspruch stößt).

Wenn Moltmann an die Marx'sche Religionskritik anknüpft (Moltmann 1978, 483), darf dieser recht radikale Ansatz das eigentliche theologische Anliegen nicht ausblenden. Es geht um das zugleich theologische und politisch-soziale Verständnis des Reichsgedankens, das Moltmann folgendermaßen umreißt: Die Menschen sind „Heimatlose in einer unerlösten Welt", aber sie besitzen ein „eschatologisches Erbrecht auf die Zukunft der Freiheit [und] der Gerechtigkeit", ein „Erstgeburtsrecht auf das Reich der Freiheit". (Moltmann 1978, 482–483) Moltmanns Berufung auf Marx und Bloch ist Teil einer Offensive für die Wiederbelebung der Eschatologie und des Messianismus im Christentum: „Diese Religionskritik [die Marx'sche] zerstört die müde und alt gewordenen religiösen Formen des Christentums, um seinen ganz unmythologischen, messianischen Kern zu finden". (Moltmann 1978, 483) „Blochs theoretischer Messianismus [macht] die vergessene christliche Eschatologie wieder zu einer sinnvollen Dimension der Theologie". (Moltmann 1978, 491) Dass damit gesellschaftskritische Motive verbunden waren, darf freilich nicht unterschätzt werden. Schreibt doch Moltmann:

> Muß nicht christliche Theologie, die von Gott um des Gekreuzigten willen redet, aus dem Reich der dogmatischen Antworten immer wieder in das Reich der kritischen Fragen zurückkehren, damit jenes Reich der dogmatischen Antworten das Reich der Freiheit öffnet und nicht mit transzendenten Setzungen verstellt? (Moltmann 1978, 491–492)

Unüberhörbar ist der Angriff auf die Theologien des „Ganz anderen", die umgekehrt dazu aufrufen, aus dem „pan-eschatologischen Traum" zu erwachen. (Hierzu Jäger 1969, 13) Blochs Religionsphilosophie, deren Wurzeln viel weiter zurückreichten, sah sich dadurch in einen Kontext eingeschrieben, der in den 1970er und 1980er Jahren eine tiefgreifende Veränderung der politischen Kultur in Deutschland widerspiegelte und *on the long run* sicher auch zur „Wende" beigetragen hat, weil man es ja als Christ in der BRD nicht länger aushalten konnte, zwischen einer konservativen Linie und der Anteilnahme an den sozialen und politischen Herausforderungen hin und her gerissen zu werden.

Alle Theologen und Religionsphilosophen, die sich auf Bloch in diesen Jahrzehnten eingelassen haben, gehen in dieselbe Richtung oder sind wenigstens von denselben sozialen und politischen Herausforderungen motiviert. Dies spricht aus ihrer Begrifflichkeit und Metaphorik heraus. So fragt Pannenberg: „Hat die Kritik nur die Schale unsachgemäßer Gottesvorstellungen zerbrochen, oder auch den Kern aufgelöst?"(Pannenberg 1965, 211) – eine Metapher, die ausgerechnet an Marx' Hegelkritik erinnert. Pannenberg verweist auf Tillich, der den Theismus mit den Mitteln der metaphysischen Gottesvorstellung kritisiert hat. Dies ist aber nach ihm nur ein erster Schritt gewesen. Wichtiger sei die Erinnerung an das spezifische Weltverständnis, das der Gott der Bibel begründet hat: „Von ihm her ist alles Seiende auf Zukunft verwiesen". (Pannenberg 1965, 213) Pannenberg appelliert an die Erneuerung des „Vollbegriffs der Eschatologie", gegen die Tendenz, „die Eschatologie Jesu ihres Zeitsinnes zu berauben" und seine Leidenschaft „in eine Gegenwart der Ewigkeit im Augenblick" umzusetzen. (Pannenberg 1965, 214) Damit übereinstimmend spricht sich Joh. B. Metz gegen die „Jemeinigkeit" und „Jegegenwärtigkeit" der „Entscheidungstheologien der Gegenwart" (Metz 1965, 231) aus, d. h. gegen die „präsentische Eschatologie" Rudolf Bultmanns und seiner Schüler, bei denen Transzendenz und Zukunft auseinandertreten, so dass „von den biblischen Zukunftsaussagen die ursprünglich temporal-zukünftig gemeinte Seite reduziert wird auf die Bedeutung für Selbstverständnis und Glauben im eschatologischen Jetzt und Hier". (Jäger 1969, 14) Dagegen erinnert Pannenberg daran, dass „biblisch das Sein Gottes und des Reiches identisch" ist. (Pannenberg 1965, 215) Alle an der Festschrift von 1965 beteiligten Theologen sind bemüht, diese eschatologische Botschaft als den eigentlichen Kern des christlichen Glaubens in den Vordergrund zu stellen. „Theologen wie Jürgen Moltmann und Joh. B. Metz gehen heute davon aus, dass Albert Schweitzer recht hatte, als er das Christentum als wesentlich eschatologisch verstand." (Cox 1978, 506) An dem Stichwort „Verheißung" scheiden sich die Wege der Theologie. So ist bei Metz der Appell an eine „Orthopraxie der Veränderung dieser Welt im Horizont der verheißenen Zukunft Gottes" (Metz 1965, 233) eindeutig gegen die konservative bzw. konformistische Orthodoxie gerichtet. Ebenso unverblümt meint Harvey Cox:

> Jahrhundertelang hat das Christentum hartnäckig jede Vorstellung davon unterdrückt, daß die Welt der Zukunft die bestehenden religiösen und politischen Institutionen umstoßen wird. So ist die Kirche oft zu einer objektiv konservativen Kraft in der Gesellschaft geworden. (Cox 1978, 506)

Im Gegensatz zu Barth fallen bei allen diesen Theologen Offenbarung und Eschaton nicht zusammen. Eindeutiger noch, wenn anstelle der Eschatologie, oder zusammen mit ihr, der Messianismus in den Vordergrund gestellt wird. So spricht Moltmann von einem *messianischen Kern* und zitiert nicht von ungefähr in diesem Kontext die Stelle aus *Geist der Utopie*, wo Bloch an Lessings „drittes Evangelium" der Vernunft anknüpft und auf „ein Drittes über Jude und Christ: de[n] Messianismus und das Tertium testamentum" hinweist. (Moltmann 1978, 484)

Zweifelsohne hat Bloch den Theologen Hilfe geleistet in ihrem Versuch, die vergessene christliche Eschatologie wieder zur Geltung zu bringen. „Fällig ist [...]

eine neue Eschatologie der Religion". (V, 1416) Darüber darf man freilich die Unterschiede nicht vergessen. Denn die Christen sind zwar, wie Metz schreibt, jene „die eine Hoffnung haben (vgl. Eph. 2, 12; 1. Thess. 4, 13)" (Metz 1965, 232), aber gerade der Bezug auf Paulus, dem Bloch eine quietistische Auffassung der Eschatologie vorwirft (Bloch 1968, 218–220), markiert den grundsätzlichen Unterschied zwischen dem theologischen Ansatz und dem Ansatz der Blochschen Reichsutopie. Wird die Formel vom „human-eschatologische[n], darin sprengend gesetzte[n] Messianismus" (V, 1404) scheinbar zustimmend zitiert, so weigert sich Moltmann, den eschatologischen Gehalt der Verheißung in einer Anthropodizee aufgehen zu lassen. „Das eschatologische Erbrecht des Menschen" bezieht sich für ihn auf die Zukunft der Freiheit, der Gerechtigkeit *und der Gegenwart Gottes*" in der beladenen und verlassenen Welt. (Moltmann 1978, 482 – Hervorhebung von mir) Die Wirklichkeit des Reiches geht für ihn über das von Menschen Realisierbare hinaus, das immer nur vorläufig und relativ bleibt. Dadurch lehnt Moltmann sowohl den Gedanken der Verfügbarkeit der Welt – sei es auch in Form einer Verschränkung der Zwecke des Menschen und jener der Natur bzw. der Materie – als auch die Reduktion der Zukunft auf die Geschichte ab. „Insofern bleibt Gott bis in den menschlichen Erkenntnisvorgang hinein das Subjekt und der Herr". (Moltmann 1964, 104) Das Menschenreich wird wieder zum Reich Gottes, Gott wieder zum Subjekt einer progressiven Offenbarungsgeschichte, in deren Zentrum die Botschaft Christi steht. Es geht Moltmann schließlich doch um den *ganz anderen* Charakter der Zukunft Gottes. Zwar konnte Bloch von der Theologie „beschlagnahmt" werden – und er ließ sich auch von ihr soweit beschlagnahmen, weil es ihm nicht auf die Abschaffung des Glaubens ankam. Aber ihre Wege mussten sich an dem Punkt trennen, wo die Kritik der Theokratie dieses Ganz-andere in Frage stellte. Wenn sich die dialektische Säkularisierung über den Gegensatz von Theologie und Philosophie (bzw. Anthropologie oder Sozialwissenschaft) zweifelsohne hinwegsetzt, wie ihn zum Beispiel Gerhard Sauter in seinem Buch *Zukunft und Verheißung* wieder zur Geltung gebracht hat (Sauter 1965), so verwischt sie dennoch nicht den Gegensatz. Bloch fällt nicht der Kritik Gogartens am Säkularismus anheim und lässt sich nicht einfach als säkularer Denker abfertigen. (Gogarten 1953) Vielmehr übernimmt er sogar wesentliche Aspekte von Gogartens Glaubenskonzept. Aber auch für die engagierten liberalen Theologen bleibt die von Helmut Gollwitzer aufgeworfene Frage nach wie vor relevant: Die Art und Weise, wie er von Gott redet, gerät in den Verdacht, die biblische Rede „als uneigentliche Rede [zu verstehen], die sich eigentlicher formulieren läßt, indem angegeben wird, für welche allgemeinen, immer gegebenen und durch Selbstbesinnung auffindbaren Sachverhalte sie ‚Ausdruck' ist". (Gollwitzer 1963, 136)

18.6 Die Diskussion über die Endzwecke

Bei aller Nähe zu Blochs Denken liegt es Moltmann daran, nach den Momenten zu fragen, die aus christlich theologischer Perspektive „sich als resistent gegenüber der Beerbung durch die Meta-Religion" erweisen. (Moltmann 1964, 316) Moltmann bezieht sich insbesondere auf eine tatsächlich verschlüsselte Aussage des *Prinzips Hoffnung*: „Nur am Deus absconditus ist das *Problem* gehalten, was es mit dem legitimen Mysterium *Homo absconditus* auf sich habe". (PH 1406) Seine theologische Interpretation lautet, dass die Fraglichkeit, Offenheit, Unfertigkeit und Verborgenheit des Menschen durch die Verborgenheit Gottes begründet wird und ihre Aufdeckung „dort und dann [findet], wo und wann dieser in Frage stellende Gott sich offenbart". (Moltmann 1964, 317) Wohlgemerkt: dieser in Frage stellende, nicht *stehende* Gott. Das Rätsel des noch nicht aufgedeckten Angesichts des Menschen ist für Moltmann *im Mysterium der Verborgenheit Gottes begründet*.

Hier liegt die Grenze des Konsensus zwischen Bloch und der Theologie: Gehört die Zukunft Gott, oder gehört Gott der Zukunft? Hans Küng hat von einer „absoluten Zukunft" gesprochen, die sich immer von der irdischen unterscheidet und unterscheiden muss: von einem Reich der vollen Gerechtigkeit, der Freiheit und der Liebe, auf welches schon die prophetischen Verheißungen hinzielten und das immer seine jeweilige Realisierung überbietet und überbieten muss. Darin liege der Sinn der Glaubens und der religiösen Botschaft überhaupt. Es ist deshalb die Rückzugsposition, von der aus die protestantische – auch die fortschrittlichste – sich an Bloch herangewagt und von ihm abgegrenzt hat. Moltmann ist hier der beispielhafte Exponent, aber auch Joh. B. Metz betont, dass echte Zukunft eigentlich Transzendenz ist. (Metz 1965, 236)

Moltmann greift diese Problematik folgendermaßen auf:

> Entweder überragt die unendliche Hoffnung alle ihre Hoffnungsgegenstände, die sie sich voraus entwirft. Dann wird die Hoffnung zum ewigen, ungeschichtlichen Existenzial des Menschen, und der Lebensprozeß der Welt wird zu einem endlosen Prozeß. Das aber wäre eine Abstraktion von der realen Geschichte. Das Sein-in-Hoffnung würde zur abstrakten Gattungsbestimmung des Menschen. Oder aber die transzendierende Hoffnung paßt sich irgendwann einem utopisch herausdefinierten Hoffnungsgut an. (Moltmann 1964, 319)

Mit bemerkenswerter interpretatorischer Ehrlichkeit betont Moltmann, dass man dieses theologische Bilderverbot, d. h. die immer wieder hochgespielte Nicht-Darstellbarkeit des utopischen Zieles entdramatisieren soll, weil Bloch ja selber die apokalyptische Alternative zwischen Nichts und Alles entmythologisiert. (Moltmann 1964, 320) „Die noch offene und ungelungene Welt- und Menschentiefe" weise nur darauf, dass sie miteinander „dialektisch vermittelt [werden] wie bei Marx in der ‚Naturalisierung des Menschen und der Humanisierung der Natur'. Sie sind einander nicht in und vor einem Dritten vermittelt, wie in der christlichen Eschatologie an der Gottheit und Herrschaft Gottes". (Moltmann 1964, 320–321) Bloch scheut sich tatsächlich vor der vermeintlichen Undarstellbarkeit der Utopie nicht und macht auf jeden Fall daraus kein Tabu. Er erwähnt vielmehr ausdrücklich „diese *letzte Frage*: was ist *mit dem Hohlraum*, den die Erledigung der Gott-Hypostase hinterläßt oder auch nicht hinterläßt?" (PH 1529) Er wagt sogar das Paradoxon, dass „*Reichshaftes* [...] *allererst nicht intentionierbar* [wäre], *wenn das Feld der religiösen Hypostasen nicht dauerhafter wäre als die religiösen Hypostasen in diesem Feld selbst*". (PH 1532) Also dass die wie auch immer falschen und verfälschenden Vorstellungen des Zielinhalts, wie es in den Sozialutopien der Fall ist, wenigstens dazu dienen, die Hoffnung auf das Reich der Freiheit aufrechtzuerhalten. In deren „Topos der Ordnung" lebt „der ehemals von Göttern erfüllte Utopieraum" weiter.

Allem Anschein nach akzeptiert Moltmann die Regel der dialektischen Säkularisierung. Gleich im nächsten Abschnitt seiner *Theologie der Hoffnung* über „Die Heimat der Identität und das Reich Gottes" führt er aber wieder den Gedanken ein, dass diese Offenheit des dialektischen Weltprozesses ein Absolutum sei und dass sie demnach „nicht in die Utopien und auch nicht in das ‚Prinzip Hoffnung' einer immanenten Weltvollendung durch ‚transzendenzloses Transzendieren' überführt werden kann" (Moltmann 1964, 322), während Bloch lediglich sagt, dass sie ein Absolutum *enthält*. (PH 1411) Auf diese Weise spricht Moltmann der Religionsphilosophie Blochs jene Anerkennung der Transzendenz wieder ab, die er ihr zunächst zuerkannt hatte, weil sie für die protestantische Theologie von strategischer Bedeutung war. Die Fortsetzung der Argumentation versucht geltend zu machen, dass Blochs Suspendieren des Moments der Identität trotz seiner Radikalität noch nicht radikal genug ist, obwohl Bloch in seiner Beerbung der religiösen Fragestellung so weit geht, dass für ihn das ökonomisch-politische Reich der Freiheit, das Marx im dritten Buch des Kapitals in Aussicht stellt, nur die Basis und Vorbedingung der ausstehenden „wirklichen Genesis" sei. Man kennt die Formel: „*Die wirkliche Genesis ist nicht am Anfang, sondern am Ende, und sie beginnt erst anzufangen, wenn Gesellschaft und Dasein radikal werden*". (PH 1628)

Zwei metaphysische Fragestellungen müssen an diesem Punkt in Angriff genommen und entwirrt werden. Einmal die Frage der Prozesshaftigkeit der Welt, die sich dialektisch durch die zunehmende Verschränkung des Mensch- und des Weltprojektes auflösen (oder aber katastrophal enden) muss. Zum anderen die Frage der mächtigsten Anti-Utopie: dem Tod. Es ist ziemlich unfair, letztere zum Vorwand zu nehmen, um ersterer den Boden unter den Füßen zu entziehen. Der Herausforderung des Todes setzt Bloch zwei Argumente entgegen. Zunächst die

„Exterritorialität zum Tode" dessen, was noch nicht in den Weltprozess hineingeraten ist. Was hier vom Noch-nicht-Sein gilt, gilt für den Kern des Existierens überhaupt. Für Moltmann sei dieser Gedanke ein Erbe an den Lehren von der Unsterblichkeit der Seele und der Seelenwanderung, die Bloch in der Tat in seine Hermeneutik der religiösen Vorstellungen einbezieht. Nun setzt Moltmann nicht nur den Kern des Existierens mit der Identität gleich, was an sich richtig ist, sondern er bringt beides mit dem Mysterium der Auferstehung des gekreuzigten Christus als Verheißung der Unsterblichkeit in Verbindung und retheologisiert auf diese Weise Blochs *Prinzip Hoffnung*.

In einem Punkt scheint aber Blochs Auffassung des Reichs weder theologisch eingeholt, noch überboten zu werden: dem „kosmischen Inkognito". „Zur Hoffnung", schreibt Moltmann, „gehört das Wissen, daß draußen das Leben so wenig fertig ist wie im Ich, das an diesem Draußen arbeitet". (Moltmann 1964, 315) Das Motiv des Reichs umfasst die Vermittlung der Subjekt- und der Objektseite der Religion, also auch die Erlösung der „unaufgehobenen Unvermitteltheit der umgebenden Natur": die Hoffnung auf eine Zeit und einen Raum „der Adäquatheit", „gedacht als Reich". (PH 1410) Es ist also eine apokalyptische Verkündigung „von Grund auf": „Was das Numinose versprach, das will das Messianische halten: sein Humanum und die ihm adäquate Welt." (PH 1415)

Insofern ist das Reich mehr als die Überwindung der sozialen Widersprüche; es lässt sich nicht auf die klassenlose Gesellschaft reduzieren. (PH 1411) Es zielt zunächst einmal auf das, was in der philosophischen Tradition *Summum bonum* genannt wurde. Darunter stellt sich Bloch das Reich der Freiheit nicht nur als klassenlose Gesellschaft, sondern als *Identität von Mensch und Natur* vor. Das Endziel lässt sich auch kosmisch als gelungene Vollendung der materiellen Potenzialitäten denken. Unter diesem Gesichtspunkt ist das Moment der Religion im *Prinzip Hoffnung* breiter angelegt und komplexer als im späteren Buch *Atheismus im Christentum*, weil es die anderen Weltreligionen mitberücksichtigt. Die Utopie des Reichs schließt insbesondere die Astralmythen und die Naturreligionen ein. Wenn er Ezechiel, der um 600 v. Chr. gepredigt hat, evoziert, unterlässt Bloch es nicht, daran zu erinnern, dass er ein Zeitgenosse Zoroasters gewesen ist. (PH 1460) Weil die religiösen Lehrer Menschen sind, die ein Volk, ihre Mitmenschen „heimbringen" wollen, fragt Bloch, inwiefern „Geschichte [...] in die astralmythische Statik" überhaupt eintritt (PH 1465), bzw. umgekehrt inwiefern „die jüdische, erst recht die christliche Apokalypse [...] den Kosmos in sich ein[zieht]". (PH 1467) Der Abschnitt, der Buddha gewidmet wird, bemängelt eindeutig an der Seligkeit Nirwanas eine „Frohbotschaft des akosmischen Heils – als wäre schon Nichtwelt wie Himmel". (PH 1482) Hingegen herrschte der Gott des Alten Testaments nicht nur über die Gemeinschaft Israels, sondern er war auch Eigentümer der Erde. Noch bei Matthäus wird er als König *der* Himmel

(Plural), also des Kosmos, bezeichnet. Auch betont Bloch immer wieder, dass die Äonenwende, als welche Paulus den Tod und die Auferstehung Christi versteht, nicht nur christologisch das überzeitliche Reich des Glaubens, sondern auch die Vorwegnahme einer endzeitlichen Erlösung der ganzen Schöpfung bedeutet, wie sie in der Offenbarung Johannis am ausgeprägtesten zu Worte kommt.

Literatur

Ernst Bloch: Processus et structure, in: Genèse et structure, Actes du colloque de Cerisy. Paris 1959, La Haye Mouton 1965, 207–227

Harvey Cox: Eschatologie und Anthropologisierung im Christentum, in: Burghart Schmidt (Hg.): Materialien zu Ernst Blochs ‚Prinzip Hoffnung'. Frankfurt a. M. 1978, 502–513

Friedrich Gogarten: Verhängnis und Hoffnung der Neuzeit. Die Säkularisierung als theologisches Problem. Stuttgart 1953

Helmut Gollwitzer: Die Existenz Gottes im Bekenntnis des Glaubens. München 1963

Alfred Jäger: Reich ohne Gott. Zur Eschatologie Ernst Blochs. Zürich 1969

Victoria Kahn: Political Theology and Liberal Culture: Strauss, Schmitt, Spinoza and Arendt, in: Graham Hammill/Julia Reinhard Lupton (eds.): Political Theology and Early Modernity. Chicago 2012, 23–47

Johann Baptist Metz: Gott vor uns. Statt eines theologischen Arguments, in: Ernst Bloch zu ehren. Festschrift zum 80. Geburtstag, Frankfurt a. M. 1965, 227–241

Manfred Metzger: Theologie als Wissenschaft, in: Ernst Bloch zu ehren. Festschrift zum 80. Geburtstag. Frankfurt a. M. 1965, 181–205

Jürgen Moltmann: Theologie der Hoffnung. Untersuchungen zur Begründung und zu den Konsequenzen einer christlichen Eschatologie. Gütersloh 1997

Jürgen Moltmann : Die Apokalyptik im Messianismus, in: Burghart Schmidt (Hg.), Materialien zu Ernst Blochs ‚Prinzip Hoffnung'. Frankfurt a. M. 1978, 502–513

Jürgen Moltmann: Gottesbeweise und Gegenbeweise. Wuppertal 1967

Wolfhart Pannenberg: Der Gott der Hoffnung, in: Ernst Bloch zu ehren. Festschrift zum 80. Geburtstag. Frankfurt a. M. 1965, 210–225

Ursula Pasterk: Utopie und Religion, in: Burghart Schmidt (Hg.), Materialien zu Ernst Blochs ‚Prinzip Hoffnung'. Frankfurt a. M. 1978, 514–532

Gérard Raulet: Hermeneutik im Prinzip der Dialektik, in: Burghart Schmidt (Hg.), Ernst Blochs Wirkung. Frankfurt a. M. 1975, 284–304

Gérard Raulet: Subversive Hermeneutik des ‚Atheismus im Christentum', in Burghart Schmidt (Hg.): Seminar zur Philosophie Ernst Blochs. Frankfurt a. M. 1983, 50–74

Franz Rosenzweig: Der Stern der Erlösung. 5. Aufl., Frankfurt a. M. 1996

Gerhard Sauter: Zukunft und Verheißung. Das Problem der Zukunft in der gegenwärtigen theologischen und philosophischen Diskussion. Zürich, Stuttgart 1965

Wilhelm Weitling: Garantien der Harmonie und Freiheit, hg. von B. Kaufhold. Berlin 1955

Ulrich Müller-Schöll, Francesca Vidal
19 Sein wie Hoffnung. Näherungen an Gelungenheit
5. Teil, Nr. 54, 55

19.1 Vorbemerkung

Die beiden Kapitel, die das *Prinzip Hoffnung* beschließen, haben ein gemeinsames Ziel, das sie miteinander eng verknüpft: sie umreißen die Zielvorstellung der „neuen Philosophie des Neuen". In beiden Kapiteln geht es um die Frage höchstmöglicher Gelungenheit. Das erste nimmt weit ausgreifend die Fäden auf, die durch das gesamte *Prinzip Hoffnung* gesponnen werden, verdichtet im fünften Teil des dritten Bands und kulminierend im Kapitel, das sich dem Summum bonum oder Höchsten Gut widmet: als dem denkmöglich höchsten Ausdruck dessen, was je (im Alltag, in der Wissenschaft, in der Kunst, in der Philosophie, in der Praxis) angestrebt werden kann. Dieses Höchste kann, der abendländischen philosophischen Tradition entsprechend, nur ein sich wissendes Höchstes sein, weshalb es synonym ist mit „Identität". Identität meint: das Zusammenfallen des als Höchstes möglich Denkbaren mit dem, der es denkt, und das Zusammenfallen dieses Denkens mit der Welt, in der es geschieht. Auf die Frage der Erfüllung solcher Gelungenheit gemünzt, zitiert Bloch am Schluss des *Prinzips Hoffnung* den Scholastiker Abälard. Er bestimmt Identität als die einer Gemeinschaft, in der weder die Sehnsucht der ersehnten Sache vorhergeht noch die Erfüllung hinter dem Ersehnten zurückbleibt. Dieser Endpunkt ist für Bloch der Maßstab, an dem sich nicht nur die „Expedition" der Philosophie messen lassen muss, sondern auch die Zielvorstellung der gesellschaftlich-geschichtlichen Praxis. Trotz ihres extrem unterschiedlichen Charakters bereiten die Kapitel deshalb dasselbe vor, das 54. in philosophischer Hinsicht, das 55. in konkret-utopischer Absicht. Das erste ist äußerst durchkomponiert, modellhaft für Blochs Philosophie, und insofern des Abschlusses eines intendierten Hauptwerks würdig. Das zweite, durch seine irritierende Passage über blühende Vernunft und den als „Paukenschlag" empfundenen Schlusssatz berühmt, ist dagegen eher inhomogen und provisorisch, was den damaligen dramatischen Zeitereignissen geschuldet ist. Sie begleiteten die Schlussredaktion so sehr, dass man zwischen ihren Zeilen zuweilen die Volten der akademischen Diskussion und der Leipziger Institutspolitik wiederzuerkennen glaubt. Obwohl es in philosophischer Hinsicht hauptsächlich von Zusammenfassungen und Wiederholungen lebt, ist dieses Kapitel insofern das womöglich interessantere.

19.2 Detektiv im Auftrag der Spekulation

Weil sich der strukturelle Aufbau des *Prinzips Hoffnung* im Kapitel 54 in nuce noch einmal wiederholt, liegt es nahe, hier auf ihn noch einmal kurz zurückzukommen. Bloch beginnt stets mit vortheoretischen Hinführungen, die das Kommende sinnfällig machen. Was Beschreibungen existentieller Befindlichkeit („Ich bin, aber ich habe mich nicht ...") oder etwa Märchen verbindet, ist die Verständlichkeit *diesseits* theoretisch-philosophischer Erörterungen. Der Gegenstand des *Prinzips Hoffnung* sind „Dreams of a better life" (erster provisorischer Titel) bzw. „die Hoffnung, ihre Funktion und Inhalte" (Titel bis kurz vor der Publikation), es beginnt mit kleinen, intuitiven Tagträumen, in denen sich ein Überschuss über das Vorhandene hinaus äußert (Teil 1). Dem folgt „Das antizipierende Bewusstsein" – ein Titel, der eher als Blickfang zu nehmen ist, denn in Wahrheit geht es um mehr, um die „Grundlegung" und die alles Weitere tragende Struktur der *neuen Philosophie des Neuen*. Sie findet als arbeitsteilige Tätigkeit in *jenem* Raum des Weltprozesses statt, den Marx eröffnet hat und versteht sich insofern als marxistisch (vgl. die Kommentare zu Vorwort und Kap. 19).

Die Struktur der diesen Raum ausfüllenden (Blochschen) Philosophie allerdings ist eine andere als diejenige, die gemeinhin unter Marxismus verstanden wird. Sie beginnt in der *Grundlegung* mit einer Phänomenologie der Affekte, die sich von Gefühlsregungen über den Wachtraum zur utopischen Funktion hin zunehmend konkretisieren; es handelt sich dabei um eine -logie der eigenen Art, der die Reihe der Erscheinungen von vagen Gestimmtheiten bis zum klar umrissenen Bewusstsein des Zukünftigen in der utopischen Funktion folgt. Diese hat ihren Ort im Subjekt und stößt (ab Kapitel 17) auf Resonanz (bzw. auf ein „Korrelat") im Objektiven. Beides erfährt in Kapitel 20 eine „Zusammenfassung" in einer Ontologie des Noch-nicht, die Mensch und Natur in einem dynamischen Weltprozess zusammenbringt. Damit sind dann die Pole des Bewusstseins und des materiellen Seins vernetzt und es ist die Basis erreicht, auf der die konkretisierten Stufen des Utopischen erreicht werden. Der Gang der phänomenologischen Erfahrung hat einen Vorlauf im gestimmten, triebhaften Ich; der Übergang zum *Bewusstsein*, das sich gleichsam objektiviert fasst, durchläuft einen Hiatus des dunklen Augenblicks; das die Augen aufschlagende, in seiner Situation agierende Ich bleibt stets durch einen nicht rationalisierbaren Abstand von der Welt des Bewussten getrennt, oder ist – mit Bloch – so lange „entfremdet", bis in einem bisher nur antizipierbaren Sein wie Angelangtsein alle Trennung zwischen

Mensch und Natur, als zwei Seiten ein und derselben Materie, aufgehoben wäre. Im dritten Teil „leiten" intuitive Wunschbilder in Form von populärkulturellem Vorschein „über" auf „Konstruktionen" im großen *vierten* Teil, der mit „Ordnung und Freiheit. Abriss der Sozialutopien" das historisch-gesellschaftliche Lehrstück enthält und eine Kulturgeschichte gelebter und gedachter Real-Utopien ist. Dem folgen Ausblicke auf die letztlich intendierte „Identität", so, wie sie antizipatorisch, in Form von „Wunschbildern des erfüllten Augenblicks" (als Vorgriffe auf ein von allem, selbst von der Natur, unentfremdetes Sein), in den Formen von Kunst und Kultur aufgeschienen ist. Dieser *fünfte* Teil „Identität" könnte auch mit *Modi der Grenzüberschreitung* überschrieben werden. Bloch steigert diese über die Stationen „*Willenstempi*" (individuelle/psychologische Absicht), *Nicht-Entsagung* (der gebremste Wunsch, aus sich herauszugehen), literarische „Wetten" auf den *erfüllten Augenblick*, *vermittelte* Grenzüberschreitungen in der Literatur, intensitätsreichste Grenzüberschreitung in der *Musik*, Erfahrungen mit dem *Tod* als stärkster *Gegenmacht* zur Grenzüberschreitung und praktizierter Grenzüberschreitung in der *Religion* bis hin zur äußersten Grenze schlechthin: dem *höchsten Gut*. Es ist, bei allen Unterschieden (etwa im Stellenwert der Musik oder der Natur) leicht sichtbar, dass zwischen dem *Prinzip Hoffnung* und der *Phänomenologie des Geistes* eine beabsichtigte Verwandtschaft besteht. (Vgl. Braun 1983, 120) Das erfahrende Bewusstsein findet zu einem Subjekt-Objekt-vermittelten Status in der Welt, der bei Hegel Vernunft und bei Bloch utopische Funktion heißt; wird in der Welt zum entwicklungsgeschichtlichen Abriss der Geschichte bzw. zu den Grundrissen einer *besseren* Welt; und den Stufen in Hegels „absolutem Geist" (Religion; Kunst, Absolutes Wissen) entsprechen die Blochschen *Auszugsgestalten*. Insbesondere die Parallelen zwischen dem „absoluten Wissen" als Hegels Begriff für vollendete Identität und dem letzten Wunschinhalt „höchstes Gut", wie er von Bloch als „qualifizierteste Daseinsform des der Möglichkeit nach Seienden, also unserer Materie" (PH 1601) im Kapitel 54 bestimmt wird, sind unübersehbar. Bloch tritt das Erbe der philosophischen Spekulation an, zugleich geht es um den Abschluss einer detektivisch im kulturellen Fundus der Welt aufgespürten Indizienkette, die für das Märchen vom goldenen Zeitalter (und für den Zielpunkt dieser neuen Philosophie des Neuen) den höchstmöglichen intuitiven Beweis liefert.

19.3 Annäherungen an das höchste Gut

Wird im *Prinzip Hoffnung insgesamt* ein Streben nach erhofft Besserem in Subjekt wie Objekt enzyklopädisch eingekreist, so steht nun, am Ende, ein rückblickend „stets Unabweisbares" (PH 1552) zur Untersuchung: das Gefühl nämlich, „dass

Besseres sich nicht endlos überbieten kann." Irgendwann müsste doch „ein ‚Bis hierher und nicht weiter' sein, kein entsagendes, sondern ein erfüllendes", in dem dann ein „Hauptwert" läge, der nicht schwankt und „von dem her, ja zu dem hin die Güter meßbar" (PH 1552) wären. Gesucht wird also nach etwas, das den ganzen Weg des konkret-utopischen Überschreitens begleitet hat und den Maßstab darstellt. Bezeichnend ist, aber auch erwartbar, dass Bloch diesem nicht begrifflich-rational einholbaren, nie abwesenden „Gefühl" eines „höchsten Gutes" sich zunächst in einem allegorischen Vorspiel wiederum intuitiv nähert (im *zweiten* Abschnitt „Drei Wünsche und der beste"), und zwar im Durchgang durch vier *Märchen*. Dass dieser „Quell beständiger Zufriedenheit" selbst im „sonst so sinnfälligen und unverhohlenen Märchen" ohne Festlegung „immer nur formal ausgefabelt" wird (PH 1555), ist Bloch sogar ein starker Hinweis dafür, auf dem richtigen Weg zu sein. Im Märchen wird das Beste regelmäßig verkannt, übersehen, oder in die Zeit nach einem langen Schlaf verlegt. „Vergeßt das Beste nicht!" ist ein gern zitiertes Zitat, welches dafür steht, dass das im Summum Bonum Intendierte nicht linear zu erreichen sein wird, sondern unerwartet und „unscheinbar" daher kommt, wie Bloch schon früh den Rabbi in seinen *Spuren* (1928) sagen lässt: „Um das Reich des Friedens herzustellen, werden nicht alle Dinge zu zerstören sein und eine ganz neue Welt fängt an: Sondern diese Tasse oder jener Strauch […] und so alle Dinge sind nur ein wenig zu verrücken." (Sp 201–202).

Regelmäßig verschränken sich Literarisches und Logisch-Strukturierendes, verweben sich im offenen System. Bei diesem hochspekulativen Gegenstand, in dem das Material fast ausschließlich in der *Kunst* aufgefunden wird, überwiegt jedoch ein fast puristisch *strukturierendes* Moment. „Leitbilder", gegensätzlich vorbildhafte Typisierungen menschlichen Verhaltens, und „Leittafeln" mit aufeinander verweisenden Attributen, werden in der utopischen Funktion systematisch auf das „zu-guter-Letzt-Mögliche" eines „menschlich-adäquat entfalteten Selbst- und Weltinhalts" hin ausgelegt, als „Abwandlungen des Grundinhalts: höchstes Gut". (PH 1557, vgl. PH 198) Die Etappen sind: eine Abstufung von „Wertbildern als Abwandlungen des höchsten Guts" (a), die Erörterung eines „Leitbilds im Weltprozess" (b), das Problem der Subjekt-Objekt-Vermittlung darin (c), der *„Zustand einer metaphysischen Schwebung"*, der daraus resultiert (d), und schließlich die Übertragung dieser Konstellation auf die Natur, der „Natursinn des höchsten Guts" (e). Nicht nur die letztere Überlegung, bei Bloch stets problematisch und umstritten, mag hier auf Befremden stoßen; das ist beiseite zu lassen, denn hier geht es darum, die Konstruktion von Bloch nachzuvollziehen. Das Folgende ist zu verstehen als kursorisch rekonstruierender Überblick der Klammer vom Trieb zur Speise, von den Wünschen zur Erfüllung.

a) Dazu gehören als erstes *Wertbilder* (PH 1555–1562): Das „reuelos" Wünschbare (dessen Wunsch beständig ist und nicht sofort wieder verworfen werden muss) beruht auf „Akten werthafter Bejahung oder Verneinung", auf Ja-Nein-Stellungnahmen. Diese Akte sind eingebettet bzw. motiviert von den in der jeweiligen sozialen Umwelt geltenden „Leitbildern" und „Leittafeln", also des jeweils gültigen Vorbildhaften und des gültigen Wertekanons, der bestimmt, was gut ist. Hier besteht ein „Rang- und Wertstreit" hinsichtlich des moralisch und ästhetisch richtigen Lebens. „Aber", so behauptet Bloch, „es gäbe ... weder Leitbilder noch Leittafeln, wenn ihnen nicht ein Grundakt vorherginge, getrieben vom Bedürfnis nach bestem Leben, gerichtet auf dessen vervollkommnetste Form", d. h. dessen *Ideal*. Dieser „Grundakt" bringt Werte erst hervor. Werden sie auf die utopische Funktion bezogen, so werden sie „überholend zielhaft" und mit dem „Chachet des Wunschguts", also mit einem latenten Bezug zum guten Erwünschten versehen. Werden sie auf das „vollendet gedachte Gut" oder das Ideal bezogen, werden daraus „Wertbilder", die allesamt „Abwandlungen des höchsten Guts" sind und entweder nur betrachtet werden, oder denen wesentlich „nachgeeifert" wird. Erstere sind z. B. „die Sterne, die man nicht begehrt" (PH 1556, z. B. der Kantsche „bestirnte Himmel über mir"), letzteres sind moralische Wertbilder (etwa Kants „moralisches Gesetz in mir"), nicht interesselose ästhetische Wertbilder (das der „pursuit of happiness") oder religiöse Wertbilder (das kommende Reich, Goethes „eritis sicut deus", du wirst Gott sein, im Faust). Aufgrund der Orientierung am Maßstab des Höchstmöglichen sind die Wertbilder hierarchisiert, beginnen bei „Termini wie: ideale Hausfrau ... und ... reichen hinauf bis zum Ideal des höchsten Guts'". (PH 1557, PH 191) Leitbilder und Leitbegriffe, sofern auf die utopische Funktion bezogen, sind *transzendierend*, bezogen auf das Höchste Gut werden sie zu *Wertbildern*, zu denen hin das „Bedürfnis nach bestem Leben" (PH 1557, PH 191) ausgerichtet ist. Wie sich durch die Zitationen bereits angedeutet hat, verlaufen diese Überlegungen parallel zu Ausführungen in der „Grundlegung" (PH 49–393), und zwar dort, wo, in der phänomenologisch entwickelten Affektenlehre, aus den *Gestimmtheiten* über die Hoffnung als kognitiv berichtigbarem *Erwartungsaffekt* und den *Tagträumen* aus der Hoffnung „bewusst-gewusst" eine „utopische[n] Funktion" (PH 163) wird. Diese „gibt bereits allen Dingen [...] das Cachet des Wunschguts". (PH 1556) Damit steht es (offen-)systematisch an der Nahtstelle, wo in der Grundlegung das antizipierende Bewusstsein auf sein „Korrelat" trifft.

b) Dem gegenüber steht, auf der Korrelat-Seite, das „Problem eines Leitbildes im Weltprozess" (PH 1562–1566) bzw. die utopische Vorwegnahme dessen, was als antizipiertes Ergreife-die-Ewigkeit-im-Augenblick („Carpe aeternitatem in momento", PH 1563) „unüberbietbar gesättigt"(PH 1563) wäre. Dem höchsten Gut der *idealen Wertbilder* entspricht die (in dem durch Marx eröffneten Raum) tätig sich ergreifende Menschheit; das höchste Gut im *Weltprozess* entspricht dem „Polarstern" jeder Utopie, dem Eschaton des Alles.

Der Abschnitt enthält weiterhin eine Darstellung, wie in der Philosophiegeschichte das *Ideal* gesehen wurde. Bloch skizziert, wie die *bürgerliche Gesellschaft* Ideale in Form von „aufrechten Vorbildern" (PH 1557) hervorgebracht hat, während „für die zentrale Zielfrage" (PH 1559) die mittelalterliche Gesellschaft empfänglicher war: Das *Problem* eines Ideals, das in seiner höchsten Form zur Frage des höchsten Guts führt, wurde vor allem im Mittelalter durchdacht; Bloch nimmt über die Positionen von Platon, Cicero, Horaz, Thomas von Aquin, Kant und Fichte eine Reihe von Definitionen auf: formal als „Dauer, Einheit, Endzweck" (PH 1559), bzw. als dasjenige, welches sich nur auf sich selbst bezieht und auf das sich alle anderen beziehen, schließlich insbesondere die Definition Kants, wonach das höchste Gut der „Hoffnungsinhalt einer Welt" ist, „worin Tugend und Glückseligkeit vereinigt sind". (PH 1561)

c) Der folgende Abschnitt, der im Muster „Trieb und Speise" auf höherer Stufenleiter Subjektives und Objektives verbindet, befasst sich mit dem höchsten Gut als Präsenz, die sich dadurch zeigt, dass es ins „Da-sein" tritt: „Zum höchsten Gut gehört ... sehr wesentlich sein Da-Sein, daß es niemals in bloßer Innerlichkeit, stets auch in herausgestellter, objekthaft gelungener Äußerlichkeit eines sein kann" (PH 1576); es muss „heraustreten", so dass Subjekt und Objekt im *„höchsten Augenblick des höchsten Guts"* verschmolzen sind, ihre Differenz negiert ist und die „Präsenz des Präsens" (PH 1577) als einer transparenten Existenz in die Welt eintritt; sie findet ihren Ausdruck auch in der berühmt gewordenen Formel: „die Welt als Frage und der (bevorstehende) Menschinhalt als Antwort wie der Mensch als Frage und der (bevorstehende) Weltinhalt als Antwort". (PH 1577)

In einer Wertlehre, die einen weiteren Exkurs darstellt (PH 1567–1576), wird die Einheit der gemeinhin getrennt gefassten Wertesphären anplausibilisiert. „*Moralische* und *ethische* Werte (richtiges Handeln, gutes Leben betreffend) stehen in der Moderne im Gegensatz zu den materiellen *ökonomischen* Werten, die sich quantitativ bemessen lassen. Aber Werte wie Freiheit oder Glück, wendet Bloch ein, bedürfen eines Widerparts im Objektiven, der begehrt wird; sonst wäre das darauf bezogene Verhalten nur „formaler Art" – sokratische „Tugend schlechthin"; moralisch-ethische Werte beziehen sich also auch auf, ja konkretisieren sich *gerade* in *Materiellem*, an Objekten wie an anderen Menschen (die Bloch mit zum Materiellen zählt). Umgekehrt sieht Bloch in der sprachlichen Verwendung des Worts „Wert", im „Heizwert" der Kohle oder im „Nährwert" des Getreides, Belege, dass „Werte" auch als dem Objekt inhärent (und nicht einer Wertlehre zugehörig) angesehen werden. Erst bei den englischen Ökonomen (Smith, Ricardo) wurde der Wert in den Dingen als mit der zu ihrer Produktion notwendigen Arbeitszeit gleichgesetzt; seine Bestimmung fiel also im Vermittlungsprozess der Arbeit auf die Subjektseite (im Gegensatz zum Mittelalter, wo er „objektivistisch" bestimmt wurde und der Gebrauchswert überwog). Arbeitszeit ist die Grundlage für den Warenwert, für den die Gebrauchswerte nur Träger sind. Doch auch wenn der Gebrauchswert in kapitalistischen Kalkulationen weitgehend ausgeblendet ist, bleibt er beim Bearbeiten der Materie (beim Formieren von Werten) das Ziel für die Schaffung eines guten Lebens. Qualitative Wertmaßstäbe könnten die auseinander-getretenen ethischen, ästhetischen und materiellen (sowie religiösen) Werte wieder vereinigen.

d) Des Weiteren bietet Bloch zwei Modi des Bezugs zum höchsten Gut als *Anzeichen* für dessen (noch völlig ausstehendes) Wesen auf: der „Schwebung" und der „Strenge". Das höchste Gut „muß *schweben*, weil es noch nirgends anders als im Stoff der Frage vorhanden ist". (PH 1578) „Schweben" vermittelt so etwas wie eine Vorahnung des höchsten Guts, aus Zeichen in der (äußeren) Natur. Bloch zitiert in diesem Zusammenhang eine in die Stimmung der Abenddämmerung einfühlende lyrische Passage von Kierkegaard als einem „Existenzdenker, der nicht nur am Menschen einer ist". (PH 1579) Mit der Metapher des „Schwebens" setzt Bloch zu der Behauptung an, dass es zwischen dem menschlichen Denken und Empfinden und der Natur Entsprechungen gibt, reale Korrespondenzen, wie sie etwa der französische Symbolismus (Baudelaire, Mallarmé) thematisiert hat. Es ist die von der Existenz des Menschen aus gesehene „äußere Landschaft", in der die „moralische[...] wie ästhetische[...] wie religiöse[...] Selbstberührung, Selbsterforschung" auf lyrische Weise „Tauglichkeit zu Chiffern des gesuchten letzten Sinns und Werts"(PH 1581) erschließt und somit Hinweise auf das höchste Gut findet.

Ähnliches gilt für die „streng abzielende Frage" nach dem höchsten Gut als dem schlechthin guten „Wesen". Hier wird Bloch im „Orient" fündig, bei den Buddha-Statuen, die die „*geometrische Menschenform* dieses intendierten Optimum" verkörpern. Auch in ihrer „strengsten Gestalt" ist das „höchste Gut" allerdings „erst als Frage" und als „*Chiffer*, die zu ihrer Lösung dämmert" (PH 1582), vorhanden.

Die beiden Modi des „*Zustand[s] der metaphysischen Schwebung*" (PH 1579) und der „*Figur der metaphysischen Härte*" (PH 1582), „offenbare Verschlossenheit" und „geformte Verhülltheit" (PH 1582), ein indirekter und ein direkter Zugang, sind beides Modi, in denen sich das höchste Gut auf konkretest mögliche Weise, nämlich als „das volle Verständnis eines nur halb Verstandenen" äußert. (PH 1580) Bloch feiert in einer Kierkegaard-Interpretation eine Passage (PH 1578–1579), durch die „ein Feld letzter Grenze" betreten werde, „präzisest dämmernd wie ihr Gegenstand", der in diesem „Etwas ... aufhört, Unendliches zu sein, nämlich Heimat wird" (PH 1579) – Bloch bezeichnet dies als „Lyrik über die Ränder der Subjektivität hinaus". (PH 1581)

e) In der Reihe der Gestalten des Verhältnisses zum höchsten Gut folgte auf den Wertehimmel die Zielvorstellung im Prozess, ein postuliertes „Da-Sein" des höchsten Guts als Platzhalter für Identität, und schließlich Schwebe und Strenge als Modi, in denen sich das verborgene höchste Gut äußert. Dazu skizziert Bloch eine „Signaturenlehre" und umreißt ein „Problem der Chiffer. Signaturenlehre meint (Bloch beruft sich auf diverse Positionen in der Literatur- und Philosophiegeschichte, von Paracelsus bis zur Romantik, hier insbesondere auf Novalis), dass die Natur selbst Zeichen stiftet, die den Menschen in seiner Existenz, d. h. hier von seiner ihn umgebenden Natur aus *erreichen*, und die, so sie ihren Sinn enthüllen, ihm sich durch verschlüsselte Botschaften, durch *Chiffern*, mitteilen.

Wie das für Bloch zentrale „Problem der Chiffer" zu verstehen ist, lässt sich an Goethes Gedicht „Geheimschrift" aus dem West-Östlichen Diwan erkennen, das Bloch dem 54. Kapitel als Motto voranstellt: „Geheimer Chiffern Sendung / Beschäftige die Welt, / Bis endlich jede Wendung / Sich selbst ins Gleiche stellt." (PH 1551) Heute werden diese Zeilen als Empfehlung für Lektüren gedeutet, so gründlich zu lesen, dass Meinendes und Gemeintes auch wirklich zusammengehe. (Stadler 2008, 67–78) Bloch dagegen versteht unter „Wendungen" nicht Wörter, sondern Realien im Weltprozess. Goethes Zeilen bringen auf einen Nenner, wie die Materie als ganze, bzw. die Natur, lange ihre Zeichen aussendet, so lange bis der menschliche (Geschichts-)Prozess und der in der Natur latente Prozess konvergieren und die Entfremdung zwischen Mensch und Natur aufgehoben wäre. Bloch nimmt diese Unterscheidung zwischen einer Chiffer, die nur Bedeutungen kodiert, und einer „Realchiffer", die „vom objektiv realen Material her" den „Verhüllungsinhalt, Sachidentitäts-Inhalt" transportiert, in der *Grundlegung* anhand der Analyse des *Symbols* vor: „Der echte symbolische Inhalt" – im Gegensatz zum unechten eines bloßen Ausdrucks der Bedeutung – „*ist noch im Abstand von seiner vollen Erscheinung*, er ist darum auch objektiv-real eine Chiffer." (PH 276) Ihre Funktion ist der Verweis auf das „überall nur andeutungsweise realisierte Mögliche eines unentfremdeten Identischseins von Existenz und Essenz in der Natur". (PH 275) Chiffern sind also nicht verrätselte Wortbedeutungen, sondern Hinweise, die in der Welt des Objektiven selbst verborgen sind. Und die Chiffer verweist – Bloch meint dies nicht nur der Definition nach, sondern real in der Natur – in Verbindung mit der utopischen Funktion auf Zukünftiges, bis hin zur „Grenzbestimmung" (PH 1601) der „Intention aufs höchste Gut" – eben „als *Chiffer*, die zu ihrer Lösung dämmert". (PH 1582)

Das ceterum censeo ist auch hier, dass sich solche Botschaften in einem Möglichkeitsmodus präsentieren, der jeden Rückschluss oder gar Anspruch auf Konkretion in der Wirklichkeit verbietet. Dennoch verblüfft doch die resolute Art, in der Bloch sich diesem „Problem" nähert. Belege wie die Folgenden stehen stellvertretend für viele:

> Realsymbol ist eines, dessen Bedeutungsgegenstand sich selber, im realen Objekt, noch verhüllt ist und nicht etwa nur für die menschliche Erfassung seiner. Es ist mithin ein Ausdruck für das im Objekt selber noch nicht manifest Gewordene, wohl aber im Objekt und durchs Objekt Bedeutete; das menschliche Symbolbild ist hierfür nur stellvertretend-abbildlich. (PH 1592)

Die Frage, ob es so etwas wie ein Realsymbol tatsächlich gibt, wird nicht gestellt. Gesetzt, es gäbe kein einziges Realsymbol, so würde trotzdem die Relation gelten, es wäre trotzdem (per Definitionem) ein solches, das im realen Objekt angesiedelt ist und zu dem das Symbol im geläufigen Sinn das Abbild wäre. Bloch gelingt es, seine Formulierungen so mit Bedacht zu wählen, dass die Frage dieses Realen selbst gar nicht aufkommt und seine Bestimmungen als bloße *strukturelle* Allgemeinaussagen oder Definitionen verstanden werden können. Dieses Problem kommt auch deshalb nicht auf, weil es in beeindruckendem Reichtum an Fundstücken aus der Kulturgeschichte, die Bloch illustrierend und stützend aufführt, und vor der apodiktischen Form, in der er seine Äußerungen vorträgt, untergeht.

> Alle diese Probleme samt dem einer qualitativen Ausdruckslehre von Naturqualitäten und Naturgestalten stehen selbstverständlich nicht konträr zu dem analysierbaren, dem kausal-dialektischen Geschehen,

betont Bloch adressiert insbesondere an die Genossen in der DDR,

> sondern mitten in ihm, sind ausschließlich *Spannungs*-Gestalten, dialektisch-materielle *Prozeß*-Figuren und haben um sich, vor sich die *Unabgeschlossenheit* aus Latenz. Ebendeshalb verlangt die objekthafte Strenge [...] statt der einzig ausgebildeten qualitätsfreien Mathematik eine der qualitativen Entspringungen und Gestaltungen, ja, latenter Endgestaltungen. (PH 1598–1599)

Diese Ergänzungen der von der Mathesis bestimmten Welt wurden allerdings nicht nur in der DDR wegen der Spekulation über ein „mögliches Natursubjekt" (PH 807, vgl. Förster 213) als unzulässig betrachtet. Bloch wurde deswegen einer „Welterlösungslehre" (1957) bezichtigt, als „marxistischer Schelling" (Habermas 1959) bezeichnet und wegen seiner „unerfüllbaren romantischen Illusion" (Braun 1988:141) kritisiert, aber auch verteidigt ob des Festhaltens an einem qualitativen Naturbegriff (Schmidt 1971, Schmied-Kowarzik 1984), der von der aufkommenden Ökologiebewegung aufgegriffen wurde.

Unterstrichen sei noch, dass Bloch hier, zum Ende des monumentalen Werks in einem umfassenden vorletzten Kapitel, philosophisch am weitesten jenes letzte Ziel des Utopischen umkreist, das seiner Überzeugung nach Menschsein und Weltprozess seit jeher bestimmt.

19.4 Menschlichkeit auf dem Prüfstand

In *philosophischer* Hinsicht (sofern eine solche Abstraktion erlaubt ist) wäre das *Prinzip Hoffnung* mit dem 54. Kapitel bereits abgeschlossen. Denn hier hat die lange nachgezeichnete Linie vom antizipierenden Bewusstsein und seinem Korrelat über die Grundrisse einer besseren Welt bis zu den Spuren der Identität ihren philosophischen, soll heißen: höchstmöglich konstruierbaren Abschluss gefunden. Nun folgt – fast wie eine Coda – ein weiteres, vergleichsweise kurzes Kapitel, in dem unterstrichen wird, dass die Philosophie nicht für sich allein steht, sondern innerhalb der Theorie-Praxis einer in Bewegung geratenen Epoche einen umkämpften Platz einnimmt. Bloch bekräftigt damit auch noch einmal den Anspruch, dass es sich bei der *neuen Philosophie des Neuen* [s.o.] in der Tat um eine *marxistische* Philosophie handelt, die ihren genuinen Platz innerhalb der bewusst betriebenen Theorie-Praxis der Weltveränderung einnimmt; das wurde in der DDR zum Zeitpunkt, zu dem der dritte Band des *Prinzips Hoffnung* erschien, zunehmend bestritten.

Wie sich „die Hoffnung, ihre Funktion und Inhalte" und damit auch die Bestimmung höchstmöglicher Erfüllung und Identität zur marxistischen Bewegung als der theoretisch-praktischen Emanzipationsbewegung in dieser Epoche tatsächlich, in ihren praktischen Konsequenzen, verhielt, blieb der *volatilste* Teil in Blochs philosophischem Entwurf. Schon an der Datierung der zitierten Literatur lässt sich ablesen, in was für eine Zeit das letzte Kapitel eintaucht: Heideggers Humanismusbrief erschien 1946, Löwiths „Weltgeschichte und Heilsgeschehen" 1953 (vgl. PH 1605, 1612), Lukács' „Zerstörung der Vernunft" 1954. Tatsächlich hat Bloch das Schlusskapitel der DDR-Ausgabe, das mit der bei Suhrkamp in die Gesamtausgabe übernommenen Version identisch ist, in Leipzig noch einmal völlig umgearbeitet; es weist nicht nur zeitgeschichtliche Bezüge auf, sondern zeigt ein aktiv in das Geschehen der marxistischen Bewegung eingreifendes Verhalten. Bloch fasst zunächst noch einmal seine Vorstellung des Marxismus über vier Stationen zusammen: als adressiert menschlichen (a), als schöpferisch erbenden (b) und als zugleich analytisch und leidenschaftlich vorgehenden Marxismus (c), um dann erst wieder zum eigentlichen Thema am Schluss des *Prinzips Hoffnung*, einer am höchsten Ziel orientierten theoretisch-praktischen Philosophie des Marxismus zurückzukehren (5.). Die ersten drei Teile waren ursprünglich nicht geplant und wiederholen zentrale Eckpunkte der Blochschen Philosophie – in Auseinandersetzung mit damaligen konkurrierenden Positionen. Ihnen gilt der Titel „Karl Marx und die Menschlichkeit", ihr roter Faden ist der Marxismus als Humanismus, der das religiöse Erbe und das menschliche Verlangen nach Vollkommenheit einschließt, während im letzten Abschnitt die Frage nach vollendeter Identität im Hinblick auf den „Umbau der Welt zur Heimat" (PH 334) konkretisiert wird.

a) „Die sich tätig begreifende Menschlichkeit" (Heidegger)

Bloch stellt erneut die Frage, was den Marxismus im Wesentlichen ausmacht, hier verknüpft mit der Fragestellung, was Nicht-Proletarier, insbesondere Intellektuelle, dazu bewegt, „Klassenverrat" zu begehen, ja, warum selbst bürgerliche Theoretiker nicht daran vorbeikommen, sich mit Marx zu befassen und ihn in ihren Konzeptionen zu berücksichtigen. Bloch entwickelt seine Antwort aus drei Begriffen: das *Gemüt* reagiert auf das Elend im Kapitalismus, welches Erbarmen weckt; das *Gewissen* entspricht einem Ethos, das aufgrund der ungerechten Verteilung des Reichtums zu „Empörung" führt; zur *Erkenntnis* der Ursachen erhellt der Marxismus, wenn er als wissenschaftliche Disziplin genommen wird. Wo die drei Komponenten abstrakt auftraten, hatte dies zu Herzensregungen (etwa bei dem Redakteur Hermann Kriege aus Marx' Zeiten), zu „Gemütstau" (nach Marx bei Ludwig Feuerbach) oder zu bloß theoretischer Einsicht (bei dem Soziologen Werner Sombart) geführt, und bestenfalls zu Wohltaten von oben herab. Für einen effektiven Klassenverrat gehöre dagegen „mindestens ein *Zusammenwirken* von Gemüt, Gewissen und vor allem Erkenntnis dazu, um sozialistisches Bewußtsein gegen das eigene bisherige gesellschaftliche Sein abzuheben." (PH 1605) Mit dieser Kombination, die den „unverfälschten Marx" ausmacht, könne ein „sicheres Vorbild des roten Intelligenzwegs" geschaffen werden, durchaus zu allen hin, die am Kapitalismus Not leiden." (PH 1607) In der Ausrichtung und Umsetzung äußert sich, was im frühen Bürgertum „an Humanem intendiert" war. An der „scharfen Philanthropie" (PH 1607) einer „*adressierten* Menschlichkeit" (PH 1606) habe auch der spätere Marx, bei dem die Termini Humanismus und Entfremdung „etwas zurück" treten, festgehalten, betont Bloch gegenüber den Vertretern des offiziellen Marxismus-Leninismus: „Das Humanum bleibt gerade in den späteren Analysen des proletarischen Arbeitstags [..] als Richtmaß, Gerichtsmaß". (PH 1608)

Bloch sieht aber auch „feinere Vernebelungen" am Werk, etwa durch Heidegger, der im „Brief über den Humanismus" (1946) einen „entmannten oder enthaupteten, doch trotzdem oder deshalb desto beschaulicheren Marx" (PH 1605) präsentiere. Heidegger hatte bezweifelt, dass den Humanismus zu retten wünschenswert sei. Er argumentiert folgendermaßen: Der Humanismus ist der Humanismus des homo humanus: das „Sinnen und Sorgen, dass der Mensch menschlich sei und nicht un-menschlich". (Heidegger 2004, 319) Dies greife zu kurz, weil der heutige Mensch „gar nicht zu denken vermag, was der Mensch seinem Wesen nach sei". Deshalb will Heidegger dem Menschen „einen geschichtlichen Sinn zurückzugeben, der älter ist" als die aktuelle Definition des Menschen und dann aber nur noch ein „‚Humanismus' seltsamer Art" (Heidegger 2004, 345) sei, ein „lucus a non lucendo", eine Inanspruchnahme des Wortes in einem so nicht intendierten Sinn. Blochs Jugendfreund Lukács hatte in einer Rezension von 1947 befunden, dass Heidegger zum ersten Mal „direkt Bezug auf Marx nimmt und dabei zu äußerst interessanten Ergebnissen kommt" (Lukács 1947, 40); Marx, so Heidegger, erfahre „die Entfremdung" und dringe „bis in die Heimatlosigkeit des neuzeitlichen Menschen" vor. „Die marxistische Anschauung von der Geschichte [sei] der übrigen Historie überlegen". (Heidegger 2004, 340) Bloch begegnete Heidegger mit mehr Skepsis. (1950, vgl. PA 312–313) Als dieser 1953 eine Vorlesung von 1935, die von der „inneren Wahrheit und Größe" (Heidegger 1953, 152) der nationalsozialistischen Bewegung kündet, unkommentiert veröffentlichte, war es um den „Modephilosophen der Weltreaktion" (Harich) geschehen. Bloch bescheinigte Heideggers „Brief über den Humanismus", selbst ein „lucus a non lucendo" (PH 1605) zu sein – gerade beim Humanismus gab es ein lebhaftes Interesse, nicht mit falschen Freunden in Zusammenhang gebracht zu werden.

b) Erbe statt Säkularisierung (Löwith)

„Ein guter Gehalt [ist] in der Tat nicht geschwächt, wenn er berichtigt wird, und noch selbstverständlicher ist er nicht säkularisiert, wenn er, als auf die Füße gestellt, verwirklicht wird." (PH 1613) Mit dieser Sentenz fasst Bloch seine zentrale Vorgehensweise zusammen, die sich potentiell auf alle aus der Geschichte beziehbaren Gehalte bezieht. Das galt auch für Gehalte der bürgerlichen Gegenwart als einer Epoche, die der offizielle Marxismus-Leninismus als unfruchtbare Phase des Niedergangs pauschal verwarf. Dagegen glaubte Bloch, dass selbst faschistischen Bräuchen ein überschießender Gehalt abzugewinnen war. Wie man die Hegelsche Dialektik „‚umstülpen'" (PH 1611) und vom Kopf auf die Füße stellen konnte, so bleibt es die Aufgabe eines „schöpferischen" Marxismus, das „Erbe" der Vergangenheit zu interpretieren und kreativ verfügbar zu machen.

Bloch thematisiert dies an einem damals aufkommenden Streit um „Säkularisierung", wobei deren Bedeutung befremdet. Denn das Übersetzen eines religiösen Gehalts in einen weltlichen Zusammenhang, etwa das christliche

Nächstenliebe-Modell in eine Willkommenskultur, ist heute positiv konnotiert. Bloch aber berichtet von einem „Herabsetzen der eigenen Zeit": wer säkularisiert, erniedrigt die hohen Werte, der „säkularisierende" Marx gilt dementsprechend als „asphalthaft". (PH 1610)

Bei vielen ist dieses Verfahren am Werk: als Ausdruck solcher Säkularisierung gelten Bloch die kulturpessimistischen Werke von Spengler oder Toynbee; umgekehrt wollen die „Verbesserungen" der Neukantianer und hegelianisierenden Marxinterpreten Marx „zurück-retten". (PH 1611) Dies ist aber nur das Vorgeplänkel für eine polemische Abrechnung mit einem Werk, das nicht nur Bloch, sondern die gesamte marxistisch-leninistische Intelligenz in der DDR alarmiert hatte: „Weltgeschichte und Heilsgeschehen" von Karl Löwith, der „antiquarische Marxtöterei" (PH 1610) betreibe. In seinem 1953 erschienenen Werk vertritt dieser die These, dass „die moderne Geschichtsphilosophie [gemeint sind auch Theorien mit einem geschichtsphilosophischem Zug] dem biblischen Glauben an eine Erfüllung entspringt und dass sie mit der Säkularisierung ihres eschatologischen Vorbildes endet". (Löwith 1953, 11) Danach ist, was Marx enthüllte, „‚Heilsgeschichte in der Sprache der Nationalökonomie'" (PH 1612, Löwith 1953, 48): Bloch sieht darin „einen radikalen Vernichtungsversuch durch eine Art Plagiatanzeige" (PH 1611), weil der Marxschen Theorie durch diese Zurückführung auf die Kirchenlehren die Originalität und Wirksamkeit abgesprochen wird. Er hält den „Säkularisierern" des Marxschen „bahnbrechend Neuen" (PH 1613), also Löwith, vor, Opfer ihrer „restaurativen Gesinnung" zu sein. Verstehe man dagegen „*Säkularisierung in einem selber neuen, erst marxistischen Sinn*" (PH 1615), nämlich in dem (heute geläufigen) eines verwirklichenden Umsetzens von vormals Sakralem, dann sei „der schöpferische Marxismus [...] unsere Zeit, in Gedanken gefaßt, als einer schaffenden, erbenden, verwirklichenden zugleich." (PH 1615) Dies bedeute Verweltlichung der Philosophie: „daß sie eben ganz auf die Füße gestellt wird und sich so zum Umbau des Sterns Erde ebenso berufen wie geschickt zeigt." (PH 1615)

Die scharfe Abrechnung mit dem bis heute einflussreichen Werk von Löwith, zu dem Bloch später von Tübingen aus ein freundlich kollegiales Verhältnis unterhielt, hat einen pikanten publikationsgeschichtlichen Hintergrund. Im April 1957 fand die berüchtigte Konferenz zu „Ernst Blochs Revision des Marxismus" statt, deren Vortragende, überwiegend Blochs Kollegen, teils ehemalige Doktoranden und Habilitanden, „übereinstimmend" zum Ergebnis kamen, „dass diese Philosophie nicht mit den Prinzipien der Lehre von Marx, Engels und Lenin zu vereinbaren sei." (Horn 1957, 7) Darin heißt es u. a.:

> Wäre Blochs Philosophie tatsächlich marxistisch, ja der ‚eigentliche' Marxismus unserer Zeit, dann hätte der Marx-Töter Karl Löwith recht, wenn er versucht, die Lehre von Marx als eschatologische Religion oder etwas ähnliches hinzustellen. [...] Wir bestreiten entschieden, dass

> Löwith recht hat, wenn er sagt: ‚Der ganze Geschichtsprozess, wie er im ‚Kommunistischen Manifest dargestellt wird, spiegelt das allgemeine Schema der jüdisch-christlichen Interpretation als eines providentiellen Heilsgeschehens auf ein sinnvolles Endziel hin' (Löwith 1953, 47) Wir können aber nicht umhin zuzugeben, dass diese Löwithschen ‚Feststellungen' für die *Blochsche* Geschichtskonzeption in der Tat zutreffen würde. (Horn 1957, 300–301)

Die Frage ist, ob diese Passage bereits auf das letzte Kapitel des *Prinzips Hoffnung* Bezug nimmt oder ob umgekehrt Bloch in seinem Absatz über die „Säkularisierung" auf diese Kritik reagiert. Möglich wäre beides. Die Veröffentlichung der Passage in einem erweiterten Band der Konferenzbeiträge datiert vom August 1957. Der dritte Band des *Prinzips Hoffnung*, wird in der Konferenzschrift nicht zitiert. Die Druckvorlage, versehen mit dem Copyrightvermerk 1956, lagerte aber längere Zeit im Aufbau-Verlag, bevor das Buch schließlich 1959 erschien. Bloch könnte auch nach 1957 noch Veränderungen vorgenommen haben, oder die Konferenzteilnehmer hätten Einsicht in die Fahnen nehmen können. Auf jeden Fall zeigt die Art und Weise der Auseinandersetzung, dass Löwith einen empfindlichen Punkt berührte. Auf der Seite des Marxismus-Leninismus traf Löwiths Analyse einen Nerv, denn zum marxistisch-leninistischen Weltverständnis gehörte ein strikt wissenschaftlicher Begriff der Materie, der einen antizipierenden Vorgriff über die als klassenlos anvisierte Gesellschaftsform hinaus nicht zuließ; eine These wie die Löwithsche bedrohte die Fundamente. Aus Blochs Äußerungen geht hervor, dass ihm die Einschätzung Löwiths der Sache nach durchaus vertraut war. Spurensuchen, die Bloch im dritten Band des PH vornimmt, gehen in eben diese Richtung, wenngleich mit völlig unterschiedlicher Bewertung. Für Bloch sind mit einem „Endziel" koinzidierende, meist in der Vergangenheit in den Religionen gedachte Gehalte (Summum Bonum, Ultimum, höchstes Gut usw.) nicht nur nicht entlarvend, sondern sogar oft die einzige Quelle dafür. Auch eschatologische Zukunftsbezogenheit ist für Bloch kein Makel, sondern vielmehr notwendig in der Tendenz-Latenz der Welt angelegt. Es macht also keinen Sinn, den Marxismus eschatologischer jüdisch-christlicher Gehalte zu *überführen*, sondern es geht darum, diese angemessen zu *beerben*. Wobei das offene System eben jenen entscheidenden Unterschied zur Eschatologie im religiösen Sinn ausmacht: Durch dessen offene Konstruktion wird der eschatologische Gehalt konsequent im unentschiedenen/unentscheidbaren Noch-nicht gehalten.

c) Die Feuersäule der Utopie (Lukács)

In einem Gespräch mit Bloch Mitte der 1960er Jahre beklagte Adorno, dass der Gedanke der Utopie völlig aus der Konzeption des real-existierenden Sozialismus verschwunden und dieser zu einer „utopiefeindlichen" Theorie geworden sei.

(Adorno/Bloch 1964, 71) Es ist diese Tendenz, die Bloch an anderen Stellen als ein Zuviel an Wissenschaftlichkeit auf dem Weg des Sozialismus von der Utopie zur Wissenschaft kritisiert hat, „dergestalt, daß mit der Wolke auch die Feuersäule der Utopie liquidiert werden konnte". (PH 726) Sie rührt an einen weiteren Eckpunkt der Blochschen Philosophie: den subjektiven Faktor – im Zusammenspiel von Wärme- und Kältestrom, der im vorliegenden Abschnitt unter dem Titel „Nüchternheit und Enthusiasmus" in einer damaligen Kontroverse aktualisiert wird. Bloch beschreibt, wie ein Zeitgeist der Traumlosigkeit zu einer Situation genereller Furcht führt, die er mit Sartre einen „Zustand" nennt, „der den Menschen aufhebt". Für Hoffnung gelte „das belebend Umgekehrte". (PH 1617) Sie sei das „Stärkste und Beste" für ein positives Weltverständnis:

> Wenn auch Hoffnung den Horizont nur übersteigt, während erst Erkenntnis des Realen mittels der Praxis ihn auf solide Weise verschiebt, so ist es doch sie wieder allein, welche das anfeuernde und tröstende Weltverständnis, zu dem sie leitet, zugleich als das solideste und tendenzhaft-konkreteste gewinnen lässt. (PH 1618)

Hoffnung wird hier also als das subjektiv verstärkende Moment des Wärmestroms angeboten, und zwar in einer historischen Situation (d. h. in jener spezifischen Lage des im Aufbau befindlichen Sozialismus), in der es nicht nur um militanten Optimismus an der Front, sondern auch um Linderung in Enttäuschungen ging, die „angestrengt mitgebildet werden" musste.

Blochs Meinung ist es, dass es „gleich unweise und dem Marxismus fremd [sei], mit nichts als Nüchternheit unter die Wirklichkeit zu greifen, wie mit nichts als Enthusiasmus über sie; getroffen wird das Reale, gerade als das der Tendenz, nur durch die ständige Oszillation beider Aspekte, geeint in *geschulter Perspektive.*" (PH 1620) Für diese, das Subjektive im Vergleich zum offiziellen Marxismus-Leninismus ungleich höher bewertende Sicht ruft Bloch die Klassiker als Zeugen an: Bei Lenin sei der „kühle" (analytische) mit dem „sachlich-hingerissenen" (leidenschaftlichen) Realismus verschränkt; Marx sehe langfristig neben der „ökonomischen Gestaltung" die Bedürfnisse aller auf dem Plan; und einen Gedankengang aufnehmend, der an Gramsci erinnert (Gramsci 1975, 1375–1377), ordnet Bloch im Gegensatz zum *common sense* der bürgerlichen Ressentiments den „marxistisch geübten Enthusiasmus" dem *bon sense* zu. Die Ermittlungen des kältesten Detektivs und der Traum des Märchens vom goldenen Zeitalter: beides zusammen mache den wahren Marxismus aus.

Auffallend ist die Vorsicht, mit der Bloch *Hoffnung* – als das Moment des Wärmestroms, des Erwärmenden, des Anfeuernden usw. – hier noch einmal vorstellt, insofern sie *Enthusiasmus* erzeugt. Dass Bloch mit solcher Umsicht auftritt und geradezu als Bittsteller den Weg der Hoffnung als den „solideren" und „tendenzhaft-konkretesten" zu einem „tröstenden" Weltverständnis anempfiehlt, dürfte mit dem Bemühen zu tun haben, Georg Lukács auf seine Seite zu ziehen. „‚Der sozialistische Realismus muß aber eine Perspektive haben', wie auch [sic!] Lukacs zur beförderten Wegtendenz sagt, ‚sonst kann er nicht sozialistisch sein'" (PH 1618), zitiert Bloch seinen Freund aus alten Tagen, der von Budapest aus neuerdings ständiger Autor in der Leipziger *Deutschen Zeitschrift für Philosophie* war. In ihr hatte er 1954 die Frage aufgeworfen hatte, wie „der sozialistische Realismus", also die Ästhetiktheorie des Marxismus-Leninismus, „seine aktivierende Wirkung" erzielen könne und wie Schriftsteller dafür vorzubereiten seien. Literatur ist für Lukács ein Mittel der Widerspiegelung, und das Geheimnis der großen „klassischen" Literatur besteht in der „Objektivität, die bewegte und lebendige Widerspiegelung der Epoche in dem bewegten Zusammenhang ihrer wesentlichsten Züge" (Lukács 1954a,145) darzustellen. Sie zu beerben, heiße, das methodisches Vorgehen und Handwerkzeug darin zu enthüllen, so dass es für die Schriftsteller des Sozialismus anwendbar werde. Nur wenn sie die „objektiven Formen" entdeckten, die die Prozesse „des Wachstums des neuen Menschen" „adäquat widerspiegel[te]n", könnten sie „zu wirklichen Erziehern der Millionenmassen" (Lukács 1954a,147) werden.

Blochs wie beiläufig klingendes Lukács-Zitat muss so gelesen werden: *selbst* Lukács sieht schließlich ein, dass der sozialistische Realismus, mithin der Sozialismus selbst, eine „Perspektive" haben müsse: daran lässt sich in immanenter Kritik ansetzen. Eine bloß objektivistische Perspektive, die den Massen analytisch vorrechnet (oder in der Kunst ästhetisch anempfiehlt), wie die „Wegtendenz" zu „befördern" sei, ist aber nicht ausreichend: „*Enthusiamus* [steht] der Nüchternheit bei, damit sie [die Nüchternheit] nicht die *Perspektive* abstrakt-unmittelbar verkürze." (PH 1619) Das „Reale" enthält, wie Bloch anderweitig erläutert hat, ohnehin eine Möglichkeitsdimension und wird nur angemessen „getroffen", wenn beide Aspekte, Nüchternheit *und* Enthusiasmus, („geeint in *geschulter Perspektive*") ständig oszillieren. (Vgl. PH 1620)

Lukács Buch „Die Zerstörung der Vernunft" (Berlin 1954) war soeben in der *Deutschen Zeitschrift für Philosophie* ausführlich besprochen worden. Der pauschalisierende Tenor des Buchs lautet, alle irrationalistischen Strömungen der Philosophie hätten die Linie von Kant zu Hegel und Marx zersetzt und seien Wegbereiter des Nationalsozialismus gewesen, darunter auch für Bloch so wichtige Autoren wie Schelling und Kierkegaard. Lukács definiert in seinem Buch Vernunft als etwas, das „stets die konkrete Vernünftigkeit oder Unvernünftigkeit einer gesellschaftlichen Lage [...] widerspiegelt, auf den Begriff bringt und diese damit fördert oder hemmt" (Lukács 1954:7); für Bloch ist diese Position unannehmbar objektivistisch.

Dazu kommt der Angriff auf jede Form der Romantik, der die Blochsche Philosophie empfindlich traf. („als fiele die revolutionäre Romantik mit Quichotterie zusammen", PH 1620) Für Bloch hat die Romantik insofern eine Schlüsselfunktion, als von ihr die Aufwertung des Utopischen (gegenüber dem Wissenschaftlichen) ausgeht. (PH 160, vgl. Müller-Schöll 1999, 205–206) Als eine Zusammenfassung seiner Kritik in auch schon früher ausgefochtenen Differenzen dürfte folglich zu verstehen sein, was Bloch hier seinem Weggefährten noch einmal energisch ins Stammbuch schreibt:

> Die Vernunft kann nicht blühen ohne Hoffnung, die Hoffnung nicht sprechen ohne Vernunft, beides in marxistischer Einheit – andere Wissenschaft hat keine Zukunft, andere Zukunft keine Wissenschaft. (PH 1618)

Zuvor hatte Bloch im allerletzten Moment einen Absatz in das 19. Kapitel geschmuggelt, der ebenfalls auf Lukács Buch Bezug nimmt:

> Wenn die Zerstörung der Vernunft ins barbarische Irrationale zurücksinkt, so die Unkenntnis der Vernunft ins dumme; wobei letzteres zwar nicht Blut vergießt, aber den Marxismus ruiniert. *Auch die Banalität ist so Gegenrevolution gegen den Marxismus selber.* (PH 322)

(Im Aufsatz, der Anfang 1953 in der Deutschen Zeitschrift für Philosophie publiziert und als 19. Kapitel dem Manuskript nachträglich hinzugefügt wurde (vgl. Kommentar zu Kap. 19), ist dieser Satz noch nicht enthalten. Er muss in das Manuskript, das als Copyright das Jahr 1953 und als Erscheinungsdatum das Jahr 1954 vermerkt, mit Kenntnis des 1954 erschienenen Werks von Lukács eingefügt worden sein.)

Bekanntlich hat Bloch mit dem Versuch, Lukács von der Bereicherung der Vernunft durch transrationale Einsprengsel zu überzeugen, keinen Erfolg gehabt. Elf Jahre später, Lukács hatte auf die Botschaft nicht reagiert, erinnert Bloch, der inzwischen in Tübingen ansässig war, in einem Geburtstagsgruß daran. Er drücke ihm „über alle Unterschiede hinweg die Hand, *bei anders dimensionierter Ratio* wohl einig in dem Satz Isaak Babels: Die Banalität ist die Gegenrevolution." Lukács antwortete knapp, der Satz „könnte ein bestimmtes Einverständnis bringen, wenn nur ein Einverständnis darüber hergestellt werden könnte, was Banalität ist." (Bloch 1985, 206–207, Hervorhebung von uns)

19.5 Leipziger Brüche

Nach der Wiederholung der drei zentralen Züge: tätige Menschlichkeit als Grundlage des Humanismus (PH 1604–1608), erbender Bezug zu teleologischen Gehalten in der Vergangenheit (PH 1609–1615) und subjektiver Faktor als Moment des Enthusiasmus in der sozialistischen Weltbewegung (PH 1616–1622) greift Bloch nun den „Stoff der Hoffnung" so auf, wie es ursprünglich im US-Manuskript vorgesehen war: als Ortsbestimmung der Philosophie, praktisch orientiert innerhalb der marxistischen Bewegung, theoretisch geleitet von den Ideen der Erfüllung und Gelungenheit. In dieser Rolle sieht Bloch seine Philosophie kontinuierlich seit den Anfängen – als den Prozess jener *neuen Philosophie des Neuen*, die im von Marx eröffneten Raum möglich wurde, im Humanismus des arbeitenden Menschen ankert und – auch praktisch – auf ein höchstes utopisches Ziel hin ausgerichtet ist.

a) Bloch wählt als Motti zu Beginn dieses Abschnitts Texte, die von der ständigen Präsenz und Entwicklung desselben Grundgedankens in seiner Philosophie Zeugnis ablegen. *Geist der Utopie* von 1918:

> Der neue Gedanke bricht endlich hinaus [...] in die offene, unfertige, taumelnde Welt, [...] bis [...] die Erfüllung jener hohlen, gärenden Nacht gelungen ist, um die herum noch alle Dinge, Menschen und Werke gebaut sind. (PH 1622–1623)

Überschreitendes Denken, unfertige Welt, die menschliche Betätigung und der Wille zur Erfüllung ebenso wie der dunkle Hiatus zwischen Unmittelbarem und der unfertigen Welt sind Elemente, die, kategorial geschärft, auch in der programmatischen Rede „Über die gegenwärtigen Aufgaben der Philosophie" von 1950 figurieren. *Front* deutet auf den vordersten Zeitabschnitt, in dem die nächste entschieden wird. Das *Novum* des offenen Prozesses der Tendenz-Latenz verweist auf das Noch-Nicht-Bewußte wie das Noch-Nicht-Gewordene mit einer Akzentsetzung auf dem „guten" Novum, dem bestmöglich erhofften. *Materie* schließlich steht für etwas, wodurch das Novum und ein Eingreifen an seiner Front *gedacht* werden kann, angelegt nicht in „mechanischer Klotzmaterie", sondern in dem „In-Möglichkeit-Seienden des Aristotelischen". (PH 1625) Hinter diesen drei Grundlinien der Vorstellung vom Weltgeschehen steht *Hoffnung* in zweifacher Weise: subjektiv als hoffende (als welche sie Gewissheit ist) und objektiv als gehoffte (dem erhofften Inhalt nach), der eben weil er gehofft wird, nicht gewiss ist. Das Eintreffen des zuhöchst Erhofften wäre vom Kontext befreite „Situationslosigkeit" (PH 1624), doch das „Ziel insgesamt ist und bleibt noch verdeckt, das Überhaupt [...] der Hoffnung noch ungefunden" (PH 1628); deshalb ist Optimismus hinsichtlich des Ziels nur als „militanter" (PH 1624) angebracht. Die „Richtung" allerdings ist „überall verwandt" und sogar „in ihrem noch verdeckten Ziel die gleiche", „invariant", „das einzig Unveränderliche in der Geschichte". (PH 1627–1628) Das Summum bonum bleibt verdeckt, aber und gerade darum – so der vielleicht philosophischste, weil das ursprüngliche Staunen in dieser Situation interpretierende Satz – ist „das menschliche Vermögen zu solch absolutem Zielbegriff [...] das Ungeheure in einem Dasein, wo das Beste noch Stückwerk ist." (PH 1628) Soweit formuliert Bloch das bleibende Grundmuster der im Fluss befindlichen Philosophie des Neuen, der Bloch immer treu geblieben ist.

b) Die Wende, die Bloch aber dennoch in Leipzig für seine philosophische Einstellung vollzieht, zeigt besonders anschaulich die motivische Einleitung des Kapitels. Bloch hatte dafür das Bild eines Schmieds gewählt. In der US-Version stand „der rechte Schmied" in der Schmiede, „worin gehämmert wird". Bloch verteidigte damit, dass es innerhalb der marxistischen Bewegung zupackend zuging, und deshalb zuweilen auch grob. Für die Druckversion des letzten Kapitels wird diese Rolle jedoch nicht mehr vom Proletarier, dessen Esse raucht, besetzt, sondern im übertragenen Sinn vom „rechten Schmied unseres Glücks" (PH 1603); er ist sozusagen der Idealtypus des aufrechten Marxisten, von dem es heißt, er bleibe weder kleinbürgerlich eng im Privaten, noch folge er leer abgerichtet einer Linie: „Geschulte Menschen" müssen sich umtun, „ohne daß sie sich verlieren." (PH 1603) Diese Wende vom Platz in der Bewegung zur kritischen Unterstützung wird durch eine Reihe von Ergänzungen, kritischen Einwürfen und Korrekturen in der Konzeption konkretisiert. – Die „objektiv geltenden Gesetze der dialektischen Entwicklung" – Bloch meint diejenigen, die DiaMat/HistoMat formuliert – können nur dann wirksam leiten, wenn „die sozialistische Humanisierung" nicht verdunkelt und auf Abwege gebracht wird. (PH 1624)
- Der Materiebegriff muss, marxistisch verstanden, zielbezogen sein, muss eine „Teleologie" enthalten; anders wäre Fortschritt nicht messbar. Auch ein „dialektischer Sprung ins Neue" wäre dann nicht denkbar. (PH 1626)
- Der marxistisch verstandene Realitätsbegriff enthält selbst ein utopisches Moment: seine „Erkenntnis [...] zeigt die Realität selber als eine – des Horizonts".
- Dies hat Auswirkungen auf den Begriff des *Novum*: „Der Nerv des rechten historischen Begriffs ist und bleibt das Novum, des rechten philosophischen [Begriffs] das bessere Novum" (PH 1626); es ist also die Aufgabe der Philosophie, das Novum zu *bewerten*, d. h. den „utopischen Tenor" darin herauszuarbeiten.
- Schließlich enthalten diese letzten Seiten zwei Definitionen der Philosophie. Im US-Manuskript wurde sie schon „als Expedition mit und in dem weitverzweigten, unabgeschlossenen Prozeß, als Mut zu jener *Ungarantiertheit, die Hoffnung genau an die Front setzt*" (PH 1625), bestimmt, also als eine arbeitsteilige Praxis innerhalb des Marxismus als Bewegung. Nun wahrt sie einen größeren Abstand, oder zumindest bestimmt sie den „Mut zu jener Ungarantiertheit" als einen Blick aus der Distanz:

> Nicht nur Kunst, sondern erst recht Philosophie hat jetzt bewußt das aktive Amt des Vor-Scheins und eben des Vor-Scheins eines objektiv-realen Vor-Scheins als der *Prozeßwelt*, *realen Hoffnungswelt* selber. Und sie bleibt einzig in der Materie fundiert, als einer gewiß vielförmig bewegten und nicht stereotypen [...] Das Erblicken dieser Genesis ist das Organ der Philosophie; der dialektisch gezielte, systematisch offene Durchblick in die tendenzgestaltige Materie ist ihre neue Form. (PH 1627)

Die Praxis der Philosophie ist also die „Schau" dieser Genesis, so wie sie sich in der Materie (die den denkenden Menschen mit umfasst) entfaltet, und ihre Form nicht mehr die des geschlossenen Systems (wie auch der DiaMat), sondern eines offenen, die die Offenheit des Prozesses sichtbar macht. Eine ähnlich deutliche Kritik an der Vorstellung des distanzlos in der Bewegung kassierten Philosophen fügte Bloch 1959 auch (anstelle eines Stalin vereinnahmenden Zitats in der Aufbau-Ausgabe, vgl. PH 301) der Suhrkamp-Ausgabe hinzu:

> Wirkliche Praxis kann keinen Schritt tun, ohne sich ökonomisch und philosophisch bei der Theorie erkundigt zu haben, der fortschreitenden. Sowie es daher an sozialistischen Theoretikern gefehlt hat, bestand allemal die Gefahr, daß gerade der Kontakt mit der Wirklichkeit Einbuße erlitt, dieser nie schematisch und simplizistisch zu interpretierenden, wann anders Praxis sozialistisch gelingen soll. (PH 322)

Aus dieser weiterhin engagierten, aber vorsichtiger und distanzierter gewordenen Perspektive nähert sich Bloch dem symbolträchtigen Schlusspunkt, der Bestimmung von Heimat als der entstehenden Gelungenheit im Wirklichen.

19.6 Die Bestimmung der Heimat

„Heimat" ist ein Strukturbegriff (Heimat ist aber eine Struktur", schreibt Michael Daxner (1990, 26) in einem Aufsatz über Blochs Heimatbegriff, der das Strukturargument bei Bloch allerdings nur „gestützt" sieht.): sie hat zwei Grundbedeutungen, die zusammenhängen und zugleich klar unterschieden sind. Beide sind bei Bloch im Gebrauch. Zum einen im Sinne der Herkunft, ohne dass weitere Konnotationen eine Rolle spielen. („Lukian hat Motive aus seiner syrieschen Heimat verwendet", PH 508) Zum anderen die negative Definition: Heimat ist, „worin noch niemand war" (PH 1628, Bloch 1947, 214, AiC 243) bzw. das, was es „noch nicht gibt". (LA 384) Jeder hat eine Heimat, auch wenn er heimatlos geworden ist oder so früh aus ihr fort musste, dass er sie nicht kennen gelernt hat. Im Satz „Heimat ist, worin noch niemand war" ist der Begriff Heimat deshalb werthaft aufgeladen – es geht um eine Heimat, die ihren Namen verdient und die es *deshalb* noch nicht gibt. Richtig ist also sowohl die Definition als auch ihr Gegenteil: Heimat ist, wo jeder schon war und wo noch niemand war. Für diese dialektisch-paradoxe Konstellation findet Bloch bei William-Henry Babcock das schöne Zitat „in der ersten Heimat Adams und Evas" (PH 893), das in der bloßen Herkunftsbezeichnung zugleich auf den mythologischen U-topos der Heimat, das Paradies, deutet; Heimat ist immer dasjenige, was besser erscheint, als es vielleicht war oder ist, und Adam und Eva sind die Stammeltern jener zweiten Heimat, in der der Mensch dafür arbeitet, dass sie zukünftig seiner ersten, dem verlorenen Paradies, gleich wird. Heimat ist so sehr mit Überschießendem angereichert, dass erst im Augenblick, zu dem man „verweile doch" sagen könnte, erst in einem „Sein wie Hoffnung" „die Intention darin aufgehoben werden mag". (PH 1628) Diese drei Seiten, jedermanns Herkunft, jedermanns Nirgendwo und die „Heimats-Chiffern" (PH 1600, vgl. PH 1579), die auf ein höheres Aufgehobensein verweisen, machen den Heimat-Begriff bei Bloch aus.

Bloch *übernimmt* den Begriff der Heimat zwar nicht aus der Romantik, doch er gewinnt ihn an ihren Vertretern. Während die Klassik Bilder stiftet, die (wie bei Lukács) zur Widerspiegelung als einer methodischen Wiederholung dienen sollen, entstehen in der romantischen Literatur Auszugsgestalten, an denen Überschießendes aufscheint: eine solche „revolutionäre Romantik" (PH 154, PH 1620; vgl. Müller-Schöll) spielt bei Bloch eine größere Rolle, als es den Anschein haben mag. Das Überschießende gilt es zu beerben, indem es transformiert wird. Diese Denkfigur, die über Setzung, Negation und Chiffer eine Ahnung von ‚Heimat' begründet, hat Bloch zum ersten Mal in einem Text von 1926 über „Hebel, Gotthelf und bäuerisches Tao" entwickelt. (Auf die Bedeutung dieses Texts für Blochs Begriff der Heimat hat Hans Mayer hingewiesen (Mayer 1989).)

Bloch sieht Johan Peter Hebel, der als Erzähler für Bloch „einzigartig" dasteht, „der Rousseauschen Folklore" und der Frühromantik nah, während Jeremias Gotthelfs Werk sich mit einer späten patriarchalisch-antikapitalistischen Phase der Romantik berühre. Beider Geschichten erzählen „das recht Eingesessene, das unerfindlich Verbundene" (LA 375) von einem „Landboden" und einer „Bauernschaft" und bieten den Anblick des „im natürlichen Lot" (LA 366) Befindlichen, das Bloch im schweizerisch-alemannischen Ausdruck „Wäge" auslegt: was „im Gleichgewicht einer Waage oder im geradezu demetrischen Lot ist, was den Bauern von Schulden, Fron, Druck von Hindernissen im Bau des Brots frei macht." (LA 367)

Bloch sieht bei Hebel einen „freundlichen Geist", der „die ganze Welt in seine Heimat zusammen" (LA 375) drängt, bei Gotthelf eine „senkrechte" Entsprechung „zwischen Acker und Moralhimmel" (LA 382), unterschiedlich wie die Sätze in Beethovens „Pastorale", bei beiden ein „Dorfleben quer durch die Welt" (LA 382), in dem die Bauern noch von „ihren alten Bräuchen, ihrer Folklore, ihren Spinnstuben, Liedern, Tänzen, Festen" zeugen und von einer „Erzählkunst ... die so lange geblüht hatte, nicht nur in Märchen und Sagen, auch in Schnurren und

Possen und dem Bericht merkwürdiger, schrecklicher oder wundersamer Begebenheiten". (LA 368) Entscheidend ist dabei das „Wäge im Geschichtenhaus der Welt" (LA 378) als jener „Einklang von Drinnen und Draußen, jene Entsprechung des rechten Lebenstakts und rechten Welttakts dahinter, die nach chinesischem Vorbild Tao genannt worden war" (LA 381). Hebel kann übernommen werden wie er ist, Gotthelf hat etwas „hinterlassen als gewaltiges altes Ornat" (LA 384), das so nicht tragbar ist und „entgiftet" werden muss. Dann aber werde es einmal „still und bedeutend im menschlichen Glückstempel hängen, in dem wirklich erlangter Naturfreundschaft". (LA 384)

Was „aus dem durchschlagenden Eindruck eines halb noch vorkapitalistischen Landes" dringt, „vom arbeitenden Menschen und sozusagen von sich selbst noch nicht entfremdeten", ist für Bloch „ein Korrektiv für das, was einmal, in nachkapitalistischer Zeit, [...] Einklang mit ‚gutwaltend Natürlichem' bedeuten könnte". (LA 384) So nimmt es Teil „am Besten [...], das es noch nicht gibt, nämlich an wirklicher Heimat" (LA 384) – Bloch wirft dies wie nebenbei hin, selten ist die Grenze, ab der das Verbot des „Auspinselns" gilt, so nah. Aber selbst in solcher Konkretion handelt es sich nicht um Ausmalungen und schon gar nicht um romantisierte Idylle oder Nestwärme, sondern um den chiffrierten Verweis auf ein Anderes der Gelungenheit, um „Winke, die einmal Heimat hießen". (LA 384) Adorno und Bloch waren sich einig, dass Utopien nicht „auszupinseln" sind. Für beide gilt zwar kein Metaphernverbot, aber ein Verbot konkreter Bilder (von Utopien). Eine „konkrete" Utopie ist ihre genau gefasste (durchdachte) Struktur, nicht ihre sinnlich-gewisse Antizipation. In diesem Sinne ist der Heimatbegriff konkret, aber nicht ausgepinselt. (vgl. Bloch/Adorno 1964, 70–72)

Diese Kombination zwischen dem Einfachen der Existenz, dem Nichtvorhandenen und der in Heimat mitschwingenden Verheißung hat Bloch nicht erst an das Ende des *Prinzips Hoffnung* gesetzt, sondern schon vorher an das Ende jenes vorab publizierten ersten Auszugs aus dem Mittelteil (PH 521–729), der unter dem Titel „Freiheit und Ordnung" 1946 im New Yorker Exilverlag *Aurora* und 1947 im *Aufbau-Verlag* erschien. Der Absatz, der auf „Heimat" endet, ist im Mittelteil des *Prinzips Hoffnung* nicht zu finden und in späteren Sonderausgaben von „Freiheit und Ordnung" ebenfalls nicht wieder aufgenommen worden. Dafür hat Bloch ihn in erweiterter Form ans Ende des *Prinzips Hoffnung* gesetzt. Die schlankere Version in „Freiheit und Ordnung" unterscheidet sich von der späteren Schlusspassage im *Prinzip Hoffnung* nur geringfügig: durch die Hervorhebung im zweiten Satz und durch zwei ergänzende Einschübe, die hier in eckige Klammern gesetzt sind: „Der Mensch lebt noch überall in der Vorgeschichte, ja, alles und jedes steht noch vor Erschaffung der Welt, als einer rechten. *Die wirkliche Genesis ist nicht am Anfang, sondern am Ende*, und sie beginnt erst anzufangen, wenn Gesellschaft und Dasein radikal werden, das heißt sich an der Wurzel fassen. Die

Wurzel der Geschichte aber ist der arbeitende [‚schaffende, die Gegebenheiten umbildende und überholende] Mensch. Hat er sich erfaßt und das Seine, ohne Entäußerung und Entfremdung, in realer Demokratie begründet, so entsteht in der Welt etwas, [das allen in die Kindheit scheint und] worin noch niemand war: Heimat." (Bloch 1947, 214, PH 1628) (Der Suhrkamp-Verlag hat später nur noch für den Mittelteil des *Prinzips Hoffnung* eine Lizenz erteilt (vgl. die Briefe zwischen Karola Bloch und Suhrkamp in: Scherer/Schröter 2015, 301). Wie aus dem Briefwechsel zwischen seinem damaligen Verleger Wieland Herzfelde und Bloch hervorgeht, wurde der Schlussabsatz der Vorveröffentlichung von „Freiheit und Ordnung" im New Yorker Aurora-Verlag erst im allerletzten Bearbeitungsgang im Mai 1945 hinzugefügt (Bloch/Herzfelde 2001, 122).) Die Versionen von 1946 und die spätere von 1954 unterscheiden sich also dem Wortlaut nach kaum, erhalten aber einen sehr unterschiedlichen *Sinn*, der sofort deutlich wird, wenn der Text je in den entsprechenden Kontext gestellt wird.

In „Freiheit und Ordnung" geht es um „die erste Tür zu dem Zustand, der Not und Abhängigkeit ursächlich ausscheidet", Bloch bezeichnet ihn als ein „beginnendes Sein wie Utopie". Freiheit und Ordnung sind Kategorien des Gesellschaftlichen, anhand derer Bloch kategorial durchkonstruiert, wie das „Reich der Freiheit", von dem Marx spricht, im Unterschied zur Situation in der Klassenherrschaft beschaffen sein müsste. Im Reich der Freiheit ist „Situationslosigkeit" intendiert, die das selbst produzierte und unwissend fetischisierte Schicksal (d. h. Situationsabhängigkeit) in der Klassengesellschaft verschwinden lässt. Freiheit heißt also zunächst: Befreiung vom Zwang der Klassenstrukturen und sodann Freiheit als „Situationslosigkeit", die „positiv dasselbe geworden [ist] wie Ordnung" (alle Zitate FO 213). Bloch bezeichnet diese Ordnung auch als „das eigentliche Reich im Reich der Freiheit", die er als die „unentfremdete Ordnung in der besten aller möglichen Gesellschaften" bestimmt. Für sie liefert *konkrete Utopie den Schlüssel*. Der entsprechende Absatz geht der Passage über „Heimat" unmittelbar voraus. Von daher ist sie so zu deuten: Die Welt „als eine rechte" ist die klassenlose Gesellschaft, zu der es die „Vorgeschichte" gibt. Wenn sie geschaffen ist, beginnt die „wirkliche Genesis". Dann hätte der Mensch sich als Wurzel der Geschichte erfasst, und zwar „in realer Demokratie", da von einem Boden aus, der *nicht* durch eine Ordnung des Zwangs geprägt ist. Dies wäre dann die Ordnung der Freiheit, von der aus das Sein wie Utopie beginnt und in dessen Lauf „Heimat" „entsteht". Heimat ist dann, strukturell gesehen, etwas, worin zwar „noch niemand war", das aber im Entstehen begriffen ist aufgrund einer neu geschaffenen – gesellschaftlichen – Disposition.

Vergleicht man diese Textstelle nun mit derjenigen, die das *Prinzip Hoffnung* beschließt, so wird der Text durch den veränderten Kontext nicht mehr auf die Klassengesellschaft, d. h. auf die *Gesellschaft*, sondern auf die *Welt ins-*

gesamt bezogen; dass Bloch sich dessen bewusst war, legt der Halbsatz nahe, der dem Schlussabsatz vorangestellt ist: „Mit diesem Blick also gilt:" (PH 1628), soll heißen: mit diesem *veränderten* Blick gilt. Hier beschließt die in Heimat mündende Passage nicht die Utopie einer bestmöglichen *Gesellschaftsordnung*, sondern die einer vollendet gedachten *Weltordnung*.

Bloch rekapituliert noch einmal, dass „das Ziel" insgesamt noch verdeckt bleibt, doch das „nunc stans", der angehaltene Augenblick der Erfüllung, stehe „utopisch-deutlich" (PH 1628) voran. Mit Abälard fasst er ihn als Moment, in dem Sehnsucht und Erfüllung, Sein und Hoffnung zur Deckung kommen. Bloch merkt hier an, dass das menschliche Vermögen zu solch absolutem Zielbegriff das Ungeheure sei in einem Dasein, wo das Beste noch Stückwerk bleibt, wo jeder Zweck immer wieder Mittel werde und dem „gänzlich unsichtigen, ja, an und für sich selbst noch unvorhandenen Grundziel" (PH 1628) diene – Bloch geht also über den gesellschaftlichen Prozess hinaus. Dieser Satz ist nicht nur anthropologisch zu verstehen, wie der auf Marx sich berufende Folgesatz deutlich macht: sondern Programm ist die Entwicklung der menschlichen Natur innerhalb der Natur überhaupt, also der Welt insgesamt, „vis-a-vis de tout" – dem Ganzen gegenüber. Und „mit diesem Blick", fährt Bloch fort, gelte nun: „Der Mensch lebt noch überall in der Vorgeschichte ..." (PH 1628) Die Perspektive der entstehenden Heimat, die sich in *Freiheit und Ordnung* ausgehend von der eingerichteten klassenlosen Gesellschaft auftat, als die konkrete Utopie darauf aufbauender Verhältnisse höchster Gelungenheit, hat sich nun verschoben. Die wirkliche Genesis und die Entstehung der Heimat verspricht erst der Tag, an dem die Entfremdung von Mensch und Natur aufgehoben sein wird.

Wo stehen wir dann? Nicht vor einer neuen Stufe, wie sie die klassenlose Gesellschaft verspricht, sondern weiterhin noch „überall" in der Vorgeschichte, deren Ende nicht abzusehen ist. Im *Prinzip Hoffnung* bezieht sich der Halbsatz „ohne Entäußerung und Entfremdung" auf das „letzte Marxsche ‚Anliegen' die Entwicklung der menschlichen Natur ... wie der von Natur insgesamt"; und „das Seine ohne Entäußerung und Entfremdung" hat der Mensch *erst dann* begründet, „wenn dieser *menschliche* Reichtum wie der von *Natur*" (PH 1628) schon entwickelt ist. Heimat ist also nur noch das Strukturelle, „was allen in die Kindheit scheint" und „worin noch niemand war", (und man fragt sich, warum sie dann noch „entsteht"). Bloch hätte somit nicht auf den laufenden Prozess verwiesen, sondern auf eine Konstellation gesetzt. Das Grundprinzip der Utopie, das er unter den damals Mitte der 50er Jahre gegebenen Umständen nicht mehr auf der „Expedition mit und in dem weitverzweigten, unabgeschlossenen Prozeß" (PH 1625) antrifft, konnte er jedenfalls nur noch als Walter des Vor-Scheins und im „systematisch offenen Durchblick in die tendenzgestaltige Materie" (PH 1627) in Form einer glanzvollen Sentenz formulieren – und so ins Buch der Hoffnung schreiben.

Literatur

Ernst Bloch: Briefe. Frankfurt a. M. 1985
Ernst Bloch: Hebel, Gotthelf und bäuerliches Tao (1926). In: GA 9, S. 365–384
Ernst Bloch: Über die Aufgaben der Philosophie (1950). GA 10, S. 292–317
Eberhard Braun: „… und worin noch niemand war: Heimat'. Zum Finale furioso von Blochs ‚Prinzip Hoffnung'. In: Bloch-Almanach 8, 1988, 136–142
Eberhard Braun: ‚Alle Menschen die ein beßres Leben wünschen sollen aufstehn'. Die Utopie des Systems. In: Ders.: Grundrisse einer besseren Welt. Beiträge zur politischen Philosophie der Hoffnung [zu Ernst Bloch], Mössingen-Talheim 1997, 103–121
Michel Daxner: Frieden hat einen Ort, Heimat ist eine Struktur. In: Klaus Rohrbacher (Hg.): Ernst Bloch und die Heimat: Vorträge des interdisziplinären Kolloquiums Ludwigshafen/Rhein 1989, Ludwigshafen 1990, 12–30
Antonio Gramsci: Quaderni del carcere II, Turin 1975
Martin Heidegger: Wegmarken. Klostermann. Frankfurt a. M. 2004
Johannes Horn (Hg.): Ernst Blochs Revision des Marxismus. Berlin 1957
Jürgen Jahn (Hg.): ‚Ich möchte das Meine unter Dach und Fach bringen…': Ernst Blochs Geschäftskorrespondenz mit dem Aufbau-Verlag. Wiesbaden 2006
Elmar Locher: Ernst Bloch. Spuren. Lektüren. Bozen 2008
Karl Löwith: Weltgeschichte und Heilsgeschehen. Stuttgart 1953
Georg Lukács: Kunst und objektive Wahrheit. In: Deutsche Zeitschrift für Philosophie 1954, Heft 1, 113–148
Georg Lukács: Heidegger redivivus, in: Sinn und Form 1949, Heft 1, 37–62
Georg Lukács: Die Zerstörung der Vernunft, Berlin 1954
Hans Mayer: Reden über Bloch. Frankfurt a. M. 1989
Ulrich Müller-Schöll: Die utopische Dimension des revolutionären Romantizismus (Lefebvre, Lukács, Bloch). In: Müller-Schöll: Das System und der Rest. Mössingen-Talheim 1999, 187–211
Ulrich Müller-Schöll: Das System und der Rest. Mössingen-Talheim 1999
Klaus Rohrbacher (Hg.): Ernst Bloch und die Heimat: Vorträge des interdisziplinären Kolloquiums Ludwigshafen/Rhein 1989. Ludwigshafen 1990
Alfred Schmidt: Der Begriff der Natur in der Lehre von Marx. Frankfurt a. M. 1971
Wolfdietrich Schmied-Kowarzik: Das dialektische Verhältnis des Menschen zur Natur, Freiburg i. Br. 1984
Ulrich Stadler: Verschweigen, Mitteilen und Verstehen. Zu Goethes Gedicht ‚Geheimschrift' aus dem West-Östlichen Diwan. In: Jürg Berthold und Boris Previšić (Hg.): Texttreue, Bern 2008, 67–78
Elke Uhl: Hoffnungsvolle Erwartungen. Ernst Bloch in Leipzig. In: Volker Gerhardt, Hans-Christoph Rauh (Hg.): Anfänge der DDR-Philosophie, Berlin 2001
Francesca Vidal: Kunst als Vermittlung von Welterfahrung. Würzburg 1994
Francesca Vidal: Hoffnung. In: Beat Dietschy, Doris Zeilinger, Rainer E. Zimmermann (Hg.): Bloch-Wörterbuch. Leitbegriffe der Philosophie Ernst Blochs. Berlin 2012, 189–212.
Francesca Vidal: Hebel bei Bloch. Zur Bedeutung von rhetorischer Geschichtsschreibung und inszenierter Mündlichkeit. In: Richard Faber (Hg.): Johann Peter Hebel. Zur Wirkung des Erzählers im 20. Jahrhundert. Würzburg 2004, 97–110

Francesca Vidal: Sein wie Utopie. Zur Kategorie Heimat in der Philosophie von Ernst Bloch. In: Klaus Kufeld; Peter Zudeick (Hg.): Utopien haben einen Fahrplan. Gestaltungsräume für eine zukunftsfähige Praxis. Mössingen-Talheim 2000, 40–49

Auswahlbibliographie

Suzana Albornoz: Ética e Utopia: ensaio sobre Ernst Bloch. Porto Alegre: Movimento, 2006
Hugo Assmann, Mo Sung, Jung: Competência e sensibilidade solidária: educar para a esperança. Petrópolis: Vozes 2000
Franz von Baader: Über die Begründung der Ethik durch die Physik und andere Schriften. Stuttgart 1969
Roger Behrens: Hören im Dunkel des gelebten Augenblicks. Zur Aktualität der Musikphilosophie Ernst Blochs. In: Weigand, Karlheinz (Hg.): Bloch-Almanach, Bd. 17. Mössingen-Talheim 1998, S. 101–117
Enrico Berti: Der Begriff Wirklichkeit in der Metaphysik des Aristoteles. In: Christof Rapp (ed.): Aristoteles. Metaphysik. Die Substanzbücher. Akademie, Berlin 1996, S. 289–311
Stefanie Bielmeier: Etwas Wichtiges fehlt. Zu Ernst Blochs Interpretation von Watteaus „Einschiffung nach Kythera", in: Bloch-Almanach, 8. Folge, hrsg. vom Ernst-Bloch-Archiv durch Karlheinz Weigand, Baden-Baden 1988, S. 144–148
Ernst Bloch: Etudes critiques sur Rickert et le problème de la théorie moderne de la connaissance. Edition Lucien Pelletier. Editions de la maison des sciences de l'homme. Les Presses de l'Université Laval. 2010
Ernst Bloch: Logos der Materie. (ed. Gerardo Cunico) Suhrkamp, Frankfurt a. M. 2000
Ernst Bloch: Viele Kammern im Welthaus. Eine Auswahl aus dem Werk, ed. Friedrich Dieckmann und Jürgen Teller, Frankfurt a. M. 1994
Ernst Bloch: Briefe. Frankfurt a. M., 1985
Ernst Bloch, „Curriculum vitae", in: Rainer Traub, Harald Wieser (Hg.): Gespräche mit Ernst Bloch. Frankfurt a. M. 1980
Ernst Bloch: Gespräch mit T. W. Adorno: Etwas fehlt ... Über die Widersprüche der utopischen Sehnsucht. (1964) In: Rainer Traub, Harald Wieser (Hg.), Gespräche mit Ernst Bloch. Suhrkamp, Frankfurt a. M. 1980 (1975)
Ernst Bloch: Vom Hasard zur Katastrophe. Politische Aufsätze aus den Jahren 1934–1939. Frankfurt a. M. 1972
Ernst Bloch: Processus et structure, in: Genèse et structure, Actes du colloque de Cerisy. Paris 1959, La Haye, Mouton 1965, S. 207–227
Jan Robert Bloch: Warum zum aufrechten Gang Verbeugungen gehören. Jan Robert Bloch in Zagreb 1987, Bloch-Almanach, Ludwigshafen, 9/1989, 73–113
Laura Boella: *Ernst Bloch. Trame della speranza*, Milan 1987, 122–130
Ivan Boldyrev: Ernst Bloch and his Contemporaries: Locating Utopian Messianism. Bloomsbury, London, New York 2014
Alberto Bonchino: Materie als geronnener Geist, Studien zu Franz von Baader in den philosophischen Konstellationen seiner Zeit, hg. von Albert Franz und Alberto Bonchino. Paderborn 2014
Eberhard Braun: Wie kann ein Tagtraum vom besten Leben Prinzip sein? In: ders.: Grundrisse einer besseren Welt. Beiträge zur politischen Philosophie der Hoffnung, Mössingen-Talheim 1997
Eberhard Braun: Aufhebung der Philosophie. Marx und die Folgen. Stuttgart, Weimar 1992
Peter Brook: Der leere Raum. Berlin 1969
Volker Caysa u. a. (Hg.), „Hoffnung kann enttäuscht werden". Ernst Bloch in Leipzig, Frankfurt a. M. 1992

Giorgio Colli: Die Geburt der Philosophie, Athenäum, Hain, Königstein/Ts. 1990 (1981) (La Nascita della Filosofia. Adelfi, Milano 1975)

Burghart Schmidt (Hg.): Materialien zu Ernst Blochs ‚Prinzip Hoffnung'. Frankfurt a. M. 1978

Peter Thompson, Slavoj Žižek (Hg.), The Privatization of Hope. Duke University Press, Durham, London 2013, S. 164–202

Jamie Owen Daniel, Tom Moylan (ed.): Not Yet. Reconsidering Ernst Bloch. Verso, London, New York 1997

Hans-Reiner Ehricht: Adaptionen und Transformationen Aristotelischen Denkens in den ontologischen Annahmen von Ernst Bloch. Bloch-Almanach, Ludwigshafen, 23/2004, S. 9–40

Helmut Fahrenbach: Marxismus und Existentialismus (Lukács, Sartre, Bloch). In: Gvozden Flego u. a. (Hg.): Ernst Bloch – Utopische Ontologie, Bochum 1986

Helmut Fahrenbach: Utopisches Bewusstsein und gesellschaftliches Sein. Zur Transformation einer Formel in der Philosophie Ernst Blochs. In: Gajo Petrovic, Wolfdietrich Schmied-Kowarzik, Die gegenwärtige Bedeutung des Marxschen Denkens, Bochum 1985

Helmut Fahrenbach, „Ernst Bloch und das Problem der Einheit von Philosophie und marxistischer Theorie", in: Burghart Schmidt (Hg.), Seminar: Zur Philosophie Ernst Blochs, Frankfurt a. M. 1983, S. 75–122

Gvozden Flego und Wolfdietrich Schmied-Kowarzik (Hg.): Ernst Bloch – Utopische Ontologie. Band II des Bloch-Lukács-Symposiums 1985 in Dubrovnik. Bochum 1986

Horst Folkers: Schellings Erfahrung der Offenbarung und Blochs Fahrt nach Utopien. Bloch-Almanach, Ludwigshafen, 10/1990, S. 13–44

Hanna Gekle: Wunsch und Wirklichkeit: Blochs Philosophie des Noch-Nicht-Bewußten und Freuds Theorie des Unbewußten, Frankfurt a. M. 1986

Vincent Geoghegan: Ernst Bloch, Routledge, London 1995

Stephan Günzel (ed.): Lexikon der Raumphilosophie, Wissenschaftliche Buchgesellschaft Darmstadt 2012

Jürgen Habermas, Ein marxistischer Schelling (1960), in: Politisch-philosophische Profile, dritte, erweiterte Auflage Suhrkamp Verlag, Frankfurt a. M. 1981, S. 141 – 159

Jürgen Habermas: Zur Rekonstruktion des Historischen Materialismus. Frankfurt a.M. 1976

Paulo Hahn: Blochs Dimension der Natur- und Sozialutopie und ihr Einfluss im lateinamerikanischen Denken sowie die Konzepte Ungleichzeitigkeit und Multiversum als Grundbedingungen für das Verständnis und als Perspektive für einen interkulturellen Dialog. Aachen: Wissenschaftsverlag Mainz 2007

Craig A. Hammond: Towards a Neo-Blochian Theory of Complexity, Hope and Cinematic Utopia. PhD thesis 2012, Lancaster University, Sociology Dept.

Martin Heidegger: Sein und Zeit, Niemeyer, Tübingen, 15. Auflage, 1979

Hans Heinz Holz: Logos spermatikos. Ernst Blochs Philosophie der unfertigen Welt. Luchterhand, Darmstadt, Neuwied 1975

Alfred Jäger: Materie und Prozess, in: Burghard Schmidt (ed.): Materialien zu Ernst Blochs „Prinzip Hoffnung". Suhrkamp, Frankfurt a.M. 1978, 306–325

Frederick Jameson: Marxism and Form. 20th Century Dialectical Theories of Literature. Princeton University Press, 1974

Hans Jonas: Das Prinzip Verantwortung. Frankfurt a. M. 1979

Gerd Koch, Gabriela Naumann, Florian Vaßen (Hrsg.): Ohne Körper geht nichts. Berlin, Milow 1999

Wilfried Korngiebel: Bloch und die Zeichen. Symboltheorie, kulturelle Gegenhegemonie und philosophischer Interdiskurs. Würzburg 1999

Jason Kosnoski: Specter and Spirit. Ernst Bloch, Jacques Derrida and the Work of Utopia. Rethinking Marxism 23 (4), 2011, S. 507–523
Elmar Locher: Ernst Bloch. Spuren. Lektüren. Bozen 2008
Matthias Mayer: Objekt-Subjekt. F. W. J. Schellings Naturphilosophie als Beitrag zu einer Kritik der Verdinglichung, Bielefeld 2014 (=2014b)
Hans Mayer: Reden über Ernst Bloch. Frankfurt a. M. 1989
Hans Mayer: Musik als Luft von anderen Planeten. Ernst Blochs „Philosophie der Musik" und Ferruccio Busonis „Neue Ästhetik der Tonkunst". In: Schmidt, Burghart (Hg.): Materialien zu Ernst Blochs „Prinzip Hoffnung". Frankfurt a. M. 1978, S. 464–472
Jürgen Moltmann: Theologie der Hoffnung. Untersuchungen zur Begründung und zu den Konsequenzen einer christlichen Eschatologie. Gütersloh 1997
Luciana Palazzetti: Ontologie, Existenz, utopische Hermeneutik. Zu Blochs Lektüre von Heideggers ‚Sein und Zeit'. Bloch-Almanach, Ludwigshafen, 11/1991, S. 89–121
Lucien Pelletier: Études critiques sur Rickert et le problème de la théorie moderne de la connaissance, Paris, Québec 2010
Lucien Pelletier: Bloch Lecteur de Schelling. Bloch-Almanach, Ludwigshafen, 11/1991, 41–87
Christof Rapp (ed.): Aristoteles. Metaphysik. Die Substanzbücher. Akademie, Berlin 1996
Gérard Raulet: Natur und Ornament. Zur Erzeugung von Heimat, Darmstadt/Neuwied 1987
Gérard Raulet: Humanisation de la Nature, Naturalisation de l'Homme. Ernst Bloch et le projet d'une autre rationalité. Klincksieck, Paris 1982
Egenolf Roeder von Diersburg: Zur Ontologie und Logik offener Systeme. Ernst Bloch vor dem Gesetz der Tradition. Meiner, Hamburg 1967
Alfred Schmidt: Der Begriff der Natur in der Lehre von Marx. Frankfurt a. M. 1971
Burghart Schmidt: Kritik der reinen Utopie. Eine sozialphilosophische Untersuchung. Metzler, Stuttgart 1988
Burghart Schmidt (Hrsg.): Materialien zu Ernst Blochs „Prinzip Hoffnung", Frankfurt a.M. 1987
Wolfdietrich Schmied-Kowarzik: Das dialektische Verhältnis des Menschen zur Natur, Freiburg i. Br. 1984
Walter Schulz: Metaphysik des Schwebens. Untersuchungen zur Geschichte der Ästhetik, Pfullingen 1985
Rolf Schwendter: Utopie. Überlegungen zu einem zeitlosen Begriff. Berlin, Amsterdam 1994
Charles Taylor: Hegel. Suhrkamp, Frankfurt a. M. 1983 (1978)
Gert Ueding: Schein und Vor-Schein in der Kunst. Zur Ästhetik Ernst Blochs. In: Schmidt, Burghart (Hg.): Materialien zu Ernst Blochs „Prinzip Hoffnung". Frankfurt a. M. 1978, S. 446–464
Francesca Vidal: Sein wie Utopie. Zur Kategorie Heimat in der Philosophie von Ernst Bloch. In: Klaus Kufeld; Peter Zudeick (Hg.): Utopien haben einen Fahrplan. Gestaltungsräume für eine zukunftsfähige Praxis. Mössingen-Talheim 2000, S. 40–49
Francesca Vidal: „Die Detektivgeschichte als ein Hinweis auf die Methodik der Spurensuche bei Ernst Bloch", in: Rainer E. Zimmermann, Gerd Koch. U-Topoi. Ästhetik und politische Praxis bei Ernst Bloch, Mössingen-Talheim 1996, S. 122–133
Francesca Vidal: Kunst als Vermittlung von Welterfahrung. Zur Rekonstruktion der Ästhetik von Ernst Bloch. Königshausen & Neumann, Würzburg 1994
Doris Zeilinger: Wechselseitiges Ergreifen. Ästhetische und ethische Aspekte der Naturphilosophie Ernst Blochs. Königshausen & Neumann, Würzburg 2006
Rainer E. Zimmermann: Religio. Vorlesungen über eine existentialistische Interpretation des paulinischen Diskurses. Turia+Kant, Wien, Berlin 2011

Rainer E. Zimmermann: Subjekt und Existenz. Zur Systematik blochscher Philosophie. Philo, Berlin, Wien 2001
Rainer E. Zimmermann: Vom Sein zum Werden oder Auf der Suche nach dem Goldenen Vlies. In: Jan Robert Bloch (Hg.): Ich bin. Aber ich habe mich nicht. Darum werden wir erst. Perspektiven der Philosophie Ernst Blochs. Suhrkamp, Frankfurt a.M. 1997, S. 374–390
Peter Zudeick: Der Hintern des Teufels. Ernst Bloch. Leben und Werk. Bühl-Moos 1987
Peter Zudeick: Die Welt als Wirklichkeit und Möglichkeit: Die Rechtfertigungsproblematik der Utopie in der Philosophie Ernst Blochs (Abhandlungen zur Philosophie, Psychologie und Pädagogik ; Bd. 148), Bouvier, Bonn 1980

Personenregister

Adorno, Theodor W. 83, 123, 227, 247 f., 260, 266 f., 272, 276, 305 f., 311, 325, 372 f., 380
Albornoz, Suzana 36
Anders, Günther 155
Aquin[as], Thomas von 91, 246, 282, 364
Apollo[n] 280–282
Aristoteles 90–94, 100 f., 103 f., 109, 143, 166, 168, 179, 210, 235, 258, 260 f., 264, 278, 282–284, 295, 376
Assmann, Hugo 38
Augustinus [von Hippo] 51, 78, 178, 180, 246, 262 f., 317

Baader, Franz von 206, 209, 238
Babcock, William Henry 379
Bach, Johann Sebastian 312–316, 318 f.
Bachofen, Johann Jacob 330
Bakunin, Michail 188 f.
Barth, Karl 345, 349, 352
Bebel, August 188, 193
Beckett, Samuel 131, 134, 145, 147, 158
Beethoven, Ludwig van 162, 248, 302, 310, 315 f., 318, 320–322, 379
Bellamy, Edward 195 f.
Benjamin, Walter 83 f., 153, 156–158
Bergson, Henri 16, 52, 96
Berlioz, Hector 308 f., 315, 321
Bloch, Jan Robert 5, 105, 238, 334
Bloch, Karola 5, 127, 325, 381
Braun, Eberhard 18, 22 f., 57, 116, 255 f., 361, 367
Brecht, Bertolt 151–156, 158 f., 161–169, 171, 228, 307, 312
Brentano, Franz 58, 73, 75, 102
Brook, Peter 160
Bruno, Giordano 104, 223, 254 f., 258 f., 261 f., 297
Bultmann, Rudolf 340, 346, 352

Cabet, Etienne 186, 188, 198
Cage, John 170
Campanella, Tommaso 177 f., 182 f., 186
Camus, Albert 26, 28 f.

Carlyle, Thomas 195 f.
Cohen, Hermann 68, 81, 349
Cox, Harvey 342, 345, 352

Dalcroze, Emil-Jaques 136
Dante [Alighieri] 232, 234–236, 247
d'Holbach, Paul Henri Thiry 291
Deleuze, Gilles 96 f., 146
Demokrit [von Abdera] 119
Derrida, Jacques 171
Dilthey, Wilhelm 80
Dionysos 26, 54, 140–142, 192, 280–282, 330, 339
Duncan, Isadora 136
Dussel, Enrique 44, 48, 234

Eckhart, Meister 67 f.
Eco, Umberto 171
Eisenstein, Sergej 145, 156
Engels, Friedrich 22, 93, 118, 123–127, 176, 183, 187, 190 f., 195–197, 371
Epikur 216, 283
Eyck, Jan van 241

Fahrenbach, Helmut 30, 116, 124, 127 f.
Fechner, Gustav Theodor 332
Feuerbach, Ludwig 18 f., 88, 111, 115–128, 281, 332, 343–345, 369
Fichte, Johann Gottlieb 52, 75, 98, 176, 185 f., 208, 364
Fiore, Joachim di 181, 343
Flasch, Kurt 181, 263
Fourier, Charles 186–188, 190
Frazer, James George 340
Freire, Paulo 35–38, 48
Freud, Sigmund 54–58, 70, 72, 74, 77, 253, 260, 276, 328, 334
Friedrich, Caspar David 249

Gekle, Hanna 26, 28, 72, 74
George, Henry 195 f.
Goethe, Johann Wolfgang von 29, 140, 160–162, 164–166, 205 f., 247 f., 289–291, 299, 301, 331, 363, 366

Gogarten, Friedrich 346, 349, 353
Gollwitzer, Helmut 346, 353
Gotthelf, Jeremias 27 f., 379 f.
Gottsched, Johann Christoph 159 f.
Gropius, Walter 221
Gropp, Rugard Otto 119–123, 127, 154, 203, 239
Günther, Hans 23, 115

Habermas, Jürgen 22, 115, 122–124, 367
Hager, Kurt 124 f., 127, 239
Hardenberg, Friedrich von [d. i. Novalis] 206–208, 366
Hartmann, Eduard von 66, 69, 72, 80, 167, 273
Hebel, Johann Peter 379 f.
Hegel, Georg Wilhelm Friedrich 9, 15, 29, 51, 66, 68, 89 f., 92 f., 98, 106, 110, 118, 126, 166 f., 238, 253–256, 260 f., 273 f., 282, 286, 289–291, 294 f., 298 f., 305 f., 344 f., 347 f., 352, 361, 370 f., 374
Heidegger, Martin 6, 11 f., 20, 26 f., 88, 92, 275, 282, 332, 368–370
Heraklit[os] 88, 282, 328
Herrmann, Max 170
Herzl, Theodor 194
Heß, Moses 194
Holz, Hans Heinz 89–91, 93, 95, 205, 218, 244
Humboldt, Alexander von 206, 233, 236
Husserl, Edmund 67, 70, 73, 78

James, William 74

Kant, Immanuel 4, 9, 14 f., 83, 98, 118, 213, 247 f., 264–266, 283, 286, 331, 344, 363 f., 374
Keller, Gottfried 59, 134
Kepler, Johannes 247, 316 f.
Klages, Ludwig 83 f.
Kleist, Heinrich von 137–139, 249 f.
Kopernikus, Nikolaus 9, 238, 261
Korol, Martin 325
Külpe, Oswald 72, 80

Laban, Rudolf von 137
Lask, Emil 75
Le Corbusier [d. i. Charles-Edouard Jeanneret-Gris] 221

Leibniz, Gottfried Wilhelm 74 f., 89, 213, 254, 261, 263 f.
Lenin, Wladimir Iljitsch [Uljanow] 32, 110, 118, 147, 279, 371, 373
Leonardo [da Vinci] 233, 243
Lessing, Gotthold Ephraim 142, 160, 166, 247, 295, 340 f., 343, 352
Lewis, Sinclair 276
Lipps, Theodor 74 f., 80
Löwith, Karl 263, 368, 370–372
Löwy, Michael 153 f.
Loos, Adolf 221
Lukács, Georg 4 f., 22, 26, 65, 69, 244, 368, 370, 372, 374 f., 379
Lunatscharski, Anatoli 147

Machiavelli, Niccolò 278–280
Mahler, Gustav 133
Marc, Franz 241, 249
Marx, Karl 2, 9 f., 13 f., 17, 19, 22, 24, 31–33, 36 f., 53, 55, 71, 93, 110 f., 115, 117, 119–128, 176, 183, 189–191, 195–197, 209, 215, 223, 237, 254, 256, 266, 286, 289, 295, 305 f., 327, 342–345, 347 f., 351 f., 355, 360, 364, 369–371, 373 f., 376, 381 f.
Maximus, Quintus Fabius Verrucosus 277
Mayer, Hans 133, 145, 305, 379
Meinong, Alexius 102
Mendelssohn-Bartholdy, Felix 313 f.
Meyer, Ernst Hermann 304, 312
Moltmann, Jürgen 341, 344, 348, 350–356
Morris, William 176, 195 f.
Morus, Thomas 177 f., 182 f., 186 f.
Mozart, Wolfgang Amadeus 60, 162, 165, 301 f., 315 f., 321
Müller, Friedrich 292

Nietzsche, Friedrich 3, 54, 66 f., 71, 140, 228, 274, 276, 278–281, 284, 305 f.

Otto, Rudolf 345, 349
Owen, Robert 18, 198

Pannenberg, Wolfhart 345 f., 350–352
Parmenides 88, 328
Paulus [Apostel] 61, 89, 326, 331, 343, 353, 357

Piscator, Erwin 156
Platon 137, 166, 178 f., 256, 263, 318, 364
Plessner, Helmuth 19
Prometheus 340
Proudhon, Pierre-Joseph 188–190

Riegl, Alois 218
Riehl, Alois 80
Roeder von Diersburg, Egenolf 91 f., 101
Rosenzweig, Franz 349

Saint-Simon, Henri de 178, 186, 188, 190
Sartre, Jean-Paul 6, 16, 20–22, 26 f., 29 f., 97, 131 f., 134, 146, 373
Scheler, Max 71, 80, 233
Schelling, Friedrich Wilhelm Joseph 52, 66, 87, 89 f., 92 f., 100, 104, 109, 115, 205 f., 210, 215, 247, 254 f., 261, 289, 305, 317, 327, 329, 335, 367, 374
Schiller, Friedrich 151, 154, 160, 162, 164 f., 168 f., 196, 284, 291–293, 296
Schmied-Kowarzik, Wolfdietrich 128, 205, 367
Schmidt, Burghart 80, 92, 95, 154, 239
Schopenhauer, Arthur 52, 54, 60, 72, 80, 167, 305 f., 334
Schulz, Walter 250
Schweitzer, Albert 314, 338, 352
Shakespeare, William 156, 160 f., 164 f., 295 f., 301, 316

Simmel, Georg 4, 6, 80
Sloterdijk, Peter 257–261
Spinoza, Baruch de 51, 88 f., 98, 254, 261–263, 282, 289, 297
Stalin, Josef Wissarionowitch [Dschugaschwili] 10, 22–24, 117 f., 123, 126 f., 378
Strauss, David Friedrich 343
Strauss, Richard 315, 318
Strawinsky, Igor 319
Strindberg, Johan August 147
Stritzky, Elsa von 2, 5, 325
Stumpf, Carl 75
Sung, Jung Mo 38

Todorov, Tzvetan 234, 237
Tugendhat, Ernst 104

Vattimo, Gianni 89

Wagner, Richard 78, 162, 166, 301 f., 315 f., 318, 320
Watteau, Antoine 241 f.
Weidenbach, Oswald 68 f., 81
Weill, Kurt 307
Weitling, Wilhelm 189 f., 198, 343
Whitehead, Alfred North 98
Wigman, Mary 139–141
Wollstonecraft, Mary 193

Zetkin, Clara 193

Hinweise zu den Autorinnen und Autoren

Martin Blumentritt, Dr. phil., geb. 1954, ist freier Autor aus Hamburg, Sprecher der Ernst-Bloch-Assoziation (EBA). *Veröffentlichungen:* Zahlreiche Aufsätze zu Bloch sowie die Monographie Begriff und Metaphorik des Lebendigen. Schellings Metaphysik des Lebens 1792–1809 (2007). Zuletzt erschien „Antisemitismus auf den Richterstühlen der Vernunft" in sans phrase 5 und 6 (2014).

Dr. phil. Beat Dietschy, Geschäftsführer der entwicklungspolitischen Organisation „Brot für alle" (Bern), letzter persönlicher Mitarbeiter Ernst Blochs. *Veröffentlichungen:* Gebrochene Gegenwart. Ernst Bloch, Ungleichzeitigkeit und das Geschichtsbild der Moderne (1988). Bearbeiter: Ernst Bloch, Tendenz – Latenz – Utopie. Ergänzungsband zur Gesamtausgabe (1978), Ernst Bloch, Antike Philosophie. Leipziger Vorlesungen zur Geschichte der Philosophie, Bd. 1 (zus. mit H. Gekle, 1985). Herausgeber: Bloch-Wörterbuch. Leitbegriffe der Philosophie Ernst Blochs (zus. mit D. Zeilinger und R.E. Zimmermann, 2012). Zahlreiche Artikel zu Blochs Philosophie.

PhD Gerhard Fischer, MA. Prof. (i. R.) für German and European Studies an der University of New South Wales, Sydney, Australischer Historiker und Literaturwissenschaftler. *Zahlreiche Buchveröffentlichungen* und Aufsätze zum 1. Weltkrieg, Migrationsgeschichte, Multikulturalismus, und zur deutschen Literatur des 20. und 21. Jahrhunderts (u. a. über Brecht, H. M. Enzensberger, H. Müller, W. G. Sebald). Mitglied der Australischen Akademie der Geisteswissenschaften.

Peter Knopp, von 1993 bis 2012 Vizepräsident der Sartre-Gesellschaft in Deutschland. Veröffentlichungen: Zahlreiche Essays zu Sartre in Zeitschriften und Anthologien. Mitherausgeber von Existentialismus heute (Philo 1999) und vier weiterer Jahrbücher der Sartre-Gesellschaft. Veröffentlichungen: Ernst Bloch und die musikalische Utopie (2001), Freiheit in der Musik und Musik der Freiheit. Musikphilosophische Rezeption bei Bloch und Sartre (2007).

Gerd Koch, Dr. phil., Dipl.-Päd., Professor für Theorie und Praxis der Sozialen Kulturarbeit (Theater) an der Alice-Salomon-Hochschule Berlin; dort bis Frühjahr 2010 wissenschaftlicher Leiter des Master-Studiengangs „Biografisches und Kreatives Schreiben". 1. Vorsitzender der Gesellschaft für Theaterpädagogik e. V., Mitglied in der Jury des Alice-Salomon-Poetik-Preises. *Veröffentlichungen:* Mit-Herausgeber der „Zeitschrift für Theaterpädagogik" (seit 1985), Maßnehmen. Bertolt Brechts/Hanns Eislers Lehrstück DIE MASSNAHME. Kontroverse. Perspektive. Praxis (hrsg. mit Inge Gellert, Florian Vaßen) (1999), Erzählen, was ich nicht weiß. Die Lust zu Fabulieren und wie sie die politische, soziale und therapeutische Arbeit bereichert (hrsg. mit Reiner Steinweg) (2006), Mit-Herausgeber der „Lingener Beiträge zur Theaterpädagogik (mit Prof. Dr. Bernd Ruping und Prof. Dr. Marianne Streisand) (seit 2006), SozialRaumInszenierung (hrsg. mit Nadine Giese, Silvia Mazzini) (2012).

Dr. phil. Wilfried Korngiebel, Dozent im Bereich Gesellschaftswissenschaften an Volkshochschulen und anderen Bildungseinrichtungen im Ruhrgebiet, außerdem tätig als freier Autor. Mitglied in der Ernst-Bloch-Assoziation und der Ernst-Bloch-Gesellschaft. *Veröffentlichungen:* Bloch und die Zeichen. Symboltheorie, kulturelle Gegenhegemonie und philosophischer Interdiskurs. Epistemata: Reihe Literaturwissenschaft, Bd. 244, 305 S., Würzburg, 1999. Warum Bloch? Ernst Bloch in Leipzig. In: Bloch-Jahrbuch 2004, hg. von Francesca Vidal im Auftrag der Ernst Bloch Gesellschaft, Mössingen-Talheim: Talheimer Verlag, 2004, S. 151–161. Symbolik und Hegemonie. Zu Ernst Blochs praxisphilosophischen Interventionen, im Lichte der theoretischen Ansätze von Antonio Gramsci und Michel Foucault besehen. In: Bloch-Almanach, hg. von Karlheinz Weigand für das Ernst-Bloch-Archiv der Stadt Ludwigshafen am Rhein, Bd. 19, Mössingen-Talheim: Talheimer Verlag, 2000, S. 39–77.

Prof. Dr. Joachim Lucchesi, Hochschule für Musik „Hanns Eisler" Berlin, Pädagogische Hochschule Ludwigsburg. *Veröffentlichungen:* Zahlreiche Aufsatz- und Buchveröffentlichungen zur Musik-, Theater- und Literaturgeschichte, vor allem des 20. Jahrhunderts. Darunter: Musik bei Brecht (1988); Hermann Scherchen. Werke und Briefe/Schriften (1991) und Aufstieg und Fall der Stadt Mahagonny. Der Erstdruck 1929 (2013).

Dr. phil. Matthias Mayer, Privatdozent am Philosophischen Seminar der Universität Tübingen. *Wichtigste Veröffentlichungen:* „Ist die Geschichte zu Ende? Zur Aktualität der Hegel-Interpretation von Ernst Bloch", in: Bloch-Almanach 33 (2015), 149–179; „Moses und Marx. Messianismus und Metaphysik der Geschichte in Ernst Blochs ‚Geist der Utopie'", in: Bloch-Jahrbuch 2014/15, 107–127; „Augustinus' ‚De Civitate Dei': Philosophie der Geschichte oder Geschichte der Philosophie?", in: Revue philosophique et théologique de Fribourg 61/2 (2014), [412]–429; Objekt-Subjekt. F. W. J. Schellings Naturphilosophie als Beitrag zu einer Kritik der Verdinglichung, Bielefeld: transcript, 2014 (Edition Moderne Postmoderne).

Dr. phil. Ulrich Müller-Schöll, Professor für Philosophie an der Addis Ababa University, Äthiopien (seit 2010: Visiting Professor). Publizist und Übersetzer. *Veröffentlichungen mit Bezug auf Bloch:* Das System und der Rest (1999, frz. 2006); Vernunft und Augenblick. Zur Binnenperspektive der Lebenswelt bei Jürgen Habermas und Ernst Bloch (1989), The Concept of Progress and the Role of Philosophy (2010); Redaktion der dt. Ausgabe von: Arno Münster, Ernst Bloch. Eine politische Biographie (2004); Übersetzer von Aufsätzen über Bloch aus dem Französischen.

Dr. Lucien Pelletier, Professor der Philosophie an der Universität von Sudbury (Ontario, Kanada). *Wichtige Veröffentlichungen über Bloch*: Kommentierte Übersetzung der Dissertation Ernst Blochs in französischer Sprache (Ernst Bloch, Études critiques sur Rickert et le problème de la théorie moderne de la connaissance, Paris/Québec, 2010), sowie mehrere Aufsätze über die Entstehung der Blochschen Philosophie.

Dr. Gérard Raulet, Professor an der Sorbonne (Paris IV, Lehrstuhl für deutsche Ideengeschichte), Direktor des Forschungszentrums Philosophie politique contemporaine am CNRS (1999–2003), Leiter der Groupe de recherche sur la culture de Weimar an der Pariser Stiftung Maison des Sciences de l'Homme (1982–99, 2003 ff.) und des ANR-DFG-Projektes Cactus zusammen mit Axel Honneth. *Veröffentlichungen:* Humanisation de la nature, naturalisation de l'homme. Ernst Bloch ou le projet d'une autre rationalité, Paris, Klincksieck, 1982. Gehemmte Zukunft. Zur gegenwärtigen Krise der Emanzipation, Darmstadt und Neuwied, Luchterhand 1986. Gehemmte Zukunft. Zur gegenwärtigen Krise der Emanzipation, Darmstadt und Neuwied, Luchterhand 1986.

Dr. phil. Rosalvo Schütz, seit 2007 Prof. für Philosophie an der UNIOESTE (Universidade Estadual do Oeste do Paraná. *Wichtigste Veröffentlichungen*: Religião e Capitalismo. Edipucrs, Porto Alegre (2001), Die abstrahierende Dynamik der modernen Gesellschaft – Konsequenzen für die Beziehung der Menschen untereinander und mit der Natur. (2007), Crítica e Utopia: perspectivas brasileiras e alemãs (herausgegeben zusammen mit Rainer Zimmermann) (2012)

PD Dr. Francesca Vidal, Institut für Kulturwissenschaft und Institut für Philosophie er Universität Koblenz-Landau, -Präsidentin der internationalen Ernst-Bloch-Gesellschaft und Mitglied des Vorstandes der Arbeitsgemeinschaft Literarischer Gesellschaft e.V. *Veröffentlichungen:* Artikel in folgenden Zeitschriften: International Review of Information Ethics, Empedocles: European Journal for the Philosophy of Communication, Sprache für die Form – Forum für Design und Rhetorik, EMBLECAT: Revista de L'associació Catalana d'Estudis d'Emblemàtica, ARGUMENT: Zeitschrift für Philosophie und Sozialwissenschaften.

Dr. habil. Sergej Werschinin, Professor am Lehrstuhl für Soziologie und soziale Arbeit der Russischen Staatlichen Berufspädagogischen Universität (Jekaterinburg), Professor am Lehrstuhl „Theorie und Geschichte der Soziologie" der Uraler Föderalen Universität (Jekaterinburg). *Übersetzungen ins Russische:* Ernst Bloch: Tübinger Einleitung in die Philosophie (Jekaterinburg 1997), Oswald Spengler: Jahre der Entscheidung (Jekaterinburg 2007).

PD Dr. Stefan Winter, Privatdozent für Philosophie an der TU Braunschweig. V*eröffentlichungen:* Aporien der Postmoderne (2014), Zeitspuren. Zur Idee der künstlerischen Forschung (2013), Die Geschichtlichkeit der symbolischen Ordnung. Von Orpheus bis zu Husserl (2009). Zahlreiche Aufsätze zur Philosophie, zur Kunst und zur Kunsttheorie.

Dr. Doris Zeilinger, Lehrerin in Nürnberg, Sprecherin der Ernst-Bloch-Assoziation (EBA), Herausgeberin des EBA-Jahrbuchs „VorSchein", Mitherausgeberin des „Bloch-Wörterbuchs" (2012), Gründungsmitglied der EBA (1985) und des Instituts für Design-Science e. V. München (2007). Veröffentlichungen über Bloch: Die Kategorienlehre Ernst Blochs und ihr Theorie-Praxis-Begriff (1981), Wechselseitiges Ergreifen. Ästhetische und ethische Aspekte der Naturphilosophie Ernst

Blochs (2006); Zum Stand der Naturphilosophie im Prinzip Hoffnung (2009), Substanz bei Hegel und Bloch (2011), Artikel „Natur", „Latenz" und „Tendenz" im „Bloch-Wörterbuch" (2012).

Rainer E. Zimmermann, Dr. rer. nat., Dr. phil. (habil.), Professor für Philosophie an der Hochschule München, Life Member of Clare Hall, UK – Cambridge, Vorsitzender des Vorstands und Wissenschaftlicher Direktor des Instituts für Design Science e. V. München. *Wichtige Veröffentlichungen über Bloch:* Subjekt & Existenz. Zur Systematik Blochscher Philosophie (2001), Ernst Bloch – interkulturell gelesen (2005). Mit-Herausgeber des Bloch-Wörterbuches, de Gruyter, Berlin, 2012. Zahlreiche Aufsätze sowie Wörterbucheinträge zu Bloch.

www.ingramcontent.com/pod-product-compliance
Lightning Source LLC
Chambersburg PA
CBHW051108230426
43667CB00014B/2483